Entscheidungen der Verfassungsgerichte der Länder
Baden-Württemberg, Berlin, Brandenburg, Bremen, Hamburg, Hessen,
Mecklenburg-Vorpommern, Saarland, Sachsen, Sachsen-Anhalt, Thüringen

1749
250
1999
Walter de Gruyter
Berlin · New York

Entscheidungen der Verfassungsgerichte der Länder

Baden-Württemberg, Berlin, Brandenburg, Bremen, Hamburg, Hessen, Mecklenburg-Vorpommern, Saarland, Sachsen, Sachsen-Anhalt, Thüringen

Herausgegeben
von den Mitgliedern der Gerichte

1999

Walter de Gruyter · Berlin · New York

Entscheidungen der Verfassungsgerichte der Länder

Baden-Württemberg, Berlin, Brandenburg, Bremen, Hamburg, Hessen, Mecklenburg-Vorpommern, Saarland, Sachsen, Sachsen-Anhalt, Thüringen

LVerfGE

7. Band

1. 7. bis 31. 12. 1997

1999

Walter de Gruyter · Berlin · New York

Zitierweise

Für die Zitierung dieser Sammlung wird die Abkürzung LVerfGE empfohlen, z. B. LVerfGE 1,70 (= Band 1 Seite 70)

∞ Gedruckt auf säurefreiem Papier, das die US-ANSI-Norm über Haltbarkeit erfüllt.

Die Deutsche Bibliothek – CIP-Einheitsaufnahme

Entscheidungen der Verfassungsgerichte der Länder = LVerfGE / hrsg. von den Mitgliedern der Gerichte. – Berlin ; New York : de Gruyter
Bd. 7. Baden-Württemberg, Berlin, Brandenburg, Bremen, Hamburg, Hessen, Mecklenburg-Vorpommern, Saarland, Sachsen, Sachsen-Anhalt, Thüringen : 1. 7. bis 31. 12. 1997. – 1999
ISBN 3-11-016226-1

Printed in Germany
Satz und Druck: Arthur Collignon GmbH, Berlin
Buchbinderische Verarbeitung: Lüderitz & Bauer-GmbH, Berlin

Inhalt

Entscheidungen des Staatsgerichtshofs der Freien Hansestadt Bremen

Entscheidungen des Landesverfassungsgerichts Mecklenburg-Vorpommern

Entscheidungen des Verfassungsgerichtshofes des Freistaates Sachsen

Entscheidungen des Landesverfassungsgerichts Sachsen-Anhalt

Abkürzungsverzeichnis

aaO	am angegebenen Ort
AbgG	Abgeordnetengesetz
Abs.	Absatz
ÄltR	Ältestenrat
ÄltRProt.	Ältestenratsprotokoll
a. F.	alte Fassung
AfNS	Amt für Nationale Sicherheit
AG	Amtsgericht
AH-Drucks	Abgeordnetenhaus-Drucksache
AK-GG	Alternativ-Kommentar zum Grundgesetz
AmtsO	Amtsordnung
Anw.Bl.	Anwaltsblatt
AP	Nachschlagewerk des Bundesarbeitsgerichts – Arbeitsrechtliche Praxis –
ArbGG	Arbeitsgerichtsgesetz
Art.	Artikel
Aufl.	Auflage
AuslG	Ausländergesetz
BAG	Bundesarbeitsgericht
BAT	Bundesangestellten-Tarifvertrag
BauGB	Baugesetzbuch
BayObLGZ	Sammlung von Entscheidungen des Bayerischen Obersten Landesgerichts in Zivilsachen
BayVerfGH	Bayerischer Verfassungsgerichtshof
BbgSchulG	Brandenburgisches Schulgesetz
BbgVerfG	Verfassungsgericht für das Land Brandenburg
Bd.	Band
BGB	Bürgerliches Gesetzbuch
BGBl.	Bundesgesetzblatt
BGH	Bundesgerichtshof
BGHZ	Sammlung der Entscheidungen des Bundesgerichtshofs
BHO	Bundeshaushaltsordnung
BRAGO	Bundesgebührenordnung für Rechtsanwälte
Brem.GBl.	Bremisches Gesetzblatt
BremLV	Landesverfassung der Freien Hansestadt Bremen
BremStGH	Staatsgerichtshof Bremen
BremStGHE	Entscheidungen des Staatsgerichtshofs Bremen
BremStGHG	Gesetz über den Staatsgerichtshof Bremen

BVerfGE	Entscheidungen des Bundesverfassungsgerichts
BVerfGG	Gesetz über das Bundesverfassungsgericht
BVerwGE	Entscheidungen des Bundesverwaltungsgerichts
DDR	Deutsche Demokratische Republik
DDR-GBl	Gesetzblatt der DDR
DJT	Deutscher Juristentag
DÖV	Die Öffentliche Verwaltung
Drs.	Drucksache
DtZ	Deutsch-Deutsche-Rechts-Zeitschrift
DVBl.	Deutsches Verwaltungsblatt
DWW	Deutsche Wohnwirtschaft
EuGRZ	Europäische Grundrechte-Zeitschrift
EzKommR	Entscheidungen zum Kommunalrecht
f, ff	folgend, fortfolgende
FFG-LSA	Frauenförderungsgesetz des Landes Sachsen-Anhalt
Fn.	Fußnote
GBl.DDR	Gesetzblatt der DDR
GE	Grundeigentum
GeschO BT	Geschäftsordnung des Bundestags
GeschO LT	Geschäftsordnung des Landtages
GesESA/NDH	Gesetz zur Stärkung der kommunalen Selbstverwaltung der Städte Eisenach und Nordhausen
GFG	Gemeindefinanzierungsgesetz
GG	Grundgesetz der Bundesrepublik Deutschland
GKG	Gesetz über kommunale Gemeinschaftsarbeit
GO	Gemeindeordnung
GO LT	Geschäftsordnung des Landtages
GöV	Gesetz über örtliche Volksvertretungen und ihre Organe in der DDR
GVBl.	Gesetz- und Verordnungsblatt
GVOBl.	Gesetz- und Verordnungsblatt
Hdb	Handbuch
HEP	Hochschul-Erneuerungs-Programm
Hess.	Hessen
HGrG	Haushaltsgrundsätzegesetz
Hrsg.	Herausgeber
Hs.	Halbsatz
HSP	Hochschul-Sonderprogramm
IGES	Institut für Gesundheits- und Sozialforschung
IMK/KW	Inoffizieller Mitarbeiter/Inhaber konspirativer Wohnung
insbes.	insbesondere
ISP	Investitionssonderprogramm
i.V.m.	in Verbindung mit
JbSächsOVG	Jahrbücher des Sächsischen Oberverwaltungsgerichts
JR	Juristische Rundschau

KG	Kammergericht
KommVfG	Kommunalverfassung
KSchG	Kündigungsschutzgesetz
LAG	Landesarbeitsgericht
LBG	Landesbeamtengesetz
LG	Landgericht
LHO	Landeshaushaltsordnung
lit.	litera
LKV	Landes- und Kommunalverwaltung
LSA-GO	Gemeindeordnung des Landes Sachsen-Anhalt
LSA-GVBl	Gesetz- und Verordnungsblatt Sachsen-Anhalt
LSG	Landessozialgericht
LT-Drs.	Landtagsdrucksache
Lt-Drucks	Landtagsdrucksache
LT-Drucksache	Landtagsdrucksache
LV	Landesverfassung
LVerf-LSA	Verfassung des Landes Sachsen-Anhalt
LVerfG M-V	Landesverfassungsgericht Mecklenburg-Vorpommern
LVerfGE	Entscheidungen der Verfassungsgerichte der Länder
LVerfGG	Landesverfassungsgerichtsgesetz
MASGF	Ministerium für Arbeit, Soziales, Gesundheit und Frauen
MfS	Ministerium für Staatssicherheit
MfS/AfNS	Ministerium für Staatssicherheit/Amt für Nationale Sicherheit
m.w.N.	mit weiteren Nachweisen
NdsStGH	Niedersächsischer Staatsgerichtshof
NJ	Neue Justiz
NJW	Neue Juristische Wochenschrift
NJWE MietR	NJW-Entscheidungsdienst Miet- und Wohnungsrecht
NRW	Nordrhein-Westfalen
NRWVerfGH	Verfassungsgerichtshof Nordrhein-Westfalen
NStZ	Neue Zeitschrift für Strafrecht
NVwZ	Neue Zeitschrift für Verwaltungsrecht
NVwZ-RR	Neue Zeitschrift für Verwaltungsrecht-Rechtsprechungsreport
NW	Nordrhein-Westfalen
OLG	Oberlandesgericht
OVG	Oberverwaltungsgericht
OVGE	Entscheidungen des Oberverwaltungsgerichts für das Land Nordrhein-Westfalen in Münster sowie für die Länder Niedersachsen und Schleswig-Holstein in Lüneburg
PlProt.	Plenarprotokoll
RBerG-LSA	Gesetz zur Bereinigung des zu Landesrecht gewordenen Rechts der ehemaligen DDR – Sachsen-Anhalt
RBerG-LSA	Rechtsbereinigungsgesetz für das Land Sachsen-Anhalt

RdJB	Recht der Jugend und des Bildungswesens
RGSt	Entscheidungen des Reichsgerichts in Strafsachen
RhPfVerfGH	Verfassungsgerichtshof des Landes Rheinland-Pfalz
Rn.	Randnummer
S.	Seite
Saarl.	Saarland
SächsAbgG	Sächsisches Abgeordnetengesetz
SächsGVBl.	Sächsisches Gesetz- und Verordnungsblatt
SächsPRG	Sächsisches Privatrundfunkgesetz
SächsVerf	Verfassung des Freistaates Sachsen
SächsVerfGH	Verfassungsgerichtshof des Freistaates Sachsen
SächsVerfGHG	Gesetz über den Verfassungsgerichtshof des Freistaates Sachsen
SchuldRAnpG	Schuldrechtsanpassungsgesetz
SGG	Sozialgerichtsgesetz
SRG	Schulreformgesetz
1. SRG	Erstes Schulgesetz für das Land Brandenburg
std. Rspr.	ständige Rechtsprechung
StGB	Strafgesetzbuch
st.Rspr.	ständige Rechtsprechung
ThürAbgG	Thüringer Abgeordnetengesetz
ThürGOG	Gesetz über die Geschäftsordnung des Thüringer Landtages
ThürKO	Thüringer Kommunalordnung
ThürLWG	Thüringer Landeswahlgesetz
ThürNGG	Thüringer Neugliederungsgesetz
ThürVBl.	Thüringer Verwaltungsblätter
ThürVerf	Verfassung des Freistaats Thüringen
ThürVerfGHG	Thüringer Verfassungsgerichtshofgesetz
u.a.	unter anderem; und andere
UA	Urteilsausfertigung
Urt.	Urteil
VerfGGBbg	Verfassungsgerichtsgesetz Brandenburg
VerfGHG	Gesetz über den Verfassungsgerichtshof
VerfGHNW	Verfassungsgerichtshof Nordrhein-Westfalen
VfGBbg	Verfassungsgericht des Landes Brandenburg
VG	Verwaltungsgericht
vgl.	vergleiche
VKO	Vorläufige Kommunalordnung für das Land Thüringen
VOBl.	Verordnungsblatt
Vorb.	Vorbemerkung
Vorbem.	Vorbemerkung
VorlHaushaltsführungsgesetz	Gesetz zur vorläufigen Haushaltsführung
VvB	Verfassung von Berlin

VvB 1950	Verfassung von Berlin vom 1. September 1950
VwGO	Verwaltungsgerichtsordnung
WAP	Wirtschaftspolitisches Aktionsprogramm
WG LSA	Wassergesetz für das Land Sachsen-Anhalt
WIP	Wissenschaftler-Integrations-Programm
WiStG	Wirtschaftsstrafgesetzbuch
WoGG	Wohngeldgesetz
WoGSoG	Gesetz über Sondervorschriften für die vereinfachte Gewährung von Wohngeld
WRV	Verfassung des Deutschen Reiches (Weimarer Verfassung)
WuM	Wohnungswirtschaft und Mietrecht
z. B.	zum Beispiel
ZG	Zeitschrift für Gesetzgebung
ZPO	Zivilprozeßordnung
ZTR	Zeitschrift für Tarif-, Arbeits- und Sozialrecht des öffentlichen Dienstes
zust.	zustimmend
ZZP	Zeitschrift für Zivilprozeß

Entscheidungen
des Verfassungsgerichtshofs
des Landes Berlin

Die amtierenden Richter des Verfassungsgerichtshofs des Landes Berlin

Prof. Dr. Klaus Finkelnburg, Präsident
Dr. Ulrich Storost, Vizepräsident
Veronika Arendt-Rojahn
Prof. Dr. Hans-Joachim Driehaus
Klaus Eschen
Prof. Dr. Philip Kunig
Dr. Renate Möcke
Prof. Dr. Albrecht Randelzhofer
Edeltraut Töpfer

Nr. 1

1. Aus der Verfassung von Berlin ggf. ableitbare Leistungsansprüche sind nicht im Wege der Verfassungsbeschwerde durchsetzbar.

2. Bei der durch § 31 BVerfGG begründeten Bindungswirkung von Entscheidungen des Bundesverfassungsgerichts handelt es sich um ein bundesrechtliches Institut mit der Folge, daß es als Prüfungs- oder Kontrollmaßstab im Rahmen einer Verfassungsbeschwerde vor einem Landesverfassungsgericht ausscheidet.

3. Art. 18 VvB begründet weder im Verhältnis zum Staat noch im Verhältnis zu dritten Personen ein subjektives Recht auf Arbeit.

4. Die durch Art. 21 Abs. 1 VvB vermittelten Teilhaberechte des einzelnen Wissenschaftlers stehen von vornherein unter dem Vorbehalt des Möglichen im Sinne dessen, was der einzelne vernünftigerweise von der Gesellschaft beanspruchen kann. Deshalb läßt sich aus Art. 21 Abs. 1 VvB nicht ohne weiteres ein Anspruch eines einzelnen herleiten, seine wissenschaftliche Betätigung auf Dauer sicherzustellen.

5. Art. 17 VvB begründet weder einen Anspruch auf die Bereitstellung eines Arbeitsplatzes eigener Wahl noch eine Bestandsgarantie für einen einmal gewählten Arbeitsplatz.

Verfassung von Berlin Art. 17, 18, 21

Beschluß vom 20. August 1997 – VerfGH 101/96 –

in dem Verfassungsbeschwerdeverfahren des Herrn Dr. L. und weiterer 256 Beschwerdeführer wegen einer Weiterförderung nach dem Wissenschaftler-Integrationsprogramm

Entscheidungsformel:

Das Verfahren wird eingestellt, soweit es die Beschwerdeführerin zu 8) betrifft.

Im übrigen wird die Verfassungsbeschwerde zurückgewiesen.

Das Verfahren ist gerichtskostenfrei.

Auslagen werden nicht erstattet.

Gründe:

I.

Die Beschwerdeführer waren Wissenschaftler und wissenschaftlich-technische Mitarbeiter der Akademie der Wissenschaften, der Akademie der Landwirtschaftswissenschaften und der Bauakademie der Deutschen Demokratischen Republik (im folgenden: AdW). Die AdW wurde gemäß Art. 38 des Einigungsvertrages vom 31. August 1990 zum 31. Dezember 1991 aufgelöst. Das Bundesverfassungsgericht hat die Regelungen des Einigungsvertrages über die Beendigung der Arbeitsverhältnisse durch Entscheidung vom 10. März 1992 (BVerfGE 85, 360 ff) und vom 12. Mai 1992 (BVerfGE 86, 81 ff) im Kern und mit gewissen Maßgaben für verfassungsmäßig erklärt.

Die Bundesregierung und die Regierungen der Länder vereinbarten im Juli 1991 das sogenannte „Hochschul-Erneuerungs-Programm (HEP)". Ziel des Programms waren Soforthilfen zur personalen Erneuerung der Hochschulen, zur Sicherung des Verbleibens von qualifizierten Wissenschaftlern in den neuen Ländern, zur Förderung des wissenschaftlichen Nachwuchses, zur Förderung von Frauen in der Wissenschaft und zur Eingliederung der Forschung aus den Akademien in die Hochschulen oder in von Bund und Ländern gemeinsam geförderten Einrichtungen. Bestandteil des HEP war das „Wissenschaftler-Integrations-Programm (WIP)", das dazu dienen sollte, leistungsfähige Grundlagenforscher aus den ehemaligen Akademien in die Hochschulen zu überführen. Das WIP war zunächst auf zwei Jahre angelegt und ursprünglich mit 400 Mio. DM ausgestattet. Im Juli 1992 wurde es bis 1996 verlängert und auf 600 Mio. DM erweitert. Ca. 2.000 wissenschaftlich-technische und wissenschaftliche Mitarbeiter von ursprünglich 15.000 Mitarbeitern der AdW wurden nach mehrfachen Begutachtungen im Rahmen des WIP gefördert. Den größten Anteil von WIP-Beschäftigten wies Berlin auf. Im November 1995 waren in Berlin 542 Personen beschäftigt. Bezogen auf alle Bundesländer gelang es weniger als 10 % aller WIP-Beschäftigten, eine dauerhafte Anstellung zu finden.

Eine Weiterführung des WIP über 1996 hinaus wurde nicht vorgesehen. Bund und Länder unterzeichneten am 2. September 1996 ein „Gemeinsames Hochschul-Sonderprogramm III (HSP III)". Bei einer Laufzeit von vier Jahren ab dem 1. Januar 1997 werden insgesamt 100 Mio. DM „zur Förderung innovativer Forschung in den neuen Ländern und Berlin" zur Verfügung gestellt, davon 33,55 Mio. DM in Berlin. Ein Teil der bislang im WIP geförderten Personen erhält hierdurch die Chance einer neuen öffentlich geförderten Beschäftigung. Aus einem Protokoll der WIP-Koordinierungsgruppe vom 6. Februar 1997 ergibt sich, daß in Berlin von 440 WIP-Beschäftigte

13 Personen in Dauerbeschäftigungen übernommen wurden; 182 WIP-Beschäftigte werden in irgendeiner Weise „anschlußgefördert".

Mit ihrer Verfassungsbeschwerde wollen die Beschwerdeführer eine dauerhafte Integration in Hochschulstrukturen oder außeruniversitäre Forschungseinrichtungen erreichen. Sie begehren in erster Linie eine Verpflichtung des Senats von Berlin bzw. des Abgeordnetenhauses von Berlin, die finanziellen und sachlichen Mittel für eine Weiterförderung im Sinne des WIP bereitzustellen. Die Beschwerdeführer vertreten die Auffassung, ihnen stünden unmittelbar aus der Verfassung von Berlin Leistungsansprüche zu, die sie im Verfassungsbeschwerdeverfahren verfolgen könnten. Diese Leistungsansprüche gingen zurück auf die Entscheidung des Bundesverfassungsgerichts vom 10. März 1992 (BVerfGE 85, 360 ff) in Verbindung mit Art. 38 des Einigungsvertrags. Das Bundesverfassungsgericht habe in der genannten Entscheidung festgestellt, daß bei der Ausschreibung und Besetzung der Stellen von Nachfolgeeinrichtungen der Akademie der Wissenschaften die sozialen Belange der früheren Mitarbeiter, vor allem auch von Schwerbehinderten, älteren Arbeitnehmern, Alleinerziehenden und anderen in ähnlicher Weise Betroffenen, angemessen berücksichtigt werden müßten. Entscheidungen des Bundesverfassungsgerichts und die sie tragenden Begründungen hätten auch im Land Berlin Gesetzeskraft. Nach Art. 1 Abs. 3 und Art. 36 Abs. 1 der Verfassung von Berlin – VvB – seien der Senat von Berlin und das Abgeordnetenhaus an das Grundgesetz und die Gesetze der Bundesrepublik Deutschland gebunden. Da den Vorgaben des Bundesverfassungsgerichts im Land Berlin in den Hochschuleinrichtungen und außeruniversitären Forschungseinrichtungen sowie in den Umsetzungsrichtlinien zum HSP III nicht Rechnung getragen worden sei, erwachse den Beschäftigten der AdW ein subjektives Recht auf finanzielle Weiterförderung durch das Land Berlin über 1996 hinaus bis zur dauerhaften Integration in die bundesdeutsche Hochschullandschaft.

Darüber hinaus ergäben sich Leistungsansprüche unmittelbar aus der Verfassung von Berlin, nämlich aus dem Recht auf Arbeit (Art. 18 Satz 1 und 2 VvB), aus der Freiheit von Wissenschaft und Forschung (Art. 21 VvB) und aus dem Gebot der Gleichstellung Behinderter (Art. 11 VvB). Die Beschwerdeführerinnen berufen sich außerdem auf die verfassungsrechtlichen Verpflichtungen des Landes, für Gleichberechtigung zu sorgen (Art. 10 Abs. 3 und 12 Abs. 7 VvB).

Die Beschwerdeführerin zu 8) hat am 4. Februar 1997 für ihre Person die Verfassungsbeschwerde zurückgenommen.

Die übrigen Beschwerdeführer beantragen,

> den Senat von Berlin bzw. das Abgeordnetenhaus von Berlin zu verpflichten, die finanziellen und sachlichen Mittel für eine Weiterförderung der Beschwerde-

führer im Sinne des Wissenschaftler-Integration-Programms über das sogenannte Hochschulsonderprogramm III hinaus bereitzustellen, um eine dauerhafte Integration der Beschwerdeführer in ihren jetzigen Arbeitsbereichen und Projekten oder anderen Arbeitsbereichen an universitären oder außeruniversitären Forschungseinrichtungen sowie deren Weiterbeschäftigung über 1996 hinaus zu erreichen,

hilfsweise

festzustellen, daß die Nichtumsetzung eines Landesprogramms zur Anschlußfinanzierung der WIP-Beschäftigten gegen Art. 38 Abs. 1 Satz 2 Einigungsvertrag, die Entscheidung des Bundesverfassungsgerichts vom 10. März 1992 (1BvR 454/91 u. a. – BVerfGE 85, 360 ff) in Verbindung mit Art. 1 Abs. 3 und Art. 36 Abs. 1 der Verfassung von Berlin sowie gegen Art. 10 Abs. 3, 11, 12 Abs. 7, 18, 21, VvB in Verbindung mit Art. 5 Abs. 3 GG und Art. 12 Abs. 1 GG verstößt.

Der Senat von Berlin, das Abgeordnetenhaus von Berlin sowie die Senatsverwaltung für Wissenschaft, Forschung und Kultur haben gemäß § 53 VerfGHG Gelegenheit zur Stellungnahme erhalten.

Namens des Senats hat die Senatsverwaltung für Wissenschaft, Forschung und Kultur im einzelnen dargelegt, auf welche Weise und in welchem Umfang das Wissenschaftler-Integrations-Programm in Berlin umgesetzt worden ist. Sie vertritt die Auffassung, der Abschluß befristeter Arbeitsverträge stehe mit den rechtlichen Vorgaben des Programms in Einklang. Der Bund lehne eine Fortführung des WIP ab. Der Senat habe am 22. Februar 1996 festgestellt, daß ihm die Finanzierung eines Landesprogramms für die bislang im WIP Geförderten nicht möglich sei. Die Verfassungsbeschwerde könne keinen Erfolg haben, da sie unzulässig, jedenfalls aber unbegründet sei.

II.

Die Verfassungsbeschwerde hat keinen Erfolg.

1. Der Hauptantrag ist unzulässig.

Gemäß § 49 Abs. 1 des Gesetzes über den Verfassungsgerichtshof vom 8. November 1990 (GVBl. S. 2246), zuletzt geändert durch Gesetz vom 11. Juni 1997 (GVBl. S. 304) – VerfGHG – kann jedermann mit der Behauptung, in einem seiner in der Verfassung von Berlin enthaltenen Rechte verletzt zu sein, die Verfassungsbeschwerde zum Verfassungsgerichtshof erheben, soweit nicht Verfassungsbeschwerde zum Bundesverfassungsgericht erhoben ist oder wird. In der Begründung der Beschwerde sind das Recht, das verletzt sein soll, und die Handlung oder Unterlassung des Organs und der Behörde, durch die der Beschwerdeführer sich verletzt fühlt, zu bezeichnen (§ 50 VerfGHG).

Die Beschwerdeführer erstreben mit ihrem Hauptantrag ausdrücklich eine *Verpflichtung* des Senats von Berlin bzw. des Abgeordnetenhauses, nämlich eine Verpflichtung zur Bereitstellung finanzieller und sachlicher Mittel. Dieses Begehren geht über die dem Verfassungsgerichtshof eingeräumte Entscheidungsbefugnis im Verfassungsbeschwerdeverfahren hinaus: § 54 Abs. 2 bis 4 VerfGHG erlaubt nur feststellende oder kassatorische Entscheidungsformeln. Weder die Verfassung von Berlin (vgl. Art. 84 Abs. 2 Nr. 5 VvB) noch das Gesetz über den Verfassungsgerichtshof eröffnen im Verfassungsbeschwerdeverfahren die Möglichkeit, Verpflichtungsaussprüche zu treffen (vgl. auch *Pestalozza,* Verfassungsprozeßrecht, 3. Aufl., § 12 IV – S. 195 ff – sowie § 20 I 3. – S. 272 ff, 274). Der Auffassung der Beschwerdeführer, unmittelbar aus der Verfassung ableitbare Leistungsansprüche müßten im Wege der Verfassungsbeschwerde durchsetzbar sein, kann nicht gefolgt werden. Derartige Leistungsansprüche sind vielmehr vor der zuständigen Fachgerichtsbarkeit zu verfolgen, deren Entscheidung ihrerseits bei einem Verfassungsverstoß mit der Folge aufgehoben werden kann, daß die betreffende Sache zur erneuten Verhandlung und Entscheidung an das zuständige Fachgericht zurückverwiesen wird.

2. Mit dem Hilfsantrag begehren die Beschwerdeführer die Feststellung, der Senat von Berlin bzw. das Abgeordnetenhaus habe verfassungsmäßige Rechte dadurch verletzt, daß er bzw. es unterlassen habe, durch ein Landesprogramm zur Anschlußfinanzierung der WIP-Beschäftigten für eine dauerhafte Integration an universitären oder außeruniversitären Forschungseinrichtungen zu sorgen. Zwar scheitert die Zulässigkeit dieses Antrags nicht aus dem zuvor behandelten Grund. Doch ist auch er teilweise unzulässig und im übrigen unbegründet.

a) Soweit die Beschwerdeführer mit dem Hilfsantrag einen Verstoß gegen den Einigungsvertrag und gegen Vorschriften des Grundgesetzes rügen, ist er unzulässig. Die Zulässigkeit einer Verfassungsbeschwerde setzt gemäß § 49 Abs. 1 VerfGHG die Behauptung des Beschwerdeführers voraus, er werde in einem Recht verletzt, das gerade die Verfassung von Berlin verbürgt. Vorschriften des Bundesrechts sind danach für sich genommen nicht Maßstab des Verfassungsgerichtshofs im Verfahren der Verfassungsbeschwerde, sie sind vor dem Verfassungsgerichtshof nicht rügefähig. Auch Art. 1 Abs. 3 VvB begründet keine Rügefähigkeit subjektiver Rechte des Bundesrechts vor dem Verfassungsgerichtshof des Landes Berlin. Er wiederholt vielmehr lediglich die sich ohnehin aus Art. 1 Abs. 3 GG bzw. Art. 20 Abs. 3 GG ergebende Bindung der Organe des Landes Berlin an die Grundrechte und an das übrige Bundesrecht (vgl. u. a. Beschluß vom 8. September 1993 – VerfGH 59/93 – LVerfGE 1, 149).

Unzulässig ist der Hilfsantrag überdies, soweit die Beschwerdeführer geltend machen, der Senat von Berlin und das Abgeordnetenhaus hätten dem Urteil des Bundesverfassungsgerichts vom 10. März 1992 nicht hinreichend Rechnung getragen. Richtig ist, daß die Entscheidungen des Bundesverfassungsgerichts gemäß § 31 BVerfGG Bindungswirkung entfalten. Doch handelt es sich bei dieser Bindungswirkung um ein bundesrechtliches Institut mit der Folge, daß es als unmittelbarer Prüfungs- oder Kontrollmaßstab im Rahmen einer Verfassungsbeschwerde vor einem Landesverfassungsgericht ebenfalls ausscheidet (vgl. in diesem Zusammenhang Verfassungsgericht des Landes Brandenburg, Beschluß vom 21. November 1996 – VfGBbg 26/96 – LKV 1997, 168).

Mit Art. 36 Abs. 1 VvB haben die Beschwerdeführer ebenfalls kein vor dem Verfassungsgerichtshof rügefähiges subjektives Recht angesprochen (vgl. Beschluß vom 13. September 1993 – VerfGH 73/93 – zu Art. 23 Abs. 1 VvB 1950). Im Ergebnis entsprechendes gilt für ihren Vortrag, Art. 18 VvB sei verletzt. Zwar haben nach Art. 18 Satz 1 VvB „alle ... das Recht auf Arbeit". Die folgenden Formulierungen, es sei Aufgabe des Landes, „dieses Recht zu schützen und zu fördern" sowie „zur Schaffung und Erhaltung von Arbeitsplätzen beizutragen und im Rahmen des gesamtwirtschaftlichen Gleichgewichts einen hohen Beschäftigungsstand" zu sichern (Art. 18 Satz 2 und 3 VvB), machen indes deutlich, daß der Verfassungsgeber hier lediglich ein Staatsziel beschreiben, nicht aber einklagbare Individualansprüche begründen wollte. Dies wird durch die Entstehungsgeschichte belegt (vgl. Schlußbericht der Enquete-Kommission Verfassungs- und Parlamentsreform vom 18. Mai 1994 – AH-Drucks 12/4376, S. 29). Art. 18 VvB gewährt mithin weder im Verhältnis zum Staat noch im Verhältnis zu dritten Personen ein subjektives Recht auf Arbeit.

Schließlich sind die Zulässigkeitsvoraussetzungen nicht erfüllt, soweit die Beschwerdeführer eine Verletzung der Art. 10 Abs. 3, 11 und 12 Abs. 7 VvB rügen.

Nach Art. 10 Abs. 3 Sätze 1 und 2 VvB sind Frauen und Männer gleichberechtigt und das Land verpflichtet, die Gleichstellung und die gleichberechtigte Teilhabe von Frauen und Männern auf allen Gebieten des gesellschaftlichen Lebens herzustellen und zu sichern. Zum Ausgleich bestehender Ungleichheiten sind Maßnahmen zur Förderung zulässig (Art. 10 Abs. 3 Satz 3 VvB). Es kann dahinstehen, ob und unter welchen Voraussetzungen diese Verfassungsnorm subjektive Ansprüche einzelner zu begründen vermag. Denn insoweit scheitert die Zulässigkeit des Hilfsantrags schon deshalb, weil die Beschwerdeführer nicht in einer den Anforderungen der §§ 49,

50 VerfGHG genügenden Weise dargetan haben, daß ein Verstoß gegen das Gleichstellungsgebot vorliegen könnte. Das von ihnen beanstandete Unterlassen richtet sich nämlich offensichtlich nicht gegen ein bestimmtes Geschlecht, sondern betrifft Männer und Frauen gleichermaßen. Eine verfassungsrechtliche Verpflichtung, im Rahmen des Wissenschaftler-Integrationsprogramms speziell Frauen zu fördern, kann Art. 10 Abs. 3 VvB jedenfalls nicht entnommen werden.

Im Ergebnis entsprechendes gilt mit Blick auf Art. 11 VvB. Zwar dürfen nach dieser Bestimmung Menschen mit Behinderungen nicht benachteiligt werden und ist das Land verpflichtet, für die gleichwertigen Lebensbedingungen von Menschen mit und ohne Behinderung zu sorgen. Auch insoweit aber haben die Beschwerdeführer noch nicht einmal die Möglichkeit einer Verletzung in subjektiven Rechten hinreichend dargetan.

Nichts anderes gilt endlich in bezug auf Art. 12 Abs. 7 VvB, wonach es Frauen und Männern zu ermöglichen ist, Kindererziehung und häusliche Pflegetätigkeit mit der Erwerbstätigkeit und der Teilnahme am öffentlichen Leben zu vereinbaren, und wonach alleinerziehende Frauen und Männer sowie Frauen während der Schwangerschaft und nach der Geburt Anspruch auf besonderen Schutz im Arbeitsverhältnis haben. Selbst insoweit haben es die Beschwerdeführer schon verabsäumt, die Möglichkeit einer Verletzung des Art. 12 Abs. 7 VvB hinreichend darzutun, so daß offenbleiben kann, ob die Regelungen des Art. 12 Abs. 7 VvB überhaupt subjektive Rechte begründen.

b) Zulässig ist die Verfassungsbeschwerde dagegen, soweit die Beschwerdeführer eine Verletzung ihres Grundrechts der Wissenschaftsfreiheit (Art. 21 VvB) und sinngemäß eine Verletzung ihres Rechts auf freie Wahl des Berufs und des Arbeitsplatzes (Art. 17 VvB) geltend machen. Die Voraussetzungen für eine verfassungsgerichtliche Entscheidung ohne vorherige Erschöpfung des Rechtswegs sind gegeben (§ 49 Abs. 2 VerfGHG). Insoweit sind die Verfassungsbeschwerden indessen unbegründet.

Art. 21 Satz 1 VvB sichert – ebenso wie Art. 5 Abs. 3 Satz 1 GG – die Freiheit von Wissenschaft, Forschung und Lehre. Er begründet neben einem individuellen Freiheitsrecht für jeden, der in diesem Bereich tätig ist, ein Recht der Hochschule auf Selbstverwaltung in dem auf Wissenschaft, Forschung und Lehre unmittelbar bezogenen Bereich und enthält zugleich eine das Verhältnis der Wissenschaft zum Staate regelnde wertentscheidende Grundsatznorm (vgl. Urteil vom 22. Oktober 1996 – VerfGH 44/96 –). Zu Recht verweisen die Beschwerdeführer darauf, daß die Art. 21 Satz 1 VvB zu entnehmende Grundsatzentscheidung die Geltungskraft der Wissenschaftsfreiheit in Richtung auf eine Teilhabeberechtigung verstärkt. Jedoch ist einschränkend zu beachten, daß auch die Teilhaberechte des einzelnen Wissenschaftlers von vornherein unter dem Vorbehalt des Möglichen im Sinne dessen stehen, was der einzelne vernünftigerweise von der Gesellschaft beanspruchen kann. Gerade im Bereich staatlicher Teilhabegewährung würde es dem Gebot sozialer Gerechtigkeit zuwiderlaufen, die nur begrenzt verfügbaren öffentlichen Mittel unter Vernachlässigung anderer wichtiger Gemeinschaftsbelange bevorzugt einem bestimmten Teil der Bevölkerung zugute kommen zu lassen (vgl. Urteil vom 22. Oktober 1996 – VerfGH 44/96 –). Angesichts dessen begründet Art. 21 Satz 1 VvB nicht schon aus sich heraus einen Anspruch darauf, die wissenschaftliche Betätigung einzelner auf Dauer sicherzustellen. Daß der Senat von Berlin und das Abgeordnetenhaus nicht durch ein Landesprogramm und seine konkrete Umsetzung für eine dauerhafte Integration der Beschwerdeführer in die Berliner Hochschullandschaft gesorgt haben, kann vor diesem Hintergrund nicht als verfassungswidriges Unterlassen und als Verstoß gegen Art. 21 VvB angesehen werden.

Schließlich ist auch Art. 17 VvB nicht verletzt. Die Grundrechtsverbürgung über die Gewährleistung insbesondere der freien Wahl des Berufs und des Arbeitsplatzes steht vom materiellen Inhalt her in Übereinstimmung mit Art. 12 Abs. 1 Satz 1 GG und bleibt neben der Grundrechtsgewährung des Grundgesetzes in Kraft (Beschluß vom 10. November 1993 – VerfGH 78/93 – zu Art. 11 VvB 1950). Es bedarf aus Anlaß des vorliegenden Falles keiner Entscheidung über die Reichweite eines aus Art. 17 VvB in Verbindung mit dem allgemeinen Gleichheitssatz und dem Sozialstaatsprinzip herzuleitenden Anspruchs auf Teilhabe an staatlichen Leistungen (vgl. zum Bundesrecht für den Bereich der Hochschulzulassung u. a. BVerfG, Urteil vom 18. Juli 1972 = 1 BvL 32/70 u. 25/71 = BVerfGE 33, 303, 330 f). Eine teilhaberechtliche Komponente des Art. 17 VvB geht jedenfalls nicht so weit, daß Senat von Berlin und Abgeordnetenhaus verpflichtet gewesen wären, den Beschwerdeführern über 1996 hinaus dauerhafte Beschäftigungsmöglichkeiten zur Verfügung zu stellen. Denn aus diesem Grundrecht folgt weder ein Anspruch auf Bereitstellung eines Arbeitsplatzes eigener Wahl noch eine Bestandsgarantie für den einmal gewählten Arbeitsplatz (vgl. etwa BVerfG, Urteil vom 24. April 1991 – 1 BvR 1341/90 = BVerfGE 84, 133, 146; sowie Verfassungsgericht des Landes Brandenburg, Beschluß vom 21. November 1996 – VfGBbg 26/96 – aaO).

Das Verfahren hinsichtlich der Beschwerdeführerin zu 8) war einzustellen, weil diese die Verfassungsbeschwerde hinsichtlich ihrer Person zurückgenommen hat.

Die Entscheidung über die Kosten beruht auf den §§ 33, 34 VerfGHG.

Dieser Beschluß ist unanfechtbar.

Nr. 2

Zu den verfassungsrechtlichen Anforderungen an die Prüfung der Erforderlichkeit der Beiordnung eines Rechtsanwalts im sozialgerichtlichen Verfahren.

Zivilprozeßordnung § 121 Abs. 2 Satz 1

Beschluß vom 20. August 1997 – VerfGH 9/97 –

in dem Verfahren über die Verfassungsbeschwerde
des Herrn K. P.
gegen die Beschlüsse des Sozialgerichts Berlin vom 12. September 1996 – S 69 U 212/96 –
und des Landessozialgerichts Berlin vom 6. November 1996 – L 3 U-S 218/96 –

Entscheidungsformel:

Die Verfassungsbeschwerde wird zurückgewiesen.
Das Verfahren ist gerichtskostenfrei.
Auslagen werden nicht erstattet.

Gründe:

I.

Der Beschwerdeführer führt vor dem Sozialgericht Berlin einen Rechtsstreit gegen die Tiefbau Berufsgenossenschaft wegen der Gewährung einer Rente aus Anlaß eines Arbeitsunfalls. Nachdem das Gericht unter dem 18. Juli 1996 mitgeteilt hatte, es halte den medizinischen Sachverhalt durch die Ermittlungen, die die Beklagte im Verwaltungsverfahren durchgeführt habe, für hinreichend aufgeklärt, beantragte der Verfahrensbevollmächtigte unter Hinweis auf § 109 Sozialgerichtsgesetz – SGG – die Einholung eines Sachverständigengutachtens zum Beweis dafür, daß der Beschwerdeführer an einer posttraumatischen Hypersomnie aufgrund des Arbeitsunfalls leide. Den am 6. September 1996 gestellten Antrag auf Bewilligung von Prozeßkostenhilfe unter Beiordnung des Verfahrensbevollmächtigten wies das Sozialgericht Berlin durch Beschluß vom 12. September 1996 zurück. Zur Begründung wurde ausgeführt, da das Verfahren vor den Gerichten der Sozialgerichtsbarkeit gerichtskostenfrei sei (§ 183 SGG), bedürfte es grundsätzlich keiner Gewährung von Prozeßkostenhilfe. Die Gewährung komme vielmehr nur für eine eventuelle Beiordnung eines Prozeßbevollmächtigten in Betracht und habe demzufolge nur dann einen Sinn, wenn die Vertretung durch einen Rechtsanwalt erforderlich erscheine oder der Gegner durch einen Rechtsanwalt vertreten sei. Hier sei weder die Beklagte durch einen Rechtsanwalt vertreten noch ein Grund dafür ersichtlich, daß der Kläger außerstande sein könnte, seine Interessen selbst zu vertreten und sein Begehren eindeutig zu äußern. Zu berücksichtigen sei auch, daß die Gerichte der Sozialgerichtsbarkeit nach dem ihnen obliegenden Amtsermittlungsprinzip gemäß §§ 103, 106 SGG verpflichtet seien, den Sachverhalt von Amts wegen zu erforschen, und hierbei an das Vorbringen und die Beweisanträge der Beteiligten nicht gebunden seien.

Mit der Beschwerde gegen diesen Beschluß wurde vorgetragen, daß der Beschwerdeführer als türkischer Staatsangehöriger nicht über die Gewandtheit in Wort und Schrift verfüge, um sein Anliegen in einem förmlichen gerichtlichen Verfahren mit den erforderlichen Einzelheiten ausreichend vorzubringen. Das Amtsermittlungsprinzip enthebe die klagende Partei nicht von der Notwendigkeit, die Tatsachen, die nach ihrer Auffassung für die Entscheidung des Rechtsstreits wesentlich seien, vorzutragen. Nicht einmal auf den Hinweis, daß nach der Stellungnahme der Freien Universität Berlin vom 23. Juni 1994 weitere Ermittlungen erforderlich seien, habe sich das Gericht zu Amtsermittlungen bereitgefunden. Vor diesem Hintergrund sei ein Vertrauen auf Amtsermittlungen gerade bei der erkennenden Kammer und das Unterlassen entsprechenden qualifizierten schriftsätzlichen Vortrags „mehr als fahrlässig" und würde von vornherein das Verlieren des Prozesses garantieren, jedenfalls in einem Fall wie dem vorliegenden, der von einer unklaren Gutachtenlage gekennzeichnet sei. Im übrigen erfordere auch bei eindeutig negativer Gutachtenlage die Möglichkeit der Antragstellung gemäß § 109 SGG die Einschaltung eines Rechtsanwalts, da es auf diese Weise besser möglich sei, einen qualifizierten Gutachter zu finden und der Kläger über die Prozeßsituation belehrt werden müsse. Sofern von Amts wegen ein gerichtliches Gutachten eingeholt werde, sei auch dieses Gutachten zu analysieren und gegebenenfalls für weitere Begutachtung zu sorgen. Regelmäßig hätten rentenrechtliche Streitigkeiten, die mit medizinischen Feststellungen zu tun hätten, einen ganz erheblichen Schwierigkeitsgrad, der sich darin niederschlage, daß in derartigen Fällen regelmäßig die Höchstgebühr für die anwaltliche Tätigkeit innerhalb der Rahmengebühr gemäß § 116 Bundesrechtsanwaltsgebührenordnung (BRAGO) zugestanden werde. Die Annahme, ein juristischer Laie, noch dazu ein im deutschen Rechtsleben nicht gewandter Ausländer, sei in der Lage, schwierige prozeßtaktische Fragen zu entscheiden, medizinische Gutachten auszuwerten und das Verfahren zu seinen Gunsten schriftsätzlich zu gestalten, sei „absurd".

Das Landessozialgericht Berlin wies die Beschwerde unter Bezugnahme auf die Gründe der erstinstanzlichen Entscheidung durch Beschluß vom 6. November 1996 zurück und führte weiter aus, mögliche, hier aber nicht ersichtliche Sprachprobleme des Klägers als Ausländer könnten nicht durch anwaltliche Vertretung, sondern nur durch einen Dolmetscher gelöst werden. Eine besondere Unbeholfenheit des Klägers, die eine anwaltliche Vertretung erforderlich machen könnte, sei nach dem Inhalt der Akten nicht ersichtlich. Der Kläger könne sich im übrigen der Hilfe des Urkundsbeamten der Geschäftsstelle beim Landessozialgericht bedienen. Rechtliche Problemstellungen, die über den Grad des Üblichen im Sozialrecht hinausgingen und anwaltliche Vertretung notwendig erscheinen ließen, seien vorliegend nicht ersichtlich. Ausdrücklich habe das Sozialgericht den Kläger über sein Antragsrecht nach § 109 SGG belehrt. Daß der Kläger möglicherweise selbst keinen Sachverständigen seines Vertrauens hätte benennen können, könne ebenfalls nicht zur Notwendigkeit anwaltlicher Vertretung führen, denn der Kläger könne zum Beispiel die Auswahl des Sachverständigen dem Gericht überlassen bzw. nach Vorschlag des Gerichts selbst aussuchen. Er könne hierfür zum Beispiel auch die Hilfe seines behandelnden Arztes in Anspruch nehmen, der als Mediziner in der Lage sein dürfte, ihm einen kompetenten Sachverständigen zu benennen.

Mit der gegen die Prozeßkostenhilfe versagenden Beschlüsse gerichteten Verfassungsbeschwerde rügt der Beschwerdeführer eine Verletzung der Art. 10 Abs. 1 und 15 Abs. 1 VvB. Zwar habe das Bundesverfassungsgericht in seinem Beschluß vom 22. Januar 1959 (BVerfGE 9, 124) die Auffassung vertreten, im Sozialgerichtsverfahren werde der unbemittelten Partei die Verwirklichung ihres Rechtsschutzes auch ohne die Möglichkeit der Anwaltsbeiordnung hinreichend gewährleistet. Diese 38 Jahre alte Entscheidung entspreche der heutigen Rechtswirklichkeit indes nicht mehr. Durch den im Jahre 1980 eingeführten § 73 a SGG werde die Möglichkeit anwaltlicher Beiordnung im Wege der Prozeßkostenhilfe nun den übrigen Gerichtszweigen gleichgestellt. Durch mehrere Novellen seien die Rechtsanwaltsgebühren gerade auch im Verhältnis zu den übrigen Rechtsanwaltsgebühren deutlich erhöht worden, um dem gestiegenen Schwierigkeitsgrad und der gestiegenen Bedeutung der anwaltlichen Vertretung in diesen Verfahren angemessen Rechnung zu tragen. Die sich aus § 116 BRAGO ergebenden Anwaltskosten hätten inzwischen eine Höhe erreicht, die eine mittellose Partei veranlasse, von anwaltlicher Hilfe abzusehen. Eine verfassungsrechtliche Verbürgung des Anspruchs auf Bewilligung von Prozeßkostenhilfe unter anwaltlicher Beiordnung ergebe sich aus dem Gleichheitsgrundsatz und/oder aus dem Anspruch auf rechtliches Gehör. Die angefochtenen Beschlüsse beruhten nicht nur auf einer falschen Anwendung einfachen Rechts, sondern auf einer

Fehlinterpretation der Ausstrahlungswirkung von Art. 10 Abs. 1 und 15 Abs. 1 der Verfassung von Berlin auf den Begriff der Erforderlichkeit anwaltlicher Interessenvertretung.

II.

1. Die Verfassungsbeschwerde ist zulässig. Nach § 49 Abs. 1 VerfGHG kann jedermann mit der Behauptung, durch die öffentliche Gewalt des Landes Berlin in einem seiner in der Verfassung von Berlin enthaltenen Rechte verletzt zu sein, die Verfassungsbeschwerde zum Verfassungsgerichtshof erheben. Soweit Gegenstand der Verfassungsbeschwerde die Anwendung von Bundesrecht ist (hier: Vorschriften des Sozialgerichtsgesetzes und der Zivilprozeßordnung), besteht die Prüfungsbefugnis des Verfassungsgerichtshofs in den Grenzen der Art. 142, 31 GG allein hinsichtlich solcher Grundrechte der Verfassung von Berlin, die mit vom Grundgesetz verbürgten Grundrechten übereinstimmen (st. Rspr., u. a. Beschluß vom 2. Dezember 1993 – VerfGH 89/93 – LVerfGE 1, 169, 179 ff). Vor diesem Hintergrund kann sich der Beschwerdeführer sowohl auf Art. 10 Abs. 1 VvB als auch auf Art. 15 Abs. 1 VvB berufen, deren Verletzung er auch in einer den Anforderungen des § 50 VerfGHG genügenden Weise gerügt hat. Art. 10 Abs. 1 VvB verbürgt – ebenso wie das Grundgesetz in Art. 3 Abs. 1 – eine umfassende Gleichheitsgarantie für alle Menschen; die Norm gebietet in Verbindung mit dem Rechtsstaatsprinzip, das für den Rechtsschutz gegen Akte der öffentlichen Gewalt in Art. 15 Abs. 4 VvB in Entsprechung zu Art. 19 Abs. 4 GG besonders ausgeformt ist, eine weitgehende Angleichung der Situation von Bemittelten und Unbemittelten bei der Verwirklichung des Rechtsschutzes, wobei diesen Geboten der Rechtsschutzgleichheit und -effektivität das Institut der Prozeßkostenhilfe dient (vgl. zum Bundesrecht etwa BVerfGE 81, 347, 357; siehe auch den Beschluß vom 8. Februar 1995 – VerfGH 104/94 – LVerfGE 3, 10, 13). Durch die Versagung von Prozeßkostenhilfe unter Beiordnung des Verfahrensbevollmächtigten kann darüber hinaus auch das in Art. 15 Abs. 1 VvB inhaltsgleich mit Art. 103 Abs. 1 GG gewährleistete Grundrecht auf rechtliches Gehör berührt sein, nämlich dann, wenn die wirtschaftlich schwache Partei nicht in der Lage wäre, sich Gehör zu verschaffen (vgl. *Henckel,* in: ZZP 77, 321, 325; *Waldner,* Der Anspruch auf rechtliches Gehör, 1989, S. 47 f; *Schmidt-Aßmann,* in: Maunz/Dürig, GG, Art. 103, Rn. 113; *Kunig,* in: von Münch/Kunig, GG, Bd 3, 3. Aufl., 1996, Art. 103, Rn. 15, Stichwort: Prozeßkostenhilfe – S. 817).

Da ein Rechtsmittel gegen den Beschluß des Landessozialgerichts nicht gegeben ist (§ 177 SGG), ist der Rechtsweg für das Prozeßkostenhilfeverfahren erschöpft (vgl. § 49 Abs. 2 Satz 1 VerfGHG). Die Verfassungsbeschwerde ist schließlich auch fristgerecht erhoben worden.

2. Die Verfassungsbeschwerde ist indes nicht begründet. Die angegriffenen Entscheidungen verletzen weder unter dem Aspekt der Rechtsschutzgarantie Grundrechte des Beschwerdeführers noch seinen Anspruch auf rechtliches Gehör. Dabei ist zu berücksichtigen, daß der Prüfungsmaßstab des Verfassungsgerichtshofs bei Verfassungsbeschwerden, welche gegen gerichtliche Entscheidungen gerichtet sind, begrenzt ist. Der Verfassungsgerichtshof ist keine zusätzliche Rechtsmittelinstanz von Verfassungs wegen. Er kann lediglich dann eingreifen, wenn eine fehlerhafte Gesetzesauslegung oder fehlerhafte Sachverhaltswürdigung bei objektiver Betrachtung der Gesamtumstände die Annahme aufdrängen, die von einem Fachgericht vertretene Rechtsauffassung verkenne die Einwirkung der Grundrechte auf das einfache Recht. Das ist namentlich dann der Fall, wenn eine von dem Fachgericht vertretene Rechtsauffassung rechtlich unter keinem denkbaren Aspekt vertretbar ist und sich daher der Schluß aufdrängt, sie beruhe auf sachfremden Erwägungen (st. Rspr., vgl. z. B. Beschluß vom 30. Juni 1992 – VerfGH 9/92 – LVerfGE 1, 7, 8 f; Beschluß vom 12. Dezember 1996 – VerfGH 90 A und 90/96).

Nach diesen Grundsätzen halten die sozialgerichtlichen Entscheidung der verfassungsgerichtlichen Überprüfung stand. Die Auslegung der einschlägigen Vorschriften läßt eine Verkennung der Garantiebereiche der gerügten Grundrechte nicht erkennen.

Nach § 73 a SGG gelten im sozialgerichtlichen Verfahren die Vorschriften der Zivilprozeßordnung über die Prozeßkostenhilfe entsprechend. Mit der durch das Gesetz über die Prozeßkostenhilfe vom 13. Juni 1980 (BGBl. I, 677) eingefügten Vorschrift hat der Gesetzgeber dem seit langem – wohl auch mit Blick auf die Entscheidung des Bundesverfassungsgerichts vom 22. Januar 1959 – BVerfGE 9, 124 ff – vorgetragenen Anliegen Rechnung getragen, in der Sozialgerichtsbarkeit umfassend die Möglichkeit zu schaffen, Prozeßkostenhilfe zu gewähren. Angesichts der Kostenfreiheit des Verfahrens hat die Prozeßkostenhilfe nur Bedeutung für die Beiordnung eines Rechtsanwalts. Nach § 73 a Abs. 1 SGG in Verbindung mit § 121 Abs. 2 Satz 1 ZPO wird der Partei auf ihren Antrag ein zur Vertretung bereiter Rechtsanwalt ihrer Wahl beigeordnet, wenn die Vertretung durch einen Rechtsanwalt erforderlich erscheint oder der Gegner durch einen Rechtsanwalt vertreten ist. Die Frage der Erforderlichkeit hat das Sozialgericht unter Berücksichtigung aller Umstände des Einzelfalls zu prüfen (vgl. *Meyer-Ladewig*, SGG, 5. Aufl., 1993, § 73 a Rn. 9). Den vorgenannten verfassungsrechtlichen Anforderungen an die Gleichheit und Effektivität des Rechtsschutzes ist dadurch Rechnung zu tragen, daß sich das Gericht bei der Auslegung an der Frage orientiert, ob sich im konkreten Fall eine bemittelte Prozeßpartei vernünftigerweise anwaltlicher Hilfe bedienen würde. Art. 15 Abs. 1 VvB gebietet die Prüfung, ob sich der Betroffene in der aktuellen Prozeßsituation auch ohne anwaltliche Unterstützung Gehör verschaffen kann.

Die angefochtenen Entscheidungen genügen diesen Anforderungen. Zwar ist einzuräumen, daß der (für die Entscheidung aber wohl nicht tragende) Hinweis des Sozialgerichts in seinem Beschluß vom 12. September 1996 auf den im sozialgerichtlichen Verfahren maßgeblichen Amtsermittlungsgrundsatz (§ 103 SGG) für sich genommen nicht geeignet ist, die Erforderlichkeit der Beiordnung eines Rechtsanwalts in einer den verfassungsrechtlichen Anforderungen gerecht werdenden Weise in Frage zu stellen. Denn die Aufklärungs- und Beratungspflicht des Rechtsanwalts geht über die Reichweite der Amtsermittlungspflicht des Richters hinaus (vgl. BVerfG, NJW 1997, 2103 f). Doch hat das Landessozialgericht in seinem Beschluß vom 6. November 1996 nicht entscheidend auf eine derartige Erwägung abgestellt, sondern zunächst darauf, daß Sprachprobleme des Klägers oder eine besondere Unbeholfenheit, die anwaltliche Vertretung erforderlich machen könnten, nach dem Inhalt der Akten nicht ersichtlich seien. Damit hat es die schlichte Behauptung in der Beschwerdeschrift vom 15. Oktober 1996, der Kläger verfüge als türkischer Staatsangehöriger nicht über eine ausreichende Gewandtheit in Wort und Schrift, in verfassungsrechtlich nicht zu beanstandender Weise als unsubstantiiert zurückgewiesen. Entgegen der Auffassung des Beschwerdeführers läßt der bloße Hinweis auf eine ausländische Staatsangehörigkeit nicht den Schluß auf die Erforderlichkeit einer anwaltlichen Vertretung zu. Es kann vielmehr verlangt werden, daß der die Prozeßkostenhilfe begehrende Antragsteller nähere Angaben zu seinen persönlichen Verhältnissen wie der Aufenthaltsdauer usw. macht.

Auch die weitere Erwägung des Landessozialgerichts, der Fall weise keine besonderen rechtlichen Problemstellungen auf, ist verfassungsrechtlich nicht zu beanstanden. Zwar mag dem Beschwerdeführer ohne weiteres in seiner Auffassung zu folgen sein, daß das Sozialrecht insgesamt eine schwierige und komplizierte Rechtsmaterie sei. Gleichwohl ist nach der – auf durchgreifende verfassungsrechtliche Bedenken nicht treffenden – gesetzgeberischen Entscheidung die Beiordnung eines Antwalts nicht in jedem Fall vorgeschrieben. Erforderlich ist die Beiordnung vielmehr nur dann, wenn die Sach- oder Rechtslage im Einzelfall schwierig oder schwer zu überschauen ist (vgl. *Meyer-Ladewig,* aaO, unter Hinweis auf LSG NRW Anw. Bl. 1986, 456). Die Einschätzung des Fachgerichts, der vorliegende Fall weise keine besonderen sachlichen und rechtlichen Schwierigkeiten auf, unterliegt keiner näheren Überprüfung durch den Verfassungsgerichtshof.

Schließlich hat das Landessozialgericht die Frage der Erforderlichkeit einer Beiordnung auch unter dem Blickwinkel der Auswahl eines Sachverständigen im Rahmen des § 109 SGG geprüft. Wenn es unter Hinweis auf die Möglichkeit, den behandelnden Arzt zu Rate zu ziehen, die Voraussetzungen des § 121 Abs. 2 Satz 1 ZPO verneinte, ist auch hiermit eine Verkennung verfassungsrechtlicher Maßstäbe nicht verbunden. Schwierigkeiten im medizinischen Bereich führen nach dem sozialgerichtlichen Schrifttum für sich genommen noch nicht zur Erforderlichkeit einer Beiordnung (vgl. *Meyer-Ladewig* aaO). Die Hinweise des Beschwerdeführers auf die Spruchpraxis anderer Sozialgerichte (Beschwerdeschrift S. 14) sind nicht geeignet, einen Verfassungsverstoß im konkreten Fall darzutun.

Diese Entscheidung ist mit 5 zu 3 Stimmen ergangen.

Die Entscheidung über die Kosten folgt aus den §§ 33, 34 VerfGHG.

Dieser Beschluß ist unanfechtbar.

Sondervotum des Vizepräsidenten Dr. Storost und der Richterinnen Arendt-Rojahn und Dr. Möcke

Die angegriffenen Beschlüsse des Sozialgerichts und des Landessozialgerichts verletzen nach unserer Auffassung das Grundrecht des Beschwerdeführers auf Gleichheit vor dem Gesetz (Art. 10 Abs. 1 VvB) in Verbindung mit dem Rechtsstaatsprinzip. Sie genügen nicht dem daraus folgenden Gebot einer weitgehenden Angleichung der Situation von Bemittelten und Unbemittelten bei der Verwirklichung des Rechtsschutzes (vgl. Beschluß vom 8. Februar 1995 – VerfGH 104/94 – LVerfGE 3, 10, 13). Denn sie legen bei der Auslegung des gesetzlichen Tatbestandsmerkmals der Erforderlichkeit anwaltlicher Vertretung, von dessen Erfüllung die Beiordnung eines Rechtsanwalts gemäß § 121 Abs. 2 Satz 1 ZPO im vorliegenden Fall u. a. abhängt, einen Maßstab an, der in Verkennung der Einwirkung des genannten Grundrechts auf das einfache Recht die Anforderungen an dieses Tatbestandsmerkmal überspannt.

Zutreffend hebt die entscheidungstragende Mehrheit hervor, daß den verfassungsrechtlichen Anforderungen an die Gleichheit und Effektivität des Rechtsschutzes dadurch Rechnung zu tragen ist, daß sich das Gericht bei der Auslegung jenes Tatbestandsmerkmals an der Frage orientiert, ob sich im konkreten Fall eine bemittelte Prozeßpartei vernünftigerweise anwaltlicher Hilfe bedienen würde. Die angegriffenen Beschlüsse genügen dieser Anforderung nach unserer Auffassung jedoch nicht.

Der Beschluß des Sozialgerichts vom 12. September 1996 beschränkt sich auf die Feststellung, daß die Gegenseite nicht durch einen Rechtsanwalt vertreten und kein Grund dafür ersichtlich sei, daß der Beschwerdeführer außerstande sein könnte, seine Interessen selbst zu vertreten und sein Begehren eindeutig zu äußern. Die Frage, ob sich im konkreten Fall eine bemittelte Prozeßpartei vernünftigerweise anwaltlicher Hilfe bedienen würde, wird damit nicht in den Blick genommen. Auch der ergänzende Hinweis des Sozialgerichts auf den Amtsermittlungsgrundsatz (§§ 103, 106 SGG) ist – wie die Mehrheit einräumt – für sich genommen nicht geeignet, die Erforderlichkeit der Beiordnung in einer den verfassungsrechtlichen Anforderungen gerecht werdenden Weise in Frage zu stellen.

Das Landessozialgericht hat in seinem Beschluß vom 6. November 1996 diesen durch Anlegung eines fehlerhaften Maßstabs begangenen Verfassungsverstoß nicht geheilt, sondern im Gegenteil mit der Feststellung bestätigt, das Sozialgericht habe den Anspruch des Beschwerdeführers auf Prozeßkostenhilfe „mit zutreffenden Gründen, auf die Bezug genommen wird", abgelehnt. Nur ergänzend hat es das Vorbringen des Klägers im Beschwerdeverfahren dahingehend gewürdigt, daß es keinen Anlaß zu einer anderen Auffassung gebe, weil Sprachprobleme oder eine besondere Unbeholfenheit, die anwaltliche Vertretung erforderlich machen könnten, nach dem Inhalt der Akten nicht ersichtlich seien. Auch die weitere Erwägung des Landessozialgerichts, „besondere rechtliche Problemstellungen" weise der Fall nicht auf, schöpft den verfassungsrechtlich gebotenen Maßstab nicht aus. Ob sich im konkreten Fall eine bemittelte Prozeßpartei vernünftigerweise anwaltlicher Hilfe bedienen würde, hängt nämlich nicht nur vom Schwierigkeitsgrad der rechtlichen Problemstellungen ab. Vielmehr wird regelmäßig auch dann, wenn ausschließlich oder schwerpunktmäßig tatsächliche Fragen im Streit sind, die möglicherweise durch eine Beweisaufnahme geklärt werden müssen, ein Bemittelter vernünftigerweise einen Rechtsanwalt mit der Wahrnehmung seiner Interessen beauftragen, wenn – was hier naheliegt – im Kenntnisstand und in den Fähigkeiten der Prozeßpartei ein deutliches Ungleichgewicht besteht (so ausdrücklich BVerfG, NJW 1997, 2103 f). Dies gilt um so mehr, wenn – was hier ebenfalls naheliegt – der Rechtsstreit für die künftige soziale Stellung des Klägers, z. B. wegen des Begehrens erheblicher laufender Leistungen, von besonderer Bedeutung ist. Gerade in Rechtsstreitigkeiten mit medizinischen Problemen kann es in vielen Fällen erforderlich sein, einen Rechtsanwalt beizuordnen, weil das Erfassen der medizinischen Gesamtproblematik, insbesondere im Zusammenhang mit Kausalitätsfragen, möglicherweise erheblicher Anstrengungen bedarf (vgl. *Rohwer-Kahlmann/Wendt/Ackermann,* SGB, Stand Juli 1996, § 73 a/§ 121 ZPO Rn. 19). Daß im vorliegenden Fall solche sachlichen Schwierigkeiten auszuschließen sind, läßt sich den angegriffenen Beschlüssen nicht entnehmen, zumal sie ausdrücklich offenlassen, ob die Rechtsverfolgung des Beschwerdeführers hinreichende Aussicht auf Erfolg hat. Die der Entscheidung der Mehrheit zugrundeliegende Annahme, nach Einschätzung des Fachgerichts weise der vorliegende Fall auch keine besonderen sachlichen Schwierigkeiten auf, findet hiernach in diesen Beschlüssen keine Grundlage. Eine eigene Prüfung nach Maßgabe der einfach-rechtlichen Bestimmungen ist dem Verfassungsgerichtshof versagt.

Die angegriffenen Beschlüsse hätten deshalb aufgehoben und die Sache hätte an das Sozialgericht zurückverwiesen werden müssen.

Nr. 3

Überprüfung einer arbeitsgerichtlichen Entscheidung am Maßstab des Grundrechts auf Gehör und des Willkürverbots.

Verfassung von Berlin Art. 10, 15 Abs. 1 und 4

Beschluß vom 20. August 1997 – VerfGH 46/97 –

im dem Verfahren über die Verfassungsbeschwerde
des Herrn A. S.
gegen das Urteil des Landesarbeitsgerichts Berlin vom 3. April 1997 – 7 Sa 77/96

Entscheidungsformel:

Die Verfassungsbeschwerde wird zurückgewiesen.
Das Verfahren ist gerichtskostenfrei.
Auslagen werden nicht erstattet.

Gründe:

I.

Der Beschwerdeführer begehrte im Ausgangsverfahren vor der Arbeitsgerichtsbarkeit des Landes Berlin die Feststellung der Unwirksamkeit der Befristung seines Arbeitsverhältnisses und eine Weiterbeschäftigung bei voller Anzahl der Pflichtstunden. Er ist seit dem 18. Oktober 1993 auf der Grundlage mehrerer nacheinanderfolgender befristeter Verträge mit dem Land Berlin als Lehrer an der K.-Schule beschäftigt.

Nachdem ihm der Abschluß eines weiteren, erstmals allerdings nur 17 Wochenstunden umfassenden Arbeitsvertrags (sog. Zwei-Drittel-Stelle) angeboten worden war, übergab der Beschwerdeführer am 2. August 1996 dem Landesschulamt eine von ihm am 31. Juli 1996 unterschriebene Vorbehaltserklärung mit folgendem Wortlaut: „Bezugnehmend auf die Vereinbarung zwischen der GEW und der Senatsschulverwaltung vom 22. Mai 1996 zur Beschäftigungssicherung und Unterrichtsversorgung in der Berliner Schule erkläre ich zu meinem Arbeitsvertrag vom 2. August 1996 folgendes: Die Unterzeichnung des vorliegenden Arbeitsvertrages bedeutet nicht, daß ich die Wirksamkeit der Befristung vorheriger Verträge anerkenne und daß ich darauf verzichte, die Unwirksamkeit der Befristung des bisherigen Arbeitsvertrages geltendzumachen".

Auf die Klage des Beschwerdeführers hat das Arbeitsgericht Berlin mit Urteil vom 26. September 1996 die Feststellung getroffen, daß zwischen dem Beschwerdeführer und dem Land Berlin ein unbefristetes Arbeitsverhältnis besteht. Überdies hat es das Land Berlin verpflichtet, den Beschwerdeführer auf der Grundlage des Vertrags vom 14. Juli 1995 mit einer vollen Anzahl von Wochenstunden weiterzubeschäftigen. Auf die Berufung des Landes Berlin fand am 3. April 1997 eine mündliche Verhandlung vor dem Landesarbeitsgericht Berlin statt, in der der Vorsitzende Richter unter Hinweis auf eine Vorberatung der Kammer zu erkennen gab, die Kammer könne die Befristung des Vertrags vom 2. August 1996 für unwirksam halten, doch spreche einiges für einen Weiterbeschäftigungsanspruch lediglich auf der Grundlage dieses Vertrags, d. h. im Umfang von 17 Wochenstunden, da der vom Beschwerdeführer erklärte Vorbehalt sich nach seinem Wortlaut nicht auf die Stundenreduzierung beziehe.

Durch Urteil vom 3. April 1997 hat das Landesarbeitsgericht Berlin unter Zurückweisung der Berufung im übrigen festgestellt, daß zwischen dem Land Berlin und dem Beschwerdeführer ein unbefristetes Arbeitsverhältnis im Umfang von 17 Unterrichtsstunden wöchentlich besteht. Es hat dem Arbeitsgericht in der Ansicht beigepflichtet, die Befristung des Arbeitsverhältnisses mit dem Beschwerdeführer sei aus dem Gesichtspunkt der sogenannte Dauervertretung unwirksam. Im übrigen hat es erkannt, die Parteien hätten in dem Arbeitsvertrag vom 2. August 1996 die Nichtvollbeschäftigung bei einer Zahl von 17 Unterrichtsstunden wöchentlich vereinbart. Damit hätten sie zum Ausdruck gebracht, daß fortan allein der neue Vertrag für ihre Rechtsbeziehungen maßgebend sein sollte. Die Vorbehaltserklärung vom 31. Juli 1996 beschränke sich auf die Nichtanerkennung der „Befristung vorheriger Verträge" und auf das Fehlen des Verzichts auf die Geltendmachung der „Unwirksamkeit der Befristung des bisherigen Arbeitsvertrages". Sie beziehe sich nicht auf die Zahl der Pflichtstunden.

Die Revision gegen dieses Urteil hat das Landesarbeitsgericht nicht zugelassen.

Gegen den zweiten Teil des Urteils des Landesarbeitsgerichts sowie gegen die Nichtzulassung der Revision wendet sich der Beschwerdeführer mit seiner Verfassungsbeschwerde. Er rügt einen Verstoß gegen Art. 15 Abs. 1 und 4 VvB sowie gegen das durch Art. 10 Abs. 1 VvB begründete Willkürverbot. Er macht geltend, in dem Umfang, in dem das Urteil des Landesarbeitsgerichts angegriffen werde, stelle es sich als eine den Anspruch auf rechtliches Gehör verletzende „Überraschungsentscheidung" dar. Das Landesarbeitsgericht habe erstmals im Termin am 3. April 1997 für alle Prozeßbeteiligten unerwartet die Auffassung vertreten, der Vorbehalt des Beschwerdeführers vom 31. Juli 1996 erfasse nicht die Stundenreduzierung des Arbeitsvertrags vom 2. August 1996. Es habe entscheidungserhebliches Vorbringen nicht berücksichtigt, indem der wirkliche, der Vorbehaltserklärung zugrundeliegende Wille entgegen § 133 BGB trotz ausreichenden Vortrags sowie protokollierten Beweisantritts in der mündlichen Verhandlung am 3. April 1997 nicht aufgeklärt und erforscht worden sei. Durch diese Verfahrensweise des Landesarbeitsgerichts werde zugleich der durch Art. 15 Abs. 4 VvB garantierte Anspruch auf eine tatsächlich wirksame gerichtliche Kontrolle vereitelt. Schließlich sei das Urteil des Landesarbeitsgerichts in dem angegriffenen Umfang als willkürlich zu qualifizieren. Insoweit sei die Entscheidung unter keinem rechtlichen Aspekt vertretbar und offenbar allein von dem Gedanken getragen, über den Einzelfall hinaus weitere hunderte Lehrer zu zwingen, auf 17 Wochenstunden reduzierte Vertragsangebote des Landes Berlin anzunehmen. Auch die Nichtzulassung der Revision verletze Art. 10 und Art. 15 Abs. 1 und 4 VvB, da die Rechtssache grundsätzliche Bedeutung habe.

II.

Die Verfassungsbeschwerde hat keinen Erfolg.

1. Die Verfassungsbeschwerde ist zulässig. Namentlich ist im vorliegenden Fall der von § 49 Abs. 2 Satz 1 VerfGHG geforderten Rechtswegerschöpfung genügt. Das Landesarbeitsgericht hat die Revision nicht zugelassen. Die Aussicht, durch die Einlegung einer Nichtzulassungsbeschwerde gemäß § 72 a ArbGG die Eröffnung einer weiteren Instanz zu erreichen, war offenbar unbegründet. Unter diesen Umständen ist die Einlegung einer Nichtzulassungsbeschwerde als Voraussetzung für die Rechtswegerschöpfung unzumutbar (vgl. Urteile vom 12. Oktober 1994 – VerfGH 53/94 – NJ 1995, 373, und vom 19. Oktober 1992 – VerfGH 24/92 – LVerfGE

1, 9, 19 = NVwZ 1993, 1093). Auch scheitert die Zulässigkeit der Verfassungsbeschwerde nicht deshalb, weil das Landesarbeitsgericht bei seiner Entscheidung Bundesrecht angewandt hat. Denn die in den als verletzt gerügten Art. 15 Abs. 1 und 4 VvB sowie Art. 10 Abs. 1 VvB gewährleisteten Grundrechte sind inhaltsgleich mit den in den Art. 103 Abs. 1, 19 Abs. 4 und 3 Abs. 1 GG enthaltenen bundesrechtlichen Verbürgungen und daher nach der ständigen Rechtsprechung des Verfassungsgerichtshofs (vgl. u. a. Beschluß vom 2. Dezember 1993 – LVerfGE 1, 169, 179 ff = NJW 1994, 436) durch die öffentliche Gewalt des Landes Berlin zu beachten sowie in Verfassungsbeschwerdeverfahren beim Verfassungsgerichtshof rügefähig.

2. Die Verfassungsbeschwerde ist jedoch unbegründet. Entgegen der Auffassung des Beschwerdeführers ist die Entscheidung des Landesarbeitsgerichts insoweit, als sie mit der Verfassungsbeschwerde angegriffen wird, (landes-)verfassungsrechtlich nicht zu beanstanden.

a) Zu Unrecht meint der Beschwerdeführer, das Urteil des Landesarbeitsgerichts sei mit Blick auf den von ihm angenommenen Umfang der Vorbehaltserklärung vom 31. Juli 1996 als unzulässige „Überraschungsentscheidung" zu werten und verletze damit den durch Art. 15 Abs. 1 VvB gewährleisteten Anspruch auf rechtliches Gehör.

Art. 15 Abs. 1 VvB ist eine Folgerung aus dem Rechtsstaatsgedanken für das Gebiet des gerichtlichen Verfahrens. Die verfahrensrechtlichen Regeln müssen ein Ausmaß rechtlichen Gehörs eröffnen, das sachangemessen ist, um dem aus dem Rechtsstaatsprinzip folgenden Erfordernis eines wirkungsvollen Rechtsschutzes gerecht zu werden. Es gilt, dem jeweiligen Beteiligten die Möglichkeit zu geben, sich im gerichtlichen Verfahren mit tatsächlichen und rechtlichen Argumenten zu behaupten (vgl. etwa Beschluß vom 28. Januar 1997 – VerfGH 114/96 –). Deshalb verbietet Art. 15 Abs. 1 VvB, einer gerichtlichen Entscheidung Tatsachen und Beweisergebnisse zugrundezulegen, zu denen sich zu äußern den Verfahrensbeteiligten vorher keine Gelegenheit gegeben worden ist. Angesichts dessen stellt sich eine gerichtliche Entscheidung als unzulässiges „Überraschungsurteil" und damit als Verletzung des Anspruchs auf rechtliches Gehör dar, wenn das Gericht einen bis dahin nicht erörterten rechtlichen oder tatsächlichen Gesichtspunkt zur Grundlage seiner Entscheidung macht und damit dem Rechtsstreit eine Wendung gibt, mit der die Beteiligten nach dem bisherigen Verlauf des Verfahrens nicht zu rechnen brauchten. Ein solcher Fall ist hier indes nicht gegeben.

Nach dem eigenen Vorbringen des Beschwerdeführers hat der Vorsitzende des Landesarbeitsgerichts im Rahmen der mündlichen Verhandlung am 3. April 1997 darauf hingewiesen, die Vorbehaltserklärung des Beschwerdeführers beziehe sich wohl einzig auf die Nichtanerkennung der Befristung vorheriger Verträge und auf das Fehlen des Verzichts auf die Geltendmachung der Unwirksamkeit der Befristung des bisherigen Arbeitsvertrags, nicht aber auf die Reduzierung der Zahl der Pflichtstunden auf 17. Deshalb mußte der Beschwerdeführer vernünftigerweise damit rechnen, das Landesarbeitsgericht werde sein Urteil auf diese Rechtsauffassung stützen und in der Folge seinem Begehren insoweit nicht stattgeben. In Wahrheit rügt der Beschwerdeführer eine Verletzung des rechtlichen Gehörs auch nicht oder jedenfalls nicht in erster Linie unter dem Blickwinkel einer Überraschungsentscheidung, sondern meint, das Landesarbeitsgericht habe Art. 15 Abs. 1 VvB deshalb verletzt, weil es dem von ihm formulierten Beweisangebot nicht nachgegangen sei. Auch das geht indes fehl. Denn Art. 15 Abs. 1 VvB gewährt keinen Schutz dagegen, daß das Gericht das Vorbringen eines Beteiligten einschließlich eines Beweisangebots aus Gründen namentlich des materiellen Rechts unberücksichtigt läßt (vgl. ebenso zu Art. 103 Abs. 1 GG BVerfG, u. a. Beschluß vom 30. Januar 1985 – 1 BvR 393/84 – BVerfGE 69, 141, 143 f). So liegen die Dinge hier.

Der Beschwerdeführer hat vor dem Landesarbeitsgericht behauptet, Sinn und Zweck seiner Vorbehaltserklärung vom 31. Juli 1996 und der darin in Bezug genommenen Vereinbarung zwischen der GEW Berlin und der Senatsschulverwaltung vom 22. Mai 1996 sei es gewesen, ihm auch die Möglichkeit zu erhalten, die damals im Raum stehende Reduzierung der Pflichtstundenzahl als unwirksam geltend zu machen. Mit Blick auf die angesprochene Vereinbarung hat der Beschwerdeführer Beweis durch Vernehmung des Vorsitzenden der GEW Berlin und der Senatorin für Schulwesen angeboten. Das Landesarbeitsgericht hat angenommen, dieses Beweisangebot sei unerheblich. Für die Auslegung der vom Beschwerdeführer abgegebenen (Vorbehalts-)Erklärung komme es nämlich ausschlaggebend nicht darauf an, was die Gewerkschaft mit der Senatsschulverwaltung vereinbart habe, sondern darauf, was er selbst im Rahmen einer Vertragsbeziehung zum Land Berlin erklärt habe. Seine Erklärung aber beziehe sich eindeutig allein auf die Befristung. Es mag dahinstehen, ob diese Annahme des Landesarbeitsgerichts durch das einfache Recht zwingend geboten ist oder ob sie – wie der Beschwerdeführer glaubt – auf einer Verletzung des § 133 BGB beruht. Jedenfalls läßt sie keinen Verstoß gegen verfassungsrechtlich relevante Grundsätze erkennen.

b) Die Rüge des Beschwerdeführers, das Landesarbeitsgericht habe mit seiner Entscheidung gegen Art. 15 Abs. 4 VvB verstoßen, greift ebenfalls nicht durch. Das angefochtene Urteil läßt in der Sache keinen Verstoß gegen den durch diese Vorschrift verbürgten Anspruch auf einen wirkungsvollen

Rechtsschutz erkennen. Wie bereits dargelegt worden ist, hat das Landesarbeitsgericht das Recht des Beschwerdeführers, im Verfahren gehört zu werden, weder durch eine unzulässige Überraschungsentscheidung noch dadurch beeinträchtigt, daß es Vorbringen nicht berücksichtigt hat, auf das es nach der dem angegriffenen Urteil zugrundeliegenden Auslegung des materiellen Rechts ankam. Sonstige Anhaltspunkte, die den Anspruch des Beschwerdeführers auf wirkungsvollen Rechtsschutz berühren könnten, sind weder von ihm vorgebracht worden noch sonst ersichtlich.

c) Ferner kann der Auffassung des Beschwerdeführers nicht gefolgt werden, das Landesarbeitsgericht habe mit seiner Auslegung der Vorbehaltserklärung vom 31. Juli 1996 gegen das auch zugunsten des Beschwerdeführers durch Art. 10 Abs. 1 VvB verbürgte Willkürverbot verstoßen (vgl. zur Herleitung dieses Verbots aus dem Gleichbehandlungsgrundsatz schon Beschluß vom 17. Februar 1993 – VerfGH 53/92 – LVerfGE 1, 65, 67).

Eine gerichtliche Entscheidung verletzt das verfassungsrechtliche Willkürverbot ausschließlich, wenn sie „unter keinem denkbaren Aspekt rechtlich vertretbar ist und sich daher der Schluß aufdrängt, daß sie auf sachfremden Erwägungen beruht" (vgl. zum Bundesrecht BVerfG, u. a. Beschluß vom 26. Mai 1993 – 2 BvR 208/93 – BVerfGE 89, 1, 14). Deshalb ist weder eine fehlerhafte Auslegung eines Gesetzes oder – wie hier – einer Willenserklärung noch eine fehlerhafte Würdigung eines Tatbestands allein schon als willkürlich zu werten. Willkür liegt vielmehr erst dann vor, wenn die Rechtslage in krasser Weise verkannt worden ist, d. h. wenn bei objektiver Würdigung der Gesamtumstände die Annahme geboten ist, die vom Gericht vertretene Rechtsauffassung sei im Bereich des schlechthin Abwegigen anzusiedeln (vgl. u. a. Beschluß vom 25. April 1994 – VerfGH 34/94 – LVerfGE 2, 16, 18). Davon kann nicht gesprochen werden, wenn sich das Gericht eingehend mit der Rechtslage beschäftigt hat und seine Schlußfolgerungen nicht jedes sachlichen Grundes entbehren. Das ist hier der Fall.

Das Landesarbeitsgericht hat erkannt, in dem am 2. August 1996 unterzeichneten Arbeitsvertrag hätten der Beschwerdeführer und das Land Berlin die Nichtvollbeschäftigung bei einer Zahl von 17 Unterrichtsstunden wöchentlich vereinbart. Damit hätten die Vertragsparteien zum Ausdruck gebracht, daß fortan allein der neue Vertrag für ihre Rechtsbeziehungen maßgebend sein sollte. Ausgenommen von der Vereinbarung der Geltung des neuen Arbeitsvertrags sollte lediglich die Frage der Wirksamkeit oder Unwirksamkeit der Befristungsabrede sein. Insofern habe der Beschwerdeführer seine Vorbehaltserklärung vom 31. Juli 1996 abgegeben. Mit dieser Erklärung habe er sich die Möglichkeit vorbehalten, die Wirksamkeit der Befristung des vorletzten Vertrages überprüfen zu lassen, und zu erkennen gegeben, daß er den weiteren befristeten Vertrag nur für den Fall abschließe, daß er nicht bereits aufgrund des vorangegangenen Vertrages in einem unbefristeten Arbeitsverhältnis stehe. Die Vorbehaltserklärung beschränke sich auf die Nichtanerkennung der „Befristung vorheriger Verträge" und auf das Fehlen des Verzichts auf die Geltendmachung der „Unwirksamkeit der Befristung des bisherigen Arbeitsvertrages". Sie beziehe sich nicht auf die Zahl der Pflichtstunden. Ein Vorbehalt des Beschwerdeführers hinsichtlich der Zahl der Pflichtstunden hätte als Ablehnung des vom Land Berlin gemachten Vertragsangebots über 17 Stunden gegolten (§ 150 Abs. 2 BGB). Das Land Berlin hätte sich im übrigen, wie der Vertreter des Landesschulamtes in der letzten mündlichen Verhandlung bestätigt habe, mit einem dahingehenden Vorbehalt nicht einverstanden erklärt und mit dem Beschwerdeführer dann überhaupt keinen neuen Vertrag geschlossen. Wäre ein Vorbehalt auch hinsichtlich der Reduzierung der Stundenzahl gemeint oder gewollt gewesen, so hätte es insoweit einer ausdrücklichen Erwähnung in der Erklärung bedurft. Wer Vorbehalte zu zwei Punkten meine, der anderen Vertragspartei gegenüber aber nur einen Vorbehalt erkläre, könne sich nicht mit Erfolg darauf berufen, auch der andere Vorbehalt würde gelten.

Es kann offenbleiben, ob die damit gekennzeichnete Würdigung des Sachverhalts und die gezogenen Schlußfolgerungen mehr oder weniger zu überzeugen vermögen. Darauf kommt es in diesem Zusammenhang nicht an. Jedenfalls kann keine Rede davon sein, die Auffassung des Landesarbeitsgerichts entbehre jeder rechtlichen Grundlage, sei unter keinem denkbaren Aspekt nachvollziehbar und müsse deshalb als willkürlich qualifiziert werden.

Im Ergebnis entsprechendes gilt mit Blick auf das weitere Vorbringen des Beschwerdeführers, er habe eine Zusage auf eine unbefristete Weiterbeschäftigung bei voller Stundenzahl durch den früheren Bezirksstadtrat J. und schon zuvor durch den Schulrat R. erhalten. Insoweit hat das Landesarbeitsgericht erkannt, diese Zusagen hätten sich allein auf eine Weiterbeschäftigung überhaupt bezogen, jedoch keine Erklärung zum Umfang der Beschäftigung enthalten. Sofern die Personen, die diese Zusagen abgegeben hätten, an den Umfang der für später zugesagten Beschäftigung nicht gedacht oder eine Weiterbeschäftigung in unverändertem, gegebenenfalls vollem Umfang im Sinn gehabt haben sollten, wäre diese Vorstellung jedenfalls durch das dem Kläger gemachte und von ihm angenommene Angebot eines Vertrags mit einer Zahl von 17 Pflichtstunden wöchentlich in zulässiger Weise geändert und gleichsam überholt worden. Auch diese Ausführungen des Landesarbeitsgerichts rechtfertigen nicht die Annahme, sie könnten im Bereich des schlechthin Abwegigen anzusiedeln und deshalb als willkürlich anzusehen sein.

d) Ein Verfassungsverstoß liegt schließlich auch nicht insoweit vor, als das Landesarbeitsgericht die Revision gegen sein Urteil, soweit es dem Begehren des Beschwerdeführers nicht stattgab, nicht zugelassen hat. Insbesondere sind keine Umstände ersichtlich, die den Schluß aufdrängen, daß es die grundsätzliche Bedeutung der Rechtssache willkürlich verneint hat. Die in der Beschwerdeschrift hierfür angeführten Gesichtspunkte zeigen keine grundsätzliche, höchstrichterlich noch nicht geklärte Rechtsfrage auf, die für die Entscheidung des Landesarbeitsgerichts von Bedeutung war.

Die Kostenentscheidung beruht auf §§ 33 f VerfGHG.

Dieser Beschluß ist unanfechtbar.

Nr. 4

Aus der durch die Verfassung von Berlin begründeten Pflicht der Einstellungsbehörde, Anhaltspunkten für Zweifel an der Eignung eines Beamtenbewerbers nachzugehen, folgt im Einzelfall deren Recht, an den Bewerber ggf. auch Fragen nach einer Zusammenarbeit mit dem Ministerium für Staatssicherheit zu stellen.

Das Fragerecht der Einstellungsbehörde findet eine zeitliche Schranke in dem Grundsatz der Verhältnismäßigkeit. Für diese Begrenzung des Fragerechts ist in erster Linie abzustellen auf die Veränderung der persönlichen Ansichten und Einstellung während der Existenz des Herrschaftssystems der Deutschen Demokratischen Republik und des Ministeriums für Staatssicherheit.

Hat ein Angestellter des Landes im Rahmen eines Verfahrens zu seiner Verbeamtung die ihm zulässigerweise gestellte Frage nach einer Zusammenarbeit mit dem Ministerium für Staatssicherheit bewußt wahrheitswidrig beantwortet, so ist das Land durch das Grundrecht auf informationelle Selbstbestimmung grundsätzlich nicht daran gehindert, diesen Umstand zu Lasten des Angestellten bei einer Kündigung seines Arbeitsverhältnisses zu verwerten.

Verfassung von Berlin 1950 Art. 11, 13, 21 b

Beschluß vom 17. Dezember 1997 – VerfGH 2/96 –

in dem Verfahren über die Verfassungsbeschwerde
des Herrn D. S.
gegen
1. das Urteil des Arbeitsgerichts Berlin vom 10. Februar 1995 – 19 Ca 22266/94 –,
2. das Urteil des Landesarbeitsgerichts Berlin vom 19. September 1995 – 3 Sa 62/95 –

Entscheidungsformel:

Die Verfassungsbeschwerde wird zurückgewiesen.
Das Verfahren ist gerichtskostenfrei.
Auslagen werden nicht erstattet.

Gründe:

I.

1. Der Beschwerdeführer ist Ingenieur in der Fachrichtung Technologie und erlangte Anfang der 70iger Jahre nach einem postgradualen Studium den Studienabschluß eines Fachingenieurs für elektronische Datenverarbeitung. Nach einer Tätigkeit in Betrieben der Deutschen Demokratischen Republik wurde er im Jahre 1987 zum Ministerium für Elektrotechnik/Elektronik delegiert und zum 1. Juli 1989 in den Dienst dieses Ministeriums übernommen. Im Zuge der Abwicklung des Ministeriums endete das Arbeitsverhältnis des Beschwerdeführers aufgrund der Vorschriften des Einigungsvertrages. Nach einer Fortbildung im Bereich des kommunalen Marketing wurde der Beschwerdeführer mit Wirkung vom 11. Februar 1991 als Angestellter im Wirtschaftsamt im Bereich des Bezirksamts H. von Berlin eingestellt, wo er zuletzt als stellvertretender Amtsleiter und Gruppenleiter im Wirtschaftsamt tätig war. Zum Zwecke der Anrechnung von Vordienstzeiten füllte der Beschwerdeführer am 3. Dezember 1992 einen Fragebogen aus; die dort enthaltene Frage, ob er für das Ministerium für Staatssicherheit (MfS) tätig oder zu informeller/inoffizieller Mitarbeit für diese Einrichtung verpflichtet gewesen sei, verneinte er. Im Rahmen einer vorgesehenen Verbeamtung wurde der Beschwerdeführer aufgefordert, einen Zusatzbogen zum Personalfragebogen auszufüllen. Darin verneinte er am 11. Mai 1994 erneut die Frage nach einer Tätigkeit für das MfS; dasselbe tat er hinsichtlich der Frage nach dem Erhalt von finanziellen Zuwendungen und der Abgabe einer schriftlichen Verpflichtungserklärung.

Mit Schreiben vom 15. Juli 1994 kündigte das Bezirksamt H. das Arbeitsverhältnis mit dem Beschwerdeführer zum 30. September 1994: Einem Einzelbericht des Bundesbeauftragten für die Unterlagen des Staatssicherheitsdienstes der ehemaligen Deutschen Demokratischen Republik vom 5. Mai 1994 sei zu entnehmen, daß der Beschwerdeführer beim MfS als IMK/KW (inoffizieller Mitarbeiter für Sicherung der Konspiration und des Verbindungswesens/Inhaber einer konspirativen Wohnung) unter dem Decknamen „N." geführt worden sei. Am 6. Januar 1970 habe er sich durch eigenhändige schriftliche Erklärung gegnüber dem MfS zur inoffiziellen Zusammenarbeit und überdies dazu verpflichtet, dem MfS ein Zimmer seiner damaligen Wohnung zur zeitweiligen Nutzung zur Verfügung zu stellen. Entsprechend den Zielvorstellungen des MfS habe er mindestens in zwei Fällen Stimmungs- und Meinungsberichte erarbeitet. Ferner sei den Unterlagen des Bundesbeauftragten zu entnehmen, daß der Beschwerdeführer am 11. Juni 1971 Gutscheine für 6 Zentner Kohlen vom MfS in Empfang genommen habe. Es sei somit festzustellen, daß der Beschwerdeführer die ihm gestellten Fragen am 11. Mai 1994 wahrheitswidrig beantwortet habe. Dieses Verhalten habe das für eine Weiterbeschäftigung im öffentlichen Dienst erforderliche Vertrauensverhältnis zerstört und zeige darüber hinaus die fehlende persönliche Eignung für einen weiteren Verbleib im öffentlichen Dienst.

Durch Urteil vom 10. Februar 1995 hat das Arbeitsgericht Berlin die Kündigungsschutzklage des Beschwerdeführers mit der Begründung abgewiesen, die Kündigung vom 15. Juli 1994 sei wirksam und sozial gerechtfertigt (§ 1 Abs. 2 Satz 1 KSchG). Es ist zu der Überzeugung gelangt, der Beschwerdeführer habe die in Rede stehenden Fragen am 11. Mai 1994 bewußt wahrheitswidrig beantwortet. Dies begründe einen Eignungsmangel, der die erklärte Kündigung trage.

Das Landesarbeitsgericht hat die Berufung des Klägers durch Urteil vom 19. September 1995 zurückgewiesen. Durch die bewußt wahrheitswidrige Beantwortung der im Fragebogen gestellten Fragen sei das erforderliche Vertrauensverhältnis weggefallen und die fehlende persönliche Eignung des Beschwerdeführers dokumentiert. Der Kündigung liege folglich ein Mischtatbestand zugrunde; das beklagte Land leite aus dem Vorwurf des Falschausfüllens ein die Vertragsgrundlage beeinträchtigendes Fehlverhalten des Beschwerdeführers (verhaltensbedingter Grund) und zugleich den personenbedingten Grund der mangelnden Eignung her. Das begründe die soziale Rechtfertigung der Kündigung.

Entgegen der Auffassung des Beschwerdeführers sei es dem beklagten Land nicht verwehrt gewesen, sich auf den bewußt falsch ausgefüllten Fragebogen zu berufen. Die Fragestellung sei zulässig und nicht verwirkt gewesen. Wie dem Beschwerdeführer bekannt gewesen sei, habe die Prüfung angestanden, ob er persönlich zur Übernahme in ein Beamtenverhältnis geeignet sei. Das beklagte Land habe folglich einen (neuen) Anlaß gehabt, der es berechtigt habe, all diejenigen Fragen an den Beschwerdeführer zu richten, die für seine Eignung als Beamter von Relevanz waren. In diesem Falle müsse das Recht auf informationelle Selbstbestimmung zurücktreten. Die Fragen nach einer Tätigkeit für das MfS und nach der Abgabe einer Verpflichtungserklärung seien für die Übernahme in ein Beamtenverhältnis zweifellos von überragender Bedeutung. Das beklagte Land habe demnach keine bei der Einstellung unterlassene Fragestellung in unzulässiger Weise nachgeholt, sondern aus neuem Anlaß berechtigterweise neu nachgefragt. Aus dem Zweck der Fragebogenaktion folge nicht, daß das Land im Falle eines falsch ausgefüllten Fragebogens darauf beschränkt sei, die Übernahme in ein Beamtenverhältnis abzulehnen. Mit Recht hebe es hervor, daß die persönliche Eignung eines Angestellten im öffentlichen Dienst einen Umstand darstelle, der diesem nicht nur bei seiner Einstellung, sondern dauerhaft anhaften müsse. Ergäben sich im nachhinein aufgrund neuer Erkenntnisse, die der öffentliche Arbeitgeber in anderem Zusammenhang aufgrund zulässiger Informationserlangung gewonnen habe, begründete Zweifel, so müsse er diese Kenntnisse auch verwerten können. Zu welchem Zweck sich der Arbeitgeber die Information verschafft und der Arbeitnehmer darauf reagiert habe, sei unerheblich.

In der bewußt falschen Beantwortung der Frage nach der Abgabe einer Verpflichtungserklärung liege eine konkrete Störung des für eine Weiterbeschäftigung im öffentlichen Dienst unabdingbaren Vertrauensverhältnisses. Der Beschwerdeführer habe es versäumt, durch eine wahrheitsgemäße Antwort die Grundlage für ein Vertrauen des Arbeitgebers in seine Redlichkeit zu schaffen. Demgegenüber falle nicht entscheidend ins Gewicht, daß Art, Intensität und Dauer des Kontaktes des Beschwerdeführers mit dem MfS unter Berücksichtigung des erheblichen Zeitablaufs nach Beendigung der Vorgangs allein nicht ohne weiteres für eine mangelnde persönliche Eignung zur Zeit der Kündigung gesprochen hätten. Das beklagte Land habe vielmehr zu Ungunsten des Beschwerdeführers darauf abheben dürfen, es sei mit der Stellung des Beschwerdeführers als stellvertretendem Amtsleiter und Gruppenleiter unvereinbar, daß er durch bewußtes Falschausfüllen des Fragebogens versuche, den Weg für eine notwendige Prüfung des Arbeitgebers zu versperren, ob die Vorgänge im Zusammenhang mit dem Kontakt zum MfS zu einer konkreten Beeinträchtigung des Arbeitsverhältnisses führen könnten.

Gegen die Nichtzulassung der Revision gegen dieses Urteil hat der Beschwerdeführer Nichtzulassungsbeschwerde beim Bundesarbeitsgericht eingelegt, die er jedoch später zurückgenommen hat.

2. Gegen die arbeitsgerichtlichen Urteile wendet sich der Beschwerdeführer mit seiner Verfassungsbeschwerde. Er rügt eine Verletzung der Grundrechte aus Art. 11, Art. 13 und Art. 21 b der Verfassung von Berlin in der im Zeitpunkt des Erlasses der gerichtlichen Entscheidung maßgeblichen Fassung vom 1. September 1950 (VOBl. I S. 433), zuletzt geändert durch Gesetz vom 8. Juni 1995 (GVBl. S. 339), – VvB 1950 – sowie eine Verletzung des Willkürverbots (Art. 6 Abs. 1 VvB 1950) und des Rechtsstaatsprinzips. Die angegriffenen Entscheidungen hätten Tragweite und Bedeutung des

Grundrechts auf freie Wahl des Arbeitsplatzes (Art. 11 VvB 1950) nicht hinreichend beachtet. Die einseitige Betonung der Interessen des beklagten Landes werde der Bedeutung des Grundrechts auf freie Wahl des Arbeitsplatzes nicht gerecht. Die Anforderungen an die Loyalität eines Angehörigen des öffentlichen Dienstes würden überspannt, wenn ihm zugemutet werde, nach Abschluß der Eignungsprüfung im Rahmen der Einstellung erneut durch die Beantwortung von Fragen Tatsachen kundzutun, die zu einer Beendigung seines Arbeitsverhältnisses führen könnten. Die Frage, die im Personalfragebogen vom 11. Mai 1994 gestellt worden sei, sei unzulässig, weil nicht erforderlich, um die Eignung festzustellen. Auf eine unzulässige Frage könne er – ungeachtet dessen, daß er an seinem Vortrag festhalte, nicht subjektiv die Unwahrheit gesagt zu haben – falsch antworten. Das Landesarbeitsgericht habe auch nicht hinreichend gewürdigt, daß er sich im Verlaufe seiner Tätigkeit ganz offensichtlich als geeignet erwiesen habe. Ein Verstoß gegen das Willkürverbot ergebe sich daraus, daß die Entscheidung auf der Einschätzung beruhe, er habe sich noch nicht von seiner Verstrickung zum MfS gelöst. Das durch Art. 21 b VvB 1950 verbürgte Recht auf informationelle Selbstbestimmung sei verletzt, weil ihm durch den Personalfragebogen angesonnen worden sei, persönliche Daten weiterzugeben, die seine berufliche Existenz bedrohen könnten und an deren Beantwortung kein schützenswertes Interesse des beklagten Landes anzuerkennen sei. Aus dem im Rechtsstaatsprinzip enthaltenen verfassungsrechtlichen Institut des Rechtsfriedens folge, daß gewisse Tatsachen nach längeren Zeitabläufen nicht mehr zum Nachteil eines Staatsbürgers verwandt werden dürften.

II.

Die Verfassungsbeschwerde hat keinen Erfolg.

1. Gemäß § 49 Abs. 1 VerfGHG kann jedermann Verfassungsbeschwerde mit der Behauptung erheben, durch die öffentliche Gewalt des Landes Berlin in einem seiner in der Verfassung von Berlin enthaltenen subjektiven Rechte verletzt zu sein. Soweit, wie hier, Gegenstand der Verfassungsbeschwerde die Anwendung von Bundesrecht ist, besteht die Prüfungsbefugnis des Verfassungsgerichtshofs in den Grenzen der Art. 142, 31 GG allein hinsichtlich solcher Grundrechte der Verfassung von Berlin, die inhaltlich nicht im Widerspruch zu Bundesrecht stehen (st. Rspr. u. a. Beschluß vom 2. Dezember 1993 – VerfGH 89/93 – LVerfGE 1, 169, 179 ff = NJW 1994, 437). Vor diesem Hintergrund kann sich der Beschwerdeführer sowohl auf eine Verletzung des Rechts auf freie Wahl des Arbeitsplatzes (Art. 11 VvB 1950), des Rechts auf gleichen Zugang zu allen öffentlichen

Ämtern (Art. 13 VvB 1950) und des Rechts auf informationelle Selbstbestimmung (Art. 21 b VvB 1950) als auch auf eine Verletzung des Willkürverbots (Art. 6 Abs. 1 VvB 1950) berufen, deren Verletzung er in einer den Anforderungen des § 50 VerfGHG genügenden Weise gerügt hat.

Art. 11 VvB 1950 steht – soweit er die freie Wahl des Arbeitsplatzes schützt – in Übereinstimmung mit Art. 12 Abs. 1 Satz 1 GG und bleibt neben dieser Grundrechtsgewährung des Grundgesetzes in Kraft (vgl. Beschluß vom 10. November 1993 – VerfGH 78/93 –; Beschluß vom 26. September 1996 – VerfGH 76/95 –). Da es vorliegend um einen Arbeitsplatz im öffentlichen Dienst geht, ist auch Art. 13 VvB 1950 berührt, der in Übereinstimmung mit Art. 33 Abs. 2 GG den Zugang zu allen öffentlichen Ämtern gewährleistet. Das in Art. 21 b VvB 1950 geschützte Recht des einzelnen, grundsätzlich selbst über die Preisgabe und Verwendung seiner persönlichen Daten zu bestimmen, entspricht dem aus Art. 2 Abs. 1 GG in Verbindung mit Art. 1 Abs. 1 GG hergeleiteten Recht auf informationelle Selbstbestimmung (vgl. BVerfGE 65, 1, 41; 85, 219, 224). Durch Art. 6 Abs. 1 VvB 1950 wird die umfassende Gleichheitsgarantie für alle Menschen in demselben Umfang wie durch Art. 3 Abs. 1 GG verbürgt (vgl. etwa Beschluß vom 19. Oktober 1995 – VerfGH 64/95 – LVerfGE 3, 104, 107).

Der Rechtsweg ist erschöpft (§ 49 Abs. 2 VerfGHG). Zur Erschöpfung des Rechtswegs gehört grundsätzlich auch eine gesetzlich vorgesehene Beschwerde gegen die Nichtzulassung der Revision, es sei denn, diese erweist sich von vornherein als aussichtslos (vgl. Urteil vom 19. Oktober 1992 – VerfGH 24/92 – LVerfGE 1, 9, 19; Beschluß vom 12. Oktober 1994 – VerfGH 53/94 – NJ 1995, 373). Da eine Abweichung der Entscheidung des Landesarbeitsgerichts von divergenzfähigen Entscheidung anderer Gerichte und damit die Voraussetzungen für die Zulassung der Revision gemäß § 72 a Abs. 1, § 72 Abs. 2 Nr. 2 ArbGG ersichtlich nicht vorlagen, kann dem Beschwerdeführer nicht vorgehalten werden, daß er das Beschwerdeverfahren durch Rücknahme beendet hat (vgl. Beschluß vom 26. September 1996 – VerfGH 76/95 –; BVerfGE 92, 140, 147, 149).

2. Die Verfassungsbeschwerde ist nicht begründet. Die angegriffenen Entscheidungen verletzen den Beschwerdeführer nicht in den von ihm bezeichneten Grundrechten.

a) Art. 11 VvB 1950 schützt u. a. die freie Wahl des Arbeitsplatzes. Diese umfaßt neben der Entscheidung für eine konkrete Beschäftigung auch den Willen des einzelnen, den Arbeitsplatz beizubehalten. Das Grundrecht entfaltet seinen Schutz gegen alle staatlichen Maßnahmen, die diese Wahlfreiheit beschränken (vgl. zu Art. 12 Abs. 1 GG: BVerfGE 84, 133, 146; 92, 140, 150; NJW 1997, 2307 f). Soweit es um Arbeitsverhältnisse des öffentlichen Dienstes geht, trifft Art. 13 VvB 1950 eine ergänzende Regelung. Er knüpft die Einstellung von Bewerbern um ein öffentliches Amt an besondere Eignungsanforderungen und verlangt deren gleichmäßige Handhabung. Zur charakterlichen Eignung im Sinne von Art. 13 VvB 1950 gehört u. a. auch die Fähigkeit und die innere Bereitschaft, die dienstlichen Aufgaben nach den Grundsätzen der Verfassung wahrzunehmen, insbesondere die Freiheitsrechte der Bürger zu wahren und rechtsstaatliche Regeln einzuhalten (vgl. zu Art. 33 Abs. 2 GG: BVerfGE 92, 140, 151; BVerfG, NJW 1997, 2307 f).

Das Recht auf informationelle Selbstbestimmung (Art. 21 b VvB 1950) verleiht jedem u. a. die Befugnis, grundsätzlich selbst zu entscheiden, wann und innerhalb welcher Grenzen er persönliche Sachverhalte offenlegen will. In besonderer Weise schützt das Grundrecht vor dem Verlangen, Informationen preiszugeben, die den Betreffenden selbst belasten (vgl. zum allgemeinen Persönlichkeitsrecht nach Art. 2 Abs. 1 in Verbindung mit Art. 1 GG, BVerfGE 56, 37, 41 = NJW 1981, 1431; BVerfG, NJW 1997, 2307 f).

b) Sowohl das Recht auf Arbeitsplatzwahl als auch das Recht auf informationelle Selbstbestimmung können durch Gesetz beschränkt werden. Im vorliegenden Fall beruhen die Kündigung und die ihr vorausgehende Befragung auf einer ausreichenden gesetzlichen Grundlage.

Im Falle des Beschwerdeführers waren nicht die besondere Kündigungsvorschriften des Einigungsvertrages (vgl. Anlage I Kapitel XIX Sachgebiet A Abschnitt III Nr. 1 Abs. 4 Ziffer 1 und Abs. 5) einschlägig, sondern das Kündigungsschutzgesetz, da das Arbeitsverhältnis nach dem 3. Oktober 1990 zustande gekommen war. Nach § 1 Abs. 2 KSchG ist eine Kündigung u. a. sozial ungerechtfertigt, wenn sie nicht durch Gründe, die in der Person oder in dem Verhalten des Arbeitnehmers liegen, bedingt ist. § 1 Abs. 2 KSchG stellt eine verfassungsrechtlich ausreichende gesetzliche Grundlage für einen Eingriff in die Berufswahlfreiheit dar. Art. 11 VvB 1950 gewährt keinen unmittelbaren Schutz vor Kündigung. Mit der Berufswahlfreiheit ist weder ein Anspruch auf Bereitstellung eines Arbeitsplatzes eigener Wahl noch eine Bestandsgarantie für den einmal gewählten Arbeitsplatz verbunden. Ebensowenig verleiht das Grundrecht unmittelbaren Schutz gegen den Verlust eines Arbeitsplatzes. Insoweit obliegt dem Staat lediglich eine aus der Berufswahlfreiheit folgende Schutzpflicht, der die geltenden Kündigungsvorschriften hinreichend Rechnung tragen (vgl. BVerfGE 84, 133, 146, 147).

Die im Jahre 1994 durchgeführte Befragung des Beschwerdeführers nach einer Zusammenarbeit mit dem Ministerium für Staatssicherheit (MfS) bezweckte nicht die Nachholung einer bei der Einstellung unterlassenen Befragung. Es ging, wie dem Beschwerdeführer nach den Feststellungen des Landesarbeitsgerichts bekannt war, vielmehr um die Vorbereitung der Prüfung, ob er persönlich zur Übernahme in ein Beamtenverhältnis geeignet war. Anders als bei der Befragung eines Arbeitnehmers im Rahmen der Entscheidung über die Aufrechterhaltung seines Arbeitsverhältnisses nach den Sonderkündigungstatbeständen des Einigungsvertrages, die einen Eingriff in das Recht auf informationelle Selbstbestimmung darstellt (vgl. BVerfG, NJW 1997, 2307 f; BVerwG, DtZ 1997, 140 f), verneint die Rechtsprechung namentlich des Bundesverwaltungsgerichts (BVerwG, DtZ 1997, 143 f) bei Bewerbern für die Ernennung zu Beamten unter Hinweis auf die Freiwilligkeit der Datenpreisgabe und die ihnen obliegende Darlegungs- und Mitwirkungslast bezüglich des Vorliegens der beamtenrechtlichen Voraussetzungen einen Eingriff in das informationelle Selbstbestimmungsrecht (vgl. BVerfG, LKV 1996, 102 zur Darlegungs- und Mitwirkungslast eines kommunalen Wahlbeamten). Ob dieser Gedanke auf die vorliegende Fallkonstellation, bei der der Beamtenbewerber bereits als Angestellter im öffentlichen Dienst beschäftigt und die geplante Ernennung zum Beamten Teil einer vom Dienstherrn eingeleiteten Verbeamtungsaktion ist, übertragen werden kann, bedarf keiner Entscheidung. Denn jedenfalls findet sich in § 9 Abs. 1 Nr. 2 LBG eine gesetzliche Grundlage für das Fragerecht des Dienstherrn.

Danach ist zwingende Einstellungsvoraussetzung, daß der Beamte die Gewähr dafür bietet, jederzeit für die freiheitliche demokratische Grundordnung im Sinne des Grundgesetzes und der Verfassung von Berlin einzutreten. § 9 Abs. 1 Nr. 2 LBG ist durch Art. 13 VvB 1950 verfassungsrechtlich legitimiert. Zu den Gemeinwohlgründen, die eine Einschränkung des Rechts auf informationelle Selbstbestimmung rechtfertigen können, gehören insbesondere die Belange, denen Art. 13 VvB 1950 mit den Anforderungen an den Zugang zum öffentlichen Dienst Rechnung trägt (vgl. zu Art. 33 Abs. 2 GG: BVerfG, NJW 1997, 2307 f). Es ist daher eine von der Verfassung von Berlin gebotene Pflicht der Einstellungsbehörde, Anhaltspunkten für Zweifel an einer Eignung nachzugehen. Daraus folgt das Recht der Behörde, an den Beamtenbewerber u. a. auch Fragen nach einer Zusammenarbeit mit dem Ministerium für Staatssicherheit zu stellen.

c) Die Auslegung und Anwendung der gesetzlichen Regelungen durch das Landesarbeitsgericht halten einer verfassungsrechtlichen Nachprüfung ebenfalls stand.

Bei der Auslegung und Anwendung grundrechtsbeschränkender Gesetze haben die Gerichte der wertsetzenden Bedeutung des eingeschränkten Grundrechts Rechnung zu tragen. Berührt eine arbeitsgerichtliche Entscheidung, wie hier, die Berufsfreiheit und den gleichen Zugang zu öffentlichen

Ämtern, so fordern Art. 11 VvB und 13 VvB 1950, daß die Gerichte diesen Rechten bei der Auslegung und Anwendung der einschlägigen Vorschriften Rechnung tragen.

Der Verfassungsgerichtshof hat im Rahmen der Verfassungsbeschwerde nur zu prüfen, ob die angegriffenen Entscheidungen Fehler erkennen lassen, die auf einer grundsätzlich unrichtigen Anschauung von der Bedeutung und Tragweite des Grundrechts, insbesondere vom Umfang seines Schutzbereiches beruhen (vgl. zum Bundesverfassungsrecht BVerfGE 84, 192, 195; BVerfGE 92, 140, 152 f). Dagegen ist es nicht Aufgabe des Verfassungsgerichtshofs zu kontrollieren, wie die Gerichte den Schutz im einzelnen auf der Grundlage des einfachen Rechts gewähren und ob ihre Auslegung den bestmöglichen Schutz sichert. Wie die Berufsfreiheit strahlt auch das einen Teilaspekt des allgemeinen Persönlichkeitsrechts bildende Recht auf informationelle Selbstbestimmung auf die Auslegung und Anwendung der gesetzlichen Vorschriften aus. Der Richter hat daher von Verfassungs wegen zu prüfen, ob von ihrer Anwendung im Einzelfall dieses Grundrecht berührt wird. Trifft das zu, hat er diese Vorschriften im Lichte des Grundrechts auszulegen und anzuwenden.

Bei Anlegung dieser Maßstäbe verletzen die angegriffenen Urteile den Beschwerdeführer nicht in seiner Berufswahlfreiheit und dem Recht auf informationelle Selbstbestimmung.

aa) Die Auffassung der Arbeitsgerichte, das Fragerecht des beklagten Landes sei nicht wegen Zeitablaufs erloschen, ist mit Bedeutung und Tragweite dieser Grundrechte vereinbar.

Das Bundesverfassungsgericht hat in seinem Urteil vom 8. Juli 1997 – 1 BvR 2111/94 u. a. – (NJW 1997, 2307, 2309) dem Fragerecht des öffentlichen Arbeitsgebers im Rahmen der Entscheidung über die Aufrechterhaltung eines Arbeitsverhältnisses auf der Grundlage der Sonderkündigungstatbestände des Einigungsvertrages Grenzen durch den Grundsatz der Verhältnismäßigkeit gezogen. Die Relevanz der Fragen nach früheren Tätigkeiten für das MfS werde durch den Einigungsvertrag begrenzt. Beide Kündigungstatbestände des Einigungsvertrages erforderten eine einzelfallbezogene Würdigung auch der Belastung des Arbeitnehmers, wobei hierzu auch eine Berücksichtigung des Zeitfaktors zähle. Unter Hinweis auf strafrechtliche Verjährungsfristen, Tilgungsvorschriften der Strafregisterbestimmungen sowie die Mitteilungsbeschränkungen im Stasi-Unterlagen-Gesetz in der Fassung des dritten Gesetzes zur Änderung vom 20. Dezember 1996 (BGBl. I, 2026) führt das Bundesverfassungsgericht aus, daß Tätigkeiten für das MfS, die vor dem Jahre 1970 abgeschlossen waren, keine oder jedenfalls nur äußerst geringe Bedeutung für den Fortbestand des Arbeitsverhältnisses haben können. Die Relevanz von Fragen nach Vorgängen, die mehr als 20 Jahre vor dem Beitritt abgeschlossen waren, stehe außer Verhältnis zu der Einschränkung des allgemeinen Persönlichkeitsrechts der Befragten. Es zieht daraus für die nach den Sonderkündigungstatbeständen des Einigungsvertrages befristet vorzunehmende Sonderprüfung der persönlichen Eignung der von der DDR übernommenen Angehörigen des öffentlichen Dienstes die Folgerung, daß die Befragten vor dem Jahre 1970 abgeschlossene Vorgänge verschweigen durften und es dem Arbeitgeber daher verwehrt gewesen sei, arbeitsrechtliche Konsequenzen aus deren unzutreffenden Antworten zu ziehen.

Diese Ausführungen sind auf die vorliegende Fallkonstellation, bei der es nicht um eine Prüfung nach den Sonderkündigungstatbeständen des Einigungsvertrages, sondern um eine Verbeamtung eines im Februar 1991 neu eingestellten Mitarbeiters des öffentlichen Dienstes ging, nicht unmittelbar anwendbar. Das bedarf indes keiner Vertiefung. Denn selbst bei einer Berücksichtigung der vom Bundesverfassungsgericht für die Sonderkündigungstatbestände entwickelten Grundsätze scheidet hier die Annahme einer unverhältnismäßigen Belastung des Beschwerdeführers durch die Befragung im Zusatzbogen zum Personalfragebogen aus.

Der Beschwerdeführer hat die Verpflichtungserklärung zur Zusammenarbeit mit der Staatssicherheit, in der er sich gleichzeitig bereiterklärte, ein Zimmer seiner Wohnung zur zeitweiligen Nutzung zur Verfügung zu stellen, am 6. Januar 1970 unterschrieben. Der Vorgang ist damit nicht, wie vom Bundesverfassungsgericht gefordert, vor dem Jahre 1970 abgeschlossen worden, sondern hat in diesem Jahr erst begonnen. Darauf, ob der Beschwerdeführer bis zum Abschlußbericht des MfS vom 15. Dezember 1972, wonach die Zusammenarbeit wegen „Perspektivlosigkeit" beendet worden ist, mit dem MfS tatsächlich zusammengearbeitet und die im Einzelbericht des Bundesbeauftragten für die Unterlagen des Staatssicherheitsdienstes der ehemaligen DDR aufgeführten Berichte abgegeben hat oder „der Vorgang" sich in der Abgabe der Verpflichtungserklärung erschöpfte, kommt es daher nicht an.

Zu einer abweichenden verfassungsrechtlichen Beurteilung gibt auch nicht der Umstand Anlaß, daß die Befragung des Beschwerdeführers durch die Vorlage des Zusatzbogens zum Personalfragebogen erst nach dem Außerkrafttreten der Sonderkündigungstatbestände des Einigungsvertrages, deren Geltung durch das Gesetz zur Verlängerung der Kündigungsmöglichkeiten in der öffentlichen Verwaltung nach dem Einigungsvertrag vom 20. August 1992 (BGBl. I, 1546) bis zum 31. Dezember 1993 verlängert worden ist, erfolgte. Verfassungsrechtlich entscheidend für die Begrenzung des Fragerechts unter dem Gesichtspunkt des Übermaßverbots ist die mögliche Veränderung der persönlichen Ansichten und Einstellungen während der Existenz des Herrschaftssystems der DDR und des MfS. Hat jemand, der mit dem MfS zusammengearbeitet hat, die Zusammenarbeit vor 1970 endgültig eingestellt oder wurde die Zusammenarbeit durch das MfS mit einer Begründung wie im vorliegenden Fall beendet, läßt der bis zum Beitritt liegende längere Zeitraum den Schluß auf eine innere Distanz gegenüber der früheren Tätigkeit, auf eine Abkehr von früheren Einstellungen und Taten zu. Fehlt es an einem solchen längeren, im Hinblick auf Kontakte zum MfS beanstandungsfreien Zeitraum, sind diesbezüglich Fragen wahrheitsgemäß zu beantworten und kann der öffentliche Arbeitgeber die Tätigkeit für das MfS bei seiner Eignungsprognose, unter Berücksichtigung auch der Entwicklung, die der Bewerber nach dem Beitritt genommen hat, verwenden. Beantwortet der Bewerber die Fragen wahrheitswidrig, ist der Arbeitgeber von Verfassungs wegen nicht gehindert, arbeitsrechtliche Konsequenzen daraus zu ziehen.

Ob sich an dieser Beurteilung dann etwas ändert, wenn die Befragung erst so lange nach dem Beitritt erfolgt, daß die Entwicklung, die der Betroffene nach 1990 genommen hat, an Bedeutung derart gewinnt, daß das Verhalten des Betroffenen während der Existenz der DDR bei der Eignungsbeurteilung erkennbar in den Hintergrund treten muß, bedarf keiner Vertiefung. Bei einer Befragung im Mai 1994 und einer Kündigung im Juli 1994 kann von einer solchen erheblichen Gewichtsverlagerung gegenüber den Befragungen im Rahmen der Sonderkündigungstatbestände nach dem Einigungsvertrag nicht die Rede sein.

bb) Die Auffassung des Landesarbeitsgerichts, das beklagte Land habe die wahrheitswidrige Beantwortung der Fragen durch den Beschwerdeführer als Grundlage für seine Kündigung heranziehen dürfen, ist ebenfalls mit den Grundrechten des Beschwerdeführers aus Art. 21 b, 11, 13 VvB vereinbar.

Die ordentliche Kündigung des Beschwerdeführers ist nicht auf die Abgabe einer Verpflichtungserklärung oder das Tätigwerden für das MfS, sondern auf die bewußt wahrheitswidrige Beantwortung des Fragebogens und die dadurch hervorgerufene Zerstörung des erforderlichen Vertrauensverhältnisses gestützt worden. Diese „grobe Unehrlichkeit" war auch für die Arbeitsgerichte, insbesondere das Landesarbeitsgericht, bei der rechtlichen Überprüfung der ausgesprochenen Kündigung entscheidend. Das Landesarbeitsgericht hat darauf abgestellt, das beklagte Land habe die durch eine zulässig erhobene Feststellung gewonnene Kenntnis davon, daß ein Angestellter ihm gegenüber Fragen nach einer Zusammenarbeit mit dem MfS wahrheitswidrig beantwortet hat, zum Anlaß einer Prüfung seiner persönlichen Eignung im Hinblick auf die von ihm innegehaltene Position als Angestellter im öffentlichen Dienst genommen. Indem das Landesarbeitsgericht ausführt, der öffentliche Arbeitgeber sei nicht gehindert, solche zulässigen Erkenntnisse auch zu verwerten, wobei unerheblich sei, zu welchem Zweck er sich die Information verschafft habe, kann ihm eine grundlegende Verkennung aus den Folgerungen des Grundrechts auf informationelle Selbstbestimmung nicht vorgehalten werden.

Insoweit ist bei der verfassungsrechtlichen Beurteilung auch zu berücksichtigen, daß die Befragung im Zusammenhang mit der vom beklagten Land vorgesehenen Verbeamtung erfolgte und der Beschwerdeführer dies nach den Feststellungen des Landesarbeitsgerichts, die der Beschwerdeführer im Verfassungsbeschwerdeverfahren nicht substantiiert angegriffen hat, bei der Beantwortung der Fragen wußte. Eine Verbeamtung ist aber ohne oder gegen den Willen des Betroffenen nicht möglich, ebensowenig kann der öffentliche Arbeitgeber die für die Verbeamtung notwendigen Mitwirkungshandlungen erzwingen. Daß dies dem Beschwerdeführer, der als stellvertretender Amtsleiter zu diesem Zeitpunkt tätig war, nicht bekannt gewesen sein sollte, kann nicht angenommen werden und wäre im übrigen im Hinblick darauf, daß es nicht auf die subjektiven Fehlvorstellungen des einzelnen Auskunftspflichtigen ankommen kann, verfassungsrechtlich unerheblich. Von einem unmittelbaren Zwang zur Datenpreisgabe kann daher nicht gesprochen werden. Es ist auch nichts dafür erkennbar und vom Beschwerdeführer nicht dargetan worden, daß das bestehende Angestelltenverhältnis bei einer Erklärung des Beschwerdeführers gegenüber dem beklagten Land, er wolle auf die Verbeamtung verzichten, und es bestehe daher für ihn kein Anlaß für eine erneute Ausfüllung des Fragebogens, allein aus diesem Grund gefährdet gewesen wäre. Allenfalls hätte er bei einer Nichtverbeamtung damit rechnen müssen, wegen des Funktionsvorbehalts des Art. 33 Abs. 4 GG, wonach hoheitsrechtliche Befugnisse in der Regel von Beamten wahrgenommen werden müssen, eine Stelle mit überwiegend solchen Tätigkeiten nicht ausüben zu können. Auch dann, wenn im Hinblick darauf der Schutzbereich des Rechts auf informationelle Selbstbestimmung berührt sein sollte, folgt daraus noch kein striktes Verwertungsverbot bei Auskunftspflichten, die Teil eines durch eigene Willensentscheidung übernommenen Pflichtenkreises sind. Dies gilt auch für Befragungen im Vorfeld einer beabsichtigten Verbeamtung (vgl. BVerfG, LKV 1996, 101 f) und erst recht dann, wenn – wie hier – nicht aus den bekanntgegebenen Daten als solchen, sondern aus dem Verhalten des Befragten bei der zulässigen Datenerhebung Konsequenzen hergeleitet werden.

cc) Die in Übereinstimmung mit der ständigen Rechtsprechung des Bundesarbeitsgerichts zu den Sonderkündigungstatbeständen vertretene

Auffassung des Landesarbeitsgerichts, die Falschbeantwortung von Fragen nach einer MfS-Tätigkeit und einer Verpflichtungserklärung begründe regelmäßig die mangelnde persönliche Eignung für eine Beschäftigung im öffentlichen Dienst (vgl. zur st. Rspr. des Bundesarbeitsgerichts BAG, ZTR 1997, 185 f m. w. N.), verletzt ebenfalls die Grundrechte des Beschwerdeführers nicht. Das Landesarbeitsgericht hat die Erforderlichkeit einer Abwägung aller Umstände des Einzelfalls nicht verkannt, sondern vielmehr zu Beginn seiner Ausführungen ausdrücklich darauf verwiesen, daß es insoweit einer Einzelfallprüfung bedarf. Diese verfassungsrechtlich gebotene Einzelfallprüfung und Abwägung der widerstreitenden Interessen hat es sodann auch vorgenommen. Es hat betont, daß die Falschausfüllung des Fragebogens nicht stets einen Kündigungsgrund darstellt. Weiter hat es berücksichtigt, daß Gewicht, Art, Intensität und Dauer des Kontaktes des Beschwerdeführers mit dem MfS unter Berücksichtigung des erheblichen Zeitablaufs nach Beendigung des Vorgangs für sich genommen nicht ohne weiteres für eine mangelnde persönliche Eignung zur Zeit der Kündigung gesprochen hätte. Auf der anderen Seite hat es die herausgehobene Stellung des Beschwerdeführers im Dienstbetrieb sowie die vom beklagten Land geltend gemachten Zweifel an der Bereitschaft zur Aufarbeitung des Vorfalls berücksichtigt. Schließlich hat es auch in Rechnung gestellt, daß das Arbeitsverhältnis bis zur Kündigung beanstandungsfrei verlaufen ist. Wenn das Landesarbeitsgericht gleichwohl den Interessen des beklagten Landes den Vorrang eingeräumt hat und in Würdigung der Gesamtumstände die Kündigung des Beschwerdeführers für sozial gerechtfertigt hielt, begegnet diese Entscheidung im Hinblick auf den engen Prüfungsmaßstab des Verfassungsgerichtshofs keinen Bedenken.

d) Aus den vorstehenden Überlegungen folgt, daß die angegriffenen Entscheidung auch nicht das Willkürverbot (Art. 6 Abs. 1 VvB 1950) verletzen.

Diese Entscheidung ist mit 8 zu 1 Stimmen ergangen.

Die Kostentscheidung beruht auf §§ 33, 34 VerfGHG.

Dieser Beschluß ist unanfechtbar.

Sondervotum der Richterin Arendt-Rojahn

Die angegriffenen Entscheidungen des Arbeitsgerichts und des Landesarbeitsgerichts verletzen nach meiner Auffassung sowohl das Grundrecht des Beschwerdeführers auf informationelle Selbstbestimmung (Art. 21 b VvB 1950) als auch das Recht auf freie Wahl des Arbeitsplatzes (Art. 11 VvB 1950).

I.

Die Entscheidung der Mehrheit läßt offen, ob die Befragung des Beschwerdeführers und die Auswertung seiner Antwort unter Verwendung der Auskunft des Bundesbeauftragten für die Unterlagen des Staatssicherheitsdienstes der ehemaligen DDR überhaupt einen Eingriff in das Grundrecht auf informationelle Selbstbestimmung darstellten. Sie vertritt die Auffassung, daß sich jedenfalls in § 9 Abs. 1 Nr. 2 LBG eine gesetzliche Grundlage für etwaige Eingriffe des Dienstherrn in das Grundrecht auf informationelle Selbstbestimmung finden lasse. Ich bin dem gegenüber der Meinung, daß ein Eingriff in dieses Grundrecht vorliegt und daß es für diesen Eingriff an einer gesetzlichen Grundlage fehlt. § 9 Abs. 1 Nr. 2 LBG kommt als gesetzliche Grundlage für den Eingriff nicht in Betracht.

Die Befragung des Beschwerdeführers im Jahr 1994 nach einer Zusammenarbeit mit dem Ministerium für Staatssicherheit sowie die Einholung der Auskunft des Bundesbeauftragten konnten, worauf das LAG und auch die entscheidungstragende Mehrheit zu Recht abheben, nicht der Nachholung der insoweit bei der Einstellung im Jahr 1991 unterlassenen Eignungsprüfung dienen, sondern bezogen auf das Angestelltenverhältnis lediglich der Vorbereitung der Prüfung dienen, ob der Beschwerdeführer persönlich zur Übernahme in ein Beamtenverhältnis geeignet war. Die Befragung beruhte indes nicht auf einer persönlichen Bewerbung des Beschwerdeführers auf Übernahme in das Beamtenverhältnis, sondern auf einer vom Dienstherrn eingeleiteten Verbeamtungsaktion, welche sämtliche Beschäftigten des Bezirksamtes H., deren zukünftige Verbeamtung vorgesehen war, umfaßte. Auch die über den Beschwerdeführer eingeholte Auskunft des Bundesbeauftragten beruhte auf einer Sammelanfrage, bezogen auf den gesamten für eine spätere Verbeamtung vorgesehenen Personenkreis. Der Beschwerdeführer hat insoweit im Verfahren vor den Arbeitsgerichten bestritten, daß im Mai 1994 seine Übernahme in das Beamtenverhältnis anstand und im übrigen darauf hingewiesen, daß er persönlich seine Verbeamtung gar nicht gewollt habe. Weiter hat er gerügt, daß das beklagte Land die Einsichtnahme in die ihn betreffenden personenbezogenen Unterlagen ohne seine Zustimmung veranlaßt habe.

1.) Das LAG problematisiert die Frage des Erfordernisses einer gesetzlichen Grundlage für die gerügten Eingriffe in das Recht auf informationelle Selbstbestimmung mit keinem Wort. Es beschränkt sich auf die Feststellung, daß das Recht des Beschwerdeführers zurücktreten müsse, da ihm bekannt gewesen sei, daß es um die Vorbereitung der Prüfung ging, ob er persönlich zur Übernahme in ein Beamtenverhältnis geeignet sei.

a) Indes hat das Bundesverfassungsgericht bereits im Volkszählungsurteil vom 15. Dezember 1983 (BVerfGE 65, 1, 41 ff) dargelegt, daß die Einschränkungen des Rechts des Bürgers auf informationelle Selbstbestimmung einer gesetzlichen Grundlage bedürften, aus der sich die Voraussetzungen und der Umfang der Beschränkungen klar und für den Bürger erkennbar ergäben und die damit dem rechtsstaatlichen Gebot der Normenklarheit entspreche (vgl. auch Beschluß vom 10. Februar 1988, DVBl. 1988, 530 f und BVerfGE 92, 191, 197 f). In seinen Urteilen vom 8. Juli 1997, betreffend Kündigungen nach den Sonderkündigungstatbeständen des Einigungsvertrages, hat das Bundesverfassungsgericht die gesetzliche Grundlage in den Sonderkündigungstatbeständen gesehen (BVerfG, NJW 97, 2305 f). Diese Vorschriften sind, worauf auch die Mehrheit abstellt, im vorliegenden Fall nicht einschlägig. Die die Entscheidung tragende Mehrheit geht davon aus, daß im vorliegenden Fall die gesetzliche Grundlage in § 9 Abs. 1 Nr. 2 LBG zu finden sei. Dabei wird von der Mehrheit verkannt, daß die beamtenrechtlichen Vorschriften über die Eignung für die Übernahme in ein Beamtenverhältnis nur dann als gesetzliche Grundlage für ein Fragerecht des Dienstherrn in Betracht kommen können, wenn tatsächlich eine *Bewerbung* um eine solche Übernahme vorliegt. Dies wird auch durch die „Auswahl der Bewerber" betreffende Vorschrift des § 12 LBG verdeutlicht. Eine Bewerbung muß vom Bewerber ausgehen. Sie setzt einen Antrag des Bewerbers auf Übernahme in das Beamtenverhältnis und die damit verbundene freiwillige Entscheidung voraus, zukünftig die besonderen Pflichten eines Beamten übernehmen zu wollen. Allein im Hinblick auf den von ihm angestrebten Beamtenstatus unterliegt der Bewerber den sich aus § 9 LBG ergebenden Auskunfts- und Mitwirkungspflichten. Für eine vom Dienstherrn lediglich im Vorfeld einer allgemeinen Verbeamtungsaktion vorgenommene Befragung ohne Bezug auf eine tatsächlich vorliegende Bewerbung – und damit konkret anstehenden Übernahme in das Beamtenverhältnis – kommt § 9 Abs. 1 Nr. 2 LBG als gesetzliche Grundlage nicht in Betracht.

b) Ein Eingriff in das Recht auf informationelle Selbstbestimmung könnte bei dieser Sachlage unter Hinweis auf die in § 9 Abs. 1 S. 2 LBG festgelegten Eignungskriterien allenfalls dann verneint werden, wenn dem Fragebogen der eindeutige Hinweis hätte entnommen werden können, daß die Beantwortung freiwillig sei und ausschließlich im Hinblick auf die von seiten des Dienstherrn beabsichtigte Verbeamtung erwartet werde. Unter diesen Umständen wüßte der Betroffene um die Freiwilligkeit der Datenfreigabe und die ihm obliegende Darlegungs- und Mitwirkungslast für den Fall einer auch von ihm begehrten Verbeamtung. Es wäre also die Freiwilligkeit der Datenpreisgabe gewährleistet, auf welche die von der Mehrhheit zitierte

Rechtsprechung des Bundesverwaltungsgerichts hinweist, wenn sie den Eingriff in das Recht auf informationelle Selbstbestimmung verneint. Dem Schreiben des Dienstherrn vom 11. Mai 1994, welches unter Fristsetzung zum 16. Mai 1994 die Aufforderung zur umgehenden Ausfüllung des Fragebogens enthält, ist aber weder ein Hinweis auf die Freiwilligkeit noch ein Hinweis darauf zu entnehmen, daß die Erhebung allein im Hinblick auf die anstehende Verbeamtung erfolgen sollte.

Die Annahme der Mehrheit, der Beschwerdeführer habe im Verfassungsbeschwerdeverfahren nicht substantiiert angegriffen, daß er gewußt habe, daß die von ihm erwartete Beantwortung der Fragen im Zusammenhang mit der von seiten des Arbeitgebers beabsichtigten Verbeamtung stand, legitimiert den mit der Befragung verbundenen Eingriff in das informationelle Selbstbestimmungsrecht nicht. Denn anders als die Mehrheit meint, folgt hieraus keineswegs, daß der Beschwerdeführer wissen konnte, daß ihm die Beantwortung des Fragebogens freigestellt war und für ihn auch kein Grund für die Annahme bestand, für den Fall der Nichtbeantwortung des Fragebogens sei das bestehende Angestelltenverhältnis gefährdet. In Anbetracht der besonderen Kündigungsvorschriften nach dem Einigungsvertrag und ihrer jedenfalls zum Zeitpunkt der Befragung des Beschwerdeführers keinesfalls geklärten Bedeutung für das vorliegende erst nach der Wiedervereinigung begründete Arbeitsverhältnis konnte der Beschwerdeführer sehr wohl den Eindruck gewinnen, daß der Dienstherr aus seiner Weigerung, den Fragebogen auszufüllen, den Schluß ziehen würde, daß genau die Tatsachen, die er erfragen will, vorliegen. Es bestand – zumindest aus seiner Sicht – in Anbetracht der Kündigungspraxis und der ganz überwiegenden Rechtsprechung der Arbeitsgerichte berechtigter Anlaß für die Annahme, daß eine Offenlegung der Kontakte zum MfS das bestehende Arbeitsverhältnis gefährden konnte. Immerhin differenziert auch die erstinstanzliche Entscheidung des Arbeitsgerichtes überhaupt nicht zwischen dem bestehenden Arbeitsverhältnis und einer anstehenden Verbeamtung. Es vertritt vielmehr die Auffassung, daß die Maßstäbe der bisherigen Rechtsprechung des Bundesarbeitsgerichts zur mangelnden persönlichen Eignung für Kündigungen nach dem Einigungsvertrag auf den Bereich des Kündigungschutzgesetzes grundsätzlich übertragbar seien (siehe Urteil, S. 6 f). Und auch das Landesarbeitsgericht läßt ausdrücklich dahingestellt, ob der Dienstherr in diesem Fall aus Rechtsgründen gehindert gewesen sei, eine bei der Einstellung in diesem Punkt unterlassene Eignungsprüfung im Laufe der Vertragszeit nachzuholen (siehe Urteil S. 13).

Die nicht näher begründete Annahme der Mehrheit, „von einem unmittelbaren Zwang zur Datenpreisgabe“ könne unter den gegebenen Umständen nicht gesprochen werden, im übrigen sei „eine subjektive Fehlvorstellung des einzelnen Auskunftspflichtigen" verfassungsrechtlich unerheblich, verdeutlicht die Unschärfe der beamtenrechtlichen Auslotung, welche zugleich den Blick für die Grenzen des vorgeblichen Fragebogens verstellt.

2.) Die dem Beschwerdeführer zur Begründung der Kündigung seines Arbeitsverhältnisses vorgeworfene Lüge erschloß sich allein aus der Auskunft des Bundesbeauftragten. Diese ist weder von den Arbeitsgerichten noch von der Mehrheit unter grundrechtsrelevanten Gesichtspunkten überhaupt in den Blick genommen worden. Dabei stellte die ohne Zustimmung des Beschwerdeführers eingeholte Auskunft einen selbständigen Eingriff in das Recht auf informationelle Selbstbestimmung dar. Da auch die Einholung der Auskunft des Bundesbeauftragten nur im Hinblick auf die beabsichtigte Verbeamtung erfolgen durfte, kommt als gesetzliche Grundlage für den Eingriff allein § 21 Abs. 1 Ziff. 7 f Stasiunterlagengesetz in Betracht, wonach die Überprüfung der Einwilligung des betroffenen Bewerbers bedarf. Das Erfordernis der Einwilligung des Bewerbers ist vom Gesetzgeber gerade deshalb in das Gesetz aufgenommen worden, um einem Bewerber Gelegenheit zu geben, von einer Aufrechterhaltung der Bewerbung im Hinblick auf eine sich aus den Unterlagen des Bundesbeauftragten möglicherweise ergebenden Belastung Abstand zu nehmen. An der Einwilligung fehlte es im vorliegenden Fall. Folglich war die Einholung der Auskunft durch das Gesetz nicht gedeckt. Dem Beschwerdeführer war auch insoweit die Möglichkeit genommen, selbst aufgrund freiwilliger Willensentscheidung über die Freigabe der ihn möglicherweise belastenden Daten zu befinden.

Auch insoweit liegt nach meiner Überzeugung ein grundrechtsverletzender Eingriff in das Grundrecht auf informationelle Selbstbestimmung vor.

3.) Das Problem eines grundsätzlich auch für den Bereich des öffentlichen Dienstes geltenden Schweige- oder Auskunftsverweigerungsrechts für den Fall der Selbstbezichtigung (vgl. hierzu BVerfGE 56, 37, 43) und die Frage der Zweckbindung der allein auf eine zukünftige Verbeamtung abzielenden Datenerhebung – der Anfrage bei dem Bundesbeauftragten und der Befragung des Beschwerdeführers – und ein daraus mit Blick auf das Recht auf informationelle Selbstbestimmung resultierendes Verwertungsverbot für das bereits bestehende Arbeitsverhältnis werden von der Mehrheit ebenfalls nicht ernsthaft in den Blick genommen.

In der Entscheidung des LAG heißt es zur Frage der Zweckbindung lediglich: „Zu welchem Zweck sich der Arbeitgeber die Informationen beschafft und der Arbeitnehmer darauf reagiert hat, ist unerheblich" (Urteil S. 14).

Die Mehrheit beanstandet dies nicht, und zwar mit der Begründung, daß aus dem Schutzbereich des Grundrechts kein striktes Verwertungsverbot bei Auskunftspflichten folge, die „Teil eines durch eigene Willensentscheidung übernommenen Pflichtenkreises" seien. Dies gelte erst recht dann, wenn – wie hier – nicht aus den bekanntgegebenen Daten als solchen, sondern aus dem Verhalten des Befragten bei der zulässigen Datenerhebung Konsequenzen hergeleitet würden.

Die Mehrheit unterstellt an dieser Stelle wie bereits bei der Erörterung der Frage der verfassungsrechtlich legitimierten Grundlage für den Eingriff in das Recht auf informationelle Selbstbestimmung die eigene Willensentscheidung des Beschwerdeführers für den von ihm mit Blick auf die Verbeamtung übernommenen Pflichtenkreis. An der erforderlichen eigenen freien Willensentscheidung fehlt es aber gerade, wie unter I 1. dargelegt.

Die in diesem Zusammenhang zitierte Entscheidung des Bundesverfassungsgerichts (LKV 1996, 101 f) ist für die Frage des Verwertungsverbotes nicht einschlägig. Sie bezieht sich allein auf die Frage der Zulässigkeit einer Auskunftspflicht und Darlegungslast eines Bewerbers um ein kommunales Wahlamt. In diesem Fall sei, so das Bundesverfassungsgericht, Auskunftspflicht und Darlegungslast Teil eines durch eigene Willensentscheidung übernommenen Pflichtenkreises.

Hingegen war die Entscheidung des Bundesverfassungsgerichts zum Selbstbezichtigungsverbot (BVerfGE 56, 31 ff) zu beachten, was die Mehrheit verkannt hat. Ausgehend von dem Grundsatz, daß dem Beteiligten im allgemeinen nicht zugemutet werden könne, auch zur Aufklärung solcher Umstände beizutragen, die ihn belasten könnten, entwickelt das Bundesverfassungsgericht in der zitierten Entscheidung die Kriterien und die Voraussetzungen, die eine Durchbrechung dieses Prinzips gestatten. Entscheidend sei danach, ob die Selbstbezichtigung ausnahmsweise durch andere Interessen geboten sei, die ohne uneingeschränkte Auskunftspflicht gefährdet wären.

Unter Beachtung der vom Bundesverfassungsgericht insoweit sowie in den eingangs zitierten datenschutzrechtlichen Entscheidungen aufgestellten Kriterien war danach folgendes zu berücksichtigen:

Der Verfassungsgerichtshof hatte davon auszugehen, daß das Landesarbeitsgericht im Hinblick auf das bereits bestehende *Angestelltenverhältnis* keine Pflicht zur Auskunftserteilung festgestellt hatte. Im Hinblick auf ein zukünftiges *Beamtenverhältnis* bestand ebenfalls keine entsprechende Verpflichtung, denn Voraussetzung hierfür wäre gewesen, daß der Beschwerdeführer durch seine freiwillige Bewerbung zu erkennen gegeben hätte, daß er den Pflichtenkreis eines Beamten zu übernehmen gewillt sei. Fehlte es aber bereits an einer Verpflichtung zur Selbstbezichtigung, das dem Beschwerdeführer allerdings, wie unter I 1. dargelegt, nicht deutlich sein konnte, so stellt sich schon aus diesem Grund die Frage der Verwertbarkeit der Falschbeantwortung für das bestehende Arbeitsverhältnis. Erst recht stellt sich die weitere Frage der Verwertung der Auskunft des Bundesbeauftragten außerhalb des Zwecks, zu dem die Auskunft eingeholt worden war. Dies gilt um so mehr, als sich die Lüge allein aufgrund der ohne Einwilligung und Kenntnis des Beschwerdeführers eingeholten Auskunft des Bundesbeauftragten erschloß.

Als Kompensation für eine – ausnahmsweise – bestehende Pflicht zur Selbstbezichtigung (die im vorliegenden Fall objektiv nicht gegeben war!) entwickelte das Bundesverfassungsgericht in seiner Entscheidung ein Verwertungsverbot, um den Betroffenen davor zu schützen, daß seine Auskunft zweckentfremdet und anderweitig belastend gegen ihn verwandt werde. In einem solchen Fall fehle, so das Bundesverfassungsgericht, die sachliche Rechtfertigung für eine Verwertung der Auskunft.

Die Entscheidung der Mehrheit trägt den vom Bundesverfassungsgericht entwickelten Grundsätzen keine der Bedeutung des Grundrechts angemessene Beachtung. Da bereits ein Beschäftigungsverhältnis im öffentlichen Dienst bestand und die Einholung der Auskunft insoweit nicht mehr der Nachholung der Eignungsprüfung dienen konnte, war vorliegend zu differenzieren zwischen dem bestehenden Arbeitsverhältnis und den Voraussetzungen für eine Verbeamtung. Daß eine Differenzierung insoweit sehr wohl rechtlich möglich gewesen wäre, verdeutlicht die Argumentation der Mehrheit selbst, die davon ausgeht, für den Beschwerdeführer habe kein Anlaß bestanden, zu befürchten, das Arbeitsverhältnis allein dadurch zu gefährden, den Fragebogen nicht auszufüllen. Denn in diesem Fall habe er lediglich mit seiner Nichtverbeamtung sowie damit rechnen müssen, wegen des Funktionsvorbehalts des Art. 33 Abs. 4 GG, wonach hoheitsrechtliche Befugnisse in der Regel nur von Beamten wahrgenommen werden können, eine Stelle mit überwiegend solchen Tätigkeiten nicht ausüben zu können. Warum der aus dem Ostteil Deutschlands stammende Beschwerdeführer bei der Beurteilung seiner (vermeintlichen) Auskunftspflicht zu einer derartigen Differenzierung in der Lage gewesen sein soll, nicht hingegen der mit dem öffentlichen Dienstrecht vertraute Dienstherr bei der Auswertung der Fragebogenaktion, kann der Auffassung der Mehrheit nicht entnommen werden.

Daß diese – mögliche – Differenzierung verfassungsrechtlich geboten war, folgt im übrigen auch aus dem datenschutzrechtlichen Grundsatz der strikten Zweckbindung. Die Ausführungen des Landesarbeitsgerichts, es sei völlig unerheblich, zu welchem Zweck sich der Dienstherr die Informationen verschafft habe, bedeutet einen Rückfall in die Zeiten vor dem Volkszählungsurteil des Bundesverfassungsgerichts. Dem kann auch nicht entgegengehalten werden, daß im vorliegenden Fall nicht die Auskunft des Beschwerdeführers als solche, sondern sein Verhalten anläßlich der Auskunftserteilung, nämlich die Lüge, verwertet worden sei. Eine derartig isolierte Betrachtungsweise verkennt die Auswirkungen des Zweckbindungsgebots, stellt eine Umgehung der datenschutzrechtlichen Zweckbindungsvorschriften dar.

Arbeitsgericht und Landesarbeitsgericht haben bei der Auslegung der arbeitsrechtlichen Kündigungsvorschriften weder die gesetzlichen Anforderungen an ein Auskunftsrecht des Dienstherrn beachtet noch dem Zweckbindungsgebot Rechnung getragen. Sie haben bereits insoweit die Bedeutung und Tragweite des Grundrechts auf informationelle Selbstbestimmung verkannt. Auf die Anforderungen an die Beachtung des Verhältnismäßigkeitsgrundsatzes in engerem Sinne soll im Zusammenhang mit der Erörterung des weiter betroffenen Grundrechts auf freie Wahl des Arbeitsplatzes eingegangen werden.

II.

Die Auffassung des Landesarbeitsgerichts, das beklagte Land habe allein aufgrund der bewußt falschen Beantwortung der Frage nach der Abgabe einer Verpflichtungserklärung im Jahr 1970 eine Kündigung des Arbeitsverhältnisses aussprechen dürfen, ist des weiteren mit den Grundrechten des Beschwerdeführers aus Art. 11, 13 VvB 1950 nicht vereinbar.

Nach der Würdigung des Landesarbeitsgerichts indiziert allein die bewußt falsche Beantwortung der Frage nach der Abgabe einer Verpflichtungserklärung im Jahr 1970 die mangelnde Eignung des Beschwerdeführers sowie die konkrete, die Kündigung rechtfertigende Störung des Arbeitsverhältnisses. Das Landesarbeitsgericht begründet dies damit, daß dem Dienstherrn allein aufgrund dieses Fehlverhaltens ernsthafte Zweifel daran hätten aufkommen müssen, daß der Beschwerdeführer zur Aufarbeitung des Vorfalls und zur inneren Abkehr vom MfS bereit sei.

1. Mit dieser Wertung verkennt das Landesarbeitsgericht, daß bei einem bestehenden Arbeitsverhältnis wegen des entstandenen arbeitsrechtlichen Bestandsschutzes für eine Kündigung wegen mangelnder Eignung strengere Maßstäbe gelten als im Falle einer aus diesem Grunde unterbliebenen Einstellung. Dies ist nicht nur einfachrechtlich von Belang. Denn die Gerichte mußten bei der Auslegung der Kündigungsvorschriften die Gewährleistungen aus Art. 11, 13 VvB 1950 beachten. Bei Berücksichtigung dieser Gewährleistungen kommt eine Entlassung aus dem Angestelltenverhältnis im öffentlichen Dienst nur in Betracht, wenn zwingende Gründe des Gemeinwohls sie erfordern und der Grundsatz der Verhältnismäßigkeit beachtet worden ist (vgl. BVerfGE 92, 140, 151 f). Erforderlich ist danach, daß die mangelnde Eignung bzw. die politische Einstellung in die Tätigkeit des Arbeitnehmers derart hineinwirkt, daß das Arbeitsverhältnis hierdurch konkret

belastet und eine Weiterbeschäftigung aus diesem Grunde unzumutbar ist (vgl. BAG AP Nr. 24 zu § 1 KschG 1969 – Verhaltensbedingte Kündigung, b I 4 c aa). Insoweit sind von den Fachgerichten bei einem bereits bestehenden Arbeitsverhältnis also nicht nur die mangelnde Eignung, sondern auch die belastenden Auswirkungen auf das bestehende Arbeitsverhältnis, die die Weiterbeschäftigung erst unzumutbar machen, mit Blick auf das Grundrecht auf freie Wahl des Arbeitsplatzes, welches den Bestandsschutz für ein bestehendes Arbeitsverhältnis einschließt, unter Wahrung des Verhältnismäßigkeitsgrundsatzes einer einzelfallbezogenen Würdigung zu unterziehen.

Die rein spekulative Konstruktion des Landesarbeitsgerichts läßt demgegenüber keinerlei einzelfallbezogene Würdigung der Persönlichkeit des Beschwerdeführers und auch keinerlei Abwägung mit Umständen erkennen, die zugunsten des Beschwerdeführers zumindest in die Waagschale hätten geworfen werden müssen. Zwar betont das Landesarbeitsgericht zu Beginn seiner Ausführungen, daß es einer Einzelfallprüfung bedarf. Die verfassungsrechtlich gebotene Einzelfallprüfung und Abwägung der widerstreitenden Intressen hat es im Gegensatz zur Annahme der Mehrheit indes nicht vorgenommen. Vielmehr erschöpft sich die vorgenommene Interessenabwägung in formelhaften Floskeln, die nicht erkennen lassen, daß eine inhaltliche Abwägung der Interessen auch wirklich stattgefunden hat. Tatsächlich hat das Landesarbeitsgericht die gebotene Gesamtwürdigung dadurch verkürzt, daß dem *Verschweigen* der Abgabe einer Verpflichtungserklärung für das MfS das Gewicht einer gesetzlichen Vermutung beigemessen wird, die grundsätzlich einen Eignungsmangel begründet, wenn sie nicht widerlegt wird.

Demgegenüber sind die Geringfügigkeit der Belastung, die für sich genommen ja selbst nach Auffassung des Landesarbeitsgerichts unter Berücksichtigung des erheblichen Zeitablaufs nach Beendigung des Vorgangs im Jahr 1972 eine mangelnde Eignung nicht mehr hätten begründen können, der Zeitraum von mehr als 24 Jahren zwischen Abgabe der Verpflichtungserklärung und der Frage nach der MfS-Tätigkeit, die Entwicklung des Beschwerdeführers nach Abschluß des Vorgangs im Jahr 1972 wegen Unergiebigkeit, seine unbeanstandete Tätigkeit im öffentlichen Dienst seit 3 ½ Jahren und nicht zuletzt die Motivlage des Beschwerdeführers bei Ausfüllung des Fragebogens außer Betracht geblieben.

Die Auffassung der Mehrheit, zu Lasten des Beschwerdeführers seien vom LAG seine herausgehobene Stellung im Dienstbetrieb sowie die vom Dienstherrn geltend gemachten Zweifel an der Bereitschaft zur Aufarbeitung des Vorfalls berücksichtigt worden, trägt der Grundrechtsposition des Beschwerdeführers nicht hinreichend Rechnung. Das Argument der herausgehobenen Stellung im Dienstbetrieb ist, worauf die Mehrheit an anderer Stelle selbst hinweist (Urteil S. 19, 20), nicht stichhaltig. Denn dem Dienstherrn hätte es für den Fall der Nichtverbeamtung ohne weiteres freigestanden, den zuletzt nach Vergütungsgruppe IV a BAT-O eingestuften Beschwerdeführer innerhalb des öffentlichen Dienstes umzusetzen. Die vom Dienstherrn geltend gemachten Zweifel an der Bereitschaft zur Aufarbeitung des Vorfalls sind rein spekulativ. Sie beruhen nicht auf einer auf die individuelle Person des Beschwerdeführers bezogenen Abwägung und konnten schon deshalb die vom Landesarbeitsgericht gebilligte Schlußfolgerung nicht tragen.

2. Entgegen der Auffassung der Mehrheit ist die Entscheidung unvereinbar mit den vom Bundesverfassungsgericht in seinen Urteilen vom 8. Juli 1997 entwickelten Grundsätzen zum zulässigen Umfang von Fragen nach einer früheren Tätigkeit für das MfS (NJW 97, 2305 ff) wie auch mit seiner Rechtsprechung zur Auslegung und Anwendung der Sonderkündigungstatbestände (grundlegend die Entscheidung vom 21. Februar 1995, BVerfGE 92, 140 ff, ferner Beschluß vom 1. Oktober 1997 – 1 BvR 454/95). Die in diesen Entscheidungen entwickelten Maßstäbe waren entgegen der Auffassung der Mehrheit zur Beurteilung des vorliegenden Falls heranzuziehen. Unter Berücksichtigung dieser Maßstäbe beruhen die angegriffenen Entscheidungen nach meiner Auffassung auch insoweit auf Verstößen gegen Art. 21 b und Art. 11, 13 VvB 1950.

Mit seinen Entscheidungen vom 8. Juli 1997 hat das Bundesverfassungsgericht den Umfang, mit dem das Fragerecht im Zusammenhang mit den Sonderkündigungstatbeständen des Einigungsvertrages ausgeübt werden darf, durch den verfassungsrechtlichen Grundsatz der Verhältnismäßigkeit eingeschränkt. Mit seinen Entscheidungen zur Auslegung und Anwendung der Sonderkündigungstatbestände hat das Bundesverfassungsgericht die Maßstäbe festgelegt, die bei der Auslegung und Anwendung der Sonderkündigungstatbestände unter Berücksichtigung des Rechts auf Bestand des Arbeitsverhältnisses zu berücksichtigen sind. Die in den zitierten Entscheidungen entwickelten Grundsätze beanspruchen auch und erst recht für die allgemeinen Kündigungstatbestände Geltung. Denn die Sonderkündigungstatbestände nach dem Einigungsvertrag, die für den betroffenen Personenkreis die allgemeinen Kündigungsvorschriften nach dem Kündigungsschutzgesetz ersetzen, enthalten eine Einschränkung des Bestandsschutzes des Arbeitsverhältnisses, welche über die Einschränkungen nach dem Kündigungsschutzgesetz hinausgeht. Für eine Kündigung nach dem Kündigungsschutzgesetz, für welche diese besondere Einschränkung nicht gilt, sind die vom Bundesverfassungsgericht entwickelten Grundsätze folglich erst recht von Bedeutung.

a) Nach diesen Grundsätzen ist die Ausübung des Fragerechts, die in das Grundrecht auf informationelle Selbstbestimmung eingreift, durch das an sich legitime Ziel einer Eignungsüberprüfung nur insoweit gerechtfertigt, als sie auf Tätigkeiten abzielt, die unter Berücksichtigung des Zeitfaktors regelmäßig einen verläßlichen Schluß auf die heutige Einstellung des Betroffenen zur freiheitlichen und demokratischen Verfassungsordnung erlauben. In diesem Zusammenhang verweist des Bundesverfassungsgericht auf strafrechtliche Verjährungsfristen, die Tilgungsvorschriften der Strafregisterbestimmungen sowie auf § 19 Abs. 1 Satz 2 Stasiunterlagengesetz in der Fassung des 3. Gesetzes zur Änderung vom 20. Dezember 1996, wonach inzwischen grundsätzlich Tätigkeiten vor dem 31. Dezember 1975 unverwertbar bleiben. Es zieht sodann die auf die *konkreten* Fälle bezogene Schlußfolgerung, daß die Berücksichtigung von Vorgängen, die mehr als 20 Jahre vor dem Beitritt abgeschlossen waren, in der Regel außer Verhältnis zu der mit der Befragung verbundenen Einschränkung des allgemeinen Persönlichkeitsrechts der Befragten stünde, es dem Arbeitgeber in einem solchen Fall deshalb verwehrt sei, arbeitsrechtliche Konsequenzen aus unzutreffenden Antworten zu ziehen.

Die Mehrheit meint, aus der Formulierung „20 Jahre vor dem Beitritt abgeschlossen" die Schlußfolgerung ziehen zu können, daß nicht nur die Erstreckung des Fragerechts auf Vorgänge ab dem Jahr 1970 unter Berücksichtigung des Gesichtspunkts der Verhältnismäßigkeit grundsätzlich verfassungsrechtlich unbedenklich sei, sondern auch das ausdrückliche Außerachtlassen des Zeitfaktors bei der Würdigung der vom Dienstherrn wegen der Falschbeantwortung ausgesprochenen und von den Arbeitsgerichten bestätigten Kündigung. Das Landesarbeitsgericht hebt in diesem Zusammenhang ausdrücklich hervor, daß der Zeitablauf von mehr als 24 Jahren zwischen der Abgabe der Verpflichtungserklärung und der Kündigung hier „keine wesentliche Rolle spiele" (UA S. 15), weil es nicht um den Kündigungsgrund der Tätigkeit für das Ministerium für Staatssicherheit gehe; eine solche Tätigkeit habe das Berufungsgericht nämlich nicht festgestellt.

Nach den vom Bundesverfassungsgericht aufgestellten Grundsätzen hätten die Gerichte indes dem Umstand, daß der bewußt verschwiegene Vorgang zur Zeit des Ausfüllens des Fragebogens bereits mehr als 24 Jahre zurück lag und schon deshalb für sich genommen nach ihrer eigenen Einschätzung keinen verläßlichen Schluß auf die für die Übernahme in das Beamtenverhältnis maßgebliche heutige Einstellung des Betroffenen zur freiheitlichen und demokratischen Verfassungsordnung erlaubt hätte, bei der Beurteilung der Berechtigung der Fragestellung als solche ebenso wie bei der Beurteilung der arbeitsrechtlichen Konsequenzen der Falschbeantwortung irgendein Gewicht beimessen müssen. Insbesondere hätte geprüft werden müssen, ob in Anbetracht der inzwischen verstrichenen Zeit allein der Umstand des Verschweigens noch geeignet sein konnte, die Zweifel des Dienstherrn an der Bereitschaft des Beschwerdeführers zur inneren Abkehr vom MfS zu begründen. Das Landesarbeitsgericht hat insoweit jedoch jede einzelfallbezogene Prüfung und Würdigung unterlassen. Dies ist mit den vom Bundesverfassungsgericht in seinen Urteilen vom 8. Juli 1997 entwickelten Abwägungskriterien nicht vereinbar, was der Verfassungsgerichtshof mit seiner Entscheidung verkennt.

b) Bei der Auslegung und Anwendung der Sonderkündigungstatbestände verlangt das Bundesverfassungsgericht (BVerfGE 92, 140, 151) im übrigen eine einzelfallbezogene Prüfung der persönlichen Eignung. Es sei eine Prognose erforderlich, die eine konkrete, einzelfallbezogene Würdigung der Persönlichkeit des Arbeitnehmers voraussetze. Seine Tragbarkeit für den öffentlichen Dienst dürfe nicht allein pauschal nach seiner früheren Identifikation mit dem SED-Regime beurteilt werden. Die abschließende Beurteilung der Eignung dürfe die Entwicklung nicht ausblenden, die der Arbeitnehmer nach der Wende genommen habe. Diese Maßstäbe hat das Bundesverfassungsgericht in einem Kammerbeschluß vom 1. Oktober 1997 (1 BvR 454/97) spezifiziert. Die danach erforderliche besonders sorgfältige Einzelfallprüfung unter eingehender Würdigung der Persönlichkeit des Beschwerdeführers hat das LAG, wie unter II 1. dargelegt, nicht vorgenommen. Auch insoweit trägt die Entscheidung des Verfassungsgerichtshofes den vom Bundesverfassungsgericht entwickelten Maßstäben nicht hinreichend Rechnung.

Nr. 5

Der Grundsatz des rechtlichen Gehörs wird nicht verletzt, wenn das Gericht bei der Prüfung einer Mietpreisüberhöhung im Sinne des § 5 WiStG die maßgebliche Miethöhe allein anhand eines ordnungsgemäß aufgestellten Mietspiegels, dessen Verwendbarkeit im konkreten Fall nicht substantiiert in Zweifel gezogen wurde, überprüft und die Einholung eines Sachverständigengutachtens ablehnt.

Verfassung von Berlin Art. 15 Abs. 1, 4 und 5 Satz 2

Beschluß vom 17. Dezember 1997 – VerfGH 112/96 –

in dem Verfahren über die Verfassungsbeschwerde
der S. Grundstücksverwaltungs GmbH & CO. Betriebs KG
gegen das Urteil des Landgerichts Berlin vom 18. Oktober 1996 – 63 S 155/96 –

Entscheidungsformel:

Die Verfassungsbeschwerde wird zurückgewiesen.
Das Verfahren ist gerichtskostenfrei.
Auslagen werden nicht erstattet.

Gründe:

I.

Die Beschwerdeführerin, eine Kommanditgesellschaft, wendet sich mit ihrer am 24. Dezember 1996 bei dem Verfassungsgerichtshof eingegangenen Verfassungsbeschwerde gegen ein ihren Prozeßbevollmächtigten am 24. Oktober 1996 zugestelltes Urteil des Landgerichts Berlin vom 18. Oktober 1996, mit welchem eine von ihr erhobene Klage auf Schadensersatz abgewiesen worden ist; zugleich wurde die Beschwerdeführerin auf die Widerklage der Beklagten des seinerzeitigen Verfahrens zur Rückzahlung überzahlten Mietzinses in Höhe von 2.203,37 DM verurteilt.

Die Beschwerdeführerin hatte am 24. Juli 1989 eine Zweizimmerwohnung an die Beklagten, die Eheleute K., vermietet. Das Mietverhältnis sollte am 31. Juli 1993 enden, ohne daß es einer Kündigung bedurfte. Nach dem Mietvertrag sollte die Weitergeltungsfiktion des § 568 BGB bei Fortsetzung des Gebrauchs der Mietsache nach Ablauf der Mietzeit keine Anwendung finden. Ferner war bestimmt, daß eine Vereinbarung über die Fortsetzung oder Erneuerung des Mietverhältnisses der Schriftform bedürfe. Die Eheleute K. bewohnten die Wohnung über den 31. Juli 1993 hinaus und zahlten den Mietzins weiter. Zu einem nicht bekannten Zeitpunkt zogen sie aus der Wohnung aus, ohne der Beschwerdeführerin hiervon Mitteilung zu machen. Nachdem die Beschwerdeführerin Hinweise von dritter Seite auf den Auszug erhalten hatte, forderte sie die Eheleute K. am 17. August 1994 schriftlich auf, mitzuteilen, ob sie die Wohnung leerstehen lassen wollten und forderte Mietrückstände in Höhe von DM 681,61 ein. Mit Schreiben vom 4. September 1994 kündigten die Eheleute K. das Mietverhältnis zum 15. September 1994; am 6. September 1994 gaben sie die Wohnungsschlüssel zurück. Am gleichen Tag wies die Beschwerdeführerin die Eheleute schriftlich darauf hin, daß eine Kündigung erst zum 31. März 1995 möglich sei und eine Wohnungsbesichtigung durchgeführt werden müsse. Am 26. September 1994 forderte sie die Eheleute auf, die Wohnung in einen vermietbaren Zustand zu versetzen und fügte ein „Besichtigungsprotokoll" über durchzuführende Reparaturen bei. Die Eheleute K. holten sich daraufhin die Wohnungsschlüssel wieder ab und führten Reparaturen durch. Am 25. Oktober 1994 vermerkte ein Mitarbeiter der Beschwerdeführerin, eine erneute Besichtigung habe ergeben, daß zwar Versuche zur Durchführung von Schönheitsreparaturen erkennbar seien, diese jedoch die Schäden vergrößert hätten. Nunmehr forderte die Beschwerdeführerin die Eheleute K. mit anwaltlichem Schreiben vom 31. Oktober 1994 erneut zur Durchführung von Schönheitsreparaturen auf, setzte hierfür eine Frist und drohte die Geltendmachung von Schadensersatz nach Fristablauf an. Die Eheleute führten keine weiteren Arbeiten in der Wohnung durch.

Mit der im Februar 1995 erhobenen Klage machte die Beschwerdeführerin Schadensersatz in einer Gesamthöhe von DM 19.211,94 geltend, die sie aus Reparaturkosten, Mietausfall und Betriebskosten errechnete. Am 28. März 1996 verurteilte das Amtsgericht Tiergarten die Eheleute K. zur Zahlung von DM 9.652,45 und wies die Klage im übrigen ab. Die Schadensersatzforderung der Beschwerdeführerin sei durch eine von den Eheleuten K. erklärte Aufrechnung teilweise erloschen, da der vereinbarte Mietzins die ortsübliche Miete unangemessen im Sinne von § 5 WiStG übersteige. Die Beschwerdeführerin sei verpflichtet, die überzahlte Miete zu erstatten. Beide Parteien legten Berufung gegen dieses Urteil ein.

Die Beschwerdeführerin machte im Berufungsverfahren im wesentlichen eine fehlerhafte Ermittlung der ortsüblichen Vergleichsmiete geltend. Insbesondere sei die Einholung eines Sachverständigengutachtens erforderlich gewesen, da der von dem Amtsgericht herangezogene Mietspiegel mangelhaft sei. Die Eheleute K. wiesen in dem Berufungsverfahren u. a. darauf hin, daß angesichts der Abdingung des § 568 BGB in dem Mietvertrag vom 31. Juli 1993 allenfalls ein faktisches Mietverhältnis bestanden habe. Die Beschwerdeführerin stellte sich demgegenüber auf den Standpunkt, der Verbleib in der Wohnung und die Weiterbezahlung des Mietzinses seien als formloses Fortsetzungsverlangen im Sinne des § 564 c BGB zu verstehen.

Die Abweisung der Klage der Beschwerdeführerin und ihre Verurteilung zur Rückzahlung überzahlten Mietzinses an die widerklagenden Eheleute K. begründete das Landgericht im wesentlichen wie folgt: Das Mietverhältnis sei nicht gemäß § 568 BGB fortgesetzt worden, da die Fiktion der Weitergeltung wirksam abbedungen worden sei. Auch eine Fortsetzung des Mietverhältnisses nach § 564 c BGB komme nicht in Betracht, weil ein erforderliches Fortsetzungsverlangen nicht rechtzeitig geltend gemacht worden sei. Da die Schriftformklausel eine Fortsetzung des alten Mietvertrages ausgeschlossen habe, sei ein faktisches Vertragsverhältnis entstanden, für das die Eheleute K. keine Schönheitsreparaturen geschuldet hätten. Sie hafteten allerdings aus positiver Forderungsverletzung für hinterlassene Schäden, dabei jedoch nicht für solche, die durch die von ihnen ausgeführten Reparaturen entstanden seien. Da die Eheleute allein aufgrund des Aufforderungsschreibens der Beschwerdeführerin vom 26. September 1994 die Arbeiten in der Wohnung durchgeführt hätten, widerspreche es dem Grundsatz von Treu und Glauben, die Eheleute insoweit in Anspruch zu nehmen. Zu den Angriffen der Beschwerdeführerin gegen die Ermittlung der Vergleichsmiete anhand des Mietspiegels führte das Landgericht aus, es halte an seiner in ständiger Rechtsprechung vertretenen Ansicht, die ortsübliche Vergleichsmiete anhand jeweiliger Mietspiegel festzustellen, fest. Einem Sachverständigengutachten sei nur dann der Vorzug zu geben, wenn die Wohnung außergewöhnliche Besonderheiten aufweise. Soweit die Beschwerdeführerin in diesem Zusammenhang geltend gemacht habe, der Anteil modernisierter Altbauten sei zu gering erfaßt, fehle es an einer hinreichenden konkreten Bezugnahme auf das verwendete Datenmaterial hinsichtlich des einschlägigen Mietspiegelfeldes, in welches die in Rede stehende Wohnung einzuordnen sei.

Die Beschwerdeführerin fühlt sich durch diese Entscheidung des Landgerichts in dem Verfassungsgrundsatz, daß niemand seinem gesetzlichen Richter entzogen werden darf, verletzt und rügt darüber hinaus eine Verletzung ihres Anspruchs auf rechtliches Gehör. Das Landgericht habe zu den Fragen, ob bei unsachgemäß ausgeführten Schönheitsreparaturen ein Schadensersatzanspruch aus positiver Forderungsverletzung bestehe bzw. ob ein Sachverständigengutachten zur Ermittlung der Miethöhe erforderlich gewesen sei, „gemäß § 541 b ZPO“ Rechtsentscheide einholen müssen. Die Unterlassung dessen verletze „Art. 67 S. 2 VvB“. Ein Verstoß gegen den Grundsatz des rechtlichen Gehörs (Art. 15 Abs. 1 VvB) ergebe sich daraus, daß das Landgericht den Beweisantritt der Beschwerdeführerin übergangen habe. Ein weiterer Gehörsverstoß ergebe sich daraus, daß das Landgericht in Abweichung von der Beurteilung des Amtsgerichts und – wie die Beschwerdeführerin meint – prozeßrechtswidrig und materiell-rechtlich unzutreffend die Ansicht vertreten habe, das Mietverhältnis sei am 31. Juli 1993 beendet worden. Es stelle eine verfassungsrechtlich unzulässige Überraschungsentscheidung dar, daß das Landgericht in diesem Zusammenhang in Abweichung von gefestigter Rechtsprechung die Auffassung vertreten habe, Schriftformklauseln könnten nicht durch konkludentes Verhalten abbedungen werden.

Der Verfassungsgerichtshof hat die Akten des Amtsgerichts Tiergarten – 9 C 166/95(b) – beigezogen.

II.

1. Nach § 49 Abs. 1 VerfGHG kann jedermann mit der Behauptung, durch die öffentliche Gewalt des Landes Berlin in einem seiner in der Verfassung von Berlin enthaltenen Rechte verletzt zu sein, die Verfassungsbe-

schwerde zum Verfassungsgerichtshof erheben. Soweit Gegenstand der Verfassungsbeschwerde die Anwendung von Bundesrecht ist, wie des bürgerlichen und des Zivilverfahrensrechts, besteht eine Prüfungsbefugnis des Verfassungsgerichtshofs in den Grenzen der Art. 142, 31 GG hinsichtlich solcher Grundrechte der Verfassung von Berlin, die mit dem Bundesrecht in Übereinstimmung stehen (vgl. u. a. den Beschluß vom 2. Dezember 1993 – VerfGH 89/93 – LVerfGE 1, 169, 179 ff = NJW 1994, 437; Beschluß vom 17. März 1997 – VerfGH 4/97 – NVwZ-RR 1997, 505).

Die nach Erschöpfung des Rechtswegs fristgerecht erhobene Verfassungsbeschwerde genügt jedenfalls überwiegend auch den Anforderungen, welche sich aus § 49 Abs. 1 VerfGHG für die Substantiierung einer Grundrechtsrüge bzw. aus § 50 VerfGHG für die Begründung einer Verfassungsbeschwerde ergeben. Unschädlich ist im Zusammenhang mit der Rüge eines Verstoßes gegen die Garantie des gesetzlichen Richters der fehlerhafte Verweis auf Art. 67 S. 2 VvB, welcher erkennbar deren durch das Inkrafttreten der Verfassung von Berlin vom 23. November 1995 (GVBl. 779) am 29. November 1995 abgelöste Fassung im Blick hat. Insoweit ist nunmehr der mit der genannten Vorschrift wortgleiche Art. 15 Abs. 5 S. 2 VvB heranzuziehen. In der Sache ergibt sich aus dem Vortrag der Beschwerdeführerin hinreichend deutlich jedenfalls die Möglichkeit einer Verletzung der Garantie des gesetzlichen Richters, auch wenn die Beschwerdebegründung nicht im einzelnen auf die tatbestandlichen Voraussetzungen des § 541 Abs. 1 S. 1 ZPO bezogen ist. Dem Gesamtzusammenhang und den Hinweisen auf frühere landgerichtliche Entscheidung ist zu entnehmen, daß die Beschwerdeführerin davon ausgeht, es handele sich um eine Rechtsfrage von grundsätzlicher Bedeutung, welche durch Rechtsentscheid noch nicht entschieden sei.

Hinsichtlich der Rüge eines Verstoßes gegen das Grundrecht auf rechtliches Gehör ist das Vorbringen betreffend die „Übergehung" des Beweisantritts hinreichend substantiiert. Im übrigen mag zweifelhaft sein, ob die Beschwerdeführerin ihrer Darlegungslast vollumfänglich genügt hat. Denn ein Verstoß gegen das Gehörsgrundrecht ist nur dann zulässigerweise geltend gemacht, wenn ein Beschwerdeführer darlegt, was er bei ausreichender Gewähr rechtlichen Gehörs vorgetragen hätte und warum die angegriffene Entscheidung auf dem behaupteten Verfahrensverstoß beruht (vgl. den Beschluß vom 11. Januar 1995 – VerfGH 81/94 – LVerfGE 3, 3, 6). Die Beschwerdeführerin trägt demgegenüber nicht ausdrücklich vor, daß sie dadurch, daß das Landgericht ihrer Meinung nach angesichts des Prozeßverhaltens der Eheleute K. die Laufzeit des Mietverhältnisses nicht habe überprüfen dürfen, von weiterem Vortrag abgeschnitten wurde und was sie insoweit hätte vortragen wollen. Immerhin führt sie im Zusammenhang ihres Vorbringens zu dem Gesichtspunkt „Überraschungsentscheidung" an, durch die

Verfahrensweise des Landgerichts in unzulässiger Weise an der Möglichkeit weiteren Vorbringens gehindert worden zu sein, wobei der Hinweis auf weitere Tatsachen freilich unsubstantiiert bleibt. Es mag aber letztlich offen bleiben, ob die gerügten Verletzungen des Grundrechts auf rechtliches Gehör damit vollen Umfangs den Zulässigkeitsanforderungen genügen, denn die Verfassungsbeschwerde ist jedenfalls unbegründet.

2. a) Die angegriffene Entscheidung läßt eine Verletzung der Garantie des gesetzlichen Richters (Art. 15 Abs. 5 S. 2 VvB) nicht erkennen. Das Landgericht war weder im Rahmen seiner Beurteilung der Voraussetzungen des Schadensersatzanspruchs wegen der unterbliebenen bzw. schlecht ausgeführten Schönheitsreparaturen noch auch bei der Beurteilung der Frage, ob die ortsübliche Vergleichsmiete allein durch den Mietspiegel ermittelt werden konnte oder aber ein Sachverständigengutachten einzuholen war, aus verfassungsrechtlichen Gründen zur Einholung eines Rechtsentscheids verpflichtet.

Es entspricht der ständigen Rechtsprechung des Verfassungsgerichtshofs, daß die Unterlassung einer gesetzlich gebotenen Vorlage an ein übergeordnetes Gericht einen Verstoß gegen den Grundsatz des gesetzlichen Richters darstellen kann (vgl. den Beschluß vom 19. Oktober 1995 – VerfGH 23/95 – LVerfGE 3, 99, 103 = GE 1995, 1472; s. auch den Beschluß vom 17. März 1997, aaO). Die Nichtvorlage an ein zur Entscheidung berufenes Gericht verletzt die Verbürgung des gesetzlichen Richters aber nur, wenn sich dem entscheidenden Gericht die – hier ggf. aus § 541 Abs. 1 S. 1 ZPO folgende – Notwendigkeit einer Vorlage aufdrängen mußte (Beschluß vom 19. Oktober 1995, aaO) bzw. sich deren Unterlassung als unvertretbar und damit objektiv willkürlich darstellt (vgl. im Blick auf Art. 101 Abs. 1 S. 2 GG etwa BVerfGE 29, 45, 48 m. w. N.; BGH, JR 1997, 430). Das war vorliegend nicht der Fall.

aa) Hinsichtlich der Beurteilung des Schadensersatzanspruchs ist weder vorgetragen noch erkennbar, daß das Landgericht i. S. des § 541 Abs. 1 S. 1 ZPO von einer einschlägigen obergerichtlichen Entscheidung habe abweichen wollen bzw. abgewichen sei. Daß die Rechtsfrage grundsätzliche Bedeutung hätte, wäre angesichts des Meinungsstandes in Rechtsprechung und Literatur, der einhellig davon ausgeht, der Mieter hafte bei der schlechten Ausführung von Schönheitsreparaturen auf Schadensersatz wegen positiver Forderungsverletzung (vgl. LG Berlin, GE 1989, 43 und GE 1995, 115; LG Hamburg, WuM 1986, 311; LG Düsseldorf, DWW 1989, 392; *Oske*, Schönheitsreparaturen, 4. Aufl., 1992, S. 57; *Sternel*, Mietrecht aktuell, 3. Aufl., 1996, Rn. 855; *Bub/Treier*, Handbuch der Geschäfts- und Wohnraummiete, 2. Aufl., III A Rn. 1073), zwar ohne weiteres anzunehmen, wenn das Landgericht eine andere Rechtsauffassung hätte vertreten wollen; die Notwendigkeit der Einholung eines Rechtsentscheids hätte sich dem Landgericht dann wohl auch aufdrängen müssen. Indessen stellt das Landgericht die vorgenannte Rechtsauffassung ausweislich der Entscheidungsgründe gar nicht in Frage. Vielmehr verneint es den Anspruch aus Gründen des Einzelfalls, indem es tragend darauf abhebt, daß der Forderung der Grundsatz von Treu und Glauben entgegenstehe. Die Heranziehung des Grundsatzes von Treu und Glauben läßt erkennen, daß das Landgericht grundsätzlich von dem Bestehen eines entsprechenden Anspruchs des Vermieters gegenüber dem Mieter ausgeht. Die Besonderheiten des vorliegenden Einzelfalls, namentlich des „Drängen" der Beschwerdeführerin auf Durchführung von Reparaturen durch die Eheleute K., welche sodann schadensverursachend waren, stehen im Mittelpunkt der rechtlichen Beurteilung des Landgerichts, nicht aber hiervon gelöste grundsätzliche Erwägungen über die Grundlage einer Schadensersatzpflicht des die Mietsache schädigenden Mieters. Die von der Beschwerdeführerin für verfassungsrechtlich geboten gehaltene Vorlage wäre angesichts dessen möglicherweise sogar unzulässig gewesen (vgl. in diesem Zusammenhang KG, WuM 1984, 42); jedenfalls war sie nicht verfassungsrechtlich geboten.

bb) Die unterbliebene Einholung eines Rechtsentscheids darüber, ob der Mietspiegel herangezogen werden konnte oder aber ein Sachverständigengutachten einzuholen war, verletzt die Garantie des gesetzlichen Richters ebenfalls nicht. Auch hier mag offen bleiben, ob ein Rechtsentscheid überhaupt zulässig gewesen wäre oder aber – weil eine Frage der richterlichen Überzeugungsbildung betreffend – es allein Sache des Tatrichters ist zu prüfen, ob der Berliner Mietspiegel die ortsübliche Vergleichsmiete richtig wiedergibt (vgl. in diesem Sinne KG, WuM 1991, 425; vgl. auch KG, GE 1994, 991 sowie OLG Hamm, WuM 1984, 238). Denn jedenfalls kann nach Lage der Dinge nicht davon die Rede sein, eine im Einklang mit der vorgenannten Rechtsprechung stehende verfahrensrechtliche Handhabung unter Verzicht auf die Einholung eines Rechtsentscheides verstoße gegen die bezeichneten Einwirkungen des Art. 15 Abs. 5 S. 2 VvB auf das Verfahrensrecht (vgl. in diesem Zusammenhang auch BVerfG, NJWE MietR 1997, 169).

b) Das Landgericht hat den Anspruch der Beschwerdeführerin aus Art. 15 Abs. 1 VvB auf Gewährung rechtlichen Gehörs weder dadurch verletzt, daß es den Berliner Mietspiegel als hinreichendes Mittel zur Entscheidungsfindung über die Vergleichsmiete angesehen und von der Einholung von Sachverständigengutachten abgesehen hat, noch auch indem es hinsichtlich der Rechtsfrage der Fortsetzung des Mietverhältnisses zu einem von demjenigen des Amtsgerichts abweichenden Ergebnis gelangte.

aa) Aus der verfassungsrechtlichen Verbürgung des rechtlichen Gehörs folgt zunächst, daß ein Gericht die Ausführungen der Verfahrensbeteiligten zur Kenntnis zu nehmen und bei seiner Entscheidung in Erwägung zu ziehen hat (vgl. den Beschluß vom 16. November 1995, VerfGH 48/94 – LVerfGE 3, 113, 116). Daraus ergibt sich eine Verpflichtung zur Berücksichtigung solcher Beweisanträge, die nach der jeweils einschlägigen Verfahrensordnung als erheblich anzusehen sind. Die Nichtberücksichtigung eines als erheblich angesehenen Beweisangebots verstößt gegen den Grundsatz des rechtlichen Gehörs, wenn ihr das Prozeßrecht keine Stütze bietet (vgl. zum Bundesrecht etwa BVerfGE 65, 305, 307). Der Anspruch auf rechtliches Gehör ist indessen dann nicht verletzt, wenn ein Gericht aus Gründen des formellen oder des materiellen Rechts das Vorbringen eines Beteiligten unberücksichtigt läßt (vgl. bereits den Beschluß vom 16. November 1995, aaO; ebenso in ständiger Rechtsprechung das Bundesverfassungsgericht, s. etwa in NJW 1997, 726). So liegt es hier. In Übereinstimmung mit der Rechtsprechung des Bundesverfassungsgerichts (vgl. BVerfG, NJW 1992, 1377 = GE 1992, 609 sowie WuM 1991, 523 = GE 1991, 725) ist davon auszugehen, daß der Gesetzgeber die Verwendung von Mietspiegeln als wesentliches Mittel zum Nachweis des Mietzinses betrachtet, weil diese – soweit ordnungsgemäß aufgestellt – regelmäßig auf einer erheblich breiteren Tatsachenbasis beruhen, als sie ein gerichtlich bestellter Sachverständiger mit erheblichem Kosten- und Zeitaufwand ermitteln könnte. Daß das Landgericht vor diesem Hintergrund die Qualifizierung der konkret in Rede stehenden Miethöhe als eine wertende Entscheidung und damit als einen Anwendungsfall des § 287 Abs. 2 ZPO betrachtet und demzufolge von der Einholung eines Sachverständigengutachtens abgesehen hat, kann danach nicht als Gehörsverstoß gewertet werden, wobei offen bleiben mag, ob das Landgericht letztlich aus verfahrens- oder aus materiell-rechtlichen Gründen die Einholung des Sachverständigengutachtens für verzichtbar gehalten hat, denn – wie gesagt – beide Erwägungen stünden der Annahme eines Gehörsverstoßes entgegen.

An dieser Beurteilung ändert sich auch nichts, weil das Landgericht – anders als in anderen bisher verfassungsgerichtlicher Entscheidungen zugeführten Fällen – vorliegend den Mietspiegel nicht im Zusammenhang mit der Überprüfung eines Mieterhöhungsverlangens herangezogen hat, sondern die Frage zu beurteilen hatte, ob eine unangemessen hohe Miete im Sinne des § 5 WiStG vereinbart worden war. Zwar ist einzuräumen, daß bei der Prüfung des § 5 WiStG teilweise grundsätzlich die Einholung von Sachverständigengutachten für erforderlich gehalten wird (vgl. KG, GE 1994, 991;

s. auch LG Berlin, NJWE-MietR 1996, 98). Auch insoweit steht aber die Auswahl der Beweismittel im pflichtgemäßen Ermessen des Gerichts. Gelangt es zu der Einschätzung, daß im Einzelfall keine Besonderheiten vorliegen, die dafür sprechen, daß der Mietspiegel – als gleichsam zu „grob“ – die Vergleichsmiete nicht hinreichend genau bestimmen läßt, so kann dies auf verfassungsrechtliche Bedenken nur stoßen, wenn das Gericht ihm substantiiert vorgetragene Bedenken gegen die Verwendbarkeit des Mietspiegels in nicht vertretbarer Weise unberücksichtigt läßt. Davon kann vorliegend keine Rede sein. Angesichts des „allgemein“ gebliebenen Vortrags seitens der Beschwerdeführerin war das Landgericht jedenfalls aus verfassungsrechtlichen Gründen nicht an der Feststellung gehindert, Besonderheiten, die das „Herausfallen“ der Wohnung aus dem Rasterfeld des Mietspiegels nachvollziehbar machten, seien nicht dargelegt worden.

Ebensowenig ist verfassungsrechtlich zu beanstanden, daß das Landgericht zur Frage der Ordnungsmäßigkeit des Mietspiegels kein Sachverständigengutachten eingeholt hat.

Es ist zwar selbstverständlich, daß nur ein ordnungsgemäß erstellter Mietspiegel zur Ermittlung einer ortsüblichen Vergleichsmiete herangezogen werden darf. Demzufolge muß der entscheidende Richter im Rahmen der ihm obliegenden freien Beweiswürdigung in Betracht ziehen, ob das Zahlenmaterial hinsichtlich der Datengewinnung und Datenverarbeitung vollständig und zutreffend ermittelt und dargestellt ist (vgl. BVerwGE 100, 262, 267 f = NJW 1996, 2046 f). Es bestehen aber keine Anhaltspunkte für die Annahme, das Landgericht habe diese Verpflichtung verkannt. Anhand von S. 12 des Urteilsabdrucks erweist sich, daß das Landgericht den Vortrag der Beschwerdeführerin, die Mietspiegel von 1992 und 1994 seien nicht ordnungsgemäß erstellt worden, zur Kenntnis genommen hat. Der Beschwerdeführerin mag eingeräumt werden, daß das Landgericht die im einzelnen von ihr geltend gemachten methodischen Mängel nicht weiter gewürdigt hat. Auch darin liegt aber kein Gehörsverstoß. So wird den über Mietsachen entscheidenden Gerichten wohl zuzugestehen sein, daß sie Einwendungen gegen die Ordnungsmäßigkeit von Mietspiegeln, die – wie hier – ständige Rechtsprechung mehrerer Kammern des Landgerichts sowie auch der Rechtsprechung des Kammergerichts zugrunde liegen, nur dann im einzelnen in der Entscheidungsbegründung nachgehen müssen, wenn der Einzelfall dazu Anlaß gibt (vgl. auch BVerwGE 100, 262, 267). Unabhängig davon gilt: Das Landgericht hat seine Unterlassung einer näheren Auseinandersetzung mit den Argumenten der Beschwerdeführerin damit begründet, daß es an einer konkreten Bezugnahme der Beschwerdeführerin auf das verwandte Datenmaterial hinsichtlich des einschlägigen Mietspiegelfeldes gefehlt habe. Das Landgericht hat damit zum Ausdruck gebracht, daß es die Einholung eines Sachverständigengutachtens aus Rechtsgründen nicht für erforderlich hielt. Seine Position, es reiche nicht aus, gegen die in Rede stehenden Mietspiegel in einzelnen Punkten methodische Kritik vorzutragen, sondern es müsse dargetan werden, daß sich die behaupteten Mängel auf das konkrete Mietspiegelfeld und damit die vom Gericht für die Bestimmung der Miete als maßgeblich erachtete Mietpreisspanne ausgewirkt habe, ist jedenfalls unter dem Gesichtspunkt der Gewährleistung rechtlichen Gehörs nicht zu beanstanden und im übrigen nachvollziehbar und somit willkürfrei.

bb) Aus der verfassungsrechtlichen Garantie des rechtlichen Gehörs folgt allgemein auch das Recht der Verfahrensbeteiligten, sich nicht nur zu dem einer Entscheidung zugrundezulegenden Sachverhalt, sondern auch zur Rechtslage zu äußern (vgl. zum Bundesrecht etwa BVerfGE 86, 133, 144). Allerdings ist ein Gericht grundsätzlich weder zu einem Rechtsgespräch noch zu einem Hinweis auf seine Rechtsauffassung verpflichtet (vgl. bereits den Beschluß vom 25. April 1996 – VerfGH 69, 69 A/95 – LVerfGE 4, 54, 60 f). Aus dem Anspruch auf rechtliches Gehör kann daher keine allgemeine Frage- und Aufklärungspflicht des Richters abgeleitet werden. Auch ist das Recht auf Gehör nicht notwendigerweise schon dann verletzt, wenn der Richter einer Hinweispflicht des einfachen Verfahrensrechts nicht genügt (vgl. zu Art. 103 Abs. 1 GG BVerfG, NJW 1997, 726 f). Indes ist es mit Art. 15 Abs. 1 VvB unvereinbar, wenn ein Gericht ohne vorherigen Hinweis Anforderungen an den Sachvortrag stellt oder auf rechtliche Gesichtspunkte abhebt, mit denen auch ein gewissenhafter und kundiger Prozeßbeteiligter – selbst unter Berücksichtigung der Vielzahl vertretbarer Rechtsauffassungen – nach dem bisherigen Prozeßverlauf nicht zu rechnen brauchte (vgl. den Beschluß vom 25. April 1996, aaO). Denn eine solche Verfahrensweise kommt im Ergebnis der Verhinderung des Vortrags der Prozeßpartei gleich (vgl. in diesem Zusammenhang BVerfGE 84, 188, 190).

Unter Anlegung dieser Maßstäbe erweist sich das Urteil des Landgerichts auch im Blick auf die Rechtsfrage der Beendigung bzw. Fortdauer des Mietverhältnisses als mit Art. 15 Abs. 1 VvB vereinbar. Die bezeichnete Frage ist bereits Gegenstand des amtsgerichtlichen Urteils gewesen. Sie wurde ferner ausweislich der Verfahrensakten in der Berufungsbegründung der Eheleute K. thematisiert; hierauf ist auch die Beschwerdeführerin in ihrer Erwiderungsschrift eingegangen. Daß das Landgericht seine diesbezügliche Rechtsauffassung nicht vorab mitgeteilt hat, ist von Verfassungs wegen nicht zu beanstanden. Wenn die Beschwerdeführerin meint, das Landgericht hätte sich mit der in Rede stehenden Rechtsfrage aus prozeßrechtlichen Gründen nicht auseinandersetzen dürfen, so kann dem ebensowenig gefolgt werden. Entgegen dem Vorbringen der Beschwerdeführerin haben die Eheleute K. das amtsgerichtliche Urteil in vollem Umfang angefochten, so daß das Landgericht gemäß § 537 ZPO zu einer uneingeschränkten sachlichen und rechtlichen Prüfung des Bestehens des Mietverhältnisses berechtigt und verpflichtet war. Denn die Berufung ist insgesamt zulässig, wenn sie zu einem den gesamten Streitgegenstand betreffenden Punkt eine den Erfordernissen des § 539 Abs. 3 Nr. 2 ZPO genügende Begründung enthält (vgl. in diesem Zusammenhang BGH, NJW 1994, 1656 f; *Zöller/Gummer*, ZPO, 20. Aufl., 1997, § 519, Rn. 37). Es ist weder substantiiert vorgetragen noch sonst erkennbar, daß das Landgericht von diesen Grundsätzen abgewichen wäre.

Schließlich kann auch von einer unzulässigen Überraschungsentscheidung nicht die Rede sein. Wenn die Frage, ob das Mietverhältnis den 31. Juli 1993 überdauert habe, wie angesprochen, Gegenstand schriftsätzlicher Erörterung beider Parteien im Berufungsverfahren gewesen ist und gerade auch von der Beschwerdeführerin die Fortsetzung des Mietverhältnisses durch konkludentes Verhalten gemäß § 564 c BGB für möglich erachtet wurde (unter Hinweis auf die Tatsache, daß der Mietzins weiter gezahlt worden war und die Eheleute später „gekündigt" hätten), läßt sich keine verfassungsrechtliche Verpflichtung des Landgerichts erkennen, die Beschwerdeführerin zu weiterem Vortrag über die Möglichkeit eines konkludenten Fortsetzungsverlangens bzw. einer konkludenten Aufhebung eines Schriftformerfordernisses hinzuweisen. Vielmehr mußte jedenfalls ein gewissenhafter und kundiger Prozeßbeteiligter damit rechnen, daß sich das Gericht auf der Grundlage des Vortrags der Parteien mit der Frage auseinandersetzen werde, ob ungeachtet der Schriftformklausel eine Fortsetzung des Mietverhältnisses zu den Bedingungen des bisherigen Mietvertrages angenommen werden könne. Demzufolge hätte die Beschwerdeführerin von sich aus in Betracht ziehen müssen, daß sich das Gericht mit der Bedeutung jener Schriftformklausel auseinandersetzen werde. Schließlich kann auch nicht davon ausgegangen werden, das Landgericht sei in einer eine vorherige „Mitteilungspflicht" auslösenden Weise von gefestigten Auffassungen abgewichen. Das Landgericht wird nach den Schriftsätzen der Parteien keinen Anlaß gesehen haben, davon auszugehen, die Schriftformklausel solle aufgrund des konkludent geäußerten Willens der Parteien keine Gültigkeit mehr beanspruchen. Denn die Aufhebung einer gerade auf solche gesetzlichen Vorschriften bezogenen Schriftformklausel, welche an konkludentes Verhalten anknüpfen, dürfte besondere Anforderungen an diesbezüglichen Tatsachenvortrag stellen. Auch angesichts dessen ist kein Raum für die Annahme, das Landgericht habe im Zuge der Anwendung des einfachen Gesetzesrechts die hierbei zu beachtenden verfassungsrechtlichen Anforderungen – hier im Blick auf den Anspruch auf rechtliches Gehör – verkannt.

Die Entscheidung über die Kosten folgt aus den §§ 33, 34 VerfGHG.

Dieser Beschluß ist unanfechtbar.

Nr. 6

Überprüfung verwaltungsgerichtlicher Entscheidungen im vorläufigen Rechtsschutzverfahren am Maßstab des Rechts auf familiäres Zusammenleben und auf Wahrnehmung der Elternverantwortung.

Verfassung von Berlin Art. 12

Beschluß vom 17. Dezember 1997 – VerfGH 82, 82 A/97 –

in dem Verfahren über die Verfassungsbeschwerde und den Antrag auf Erlaß einer einstweiligen Anordnung
1. des S. Y.
2. des K. Y.
S.straße 5,
gegen
1. den Beschluß des Oberverwaltungsgerichts Berlin vom 23. Juli 1997 – OVG 8 SN 126/97 –
2. den Beschluß des Verwaltungsgerichts Berlin vom 18. Februar 1997 – VG 15 A 503/96 –

Entscheidungsformel:

Die Verfassungsbeschwerde wird zurückgewiesen.
Damit erledigt sich der Antrag auf Erlaß einer einstweiligen Anordnung.
Das Verfahren ist gerichtskostenfrei.
Auslagen werden nicht erstattet.

Gründe:

I.

Der Beschwerdeführer zu 1), der am 17. März 1979 als Kind des Beschwerdeführers zu 2) und dessen damaliger Ehefrau geboren wurde, reiste am 26. August 1994 nach Deutschland ein, wo der nach seiner im Jahre 1988 erfolgten Scheidung von der Mutter des Beschwerdeführers zu 1) inzwischen wieder verheiratete Beschwerdeführer zu 2) seit März 1991 mit unbefristeter Aufenthaltserlaubnis lebt. Den am 23. Februar 1995 gestellten Antrag des Beschwerdeführers zu 1) auf Erteilung einer Aufenthaltserlaubnis lehnte des Landeseinwohneramt Berlin mit Bescheid vom 30. November 1995 ab; zugleich forderte das Landeseinwohneramt Berlin den Beschwerdeführer zu 1) unter Androhung der Abschiebung zur Ausreise innerhalb eines Monats auf.

In ihrer Begründung setzt sich die Behörde unter anderem mit dem Scheidungsurteil des Amtsgerichts Z. (Türkei) vom 4. November 1988 auseinander, mit dem der am 24. Oktober 1988 von der Mutter des Beschwerdeführers zu 1) eingereichten Scheidungsklage stattgegeben und in dem dem Beschwerdeführer zu 2) als Kindesvater das Sorgerecht für den Beschwerdeführer zu 1) übertragen worden ist.

Mit seinem Widerspruch machte der Beschwerdeführer zu 1) unter anderem geltend, nach Art. 7 des Übereinkommens über die Zuständigkeit der Behörden und das anzuwendende Recht auf dem Gebiet des Schutzes von Minderjährigen vom 5. Oktober 1961 (BGBl II 1971, S. 217 – Minderjährigenschutzabkommen) sei die Sorgerechtsentscheidung des türkischen Gerichts anzuerkennen. Die Sorgerechtsübertragung entspreche dem Kindeswohl. Bei Fortbestehen von Zweifeln insoweit solle das Jugendamt eingeschaltet werden. Durch Bescheid vom 6. Juni 1996 wies die Senatsverwaltung für Inneres den Widerspruch zurück: Angesichts der „unglaublichen" Kürze der Zeit, in der das Gericht in Z. zu seinem Urteil gekommen sei, könne nicht davon ausgegangen werden, daß es die erforderlichen Ermittlungen angestellt habe, um eine das Kindeswohl berücksichtigende Entscheidung treffen zu können. Vielmehr habe sich das Gericht ohne nähere Prüfung der einvernehmlichen Regelung der Parteien angeschlossen. Zwar sei zu berücksichtigen, daß der in Deutschland lebende Elternteil zur Personensorge berechtigt und verpflichtet sei, jedoch führe das nicht zwangsläufig zu einer Gestattung des Nachzugs. Vielmehr sei zu prüfen, ob das Wohl des Kindes es erfordere, daß der Sorgeberechtigte das Kind persönlich betreue. Das sei hier nicht der Fall.

Beide Beschwerdeführer haben daraufhin Klage vor dem Verwaltungsgericht Berlin erhoben, über die noch nicht entschieden ist. Ihren Antrag, die aufschiebende Wirkung ihrer Klage anzuordnen, hat das Verwaltungsgericht Berlin durch Beschluß vom 18. Februar 1997 abgelehnt. Der angefochtene Bescheid in Gestalt des Widerspruchsbescheids sei selbst dann rechtmäßig, wenn man zugunsten des Beschwerdeführers zu 1) die Anwendbarkeit des § 20 Abs. 3 Satz 1 in Verbindung mit §§ 20 Abs. 2, 17 AuslG annehme. Bei der Ausübung des danach der Ausländerbehörde eingeräumten Ermessens sei insbesondere das Kindeswohl zu berücksichtigen. Dem werde im allgemeinen durch die unveränderte Beibehaltung der gewohnten Lebensverhältnisse am besten gedient. Zwar sei in diesem Rahmen auch die Sorgerechtsentscheidung des Amtsgerichts Z. von Belang, doch komme ihr für die Beurteilung des Kindeswohls lediglich „indizielle Bedeutung" zu. Die von der Ausländerbehörde angestellten Erwägungen stützten ihre Ermessensentscheidung; angesichts des insoweit bereits klaren Sachverhalts sei eine Zuziehung des Jugendamts entbehrlich gewesen.

Durch Beschluß vom 23. Juli 1997 hat das Oberverwaltungsgericht Berlin den Antrag der Beschwerdeführer abgelehnt, die Beschwerde gegen den Beschluß des Verwaltungsgerichts zuzulassen. Die behaupteten ernstlichen Zweifel an der Richtigkeit des erstinstanzlichen Beschlusses bestünden nicht. Das Verwaltungsgericht gehe zutreffend davon aus, daß die Ausländerbehörde die begehrte Aufenthaltserlaubnis ermessensfehlerfrei versagt habe. Der dabei zugrundegelegte Sachverhalt entspreche den Angaben der Beschwerdeführer im Verwaltungsverfahren sowie dem Inhalt des Urteils des Amtsgerichts Z. vom 4. November 1988, wonach das Sorgerecht für den Beschwerdeführer zu 1) „nach Wunsch“ dem Beschwerdeführer zu 2) als seinerzeitigem Beklagten zugesprochen worden sei. Im übrigen sei durch die Rechtsprechung des Senats bereits geklärt, daß keine Bindung an die durch ein ausländisches Gericht getroffene Sorgerechtsentscheidung bestehe, diese vielmehr nur einer von mehreren Sachgesichtspunkten sei, die bei der Ermessensentscheidung zu berücksichtigen seien. Die durch Art. 7 Satz 1 des Minderjährigenschutzabkommens gebotene Anerkennung einer gerichtlichen Sorgerechtsübertragung nehme der Ausländerbehörde nicht die Kompetenz, in eigener Verantwortung darüber zu entscheiden, ob die Erteilung einer Aufenthaltserlaubnis im Einzelfall dem Kindeswohl entspreche. Der Verzicht der Ausländerbehörde auf Einschaltung des Jugendamts berühre die Rechtmäßigkeit der Ermessensentscheidung nicht, sie sei weder gesetzlich vorgeschrieben noch sonst, etwa wegen besonderer Sachkunde hinsichtlich der Lebensumstände des Beschwerdeführers zu 1) in der Türkei, angezeigt.

Gegen den Beschluß des Oberverwaltungsgerichts Berlin sowie den Beschluß des Verwaltungsgerichts Berlin und die ihnen zugrundeliegenden Bescheide richtet sich die Verfassungsbeschwerde der Beschwerdeführer, mit der sie eine Aufhebung dieser Bescheide und der beiden Beschlüsse begehren. Die Beschwerdeführer meinen, die Verweigerung der beantragten Aufenthaltserlaubnis nach Maßgabe des § 20 Abs. 3 Satz 1 in Verbindung mit §§ 20 Abs. 2 und 17 AuslG sei mit ihren durch die Verfassung von Berlin garantierten Rechten nicht vereinbar. Der Beschwerdeführer zu 1) macht geltend, „in seinen grundrechtlich geschützten Belangen gemäß Art. 12 Abs. 1, Art. 15 Abs. 1 und 4 und Art. 7 VvB verletzt zu sein“, der Beschwerdeführer zu 2) rügt „eine Verletzung seiner Rechte gemäß Art. 12 Abs. 1 und 3 bis 5 VvB und Art. 15 Abs. 4 VvB“ (Beschwerdeschrift S. 10).

Die begehrte Aufenthaltserlaubnis habe im vorliegenden Fall nach § 20 Abs. 3 Satz 1 (i. V. m. §§ 20 Abs. 2, 17) AuslG erteilt werden müssen; die von den Beschwerdeführern geführte familiäre Gemeinschaft habe das Kindeswohl zur Geltung kommen lassen. Der Beschwerdeführer zu 1) habe dieser durch Art. 12 Abs. 1 VvB geschützten Bestandsgemeinschaft mit seinem Vater bis zum Erreichen der Volljährigkeit am 17. März 1997 in besonderem Maße bedurft. Die angefochtenen Entscheidungen bewirkten eine Verletzung seiner durch Art. 12 Abs. 1 VvB geschützten Belange. Die mit der Sache befaßten Behörden und Gerichte hätten verkannt, daß das Personensorgerecht ein „entscheidendes Indiz" für das Kindeswohl sei. Der Beschwerdeführer zu 1) sei seit seiner Einreise im August 1994 in keiner Weise negativ aufgefallen; seine Entwicklung sei positiv verlaufen. Er habe bereits 1996 einen Hauptschulabschluß erworben und später einen Ausbildungsplatz angeboten bekommen. Zu Unrecht hätten die Behörden bei der Beurteilung des Kindeswohls nicht den Wunsch des Beschwerdeführers zu 1) berücksichtigt. Im übrigen hätte eine der Schutzgarantie des Art. 12 Abs. 1 VvB genügende Verfahrensgestaltung es erfordert, zur Ermittlung des Kindeswohls einen Bericht des Jugendamts einzuholen. Auch das bisherige gerichtliche Verfahren sei insoweit nicht der Schutzgarantie des Art. 12 Abs. 1 VvB gerecht geworden; das Verwaltungsgericht wäre verpflichtet gewesen, den Beschwerdeführer zu 1) persönlich anzuhören. Das Unterlassen dieser Anhörung verletze zugleich Art. 15 Abs. 1 VvB. Überdies sei durch die mangelnde gerichtliche Aufklärung, d. h. die unterlassene Zuziehung des Jugendamts und die unterlassene Anhörung des Beschwerdeführers zu 1), dessen Grundrecht aus Art. 15 Abs. 4 VvB verletzt, weil ihm dadurch ein effektiver Rechtsschutz vorenthalten worden sei. Eine Beweiserhebung erst im Klageverfahren komme zu spät; eine sich über Jahre hinziehende Verzögerung wirke sich in Form eines irreparablen Schadens aus. Überdies erfahre die allgemeine Handlungsfreiheit des Beschwerdeführers zu 1) durch die Versagung der Aufenthaltserlaubnis eine unzulässige Beeinträchtigung.

Für den Beschwerdeführer zu 2) stelle die Versagung der Aufenthaltserlaubnis für seinen Sohn einen Eingriff in das ihm als Kindesvater zustehende Grundrecht aus Art. 12 Abs. 1 VvB dar. Zugleich werde dieser dadurch in seinen durch Art. 12 Abs. 3 VvB geschützten Belangen verletzt; die zwischen ihm und dem Beschwerdeführer zu 1) in Form einer häuslichen Gemeinschaft begründete besondere Erziehungsgemeinschaft genieße grundrechtlichen Schutz. Ferner macht der Beschwerdeführer zu 2) die Verletzung von durch Art. 12 Abs. 4 und 5 VvB gewährleisteten Belangen geltend. Überdies rügt auch er eine Vorenthaltung effektiven Rechtsschutzes und damit eine Verletzung des Art. 15 Abs. 4 VvB.

Beide Beschwerdeführer beantragen den Erlaß einer einstweiligen Anordnung, da der Beschwerdeführer zu 1) „akut" von einer Abschiebung bedroht werde, und weisen in diesem Zusammenhang auf die Rechtsfolgen des § 8 Abs. 2 AuslG hin.

Im Hinblick auf das vorliegende Verfahren hat das Landeseinwohneramt Berlin am 2. Oktober 1997 mitgeteilt, es werde von einer Vollziehung der

Abschiebung des Beschwerdeführers zu 1) bis zur Entscheidung des Verfassungsgerichtshofs über den Antrag auf Erlaß einer einstweiligen Anordnung absehen. Der Verfassungsgerichtshof hat die Akten des Verwaltungsgerichts und die Ausländerakten beider Beschwerdeführer beigezogen.

II.

Die Verfassungsbeschwerde hat keinen Erfolg.

1. a) Nach § 49 Abs. 1 VerfGHG kann jedermann mit der Behauptung, durch die öffentliche Gewalt des Landes Berlin in einem seiner in der Verfassung von Berlin enthaltenen Rechte verletzt zu sein, Verfassungsbeschwerde zum Verfassungsgerichtshof erheben. Soweit – wie hier – Gegenstand der Verfassungsbeschwerde auf Bundesrecht beruhende Entscheidungen der Berliner Verwaltungsbehörden und Gerichte sind, besteht die Prüfungskompetenz des Verfassungsgerichtshofs in den Grenzen der Art. 142, 31 GG allein mit Blick auf solche Grundrechte der Verfassung von Berlin, die mit vom Grundgesetz verbürgten Grundrechten übereinstimmen (st. Rspr., u. a. Beschluß vom 2. Dezember 1993 – VerfGH 89/93 – LVerfGE 1, 169, 179 ff). Diese Voraussetzung ist bei den von den Beschwerdeführern als verletzt gerügten Art. 7 VvB (vgl. Art. 2 Abs. 1 GG), 12 Abs. 1 VvB (vgl. Art. 6 Abs. 1 GG), Art. 12 Abs. 3 VvB (vgl. Art. 6 Abs. 2 Satz 1 GG), Art. 12 Abs. 4 VvB (vgl. Art. 6 Abs. 3 GG), Art. 15 Abs. 1 VvB (vgl. Art. 103 Abs. 1 GG) und Art. 15 Abs. 4 VvB (vgl. Art. 19 Abs. 4 GG), nicht aber auch bei Art. 12 Abs. 5 VvB erfüllt.

b) Der Rechtsweg ist im Sinne des § 49 Abs. 2 Satz 1 VerfGHG jedenfalls insoweit erschöpft, als es um die Androhung der Abschiebung und die Ablehnung vorläufigen Rechtsschutzes durch das Verwaltungs- und das Oberverwaltungsgericht geht. Diese Entscheidungen enthalten eine selbständige Beschwerde, die sich nicht mit derjenigen deckt, die Gegenstand des Hauptsacheverfahrens ist. Das trifft regelmäßig zu, wenn – wie hier – die Verletzung von Grundrechten namentlich durch Entscheidung im vorläufigen Rechtsschutzverfahren gerügt wird (vgl. dazu Beschluß vom 12. Juli 1994 – VerfGH 95/93 – LVerfGE 2, 19, 25 f).

c) Auch der Beschwerdeführer zu 2) ist durch die angegriffenen Entscheidungen betroffen. Zwar folgt aus diesen Entscheidungen eine Pflicht zum sofortigen Verlassen des Bundesgebietes nur für den Beschwerdeführer zu 1). Doch trifft die Ausreiseverpflichtung eines Ausländers auch dessen Familienangehörigen, der – wie der Beschwerdeführer zu 2) – bleibeberechtigt ist, und kann von diesem in zulässiger Weise mit der Verfassungsbeschwerde angegriffen werden (vgl. in diesem Zusammenhang BVerfG, Beschluß vom 26. Juni 1979 – 1 BvL 10/78 – BVerfGE 51, 386, 395).

d) Zweifelhaft mag indes sein, ob die Beschwerdeschrift mit Blick auf jedes von den Beschwerdeführern als verletzt gerügtes Grundrecht den Anforderungen genügt, die gemäß §§ 49 Abs. 1, 50 VerfGHG an die Zulässigkeit einer Verfassungsbeschwerde zu stellen sind, d. h. ob insoweit jeweils ein Sachverhalt aufgezeigt ist, aus dem sich mit hinreichender Deutlichkeit die Möglichkeit eines Grundrechtsverstoßes ergibt. Bedenken könnten insoweit unter anderem hinsichtlich der Rüge einer Verletzung des Art. 15 Abs. 1 und Abs. 4 VvB bestehen. Doch mag das auf sich beruhen. Denn die Verfassungsbeschwerde hat – wie bereits gesagt – jedenfalls in der Sache keinen Erfolg.

2. Die Verfassungsbeschwerde ist unbegründet; die mit ihr angegriffenen behördlichen und gerichtlichen Entscheidungen halten einer verfassungsrechtlichen Überprüfung stand.

a) Der Schutzbereich des Art. 12 Abs. 1 VvB ist im vorliegenden Fall insofern berührt, als er u. a. das Recht auf familiäres Zusammenleben umfaßt. Die Beschwerdeführer streben ein solches Zusammenleben an. Damit ist eine der wesentlichen Voraussetzungen für die Entfaltung der möglichen aufenthaltsrechtlichen Schutzwirkung des Art. 12 Abs. 1 VvB angesprochen. Denn nur wenn außer einer rechtlichen auch eine tatsächliche – regelmäßig in der Pflege einer häuslichen Gemeinschaft zum Ausdruck kommende – Verbundenheit zwischen Familienmitgliedern besteht oder (wieder) hergestellt werden soll, ist eine Anwendung des Art. 12 Abs. 1 VvB in aufenthaltsrechtlicher Hinsicht sachlich gerechtfertigt (vgl. ebenso zum Bundesrecht BVerfG, Beschluß vom 12. Mai 1987 – 2 BvR 1226/83 – u. a. – BVerfGE 76, 1, 43). Der Schutzbereich des Art. 12 Abs. 3 VvB wird von den angegriffenen Entscheidungen ebenfalls berührt. Diese Bestimmung gewährleistet die Wahrnehmung der Elternverantwortung im Interesse des Kindeswohls (ebenso zum Bundesrecht BVerfG, u. a. Beschluß vom 18. Juli 1979 – 1 BvR 650/77 – BVerfGE 51, 386, 398). Der für Eltern bzw. einen Elternteil durch die in Rede stehende Aufenthaltsversagung begründete Zwang, eine Trennung von einem Kind hinzunehmen oder einen bestehenden Aufenthalt im Bundesgebiet zu beenden, ist geeignet, für Pflege und Erziehung des Kindes erhebliche Belastungen mit sich zu bringen. Aufenthaltsrechtliche Schutzwirkungen, die Art. 12 Abs. 3 VvB mithin zu entfalten vermag und die von jedem betroffenen Elternteil geltend gemacht werden können, greifen allerdings nicht über diejenigen aus Art. 12 Abs. 1 VvB hinaus (ebenso zum Bundesrecht BVerfG, Beschluß vom 12. Mai 1987 – aaO,

S. 48); insbesondere gewährt Art. 12 Abs. 3 VvB ebensowenig wie Art. 12 Abs. 1 VvB einen grundrechtlichen Anspruch auf Nachzug eines Kindes in das Land Berlin. Demgegenüber kommt Art. 12 Abs. 4 VvB im vorliegenden Zusammenhang nicht als Prüfungsmaßstab in Betracht. Er betrifft Eingriffe, die eine Trennung der Kinder von den Eltern zugunsten der Begründung eines staatlichen Erziehungseinflusses wegen elterlichen Erziehungsversagens zum Ziel haben (vgl. insoweit zum Bundesrecht BVerfG, u. a. Beschluß vom 29. Juli 1968 – 1 BvL 20/63 u. a. – BVerfGE 24, 119, 142). Im Ergebnis entsprechendes gilt für Art. 7 VvB; das durch ihn gewährleistete Grundrecht der allgemeinen Handlungsfreiheit steht in Subsidiarität zu allen anderen Freiheitsgrundrechten und damit auch zur durch Art. 12 Abs. 1 VvB geschützten Freiheit des familiären Zusammenlebens und zur durch Art. 12 Abs. 3 VvB geschützten Freiheit der Wahrnehmung der Elternverantwortung.

Aus dem besonderen Rang, der den Grundrechtsgütern Ehe und Familie im Gefüge des Grundgesetzes zukommt, hat das Bundesverfassungsgericht (vgl. etwa Beschluß vom 12. Mai 1987 – aaO, S. 51 f) abgeleitet, im Bereich des Aufenthaltsrechts seien die Entscheidungen der vollziehenden Gewalt einer verfassungsrechtlichen Kontrolle nicht allein dahingehend zugänglich, ob sie offensichtlich unhaltbar seien. Vielmehr bedürfe es der Prüfung ihrer „Vertretbarkeit". Auch unter Berücksichtigung eines derartigen Maßstabs sind die in Rede stehenden behördlichen und gerichtlichen Entscheidungen verfassungsrechtlich nicht zu beanstanden.

In Übereinstimmung mit den Beschwerdeführern sind die mit deren Begehren befaßten Behörden und Gerichte davon ausgegangen, die einschlägigen Vorschriften des Ausländergesetzes begegneten keinen verfassungsrechtlichen Bedenken.

Die Beschwerdeführer rügen eine Verletzung von Verfassungsrecht ausschließlich unter dem Blickwinkel der Anwendung des § 20 Abs. 3 Satz 1 in Verbindung mit §§ 20 Abs. 2, 17 AuslG, durch den der Nachzug eines Kindes privilegiert wird, das noch nicht das sechzehnte Lebensjahr vollendet hat. Insoweit nehmen die Beteiligten übereinstimmend und der Rechtslage entsprechend an, die Erteilung der beantragten Aufenthaltserlaubnis hänge von einer Ermessensentscheidung der Ausländerbehörde ab und diese Ermessensentscheidung habe sich letztlich ausschlaggebend an dem Wohl des jeweiligen Kindes zu orientieren, das das sechzehnte Lebensjahr noch nicht vollendet hat. Während die Beschwerdeführer unter Betonung insbesondere der durch das Urteil des Amtsgerichts Z. vom 4. November 1988 erfolgten Übertragung des Sorgerechts für den Beschwerdeführer zu 1) auf den Beschwerdeführer zu 2) der Ansicht sind, die Erteilung der Aufenthaltserlaubnis entspreche hier dem Kindeswohl, haben das Verwaltungsgericht und namentlich das Oberverwaltungsgericht erkannt, die gegenteilige Annahme der Behörden begegne keinen durchgreifenden Bedenken, deren Ermessensentscheidung bewege sich innerhalb des vom Bundesgesetzgeber vorgegebenen Rahmens und sei durch die festgestellten Tatsachen gedeckt. Diese Auffassung ist jedenfalls vertretbar. Das schließt ein, daß auch eine gegenteilige Entscheidung durch Behörden und Gerichte als vertretbar zu qualifizieren gewesen wäre.

Das Verwaltungsgericht hat im einzelnen aufgeführt, im allgemeinen werde dem Wohl eines Kindes, das noch nicht das sechzehnte Lebensjahr vollendet habe, am besten durch die unveränderte Beibehaltung der gewohnten Lebensverhältnisse gedient, denn durch den Nachzug ins Bundesgebiet würden solche Kinder aus ihrer gewohnten Umgebung gelöst und in eine ihnen völlig fremde Umgebung versetzt. Deshalb entspreche es der Regel, derartigen Kindern den Nachzug zu einem in Deutschland lebenden Elternteil zu versagen, wenn sie – wie hier der Beschwerdeführer zu 1) – in ihren ersten, nahezu sechzehn Lebensjahren ausschließlich im Ausland aufgewachsen seien. Diesem Maßstab trage die Ermessensentscheidung der Ausländerbehörde Rechnung. Die Entscheidung des Amtsgerichts Z., dem Beschwerdeführer zu 2) das Sorgerecht für den Beschwerdeführer zu 1) zu übertragen, nötige nicht zu einer Abweichung von dieser Regel. Zwar sei eine solche Sorgerechtsentscheidung als Indiz im Rahmen der Beurteilung des Kindeswohls zu berücksichtigen, doch begründe sie – wie das Oberverwaltungsgericht verdeutlicht – keine Bindung der Ausländerbehörde, sondern sei als ein in die Ermessenserwägungen einzustellender Gesichtspunkt zu qualifizieren. Die Aussagekraft dieses Gesichtspunkts mindere sich indes hier aus mehreren Gründen: Zum einen habe das türkische Amtsgericht keinerlei eigene Ermittlungen betreffend des Kindeswohls angestellt, sondern seine diesbezügliche Entscheidung „auf Wunsch" der seinerzeitigen Beteiligten getroffen. Zum anderen lasse sich aus dem Umstand, daß es im Jahre 1988 dem Wohl des seinerzeit noch nicht einmal zehnjährigen, in der Türkei lebenden Beschwerdeführers zu 1) entsprochen haben könnte, seinem Vater die Verantwortung für die Erziehung zu übertragen, kein Schluß dahingehend ziehen, daß es im August 1994 (Zuzug), März 1995 (Antragstellung) und November 1995 (Erlaß des Ausgangsbescheids) ebenfalls seinem Wohl entsprochen habe, gerade bei seinem Vater in Deutschland zu leben, zumal er bis kurz vor Vollendung seines sechzehnten Lebensjahres in der Familie seines Onkels in der Türkei gelebt habe. In diesem Zusammenhang sei auch zu beachten, daß der Beschwerdeführer zu 2) von dem ihm im Jahre 1988 übertragenen Sorgerecht fast sechs Jahre lang kaum Gebrauch gemacht habe. Die diesbezügliche Tatsachenfeststellung, der die Beschwerdeführer lediglich im Verfahren vor dem Oberverwaltungsgericht entgegengetreten sind, entspreche – so legt das Oberverwaltungsgericht dar – den Angaben der Antragsteller im Verwaltungsverfahren bei deren Vorsprache am 16. März 1995. Die davon abweichende Darstellung in der eidesstattlichen Versicherung des Beschwerdeführers zu 1) vom 3. März 1997 erscheine vor dem Hintergrund der gesamten Umstände unglaubhaft.

Die Ermessensentscheidung der Ausländerbehörde sei – so betonen das Verwaltungsgericht und das Oberverwaltungsgericht übereinstimmend – auch nicht deshalb ermessensfehlerhaft, weil die Ausländerbehörde davon abgesehen habe, das Jugendamt einzuschalten. Eine solche Einschaltung des Jugendamts sei gesetzlich nicht vorgeschrieben; überdies sei sie im vorliegenden Fall deshalb nicht einmal angezeigt, weil es dem Jugendamt an besonderer Sachkunde hinsichtlich der Lebensumstände des Beschwerdeführers zu 2) in der Türkei in dem insoweit maßgeblichen Zeitraum mangele. Das leuchtet ein. Soweit die Beschwerdeführer sich in der Beschwerdeschrift zur Stützung ihrer gegenteiligen Ansicht unter anderem auf die Beteiligung des Jugendamts bei das Kind betreffenden Entscheidungen des Vormundschaftsgerichts berufen (§ 49 FGG), übersehen sie, daß es sich in diesem Zusammenhang vornehmlich um Entscheidungen handelt, in bezug auf die das Jugendamt aufgrund von Erfahrungen und Erkenntnissen im Bundesgebiet besondere Sachkunde besitzt.

b) Die Rüge, die Gerichte hätten den durch Art. 15 Abs. 1 VvB geschützten Anspruch des Beschwerdeführers zu 1) auf rechtliches Gehör verletzt, geht fehl. Dieses Grundrecht begründet nämlich grundsätzlich keinen Anspruch auf mündliche Verhandlung oder persönliche Anhörung (vgl. ebenso zu Art. 103 Abs. 1 GG BVerfG, Beschluß vom 8. Februar 1994 – 1 BvR 765, 766/89 – BVerfGE 89, 381, 391). Vielmehr garantiert es den am Verfahren Beteiligten das Recht, sich zu den der gerichtlichen Entscheidung zugrundeliegenden Tatsachen und zur Rechtslage zu äußern. Damit wird das Gericht auch verpflichtet, das Vorbringen der Beteiligten zur Kenntnis zu nehmen und in seine Erwägungen einzubeziehen (vgl. u. a. Beschluß vom 10. November 1993 – VerfGH 88/93 –). Es ist weder von den Beschwerdeführern vorgetragen noch sonst ersichtlich, daß den Gerichten und namentlich dem Oberverwaltungsgericht insoweit ein Fehler unterlaufen sein könnte. Vielmehr hat sich gerade das Oberverwaltungsgericht mit der erst nach Abschluß des erstinstanzlichen Verfahrens angefertigten ausführlichen eidestattlichen Versicherung des Beschwerdeführers zu 1) vom 3. März 1997 auseinandergesetzt. Der Umstand, daß es die Darstellung in dieser Versicherung betreffend die Ausübung des dem Beschwerdeführer zu 2) übertragenen Sorgerechts durch diesen in den Jahren 1988 bis 1991 als unglaubhaft qualifiziert hat, berührt nicht den Anspruch auf rechtliches Gehör.

Im Ergebnis entsprechendes gilt für das Vorbringen der Beschwerdeführer, sie seien in ihrem Grundrecht aus Art. 15 Abs. 4 VvB verletzt worden, ihnen sei durch die mangelnde Einschaltung des Jugendamts und durch den Verzicht auf die persönliche Anhörung des Beschwerdeführers zu 1) effektiver Rechtsschutz vorenthalten worden. Zutreffend weisen sie darauf hin, daß der Abschluß des Hauptsacheverfahrens in einem Fall der vorliegenden Art „zu spät" käme. Dem hat der (Bundes-)Gesetzgeber u. a. durch die Einräumung der Möglichkeit Rechnung getragen, nach Maßgabe der Vorschriften der Verwaltungsgerichtsordnung um vorläufigen Rechtsschutz nachzusuchen (vgl. in dem Zusammenhang etwa BVerfG, Beschluß vom 13. Juni 1979 – 1 BvR 699/77 – BVerfGE 51, 268, 284 f). Da dieses Gesetz insoweit keine verbindliche Entscheidung getroffen hat, liegt die Form der Anhörung im Ermessen des Gerichts. Es ist nichts ersichtlich, was die Annahme stützen könnte, etwa das Oberverwaltungsgericht habe sein Ermessen betreffend die Anhörung des Beschwerdeführers zu 1) in verfassungsrechtlich zu beanstandender Weise ausgeübt. Seine Entscheidung, die Einschaltung des Jugendamts sei hier entbehrlich, ist – wie bereits gesagt – ebenfalls vertretbar. Die Beschwerdeführer verwechseln möglicherweise den grundrechtlich geschützten Anspruch auf effektiven Rechtsschutz mit einem Anspruch auf den von ihnen erstrebten erfolgreichen Rechtsschutz.

3. Nach alledem ist für den Erlaß der begehrten einstweiligen Anordnung kein Raum. Es kann deshalb dahingestellt bleiben, ob dieser Antrag angesichts seiner pauschalen Begründung den von § 31 Abs. 1 VerfGHG vorausgesetzten Anforderungen an die Darlegungslast genügt.

Die Kostenentscheidung folgt aus §§ 33 f VerfGHG.

Dieser Beschluß ist unanfechtbar.

Entscheidungen des Verfassungsgerichts des Landes Brandenburg

Die amtierenden Richter des Verfassungsgerichts des Landes Brandenburg

Dr. Peter Macke, Präsident
Dr. Wolfgang Knippel, Vizepräsident
Dr. Matthias Dombert
Prof. Dr. Beate Harms-Ziegler
Prof. Dr. Rolf Mitzner
Prof. Dr. Richard Schröder
Prof. Dr. Karl-Heinz Schöneburg
Monika Weisberg-Schwarz
Prof. Dr. Rosemarie Will

Nr. 1

Das Recht auf politische Mitgestaltung sichert die Teilnahme eines jeden Bürgers insbesondere an Wahlen und Abstimmungen, nicht jedoch die Rechte in der Eigenschaft als Mandatsträger.*

Verfassung des Landes Brandenburg Art. 21 Abs. 1

Verfassungsgerichtsgesetz Brandenburg § 45 Abs. 1

Beschluß vom 3. Juli 1997 – VfGBbg 18/97; 18/97 EA –

in dem Verfassungsbeschwerdeverfahren des Gemeindevertreters G. wegen Behinderung in der Ausübung eines kommunalen Mandats.

Entscheidungsformel:

Die Verfassungsbeschwerde wird verworfen.

Gründe:

I.

Die Verfassungsbeschwerde ist gemäß § 21 Satz 1 Verfassungsgerichtsgesetz Brandenburg (VerfGGBbg) zu verwerfen. Sie ist nicht zulässig. Zum einen sind die Verfügungen des Landrats, gegen die sich der Beschwerdeführer wendet, nicht gegen ihn, sondern an den Zweckverband gerichtet. Insofern fehlt es an einer eigenen Rechtsbetroffenheit des Beschwerdeführers. Aber auch unabhängig hiervon, etwa soweit es um die Verhinderung der Nachwahl geht, ist hier die Verfassungsbeschwerde nicht statthaft. Verfassungsbeschwerde kann, wie § 45 Abs. 1 VerfGGBbg formuliert, „Jeder" mit der Behauptung erheben, „durch die öffentliche Gewalt des Landes Brandenburg in einem in der Verfassung gewährleisteten Grundrecht verletzt zu sein". Die Verfassungsbeschwerde ist damit auf Fälle zugeschnitten, in denen der Beschwerdeführer dem Staat „als Bürger" gegenübersteht. Die mit der Verfassungsbeschwerde angegriffenen Maßnahmen betreffen aber den Beschwerdeführer – wenn überhaupt – nicht als „Jedermann", sondern in

* Nichtamtlicher Leitsatz

seiner Eigenschaft als Träger eines kommunalen Mandats. Ein solcher Mandatsträger steht jedoch der „öffentlichen Gewalt“ nicht als Bürger gegenüber, sondern in der Stellung eines in die staatliche Organisation einbezogenen Amtsträgers, dem allenfalls Organrechte zustehen. Für einen solchen Fall ist das Verfahren der Individual-Verfassungsbeschwerde nicht statthaft (vgl. auch BVerfG, NVwZ 1994, 56 f). Die Klärung von Organstreitigkeiten auf Kommunalebene fällt aber nicht in den – enumerativen – Zuständigkeitskatalog, wie ihn Art. 113 der Verfassung des Landes Brandenburg (LV), § 12 VerfGGBbg für das Verfassungsgericht des Landes aufstellt. Auch das (Bürger-)Recht auf politische Mitgestaltung (Art. 21 Abs. 1 LV) ist nicht betroffen. Es sichert die Teilnahme eines jeden Bürgers insbesondere an Wahlen und Abstimmungen, nicht jedoch die Rechte in der Eigenschaft als Mandatsträger.

II.

Damit erübrigt sich eine Entscheidung über den Antrag auf Erlaß einer einstweiligen Anordnung.

III.

Dieser Beschluß ist einstimmig ergangen.

Nr. 2

1. Zur rechtlichen Bedeutung der Übertragung einer gemeindlichen Selbstverwaltungsangelegenheit auf das Amt.

2. Neben den Landkreisen und kreisfreien Städten sind auch kreisangehörige Städte und andere Gemeinden und deren Zusammenschlüsse unter den Voraussetzungen des § 100 Abs. 2 Satz 3 des Brandenburgischen Schulgesetzes als Schulträger für Schulen der Sekundarstufe I anzuerkennen.

3. Neben den Landkreisen und kreisfreien Städten sind auch die kreisangehörigen Städte und andere Gemeinden oder deren Zusammenschlüsse zu einer eigenen Schulentwicklungsplanung berechtigt.

4. Die Schülerbeförderung gehört nicht zur gemeindlichen Selbstverwaltung.

Grundgesetz Art. 28 Abs. 2

Verfassung des Landes Brandenburg Art. 30 Abs. 5; 97; 100

Amtsordnung §§ 4 Abs. 1, 3; 5 Abs. 4; 9 Abs. 4

Brandenburgisches Schulgesetz §§ 99, 100, 102, 107, 112, 142, 149

Erstes Schulreformgesetz für das Land Brandenburg §§ 48, 49, 51, 57, 59, 61

Verfassungsgerichtsgesetz Brandenburg § 51 Abs. 1, 2

Urteil vom 17. Juli 1997 – VfGBbg 1/97 –

in dem Verfahren über die kommunale Verfassungsbeschwerde der Gemeinde Neutrebbin, vertreten durch das Amt Barnim-Oderbruch, dieses vertreten durch den Amtsdirektor, betreffend das Gesetz über die Schulen im Land Brandenburg (Brandenburgisches Schulgesetz – BbgSchulG –) vom 12. April 1996 (GVBl. für das Land Brandenburg I S. 102).

Entscheidungsformel:

1. § 100 Abs. 2 BbgSchulG ist, soweit er den Landkreisen und kreisfreien Städten die Trägerschaft für Schulen der Sekundarstufe I zuweist, mit der Landesverfassung mit der Maßgabe vereinbar, daß kreisangehörige Städte und andere Gemeinden oder deren Zusammenschlüsse bei Vorliegen der Voraussetzungen nach § 100 Abs. 2 Satz 3 BbgSchulG als Schulträger für Schulen der Sekundarstufe I anzuerkennen sind.

2. § 102 Abs. 4 Satz 1 BbgSchulG ist mit der Landesverfassung unvereinbar, soweit Gemeinden die Möglichkeit einer eigenen Schulentwicklungsplanung vorenthalten wird.

3. Im übrigen wird die Verfassungsbeschwerde, teilweise als unzulässig, im übrigen als unbegründet, zurückgewiesen.

4. Der Beschwerdeführerin sind ⅓ ihrer notwendigen Auslagen zu erstatten.

Gründe:

A.

Die Beschwerdeführerin, eine amtsangehörige Gemeinde, wendet sich mit ihrer kommunalen Verfassungsbeschwerde im wesentlichen dagegen, daß durch das Gesetz über die Schulen im Land Brandenburg vom 12. April

1996 (Brandenburgisches Schulgesetz – BbgSchulG – GVBl. I S. 102) die Schulträgerschaft für die Sekundarstufe I, die Schulentwicklungsplanung und die Schülerbeförderung von den Gemeinden auf die Kreise verlagert worden sind.

I.

Der Vorläufer des Brandenburgischen Schulgesetzes, das Erste Schulreformgesetz für das Land Brandenburg (Vorschaltgesetz – 1. SRG –) in der Fassung der Bekanntmachung vom 1. Juli 1992 (GVBl. I S. 258), enthält zu Schulträgerschaft und zu Schulentwicklungsplanung folgende Regelungen:

Siebter Teil
Aufgaben des Schulträgers

§ 48
Aufgaben des Schulträgers

Der Schulträger errichtet, unterhält und verwaltet die Schulen als eigene Aufgabe. Er stellt die Schulanlagen, Gebäude, Einrichtungen, Lehrmittel und das für die Schulverwaltung notwendige Personal.

§ 49
Schulentwicklungsplanung

(1) Die Gemeinden und Kreise stellen Schulentwicklungspläne auf und schreiben sie fort. Schulentwicklungspläne sollen in allen Landesteilen ein gleichmäßiges Bildungs- und Abschlußangebot sichern, das sich möglichst auf alle Schulformen erstreckt. Sie berücksichtigen die Entwicklung der Schülerzahlen sowie das Wahlverhalten der Eltern.

(2) Die Schulentwicklungsplanung ist mit benachbarten Schulträgern abzustimmen. Schulische Angebote anderer Schulträger sind zu berücksichtigen.

(3) Der Schulträger legt den auf Kreisebene abgestimmten Schulentwicklungsplan der obersten Schulaufsichtsbehörde zur Bestätigung vor. Die Bestätigung berücksichtigt die Ergebnisse der Landesentwicklungsplanung und die Finanzierbarkeit der schulischen Angebote.

§ 51
Schulträgerschaft

(1) Die Gemeinden oder gemeindliche Schulverbände sind Träger der Schulen, soweit in den nachfolgenden Absätzen nichts anderes bestimmt ist.

(2) Die Kreise und kreisfreien Städte sind Träger der Schulen und Bildungsgänge der Sekundarstufe II einschließlich der Fachschulen. ...

(3) Träger von Schulen, die Bildungsgänge der Sekundarstufen I und II umfassen, können auch Gemeinden sein.

...

Zur Schülerbeförderung sah das 1. SRG folgende Vorschriften vor:

Neunter Teil
Schulfinanzierung

§ 57
Kostenträger

(1) Schulkosten sind die Personalkosten und die Sachkosten.

...

(3) Die Sachkosten trägt der Schulträger.

...

§ 59
Sachkosten

(1) Zu den Sachkosten gehören die Kosten für die Ausstattung der Schule, die Kosten der Lernmittelfreiheit und der Schulspeisung, die Schülerfahrtkosten, die Kosten für die Schüler-Unfallversicherung sowie die Kosten für die Haftpflichtversicherung der Schülerlotsen und der Schülerinnen und Schüler, die an Betriebspraktika, Betriebserkundungen oder an ähnlichen Schulveranstaltungen teilnehmen.

...

§ 61
Schülerfahrtkosten

...

(3) Die Erstattung der Fahrtkosten obliegt dem Schulträger, sie entfällt, wenn der Schulträger einen kostenlosen Schülerspezialverkehr eingerichtet hat.

II.

Das Brandenburgische Schulgesetz vom 12. April 1996, dessen wesentliche Bestimmungen am 1. August 1996 in Kraft getreten sind (vgl. § 149 Abs. 1 BbgSchulG), enthält die nachfolgenden Regelungen. Zur Schulträgerschaft heißt es:

Teil 8 – Öffentliche Schulträgerschaft
Abschnitt 1 – Schulträgerschaft

§ 99
Wirkungskreis des Schulträgers

...

(2) Der Schulträger beschließt über die Errichtung, Änderung und Auflösung und unterhält und verwaltet die Schule als pflichtige Selbstverwaltungsaufgabe. ...

§ 100
Schulträger

(1) Träger von Grundschulen sind die Gemeinden oder Gemeindeverbände mit Ausnahme der Landkreise. ...

(2) Träger von weiterführenden allgemeinbildenden Schulen sind die Landkreise und kreisfreien Städte. Große kreisangehörige Städte oder Mittlere kreisangehörige Städte gemäß § 2 Abs. 3 Gemeindeordnung können Träger von weiterführenden allgemeinbildenden Schulen sein. Andere Gemeinden oder deren Zusammenschlüsse können Träger von weiterführenden allgemeinbildenden Schulen sein, wenn die Schülerzahl für die Errichtung oder Fortführung einer in der Schulentwicklungsplanung als notwendig bezeichneten weiterführenden allgemeinbildenden Schule vorhanden oder innerhalb von fünf Jahren zu erwarten ist. ...

...

§ 142
Fortbestehende Schulträgerschaften

... Soweit Gemeinden oder Gemeindeverbände bei Inkrafttreten dieses Gesetzes Träger von weiterführenden allgemeinbildenden Schulen sind, bleiben sie hierfür weiter zuständig. Sie können diese Zuständigkeit mit Zustimmung des Landkreises auf diesen übertragen. ...

Im Hinblick auf die Schulentwicklungsplanung lautet die maßgebliche Regelung wie folgt:

§ 102
Schulentwicklungsplanung

(1) Die Schulentwicklungsplanung soll die planerische Grundlage für ein möglichst wohnungsnahes und alle Bildungsgänge umfassendes Schulangebot und den Planungsrahmen für einen zweckentsprechenden Schulbau schaffen. In allen Landesteilen soll ein gleichwertiges und regional ausgewogenes Angebot schulischer Bildungsgänge vorhanden sein. Die Ziele der Raumord-

nung und der Landesplanung sind insbesondere bei der Zuordnung der Schulangebote zur zentralörtlichen Gliederung des Landes zu beachten.

(2) In der Schulentwicklungsplanung wird der gegenwärtige und künftige Schulbedarf ausgewiesen. Die Schulentwicklungsplanung berücksichtigt, welche Bildungsgänge gegenwärtig an welchen Standorten vorhanden sind oder zukünftig angeboten werden. Für jeden Standort wird das Einzugsgebiet aufgrund des Schüleraufkommens, des Schulwahlverhaltens und der örtlichen Verkehrsverhältnisse genannt. Schulen in freier Trägerschaft sind bei der Prognose des Schulbedarfs zu berücksichtigen. Schulen in freier Trägerschaft können in den Schulentwicklungsplan einbezogen werden, soweit ihre Träger das Einverständnis erklären. Schulentwicklungspläne müssen die Maßnahmen zu ihrer Umsetzung unter Angabe der Rangfolge und zeitlichen Reihenfolge ihrer Verwirklichung enthalten.

(3) Der Schulentwicklungsplan soll für einen Zeitraum von fünf Jahren (Planungszeitraum), erstmalig mit dem Stichtag 1. August 1997 für die voraussichtliche Entwicklung bis zum 31. Juli 2002, auf der Basis der jüngsten Schulstatistik aufgestellt und beschlossen werden. Schulentwicklungspläne sind rechtzeitig vor Ablauf des Planungszeitraums fortzuschreiben. Die Schulentwicklungspläne sind auch innerhalb des Planungszeitraums fortzuschreiben, soweit es erforderlich wird, insbesondere bei einer Änderung der tatsächlichen oder rechtlichen Grundlagen (Planungsgrundlagen).

(4) Die Landkreise und die kreisfreien Städte nehmen die Aufgabe der Schulentwicklungsplanung als pflichtige Selbstverwaltungsaufgabe wahr. Mit den kreisangehörigen Schulträgern ist Benehmen herzustellen. Hat ein Bildungsangebot eine über das Gebiet eines Landkreises oder einer kreisfreien Stadt hinausgehende Bedeutung, ist über die Schulentwicklungsplanung mit den betroffenen Landkreisen oder kreisfreien Städten Benehmen herzustellen.

(5) Schulentwicklungspläne und ihre Fortschreibung bedürfen für ihre Wirksamkeit der Genehmigung durch das für Schule zuständige Ministerium. Die Genehmigung kann auch für Teilbereiche und mit Nebenbestimmungen erteilt werden. Sie berücksichtigt die Ziele der Landesentwicklungsplanung und die Finanzierbarkeit der schulischen Angebote. Die Genehmigung kann versagt werden, wenn ein Schulentwicklungsplan mit einer zweckmäßigen Schulorganisation oder mit einer ordnungsgemäßen Gestaltung des Unterrichts nicht vereinbar ist. Wird der erforderliche Schulentwicklungsplan nicht aufgestellt, kann das für Schule zuständige Ministerium im Einvernehmen mit der Kommunalaufsichtsbehörde die Verpflichtung zu einer bestimmten Schulentwicklungsplanung verbindlich feststellen, soweit und solange dafür ein Bedürfnis besteht.

Zu der Schülerbeförderung heißt es:

§ 112
Schülerfahrtkosten

(1) Die Landkreise und kreisfreien Städte sind Träger der Schülerbeförderung. ...

Schließlich enthält das Brandenburgische Schulgesetz eine die „Übertragung von Schulanlagen“ regelnde Vorschrift, in der es wie folgt heißt:

§ 107
Übertragung von Schulanlagen

(1) Soweit die Schulträgerschaft übertragen wird und der neue Schulträger das Schulvermögen für schulische Zwecke benötigt, gehen die vermögensrechtlichen Rechte und Pflichten des bisherigen Schulträgers entschädigungslos auf den neuen Schulträger über.

(2) Abs. 1 findet keine Anwendung auf die Teile der Schulgrundstücke, die nicht unmittelbar Zwecken der betreffenden Schule dienen; die beteiligten Schulträger haben ihre Rechte und Pflichten durch eine Vermögensauseinandersetzung zu regeln. Abs. 1 findet keine Anwendung auf Schulgrundstücke, die überwiegend anderen als Zwecken der betreffenden Schule dienen; der bisherige Schulträger hat dem neuen Schulträger das Schulgrundstück in dem Umfang unentgeltlich, gegen eine Beteiligung an den Kosten der Grundstücksunterhaltung, zur schulischen Nutzung zu überlassen, in dem es bisher zu Zwecken der betreffenden Schule genutzt wurde.

(3) Wird das übereignete Schulvermögen nicht mehr für schulische Zwecke benötigt, kann der frühere Schulträger innerhalb eines Jahres nach der Entwidmung die entschädigungslose Rückübertragung unter Berücksichtigung eines anteiligen Wertausgleichs für den kreislichen Eigenanteil an Investitionen verlangen. Dieser Anspruch entfällt, wenn der neue Schulträger für die übergegangenen Schulanlagen Ersatzbauten errichtet.
...

III.

Die zum Landkreis Märkisch-Oderland gehörende beschwerdeführende Gemeinde schloß sich mit 21 weiteren Gemeinden zum damaligen Amt Wriezen-Land zusammen. Zu diesem Zeitpunkt gab es im Amtsbereich des Amtes Wriezen-Land von den jeweiligen Gemeinden getragene Grundschulen in Altreetz, Neulewin, Prötzel und im Gebiet der Beschwerdeführerin sowie eine Gesamtschule in Neulewin. Nachdem sowohl der Amtsausschuß als auch die betroffenen Gemeinden beschlossen hatten, die Schulträgerschaft auf das Amt Wriezen-Land zu übertragen und das Ministerium für Bildung, Jugend und Sport die Übertragung genehmigt hatte, wurden die Schulen mit Wirkung zum 18. Januar 1994 in die Trägerschaft des Amtes überführt. Das Amt Wriezen-Land löste zum Ende des Schuljahres 1993/1994 mit Genehmigung der obersten Schulaufsichtsbehörde die Gesamtschule Neulewin auf und errichtete zu Beginn des Schuljahres 1994/1995 eine zweizügige Realschule in dem Gebiet der Beschwerdeführerin.

IV.

Mit ihrer am 2. Januar 1997 bei Gericht eingegangenen Verfassungsbeschwerde wendet sich die Beschwerdeführerin gegen die Übertragung der Trägerschaft für die Schulen der Sekundarstufe I gemäß § 100 Abs. 2 BbgSchulG und der Schulentwicklungsplanung gemäß § 102 Abs. 4 BbgSchulG sowie der Schülerbeförderung nach § 112 BbgSchulG auf die Landkreise und kreisfreien Städte. Ferner beanstandet sie die Übertragung des für schulische Zwecke benötigten Schulvermögens gemäß § 107 Abs. 1 BbgSchulG. Sie sieht sich in ihrem kommunalen Selbstverwaltungsrecht „nach Art. 28 Abs. 2 Grundgesetz, Art. 30 Abs. 5 und Art. 97 Abs. 1 und 2 der Verfassung des Landes Brandenburg" verletzt. Ihr Selbstverwaltungsrecht werde durch die angegriffenen Regelungen über Gebühr eingeschränkt. Zur Frage der Schulträgerschaft und der Schulentwicklungsplanung trägt sie vertiefend wie folgt vor:

1. Die Schulträgerschaft gehöre zu den ureigenen Aufgaben einer Gemeinde. Die Verlagerung der Trägerschaft für die Schulen der Sekundarstufe I auf die Kreise verletze die Selbstverwaltungsgarantie. Daran ändere auch die „Übergangsklausel" des § 142 BbgSchulG nichts, weil sie nur an vorhandene Trägerschaften anknüpfe. Für die Zukunft hingegen habe sie, die Beschwerdeführerin, keinen Einfluß mehr auf die Schulen der Sekundarstufe I in ihrem Gemeindegebiet. Der Entzug der Schulträgerschaft insoweit sei nicht gerechtfertigt. Die in der Gesetzesbegründung prognostizierte Entwicklung eines weiteren Geburtenrückganges müssen in Zweifel gezogen werden. Selbst wenn es bei den rückläufigen Geburtenzahlen bleibe, sei die Übertragung der Aufgabe auf die Landkreise nicht gerechtfertigt. Sie widerspreche u. a. den vom Bundesverfassungsgericht in seiner Entscheidung vom 24. Juni 1969 aufgestellten Maßgaben (BVerfGE 26, 228). Hiernach stehe die Schulträgerschaft grundsätzlich den Gemeinden zu. Soweit eine einzelne Gemeinde nicht selbst in der Lage sei, eine Schule der Sekundarstufe I zu unterhalten, stehe es ihr frei, sich mit anderen Gemeinden zu einem leistungsfähigen Schulträger zusammenzuschließen. Im Lande Brandenburg bestehe schon wegen der – leistungsfähigen – Ämter kein Bedürfnis, den Gemeinden die Schulträgerschaft auf diese Weise gänzlich zu entziehen.

2. Durch die Übertragung nicht nur der Schulträgerschaft, sondern auch der Schulentwicklungsplanung würden die Gemeinden „faktisch ausgeschaltet". Sie verlören ihren Einfluß auf die Entwicklung der Schullandschaft. Die Entscheidung über die Schulstandorte, über die Schularten und über die Schulstrukturen gerate vollständig in die Hand der Kreise.

V.

Die Landesregierung hat von der Gelegenheit zur Äußerung Gebrauch gemacht. Sie bezweifelt die Zulässigkeit der Verfassungsbeschwerde; die Beschwerdeführerin habe schon die Möglichkeit einer Verletzung der Selbstverwaltungsgarantie nicht dargetan. Jedenfalls sei die Verfassungsbeschwerde unbegründet. Im wesentlichen macht die Landesregierung dazu geltend:

1. Die Schulträgerschaft sei zwar von dem verfassungsrechtlich verankerten Recht auf kommunale Selbstverwaltung umfaßt, stehe jedoch unter dem Gesetzesvorbehalt des Art. 97 Abs. 2 und 5 der Landesverfassung (LV). Den hiernach zu stellenden Anforderungen an den Entzug der Schulträgerschaft sei genügt. In formeller Hinsicht hätten der Städte- und Gemeindebund Brandenburg sowie der Landkreistag Brandenburg Gelegenheit erhalten, Stellung zu nehmen. Auch materiell sei die Neuordnung der Schulträgerschaft gerechtfertigt. Das Recht auf Trägerschaft von Schulen unterfalle nicht dem unantastbaren Kernbereich der gemeindlichen Selbstverwaltung. Auch soweit die von der Beschwerdeführerin erwähnte Entscheidung des Bundesverfassungsgerichts vom 24. Juni 1969 (BVerfGE 26, 228) den Gemeinden eine im Kernbereich der gemeindlichen Selbstverwaltung angesiedelte Position zuspreche, sei zu bedenken, daß sich die Entscheidung nur auf den damals in Niedersachsen vorhandenen Schultyp der Volksschule beziehe. Auch sei der Kernbereich der gemeindlichen Selbstverwaltung nicht ein für allemal fest umrissen, sondern einem gewissen Wandel unterworfen. So sei die Verlagerung der Schulträgerschaft auf die Kreisebene, die auch in anderen Bundesländern in ähnlicher Weise erfolgt sei, verfassungsrechtlich nicht zu beanstanden; auch der Subsidiaritätsgrundsatz sei nicht verletzt. Die Verlagerung der Trägerschaft für die weiterführenden allgemeinbildenden Schulen sei erfolgt, weil andernfalls ein leistungsfähiges Schulwesen nicht ohne unverhältnismäßige Kosten aufrechtzuerhalten sei. Angesichts des bestehenden und weiterhin zu erwartenden Geburtenrückganges sei eine hinreichende Auslastung der Schulen, wie sie zur Vermeidung nicht zu verantwortender Mehrkosten erforderlich sei, nur über die Landkreise erreichbar. Beispielsweise sei für das Gemeindegebiet der Beschwerdeführerin im Jahre 2003/2004 nur noch mit etwa 40 % der derzeitigen Schülerzahl zu rechnen. Die entsprechende Regelung sei auch verhältnismäßig. Durch das Brandenburgische Schulgesetz bleibe den Gemeinden und Gemeindeverbänden die Möglichkeit, Schulen fortzuführen (§ 142 Satz 3 BbgSchulG) oder neu zu errichten, sei es gemäß § 100 Abs. 2 Satz 2 BbgSchulG, sei es – bei entsprechender Leistungsfähigkeit – nach Maßgabe des § 100 Abs. 2 Satz 3 BbgSchulG.

2. Auch die Verlagerung der Schulentwicklungsplanung auf die Landkreise sei formell und materiell verfassungsgemäß. Hierbei sei zunächst zu berücksichtigen, daß unter der Regie des 1. SRG, als auch die Gemeinden und Gemeindeverbände für die Schulentwicklungsplanung zuständig waren, auf dieser Ebene nur verschwindend wenige bestätigungsreife Schulentwicklungspläne zustande gekommen seien. Hingegen habe man mit der Erarbeitung der Schulentwicklungspläne auf der Ebene der Landkreise und kreisfreien Städte positive Erfahrungen gemacht. Die Kompetenz der kreislichen Planer, die sich mit den Bürgermeistern und Amtsdirektoren absprächen, vollziehe sich auf einem von einzelnen Gemeinden nicht erreichbaren hohen Niveau. Eine solche planerische Optimierung sei aber gerade in dünn besiedelten Flächenländern wie Brandenburg unverzichtbar. Die Übertragung der Schulentwicklungsplanung auf die Landkreise sei umsoweniger bedenklich, als es sich dabei um „eine echte, in etwa gleichgewichtige Mischverwaltung zwischen Land und kommunaler Selbstverwaltung nach Art eines ‚Kondominium'" handele.

3. Die Übertragung der Schülerbeförderung und die Wahrnehmung dieser Aufgabe nunmehr durch die Kreise finde ihren Grund darin, daß auf diese Weise eine möglichst weitgehende Integration in den öffentlichen Personennahverkehr ermöglicht werde.

4. Der mit dem Schulträgerwechsel einhergehende entschädigungslose Übergang von Schulanlagen und des sonstigen Schulvermögens nach § 107 Abs. 1 BbgSchulG sei verfassungsrechtlich ebenfalls nicht zu beanstanden. Eine bloße Übertragung der Nutzungsbefugnisse, wie sie noch in § 51 Abs. 8 des 1. SRG vorgesehen gewesen sei, habe sich als nachteilig erwiesen, weil sie einen erheblichen Investitionsstau verursacht habe. Unbeschadet dessen liege in dem Vermögensübergang keine über die Aufgabenübertragung hinausgehende Beeinträchtigung des Selbstverwaltungsrechts, weil der Vermögensübergang zeitlich und sachlich eng an den Übergang der Schulträgerschaft und den Bedarf des neuen Schulträgers geknüpft sei.

B.

Die Verfassungsbeschwerde ist im wesentlichen zulässig.

1. Die Beschwerdeführerin wird als amtsangehörige Gemeinde gemäß § 4 Abs. 3 Hs. 1 i. V. m. § 9 Abs. 4 Satz 1 Amtsordnung (AmtsO) durch das Amt Barnim-Oderbruch bzw. seinen Amtsdirektor vertreten. Ein die Anwendung dieser Vertretungsregelung ausschließender Interessenkonflikt (vgl. zu einem solchen Fall, in dem sich die beschwerdeführende Gemeinde gegen

eine gesetzliche Verlagerung einer Aufgabe auf das Amt gewandt hatte, Verfassungsgericht des Landes Brandenburg, Urteil vom 15. Dezember 1994 – VfGBbg 14/94 EA – LVerfGE 2, 214, 218 f; Urteil vom 17. Oktober 1996 – VfGBbg 5/95 – LVerfGE 5, 79, 84) ist vorliegend nicht gegeben. Vielmehr haben die Beschwerdeführerin und das vertretende Amt ein gleichgerichtetes Interesse daran, die „Abwanderung" der Aufgaben auf den Kreis zu verhindern.

2. Die Jahresfrist des § 51 Abs. 2 Verfassungsgerichtsgesetz Brandenburg (VerfGGBbg) zur Erhebung der Verfassungsbeschwerde ist gewahrt. Die angegriffenen Regelungen sind am 1. August 1996 bzw., soweit es § 112 BbgSchulG betrifft, am 1. Januar 1997 in Kraft getreten (vgl. § 149 Abs. 1 BbgSchulG). Die am 2. Januar 1997 eingelegte Verfassungsbeschwerde ist damit rechtzeitig erhoben.

3. Die Beschwerdeführerin ist im wesentlichen beschwerdebefugt.

a. Hinsichtlich der Verlagerung der Schulträgerschaft im Sekundarbereich I, der Schulentwicklungsplanung und der Schülerbeförderung von den Gemeinden auf die Kreise (§§ 100 Abs. 2 Satz 1, 102, 112 BbgSchulG) ist die Beschwerdeführerin mit Blick auf Art. 97 LV beschwerdebefugt. Es besteht die Möglichkeit, daß sie hierdurch in ihrem durch die Landesverfassung geschützten Recht auf Selbstverwaltung verletzt wird (vgl. Art. 100 LV; § 51 Abs. 1 VerfGGBbg). Das Selbstverwaltungsrecht einer Gemeinde schließt ein, geltend machen zu können, ihr werde die Zuständigkeit für eine bestimmte Aufgabe entzogen (Verfassungsgericht des Landes Brandenburg, Urteil vom 17. Oktober 1996, aaO). So liegt es bei den hier in Frage stehenden Aufgaben.

Nicht entgegen steht, daß die Beschwerdeführerin die Wahrnehmung der Schulträgerschaft für die Sekundarstufe I gemäß § 5 Abs. 4 AmtsO auf das Amt übertragen hat. Satz 1 dieser Vorschrift bestimmt, daß das Amt einzelne Selbstverwaltungsaufgaben der amtsangehörigen Gemeinden (nur dann) an deren Stelle erfüllt, wenn mehrere Gemeinden des Amtes die Aufgaben auf das Amt übertragen haben. Das ist hier geschehen: 1993 haben die betroffenen Gemeinden des damaligen Amtes Wriezen-Land (heute Barnim-Oderbruch), zu denen auch die Beschwerdeführerin gehört, sowie der Amtsausschuß einen entsprechenden, vom Ministerium für Bildung, Jugend und Sport genehmigten Beschluß gefaßt, die Trägerschaft für Schulen auf das Amt zu übertragen. Mit dieser Übertragung ist die Trägerschaft (auch) für die Sekundarstufe I auf das Amt übergegangen, und zwar dergestalt, daß nicht nur – wie regelmäßig für Selbstverwaltungsaufgaben vorgesehen, vgl. § 4 Abs. 1 AmtsO – die verwaltungsmäßige Abwicklung, sondern die volle

Entscheidungsbefugnis nunmehr beim Amt liegt (vgl. *Köstering*, DÖV 1992, 369 f; *v. Mutius*, Kommunalrecht, 1996, Rn. 76). Damit ist eine Kompetenzverlagerung eingetreten (*Cronauge/Lübking*, Amtsordnung Brandenburg, § 5, Rn. 5; *Buhrke/Graf*, in: Kommunalverfassung des Landes Brandenburg, herausg. vom Städte- und Gemeindebund Brandenburg, § 5 AmtsO, Anm. 5; *Muth*, in Stork/Muth, Amtsordnung für das Land Brandenburg, Band 1, 2. Aufl., 1992, § 5 Anm. 7; vgl. auch BVerfGE 52, 95, 124 für die entsprechende Regelung der Amtsordnung in Schleswig-Holstein). Gleichwohl spielt sich die Aufgabenwahrnehmung weiterhin im Bereich des Art. 97 LV ab (vgl. auch BVerfG, aaO). Zum Selbstverwaltungsrecht zählt die Organisationshoheit, die den Gemeinden das Recht gewährleistet, ihre Verwaltungsorganisation nach ihrem eigenen Ermessen einzurichten (vgl. bereits Verfassungsgericht des Landes Brandenburg, Urteil vom 20. Oktober 1994 – VfGBbg 1/93 – LVerfGE 2, 183, 188); dazu gehört etwa auch, daß sich eine Gemeinde zur Erledigung ihrer Aufgaben mit anderen Gemeinden zusammenschließen kann (vgl. BVerfG NVwZ 1987, 123 f). § 5 Abs. 4 AmtsO erscheint als Organisationsform einer Aufgabenwahrnehmung im Zusammenwirken mehrerer Gemeinden.

Auch unabhängig davon werden jedenfalls die einer Gemeinde nach einer solchen Aufgabenübertragung noch verbleibenden Befugnisse durch das Selbstverwaltungsrecht geschützt (vgl. *Nierhaus*, LKV 1995, 5, 11; *Duvenbeck*, Interkommunale Zusammenarbeit und Art. 28 Abs. 2 GG, 1966, S. 89, 98 i. V. m. 92). So haben nach § 5 Abs. 4 Satz 2 AmtsO nur die Mitglieder des Amtsausschusses, deren Gemeinden von der Übertragung betroffen sind, ein Stimmrecht bei der Beschlußfassung. Damit behält die Beschwerdeführerin Einfluß auf die Entwicklung der Schule. Außerdem kann die Gemeinde unter den näheren Voraussetzungen des § 5 Abs. 4 Satz 3 AmtsO die Rückübertragung der Aufgabe verlangen. Dieses „Rückholrecht" läuft für die Schulträger im Sekundarbereich I leer, wenn die Beschwerdeführerin für diesen Schultyp ihre Trägerschaftseignung verliert.

Nach alledem wird die Beschwerdeführerin durch die Verlagerung der Trägerschaft für Schulen der Sekundarstufe I auf die Kreise in ihrem kommunalen Selbstverwaltungsrecht betroffen. Die Übergangsvorschrift des § 142 Satz 3 BbgSchulG ändert hieran nichts. Nach dieser Regelung bleiben Gemeinden oder Gemeindeverbände, soweit sie bei Inkrafttreten des Brandenburgischen Schulgesetzes Träger von weiterführenden allgemeinbildenden Schulen sind, hierfür weiter zuständig. Demzufolge werden nur bestehende Schulträgerschaften gesichert. Damit ist zwar die im Gebiet der Beschwerdeführerin bestehende Realschule „bestandsgeschützt". Für eine neue Schule der Sekundarstufe I hingegen wäre weder das Amt noch die Beschwerdeführerin, sondern allein der Kreis zuständig (§ 100 Abs. 2 Satz 1

BbgSchulG). Infolgedessen „verengt“ sich die Entscheidungsbefugnis des Amtes – und zugleich das Stimmrecht der Beschwerdeführerin – auf die bestehende Realschule.

b. Allerdings ist die Beschwerdeführerin schon nicht beschwerdebefugt, soweit sie die Regelung des § 107 BbgSchulG (Übertragung von Schulanlagen) angreift. Eine Verletzung des Art. 97 LV kommt insoweit von vornherein nicht in Betracht. Gemäß § 107 Abs. 1 BbgSchulG gehen die vermögensrechtlichen Rechte und Pflichten des bisherigen Schulträgers entschädigungslos auf den neuen Schulträger über, soweit die Schulträgerschaft übergeht und der neue Schulträger das Schulvermögen für schulische Zwecke benötigt. Hier ist schon wegen der „Bestandsschutzregelung“ des § 142 Satz 3 BbgSchulG nicht ersichtlich, daß der Beschwerdeführerin ein Verlust von gegenwärtigem Schulvermögen droht. Denkbar ist ein Verlust nur für den Fall, daß das Amt gemäß Satz 4 des § 142 BbgSchulG beschließt, die Zuständigkeit für die Realschule auf den Kreis zu übertragen. Auch unabhängig davon entfällt bezüglich des Schulvermögens eine Beschwerdebefugnis der Beschwerdeführerin. Das Schulvermögen dient der Erfüllung der mit der Schulträgerschaft verbundenen (öffentlichen) Aufgaben und ist deshalb an die Trägerschaft gebunden. Von daher scheidet in dieser Hinsicht eine von der Frage der Schulträgerschaft losgelöste Verletzung der Selbstverwaltungsgarantie ebenso wie ein grundrechtlicher Schutz dieses Vermögens im übrigen (vgl. BVerfGE 21, 362, 369 ff; 45, 63, 78; 61, 82, 108) von vornherein aus.

4. Auch soweit die Beschwerdeführerin eine Verletzung des Art. 30 Abs. 5 LV geltend macht, ist die Verfassungsbeschwerde unzulässig. Auf Art. 30 Abs. 5 LV, der in den zweiten – mit der Überschrift „Grundrechte und Staatsziele“ überschriebenen – Hauptteil der Landesverfassung eingestellt ist, kann sie sich als juristische Person des öffentlichen Rechts mit der kommunalen Verfassungsbeschwerde nicht berufen. Nach dem Wortlaut der Vorschrift („Das Land und die Träger kommunaler Selbstverwaltung haben die Pflicht, Schulen einzurichten und zu fördern“) ist die Beschwerdeführerin im übrigen Adressatin und nicht Begünstigte der Regelung.

5. Die Verfassungsbeschwerde ist außerdem unzulässig, soweit die Beschwerdeführerin auch eine Verletzung der in Art. 28 Abs. 2 GG gewährleisteten (bundesverfassungsrechtlichen) Selbstverwaltung geltend macht. Eine solche Verletzung ist vor dem Verfassungsgericht des Landes nicht rügefähig (vgl. Verfassungsgericht des Landes Brandenburg, Urteil vom 17. Oktober 1996 – VfGBbg 5/95 – LVerfGE 5, 79, 85). Nach Art. 100 LV können Gemeinden oder Gemeindeverbände Verfassungsbeschwerde

(nur) mit der Behauptung erheben, daß ein Gesetz des Landes ihr Recht auf Selbstverwaltung „nach dieser Verfassung" – also der Landesverfassung – verletzt.

C.

Auf die kommunale Verfassungsbeschwerde der Beschwerdeführerin ist auszusprechen, daß die kreisangehörigen Gemeinden unbeschadet der Verlagerung der Schulträgerschaft für die Sekundarstufe I von den Gemeinden auf die Kreise nach Maßgabe der Entscheidungsgründe als Schulträger anzuerkennen sind (s. nachfolgend unter I.). Soweit die Verfassungsbeschwerde die Übertragung der Schulentwicklungsplanung von den Gemeinden auf die Landkreise und kreisfreien Städte betrifft, ist ihr stattzugeben (s. dazu nachfolgend II.). Im übrigen – hinsichtlich der Schülerbeförderung – war sie zurückzuweisen (s. nachfolgend III.).

I.

Die Verlagerung der Trägerschaft für Schulen der Sekundarstufe I von den Gemeinden auf die Kreise (§ 100 Abs. 2 Satz 1 BbgSchulG) ist nach Maßgabe der nachfolgenden Gründe mit Art. 97 LV vereinbar. Die Regelung greift in den Schutzbereich der durch Art. 97 LV gewährleisteten gemeindlichen Selbstverwaltung ein (s. unter 1.). Dieser Eingriff wird indes bei verfassungskonformer Handhabung der Überlassung der Trägerschaft an geeignete kreisangehörige Gemeinden den von Verfassungs wegen zu stellenden Anforderungen gerecht (s. unter 2.).

1. Das gemeindliche Selbstverwaltungsrecht im Sinne von Art. 97 LV umfaßt die eigenverantwortliche Wahrnehmung von Angelegenheiten der örtlichen Gemeinschaft. Dies sind „diejenigen Bedürfnisse und Interessen, die in der örtlichen Gemeinschaft wurzeln oder auf sie einen spezifischen Bezug haben ..., die also den Gemeindeeinwohnern gerade als solchen gemeinsam sind, indem sie das Zusammenleben und -wohnen der Menschen in der (politischen) Gemeinde betreffen" (BVerfGE 79, 127, 151 f; vgl. zuletzt Verfassungsgericht des Landes Brandenburg, Urteil vom 17. Oktober 1996, aaO, S. 85, 89). Bei der Frage, ob und inwieweit eine Angelegenheit eine solche der örtlichen Gemeinschaft ist, hat der Gesetzgeber einen – verfassungsrechtlich auf Vertretbarkeit zu überprüfenden – Einschätzungsspielraum (vgl. BVerfGE 79, 127, 153 f; NWVerfGH, EzKommR, Band 2, 2130.70, S. 139, 142). Hiernach erweist sich die Aufgabe der Schulträgerschaft im Sekundarbereich I im Land Brandenburg als eine Aufgabe der örtlichen Gemeinschaft.

a. Aus historischer Sicht gehören zum gewachsenen Aufgabenbestand der Kommunen die sog. „äußeren Schulangelegenheiten“ (vgl. schon § 179 lit. b) preußische Städteordnung von 1808; ähnlich Art. 144 Weimarer Reichsverfassung). Diese bestehen im wesentlichen in der Errichtung und Unterhaltung der Schulgebäude und in der Beschaffung und Bereitstellung der Lehrmittel (vgl. Bericht der Kommission Schulrecht des Deutschen Juristentages (Hrsg.), Schule im Rechtsstaat – Entwurf eines Landesschulgesetzes, Band 1, 1981, S. 360; *Heckel/Avenarius*, Schulrechtskunde, 6. Aufl., 1986, S. 101 f). Sie sind regelmäßig dem Schulträger zugeordnet (vgl. auch § 48 des 1. SRG, § 99 Abs. 1, 2 BbgSchulG). Bereits mit der – das sozialistische Bildungsgesetz ablösenden – DDR-Verordnung über Grundsätze und Regelungen für allgemeinbildende Schulen und berufsbildende Schulen – Vorläufige Schulordnung – vom 18. September 1990 (GBl. DDR I, 1579) wurde u. a. in Brandenburg (vgl. § 1 der Vorläufigen Schulordnung) die kommunale Trägerschaft für allgemeinbildende Schulen (aller Art) wiederhergestellt (§ 10 Abs. 1 der Vorläufigen Schulordnung). Ebenso hat das Erste Schulreformgesetz für das Land Brandenburg vom 28. Mai 1991 den Gemeinden die Schulträgerschaft für die Grundschulen und die Schulen der Sekundarstufe I als „eigene“ Aufgabe zugewiesen (§§ 51 Abs. 1, 2, 48 des 1. SRG) und damit offenkundig an die Terminologie des seinerzeit noch geltenden Gesetzes über die Selbstverwaltung der Gemeinden und Landkreise in der DDR (Kommunalverfassung) vom 17. Mai 1990 (GBl. DDR I, 255) angeknüpft, welche zwischen Aufgaben „des eigenen Wirkungskreises“ (§ 2) und „übertragenen“ Aufgaben (§ 3) unterschied.

b. Unbeschadet dessen hat die Schulträgerschaft in dem hier interessierenden Bereich der Sekundarstufe I aufgrund der hierfür maßgeblichen weiteren Umstände – namentlich wegen der Kommunalstruktur und der demographischen Entwicklung im Land Brandenburg – jedenfalls auch überörtliche Bezüge. Der Gesetzgeber hat sich bei der „Hochzonung“ dieser Aufgabe vor allem von einem prognostizierten Schülerzahlenrückgang leiten lassen. Er ist davon ausgegangen, daß sich aufgrund des bis 1993 erfolgten Rückgangs der Geburten und der – sich sodann langsam erholenden – weiteren Entwicklung die „Mantelbevölkerung“ (d. h. derjenigen Bevölkerung, die für die Auslastung einer Schule erforderlich ist) erhöhen und damit der Einzugsbereich für weiterführende Schulen ausweiten werde (vgl. Begründung des Gesetzentwurfs der Landesregierung LT-Drucksache 2/1675, S. 121 ff, 125 ff). Nach diesem Zahlenmaterial wird sich der Einzugsbereich insbesondere der Schulen der Sekundarstufe I – mit teilweiser Ausnahme der Gesamtschulen – regelmäßig über das Gebiet der „typischen“ brandenburgischen Gemeinde hinaus erstrecken. Das wiederum hängt damit zusammen, daß im Land Brandenburg die Klein- und Kleinstgemeinden im wesentlichen erhalten geblieben sind (zu den Gemeindegrößen im einzelnen LT-Drucksache 2/1675, S. 126 der Begründung des Gesetzentwurfs). Auch die Ämter verfügen im allgemeinen nicht über den zur Auslastung der Schulen erforderlichen Einzugsbereich. Damit schwächt sich der Bezug zur örtlichen Gemeinschaft ab: Die Schule dient gegebenenfalls nicht (mehr) (nur) den Einwohnern einer einzelnen Gemeinde, sondern betrifft auch die umliegenden Gemeinden. Damit erhält die Aufgabe der Schulträgerschaft insbesondere im Sekundarbereich (auch) überörtliche Bezüge. Gleichwohl wächst die Aufgabe aber nicht etwa aus dem Gewährleistungsbereich des Art. 97 LV heraus (vgl. dazu BVerfGE 79, 127, 157). Auch der Gesetzgeber geht hier nach wie vor von dem allgemeinen Grundsatz aus, „daß es sich bei der Schulträgerschaft um eine Aufgabe der örtlichen Gemeinschaft … handelt" (LT-Drucksache 2/1675, S. 123 der Begründung des Gesetzentwurfs).

2. Die Übertragung der Schulträgerschaft im Sekundarbereich I von den Gemeinden auf die Kreise genügt in formeller (dazu a.) und, jedenfalls bei verfassungskonformer Handhabung, materieller Hinsicht (dazu b.) den Anforderungen, die Art. 97 LV an eine solche Übertragung stellt.

a. Nach Art. 97 Abs. 4 LV sind die Gemeinden und die Gemeindeverbände in Gestalt ihrer kommunalen Spitzenverbände rechtzeitig zu hören, bevor durch Gesetz oder Rechtsverordnung allgemeine Fragen geregelt werden, die sie unmittelbar berühren. Diesem Anhörungserfordernis ist hier Genüge getan. Für die Anhörung nach Art. 97 Abs. 4 LV ist kein bestimmtes förmliches Verfahren vorgeschrieben (Verfassungsgericht des Landes Brandenburg, Urteil vom 17. Oktober 1996, aaO, S. 90). Insbesondere der Städte- und Gemeindebund wie auch der Landkreistag Brandenburg haben in der Anhörung durch den Ausschuß für Bildung, Jugend und Sport vom 18. Januar 1996 hinreichend Gelegenheit gehabt, sich zu dem Gesetzentwurf zu äußern.

b. Die Verlagerung der Schulträgerschaft von den Gemeinden auf die Kreise läßt sich bei verfassungskonformer Auslegung (s. im folgenden) auch materiell-rechtlich rechtfertigen.

Der Gesetzgeber kann sowohl für die Art und Weise der Erledigung der örtlichen Angelegenheiten als auch für die gemeindliche Zuständigkeit Regelungen treffen (vgl. bereits Verfassungsgericht des Landes Brandenburg, Urteil vom 17. Oktober 1996, aaO). Er hat dabei den Wesensgehalt der gemeindlichen Selbstverwaltung zu respektieren und darf nicht in deren Kernbereich eingreifen (hierzu aa.). Außerhalb dieses Kernbereichs hat er das verfassungsrechtliche Aufgabenverteilungsprinzip der Subsidiarität sowie den Grundsatz der Verhältnismäßigkeit zu berücksichtigen (dazu bb.).

aa. Die Verlagerung der Schulträgerschaft für den Sekundarbereich I auf die Landkreise fällt in den Randbereich der kommunalen Selbstverwaltung.

(1) Freilich hat das Bundesverfassungsgericht in seiner Entscheidung vom 24. Juni 1969 das Recht einer Gemeinde zur Schulträgerschaft für den Bereich des öffentlichen Volksschulwesens dem Kernbereich der kommunalen Selbstverwaltung zugeordnet (BVerfGE 26, 228). Es hat in der genannten Entscheidung den „Kernbereich" (BVerfG aaO, S. 240) wie folgt umrissen:

> „Das Spannungsverhältnis zwischen dem zentralen Bestimmungsrecht des Staates, das sich im dargelegten Umfang aus Art. 7 Abs. 1 GG ergibt, und dem Selbstverwaltungsrecht der Gemeinden im Bereich des öffentlichen Volksschulwesens ist, ohne daß es hier einer Festlegung der Grenzen der jeweiligen Befugnisse im einzelnen bedarf, dahin aufzulösen, daß den Gemeinden das Recht der Schulträgerschaft zusteht, soweit diese mit den vom Staat allgemein festgelegten Zielen für die Ausgestaltung des Volksschulwesens vereinbar ist. An der Leistungsfähigkeit oder der Größe der einzelnen Gemeinde kann es hiernach scheitern, daß sie selbst eine Schule unterhält. In einem derartigen Fall gebietet es der verfassungsrechtliche Grundsatz der Verhältnismäßigkeit staatlicher Eingriffe ..., daß es der einzelnen betroffenen Gemeinde offensteht, sich freiwillig mit anderen Gemeinden zu einem leistungsfähigen Schulträger zusammenzuschließen. Nur ausnahmsweise, wenn es zu einem derartigen Zusammenschluß nicht kommt, ist der Staat befugt, die Schulträgerschaft zwangsweise zu regeln" (BVerfGE aaO, S. 239).

Unter „Volksschule" ist die von allen Schülern gemeinsam zu besuchende Schule zu verstehen. Insofern paßt der Begriff auf die für alle gleichen vier unteren Jahrgänge, auf denen die weiteren Schulen aufbauen. Von daher ist die „Volksschule", wie sie dem Bundesverfassungsgericht in der genannten Entscheidung vor Augen steht, mag auch der Begriff in den heutigen Schulgesetzen, auch in dem Brandenburgischen Schulgesetz, nicht mehr vorkommen, im Kern die heutige Grundschule (vgl. hierzu insgesamt BVerfGE 88, 40, 45 f). Für die hier von der „Hochzonung" betroffene Sekundarstufe I ist daher die genannte Entscheidung des Bundesverfassungsgerichts – unabhängig davon, ob sie überhaupt für eine allgemeingültige Bestimmung eines Kernbereichs noch etwas hergibt oder vielmehr durch die „Rastede"-Entscheidung des Bundesverfassungsgerichts (BVerfGE 79, 127) überholt ist (so insbesondere *Clemens*, NVwZ 1990, 834, 838) – nicht einschlägig.

(2) Erst recht ist hier eine Verletzung des Kernbereichs der kommunalen Selbstverwaltung nicht gegeben, wenn man auf der Linie der schon ange-

sprochenen Rastede-Entscheidung des Bundesverfassungsgerichts unter Kernbereich nur das sog. „Universalitätsprinzip" versteht, also keinen gegenständlich bestimmten oder nach feststehenden Merkmalen bestimmbaren Aufgabenkatalog, sondern (nur noch) die (allgemeine) Befugnis, sich aller Angelegenheiten der örtlichen Gemeinschaft, die nicht durch Gesetz einem anderen Träger der öffentlichen Verwaltung übertragen sind, anzunehmen (BVerfGE 79, 127, 146 und dazu *Clemens*, NVwZ 1990, 834, 838). Auch wenn in diesem Sinne der Kernbereich letztlich als „Aushöhlungsschutz" zu begreifen wäre, der den Gemeinden „ein hinreichendes Betätigungsfeld zu eigenverantwortlicher Regelung" sichern soll (vgl. BVerfGE 79, 127, 155; 83, 363, 381; NWVerfGH, EzKommR, Band 2, 2130.70, S. 139, 142; vgl. hierzu insgesamt *Löwer*, in: v. Münch/Kunig (Hrsg.), GG, Band 2, 3. Aufl., Art. 28, Rn. 49), wäre hier eine Verletzung des Kernbereichs nicht gegeben: Auch nach der „Hochzonung" der Schulträgerschaft für die Sekundarstufe I auf die Landkreise verbleibt den Gemeinden ein weitreichendes Betätigungsfeld.

(3) Soweit nach dem Schrifttum zum Kernbereich der kommunalen Selbstverwaltung die Befugnis gehört, *„Schulträger zu sein"* (*Heckel/Avenarius*, Schulrechtskunde, 6. Aufl., S. 102; ähnlich auch *Stein/Roell*, Handbuch des Schulrechts, 1988, S. 31), wird diese Befugnis als solche den Gemeinden im Land Brandenburg nicht genommen. Nach dem Brandenburgischen Schulgesetz bleiben die Gemeinden weiterhin Träger jedenfalls von Grundschulen (§ 100 Abs. 1 BbgSchulG). Auch soweit die Schulträgerschaft im Schrifttum jedenfalls dann dem Kernbereich zugerechnet wird, wenn das Gemeindegebiet typischerweise dem Einzugsbereich der Schulart entspricht (vgl. *Stephany*, Staatliche Schulhoheit und kommunale Selbstverwaltung, 1964, S. 34 ff, 38 f; *Thode*, Das kommunal-staatliche Kondominium in der Schulträgerschaft, 1982, S. 42 ff i. V. m. 40 ff), ist hier der Kernbereich nicht betroffen. Wie ausgeführt geht im Land Brandenburg der Einzugsbereich einer Schule der Sekundarstufe I typischerweise über das Gebiet einer einzelnen Gemeinde hinaus. Nach alledem ist die Schulträgerschaft für die Sekundarstufe I unter den Verhältnissen des Landes Brandenburg bei typisierender Betrachtungsweise nicht mehr dem Kernbereich, folglich also dem Randbereich der kommunalen Selbstverwaltung zuzuordnen.

bb. Den Anforderungen, die sich aus Art. 97 LV im Randbereich der kommunalen Selbstverwaltung für den Entzug einer Aufgabe ergeben, hat der Gesetzgeber Rechnung getragen.

(1) Zu diesen Anforderungen zählt zum einen das sogenannte Subsidiaritätsprinzip, demzufolge bei Aufgaben mit örtlichem Bezug eine

Zuständigkeitspriorität zugunsten der Gemeinden gilt. Dieses verfassungsrechtliche Aufgabenverteilungsprinzip, wie es auch in Art. 97 LV Niederschlag gefunden hat, gilt auch gegenüber den Kreisen (Verfassungsgericht des Landes Brandenburg, Urteil vom 19. Mai 1994 – VfGBbg 9/93 – LVerfGE 2, 93, 101 f; vgl. auch Urteil vom 17. Oktober 1996, aaO, S. 91).

Grundsätzlich darf – mit den Worten des Bundesverfassungsgerichts – der Gesetzgeber den Gemeinden eine Aufgabe mit relevantem örtlichen Charakter „nur aus Gründen des Gemeininteresses, vor allem also dann entziehen, wenn anders die ordnungsgemäße Aufgabenerfüllung nicht sicherzustellen wäre. Demgegenüber scheidet das bloße Ziel der Verwaltungsvereinfachung oder der Zuständigkeitskonzentration – etwa im Interesse der Übersichtlichkeit der öffentlichen Verwaltung – als Rechtfertigung eines Aufgabenentzuges aus; denn dies zielte ausschließlich auf die Beseitigung eines Umstandes, der gerade durch die vom Grundgesetz gewollte dezentrale Aufgabenansiedlung bedingt wird. Auch Gründe der Wirtschaftlichkeit und Sparsamkeit der öffentlichen Verwaltung insgesamt rechtfertigen eine ‚Hochzonung' nicht schon aus sich heraus, sondern erst dann, wenn ein Belassen der Aufgabe bei den Gemeinden zu einem unverhältnismäßigen Kostenanstieg führen würde" (BVerfGE 79, 127, 153; s. auch Verfassungsgericht des Landes Brandenburg, Urteil vom 17. Oktober 1996, aaO). Hiernach läßt sich die Aufgabenverlagerung auf die Landkreise nicht etwa damit rechtfertigen, daß ohne eine solche „Hochzonung" gegebenenfalls Schulschließungen erschwert und deshalb nicht zu verantwortende – vom Land gemäß § 108 Abs. 2 BbgSchulG zu tragende – Kosten für das pädagogische Personal zu gewärtigen seien. Dieses Argument erscheint umso schwächer, als das Brandenburgische Schulgesetz der staatlichen Verwaltung durch Einräumung aufsichtlicher Befugnisse einen nicht unerheblichen Einfluß auf das Schulwesen vorbehält, so daß sich auf diesem Wege jedenfalls ein unverhältnismäßiger Kostenanstieg vermeiden lassen müßte.

Gemessen an dem Subsidiaritätsprinzip wäre es verfassungsrechtlich nicht hinnehmbar, wenn Gemeinden selbst bei ausreichender Größe und Leistungsfähigkeit die Trägerschaft für weiterführende allgemeinbildende Schulen der Sekundarstufe I nicht in Anspruch nehmen könnten. Eine Auslegung des § 100 Abs. 2 BbgSchulG, die zu diesem Ergebnis führte, würde gegen das Subsidiaritätsprinzip verstoßen und wäre mit Art. 97 LV nicht vereinbar. Ein solches Ergebnis aber träte ein, wenn § 100 Abs. 2 Satz 2 BbgSchulG, wonach Große und Mittlere kreisangehörige Städte Träger von weiterführenden allgemeinbildenen Schulen sein „können", und § 100 Abs. 2 Satz 3 BbgSchulG, wonach andere Gemeinden oder deren Zusammenschlüsse Träger von weiterführenden allgemeinbildenden Schulen sein „können", „wenn die Schülerzahl für die Errichtung oder Fortführung einer in der Schulentwicklungsplanung als notwendig bezeichneten weiterführenden allgemeinbildenden Schule vorhanden oder innerhalb von fünf Jahren zu erwarten ist", dahin zu verstehen wäre, daß selbst bei Vorliegen der letztgenannten und sachdienlich erscheinenden Voraussetzungen die „Zubilligung" der gemeindlichen Trägerschaft für eine Schule der Sekundarstufe I staatlichem Ermessen, nämlich dem Ermessen des für Schule zuständigen Ministeriums als Genehmigungsbehörde (vgl. § 104 Abs. 2 BbgSchulG), überlassen bliebe. Eine solche Auslegung würde bedeuten, daß einer Gemeinde die Trägerschaft einer Schule dieses Typs selbst dann vorenthalten werden könnte, wenn die Voraussetzungen für eine ordnungsgemäße Aufgabenerfüllung durch die Gemeinde – in Anknüpfung an den Einzugsbereich – gegeben sind. Dies wäre mit dem Subsidiaritätsprinzip nicht in Einklang zu bringen.

Dies führt allerdings nicht zur Nichtigkeit des § 100 Abs. 2 Sätze 2 und 3 BbgSchulG. Die Regelung ist vielmehr in verfassungskonformer Weise – zwingend – so auszulegen, daß Gemeinden oder deren Zusammenschlüsse in dem von allen Schulträgern zu durchlaufenden Genehmigungsverfahren nach § 104 Abs. 2 BbgSchulG als Träger für Schulen der Sekundarstufe I anzuerkennen sind, wenn die Voraussetzungen des § 100 Abs. 2 Satz 3 BbgSchulG erfüllt sind, was bei den Großen und Mittleren kreisangehörigen Städten eher der Fall sein wird, aber auch bei den anderen Gemeinden und deren Zusammenschlüssen durchaus in Betracht kommen kann. Nach Maßgabe dieser Auslegung, die vom Wortlaut des Gesetzes gedeckt ist und die die prinzipielle Zielsetzung des Gesetzgebers wahrt (vgl. insoweit zu den Anforderungen an eine verfassungskonforme Auslegung BVerfGE 86, 288, 320; vgl. auch Verfassungsgericht des Landes Brandenburg, Urteil vom 19. Mai 1994 – VfGBbg 9/93 – LVerfGE 2, 93, 102), ist § 100 Abs. 2 BbgSchulG mit Art. 97 LV vereinbar. Der Begriff „können" umschreibt in diesem Sinne die für die einzelne Gemeinde gegebenenfalls erwachsende Möglichkeit, Schulträger zu werden. Entscheidet sie sich bei Bestehen der Voraussetzungen des § 100 Abs. 2 Satz 3 BbgSchulG für die Errichtung einer Schule der Sekundarstufe I, ist ihre Schulträgerschaft anzuerkennen und unter den weiteren Voraussetzungen des § 104 Abs. 2 BbgSchulG die Errichtung der Schule zu genehmigen. Das Gericht sieht sich in dieser Auslegung durch die gesetzgeberischen Erwägungen bestärkt. Der Gesetzgeber hat seinerseits darauf abgestellt, daß sich die Einzugsbereiche für die Schulen ausweiten würden. Es sei daher absehbar, daß die Fortführung der bestehenden Schulen in zunehmendem Maße von freiwilligen Zusammenschlüssen der Gemeinden abhängen werde. Für einen Großteil der Bevölkerung sei die Versorgung auf diese Weise gesichert, während sich bei kleinen Gemeinden die Probleme auch durch einen Zusammenschluß nicht immer befriedigend lösen ließen, weil in erreichbarer Nähe keine genügende Zahl von

Einwohnern lebe. Es müsse dann Aufgabe der Landkreise sein, diese Bereiche abzudecken (vgl. LT-Drucksache 2/1675, S. 126 f der Begründung des Gesetzentwurfs). Der Gesetzgeber hat hiernach mit Blick auf die besonderen Strukturen im Land Brandenburg im wesentlichen zwischen zwei Typen von Gemeinden unterschieden, nämlich einerseits solchen, die selber bzw. im Rahmen kommunaler Zusammenschlüsse die Versorgung ihrer Einwohner gewährleisten können, andererseits solchen, die selbst in einem Zusammenschluß mit anderen nicht genügend Schüler aufzubringen vermögen. So gesehen liegt dem Gesetz der Sache nach das Konzept einer „geteilten" Zuständigkeit zugrunde: Nach § 100 Abs. 2 Satz 1 BbgSchulG sind grundsätzlich die Kreise zuständig. Gemäß § 142 Satz 3 BbgSchulG, einer unbefristeten „Übergangsregelung", bleiben die Gemeinden oder Gemeindeverbände, soweit sie bei Inkrafttreten des Brandenburgischen Schulgesetzes Träger von weiterführenden allgemeinbildenden Schulen sind, dafür weiter zuständig. Darüber hinaus „können" zufolge der Regelung in § 100 Abs. 2 Sätze 2 und 3 BbgSchulG auch zukünftig sonstige Kommunen für die Schulträgerschaft zuständig sein, wenn sie entsprechend leistungsfähig sind. Mit den Voraussetzungen des § 100 Abs. 2 Satz 3 BbgSchulG („wenn die Schülerzahl für die Errichtung oder Fortführung einer in der Schulentwicklungsplanung als notwendig bezeichneten weiterführenden allgemeinbildenden Schule vorhanden oder innerhalb von fünf Jahren zu erwarten ist") hat der Gesetzgeber die schulspezifische Leistungsfähigkeit der Gemeinden gekennzeichnet. In diesem Sinne heißt es in den Gesetzesmaterialien:

> „Mit Teil 8 des Gesetzentwurfes wird die öffentliche Schulträgerschaft geregelt. Die Zuständigkeit für die Schulentwicklungsplanung wird in die Hände der Kreise und kreisfreien Städte gelegt. Die Trägerschaft der Grundschulen liegt grundsätzlich bei den Gemeinden oder Gemeindeverbänden mit Ausnahme der Landkreise. Die übrigen Schulen liegen im Regelfall in der Trägerschaft der Landkreise und kreisfreien Städte. Eine Ausnahme gilt für größere und mittlere kreisangehörige Städte sowie für andere leistungsfähige Gemeinden oder Gemeindeverbände. Ausgangspunkt für die Bestimmung der Leistungsfähigkeit im Einzelnen ist die vorhandene Zahl der Schülerinnen und Schüler in der jeweiligen Kommune" (vgl. LT-Drucksache 2/1675, S. 4 der dem Entwurf vorausgestellten Erwägungen, Unterstreichung durch das Gericht).

(2) Die Regelung entspricht in der hier festgelegten Auslegung zugleich dem verfassungsrechtlichen Grundsatz der Verhältnismäßigkeit. Den Gründen, die die Verlagerung der Schulträgerschaft im Sekundarbereich I mit der dargelegten Maßgabe auf die Kreise rechtfertigen, ist höheres Gewicht beizumessen als – in diesem Bereich der Sekundarstufe I – einer uneingeschränkten Selbstverwaltung der Einzelgemeinde. Das mit der „Hochzonung" verfolgte Ziel der Sicherung leistungsfähiger, auch für die ländliche

Bevölkerung erreichbarer Schulen ist ein bedeutsames Gemeinschaftsgut. Hieran gemessen muß für den Bereich der weiterführenden Schulen das Selbstverwaltungsrecht der einzelnen Gemeinde – in der durch diese Entscheidung abgeschwächten Weise – zurücktreten. Insoweit wirkt sich vor allem aus, daß die Schulträgerschaft im Sekundarbereich I wegen des größeren Einzugsbereichs dieses Schultyps ihren örtlichen Charakter teilweise verloren hat. Zusätzlich wird der Eingriff in das Selbstverwaltungsrecht durch die Bestandsschutzregelung des § 142 Satz 3 BbgSchulG, wonach die Gemeinden, die bei Inkrafttreten des Brandenburgischen Schulgesetzes Träger von Schulen im Sekundarbereich I waren, hierfür weiter zuständig bleiben, abgemildert. Vor allem aber ermöglicht es § 100 Abs. 2 Sätze 2 und 3 BbgSchulG in der hier festgelegten Auslegung den Gemeinden, bei entsprechender Leistungsfähigkeit, Schulträger (auch) im Sekundarbereich I zu sein. Insgesamt ergibt sich damit ein angemessener Ausgleich zwischen örtlichen und überörtlichen Interessen.

II.

§ 102 Abs. 4 Satz 1 BbgSchulG, der den Gemeinden die Schulentwicklungsplanung in dem ihnen ursprünglich durch das 1. SRG eingeräumten Umfang entzogen hat, verstößt gegen Art. 97 LV, soweit er den Gemeinden – auch den leistungsfähigen und -willigen – jedwede Möglichkeit einer eigenen Schulentwicklungsplanung entzieht. Die Regelung greift insoweit in den Schutzbereich der von Verfassungs wegen gewährleisteten Selbstverwaltung ein (unter 1.). Dieser Eingriff hält der verfassungsrechtlichen Prüfung nicht stand (unter 2.).

1. Die Schulentwicklungsplanung gehört – zumindest auch – zu den von Art. 97 LV umfaßten Angelegenheiten der örtlichen Gemeinschaft und damit zum Bereich verfassungsrechtlich gewährleisteter Selbstverwaltung. Freilich enthält die Schulentwicklungsplanung verschiedenartige Elemente. Sie betrifft sowohl innere als auch äußere Schulangelegenheiten und berücksichtigt sowohl örtliche als auch überörtliche Gegebenheiten und Belange. Der Gesamtcharakter wird unterschiedlich beurteilt. Nach einem Teil des Schrifttums gehört es zu der „ureigenen Kompetenz der Gemeinde", „den Standort der Schulen innerhalb ihres örtlichen Bereichs zu bestimmen" (vgl. *Niehues*, Schul- und Prüfungsrecht, 2. Aufl. 1983, Rn. 135). Andere sehen in der Aufgabe dem Schwerpunkt nach eher eine Form der Landesplanung, die ein umfassendes und gleichmäßiges Bildungsangebot bei zumutbaren Schulwegen in allen Landesteilen gewährleisten soll (vgl. *Hansen*, RdJB 1983, S. 266 f; *Galas/Habermalz/Schmidt*, Niedersächsisches Schulgesetz, 2. Aufl.,

1996, § 26, Anm. 1). Im Lande Brandenburg hat der Gesetzgeber die Schulentwicklungsplanung den Selbstverwaltungsangelegenheiten zugeordnet. Dies zeigt sich etwa darin, daß er in § 102 Abs. 4 Satz 1 BbgSchulG (1996) die Schulentwicklungsplanung als eine pflichtige Selbstverwaltungsaufgabe (der Landkreise und kreisfreien Städte) bezeichnet. Aber auch schon 1991 – durch das 1. SRG – war die Schulentwicklungsplanung als Selbstverwaltungsangelegenheit ausgestaltet. Systematisch war sie im siebten, mit dem Titel „Aufgaben des Schulträgers" überschriebenen Teil des 1. SRG eingeordnet. Die Aufgaben des Schulträgers zählten gemäß § 48 Satz 1 des 1. SRG zu den sog. eigenen Aufgaben, womit das 1. SRG, wie schon ausgeführt, ersichtlich an die Aufgaben des „eigenen Wirkungskreises" gemäß § 2 der Kommunalverfassung vom 17. Mai 1990 angeknüpft hat. Nach § 49 Abs. 1 des 1. SRG stellten die Gemeinden und Kreise die Schulentwicklungspläne auf und schrieben sie fort. Hiernach war die Schulentwicklungsplanung als eine von den Gemeinden und Kreisen in ihrer Funktion als Schulträger mit zu erledigende („eigene") Aufgabe eingeordnet. Dieses Ergebnis wird durch die Materialien zum 1. SRG bestätigt. Diesen zufolge sollte die Schulentwicklungsplanung dazu dienen, dem Schulträger durch Ermittlung des Schulbedarfs und Aufzeigen von Möglichkeiten zur Deckung dieses Bedarfs die sachgerechte Erfüllung der Aufgabe zu erleichtern. In dem Erläuterungsteil des Gesetzentwurfs zum 1. SRG heißt es hierzu wie folgt:

> „Ein gleichmäßiges Bildungs- und Abschlußangebot in allen Landesteilen kann nur dann erreicht werden, wenn jede Einzelentscheidung planerisch überlegt und in Zusammenarbeit mit anderen Trägern getroffen wird. Dies setzt voraus, daß die Schulträger für einen mindestens fünf Jahre umfassenden Zeitraum ihren Handlungsbedarf ermitteln und die sich hieraus ergebenden Entscheidungsmöglichkeiten in einem alle Schulformen und Bildungsgänge umfassenden Schulentwicklungsplan darstellen. ..." (LT-Drucksache 1/84, Erläuterungsteil S. 26 f).

In diesem Sinn nahmen die Gemeinden mit der ihnen obliegenden Schulentwicklungsplanung jedenfalls auch Angelegenheiten der örtlichen Gemeinschaft wahr. Zu nennen sind hier etwa die Erhebung der ortsbezogenen Daten (z. B. über die Bevölkerungsstruktur in der Gemeinde, über die Wahl der Schulform durch die Erziehungsberechtigten und über den Bestand geeigneter Schulgebäude) oder etwa die Darstellung von Schulstandorten in der Gemeinde (unter Bewertung etwa der örtlichen Gegebenheiten wie z. B. eines möglichst gefahrenfreien Schulweges). Dabei werden sich Planungsinhalte mit Bezug auf die örtliche Gemeinschaft naheliegenderweise vor allem, aber nicht allein, im Hinblick auf die in der Trägerschaft der Gemeinden stehenden Schulen ergeben haben.

Daß die Schulentwicklungsplanung gemäß § 49 Abs. 3 des 1. SRG von einer Bestätigung durch die oberste Schulaufsichtsbehörde abhängig war und in diesem Sinne, wie es die Landesregierung kennzeichnet, als „Kondominium" ausgestaltet war (und bezogen auf die Landkreise und kreisfreien Städte weiterhin ist, vgl. § 102 Abs. 5 BbgSchulG), steht der Einordnung als Selbstverwaltungsaufgabe entgegen einer teilweise im Schrifttum vertretenen Auffassung (in diese Richtung *Thode*, Das kommunalstaatliche Kondominium in der Schulträgerschaft, 1982, S. 87) nicht entgegen (so auch *Vietmeier*, Die staatlichen Aufgaben der Kommunen und ihrer Organe, 1992, S. 175 f). Bei kondominialen Aufgaben treten zu den kommunalen Belangen lediglich staatliche Einflußnahmen hinzu, meist vermittelt über Bestätigungs- oder Genehmigungsvorbehalte, die der Wahrung überörtlicher Belange dienen. Eine solche staatliche Mitwirkung läßt den Charakter als eigenverantwortlich wahrzunehmende Selbstverwaltungsangelegenheit unberührt (vgl. OVG Münster, NVwZ 1990, 689 f; *Humpert*, Genehmigungsvorbehalte im Kommunalverfassungsrecht, 1990, S. 45, 112 f). So verhielt es sich bei § 49 Abs. 3 des 1. SRG. Die Regelung bestimmte, daß der Schulträger den auf Kreisebene abgestimmten Schulentwicklungsplan der obersten Schulaufsichtsbehörde „zur Bestätigung" vorzulegen hatte, wobei die oberste Schulaufsichtsbehörde die Ergebnisse der Landesentwicklungsplanung und die Finanzierbarkeit der schulischen Angebote – und damit überörtliche Belange – zu berücksichtigen hatte. Die Materialien bestätigen, daß die Schulentwicklungsplanung unbeschadet dessen als Selbstverwaltungsangelegenheit empfunden wurde. In den Erläuterungen des Gesetzentwurfs zum Bestätigungsvorbehalt des § 49 Abs. 3 des 1. SRG heißt es:

> „Schulentwicklungspläne bedürfen der Bestätigung durch die oberste Schulaufsichtsbehörde; der einzelne Schulträger muß auch im Hinblick auf die Genehmigungspflicht jeder Einzelmaßnahme durch das Land Sicherheit in seinem Verwaltungsvorgehen bekommen. Die oberste Schulaufsichtsbehörde hat im Rahmen ihrer Überprüfung des Planes die Planungshoheit und Gestaltungsfreiheit des Schulträgers soweit wie vertretbar zu berücksichtigen" (LT-Drucksache 1/84, aaO, S. 27, Unterstreichung durch das Gericht).

2. Die Übertragung der Schulentwicklungsplanung auf die Landkreise derart, daß – so aber ist die Regelung gefaßt – für eine eigene Schulentwicklungsplanung der Gemeinden kein Raum bleibt, ist mit Art. 97 LV nicht zu vereinbaren. Dabei kann letztlich offenbleiben, ob die Aufgabe der Schulentwicklungsplanung gar dem Kernbereich kommunaler Selbstverwaltung zuzuordnen ist. Denn der gänzliche Entzug dieser Aufgabe ist auch dann nicht mit der kommunalen Selbstverwaltung vereinbar, wenn es sich dabei um eine im Randbereich anzusiedelnde Aufgabe handelt. Auch für diesen Fall verstößt der uneingeschränkte Entzug der Aufgabe gegen das Subsidiaritätsprinzip. Wie bereits im Zusammenhang mit der Schulträgerschaft ausgeführt, darf der Gesetzgeber nach diesem Aufgabenverteilungsprinzip den

Gemeinden eine Aufgabe, die in den Schutzbereich des Art. 97 LV fällt, nur dann entziehen, wenn anders die ordnungsgemäße Aufgabenerfüllung nicht sicherzustellen wäre. Gründe der Wirtschaftlichkeit und Sparsamkeit der öffentlichen Verwaltung insgesamt rechtfertigten eine ‚Hochzonung' erst dann, wenn ein Belassen der Aufgabe bei den Gemeinden zu einem unverhältnismäßigen Kostenanstieg führen würde. Das ist hier nicht zu erkennen. Mit der vollständigen und sogar die Grundschulen erfassenden Verlagerung der Schulentwicklungsplanung auf die Landkreise vernachlässigt der Gesetzgeber in einer den Anforderungen des Subsidiaritätsprinzips nicht mehr genügenden Weise diejenigen Gemeinden, die eine eigene Schulentwicklungsplanung – vor allem, aber nicht zwangsläufig nur, im Hinblick auf die Grundschulen – durchzuführen wünschen und durchzuführen vermögen.

a. Die von der Landesregierung vorgetragenen Erwägungen rechtfertigen einen solchen vollständigen Aufgabenentzug nicht.

Zunächst führt die Landesregierung an, daß es nur einen „verschwindend geringen Bestand an bestätigungsreifen Schulentwicklungsplänen" gegeben habe; von den schätzungsweise 300 Schulträgern – offenbar sind hier gemeindliche und kreisliche Schulträger zusammengerechnet – sei nur in neun Fällen eine Schulentwicklungsplanung vorgelegt worden. Dies belegt indes lediglich, daß bisher die weitaus meisten Gemeinden und selbst eine Reihe von Landkreisen die Aufgabe der Schulentwicklungsplanung nicht wahrgenommen haben. Daß aber die Gemeinden – auch die von ihrer Größe aus leistungsfähigen, gegebenenfalls auch unter Zuhilfenahme der Ämter (vgl. §§ 4 Abs. 1, 5 Abs. 4 AmtsO) – zur Aufstellung der Pläne schlichtweg nicht in der Lage wären, vermag das Gericht nicht zu erkennen.

b. Auch daß sich – wie die Landesregierung weiter geltend macht – „die Kompetenz der kreislichen Planer" auf einem von den einzelnen Gemeinden in aller Regel nicht erreichbaren hohen Niveau vollziehe, rechtfertigt es nicht, den Gemeinden eine eigene Schulentwicklungsplanung generell zu verwehren. Nach dem Subsidiaritätsprinzip kann eine Aufgabe nicht schon dann entzogen werden, wenn die Aufgabe auf höherer Ebene besser erfüllt würde, sondern erst dann, wenn anders die ordnungsgemäße Aufgabenerfüllung (überhaupt) nicht sicherzustellen wäre. Hiernach ist die Entziehung der Schulentwicklungsplanung nicht schon dann gerechtfertigt, wenn die Gemeinden die Aufgabe nicht gleichermaßen „optimal" erfüllen können. Daß – wie die Landesregierung ferner anmerkt – die Kreise ihrerseits auf der Grundlage des Subsidiaritätsprinzips die gemeindlichen Interessen gegebenenfalls zu berücksichtigen hätten, gibt keine hinreichende Handhabe, das Subsidiaritätsprinzip schon bei dem Entzug der Aufgabe zu vernachlässigen.

c. Andere Gründe, die den ausnahmslosen Entzug der Schulentwicklungsplanung rechtfertigen, sind ebenfalls nicht zu sehen. Das gilt auch für die bei der Anhörung im Ausschuß für Jugend, Bildung und Sport angestellte Erwägung, daß sich die Gemeinden, wenn man ihnen die Schulentwicklungsplanung belasse, nicht über erforderliche Schulschließungen würden einigen können mit der Folge, daß solche Entscheidungen über die Schulschließungen im Ministerium – und damit auf einer Ebene, wo sie nicht hingehörten – getroffen würden. Es werde dem Selbstverwaltungsrecht unter diesen Umständen eher gerecht, die Aufgabe auf Kreisebene erledigen zu lassen (vgl. Ausschuß für Bildung, Jugend und Sport, Ausschußprotokoll 2/364, S. 44 f, 52 f). Das Gericht verkennt nicht, daß jede Gemeinde versucht sein mag, eine Schulschließung gerade in ihrem Gebiet zu vermeiden. Es geht jedoch nicht an, den Gemeinden aus solchen Gründen zu verwehren, sich, wenn sie es wollen, im Rahmen einer eigenen Schulentwicklungsplanung über die künftige Schullandschaft Gedanken zu machen.

d. Freilich wird es für Gemeinden, die entweder gar keine oder nur eine Schule haben, einer förmlichen Schulentwicklungsplanung vielfach nicht bedürfen. Das Gericht sieht auch, daß eine förmliche Schulentwicklungsplanung mit den hierfür gesetzlich vorgesehenen Anforderungen (§ 102 Abs. 1 bis 3 BbgSchulG) viele Gemeinden überfordern würde. Von daher ist gegen den Grundsatz, daß die Schulentwicklungsplanung als Pflicht nur den Landkreisen und kreisfreien Städten auferlegt wird, nichts einzuwenden. Dennoch muß denjenigen Gemeinden, die dies wollen und leisten können, die Teilnahme an der Schulentwicklungsplanung möglich sein (vgl. dazu *Stern*, Staatsrecht der Bundesrepublik Deutschland, Band 1, 2. Aufl. 1984, S. 424 f; *Schmidt-Aßmann*, AöR 101 (1976), S. 520, 533, 540). Dies bedeutet, daß Gemeinden, die sich hierzu entschließen, befugt sein müssen, einen eigenen Schulentwicklungsplan aufzustellen und – zum Abgleich mit etwa überschneidenden Schulentwicklungsplänen – zur Genehmigung vorzulegen. Von Bedeutung kann eine eigene Schulentwicklungsplanung einer Gemeinde vor allem im Hinblick auf die Grundschulen werden, bezüglich derer die Gemeinden auch nach dem Brandenburgischen Schulgesetz weiterhin Träger sind (§ 100 Abs. 1 Satz 1). Die Regelung des § 102 Abs. 4 Satz 2 BbgSchulG, wonach von seiten der Landkreise und kreisfreien Städte mit den kreisangehörigen Schulträgern – d. h. den Städten, Gemeinden und gemeindlichen Zusammenschlüssen (§ 100 Abs. 1 Satz 1 BbgSchulG) – „Benehmen herzustellen ist", reicht nicht aus. Das „Benehmen" stellt schon nach seinem Wortsinn eine der schwächsten Stufen einer Mitwirkung dar (vgl. *Dyong*, in: Ernst/Zinkahn/Bielenberg, BauGB, Stand 1. Juni 1993, § 36, Rn. 19). Hiervon ist der Gesetzgeber bewußt ausgegangen. Insoweit heißt es in den Materialien zum heutigen § 102 Abs. 4 Satz 2 BbgSchulG:

„Allerdings muß zur Gewährleistung eines sachgerechten Ermessens und wegen des Eingriffs in das eigene Planungsermessen gemäß Satz 2 Benehmen hergestellt werden. Auf eine Einvernehmensregelung wurde verzichtet, um den Landkreisen die Handlungsfähigkeit zu sichern" (LT-Drucksache 2/1675, Begründung S. 131).

Diese Form der Mitwirkung stellt die Einbeziehung einer gemeindlichen Schulentwicklungsplanung, wie sie nach dem Vorstehenden möglich sein muß, gerade nicht sicher. Ein gemeindlicher Schulentwicklungsplan muß vielmehr seinerseits in gleicher Weise beachtlich sein wie die Schulentwicklungspläne der Kreise und kreisfreien Städte. Allerdings muß er wie diese den Voraussetzungen der Abs. 1 bis 3 des § 102 BbgSchulG entsprechen und gemäß § 102 Abs. 4 BbgSchulG genehmigt sein. Widersprüche zwischen Schulentwicklungsplänen verschiedener Träger und konkurrierende Entwicklungen sind gegebenenfalls im Genehmigungsverfahren nach § 102 Abs. 5 BbgSchulG durch das für Schule zuständige Ministerium, bei dem die Schulentwicklungspläne zusammenlaufen, auszuräumen oder zum Ausgleich zu bringen.

III.

Die Verlagerung der Trägerschaft für die Schülerbeförderung von den Gemeinden auf die Kreise durch § 112 Abs. 1 BbgSchulG ist mit Art. 97 LV vereinbar. Die Regelung betrifft schon nicht eine Angelegenheit „der örtlichen Gemeinschaft" im Sinne von Art. 97 LV.

Die Schülerbeförderung war bisher in §§ 61, 59, 57 des 1. SRG geregelt. Aus diesen Vorschriften geht schon nicht hervor, daß der Gesetzgeber (des Ersten Schulreformgesetzes) die Schülerbeförderung als Aufgabe der örtlichen Gemeinschaft eingeordnet hat, wie sie sodann durch Art. 97 LV den Gemeinden vorbehalten worden ist. Bei den genannten Regelungen handelt es sich vielmehr im wesentlichen um Kostentragungsregelungen. In diesem Sinne wird durch §§ 59 Abs. 1, 57 Abs. 3 des 1. SRG bestimmt, daß die Schülerfahrtkosten zu den vom Schulträger zu übernehmenden Sachkosten gehören. Aus der Überbürdung der Kostenlast (auch) auf die Gemeinden (nämlich dann, wenn sie nach dem 1. SRG Schulträger waren), läßt sich aber nicht entnehmen, daß es sich (für diesen Fall) bei der Schülerbeförderung um eine Aufgabe der örtlichen Gemeinschaft handeln sollte (vgl. auch *Schoch*, ZG 1994, S. 246, 254 ff; *Maurer*, in: Henneke/Maurer/Schoch, Die Kreise im Bundesstaat, 1994, S. 139, 150 f; anders aber wohl *Claassen/Hauer/Klügel/Reinhardt*, Niedersächsisches Schulgesetz, 1982, § 94, Rn. 12). Auch unter anderen Gesichtspunkten stellt sich die Schülerbeförderung nicht als Angelegenheit der örtlichen Gemeinschaft dar. Historisch gehört sie nicht zu den gewachsenen Aufgaben der Gemeinden. Vielmehr war sie traditionell – die Erfüllung der Schulpflicht wurde als „Bringeschuld" begriffen (*Claassen/Hauer/Klügel/Reinhardt*, aaO, § 94, Rn. 1) – Sache der Erziehungsgerechtigten (s. dazu auch *Thode*, aaO; S. 142). Die Schülerbeförderung zählt jedenfalls nicht zu den typischen Aufgaben des Schulträgers (*Thode*, aaO, S. 141; *Müller*, Schulorganisationsrecht Nordrhein-Westfalen, 1988, Rn. 702; *Welter*, Der Landkreis 1967, S. 119 f). Aus heutiger Sicht ist die Schülerbeförderung wesentlich in den öffentlichen Personennahverkehr eingebettet. In dessen Rahmen kommt der Einsatz öffentlicher Mittel für die Schülerbeförderung zugleich einem leistungsfähigen Nahverkehrsnetz zugute. Auch im Land Brandenburg (wie auch im übrigen Bundesgebiet, vgl. hierzu *Welter*, aaO, S. 119; *Müller*, aaO, Rn. 700) hat die Schülerbeförderung mit der Ausweitung der Einzugsbereiche der einzelnen Schulen zunehmend überörtliche Bezüge erhalten. Nach alledem ist die Schülerbeförderung als überörtliche Aufgabe anzusiedeln und fällt deshalb nicht in den durch Art. 97 LV geschützten Kreis der Selbstverwaltungsangelegenheiten einer einzelnen kreisangehörigen Gemeinde der für das Land Brandenburg typischen Größe.

IV.

Die Entscheidung über die teilweise Erstattung der Auslagen beruht auf § 32 Abs. 7 VerfGGBbg.

Nr. 3

Keine einstweilige Anordnung bei Interessenkonflikt ohne Gemeinwohlbezug.*

Verfassungsgerichtsgesetz Brandenburg § 30 Abs. 1

Beschluß vom 17. Juli 1997 – VfGBbg 21/97 EA –

in dem Verfahren auf Erlaß einer einstweiligen Anordnung des Herrn H. wegen Räumung und Herausgabe eines Grundstücks (zugleich betreffend Berufungsurteil des Landgerichts P. vom 26. Mai 1997).

* Nichtamtlicher Leitsatz

Entscheidungsformel:

Der Antrag auf Erlaß einer einstweiligen Anordnung wird zurückgewiesen.

Gründe:

A.

Der Antragsteller erstrebt den Erlaß einer einstweiligen Anordnung, mit der er die Aussetzung einer von der Gegenseite angekündigten Grundstücksräumung und -herausgabe erreichen will.

Der Antragsteller und seine Ehefrau sind seit 1978 Nutzer eines Grundstücks in B. Sie haben dort in den Jahren 1980 bis 1982 ein Wochenendhaus errichtet. Seit 1985 nutzen sie das Grundstück auch als Zweitwohnsitz. Eigentümerin des Grundstücks, das bis etwa Mitte 1993 sog. staatlicher Verwaltung unterlag, ist die Klägerin des Ausgangsverfahrens. Zwischen ihr und dem Antragsteller sowie seiner Ehefrau kam es im Verlaufe des Jahres 1993 wegen der Frage, ob die Klägerin Alleineigentümerin sei, und wegen verschiedener von ihr ausgesprochener Erklärungen über die Erhöhung der Pacht zu Meinungsverschiedenheiten. Der Antragsteller und seine Frau gelangten u. a. wegen Angaben, die sie Teilen eines Grundbuchauszuges entnahmen, zu der Annahme, die Klägerin des Ausgangsverfahrens sei nicht Alleineigentümerin. Aus diesem Grunde leisteten sie Pachtzahlungen für die Jahre 1994 und 1995 nicht an die Klägerin, sondern hinterlegten die entsprechenden Beträge – pro Jahr jeweils 87,– DM – bei dem Amtsgericht Tiergarten. Die Klägerin des Ausgangsverfahrens kündigte sodann – nach mehrmaliger Mahnung – im April 1995 das Nutzungsverhältnis wegen Zahlungsverzuges fristlos und erhob im Juni 1995 Klage vor dem Amtsgericht u. a. auf Räumung und Herausgabe des Grundstücks. Das Amtsgericht N. gab der Klage mit Urteil vom 12. Juli 1996 statt. Die Berufung wies das Landgericht P. durch Urteil vom 26. Mai 1997 zurück. In der Begründung führte das Landgericht im Anschluß an das Amtsgericht aus, der Hinterlegung wäre schuldbefreiende Wirkung nur bei einer nicht auf Fahrlässigkeit beruhenden Ungewißheit über die Person des Gläubigers beizumessen gewesen; hieran habe es jedoch nach Lage des Falles gefehlt, weil es dem Antragsteller und seiner Ehefrau zuzumuten gewesen sei, etwaige Zweifel über die Stellung der Klägerin als Alleineigentümerin aufzuklären.

Am 9. Juli 1997 hat der Antragsteller gegen das Urteil des Landgerichts Verfassungsbeschwerde eingelegt. Darin rügt er sinngemäß eine Verletzung des Willkürverbots (Art. 12 Abs. 1 Satz 1 und 2, 52 Abs. 3 Landesverfassung – LV –) und hält die Entscheidung sachlich für falsch. Weiter rügt er eine

Verletzung rechtlichen Gehörs (Art. 52 Abs. 3 LV), da er seine Position in der mündlichen Verhandlung nicht hinreichend habe darstellen können. Am 11. Juli 1997 hat der Antragsteller zudem einen Antrag auf Erlaß einer einstweiligen Anordnung gestellt und dazu geltend gemacht, daß die Klägerin des Ausgangsverfahrens demnächst die Räumung betreiben werde. Dazu hat er ein Schreiben der Klägerin des Ausgangsverfahrens vom 18. Juni 1997 eingereicht, in welchem diese ihm zur Räumung und Herausgabe des Grundstücks eine Frist von vier Wochen setzt.

B.

Der Antrag auf Erlaß einer einstweiligen Anordnung bleibt ohne Erfolg. Es kann offenbleiben, ob eine einstweilige Anordnung schon daran scheitern muß, daß der Antragsteller den Ausgang des von ihm unter dem 9. Juli 1997 eingeleiteten Vollstreckungsschutzverfahrens vor dem Amtsgericht N. bisher offenbar nicht abgewartet hat und für diesen Fall der fachgerichtliche Rechtsweg noch nicht erschöpft wäre. Offen erscheint derzeit auch, ob eine Räumung – durch den Gerichtsvollzieher – überhaupt schon unmittelbar bevorsteht. Jedenfalls fehlt es an den Voraussetzungen des § 30 Abs. 1 Verfassungsgerichtsgesetz Brandenburg (VerfGGBbg).

1. Nach § 30 Abs. 1 VerfGGBbg kann das Verfassungsgericht einen Zustand durch einstweilige Anordnung vorläufig regeln, wenn dies zur Abwendung schwerer Nachteile, zur Verhinderung drohender Gewalt oder aus einem anderen wichtigen Grund zum gemeinen Wohl dringend geboten ist. Insoweit ist nach der ständigen Rechtsprechung des Gerichts ein strenger Maßstab anzulegen. Die Frage, ob die Landesverfassung verletzt ist, ist in dem Verfahren über den Erlaß einer einstweiligen Anordnung noch nicht Gegenstand der Prüfung; die Gründe, die für eine Verfassungsrechtsverletzung sprechen, müssen grundsätzlich ebenso außer Betracht bleiben wie die Gegengründe, es sei denn, der Antrag bzw. das Erstreben in der Hauptsache erwiese sich als von vornherein unzulässig oder als offensichtlich unbegründet. Ansonsten ist im Verfahren der einstweiligen Anordnung allein eine Abwägung der Folgen vorzunehmen, die sich ergeben, wenn eine einstweilige Anordnung nicht ergeht, das Verfahren in der Hauptsache aber Erfolg hat, gegen diejenigen Nachteile, die eintreten, wenn die einstweilige Anordnung erlassen wird, der Antrag in der Hauptsache aber ohne Erfolg bleibt. Dabei müssen die nachteiligen Folgen, die ohne die einstweilige Anordnung für den Fall des Obsiegens in der Hauptsache zu vergegenwärtigen sind, im Vergleich zu den nachteiligen Folgen, die sich bei Erlaß der einstweiligen Anordnung für den Fall der Erfolglosigkeit in der Hauptsache ergeben, deutlich überwiegen, weil sie sonst bei vergleichender Betrachtungsweise nicht schwer genug im Sinne des Gesetzes sind („schwerer Nachteil") bzw. keinen

gleichwertigen „anderen" Grund im Sinne des Gesetzes darstellen. Unbeschadet der nach diesen Vorgaben vorzunehmenden Folgenabwägung muß, und zwar im Sinne zusätzlicher Voraussetzungen, die einstweilige Anordnung „zum gemeinen Wohl" und „dringend" „geboten" sein (vgl. zu alledem bereits Entscheidung des Verfassungsgerichts des Landes Brandenburg vom 30. November 1993 – VfGBbg 3/93 EA – LVerfGE 1, 205 f; vom 22. Dezember 1993 – VfGBbg 9/93 EA – LVerfGE 1, 214, 216 f; vom 15. Dezember 1994 – VfGBbg 14/94 EA – LVerfGE 2, 214, 219 f; Urteil vom 20. Juni 1996 – VfGBbg 14/96 EA – LVerfGE 4, 190, 197).

2. Hiernach war der Antrag auf Erlaß einer einstweiligen Anordnung zurückzuweisen. Das erkennende Gericht hält die Folgen, die sich für den Antragsteller bei einer zwangsweisen Räumung ergeben, nicht für so schwerwiegend, daß der Erlaß einer einstweiligen Anordnung nach § 30 Abs. 1 VerfGGBbg durch das Verfassungsgericht des Landes geboten wäre. Würde die Klägerin des Ausgangsverfahrens nunmehr die Räumung betreiben, müßten der Antragsteller und seine Familie das Grundstück verlassen und könnte es mit Blick auf das Schreiben der Klägerin des Ausgangsverfahrens vom 18. Juni 1997, wonach das Grundstück als „Bauland" Verwendung finden solle, schlimmstenfalls zu einem Abriß des von dem Antragsteller errichteten Gebäudes kommen. Das Gericht verkennt hierbei nicht, daß dies für den Antragsteller und seine Ehefrau eine große Härte wäre. Zu den Folgen einer Räumung hat der Antragsteller im Anschluß an die mündliche Verhandlung vor dem Landgericht P. in einem Schreiben an die Vorsitzende Richterin der 6. Kammer in einfühlbarer Weise ausgeführt, seine Familie und er nutzten das Grundstück seit Januar 1979 „in dem Bewußtsein des Eigentums". Das Wochenendhaus habe er unter den schwierigen Bedingungen der DDR zu 95 % in Eigenleistung erbaut und dazu erhebliche finanzielle Mittel investiert. Seit 1985 – seit der Nutzung auch als Zweitwohnsitz – sei das Haus zu einem nicht mehr wegzudenkenden Teil des Lebensmittelpunktes seiner Familie geworden. All dies vermag jedoch den Erlaß einer einstweiligen Anordnung durch das Verfassungsgericht nicht zu rechtfertigen. Unbeschadet der aus Sicht des Antragstellers zu besorgenden drastischen Folgen führt eine Zwangsräumung für den Fall, daß sich die Verfassungsbeschwerde gegen das Urteil des Landgerichts P. vom 26. Mai 1997 als begründet erweist, nicht zu einer irreparablen Situation. Es ist zu berücksichtigen, daß der Antragsteller und seine Familie auf das Grundstück jedenfalls nicht zu Zwecken des Wohnens angewiesen sind. Sie werden durch die Räumung nicht obdachlos. Das Grundstück wird, soweit es auch Wohnzwecken dient, nach den eigenen Angaben des Antragstellers lediglich als Zweitwohnsitz genutzt, was im übrigen auch dadurch belegt wird, daß der Antragsteller im hiesigen Verfahren als Wohnsitz seine Berliner Anschrift angegeben hat.

Zu Buche schlägt auch, daß der Antragsteller erkennbar nicht zuletzt ein, wenn auch verständliches, immaterielles – nämlich durch die affektive Bindung an das Grundstück geprägtes – Interesse verfolgt, wie es in dieser Form in der Privatrechtsordnung nicht berücksichtigungsfähig ist. Vor allem aber ist zu bedenken, daß eine Räumung des Grundstücks nicht irreversibel wäre. Sofern der Antragsteller bei einem Erfolg im verfassungsgerichtlichen Hauptsacheverfahren das Grundstück weiter nutzen dürfte, könnte der vorherige Zustand auch nach einer zwischenzeitlichen Beräumung durchaus wieder hergestellt werden. Die von dem erkennenden Gericht von dem Eingang der Verfassungsbeschwerde in Kenntnis gesetzte – und insofern bösgläubig gemachte – Klägerin des Ausgangsverfahrens wird zur Vermeidung des Risikos einer etwaigen Schadensersatzforderung des Antragstellers gut daran tun, jedenfalls vor einem etwaigen Abriß des auf dem Grundstück errichteten Gebäudes die Entscheidung des erkennenden Gerichts im Hauptsacheverfahren abzuwarten.

Unabhängig von alledem darf zufolge § 30 Abs. 1 VerfGGBbg eine einstweilige Anordnung nur ergehen, wenn sie, und zwar im Sinne einer zusätzlichen Voraussetzung, „zum gemeinen Wohle" geboten ist. Auch an dieser Voraussetzung fehlt es hier. Es geht um einen privaten Interessenkonflikt zwischen Eigentümer und Nutzer ohne unmittelbare Auswirkungen auf das Gemeinwohl: Es handelt sich, bei aller Bedeutung für den Antragsteller, um einen besonders gelagerten, u. a. und nicht zuletzt Fragen des Hinterlegungsrechts aufwerfenden Einzelfall. Das Verfassungsgericht kann – auch vor dem Hintergrund von jährlich rund 280.000 Zwangsvollstreckungsverfahren im Land Brandenburg – nicht in Fällen ohne ausgeprägten Gemeinwohlbezug als eine Art Vollstreckungsschutzgericht tätig werden.

Nach alledem hält das Gericht die strengen Voraussetzungen, unter denen nach § 30 Abs. 1 VerfGGBbg ausnahmsweise eine einstweilige Anordnung ergehen kann, nicht für gegeben und weist den Antrag deshalb zurück.

Nr. 4

Die Entscheidung von Rechtsfragen unterhalb der Verfassung fällt in die alleinige Verantwortung des Fachgerichts und läßt sich deshalb auch in Fällen, in denen man über das fachgerichtliche Ergebnis streiten mag, in verfassungsgerichtlichen Verfahren nicht korrigieren.*

* Nichtamtlicher Leitsatz

Verfassung des Landes Brandenburg Art. 12 Abs. 1 Satz 1, 2; 52 Abs. 3, 4

Schuldrechtsanpassungsgesetz §§ 6; 7 Abs. 2

BGB §§ 554; 372 ff

ZPO §§ 78 Abs. 1; 85 Abs. 2, 156; 296 a

Beschluß vom 21. August 1997 – VfGBbg 21/97 –

in dem Verfassungsbeschwerdeverfahren des Herrn H. wegen Räumung und Herausgabe eines Grundstücks (Berufungsurteil des Landgerichts P. vom 26. Mai 1997 – 6 S 425/96 –).

Entscheidungsformel:

Die Verfassungsbeschwerde wird zurückgewiesen.

Gründe:

A.

Der Beschwerdeführer wendet sich gegen ein Urteil des Landgerichts P., mit dem seine Berufung gegen die Verurteilung zur Räumung und Herausgabe eines Grundstücks zurückgewiesen wurde.

I.

Der Beschwerdeführer und seine Ehefrau sind seit 1978 auf der Grundlage eines Vertrages „zum Zwecke der kleingärtnerischen Nutzung/Erholung/Freizeitgestaltung“ Nutzer eines Grundstück in B. Sie haben dort in den Jahren 1980 bis 1982 ein Wochenendhaus errichtet. Seit 1985 nutzen sie das Grundstück auch als Zweitwohnsitz. Eigentümerin des Grundstücks, das bis etwa Mitte 1993 sogenannter staatlicher Verwaltung unterlag, ist die Klägerin des Ausgangsverfahrens. Zwischen ihr und dem Beschwerdeführer sowie seiner Ehefrau kam es im Verlaufe des Jahres 1993 wegen der Frage, ob die Klägerin Alleineigentümerin sei, und wegen verschiedener von ihr ausgesprochener Erklärungen über die Erhöhung der Pacht zu Meinungsverschiedenheiten. Der Beschwerdeführer und seine Frau gelangten u. a. wegen Angaben, die sie Teilen eines Grundbuchauszuges entnahmen, zu der Annahme, die Klägerin des Ausgangsverfahrens sei nicht Alleineigentümerin, sondern – gemeinsam mit einer Dritten – lediglich Gesamthandseigentümerin. Aus diesem Grunde leisteten sie Pachtzahlungen für die Jahre 1994 und 1995 nicht an die Klägerin, sondern hinterlegten die entsprechenden Beträge – pro Jahr jeweils 87,– DM – bei dem Amtsgericht Tiergarten. Die Klägerin des Ausgangsverfahrens kündigte sodann – nach mehrmaliger Mahnung – im April 1995 das Nutzungsverhältnis wegen Zahlungsverzuges fristlos und erhob im Juni 1995 Klage vor dem Amtsgericht u. a. auf Räumung und Herausgabe des Grundstücks. Das Amtsgericht N. gab der Klage mit Urteil vom 12. Juli 1996 statt. Die Berufung wies das Landgericht P. durch Urteil vom 26. Mai 1997 zurück. In der Begründung führte das Landgericht im Anschluß an das Amtsgericht aus, der Hinterlegung wäre schuldbefreiende Wirkung zufolge §§ 378, 372 des Bürgerlichen Gesetzbuchs (BGB) nur für den Fall einer nicht auf Fahrlässigkeit beruhenden Ungewißheit über die Person des Gläubigers beizumessen gewesen; hieran habe es jedoch nach Lage des Falles gefehlt, weil es dem Beschwerdeführer und seiner Ehefrau zuzumuten gewesen sei, Zweifel über die Stellung der Klägerin als Alleineigentümerin aufzuklären.

II.

Am 9. Juli 1997 hat der Beschwerdeführer gegen das Urteil des Landgerichts Verfassungsbeschwerde eingelegt. Darin rügt er sinngemäß eine Verletzung des Willkürverbots (Art. 12 Abs. 1 Satz 1 und 2, 52 Abs. 3 Landesverfassung – LV –) und hält die Entscheidung sachlich für falsch. Das Landgericht nehme zu Unrecht an, daß ihm und seiner Ehefrau hinsichtlich der Stellung der Klägerin als Alleineigentümerin Fahrlässigkeit anzulasten sei. Weiter rügt er eine Verletzung rechtlichen Gehörs (Art. 52 Abs. 3 LV), da er seine Position in der mündlichen Verhandlung nicht hinreichend habe darstellen können.

Weder seiner Rechtsanwältin noch ihm sei die Möglichkeit eingeräumt worden, die „unrichtigen Vorträge“ der Gegenseite „richtigzustellen“.

Die Klägerin des Ausgangsverfahrens, die Stellung genommen hat, hält die Verfassungsbeschwerde für offensichtlich unbegründet. Die Entscheidung des Landgerichts P. sei in der Sache richtig. Auch das rechtliche Gehör des Beschwerdeführers sei nach dem Gang der mündlichen Verhandlung nicht verletzt worden. Im übrigen fehle es für eine Überprüfung eines in zweiter Instanz bestätigten Räumungsurteils durch das Verfassungsgericht an einer entsprechenden Grundlage.

B.

Die Verfassungsbeschwerde hat keinen Erfolg. Dabei kann offenbleiben, ob Grundrechtsverletzungen, die im Rahmen eines bundesrechtlich – hier durch die Zivilprozeßordnung – geordneten Verfahrens erfolgt sein sollen, am Maßstab der brandenburgischen Landesverfassung gemessen werden können (vgl. dazu Verfassungsgericht des Landes Brandenburg, Beschluß vom 20. April 1995 – VfGBbg 11/94 – LVerfGE 3, 141, 145). Diese Frage ist im vorliegenden Falle – wie schon in früheren Verfahren – nicht entscheidungserheblich. Die von dem Beschwerdeführer angeführten Landesgrundrechte wären, ihre Anwendbarkeit als Prüfungsmaßstab in dem vorliegenden Verfahren unterstellt, durch das Urteil des Landgerichts P. vom 26. Mai 1997 nicht verletzt worden.

1. Das Urteil verstößt nicht gegen das Willkürverbot im Sinne von Art. 12 Abs. 1 Satz 1 und 2, 52 Abs. 3 LV. Willkürlich ist eine gerichtliche Entscheidung, wenn sie unter keinem rechtlichen Aspekt vertretbar ist und sich deshalb der Schluß aufdrängt, sie beruhe auf sachfremden Erwägungen (ständige Rechtsprechung des Verfassungsgerichts des Landes Brandenburg, vgl. Beschluß vom 20. April 1995 – VfGBbg 11/94 – LVerfGE 3, 141, 145; zuletzt Beschluß vom 20. Februar 1997 – VfGBbg 45/96*). So liegt es hier nicht. Das Urteil des Landgerichts P. ist nicht unvertretbar. Daß es auf sachfremden Erwägungen beruht, ist nicht zu erkennen.

a. In verfassungsrechtlich nicht zu beanstandender Weise hat das Landgericht die Vorschriften über das Schuldrechtsanpassungsgesetz (SchuldRAnpG, Art. 1 des Schuldrechtsänderungsgesetzes vom 21. September 1994 – BGBl. I S. 2538 –) herangezogen, die in §§ 6, 7 Abs. 2 die Kündigung wegen Zahlungsverzuges (§ 554 BGB) zulassen. Ob das Schuldrechtsanpassungsgesetz auch für den Fall einschlägig wäre, daß der Beschwerdeführer und seine Ehefrau auf dem ihnen zur kleingärtnerischen Nutzung bzw. zur Erholung und Freizeitgestaltung überlassenen Grundstück, wie es der Beschwerdeführer jetzt im Verfassungsbeschwerdeverfahren vorträgt, in den Jahren 1980 bis 1982 ein in der Folge „mit amtlicher Genehmigung" auch zu Wohnzwecken genutztes Gebäude errichtet haben, muß hier schon deswegen offenbleiben, weil ein so ausgerichteter Vortrag seinerzeit in den Prozeß nicht wirksam eingeführt worden ist und deshalb – wegen des den Zivilprozeß beherrschenden Beibringungsgrundsatzes – dort nicht berücksichtigt werden konnte. Der Aspekt der Nutzung zu Wohnzwecken findet sich erstmals in einem im Anschluß an die mündliche Verhandlung über die Berufung vom 5. Mai 1997 an die Kammervorsitzende gerichteten Brief des Beschwerdeführers angesprochen, der am 12. Mai 1997 bei Gericht eingegangen ist. Das Gericht durfte diesen Umstand, unabhängig davon, ob er überhaupt erheblich war, nicht mehr berücksichtigen, weil zum einen An-

* S. Bd. 6 S. 96.

griffs- und Verteidigungsmittel nach Schluß der mündlichen Verhandlung, auf die das Urteil ergeht, nicht mehr vorgebracht werden können (§ 296 a Zivilprozeßordnung – ZPO –) und zum anderen der Beschwerdeführer vor dem Landgericht wegen des dort kraft zwingender gesetzlicher Regelung geltenden Anwaltszwanges (§ 78 Abs. 1 ZPO) in eigener Person nicht wirksam vortragen konnte. Nach der Rechtsprechung des erkennenden Gerichts ist der Anwaltszwang vor den Landgerichten als zwingende bundesrechtliche Vorgabe der Überprüfung am Maßstab der Landesverfassung entzogen (vgl. Beschluß vom 15. September 1994 – VfGBbg 10/93 – LVerfGE 2, 179, 182).

b. Auch in der für den Prozeß ausschlaggebenden Frage, ob der Beschwerdeführer und gegebenenfalls seine Ehefrau das Nutzungsentgelt für 1994 und 1995 in den Zahlungsverzug ausschließender Weise nach Maßgabe der §§ 372 ff BGB hinterlegt haben, sind die fachrichterlichen Erwägungen nach den vorbezeichneten verfassungsrechtlichen Anforderungen nicht zu beanstanden. Es heißt in der Entscheidung des Landgerichts P. diesbezüglich wie folgt:

> „Die Zweifel der Beklagten, ob die Klägerin tatsächlich alleinige Eigentümerin des Grundstückes war, waren nicht bereits deshalb begründet, weil der ihnen übersandte Grundbuchauszug auf seinem ersten Blatt noch im Jahre 1994 neben der Klägerin auch deren Schwester als Miteigentümerin des Grundstückes auswies. Zwar bietet das Grundbuch regelmäßig den entscheidenden Anhaltspunkt für die Frage, wer tatsächlich Eigentümer eines Grundstückes ist. Tatsächlich war auch bereits seit dem 8. 9. 1993 in der maßgeblichen Abteilung 1 des Grundbuches „aufgrund Erbauseinandersetzung vom 19.12.91" die Klägerin allein als Eigentümerin des Grundstücks vermerkt.
>
> Auch wenn den Beklagten als juristischen Laien nicht vorgeworfen werden kann, daß sie den ihnen übersandten Grundbuchauszug nicht richtig interpretierten, so hätten die Beklagten doch erkennen müssen, daß eine Vielzahl anderer Anhaltspunkte vorhanden war, die sämtlich dafür sprachen, daß die Klägerin tatsächlich bereits seit Dezember 1991 alleinige Eigentümerin des Grundstückes war.
>
> Nach dem schriftsätzlichen Vorbringen der Parteien ist unstreitig, daß die Klägerin bereits am 17. 5. 1993 im Termin zur Übergabe des Grundstückes durch den ehemaligen staatlichen Verwalter an die Klägerin neben dem Grundbuchauszug, der zu diesem Zeitpunkt die Klägerin und ihre Schwester als Miteigentümerinnen in Erbengemeinschaft auswies, zusätzlich eine notarielle Urkunde vorwies, mit der die Schwester der Klägerin dieser schenkweise ihren Erbteil übertrug. Im Falle einer Erbteilsübertragung treten die dinglichen Wirkungen der Übertragung jedoch – auch soweit der Erbteil ein Grundstück betrifft – bereits mit der Abtretung des Erbteils und nicht erst – bei einem Grundstück – mit der Ein-

tragung des Erbteilserwerbers als Eigentümer ins Grundbuch ein. Die Beklagten nahmen als Nutzer an diesem Übergabetermin teil; sie hätten also zumindest die Möglichkeit gehabt, sich bereits in diesem Termin durch Einsicht in die vorgelegten Unterlagen von der Richtigkeit der mündlich besprochenen und in das Übergabeprotokoll aufgenommenen Angaben überzeugen können. Unstreitig ist nach dem schriftsätzlichen Vorbringen auch, daß die Parteien darüber hinaus am 7. 8. 1993 zusammentrafen und Gegenstand dieses Treffens erneut die Stellung der Klägerin als Alleineigentümerin des Grundstückes sowie weitere diesbezügliche Urkunden wie die Grundstücksverkehrsgenehmigung sowie eine Bescheinigung zur Grunderwerbssteuerfreiheit waren. Schließlich ist die Schwester der Klägerin, die neben dieser allein als Miteigentümerin des Grundstückes in Betracht kam, nie gegenüber den Beklagten in Erscheinung getreten. Sie hat insbesondere weder an dem Übergabetermin am 17. 5. 1993 teilgenommen, noch in der Folgezeit jemals von den Beklagten die Zahlung von Pachtzins verlangt.

Angesichts dieser Vielzahl von Umständen, die für eine Alleineigentümerstellung der Klägerin sprachen, war den Beklagten trotz ihrer Zweifel – die möglicherweise auf dem ihnen im Jahre 1994 (erteilten) Grundbuchauszug und auf Informationen beruhten, die Nutzern generell rieten, von angeblichen Eigentümern eines Grundstückes deren Legitimierung durch einen Grundbuchauszug zu verlangen – zuzumuten, das vertraglich vereinbarte Nutzungsentgelt an die Klägerin zu leisten. Zumindest hätten die Beklagten, gerade wenn sie als mit dem neuen Rechtssystem nicht vertraute Bürger der ehemaligen DDR befürchteten, an den falschen Eigentümer zu leisten, im vorliegenden Fall, da alle Anzeichen außer der ersten Seite des Grundbuchauszuges dafür sprachen, daß ihre Zweifel an der Alleineigentümerstellung der Klägerin unbegründet waren, vor einer Hinterlegung Rechtsrat einholen müssen."

Die hiernach vorgenommene fachrichterliche Wägung der Umstände des Falles geht ersichtlich von der – in Rechtsprechung und Schrifttum geteilten (vgl. BayObLGZ 1959, 50, 57; *Kanzleiter*, in: Münchener Kommentar, BGB, Sachenrecht, 3. Aufl. 1997, § 925, Rn. 11) – Position aus, daß sich der Eigentumsübergang im Falle einer Erbteilsübertragung, nach Annahme des Landgerichts hier aufgrund einer Schenkung der seinerzeit als Gesamthandseigentümerin im Grundbuch mitvermerkten Schwester der Klägerin des Ausgangsverfahrens, auch ohne entsprechende Grundbucheintragung vollzieht und der Beschwerdeführer auch den Blick vor Umständen außerhalb des – seinerzeit in sich in der Tat nicht widerspruchsfreien – Grundbuchs nicht verschließen durfte. Über das Ergebnis der von dem Landgericht vorgenommenen Wägung mag man freilich aus fach- und tatrichterlicher Sicht streiten können, nicht zuletzt auch darüber, ob der Beschwerdeführer und gegebenenfalls seine Ehefrau hier nach Lage der Dinge tatsächlich gehalten waren, vor einer Hinterlegung Rechtsrat einzuholen (generell ablehnend zu einer solchen Obliegenheit des Schuldners wegen der damit verbundenen Kostenbelastung etwa *Heinrichs*, in: Münchener Kommentar, BGB, Schuldrecht, 3. Aufl. 1994, § 372, Rn. 10; anders demgegenüber der Bundesgerichtshof in der – von dem Landgericht P. auch herangezogenen – Entscheidung BGHZ 7, 302, 307). Dies ist jedoch nicht weiter zu vertiefen. Jedenfalls ist die Entscheidung des Landgerichts fachlich nicht unvertretbar und die Grenze zur Willkür nicht überschritten. Damit erweist sich die Verfassungsbeschwerde unter diesem Gesichtspunkt als unbegründet. Das Verfassungsgericht ist keine weitere Fachinstanz, die sich in einfachrechtlichen Fragen an die Stelle des zur Entscheidung berufenen Fachgerichts setzen dürfte. Maßstab für das Verfassungsgericht ist allein die Verfassung. Die Entscheidung von Rechtsfragen unterhalb der Verfassung fällt in die alleinige Verantwortung der Fachgerichte.

2. Das Urteil des Landgerichts P. verstößt auch nicht gegen den von dem Beschwerdeführer weiter als verletzt gerügten Grundsatz rechtlichen Gehörs nach Art. 52 Abs. 3 LV. Es ist nicht zu erkennen, daß der Beschwerdeführer nicht hinreichend Gelegenheit gehabt hätte, sich zu den entscheidungserheblichen Fragen zu äußern (zu diesem Erfordernis Verfassungsgericht des Landes Brandenburg, Beschluß vom 15. September 1994 – VfGBbg 10/93 – LVerfGE 2, 179, 182) oder daß das Landgericht entscheidungserheblichen Vortrag des Beschwerdeführers nicht zur Kenntnis genommen hätte. Soweit der Beschwerdeführer unmittelbar im Anschluß an die mündliche Verhandlung in seinem – schon erwähnten – Schreiben an die Kammervorsitzende vom 5. Mai 1997 zum Ausdruck gebracht hat, er habe im Verhandlungstermin den Eindruck gewonnen, das Gericht nehme sich für die Behandlung seines Falles nicht genügend Zeit, geben die von dem erkennenden Gericht beigezogenen Akten greifbare Anhaltspunkte für diese Besorgnis des Beschwerdeführers nicht her. Auch daß sich der Beschwerdeführer zu den entscheidungserheblichen Fragen nicht hätte äußern können, läßt sich der Gerichtsakte, die auf immerhin etwa 220 Blatt eine ganze Reihe wechselseitiger Schriftsätze der Beteiligten enthält, nicht entnehmen. Daß das Gericht den von dem Beschwerdeführer nach Schluß der mündlichen Verhandlung eingereichten privaten Schriftsatz des Beschwerdeführers nicht mehr berücksichtigt und etwa zum Anlaß für eine Wiedereröffnung der mündlichen Verhandlung (§ 156 ZPO) genommen hat, ist keine Frage des rechtlichen Gehörs – denn der Beschwerdeführer war nicht gehindert, diesen Vortrag über seinen Prozeßbevollmächtigten rechtzeitig vor Schluß der mündlichen Verhandlung anzubringen –, sondern allenfalls eine Frage des fairen Verfahrens im Sinne von Art. 52 Abs. 4 LV. Der Grundsatz des fairen Verfahrens kann aber, wie das erkennende Gericht schon in anderem Zusammenhang entschieden hat, nicht dazu dienen, Parteien die Gele-

genheit zu geben, ihrem Rechtsanwalt, der kraft zwingender gesetzlicher Regelung den Prozeß für sie zu führen hat, das Heft wieder aus der Hand zu nehmen; anderenfalls liefe der Anwaltszwang einschließlich der – ebenfalls zwingenden – Regelung des § 85 Abs. 2 ZPO letztlich leer (vgl. Verfassungsgericht des Landes Brandenburg, Beschluß vom 15. September 1994 – VfGBbg 10/93 – LVerfGE 2, 179, 183).

Nr. 5

Eine Verfassungsbeschwerde ist nach dem Grundsatz der Subsidiarität auch dann unzulässig, wenn der Beschwerdeführer zwar den Rechtsweg ausgeschöpft hat, dort jedoch Einwände und Gesichtspunkte, die er vor dem Verfassungsgericht geltend macht, nicht der Würdigung des Fachgerichts zugeführt hat.*

Verfassung des Landes Brandenburg Art. 52 Abs. 3, 4; 41; 12 Abs. 1 Satz 1, 2; 10

Verfassungsgerichtsgesetz Brandenburg § 45 Abs. 2 Satz 1

Strafgesetzbuch § 123

Beschluß vom 21. August 1997 – VfGBbg 13/97 –

in dem Verfassungsbeschwerdeverfahren des Herrn B. betreffend eine strafgerichtliche Verurteilung wegen Hausfriedensbruchs (Urteil des Amtsgerichts P. vom 22. Januar 1997 und Beschluß des Landgerichts P. vom 15. April 1997).

Entscheidungsformel:

Die Verfassungsbeschwerde wird zurückgewiesen.

Gründe:

A.

Der Beschwerdeführer wendet sich mit der Verfassungsbeschwerde gegen seine strafgerichtliche Verurteilung wegen Hausfriedensbruchs.

* Nichtamtlicher Leitsatz

I.

Am 11. Juli 1994 wurde der Beschwerdeführer – gemeinsam mit drei weiteren Personen, darunter dem Beschwerdeführer des Verfahrens VfGBbg 15/97 – in dem Gebäude K.-Straße 21 in P., einem ehemaligen Studentenwohnheim, angetroffen. Eigentümer von Grundstück und Gebäude, das einige Monate zuvor schon einmal als „besetzt" geräumt worden war, ist das Land Brandenburg. Bei Antreffen des Beschwerdeführers war das Gebäude unbewohnt und in sanierungsbedürftigem Zustand; das Schloß an der Eingangstür war aufgebrochen. Das Gebäude soll später – nach Sanierung – wieder als Wohnheim genutzt werden. Nach Aufforderung eines von der Polizei herbeigerufenen Mitarbeiters des zuständigen Wissenschaftsministeriums verließen der Beschwerdeführer und die übrigen Personen das Gebäude. Der Mitarbeiter des Wissenschaftsministeriums stellte Strafantrag.

Das Amtsgericht P. erließ im April 1995 zunächst Strafbefehl wegen gemeinschaftlichen Hausfriedensbruchs und Sachbeschädigung, gegen den der Beschwerdeführer Einspruch einlegte. Diesen verwarf das Amtsgericht zunächst, weil der Beschwerdeführer zu dem darauf anberaumten Termin am 15. November 1995 nicht erschienen war. Später – im Oktober 1996 – gewährte das Amtsgericht wegen Bedenken an der Ordnungsgemäßheit der Ladung zum Termin am 15. November 1995 auf Antrag des Beschwerdeführers Wiedereinsetzung in den vorigen Stand. Auf die sodann am 22. Januar 1997 durchgeführte Hauptverhandlung verurteilte das Amtsgericht P. den Beschwerdeführer, nachdem die Staatsanwaltschaft den Vorwurf der Sachbeschädigung fallengelassen hatte, wegen gemeinschaftlichen Hausfriedensbruchs zu einer Geldstrafe von 15 Tagessätzen zu je 30,– DM. Die darauf eingelegte Berufung nahm das Landgericht P. nicht an, weil es diese als offensichtlich unbegründet beurteilte; in seinem Beschluß vom 15. April 1997 heißt es, das Urteil des Amtsgerichts sei sachlich und rechtlich nicht zu beanstanden.

II.

Der Beschwerdeführer hat am 4. Juni 1997 Verfassungsbeschwerde eingelegt. Er rügt sinngemäß eine Verletzung der Art. 52 Abs. 3, 12 Abs. 2 Satz 1 und 2 der Landesverfassung – LV – (Willkürverbot) sowie – ausdrücklich – der Art. 52 Abs. 4 (faires Verfahren), Art. 10 (freie Entfaltung der Persönlichkeit) und Art. 41 LV (Eigentum). Er macht geltend:

Am 11. Juli 1994 habe er sich als Gast in dem besetzten Haus K.-Straße 21 aufgehalten. Er sei des öfteren – mitunter auf ausdrückliche Bitte von Vertretern der Stadtverwaltung – „in derartigen Konfliktsituationen" um „Vermittlung und Deeskalation" bemüht. Er beabsichtige, sich auch weiterhin „in vergleichbaren Situationen politisch zu engagieren". Als Mitglied der Stadtverordnetenversammlung in P. halte er es geradezu für seine Aufgabe, sich vor Ort auch über aktuelle Hausbesetzungen und Polizeieinsätze zu informieren; eine öffentliche Verurteilung „stigmatisiere" seine Arbeit in der Öffentlichkeit. Seine Verurteilung sei umso weniger einsehbar, als der Besuch öffentlicher Veranstaltungen in besetzten Häusern in P. nicht nur geduldet, sondern teilweise sogar durch öffentliche Zuschüsse unterstützt werde. Er sei nunmehr ohne vorherige Anhörung zu Gericht geladen worden. In der Sache liege dem Urteil des Amtsgerichts P. „offenbar der juristisch unhaltbare Gedanke zugrunde, daß der Aufenthalt in leerstehenden Häusern bereits das Eingedrungensein voraussetzt". Er habe sich weder gewaltsam Zutritt zum Haus verschafft noch sich nach Aufforderung der Vertreter des Eigentümers zum Verlassen des Hauses weiterhin darin aufgehalten. Auch hätten Ermittlungen zu der Frage, worin ein dem Betreten des Hauses entgegenstehender Wille des Berechtigten für ihn habe sichtbar gewesen sein sollen, nicht stattgefunden. Schließlich habe er zum Zeitpunkt des Betretens des Hauses noch gar nicht gewußt, wer Hausrechtsinhaber sei.

B.

Die Verfassungsbeschwerde hat keinen Erfolg.

I.

Sie ist bereits unzulässig, soweit der Beschwerdeführer geltend macht, er sei als „Gast" bzw. „zu Besuch bei einer öffentlichen Veranstaltung" in dem besetzten Haus gewesen und habe dort gewissermaßen nur „vermittelt" bzw. sich „vor Ort informiert" oder auch „politisch betätigt". Insoweit steht der Zulässigkeit der Verfassungsbeschwerde der Grundsatz der Subsidiarität entgegen, weil der Beschwerdeführer diese Umstände weder in der Hauptverhandlung vor dem Amtsgericht vorgebracht noch in seiner Berufungsbegründung auch nur erwähnt hat. Der sich aus rechtsanaloger Anwendung des § 45 Abs. 2 Satz 1 Verfassungsgerichtsgesetz Brandenburg (VerfGGBbg) ergebende Subsidiaritätsgrundsatz dient einer sachgerechten Aufgabenverteilung zwischen Verfassungsgericht und Fachgerichten. Danach obliegt es vorrangig den Fachgerichten, einfachrechtliche Vorschriften auszulegen und den ihnen unterbreiteten Sachverhalt tatsächlich und rechtlich zu würdigen (ständige Rechtsprechung des Verfassungsgerichts des Landes, vgl. Beschluß vom 20. Oktober 1994 – VfGBbg 12/94 – LVerfGE 2, 193, 197 f; vom 21. November 1996 – VfGBbg 17/96, 18/96 und 19/96 – LVerfGE 5, 112, 119). Der Grundsatz der Subsidiarität verlangt deswegen von einem Beschwerdeführer, daß er – über eine, hier von dem Beschwerdeführer mit der Anrufung des Landgerichts an sich erfüllte Rechtswegerschöpfung in engerem Sinne hinaus – alles im Rahmen seiner Möglichkeiten Stehende unternimmt, um eine etwaige Grundrechtsverletzung zu beseitigen oder zu verhindern. Er ist auf alle nach Lage der Dinge ihm gegebenenfalls zur Verfügung stehenden prozessualen Möglichkeiten zur Vermeidung oder Korrektur der geltend gemachten Verfassungsverletzung zu verweisen (vgl. Verfassungsgericht des Landes Brandenburg, Beschluß vom 17. März 1994 – VfGBbg 11/93 – LVerfGE 2, 85, 87; zuletzt Beschluß vom 15. Mai 1997 – VfGBbg 4/97, 6/97 –*). Eine Verfassungsbeschwerde ist in erweiternder Anwendung dieser Grundsätze regelmäßig auch dann unzulässig, wenn der Beschwerdeführer – wie hier – zwar den Rechtsweg ausgeschöpft hat, er dort jedoch Einwände und Gesichtspunkte, die im späteren Verfassungsbeschwerdeverfahren vorgetragen werden, nicht geltend gemacht hat (vgl. auch BVerfGE 64, 135, 143; 66, 337, 364; 68, 384, 389; 81, 97, 102; zum Ganzen auch *Kley/Rühmann*, in: Umbach/Clemens, Bundesverfassungsgerichtsgesetz, Mitarbeiterkommentar, 1992, § 90 BVerfGG, Rn. 96). So liegen die Dinge hier: Der jetzige Vortrag des Beschwerdeführers, wonach sein Aufenthalt in dem Gebäude K.-Straße 21 insgesamt in einem anderen Licht erscheinen soll, gewissermaßen im Lichte einer besonderen Form „politischen Wirkens", ist neu. Unabhängig davon, ob eine solche Motivation von strafrechtlicher Verantwortlichkeit freistellen oder sich doch auf das Strafmaß auswirken könnte, hat jedenfalls eine zunächst fachrichterliche Würdigung in tatsächlicher und rechtlicher Hinsicht, wie sie der Subsidiaritätsgrundsatz nach den vorbezeichneten Maßgaben verlangt, hierzu nicht stattfinden können, weil der Beschwerdeführer diese Gesichtspunkte nicht in das Verfahren eingeführt hat, obwohl ihm dies ohne weiteres möglich gewesen wäre und das Gericht auch in einem Verfahren wie dem Strafverfahren, in dem der Amtsermittlungsgrundsatz gilt, erwarten darf und gegebenenfalls darauf angewiesen ist, von den Verfahrensbeteiligten, auch von dem Angeklagten selbst, auf besondere Umstände aufmerksam gemacht zu werden. Daß der Beschwerdeführer die hier in Frage stehenden Gesichtspunkte jetzt vor den Fachgerichten nicht mehr vortragen kann, steht der Anwendung des Subsidiaritätsgrundsatzes nicht im Wege (vgl. hierzu schon Verfassungsgericht des Landes Brandenburg, Beschluß vom 30. November 1993 – VfGBbg 7/93 – LVerfGE 1, 213, 214).

II.

Im übrigen ist die Verfassungsbeschwerde unbegründet. Das Gericht läßt hierbei wie schon in früheren Entscheidungen ausdrücklich offen, ob Grundrechtsverletzungen, die im Rahmen eines bundesrechtlich geordneten

* S. S. 101, 111.

Verfahrens – hier der Strafprozeßordnung – erfolgt sein sollen, von dem erkennenden Gericht am Maßstab der brandenburgischen Landesverfassung gemessen werden können (s. dazu Verfassungsgericht des Landes Brandenburg, Beschluß vom 15. September 1994 – VfGBbg 10/93 – LVerfGE 2, 179, 182; speziell zum Verfahren der Strafprozeßordnung Beschluß vom 17. Oktober 1996 – VfGBbg 19/95 – LVerfGE 5, 74, 75 f). Das Gericht hat auch hier keine Veranlassung, zu dieser Frage eingehend und abschließend Stellung zu nehmen. Denn die von dem Beschwerdeführer als verletzt gerügten Landesgrundrechte wären, ihre Anwendbarkeit als Prüfungsmaßstab in dem vorliegenden Verfahren unterstellt, durch die angegriffenen Entscheidungen des Amtsgerichts und des Landgerichts P. nicht verletzt.

1. Die Entscheidungen verstoßen nicht gegen das landesverfassungsrechtliche Willkürverbot gemäß Art. 52 Abs. 3, 12 Abs. 1 Satz 1 und 2 LV. Danach ist ein Richterspruch dann willkürlich, wenn er unter keinem rechtlichen Aspekt vertretbar ist und sich deshalb der Schluß aufdrängt, er beruhe auf sachfremden Erwägungen (ständige Rechtsprechung des Verfassungsgerichts des Landes Brandenburg, vgl. Beschluß vom 20. April 1995 – VfGBbg 11/94 – LVerfGE 3, 141, 145; Beschluß vom 23. Mai 1996 – VfGBbg 11/95 – LVerfGE 4, 175, 178; s. a. Beschluß vom 14. August 1996 – VfGBbg 23/95 – LVerfGE 5, 67, 72). Von richterlicher Willkür in diesem Sinne kann bei den angegriffenen Entscheidungen nicht die Rede sein.

a. Das Amtsgericht P. ist, auch wenn es in den Urteilsgründen nur von einem „Gebäude" spricht, offenkundig davon ausgegangen, daß das leerstehende Gebäude K.-Straße 21 bei Antreffen des Beschwerdeführers ein „befriedete(s) Besitztum" im Sinne von § 123 Abs. 1 Strafgesetzbuch (StGB) dargestellt hat. Dies ist verfassungsrechtlich nicht zu beanstanden. Es handelt sich insoweit um eine Frage der Auslegung und Anwendung einfachen Rechts. Zwar ist in der Strafrechtsliteratur zum Teil die Ansicht vertreten worden, leerstehende Gebäude, in denen sich generell nichts mehr „abspiele", müßten als Tatobjekt eines Hausfriedensbruchs grundsätzlich ausscheiden (vgl. *Engels*, Demokratie und Recht 1981, 293; *Küchenhoff*, Demokratie und Recht 1981, 300; *Schön*, NJW 1982, 1126; zu einer ggf. korrektiven Berücksichtigung einer „sozialen Funktion" der geschützten Räumlichkeiten insbesondere *Schall*, Die Schutzfunktion der Strafbestimmung gegen den Hausfriedensbruch, 1974, insbesondere S. 135). Diese Auffassung hat sich allerdings in der Rechtsprechung und überwiegend auch im Schrifttum nicht durchsetzen können (vgl. OLG Hamm, NJW 1982, 1824; OLG Köln, NJW 1982, 2674; OLG Hamm, NJW 1982, 2676; OLG Stuttgart, NStZ 1983, 123; AG Wiesbaden, NJW 1991, 188;

ferner auch BGH, NJW 1975, 985; aus dem Schrifttum etwa Schönke/Schröder-*Lenckner*, Strafgesetzbuch, Kommentar, 25. Aufl. 1997, § 123 StGB, Rn. 6 a m. w. N.). Das Amts- und das Landgericht P. waren verfassungsrechtlich nicht gehindert, sich in dieser einfachrechtlichen Frage – nämlich derjenigen, ob auch ein leerstehendes Gebäude Objekt eines Hausfriedensbruchs sein kann – der herrschenden Auffassung anzuschließen.

b. Das Urteil des Amtsgerichts P. und der Beschluß des Landgerichts P. sind auch insoweit verfassungsrechtlich nicht zu beanstanden, als der Beschwerdeführer geltend macht, er habe sich weder gewaltsam Zutritt zum Haus verschafft noch sich nach der Aufforderung der Vertreter des Eigentümers darin weiterhin aufgehalten. Die angegriffenen Entscheidungen gehen offenkundig von der 1. Alternative der in § 123 Abs. 1 StGB unter Strafe gestellten Tathandlungen, dem widerrechtlichen Eindringen, aus. Eindringen in diesem Sinne bedeutet das Gelangen in die geschützten Räume gegen den Willen des Berechtigten (vgl. schon RGSt 39, 440, 441; Schönke/Schröder-*Lenckner*, aaO, § 123 StGB, Rn. 11 m. w. N. auch zu im wissenschaftlichen Schrifttum vertretenen Nuancierungen). Eine Gewaltanwendung beim In-die-Räume-Gelangen ist hiernach schon einfachrechtlich (vgl. nur *Maurach/Schroeder/Maiwald*, Strafrecht Besonderer Teil, 8. Aufl. 1995, S. 306) nicht erforderlich. Daß, wie der Beschwerdeführer weiter ausführt, keine Ermittlungen zu der Frage stattgefunden hätten, worin der dem Betreten des Hauses entgegenstehende Wille des Berechtigten habe sichtbar gewesen sein sollen, gibt gleichfalls keinen Anlaß zu verfassungsrechtlichen Bedenken. Liegt – wovon Amts- und Landgericht hier in vertretbarer Weise ausgegangen sind – ein befriedetes Besitztum vor, kann sich der dem Betreten entgegengesetzte Wille des Berechtigten in allgemeiner Form schon aus den äußeren Umständen, insbesondere den zur Sicherung des Gebäudes getroffenen Maßnahmen, ergeben (vgl. etwa *Schäfer*, in: Leipziger Kommentar, 10. Aufl. 1988, § 123 StGB, Rn. 25). Soweit in diesem Zusammenhang der Beschwerdeführer in dem Verfahren VfGBbg 15/97 ausgeführt hat, eine Wand des Gebäudes bzw. der Zaun habe Löcher aufgewiesen, hat das erkennende Gericht dort näher dargelegt, daß dies der Annahme einer Einfriedung nicht entgegenstehen muß.

c. Ferner ist, ebenfalls schon einfachrechtlich, der weitere Einwand des Beschwerdeführers unbeachtlich, er habe im Zeitpunkt des Betretens des Hauses nicht gewußt, wer Hausrechtsinhaber sei. Das Amtsgericht hat in von Verfassungs wegen nicht zu beanstandender Weise angenommen, daß sich der Beschwerdeführer darüber, wie es in dem Urteil heißt, „im klaren“ war, daß er sich in dem Gebäude nicht aufhalten durfte, und er damit im strafrechtlichen Sinne vorsätzlich gehandelt hat. Eine Kenntnis (auch) darüber, wem bzw. welcher Person das Hausrecht im einzelnen zusteht, ist für das Bewußtsein, gegen den Willen des Berechtigten zu handeln, nach § 123 StGB nicht erforderlich. Es ist auch nicht ersichtlich, daß das Amtsgericht P. und ihm folgend das Landgericht Anlaß gehabt hätten, sich damit zu befassen, ob der Beschwerdeführer sein Tun etwa irrigerweise generell für erlaubt gehalten habe.

Soweit der Beschwerdeführer für sich in Anspruch nehmen will, daß er aufgrund einer besonderen Form „politischen Wirkens" ein quasi besseres Recht gehabt habe, sich in dem Gebäude K.-Straße 21 aufzuhalten, hat er dies weder vor dem Amtsgericht noch vor dem Landgericht zum Ausdruck gebracht und kann deshalb damit – wie bereits ausgeführt (s. oben zu B. I.) – vor dem Verfassungsgericht nicht gehört werden.

2. Soweit schließlich der Beschwerdeführer beanstandet, er sei „ohne vorherige Anhörung" zu einem Gerichtstermin – zu der Hauptverhandlung vor dem Amtsgericht – geladen worden, ist hierin eine Verletzung des Willkürverbots ebensowenig zu sehen wie ein Verstoß gegen das Grundrecht auf ein faires Verfahren vor Gericht (Art. 52 Abs. 4 LV). In den durch das erkennende Gericht beigezogenen Gerichtsakten ist zwar ein Zustellungsnachweis über die Vorladung zur Vernehmung im Ermittlungsverfahren nicht enthalten. Der Beschwerdeführer hatte aber jedenfalls Gelegenheit, mit seinem Einspruch gegen den zunächst ergangenen Strafbefehl und später in der Hauptverhandlung vor dem Amtsgericht ausführlich Stellung zu nehmen. Unabhängig davon hat sich laut Aktenvermerk des Polizeipräsidiums P. der Beschwerdeführer auf die Aufforderung, zur Vernehmung zu erscheinen, telefonisch gemeldet, diese offenkundig also erhalten. Eine verfassungswidrige Beschränkung in Verfahrensrechten ist nach alledem nicht zu erkennen.

3. Auch Verletzungen der Art. 41 (Eigentum) und Art. 10 LV (freie Entfaltung der Persönlichkeit) sind nicht festzustellen. Art. 41 Abs. 1 Satz 2 LV schützt das Eigentum nur nach Maßgabe der gesetzlichen Inhalts- und Schrankenbestimmungen, und Art. 10 LV gewährleistet die freie Entfaltung der Persönlichkeit nur, soweit nicht die Rechte anderer verletzt werden. Zu den Inhalts- und Schrankenbestimmungen des Art. 41 LV und den Bestimmungen, die die „Rechte anderer" im Sinne von Art. 10 LV konkretisieren, gehören auch die Vorschriften des Strafgesetzbuchs und der Strafprozeßordnung (so für Art. 41 LV bereits Verfassungsgericht des Landes Brandenburg, Beschluß vom 17. Oktober 1996 – VfGBbg 19/95 – LVerfGE 5, 74, 78). Diese Vorschriften sind hier – wie ausgeführt – von Amts- und Landgericht in verfassungsrechtlich nicht zu beanstandender Weise angewendet worden.

Nr. 6

Keine Rechtswegerschöpfung bei Klagerücknahme.*

Verfassungsgerichtsgesetz Brandenburg §§ 21 Satz 1; 45 Abs. 2

Beschluß vom 16. Oktober 1997 – VfGBbg 26/97; 26/97 EA –

in dem Verfassungsbeschwerdeverfahren der Frau C. M., der Frau G. M. und des Herrn M. wegen Feststellung der Beendigung eines vermögensrechtlichen Verfahrens infolge Klagerücknahme (Urteil des VG F. vom 9. Juli 1997) und weiterer gerichtlicher Entscheidungen.

Entscheidungsformel:

Die Verfassungsbeschwerde wird verworfen.

Gründe:

I.

Die Verfassungsbeschwerde ist gemäß § 21 Satz 1 Verfassungsgerichtsgesetz Brandenburg (VerfGGBbg) zu verwerfen. Sie ist unzulässig, weil die Beschwerdeführer den ihnen zur Verfügung stehenden Rechtsweg nicht ausgeschöpft haben (§ 45 Abs. 2 VerfGGBbg). Vielmehr haben sie die Klage vor dem Verwaltungsgericht zurückgenommen und sich damit – was der Nichterschöpfung des Rechtsweges gleichzuachten ist – um die Möglichkeit gebracht, die Angelegenheit in dem bis dahin anhängigen Verfahren auszutragen. Daß die Klagerücknahme nicht wirksam gewesen bzw. in dieser Hinsicht seitens des Verwaltungsgerichts in verfassungswidriger Weise Druck auf die Beschwerdeführer ausgeübt worden wäre, ist nicht erkennbar. Mag auch das Verwaltungsgericht die Klage für nicht erfolgversprechend gehalten und auf eine Klagerücknahme hingewirkt haben, so waren die Beschwerdeführer doch nicht gehindert, das Verfahren durchzuführen und gegebenenfalls gegen die Entscheidung des Verwaltungsgerichts anzugehen. Es kommt hinzu, daß sie anwaltlich vertreten und – auch was die Klagerücknahme angeht – beraten waren. Ihr Verfahrensbevollmächtigter hat die Klage nach Rücksprache mit dem Beschwerdeführer zu 3) zurückgenommen. Hieran sind die Beschwerdeführer gebunden; die von dem Verfahrensbevollmäch-

* Nichtamtlicher Leitsatz

tigten erklärte Klagerücknahme ist für sie in gleicher Weise verbindlich, als wenn sie von ihnen selbst erklärt worden wäre (s. §§ 173 Verwaltungsgerichtsordnung, 85 Abs. 1 Zivilprozeßordnung). Das Verfassungsgericht ist keine Ersatzinstanz für den Fall, daß es eine Partei reut, die Klage selbst oder durch ihren Verfahrensbevollmächtigten zurückgenommen zu haben.

Sind die Beschwerdeführer hiernach an die Klagerücknahme gebunden, ergibt sich auch aus dem weiteren Verfahren des Verwaltungsgerichts und seinen in diesem Zusammenhange getroffenen Entscheidungen keine Verletzung der Beschwerdeführer in ihren Rechten aus der Landesverfassung. Prozeßkostenhilfe war mangels Erfolgsaussicht in der Hauptsache schon deshalb zu verweigern, weil die Klage wirksam zurückgenommen war.

Auf die Stellungnahme des Beklagten des Ausgangsverfahrens, in der darauf abgestellt wird, daß die Beschwerdeführer gegen das Urteil des Verwaltungsgerichts vom 9. Juli 1997 Nichtzulassungsbeschwerde und gegen den Kostenfestsetzungsbeschluß vom 13. August 1997 Erinnerung hätten einlegen können und müssen, kommt es hiernach nicht an.

II.

Damit erübrigt sich eine Entscheidung über den Antrag auf Erlaß einer einstweiligen Anordnung.

III.

Dieser Beschluß ist einstimmig ergangen. Er ist unanfechtbar.

Nr. 7

1. Im Rahmen der Kostenerstattung ist das Gericht an den Antrag, nicht aber an die rechnerische Herleitung gebunden.

2. Die Ermäßigung der Gebühr um 10 % (Anlage I des Einigungsvertrages, Kapitel III Sachgebiet A Abschnitt II Nr. 26 Maßgabe a Satz 2; Verordnung zur Anpassung der für die Kostengesetze in dem in Artikel 3 des Einigungsvertrages genannten Gebiet geltenden Ermäßigungssätze vom 15. April 1996 – BGBl. I S. 604) gilt auch vor dem Landesverfassungsgericht.*

* Nichtamtlicher Leitsatz

Verfassungsgerichtsgesetz Brandenburg § 13 Abs. 1

Verwaltungsgerichtsordnung § 164

Bundesrechtsanwaltsgebührenordnung §§ 11 Abs. 1 Satz 4; 113 Abs. 2; 31 Abs. 1; 27

Zivilprozeßordnung § 308 Abs. 1

Einigungsvertrag Anlage I Kapitel III Sachgebiet A Abschnitt II Nr. 26 Maßgabe a Satz 2

Ermäßigungsanpassungs-Verordnung vom 15. 4. 1996 § 1

Beschluß vom 11. November 1997 – VfGBbg 4/97; 6/97 –

in dem Verfassungsbeschwerdeverfahren der R. GmbH.

Entscheidungsformel:

Auf Antrag der Beschwerdeführerin vom 24. Juli 1997 werden die nach dem Beschluß des Verfassungsgerichts des Landes Brandenburg vom 15. Mai 1997 von dem Land Brandenburg an die Beschwerdeführerin zu erstattenden Kosten auf

287,21 DM (zweihundertsiebenundachtzig 21/100 Deutsche Mark) festgesetzt.

Gründe:

Die Kostenfestsetzung erfolgt gemäß § 13 Abs. 1 VerfGGBbg i. V. m. § 164 VwGO. Nach dieser Vorschrift setzt der Urkundsbeamte des Gerichts auf Antrag den Betrag der zu erstattenden Kosten fest.

Für die Gebühren der Rechtsanwälte im Verfahren der Verfassungsbeschwerde gelten gemäß § 113 Abs. 2 Satz 1 BRAGO die Vorschriften des 3. Abschnitts (§§ 31 ff BRAGO) entsprechend. Im vorliegenden Verfahren war der Betrag der zu erstattenden Kosten – wie beantragt – auf DM 287,21 festzusetzen.

Es ist gemäß § 31 Abs. 1 Nr. 1 BRAGO eine Verfahrensgebühr angefallen. Sie erhöht sich im Verfahren vor dem Verfassungsgericht des Landes gemäß § 113 Abs. 2 Satz 2 BRAGO i. V. m. § 11 Abs. 1 Satz 4 BRAGO um drei Zehntel (1.046,50 DM). Daß die Beschwerdeführerin in ihrem Antrag als Grundlage ihrer Berechnung der Gebührenhöhe nicht die nach § 11 Abs. 1 Satz 4 BRAGO erhöhte Gebühr herangezogen hat, sondern von einer sich aus § 11 Abs. 1 und 2 ergebenden Gebühr ausgegangen ist, darf sich in der Berechnung des zu erstattenden Betrages nicht zu ihrem Nachteil auswirken. § 308 Abs. 1 ZPO, der es dem Gericht verbietet, über das Anliegen einer Partei hinauszugehen, und auch im Kostenfestsetzungsverfahren zu beachten ist (vgl. bereits Verfassungsgericht des Landes Brandenburg, Beschluß vom 16. April 1997 – VfGBbg 6/95, S. 3) bindet das Gericht nur an den Antrag (hier: Erstattung von insgesamt 287,21 DM), nicht aber an die ihm zugrunde liegende Berechnung. Bei der Errechnung der Höhe des Betrages ist allerdings die Vorgabe des Einigungsvertrages vom 31. August 1990 (BGBl. II S. 889, 936), wie sich aus Anlage 1 des Einigungsvertrages, Kapitel III Sachgebiet A Abschnitt III Nr. 26 Maßgabe a Satz 2 ergibt, desgleichen die Verordnung zur Anpassung der für die Kostengesetze in dem in Art. 3 des Einigungsvertrages genannten Gebiet geltenden Ermäßigungssätze vom 15. April 1996 (BGBl. I S. 604) zu beachten. Danach ermäßigt sich hier die Gebühr um 10 % (941,85 DM): Nach Maßgabe dieser Bestimmungen ermäßigen sich die Gebühren, wenn ein Rechtsanwalt vor Gerichten, die ihren Sitz in dem in Art. 1 Abs. 1 des Vertrages genannten Gebiet haben, im Auftrag eines Beteiligten tätig wird, der seinen Wohnsitz oder Sitz in dem in Art. 3 des Vertrages genannten Gebiet hat. Diese Voraussetzungen liegen hier vor. Die Verfahrensbevollmächtigten haben vor dem Verfassungsgericht des Landes Brandenburg eine Mandantin vertreten, die ihren Firmensitz in Berlin-Mitte, also ebenfalls im Beitrittsgebiet, hat.

Eine Abweichung von dem gestellten Antrag ergibt sich ferner, soweit der Verfahrensbevollmächtigte der Beschwerdeführerin gemäß § 27 Abs. 1 Nr. 2 BRAGO Ersatz der Schreibauslagen in Höhe von 154,– DM für insgesamt 11 Mehrexemplare mit 14 Seiten beantragt. Gemäß § 27 Abs. 2 BRAGO richtet sich die Höhe der Schreibauslagen in derselben Angelegenheit und in demselben Rechtszug nach den für die gerichtlichen Schreibauslagen im Gerichtskostengesetz bestimmten Beträgen. Nach Nr. 9000 des Kostenverzeichnisses zum Gerichtskostengesetz betragen die Schreibauslagen für Abschriften und Ablichtungen bei den ersten 50 Seiten je 1,– DM und für jede weitere Seite 0,30 DM. Danach war der für die Schreibauslagen zu erstattenden Betrag auf 81,20 DM festzusetzen.

Damit errechnet sich der zu erstattende Betrag insgesamt wie folgt:
Verfahrenswert: 16.000,– DM

13/10 Verfahrensgebühr §§ 113 Abs. 2, 31 Abs. 1 Nr. 1 BRAGO	1.046,50 DM
abzüglich 10 % Ermäßigung	104,65 DM
	941,85 DM
Post- und Telekommunikationsdienstleistungen § 26 BRAGO	40,00 DM

Schreibauslagen § 27 Abs. 1 Nr. 2 BRAGO i. V. m. KV Nr. 9000 des Gerichtskostengesetzes (11 Exemplare mit 14 Seiten)		81,20 DM
	Zwischensumme:	1.063,05 DM
davon ¼		265,76 DM
15 % Umsatzsteuer § 25 Abs. 2 BRAGO		39,67 DM
	insgesamt:	305,63 DM

Das Gericht ist gemäß § 13 Abs. 1 VerfGGBbg i. V. m. § 173 VwGO und § 308 ZPO nicht befugt, Beträge über den Antrag hinaus festzusetzen. Die Kosten waren somit auf die beantragten 287,21 DM festzusetzen.

Nr. 8

1. Zur Beteiligtenfähigkeit des Landesrechnungshofes im Organstreitverfahren.

2. Dem Auskunfts- und Akteneinsichtsrecht des Abgeordneten nach Art. 56 Abs. 3 Landesverfassung unterliegt der Landesrechnungshof grundsätzlich auch insoweit, als er Finanzkontrolle ausübt.

3. Das Akteneinsichtsrecht des Abgeordneten findet seine Grenzen an einem Kernbereich exekutiver Eigenverantwortung und bezieht sich deshalb grundsätzlich nur auf abgeschlossene Vorgänge. Zu der Frage, wann ein Rechnungsprüfungsverfahren „abgeschlossen" ist.

4. Das Akteneinsichtsrecht des Abgeordneten erstreckt sich im Verhältnis zum Landesrechnungshof nicht auf Prüfberichtsentwürfe und andere vorbereitende Unterlagen.

Verfassung des Landes Brandenburg Art. 56 Abs. 3 und 4; 106; 107; 113 Nr. 1

Verfassungsgerichtsgesetz Brandenburg §§ 12 Nr. 1; 36 Abs. 1

Urteil vom 20. November 1997 – VfGBbg 12/97 –

in dem verfassungsgerichtlichen Verfahren des Mitglieds des Landtags Brandenburg Dr. Peter Wagner gegen den Landesrechnungshof des Landes Brandenburg, vertreten durch den Präsidenten,

weiter beteiligt:
Regierung des Landes Brandenburg, vertreten durch den Minister der Justiz und für Bundes- und Europaangelegenheiten, betreffend die Vorlage von Unterlagen gemäß Art. 56 Abs. 3 Landesverfassung.

Entscheidungsformel:

Die Weigerung des Antragsgegners, dem Antragsteller das Ergebnis der beim Ministerium für Arbeit, Soziales, Gesundheit und Frauen durchgeführten Rechnungsprüfung zum Projekt „Betreuungsdienst für chronisch Kranke" vom 21. März 1997 – die sogenannte Prüfungsmitteilung i. S. d. § 96 Landeshaushaltsordnung – vorzulegen, verstößt gegen Art. 56 Abs. 3 Satz 2 Landesverfassung.

Im übrigen wird der Antrag zurückgewiesen.

Gründe:

A.

Der Antragsteller ist Mitglied des Landtages. Er rügt die Verletzung seines Rechts aus Art. 56 Abs. 3 Landesverfassung (LV). Art. 56 Abs. 3 LV eröffnet in Satz 1 den Abgeordneten den Zutritt zu den Behörden und Dienststellen des Landes und lautet in den nachfolgenden Sätzen wie folgt:

> Diese (die Behörden und Dienststellen des Landes) haben ihnen auf Verlangen Auskünfte auch aus Dateien zu erteilen sowie Akten und sonstige amtliche Unterlagen vorzulegen. Das Verlangen ist an die Landesregierung oder, sofern es ihn betrifft, an den Landesrechnungshof zu richten. Die Auskunft sowie die Vorlage der Akten und sonstigen amtlichen Unterlagen haben unverzüglich und vollständig zu erfolgen.

Bereits seit der 1. Wahlperiode des Landtages ist der Antragsteller um Informationen zu der Verwendung von Haushaltsmitteln beim Ministerium für Arbeit, Soziales, Gesundheit und Frauen (MASGF) für die Förderung verschiedener Projekte im Gesundheitswesen und der Rolle des vom MASGF als Projektträger und Berater beauftragten Institutes für Gesundheits- und Sozialforschung GmbH (IGES), Berlin, bemüht. Er vermutet, daß im Zusammenhang mit der Projektförderung Fördermittel ohne Kenntnis des Parlaments und ohne haushaltsrechtliche Grundlage bei der IGES geführt und verbucht worden seien.

Der Antragsgegner führte in der Zeit von April 1996 bis März 1997 beim MASGF eine Rechnungsprüfung betreffend die Ausreichung und Verwendung von Landesmitteln für das Projekt „Betreuungsdienst für chronisch

Kranke" durch. Die Mitteilung des Prüfungsergebnisses i. S. d. § 96 Landeshaushaltsordnung (LHO) vom 21. März 1997 wurde dem MASGF und dem Ministerium der Finanzen übersandt. Der Jahresbericht 1997 des Antragsgegners enthält hierzu einen zusammenfassenden Beitrag. Ein weiteres Prüfungsverfahren betreffend die Verwendung von Landesmitteln für das Landesprogramm „Aufbruch Psychiatrie" begann im Mai 1996 und dauert noch an; eine Mitteilung i. S. d. § 96 LHO liegt noch nicht vor.

Der Antragsteller wandte sich mit Schreiben vom 2. Mai 1997 an den Antragsgegner und bat unter Hinweis auf Art. 56 Abs. 3 LV um Einsicht in alle Prüfberichte und deren Entwürfe, die die Ausreichung von Fördermitteln an die IGES, insbesondere im Rahmen des Projektes „Betreuungsdienst für chronisch Kranke" und – soweit geprüft – des Landesprogrammes „Aufbruch Psychiatrie" zum Inhalt haben.

Der Antragsgegner lehnte das Gesuch unter dem 14. Mai 1997 ab, weil dem parlamentarischen Akteneinsichtsrecht in diesem Fall seine ebenfalls verfassungsrechtlich garantierte Unabhängigkeit und Weisungsfreiheit entgegenstehe. Ihm sei die Aktenherausgabe deshalb schlechthin versagt. Dies betreffe auch die Vorgänge, die mittlerweile Bestandteil von Behördenakten geworden seien, wie etwa die Mitteilungen der Prüfungsergebnisse i. S. d. § 96 LHO. Der Herausgabe der einem Prüfbericht vorausgehenden Schriftstücke stehe zudem die Wahrung des Beratungsgeheimnisses entgegen. Wenn schon der interne, nicht ausforschbare Regierungsbereich nach der Rechtsprechung des Bundesverfassungsgerichtes einem parlamentarischen Auskunftsbegehren nicht zugänglich sei, so müsse dies erst recht für Vorgänge aus einem Rechnungshof gelten.

Nachdem der Antragsteller einer nochmaligen Aufforderung zur Aktenvorlage nicht nachgekommen ist, hat sich der Antragsteller am 23. Mai 1997 an das erkennende Verfassungsgericht gewandt. Er macht geltend, durch die Weigerung des Antragsgegners, ihm die erbetene Akteneinsicht zu gewähren, in seinen Rechten als Abgeordneter aus Art. 56 Abs. 3 LV verletzt zu sein. Das Akteneinsichtsgesuch betreffe abgeschlossene Vorgänge und unterfalle somit dem Anwendungsbereich der Verfassungsnorm. Würde man die gesamten Vorgänge bei einem Rechnungshof dem nicht ausforschbaren exekutiven Kernbereich zuordnen, so würde das Einsichtsrecht des Art. 56 Abs. 3 LV hinsichtlich des in der Vorschrift ausdrücklich genannten Landesrechnungshofes praktisch leerlaufen. Ein überwiegendes öffentliches Interesse im Sinne des Art. 56 Abs. 4 LV, das eine Geheimhaltung zwingend erfordere, sei weder geltend gemacht worden noch sonst erkennbar. Nachdem die Landesregierung seit mehreren Jahren offenbar unbehelligt einen Schattenhaushalt am Parlament vorbeiführe, überwiege sein Interesse als Abgeordneter an Aufklärung und Kontrolle. Auch an der Einsichtnahme in die Entwürfe der Prüfungsmitteilungen habe er ein berechtigtes Interesse. Es sei zu befürchten, daß die abschließenden Berichte des Antragsgegners auf Betreiben der Landesregierung hin „überarbeitet" worden seien.

Der Antragsteller beantragt,

> festzustellen, daß die Weigerung des Antragsgegners, ihm Einsicht in die Prüfberichte des Antragsgegners bzw. deren Entwürfe zu gewähren, die die Verwendung von Landesmitteln für
>
> 1. das Projekt „Betreuungsdienst für chronisch Kranke" und
> 2. das Landesprogramm „Aufbruch Psychiatrie"
>
> betreffen, gegen Art. 56 Abs. 3 Satz 2 und 4 Landesverfassung verstößt.

Der Antragsgegner beantragt,

> den Antrag zurückzuweisen.

Zur Begründung trägt er im wesentlichen vor, daß das Informations- und Auskunftsrecht des Art. 56 Abs. 3 LV ihn nicht treffen könne, soweit er als Prüfungsorgan tätig werde. Das Recht des einzelnen Abgeordneten sei im Kontext der parlamentarischen Kontrollfunktion gegenüber der Exekutive zu sehen. Dem Abgeordneten stehe jedoch kein Kontrollrecht gegenüber der nur Recht und Gesetz unterworfenen Judikative zu. Für die mit gleicher richterlicher Unabhängigkeit ausgestattete Finanzkontrolle könne nichts anderes gelten. Unter „Behörden und Dienststellen des Lande" i. S. d. Art. 56 Abs. 3 Satz 1 LV seien deshalb nur Regierungs- und Verwaltungsbehörden zu verstehen, nicht jedoch Organe der Rechtspflege oder der Finanzkontrolle. Für dieses Verständnis spreche auch die Entstehungsgeschichte des Art. 56 Abs. 3 Satz 3 LV. Gegenüber der ursprünglichen Entwurfsfassung sei der den Landesrechnungshof betreffende Zusatz erst in Art. 57 Abs. 3 des Verfassungsentwurfes vom 13. Dezember 1991 aufgenommen und dadurch in Bezug auf ihn, den Antragsgegner, die ansonsten geltende Regelung eingeschränkt worden. Jedenfalls aber bestünden i. S. v. Art. 56 Abs. 4 LV unter dem Gesichtspunkt des überwiegenden öffentlichen Interesses an der Geheimhaltung gewichtige Gründe gegen eine Vorlagepflicht. Die Veröffentlichung einzelner die Prüfung betreffender Schreiben, Vermerke und Entwürfe oder von Vorhaltungen aus noch nicht abgeschlossenen Verfahren würde die Tätigkeit des Landesrechnungshofes ernsthaft beschädigen und das Prüfungsverfahren nachteilig beeinflussen. Dieses Verfahren sei durch einen regelmäßigen Dialog mit der zu prüfenden Stelle geprägt, in dessen Konsequenz vielfach bereits während einer noch laufenden Prüfung die Prüfungserkenntnisse von der geprüften Stelle umgesetzt würden. Nach Abschluß der Erhebungen werde zunächst der Entwurf einer Prüfungsmitteilung verfaßt und der geprüften Stelle zur Stellungnahme zugeleitet. Der Entwurf – der durch die Ergebnisse der sodann stattfindenden gemeinsamen Schlußbesprechung noch Änderungen erfahren könne – werde schließlich durch das zuständige Kleine Kollegium des Landesrechnungshofes beschlossen. Erst durch diesen Beschluß liege eine formale Entscheidung des Landesrechnungshofes vor, die sodann gemäß dem in § 96 LHO bestimmten Verfahren den zuständigen Stellen zur Äußerung zugeleitet werde. Eine jederzeitige Offenlegung von Prüfungserkenntnissen und etwa schon der Entwurf von Prüfungsmitteilungen würde die interne Meinungsbildung der Prüfer beeinflussen und damit dem Ziel einer unbeeinflußten Prüfung zuwiderlaufen. Sie würde ihn – den Antragsgegner – zudem in seiner Entscheidungsfreiheit zu der Frage beschränken, welche Vorgänge er in Sonder- und Jahresberichte aufnehmen wolle. Außerdem habe der Landtag einen Anspruch darauf, keine Berichte vorgelegt zu bekommen, deren Erkenntnisse bereits in der Öffentlichkeit bekannt seien.

Die Landesregierung, die dem Verfahren auf seiten des Antragsgegners beigetreten ist, beantragt ebenfalls,

den Antrag zurückzuweisen.

Sie trägt im wesentlichen vor, daß der Landesrechnungshof zwar grundsätzlich zu den Verpflichteten des Aktenvorlageanspruchs aus Art. 56 Abs. 3 Satz 2 LV zähle. Dabei sei jedoch den bundesrechtlichen Regelungen über das Rechnungsprüfungsverfahren sowie der besonderen Stellung des Landesrechnungshofes Rechnung zu tragen. Nach § 46 Abs. 1 Haushaltsgrundsätzegesetz (HGrG) fasse der Rechnungshof das Ergebnis seiner Prüfung jährlich in einem Bericht für die gesetzgebenden Körperschaften zusammen. Außerdem könne er nach § 46 Abs. 3 HGrG die gesetzgebenden Körperschaften und die Regierung jederzeit über Angelegenheiten von besonderer Bedeutung unterrichten. Dieser bundesrechtlichen Regelung würde es zuwiderlaufen, wenn der Rechnungshof die Mitteilungen im Sinne des § 96 LHO auf Verlangen einzelner Abgeordneter offenzulegen hätte. Sie seien lediglich Zwischenprodukte des Rechnungsprüfungsverfahrens. Diesen Charakter würden sie im Falle einer Veröffentlichung verlieren und gleichsam zu Endprodukten erhoben, die unabhängig vom weiteren Verlauf des Verfahrens zum Gegenstand politisch-parlamentarischer Auseinandersetzung gemacht werden könnten. Dies stünde im Gegensatz zu § 46 HGrG, der nur zwei Formen der Unterrichtung des Parlaments vorsehe, nämlich die Jahres- und die Sonderberichte. Durch eine Diskussion über einzelne Prüfungsergebnisse werde der Jahresbericht, der wesentlicher Endpunkt der Rechnungsprüfung sein solle, bis zur Bedeutungslosigkeit entwertet. Dem Landesrechnungshof sei bei der Erstattung von Sonderberichten und der Ausgestaltung seiner Jahresberichte zudem eine seiner Unabhängigkeit unterfallende Entscheidungsfreiheit eingeräumt, die nicht durch eine Aktenvorlagepflicht beeinträchtigt werden dürfe. Sei danach schon eine Vorlage der Prüfungsergebnisse i. S. d. § 96 LHO ausgeschlossen, so gelte dies erst recht für Entwürfe, die der zu prüfenden Stelle während des Prüfungsverfahrens übermittelt würden. Als Folge von Richtigstellungen und Abklärungen während des laufenden Prüfungsverfahrens könne die Mitteilung des Prüfungsergebnisses auf wesentliche, noch bestehende Streitpunkte beschränkt werden. Ein freimütiger Austausch mit der geprüften Stelle, wie er im Interesse der Sache liege, werde erschwert, wenn er auf Verlangen einzelner Abgeordneter offengelegt werden müßte.

B.

I.

Der Antrag ist nach Art. 113 Nr. 1 LV, §§ 12 Nr. 1, 35 ff. Verfassungsgerichtsgesetz Brandenburg (VerfGGBbg) zulässig.

1. Der Antragsteller ist als Abgeordneter gemäß Art. 113 Nr. 1 LV und § 35 i. V. m. § 12 Nr. 1 VerfGGBbg im Organstreitverfahren beteiligtenfähig. Er ist gemäß § 36 Abs. 1 VerfGGBbg antragsbefugt; er macht geltend, durch die Weigerung des Antragsgegners, ihm die in Rede stehenden Unterlagen vorzulegen, in einem Recht auf Aktenvorlage nach Art. 56 Abs. 3 Satz 2 und 4 LV verletzt zu sein.

2. Der Antragsgegner ist hier auch beteiligtenfähig. Allerdings gehört er, weil er keine staatsleitende Tätigkeit ausübt und ihm keine externen Entscheidungs-, sondern lediglich interne Prüfungs-, Kontroll- und Beanstandungskompetenzen zustehen, nicht zu den Verfassungsorganen; er ist, freilich in selbständiger Stellung, zwischen Legislative und Exekutive angesiedelt (vgl. *Fischer-Menshausen*, in: v. Münch/Kunig (Hrsg.), Grundgesetzkommentar, 3. Aufl. 1996, Band 3, Art. 114 Rn. 11) oder als ministerialfreie Exekutive einzuordnen (*Maunz*, in: Maunz/Dürig (Hrsg.), Kommentar zum Grundgesetz, Stand 1984, Art. 114 Rn. 24; BayVerfGH, DÖV 1968, 656; OVG Münster, DVBl. 1979, 431; vgl. zum Meinungsstand im übrigen die Darstellung bei *Stern*, Das Staatsrecht der Bundesrepublik Deutschland, Band II, 1980, S. 444 ff), tritt aber nicht gleichberechtigt neben Legislative und Exekutive und ist auch der Judikative – unbeschadet der unabhängigen Stellung der Mitglieder des Landesrechnungshofes – schon deshalb nicht vergleichbar,

weil er keine rechtskräftig bindenden Entscheidungen trifft. Wieweit der Landesrechnungshof als anderer Beteiligter Antragsteller oder Antragsgegner in einem Organstreitverfahren sein kann, braucht vorliegendenfalls nicht grundsätzlich entschieden zu werden (vgl. hierzu – für den Bundesrechnungshof – ablehnend etwa: *Maunz*, in: Maunz/Dürig, aaO, Art. 114 Rn. 26; *Ulsamer*, in: Maunz/Schmidt-Bleibtreu u. a.: Bundesverfassungsgerichtsgesetz, Stand 1987, § 63 Rn. 8; *Benda/Klein*, Lehrbuch des Verfassungsprozeßrechts, 1991, Rn. 922; bejahend etwa: *Stern*, in: Kommentar zum Bonner Grundgesetz, Stand 1982, Art. 93 Rn. 98; *derselbe*, DÖV 1990, 262, 264; *Vogel/Kirchhoff*, in: Kommentar zum Bonner Grundgesetz, Stand 1973, Art. 114 Rn. 179; *Heuer*, Kommentar zum Haushaltsrecht, Stand 1997, Art. 114 GG Anm. 26; *Müller*, DVBl. 1994, 1276 f; offen: BVerfG, EuGRZ 1995, 196 f). Jedenfalls für Verfahren der hier in Rede stehenden Art ist er als in der Verfassung genannte und ihrer Stellung nach beschriebene (Art. 107 Abs. 1 LV) sowie unmittelbar in der Verfassung mit Prüf- und Berichtskompetenzen ausgestattete (Art. 106 Abs. 2 LV) Landesbehörde bei Inanspruchnahme als Antragsgegner im Organstreitverfahren als Beteiligter im Sinne von Art. 113 Nr. 1 LV und § 12 Nr. 1 VerfGGBbg anzuerkennen. In einem Fall wie dem vorliegenden, in dem der Landesrechnungshof nach dem Wortlaut des Art. 56 Abs. 3 Satz 3 LV ausdrücklich als Adressat der mit dem Recht des Abgeordneten aus Art. 56 Abs. 3 Satz 2 LV korrespondierenden Pflicht zur Auskunftserteilung und Gewährung von Akteneinsicht mit genannt ist, muß ihm zur Klärung der verfassungsmäßigen Rechte des Abgeordneten einerseits und zur Wahrung der besonderen Stellung des Rechnungshofes andererseits die Fähigkeit zuerkannt werden, auf Antragsgegnerseite Beteiligter eines zur Abklärung dieser Frage zu führenden Organstreitverfahrens zu sein. Es kann insoweit für die Anrufung des Verfassungsgerichts keinen Unterschied machen, ob ein Abgeordneter Informationsrechte nach Art. 56 Abs. 3 LV gegenüber der Landesregierung oder gegenüber dem Landesrechnungshof geltend macht.

II.

Der Antrag ist in dem aus dem Tenor ersichtlichen Umfange begründet.

Der Antragsgegner verstößt durch seine Weigerung, dem Antragsteller das Ergebnis der beim MASGF durchgeführten Rechnungsprüfung zum Projekt „Betreuungsdienst für chronisch Kranke" vom 21. März 1997 – die sogenannte Prüfungsmitteilung i. S. v. § 96 LHO – vorzulegen, gegen Art. 56 Abs. 3 Satz 2 LV. Eine Verpflichtung zur Vorlage der Entwürfe dieses Prüfungsergebnisses und gegebenenfalls anderer im Vorfeld zustandegekommener Akteninhalte sowie der Unterlagen zu dem noch andauernden

Prüfverfahren betreffend das Landesprogramm „Aufbruch Psychiatrie" besteht hingegen nicht.

1. Bundesrechtliche Regelungen stehen dem Vorlagebegehren des Antragstellers nicht entgegen. Zwar nennt § 46 HGrG nur zwei Formen der Berichterstattung des Rechnungshofes gegenüber dem Parlament, nämlich den obligatorischen Jahresbericht (§ 46 Abs. 1 und 2 HGrG) und mögliche Sonderberichte (§ 46 Abs. 3 HGrG). Diese bundesrechtliche Regelung steht indes – entgegen der Auffassung der Landesregierung – der Anwendung des Art. 56 Abs. 3 LV auf Unterlagen des Landesrechnungshofes zu einzelnen Prüfungsverfahren nicht entgegen. § 46 HGrG ist eine die Berichtspflichten der Rechnungshöfe regelnde Norm, die weder hinsichtlich des Adressatenkreises noch bezüglich des Anwendungsbereiches denselben Sachverhalt regelt wie das Akteneinsichtsrecht des einzelnen Abgeordneten gemäß Art. 56 Abs. 3 LV:

Das Haushaltsgrundsätzegesetz enthält in Ausfüllung des Art. 109 Abs. 3 Grundgesetz (GG) die Haushaltsgrundsätze, die Bund und Länder ihren Haushaltsordnungen gleichermaßen zugrundezulegen haben. Adressaten dieser Normen sind die Gesetzgeber im Bund und in den Ländern, die gemäß § 1 HGrG verpflichtet sind, ihr Haushaltsrecht nach diesen Grundsätzen zu regeln. Den Grundsätzen ist zudem bei der Auslegung des Landeshaushaltsrechts Rechnung zu tragen. Danach verbietet sich jede Auslegung, die die bundesrechtlichen Vorgaben mißachtet und dem Landesrecht einen Inhalt verleiht, der im Widerspruch zu den Aussagen des Haushaltsgrundsätzegesetzes steht (BVerwG, DÖV 1997, 684, 685). Das Gesetz dient mithin der Wahrung der Rechtseinheit in Bund und Ländern sowie der Vergleichbarkeit der einzelnen Haushalte (vgl. *Dommach*, in: Heuer, aaO, Vorbemerkung zu Teil I BHO, S. 7 f). Als wesentlicher Aspekt der Haushaltsgrundsätze sind im Abschnitt V des ersten Teils (§§ 42–47 HGrG) die Aufgaben des Rechnungshofes, die Grundzüge der Prüfung und – als der zentrale Punkt – die Entlastung der Regierung durch das Parlament geregelt. In diesem Kontext bestimmt § 46 HGrG, daß der Rechnungshof dem Parlament als Grundlage für dessen Entscheidung über die Entlastung der Regierung einen jährlichen Bericht über das Ergebnis seiner Prüfung vorzulegen hat, und berechtigt ihn zugleich, das Parlament und die Regierung über Angelegenheiten von besonderer Bedeutung jederzeit in sogenannten Sonderberichten zu informieren. Ob damit die Berichtsmöglichkeiten der Rechnungshöfe – wie die Landesregierung meint – abschließend aufgezählt sind, ist zweifelhaft. Ihrem Regelungszweck nach zielen die Normen des ersten Teils des Haushaltsgrundsätzegesetzes darauf ab, einen Katalog von Mindestanforderungen aufzustellen, die nicht unterschritten werden dürfen, aber ergänzbar erscheinen und bezüglich der Berichtsformen auch ergänzt worden sind, nämlich durch die sogenannten Beratungsberichte nach § 88 Abs. 2 LHO und die Prüfberichte nach § 96 LHO. Darauf kommt es hier jedoch letztlich nicht an, weil sich § 46 HGrG unabhängig von der Frage eines eventuell abschließenden Charakters nach seiner systematischen Stellung (nur) als Vorschrift darstellt, die dem Rechnungshof zwei Instrumente an die Hand gibt, um dem Parlament im Vorfeld seiner Entscheidung über die Entlastung der Regierung *von sich aus* die bei seinen Prüfungen gewonnenen Erkenntnisse mitzuteilen. § 46 HGrG besagt jedoch weder ausdrücklich noch mittelbar etwas dazu, ob und in welchem Umfang von anderer Seite und in anderem rechtlichen Zusammenhang, hier: von seiten der Abgeordneten zur Kontrolle der Landesregierung aus dem Parlament heraus, ein Zugriff auf Unterlagen des Rechnungshofes möglich sein soll.

2. a) Der Antragsgegner zählt zum Kreis der auskunfts- und vorlagepflichtigen Stellen nach Art. 56 Abs. 3 Satz 1 LV. Dies folgt unmittelbar aus seiner ausdrücklichen Erwähnung als möglicher Adressat des entsprechenden Gesuches eines Abgeordneten in Art. 56 Abs. 3 Satz 3 LV.

b) Die Vorlagepflicht des Antragsgegners ist – entgegen der von ihm vertretenen Auffassung – nicht auf den Bereich seines klassischen Behördenhandelns beschränkt, sondern trifft ihn grundsätzlich auch, soweit er als Organ der Finanzkontrolle seine Aufgaben nach Art. 106 Abs. 2 Satz 1 LV wahrnimmt. Es besteht kein durchgreifender Grund, diesen Aufgabenbereich von der parlamentarischen Kontrolle auszunehmen. Insbesondere zwingt hierzu nicht die staatsorganisatorische Stellung des Antragsgegners. Sie ist derjenigen der rechtsprechenden Gewalt weder zuzuordnen noch gleichzuachten.

Nach Art. 107 Abs. 1 LV ist der Landesrechnungshof eine selbständige, nur dem Gesetz unterworfene oberste Landesbehörde, deren Mitglieder richterliche Unabhängigkeit genießen. Aufgaben, innere Organisation und die Einzelheiten der Unabhängigkeit der Mitglieder sind in dem Gesetz über den Landesrechnungshof Brandenburg (LRHG) näher ausgestaltet. Der Landesrechnungshof unterstützt als unabhängiges Organ der Finanzkontrolle im Rahmen seiner gesetzlichen Aufgaben den Landtag und die Landesregierung bei ihren Entscheidungen (§ 1 Abs. 1 LRHG). Diese gesetzliche Aufgabenbeschreibung legt es nahe, den Landesrechnungshof als unterstützendes Organ zwischen Parlament und Regierung einzuordnen (vgl. abermals *Fischer-Menshausen*, aaO) oder ihn – wofür die in der Verfassung gewählte Bezeichnung als Landesbehörde spricht – der Exekutive als Verwaltungsorgan im ministerialfreien Raum zuzuordnen (*Maunz*, in: Maunz/Dürig, aaO, Art. 114 Rn. 24; BayVerfGH, DÖV 1968, 656; OVG Münster,

DVBl. 1979, 431). Jedenfalls gehört er nicht zur Judikative. Unbeschadet seiner institutionellen Selbständigkeit und der sachlichen und persönlichen Unabhängigkeit seiner Mitglieder übt der Landesrechnungshof keine Funktionen aus, die denen der Rechtsprechung vergleichbar sind. Ihm fehlt die Kompetenz, streitige Verfahren durchzuführen und verbindliche Entscheidungen zu treffen. Die von ihm vorzulegenden Berichte dienen – unbeschadet der möglichen politischen Auswirkungen – ausschließlich der Unterrichtung des Landtages zur Vorbereitung der allein dem Landtag obliegenden Entscheidung über die Entlastung der Landesregierung. Ebenso üben seine Mitglieder keine richterliche Tätigkeit aus, wie sie durch die Bindung an Recht und Gesetz gekennzeichnet ist (Art. 108 Abs. 1 LV, Art. 97 Abs. 1 GG). Maßstab der Rechnungsprüfung ist demgegenüber nicht allein das Recht, sondern auch die Wirtschaftlichkeit (Art. 106 Abs. 2 Satz 1 LV). Die der Richterstellung entlehnte Unabhängigkeit der Mitglieder des Landesrechnungshofes findet ihren inneren Grund nicht in der Vergleichbarkeit mit der richterlichen Tätigkeit, sondern darin, daß ohne die Unabhängigkeit der Rechnungsprüfer eine wirksame und kompromißlose Finanzkontrolle gefährdet wäre, und führt nicht zu einem prinzipiellen Ausschluß des Landesrechnungshofes als Organ der Finanzkontrolle von dem Akteneinsichtsrecht der Abgeordneten. Der Unabhängigkeit der Mitglieder des Landesrechnungshofes ist lediglich bei der Bestimmung des konkreten Umfangs des Einsichtsrechts Rechnung zu tragen (vgl. unten II. 3. b)).

c) Etwas anderes ergibt sich auch nicht aus dem Zusatz in Art. 56 Abs. 3 Satz 3 LV, demzufolge das Auskunfts- und Einsichtsverlangen an den Landesrechnungshof zu richten ist, „sofern es ihn betrifft“. Dieser Zusatz betrifft nicht den Umfang der Verpflichtung zur Aktenvorlage, sondern bestimmt lediglich, an wen gegebenenfalls das Ersuchen auf Aktenvorlage zu richten ist: „Betroffen“ in diesem Sinne und deshalb Adressat des Gesuchs des Abgeordneten ist der Landesrechnungshof (und nicht etwa die Landesregierung), wenn Zugang zu seinen Diensträumen begehrt, Auskunft aus seinen Dateien verlangt oder – wie hier – die Vorlage bei ihm geführter Akten oder sonstiger Unterlagen erbeten wird.

Dieses Verständnis des Art. 56 Abs. 3 Satz 3 LV wird durch seine Entstehungsgeschichte bestätigt. Der Antragsgegner weist zwar zutreffend darauf hin, daß in Art. 58 Abs. 3 des Verfassungsentwurfes vom 31. Mai 1991 (GVBl. 1991 S. 96, 105) noch ein Akteneinsichtsrecht des einzelnen Abgeordneten ohne Erwähnung des Landesrechnungshofes vorgesehen war. Erst der fraktionsübergreifende Entwurf einer Verfassung vom 13. Dezember 1991 (LT-Drucksache 1/625) entsprach in Art. 57 Abs. 3 und 4 bereits dem heutigen Art. 56 Abs. 3 und 4 LV. Hieraus kann jedoch nicht der Schluß gezogen werden, daß durch den hinzugefügten den Landesrechnungshof betreffenden Passus der Verfassungsentwurf vom 31. Mai 1991 eingeschränkt werden sollte. Vielmehr war es so, daß der damalige Art. 58 des Entwurfs vom 31. Mai 1991 wiederholt Gegenstand der Beratungen im Unterausschuß II war, bei denen u. a. das Verhältnis zum Akteneinsichtsrecht des Bürgers thematisiert und dabei kritisiert wurde, daß das vom Unterausschuß I vorgesehene Akteneinsichtsrecht des Bürgers umfassender sei als das des Abgeordneten (vgl. etwa Protokoll der 13. Sitzung des Unterausschusses II vom 16. Oktober 1991, S. 2, Ausführungen Lieber). Zu dem Fragekreis wurde eine Arbeitsgruppe eingesetzt, in der sich die Ansicht bildete, daß das Akteneinsichtsrecht der Abgeordneten weiter gehen müsse als das der Bürger (vgl. Protokoll der 10. Sitzung des Verfassungsausschusses vom 15. November 1991, S. 8, Ausführungen Dr. Kühl). In diesem Zusammenhang wurde auf Vorschlag der Arbeitsgruppe der den Landesrechnungshof betreffenden Zusatz in Art. 58 aufgenommen (vgl. Protokoll der 16. Sitzung des Unterausschusses II vom 29. November 1991, S. 2, Ausführungen Dr. Reinhardt). Diese Fassung ist sodann vom Verfassungsausschuß ohne Bemerkungen akzeptiert worden (vgl. Protokoll der 12. Sitzung des Verfassungsausschusses vom 13. Dezember 1991, S. 2) und als Art. 57 Abs. 3 Satz 3 Bestandteil des Entwurfs vom 13. Dezember 1991 geworden sowie als Art. 56 Abs. 3 Satz 2 LV beibehalten worden. Die Aufnahme des den Landesrechnungshof betreffenden Halbsatzes ist mithin nach dem Willen des Verfassungsgebers nicht als Einschränkung eines zuvor weiter formulierten Einsichtsrechts zu verstehen, sondern war als Erweiterung der ursprünglich als zu eng empfundenen Regelung gedacht. Hinweise dahin, daß der Landesrechnungshof im Gegensatz zu den sonstigen Behörden und Dienststellen des Landes zur Aktenvorlage und Auskunft nur verpflichtet sein sollte, soweit er als „normale Behörde“ und nicht als Organ der Finanzkontrolle tätig wird, ergibt die Entstehungsgeschichte der Verfassungsnorm nicht.

3. Das Akteneinsichtsrecht des Abgeordneten besteht indes nicht uneingeschränkt. Es findet seine Grenze an dem der parlamentarischen Ausforschung nicht zugänglichen sogenannten „Kernbereich exekutiver Eigenverantwortung“ (vgl. bereits Verfassungsgericht des Landes Brandenburg, Urteil vom 20. Juni 1996 – VfGBbg 3/96 – LVerfGE 4, 179, 182). Der Schutz dieses Kernbereichs gebietet es, die Vorlagepflicht grundsätzlich auf abgeschlossene Vorgänge zu beschränken. Dies folgt aus dem Gewaltenteilungsprinzip. Die Verantwortung der Exekutive gegenüber Parlament und Volk setzt einen Kernbereich exekutiver Eigenverantwortung mit einem auch von Seiten des Parlaments nicht ausforschbaren Initiativ-, Beratungs- und Hand-

lungsspielraum voraus. Die Kontrollkompetenz des Parlaments erstreckt sich deshalb grundsätzlich auf bereits abgeschlossene Vorgänge und enthält nicht die Befugnis, begleitend in laufende Verhandlungen der Verwaltung einzugreifen; selbst bei abgeschlossenen Vorgängen kann es sich verbieten, nachträglich Tatsachen aus dem Kernbereich exekutiver Eigenverantwortung offenzulegen (BVerfGE 67, 100, 139; vgl. auch NdsStGH, NVwZ 1996, 1208; BayVerfGH, DVBl. 1986, 233; VerfG Hamburg, DÖV 1973, 745; *Achterberg*, in: v. Mangold/Klein/Achterberg/Schulte (Hrsg.), Grundgesetz, 3. Aufl. 1991, Band 6, Art. 44 Rn. 63 ff; *Schröder*, in: Schneider/Zeh (Hrsg.), Parlamentsrecht und Parlamentspraxis, 1989, § 46 Rn. 16; vgl. im übrigen – auch zu teilweise abweichenden Ansichten im Schrifttum – die Nachweise bei *Meyer-Bohl*, Die Grenzen der Pflicht zur Aktenvorlage und Aussage vor parlamentarischen Untersuchungsausschüssen, 1992, S. 105 Fn. 58 und 59).

Diese im Hinblick auf die Kontrollmöglichkeiten der Untersuchungsausschüsse entwickelten sachlichen und zeitlichen Begrenzungen des Akteneinsichtsrechts gelten gleichermaßen und erst recht für das Auskunfts- und Akteneinsichtsrecht des einzelnen Abgeordneten. Seine Rechte können nicht weiter gehen als diejenigen des Parlaments als ganzem oder seiner Ausschüsse. Die Notwendigkeit eines Schutzes des Kernbereichs exekutiver Eigenverantwortung besteht unabhängig davon, ob Akteneinsicht vom Parlament, einem Ausschuß oder einem einzelnen Abgeordneten begehrt wird (vgl. *Breidenbach/Kneifel-Haverkamp*, in: Simon/Franke/Sachs, Handbuch der Verfassung des Landes Brandenburg, 1994, § 21 Rn. 35 f).

Die Begrenzung des Auskunfts- und Akteneinsichtsrechts des Abgeordneten zum Schutz der internen Willensbildung vor einer begleitenden Kontrolle gilt entsprechend auch in Bezug auf den Landesrechnungshof, und zwar unabhängig davon, ob er unmittelbar der Exekutive zugeordnet oder staatsorganisatorisch zwischen Regierung und Parlament angesiedelt wird (vgl. oben II. 2. b). Er kann sich gegenüber den Abgeordneten ebenfalls auf einen geschützten Kernbereich eigenverantwortlichen Handelns berufen.

a) In Anwendung dieser Grundsätze ist der Antragsgegner gegenwärtig zur Vorlage von Unterlagen zum Prüfungsverfahren betreffend die Verwendung von Landesmitteln für das Landesprogramm „Aufbruch Psychiatrie" nicht verpflichtet, weil diese Rechnungsprüfung noch nicht abgeschlossen und damit einer parlamentarischen Kontrolle (noch) nicht zugänglich ist.

„Abgeschlossen" ist ein Rechnungsprüfungsverfahren in dem hier maßgeblichen Sinne erst dann, wenn die vor parlamentarischer Einflußnahme zu schützende interne Meinungsbildung zu einem – wenn auch möglicherweise nur vorläufigen – Ende geführt worden ist und zu einem nach außen wirkenden Ergebnis geführt hat. Dieser Schlußpunkt wird nicht erst durch den

Jahresbericht gesetzt, der zwar nach Art. 106 Abs. 2 Satz 2 LV „die Ergebnisse der Prüfung" enthält, aber seinerseits das Prüfverfahren nicht beendet, sondern lediglich über bereits abgeschlossene Vorgänge Bericht erstattet; entsprechend seiner Zweckbestimmung werden in ihn im übrigen die Ergebnisse der Prüfung nur insoweit aufgenommen, als sie für die Entlastung der Regierung von Bedeutung sind (§ 97 Abs. 1 LHO). Maßgeblich dafür, ob der Prüfvorgang in dem hier interessierenden Sinne „abgeschlossen" ist, ist vielmehr, ob der Landesrechnungshof im Rahmen des betreffenden Prüfvorgangs zu einer Entscheidung, wenn auch möglicherweise erst zu einer vorläufigen Entscheidung, gelangt ist. Im Landesrechnungshof erfolgt der eigentliche Willensbildungsprozeß – vorbereitet durch die Prüfer und die vorläufigen Stellungnahmen der zu prüfenden Stellen – in der Prüfungsphase, die mit dem Beschluß des Kleinen oder gegebenenfalls Großen Kollegiums über das Ergebnis der Prüfung ihren – vorläufigen – Abschluß findet, welches sodann den in § 96 LHO genannten Stellen mit der Aufforderung zur Äußerung innerhalb einer bestimmten Frist mitgeteilt wird. Durch diese Mitteilung des Prüfungsergebnisses gibt der Landesrechnungshof nach außen hin zu erkennen, daß aus seiner Sicht die Ermittlung des Sachverhalts und dessen Bewertung abgeschlossen ist. Die je nach Prüfungsergebnis möglicherweise noch nachfolgenden weiteren Schritte, mit denen der Landesrechnungshof etwa auf die Äußerung der geprüften Stelle reagiert, mit denen er die Umsetzung der Prüfungserkenntnisse bei der geprüften Stelle kontrolliert und mit denen auf eine solche Umsetzung hingewirkt wird, bilden in dem hier erörterten Sinne einen weiteren Verfahrensabschnitt, der der parlamentarischen Kontrolle der vorausgegangenen Rechnungsprüfung nicht entgegensteht.

b) Bei dem in diesem Sinne bereits abgeschlossenen Prüfungsverfahren betreffend die Ausreichung und Verwendung von Landesmitteln für das Projekt „Betreuungsdienst für chronisch Kranke" ist das Recht des Antragstellers zur Einsichtnahme in die Unterlagen des Antragsgegners auf das Ergebnis des Prüfung i. S. d. § 96 LHO beschränkt und erfaßt nicht die vorbereitenden Unterlagen und Entwürfe des Antragsgegners. Insoweit kann dahinstehen, ob sich eine Beschränkung der nachträglichen parlamentarischen Kontrolle von Willensbildungsprozessen im Bereich der Exekutive – ebenso wie die grundsätzliche Unzulässigkeit einer begleitenden Kontrolle – aus dem Prinzip der Gewaltenteilung ergibt (bejahend etwa NdsStGH, aaO; *Busse*, DÖV 1989, 45, 51 f; *Memminger*, DÖV 1986, 15, 22; *Breidenbach/Kneifel-Haverkamp*, aaO, § 21 Rn. 36; verneinend etwa BremStGH, NVwZ 1989, 953; *Neßler*, LKV 1995, 12, 14 f). Denn jedenfalls verbietet sich die Preisgabe des internen Willensbildungsprozesses des Landesrechnungshofes – auch nachträglich und auch gegenüber dem Parlament und den einzelnen Abgeordneten – wegen der den Mitgliedern des Hofes durch die Landesverfassung eingeräumten richterlichen Unabhängigkeit (Art. 107 Abs. 1 Satz 2 LV). Teil der sachlichen Unabhängigkeit ist über die bloße Weisungsfreiheit hinaus ein Verbot jeglicher auch nur mittelbarer Beeinflussung der Prüfungstätigkeit (vgl. *Heuer*, aaO, Art. 114 GG Anm. 38; vgl. allgemein *Herzog*, in: Maunz/Dürig, aaO, Art. 97 Rn. 22; *Schmidt-Räntsch*, Deutsches Richtergesetz, 5. Aufl. 1995, § 25 Rn. 6 f). Zu dem hiernach geschützten Bereich gehört das Bewerten von Entscheidungsvorlagen und das Anpassen dieser Vorlagen an das im Kollegium gefundene Beratungsergebnis, bei der das Mitglied des Rechnungshofes in ähnlicher Weise auf sich selbst gestellt ist wie der Richter bei der Arbeit an einer gerichtlichen Entscheidung (vgl. BGH, Dienstgericht des Bundes, NJW 1991, 1103 f). Unterlägen die einzelnen Entwicklungsphasen dieser Meinungsbildung des Kollegiums einer – wenn auch nachträglichen – Offenlegung an Hand der gefertigten Entwürfe und Arbeitsgrundlagen, wäre ein wesentlicher Aspekt der sachlichen Unabhängigkeit, nämlich der den Einblicken Dritter entzogene Erkenntnisprozeß, bedroht und in Frage gestellt, weil sich der Prozeß der Meinungsbildung und die im Laufe der Prüfung eingenommenen Standpunkte der Rechnungshofmitglieder nachzeichnen und zum Gegenstand parlamentarischer oder sonstiger Erörterungen machen ließen. Dies wäre mit der sachlichen Unabhängigkeit der Mitglieder des Landesrechnungshofes nicht zu vereinbaren. Deshalb muß der Antragsgegner auf Verlangen des Abgeordneten nur das jeweilige Prüfungsergebnis i. S. d. § 96 LHO zur Verfügung stellen.

4. Gründe i. S. v. Art. 56 Abs. 4 LV für eine Weigerung, dem Antragsteller die Prüfungsmitteilung zugänglich zu machen, stehen dem Antragsgegner nicht zur Seite. Überwiegende öffentliche oder private Interessen an der Geheimhaltung, die dies zwingend erforderten, vermag das Gericht nicht zu erkennen.

a) Eine „Entwertung" des Jahresberichtes jedenfalls in einer die Vorlage der Prüfungsmitteilung verbietenden Weise ist nicht zu befürchten. Der Jahresbericht dient dem Landtag neben der Haushaltsrechnung des Ministers für Finanzen als Entscheidungsgrundlage für die Entlastung der Regierung (§ 114 Abs. 2 LHO). Sein wesentlicher Teil besteht deshalb in der Mitteilung, ob die Haushaltsrechnung mit der Buchführung übereinstimmt und Einnahmen und Ausgaben ordnungsgemäß belegt sind (§ 97 Abs. 2 Nr. 1 LHO). Diese unterstützende Funktion des Jahresberichtes bleibt von einer vorherigen Bekanntgabe einzelner Prüfungsergebnisse unberührt.

Der darüber hinausgehende faktische Stellenwert des Jahresberichtes als der zentrale Platz, an dem mögliche Verstöße gegen die Vorschriften über die Haushalts- und Wirtschaftsführung zusammengefaßt werden, stellt keinen Wert an sich dar, der – als öffentliches oder privates Interesse i. S. v. Art. 56 Abs. 4 LV – schwer genug wöge, das Akteneinsichtsrecht des Antragstellers zu begrenzen. Die konzentrierte und regelmäßig mit einer gewissen Öffentlichkeits- bzw. Medienresonanz einhergehende Auflistung von Haushaltsverstößen und unwirtschaftlichen Verwendungen von Haushaltsmitteln, durch die eine prägnante Information des Parlaments und eventuell ein gewisser Veränderungsdruck erreicht werden kann, wird zudem durch die vorherige Bekanntgabe von Einzelerkenntnissen an Abgeordnete nicht wesentlich gemindert. Daß das eine oder andere in den Jahresbericht aufzunehmende Prüfungsergebnis bei vorheriger Bekanntgabe für die Abgeordneten „nichts Neues" mehr bietet, kann zwar die Exklusivität des Jahresberichtes und das Interesse an ihm beeinträchtigen. Dies ist jedoch kein rechtlich geschützter Belang. Der für den Antragsgegner nach § 97 LHO bestehende Spielraum, welche Erkenntnisse er in den Jahresbericht aufnimmt, wird hierdurch nicht eingeengt. Ob Prüfungserkenntnisse für die Entscheidung des Parlaments über die Entlastung der Regierung von Bedeutung sind, beurteilt sich unabhängig davon, ob sie einzelnen Abgeordneten bereits bekannt sind.

b) Die Effektivität des einzelnen Prüfungsverfahrens nimmt durch die Verpflichtung zur Vorlage des Prüfungsergebnisses auf Verlangen eines Abgeordneten ebenfalls keinen Schaden. Es ist nicht ersichtlich, warum die Bereitschaft der geprüften Stelle, etwaige Beanstandungen zu akzeptieren, sinken sollte, wenn die Prüfungsergebnisse Mitgliedern des Parlaments bekannt werden können. Eher ist ein gegenteiliger Effekt zu erwarten; die Bereitschaft der geprüften Stelle, Kritik des Landesrechnungshofes bereits im Prüfungsverfahren aufzugreifen und Veränderungsvorschläge alsbald umzusetzen, kann dadurch verstärkt werden, daß ein Abgeordneter Anlaß nimmt, sich gezielt für die Angelegenheit zu interessieren.

c) Sonstige Geheimhaltungsinteressen, die das Interesse an Transparenz und parlamentarischer Kontrolle überwiegen könnten, sind nicht erkennbar. Es besteht kein Grund, die Ergebnisse einer (abgeschlossenen) Rechnungsprüfung öffentlicher Stellen der Kenntnis von Abgeordneten und damit der parlamentarischen Kontrolle zu entziehen. Die dem Antragsgegner von Verfassungs wegen obliegende Unterstützung des Landtages bei der Kontrolle der Verwendung von Haushaltsmitteln erfüllt er auch durch Mitteilung von Prüfungsergebnissen auf deren Verlangen an einzelne Abgeordnete.

Nr. 9

Zur Unverzüglichkeit und Vollständigkeit der dem Abgeordneten nach Art. 56 Abs. 3 LV zu erteilenden Auskunft.*

Verfassung des Landes Brandenburg Art. 56 Abs. 3 Satz 4

Geschäftsordnung des Landtages Brandenburg § 60 Abs. 3

Urteil vom 18. Dezember 1997 – VfGBbg 16/97 –

in dem verfassungsgerichtlichen Verfahren des Mitglieds des Landtags Brandenburg Dr. Peter Wagner gegen die Regierung des Landes Brandenburg, vertreten durch den Minister der Justiz und für Bundes- und Europaangelegenheiten, betreffend die Vorlage von Unterlagen und Auskunftserteilung gemäß Art. 56 Abs. 3 Landesverfassung.

Entscheidungsformel:

1. Das Verfahren wird eingestellt, soweit die Beteiligten es hinsichtlich des Aktenvorlagegesuchs übereinstimmend für erledigt erklärt haben.

2. Im übrigen wird der Antrag zurückgewiesen.

Gründe:

A.

Der Antragsteller ist Mitglied des Landtages. Er rügt die Verletzung seines Rechts aus Art. 56 Abs. 3 Landesverfassung (LV). Art. 56 Abs. 3 LV eröffnet in Satz 1 den Abgeordneten den Zutritt zu den Behörden und Dienststellen des Landes und lautet in den nachfolgenden Sätzen wie folgt:

> Diese (die Behörden und Dienststellen des Landes) haben ihnen auf Verlangen Auskünfte auch aus Dateien zu erteilen sowie Akten und sonstige amtliche Unterlagen vorzulegen. Das Verlangen ist an die Landesregierung oder, sofern es ihn betrifft, an den Landesrechnungshof zu richten. Die Auskunft sowie die Vorlage der Akten und sonstigen amtlichen Unterlagen haben unverzüglich und vollständig zu erfolgen.

Am 23. Mai 1997 wandte sich der Antragsteller an das Ministerium für Arbeit, Soziales, Gesundheit und Frauen (MASGF) und bat unter Hinweis

* Nichtamtlicher Leitsatz

auf Art. 56 Abs. 3 LV um Einsicht in die dem MASGF übermittelten Prüfberichte und Prüfberichtsentwürfe des Landesrechnungshofes zu Projekten im Gesundheitswesen. Ferner bat er um Auskunft zu dem Verbleib näher bezeichneter Fördergelder und um Angaben zu Dienstaufsichtsbeschwerden, die aus dem MASGF gegen den in dieser Sache ermittelnden Staatsanwalt erhoben worden seien. Der Antragsteller wies zugleich darauf hin, daß ihm die Akteneinsicht vor der Auskunftserteilung gewährt werden solle.

Die Antragsgegnerin lehnte das Aktenvorlagegesuch unter Hinweis auf ein vom Antragsteller in der gleichen Angelegenheit gegen den Landesrechnungshof geführtes Organstreitverfahren vor dem erkennenden Verfassungsgericht (VfGBbg 12/97) ab, dem man nicht vorgreifen wolle. Das Auskunftsersuchen beantwortete das MASGF unter dem 1. August 1997 und erklärte zugleich seine Bereitschaft, auf Wunsch weitere Einzelheiten zur Ausreichung der Fördermittel zusammenzustellen.

Der Antragsteller hat am 19. Juni 1997 das Organstreitverfahren gegen die Antragsgegnerin eingeleitet, um das Aktenvorlagegesuch und das Auskunftsersuchen weiterzuverfolgen. Zu dem Vorlagegesuch haben die Beteiligten das Verfahren im Hinblick auf das Urteil des Verfassungsgerichts vom 20. November 1997 in dem erwähnten Verfahren gegen den Landesrechnungshof übereinstimmend für erledigt erklärt. Bezüglich des Auskunftsersuchens begehrt der Antragsteller die Feststellung, daß die ihm erteilte Auskunft nicht den Anforderungen des Art. 56 Abs. 3 Satz 4 LV genüge. Er macht geltend, die Auskunft sei erst nach über zwei Monaten erteilt worden und damit nicht mehr unverzüglich. Sie müsse ebenso zügig erfolgen wie Antworten auf Kleine Anfragen der Parlamentarier, für die die Geschäftsordnung des Landtages einen Zeitraum von vier Wochen vorsehe. Die Auskunft sei außerdem unvollständig, weil unter anderem der Verbleib der in Rede stehenden Haushaltsmittel und die Höhe der an die Treuhänder geflossenen Honorare nicht bzw. nicht genau angegeben worden seien. Er habe ausdrücklich die Auflistung aller einzelnen Förderfälle zum Landesprogramm „Aufbruch Psychiatrie" erbeten. Dem sei das MASGF unter Hinweis auf den damit verbundenen Arbeitsaufwand jedoch nicht nachgekommen. Die Angaben des MASGF stünden zudem in Widerspruch zu den Erkenntnissen des Landesrechnungshofes, der in seiner Prüfungsmitteilung vom 21. März 1997 bei der Verwendung von Fördermitteln für das Projekt „Betreuungsdienst für chronisch Kranke" verschiedene Haushaltsverstöße festgestellt habe.

Der Antragsteller beantragt nun noch,

> festzustellen, daß die Auskunft der Antragsgegnerin vom 1. August 1997 weder unverzüglich noch vollständig war und ihn somit in seinen Rechten aus Art. 56 Abs. 3 Satz 2 1. Alternative und Satz 4 Landesverfassung verletzt.

Die Antragsgegnerin beantragt,

den Antrag zurückzuweisen.

Sie habe im wesentlichen in der Fragestellung zum Ausdruck gekommene Wertungen zurückgewiesen. Im übrigen sei dem Antragsteller in der Auskunft angeboten worden, ihm auf Wunsch weitere Details zu den einzelnen Förderfällen zusammenzustellen.

B.

Das Verfahren ist hinsichtlich des übereinstimmend für erledigt erklärten Teils nach § 13 Abs. 1 Verfassungsgerichtsgesetz Brandenburg (VerfGGBbg) in entsprechender Anwendung von § 92 Abs. 3 Satz 1 Verwaltungsgerichtsordnung (VwGO) einzustellen.

C.

I.

Der Antrag im übrigen ist nach Art. 113 Nr. 1 LV, §§ 12 Nr. 1, 35 ff VerfGGBbg zulässig. Der Antragsteller ist als Abgeordneter nach Art. 113 Nr. 1 LV und § 35 i. V. m. § 12 Nr. 1 VerfGGBbg im Organstreitverfahren beteiligtenfähig. Er ist gemäß § 36 Abs. 1 VerfGGBbg antragsbefugt; er macht geltend, nach der Art der ihm erteilten Antwort des MASGF in seinem Recht auf „unverzügliche" und „vollständige" Auskunft aus Art. 56 Abs. 3 Satz 4 LV verletzt zu sein. Die Antragsgegnerin ist als Verfassungsorgan ebenfalls beteiligtenfähig.

II.

In der Sache selbst bleibt der Antrag ohne Erfolg. Die Antragsgegnerin hat mit der dem Antragsteller erteilten Auskunft vom 1. August 1997 nicht gegen ihre Verpflichtung verstoßen, die Auskunft im Sinne von Art. 56 Abs. 3 Satz 4 LV „unverzüglich" und „vollständig" zu erteilen.

1. Das Auskunftsersuchen des Antragstellers vom 23. Mai 1997 ist zwar erst nach über zwei Monaten beantwortet worden. Gleichwohl war die Auskunft noch „unverzüglich" im Sinne des Art. 56 Abs. 3 Satz 4 LV. „Unverzüglich" bedeutet im juristischen Sprachgebrauch „ohne schuldhaftes Zögern". Die Frage, ob eine Auskunft in diesem Sinne ohne schuldhaftes Zö-

gern erteilt worden ist, läßt sich nicht absolut beantworten. Insbesondere ergibt sich eine absolute Obergrenze entgegen der Auffassung des Antragstellers nicht aus der nur diesen selbst bindenden Geschäftsordnung des Landtages, die im Zusammenhang mit der Beantwortung Kleiner Anfragen in § 60 Abs. 3 GeschO LT eine Frist von 4 Wochen nennt und damit lediglich eine dahingehende Erwartung des Landtages gegenüber der Landesregierung zum Ausdruck bringt (vgl. zur Bedeutung der Geschäftsordnung des Parlaments für die Antwortpflicht der Regierung: *Ritzel/Bücker*, Handbuch für die parlamentarische Praxis, Stand 1995, Vorbem. IV zu §§ 100–106 GeschO BT). Es kommt vielmehr auf den Einzelfall, vor allem auf den Umfang und den Schwierigkeitsgrad der erbetenen Auskunft und darauf an, ob und inwieweit Recherchen notwendig sind und Abstimmungsbedarf besteht.

Hier ist zunächst zu berücksichtigen, daß der Antragsteller sein Ersuchen vom 23. Mai 1997 an das MASGF gerichtet hat, obwohl Adressat nach Art. 56 Abs. 3 Satz 3 LV die Landesregierung ist. Hierdurch kann eine gewisse Verzögerung bei der Organisation und Abstimmung der Bearbeitung eingetreten sein. Außerdem hat der Antragsteller ausdrücklich darum gebeten, ihm die Akteneinsicht vor der Auskunftserteilung zu gewähren. Die Landesregierung konnte deshalb die Bearbeitung des Auskunftsersuchens solange zurückstellen und zunächst das Aktenvorlageverlangen prüfen, bis der Antragsteller deutlich gemacht hatte, daß er die Auskunft unabhängig von der Akteneinsicht verlangte. Vor allem aber ließ sich das Ersuchen des Antragstellers nicht einfach und „kurzerhand" erledigen, sondern betraf komplexe Vorgänge, die sich über mehrere Haushaltsjahre erstreckten und deren Erfassung eine umfangreiche Sichtung verschiedener Akten erforderte. Die Bearbeitung wurde weiter dadurch erschwert, daß der Antragsteller über die beiden Programme „Betreuungsdienst für chronisch Kranke" und „Aufbruch Psychiatrie" hinaus nach sämtlichen Auszahlungen von Fördergeldern über das als Treuhänder eingesetzte Institut für Gesundheits- und Sozialforschung GmbH (IGES) gefragt hatte. Unter Berücksichtigung all dessen erscheint hier nach Lage der Dinge die Grenze der der Landesregierung zuzubilligenden Reaktionsfrist noch nicht überschritten.

2. Die Antragsgegnerin hat die Auskunft auch „vollständig" genug im Sinne des Art. 56 Abs. 3 Satz 4 LV erteilt. Ob eine Auskunft vollständig ist, hängt davon ab, was und wie genau gefragt worden ist. Es genügt, daß die Auskunft stimmig und aus sich selbst heraus verständlich ist und nichts Wesentliches oder erkennbar Interessierendes vorenthält. Sie darf sich nicht als Stückwerk darstellen, braucht aber auch nicht in Details auszuufern. Gegebenenfalls muß der Abgeordnete, was ihm unbenommen ist, nachfragen.

Es kann auch nicht mehr verlangt werden, als daß die Auskunft „nach bestem Wissen" erfolgt. Dieses in der Landesverfassung für die Beantwortung von Fragen der Abgeordneten in Art. 56 Abs. 2 Satz 2 LV genannte Erfordernis gilt in gleicher Weise für die Beantwortung von Auskunftsersuchen nach Art. 56 Abs. 3 LV.

Soweit die Auskunft des MASGF einer verfassungsrechtlichen Überprüfung zugänglich ist, läßt sich nicht feststellen, daß sie unvollständig gewesen ist.

a) Soweit der Antragsteller Angaben zur Höhe der Honorare, die an die IGES geflossen sein sollen, und die Mitteilung der genauen Haushaltstitel vermißt, unter denen der von ihm aufgezeigte Differenzbetrag zum Haushaltsansatz 1991, Kapitel 07 040, Titel 68570, verbucht worden ist, hat er hiernach nicht gezielt gefragt. Es ist auch nicht so, daß sich die Auskunft ohne diese Angaben als Stückwerk darstellt.

b) Die Antwort auf die Frage nach der Anzahl möglicher Dienstaufsichtsbeschwerden gegen den ermittelnden Staatsanwalt befaßt sich offensichtlich entgegen der Darstellung des Antragstellers nicht nur mit „als solchen bezeichneten" Dienstaufsichtsbeschwerden, sondern benennt darüber hinaus zwei Schreiben aus dem MASGF, die, ohne als solche bezeichnet worden zu sein, von der Staatsanwaltschaft als Dienstaufsichtsbeschwerden behandelt worden sind.

c) Soweit der Antragsteller rügt, daß die einzelnen Förderfälle zum Programm „Aufbruch Psychiatrie" nicht aufgelistet worden seien, heißt es in dem Auskunftsschreiben des MASGF, daß man die erfragten Einzelangaben bislang wegen des damit verbundenen Arbeitsaufwandes noch nicht habe zusammenstellen können, auf Wunsch aber hierzu bereit sei. So zu verfahren, ist nicht von vornherein unstatthaft. Ein Ministerium muß sich in dieser Weise über den Arbeitsaufwand, den der Abgeordnete auslösen will, vergewissern dürfen. Dem Antragsteller stand und steht es frei, die Landesregierung ergänzend um die gewünschte Aufstellung der einzelnen Förderfälle zu ersuchen.

d) Auch die im Zusammenhang mit der Erledigungserklärung bezüglich des Aktenvorlagegesuchs nach der mündlichen Verhandlung noch erfolgten Hinweise des Antragstellers auf die Erkenntnisse des Landesrechnungshofes aus dem Prüfungsverfahren zum Projekt „Betreuungsdienst für chronisch Kranke" führen nicht zu einer anderen verfassungsrechtlichen Bewertung der Auskunft. Zwar muß die Antragsgegnerin das Auskunftsverlangen eines Abgeordneten, wie dargelegt, nach bestem Wissen beantworten. Dies bedeutet jedoch nicht, daß sich die Auskunft mit den Erkenntnissen des Landesrechnungshofes decken muß. Es kann ihr nicht verwehrt sein, die aus ihrer Sicht zutreffenden Angaben zu machen. Wenn und soweit von anderer Seite, auch von dem Landesrechnungshof oder aus dem Parlament heraus, eine abweichende Bewertung vorgenommen wird, ist die Bewertungsdifferenz politisch und nicht verfassungsgerichtlich aufzuarbeiten. Es ist nicht die Aufgabe des Verfassungsgerichts, gleichsam die Antwort zensierend, die Angelegenheit, zu der der Abgeordnete Auskunft verlangt, mitzuentscheiden. Es geht in einem Verfahren wie dem vorliegenden nur um die Auskunft, auch um deren Unverzüglichkeit und Vollständigkeit, nicht aber bereits darum, was von der Auskunft und der ihr zugrundeliegenden Sicht der Dinge zu halten ist.

Dies vorausgeschickt, lassen die vom Antragsteller mitgeteilten Prüfungserkenntnisse des Landesrechnungshofes nicht den Schluß zu, daß die Antwort der Landesregierung in dem hier maßgeblichen Sinne nicht vollständig gewesen wäre.

aa) Soweit das MASGF – anders als der Landesrechnungshof – in seiner Antwort unter Ziffer 2.3 den Standpunkt bezieht, daß keine Beträge „geparkt“ worden seien, wird dies erkennbar von der (damaligen) Auffassung des MASGF getragen, daß die Einschaltung eines Treuhänders kein unzulässiges „Parken“ von Fördergeldern, sondern eine zulässige treuhänderische Verwaltung nach § 44 Abs. 3 Landeshaushaltsordnung darstellt. Daß der Antragsteller und der Landesrechnungshof dies rechtlich anders bewerten und Mitarbeiter des MASGF in Vermerken aus dem Jahre 1991 ihrerseits von „IGES-Parkplatz“ gesprochen haben sollen, mag Zweifel an der Haltbarkeit der (damaligen) Sichtweise des MASGF aufkommen lassen, betrifft jedoch nicht die Vollständigkeit der Auskunft. Der Sache nach werden in der Antwort die einzelnen in treuhänderische Verwaltung gegebenen Mittel entsprechend der Fragestellung aufgelistet.

bb) Die Auskunft der Antragsgegnerin steht entgegen der Auffassung des Antragstellers und unbeschadet der Frage, wessen Darstellung und Bewertung der Vorgänge sich letztlich als zutreffend erweisen wird, nicht in Widerspruch zu den angeführten Details aus dem Prüfbericht des Landesrechnungshofes. Es ist vielmehr so, daß eine Auskunft zu diesen Details nicht erteilt wurde und nach der Art der Fragestellung auch nicht erteilt werden mußte. Die den Antragsteller nunmehr zusätzlich interessierenden Aspekte haben sich für ihn erkennbar erst aus dem Prüfbericht ergeben, in den er inzwischen auf der Grundlage der in dem Verfahren VfGBbg 12/97 ergangenen Entscheidung des Gerichts Einblick genommen hat. Soweit es die vom Landesrechnungshof erwähnte Zinsgutschrift aus einer Festgeldanlage auf dem Zinskonto einer Bank und die Verbuchung der zurückgezahlten

Fördergelder im Haushalt 1995 betrifft, hat der Antragsteller in seinem Auskunftsbegehren vom 23. Mai 1997 hiernach nicht gezielt gefragt, sich vielmehr für die treuhänderische Verwaltung von Fördergeldern durch die IGES interessiert (Frage Nr. 2.3 des genannten Schreibens). Angesichts der so gefaßten Fragestellung ist es noch vertretbar, daß das MASGF in seiner Antwort das Datum der Auflösung des Treugutkontos mitgeteilt hat, ohne darüber Auskunft zu geben, ob und in welcher Weise es anschließend zu den vom Landesrechnungshof aufgezeigten Auszahlungen gekommen ist. Dem Antragsteller bleibt es auch insoweit unbenommen, durch gezieltes Nachfragen ergänzend um Auskunft nachzusuchen.

Aus den genannten Gründen ist die Vorlage des Prüfberichts des Landesrechnungshofes, wie sie der Antragsteller der Antragsgegnerin aufzugeben beantragt, für die hier getroffene Entscheidung nicht erforderlich (vgl. § 23 Satz 1 VerfGGBbg).

Nr. 10

1. Ein Verstoß gegen die Verpflichtung aus Art. 97 Abs. 3 Satz 1 LV, bei der Übertragung von Aufgaben des Landes auf die Gemeinden Festlegungen über die Deckung der Kosten zu treffen, kann eine Verletzung des Rechts auf kommunale Selbstverwaltung darstellen.

2. Zu dem Erfordernis „gleichzeitiger" Festlegungen über die Deckung der Kosten im Sinne des Art. 97 Abs. 3 Satz 1 LV.

3. Die Berücksichtigung der laufenden Verwaltungskosten für die Durchführung auf die Gemeinden übertragener Aufgaben lediglich im Rahmen einer Gesamtzuweisung aus dem allgemeinen Steuerverbund wird den Anforderungen, die Art. 97 Abs. 3 Satz 1 LV an „Festlegungen über die Deckung der Kosten" stellt, nicht gerecht. Vielmehr ist bei der Mittelzuweisung ein gesonderter Ansatz für die Kosten übertragener Aufgaben erforderlich.

4. Bei der Einzelausgestaltung der gesonderten Mittelzuweisung für die Kosten übertragener Aufgaben ist der Gesetzgeber weitgehend frei. Es ist nicht erforderlich, für jede einzelne übertragene Aufgabe eine Einzelzuweisung vorzusehen. Vielmehr können übertragene Aufgaben in einem einheitlichen Ansatz zusammengefaßt werden. Jedoch müssen der Anteil des Landes einerseits und der der Kommunen andererseits erkennbar sein.

5. Art. 97 Abs. 3 Satz 1 LV schreibt keine vollständige Erstattung der bei den Kommunen für die Durchführung übertragener Aufgaben anfallenden Kosten durch das Land vor.

6. Zur Bestimmung der weiteren Anwendbarkeit gesetzlicher Bestimmungen trotz Unvereinbarkeit mit der Landesverfassung (hier: aus Gründen der verläßlichen Haushaltswirtschaft).

Grundgesetz Art. 28 Abs. 2 Satz 3; 85; 104 a Abs. 3

Verfassung des Landes Brandenburg Art. 100; 99 Satz 2; 97 Abs. 3 Satz 1

Verfassungsgerichtsgesetz Brandenburg §§ 51 Abs. 2; 29 Abs. 2 Satz 3

Gemeindefinanzierungsgesetz 1996 §§ 2 ff; 21; 23

Gemeindeordnung § 4 Abs. 1

Wohngeldgesetz § 23 Abs. 1 Satz 1

Gesetz zur Durchführung des Wohngeldgesetzes im Land Brandenburg § 1

Wohngeldsondergesetz

Verordnung zur Durchführung des Wohngeldgesetzes und des Wohngeldsondergesetzes im Land Brandenburg § 1 Abs. 1

Verfassungsgericht des Landes Brandenburg, Urteil vom 18. Dezember 1997 – VfGBbg 47/96 –

in dem Verfahren über die kommunale Verfassungsbeschwerde der Stadt Falkensee, vertreten durch den Bürgermeister, betreffend das Gesetz zur Regelung der Zuweisungen des Landes Brandenburg an die Gemeinden und Landkreise im Haushaltsjahr 1996 (Gemeindefinanzierungsgesetz 1996 – GFG 1996 –) vom 18. März 1996 (GVBl. I S. 59).

Entscheidungsformel:

1. Das GFG 1996 ist mit Art. 97 Abs. 3 Satz 1 LV unvereinbar, soweit es über § 21 hinaus keine gesonderte Zuweisung zur Deckung der Kosten für die Wahrnehmung von Angelegenheiten des Landes, hierunter die Verwaltungskosten für die Durchführung des Wohngeldgesetzes und des Wohngeldsondergesetzes, enthält. Das GFG 1996 bleibt jedoch auch insoweit aus Gründen einer verläßlichen Haushaltswirtschaft in Geltung.

2. Der Gesetzgeber ist gehalten, spätestens für das Jahr 1999 nach Maßgabe der Entscheidungsgründe eine gesonderte Zuweisung zur Deckung der

Kosten für die Wahrnehmung von Angelegenheiten des Landes, hierunter die Verwaltungskosten für die Durchführung der Wohngeldangelegenheiten, vorzunehmen.

3. Im übrigen wird die Verfassungsbeschwerde, teils als unzulässig, teils als unbegründet, zurückgewiesen.

Gründe:

A.

Die kommunale Verfassungsbeschwerde richtet sich gegen das Gesetz zur Regelung der Zuweisungen des Landes Brandenburg an die Gemeinden und Landkreise im Haushaltsjahr 1996 (Gemeindefinanzierungsgesetz 1996 – GFG 1996 –) vom 18. März 1996 (GVBl. I S. 59), soweit es sich um die Deckung der Verwaltungskosten für die von dem Land an die Gemeinden und Gemeindeverbände mit 20.000 und mehr Einwohnern übertragene Durchführung des Wohngeldgesetzes (WoGG) und des Wohngeldsondergesetzes (WoGSoG) handelt. Die Beschwerdeführerin, eine kreisangehörige Stadt mit mehr als 20.000 Einwohnern, macht geltend, daß ihr im Jahre 1996 die mit der Durchführung des Wohngeldgesetzes und des Wohngeldsondergesetzes entstandenen Personal- und Sachkosten nach den entsprechenden Regelungen des GFG 1996 nur anteilig und unzureichend erstattet worden seien.

I.

Das Wohngeldgesetz, welches nach Maßgabe des Einigungsvertrages mit Wirkung zum 1. Januar 1991 auch im Beitrittsgebiet anwendbar geworden ist, wird von den Ländern im Auftrage des Bundes ausgeführt (vgl. Art. 104 a Abs. 3 und Art. 85 des Grundgesetzes). § 23 Abs. 1 Satz 1 WoGG ermächtigt das Land, die für die Durchführung des Gesetzes zuständigen Stellen zu benennen. Auf dieser Grundlage und mit § 1 des Gesetzes zur Durchführung des Wohngeldgesetzes im Land Brandenburg vom 21. März 1991 (GVBl. S. 28) übertrug das Land den kreisfreien Städten, Kreisen und kreisangehörigen Städten ab 20.000 Einwohnern – und damit auch der Beschwerdeführerin – die Durchführung des Wohngeldgesetzes rückwirkend zum 1. Januar 1991 als staatliche Auftragsangelegenheit.

Zum 1. Oktober 1991 trat im Beitrittsgebiet das Wohngeldsondergesetz vom 20. Juni 1991 (BGBl. I S. 1250) in Kraft, das auch 1996 galt. Dieses Gesetz führte im wesentlichen ein gegenüber den Vorschriften des Wohngeldgesetzes vereinfachtes Verfahren zur Gewährung von Wohngeld ein.

Zum 1. Dezember 1993 wurde das Gesetz zur Durchführung des Wohngeldgesetzes im Land Brandenburg vom 21. März 1991 aufgehoben (Art. 6 des Aufgabensicherungsgesetzes vom 29. November 1993, GVBl. I S. 494). Am 4. Dezember 1993 trat stattdessen die Verordnung zur Durchführung des Wohngeldgesetzes und des Wohngeldsondergesetzes im Land Brandenburg vom 25. November 1993 (GVBl. II S. 732) in Kraft. In dem hier maßgeblichen § 1 Abs. 1 hat die genannte Verordnung folgenden Wortlaut:

(1) Zuständige Stellen im Sinne des § 23 Abs. 1 Satz 1 des Wohngeldgesetzes und des § 13 Abs. 1 des Wohngeldsondergesetzes sind die Landkreise, die kreisfreien Städte sowie alle Städte und Ämter mit 20.000 und mehr Einwohnern. Sie nehmen die Aufgaben als staatliche Auftragsangelegenheit wahr. ...

II.

Mit dem hier angegriffenen GFG 1996 hat das Land den Gemeinden und Landkreisen für das Haushaltsjahr 1996 im Ansatz 27,22 vom Hundert seines Anteils an der Einkommensteuer, der Körperschaftsteuer und der Umsatzsteuer sowie der Landessteuern einschließlich des Landesanteils an der Gewerbesteuerumlage als Zuweisungen zur Verfügung gestellt (sog. allgemeiner Steuerverbund, vgl. § 2 GFG 1996). Die sich mit bestimmten Maßgaben aus dem allgemeinen Steuerverbund ergebenden Mittel sind in Form von allgemeinen Zuweisungen (§§ 6–16), insbesondere Schlüsselzuweisungen (§§ 6–13), und als besondere Zuweisungen für Investitionen (§§ 17–19) den Kommunen zugeteilt worden. Die Höhe der Schlüsselzuweisungen für die einzelnen Gebietskörperschaften hat sich im Grundsatz nach deren durchschnittlicher Aufgabenbelastung und nach ihrer Steuerkraft bzw. Umlagekraft bemessen (vgl. § 6 Abs. 1 GFG 1996). Außerhalb dieser aus dem allgemeinen Steuerverbund folgenden Zuweisungen hat der Gesetzgeber gemäß § 5 GFG 1996 weitere Zuweisungen nach näherer Bestimmung des GFG 1996 – im einzelnen gemäß §§ 20 bis 26 – und nach Maßgabe des Haushaltsplanes des Landes vorgenommen. Hierzu zählt etwa die in § 21 geregelte Kostenerstattung für im einzelnen – in § 21 Abs. 2 gesondert aufgezählte – durch Landesrecht übertragene Aufgaben. Diese Vorschrift lautet:

Kostenerstattung für übertragene Aufgaben

(1) Für die Erstattung von Kosten, die den Gemeinden, Ämtern und Landkreisen aus der Übertragung von Aufgaben aufgrund von Landesvorschriften nach Absatz 2 entstehen, werden zunächst 99 320 200 Deutsche Mark zur

Verfügung gestellt. § 3 der Landkreisordnung und § 4 der Gemeindeordnung bleiben unberührt.

(2) Von dem Betrag nach Absatz 1 entfallen auf Kosten für übertragene Aufgaben nach

- Artikel 5 des Ersten Funktionalreformgesetzes vom 30. Juni 1994 (GVBl. I S. 230) 48 000 000 DM,
- Artikel 1 und Artikel 4 des Zweiten Funktionalreformgesetzes vom 13. Juli 1994 (GVBl. I S. 382) 42 580 200 DM,
- dem Brandenburgischen Wassergesetz vom 13. Juli 1994 (GVBl. I S. 302) 6 806 000 DM,
- der Verordnung zur Durchführung der Gebäude- und Wohnungszählung 1995 vom 29. Dezember 1994 (GVBl. II S. 97) 1 100 000 DM,
- der Verordnung über die Zuständigkeiten zur Durchführung der Verordnung (EWG) Nr. 2078/92 des Rates für umweltgerechte und den natürlichen Lebensraum schützende landwirtschaftliche Produktionsverfahren vom 16. Mai 1995 (GVBl. II S. 408) 86 000 DM,
- der Verordnung zur Regelung der Zuständigkeiten der Landkreise und kreisfreien Städte zur Durchführung von Landesprogrammen zur Förderung von landwirtschaftlichen Maßnahmen vom 16. Mai 1995 (GVBl. II S. 408) 510 000 DM,
- der Verordnung über die Zuständigkeit auf dem Gebiet des Futtermittelrechts vom 13. Juni 1995 (GVBl. II S. 470) 238 000 DM.

Zu den §§ 20 bis 26 GFG 1996, die nach Maßgabe des § 5 GFG 1996 Zuweisungen außerhalb der Mittel des allgemeinen Steuerverbundes vorgesehen haben, zählt auch die von der Beschwerdeführerin gesondert angegriffene Vorschrift des § 23 GFG 1996. Diese Bestimmung sieht „Zuweisungen zu den Kosten zur Durchführung des Wohngeldgesetzes" vor. Sie hat folgenden Wortlaut:

> Den kreisfreien Städten, amtsfreien Gemeinden, Ämtern und Landkreisen wird für den Aufwand zur Durchführung des Wohngeldgesetzes und des Wohngeldsondergesetzes ein Betrag in Höhe von 2 000 000 Deutsche Mark zur Verfügung gestellt.

III.

Mit ihrer am 19. Dezember 1996 eingegangenen kommunalen Verfassungsbeschwerde rügt die Beschwerdeführerin eine Verletzung ihres Rechts auf Selbstverwaltung aus Art. 97 Abs. 1 Landesverfassung (LV) sowie des

§ 4 Abs. 1 Alt. 2 der Gemeindeordnung (GO) vom 15. Oktober 1993 – GVBl. I S. 398 –.

§ 4 Abs. 1 GO bestimmt:

> Überträgt das Land den Gemeinden Pflichtaufgaben zur Erfüllung nach Weisung oder Auftragsangelegenheiten, so hat es alle Kosten zu erstatten, die durch die Übertragung verursacht werden.

Die Beschwerdeführerin macht geltend, die Zuweisung zur Durchführung des Wohngeldgesetzes nach dem GFG 1996 habe die ihr durch die Übertragung entstandenen Verwaltungskosten lediglich anteilig und unzureichend abgedeckt. Sie bezieht sich hierzu auf § 23 GFG 1996. Die nach dieser Vorschrift bereitgestellte Zuweisungsgesamtsumme (2 Mio. DM) sei entsprechend der Zahl der bis zum 17. Mai 1996 eingegangenen Anträge verteilt worden. Im Ergebnis habe sie für ihre mit drei Arbeitskräften besetzte Wohngeldstelle eine einmalige pauschale Zuweisung in Höhe von 11.700,– DM erhalten. Dies entspreche einer Erstattung von nur 7,25 DM pro Antrag. Damit seien die Lohnkosten von insgesamt etwa 153.900,– DM gerade zu 7,6 % abgegolten worden. Im Vorjahr seien der Kommune nach Maßgabe des § 23 GFG 1995 wenigstens noch 70.700,– DM zugewiesen worden, was 54 % der Gesamtkosten und einen Betrag von 33,– DM pro Antrag ausgemacht habe. Die nunmehr noch geringere und nur anteilige Kostenerstattung verstoße gegen die kommunale Selbstverwaltungsgarantie. Das Selbstverwaltungsrecht enthalte das Recht auf angemessene Finanzausstattung. Eine solche sei nur sichergestellt, wenn das Land die notwendigen und angemessenen Ausgaben übernehme, die durch die Übertragung entstünden. Immerhin bediene sich das Land der Gemeinden, indem es ihnen bzw. ihren Organen die Durchführung der staatlichen Aufgaben auf der untersten Ebene zuweise und so auf die Errichtung eigener Behörden verzichten könne. Eine bloße Kostenbeteiligung im Rahmen des allgemeinen Finanzausgleichs werde dem nicht gerecht. Es sei nicht nachvollziehbar, warum die Zuweisung zu den Kosten zur Durchführung des Wohngeldgesetzes nicht im Rahmen des § 21 GFG 1996 oder in ähnlicher Weise erfolgt sei, zumal es sich ebenfalls um eine Auftragsangelegenheit handele. Auch § 4 Abs. 1 der Gemeindeordnung verlange eine umfassende Kostentragung des Landes.

Die Beschwerdeführerin beantragt

1. festzustellen, daß der Gesetzgeber des Landes Brandenburg sie dadurch in ihrem Recht auf Selbstverwaltung verletzt hat, daß er bei der Regelung betreffend die Zuweisung zu den Kosten zur Durchführung des Wohngeldgesetzes und des Wohngeldsondergesetzes lediglich anteilig die durch die Übertragung der Auftragsangelegenheit verursachten Kosten zur Verfügung gestellt hat,

2. festzustellen, daß § 23 des GFG 1996 vom 18. März 1996 (GVBl. I S. 59) gegen die Verfassung des Landes Brandenburg verstößt,

3. festzustellen, daß das Land Brandenburg verpflichtet ist, ihr zur Durchführung der Wohngeldangelegenheiten die verfassungsgemäß angemessene Finanzausstattung zur Verfügung zu stellen.

IV.

Die Landesregierung hat von der Gelegenheit zur Äußerung Gebrauch gemacht. Sie hält die Verfassungsbeschwerde für teilweise unzulässig, im übrigen für unbegründet. Im einzelnen macht sie geltend:

1. Die gestellten Anträge seien teilweise bereits unzulässig. Eine kommunale Verfassungsbeschwerde könne nicht auf eine Verletzung der Gemeindeordnung – hier: auf den von der Beschwerdeführerin angeführten § 4 Abs. 1 – gestützt werden. Auch soweit die Beschwerdeführerin – sinngemäß – eine Verletzung von Art. 99 Satz 2 LV rüge („Das Land sorgt durch einen Finanzausgleich dafür, daß die Gemeinden und Gemeindeverbände ihre Aufgaben erfüllen können"), sei die Verfassungsbeschwerde unzulässig. Daß die Kommunen ihre Aufgaben (überhaupt) nicht mehr erfüllen könnten, sei nicht dargetan.

2. Soweit die Beschwerdeführerin sinngemäß eine Verletzung des Art. 97 Abs. 3 Satz 1 LV rüge („Das Land kann die Gemeinden und Gemeindeverbände durch Gesetz verpflichten, Angelegenheiten des Landes wahrzunehmen, wenn gleichzeitig Festlegungen über die Deckung der Kosten getroffen werden"), sei die Verfassungsbeschwerde unbegründet.

Art. 97 Abs. 3 Satz 1 LV sei in bezug auf die Durchführung des Wohngeldgesetzes und des Wohngeldsondergesetzes nicht anwendbar. Die Verfassungsnorm habe Rechtswirkung erst mit dem Inkrafttreten der Landesverfassung am 21. August 1992 entfaltet und könne daher nur für Aufgabenübertragungen gelten, die nach diesem Zeitpunkt erfolgt seien. Die Durchführung des Wohngeld- und des Wohngeldsondergesetzes liege aber schon seit 1991 – aufgrund des Gesetzes zur Durchführung des Wohngeldgesetzes vom 21. März 1991 – in der Hand kommunaler Stellen, auch der Beschwerdeführerin. Etwas anderes gelte auch nicht mit Blick auf § 1 Abs. 1 der am 25. November 1993 erlassenen – am 4. Dezember 1993 in Kraft getretenen – Verordnung zur Durchführung des Wohngeldgesetzes und des Wohngeldsondergesetzes. Damit sei lediglich eine neue Rechtsgrundlage für die Wahrnehmung einer schon früher – nämlich bereits 1991 – übertragenen Aufgabe geschaffen worden. Die Aufgabenübertragung könne hiernach allein am Maßstab des § 3 Abs. 3 der Kommunalverfassung der DDR vom

17. Mai 1990 (GVBl. DDR I S. 255) gemessen werden. Mit dieser Vorschrift indes sei die Finanzierungsregelung vereinbar: Einen bestimmten Finanzierungsmodus habe § 3 Abs. 3 Kommunalverfassung DDR nicht vorgesehen.

3. Auch für den Fall, daß dem Art. 97 Abs. 3 Satz 1 LV ein Strukturprinzip zu entnehmen sei, das gleichermaßen für „vorkonstitutionell übertragene Aufgaben" zu gelten habe, sei die kommunale Verfassungsbeschwerde nicht begründet. Die Rechtsprechung anderer Landesverfassungsgerichte zu vergleichbaren landesverfassungsrechtlichen Regelungen gehe davon aus, daß eine Bestimmung wie Art. 97 Abs. 3 Satz 1 LV nur das „Ob" einer Kostendeckungsregelung betreffe. Sie verlange vom Gesetzgeber, daß er sich die aus einer Aufgabenübertragung der Kommune erwachsende Belastung bewußt mache. Hinsichtlich des „Wie" der Kostendeckungsregelung sei indes nur eine „Gleichzeitigkeit" gefordert. Diese sei gegeben, wenn die Kostendeckungsregelung unter Wahrung eines zeitlichen und sachlichen Zusammenhanges – etwa im jährlichen Gemeindefinanzierungsgesetz – getroffen werde. Da die Landverfassung keine weiteren Bestimmungen hinsichtlich Form, Methode, Modalität oder Höhe der Kostendeckung beinhalte, stehe sie auch einer Kostendeckungsregelung im Rahmen des allgemeinen Finanzausgleichs nicht entgegen. Eine besondere Zuweisung für die Verwaltungskosten übertragener Aufgaben sei daher nicht erforderlich. Der Gesetzgeber habe hinsichtlich der Ausgestaltung des Finanzausgleichs vielmehr einen Spielraum, dessen Grenzen erst bei Mißachtung von Übermaßverbot und Willkürverbot überschritten würden.

Soweit es um die Höhe der Kostendeckung gehe, habe noch kein Gericht die Pflicht eines Landes zu einer vollen Deckung der Kosten übertragener Aufgaben angenommen. An der 1993 erfolgten Überführung der ursprünglich in § 10 GFG (1991 und 1992) vorgesehenen Aufgabenpauschale zur Erstattung der Verwaltungsausgaben für übertragene Aufgaben in den allgemeinen Steuerverbund sei aus verfassungsrechtlicher Sicht nichts auszusetzen. Die Zuweisungen zu den Kosten zur Durchführung des Wohngeldgesetzes in § 23 GFG 1996 hätten wie in den Vorjahren den besonderen Bedarf für die Einrichtung der Wohngeldstellen und durch Anlaufschwierigkeiten bedingte Mehrkosten abdecken sollen. Da die Anlaufphase weitgehend überwunden sei, seien die diesbezüglichen Zuwendungen nicht mehr in gleicher Höhe erforderlich. Es sei davon auszugehen, daß die Kommunen die laufenden Verwaltungskosten mit Hilfe der Mittel, die ihnen durch den allgemeinen Finanzausgleich zuflössen, begleichen könnten. Etwas anderes gelte auch nicht etwa deswegen, weil es sich um eine bundesgesetzlich geregelte Landesaufgabe handele. Art. 97 Abs. 3 Satz 1 LV unterscheide nicht zwischen den verschiedenen Arten übertragener Aufgaben des Landes. Ein höherer Maßstab, der sich – wie die Beschwerdeführerin dies fordere – „nach den tatsächlichen Sach- und Personalkosten der Gemeinden“ richte, sei daher nicht anzulegen.

B.

Die kommunale Verfassungsbeschwerde ist im wesentlichen zulässig (dazu unter I.) und in dem aus dem Tenor zu 1. und 2. ersichtlichen Umfang begründet (dazu unter II.). Soweit die Beschwerdeführerin eine nicht nur anteilige, sondern volle Erstattung der angefallenen Verwaltungskosten geltend macht, bleibt die kommunale Verfassungsbeschwerde ohne Erfolg (dazu unter III.).

I.

1. Die kommunale Verfassungsbeschwerde ist unzulässig, soweit die Verfassungsbeschwerde eine Verletzung von § 4 Abs. 1 Alt. 2 der Gemeindeordnung geltend macht. Bei einer kommunalen Verfassungsbeschwerde ist Prüfungsmaßstab allein das Recht auf Selbstverwaltung nach der Landesverfassung (vgl. Art. 100 LV). Etwaige Verstöße gegen einfaches Recht bleiben in diesem Rahmen von vornherein außer Betracht.

2. Die kommunale Verfassungsbeschwerde ist weiter unzulässig, soweit die Beschwerdeführerin Art. 99 Satz 2 LV und darüber ihre kommunale Selbstverwaltung verletzt sieht. Die Beschwerdeführerin ist in dieser Hinsicht nicht beschwerdebefugt, weil eine Verletzung von Art. 99 Satz 2 LV von vornherein nicht möglich erscheint. Sie hat nicht dargetan, daß sie infolge der Kosten, die ihr bei der Durchführung des Wohngeld- und des Wohngeldsondergesetzes entstehen, ihre Selbstverwaltungsaufgaben schlechterdings nicht mehr erfüllen könnte.

3. Die kommunale Verfassungsbeschwerde ist auch insoweit unzulässig, als sich die Beschwerdeführerin durch § 23 GFG 1996 in ihrer kommunalen Selbstverwaltung verletzt fühlt.

a. Die Beschwerdeführerin greift § 23 GFG 1996 mit der Begründung an, der darin bereitgestellte Betrag stelle eine nur anteilige und ganz und gar unzureichende Deckung der laufenden Verwaltungkosten zur Durchführung des Wohngeld- und des Wohngeldsondergesetzes dar. In Wahrheit betrifft jedoch § 23 GFG nicht die durch die Durchführung des Wohngeld- und Wohngeldsondergesetzes veranlaßten laufenden Verwaltungsausgaben. Vielmehr war der dort ausgeworfene Betrag, wie die Landesregierung nachvollziehbar erläutert hat, dafür gedacht, Sonderausgaben zu decken, die mit der Errichtung der Wohngeldstellen, ihrer sächlichen und EDV-mäßigen Ausstattung und besonderen Anlaufschwierigkeiten in der Anfangs- und Aufbauphase zusammenhängen. Diese Zweckbestimmung der Zuweisungen nach § 23 GFG ergibt sich zwar nicht zwingend aus dem insoweit ambivalenten Text der Vorschrift: Unter den dort verwendeten Begriff „Aufwand" zur Durchführung des Wohngeld- und des Wohngeldsondergesetzes kann dem Wortlaut nach an sich auch der Einsatz finanzieller Mittel für die laufende Verwaltung fallen. Die auf die Erstattung von Sonderausgaben zugeschnittene Zweckbestimmung des § 23 GFG 1996 erschließt sich indes aus der Systematik des Gemeindefinanzierungsgesetzes, wie sie sich seit 1991 herausgebildet hat. Die Gemeindefinanzierungsgesetze der Jahre 1991 und 1992 sahen jeweils in § 10 ausdrücklich „außerhalb ... des allgemeinen Steuerverbundes" vorgenommene „Zuweisungen zu den Kosten der Pflichtaufgaben" vor, die „zur anteiligen Erstattung von Verwaltungsausgaben" für sämtliche übertragene Pflichtaufgaben nach Weisung und Auftragsangelegenheiten zur Verfügung gestellt wurden, zu denen auch die Wohngeldangelegenheiten gehörten. Diese Zuweisungen zu den Kosten der Pflichtaufgaben nach Weisung und Auftragsangelegenheiten sind 1993 weggefallen. Zum Ausgleich wurde der Anteil an den Mitteln des allgemeinen Steuerverbundes von 20 % auf 23 % erhöht (vgl. hierzu Begründung des Gesetzentwurfs zum GFG 1993, LT-Drucksache 1/1301, unter A. 2. und unter B. zu §§ 9–11). Auf diese Weise sind die zuvor gesondert vorgenommenen Zuweisungen zu den Kosten der Pflichtaufgaben in den allgemeinen Steuerverbund „überführt" worden. Die Kosten der Pflichtaufgaben zur Erfüllung nach Weisung und der Auftragsangelegenheiten waren demgemäß in den Mitteln aus dem allgemeinen Steuerverbund enthalten. Diese Systematik – die Abdeckung der Verwaltungsausgaben für übertragene Aufgaben über den allgemeinen Steuerverbund – ist 1996 beibehalten worden.

Neben den zur Deckung der allgemeinen Verwaltungskosten bestimmten Zuweisungen der Gemeindefinanzierungsgesetze 1991 und 1992 gab es schon 1992 „Zuweisungen zu den Kosten zur Durchführung des Wohngeldgesetzes" für den „Aufwand" zur Durchführung des Wohngeld- und des Wohngeldsondergesetzes. Da die anteilige Deckung der allgemeinen Verwaltungskosten – und zwar, wie dargelegt, auch soweit sie für die Durchführung des Wohngeld- und Wohngeldsondergesetzes anfielen – bereits von § 10 GFG 1992 erfaßt war, mußte der Zweck der Zuweisungen „zu den Kosten des Wohngeldgesetzes" bzw. „für den Aufwand zur Durchführung des Wohngeldgesetzes und des Wohngeldsondergesetzes" ein von den laufenden wohngeldbedingten Verwaltungskosten verschiedener sein und sich auf Zusatz- und Sonderaufwand beziehen, wie er damals im Zusammenhang mit der Einrichtung und Erstausstattung der Wohngeldstellen verbunden war. Eben dies kommt in der im Haushaltsplan 1992 vorgenommenen einschlägigen Zweckbestimmung und den entsprechenden Erläuterungen zum Ausdruck, wonach die betreffenden Zuweisungen dem Zweck „Aufwendungen zur Errichtung von Wohngeldstellen" dienen sollten (vgl. Haushaltsplan 1992, Einzelplan 11, Kapitel 11 060, Titel 685 40). Diese Art zusätzlicher Zuweisungen für den „Aufwand" zur Durchführung des Wohngeld- und Wohngeldsondergesetzes ist in den Folgejahren (vgl. auch die Zweckbestimmungen und Erläuterungen jeweils zu Einzelplan 11, Titel 653 10, Kapitel 11 060 für die Jahre 1993, 1994 und 1995; nach den Erläuterungen zu Titel 653 10, Kapitel 11 060, für das Jahr 1995 dienten die Mittel „auch der jeweiligen Anpassung der Technik und Organisation an die sich ändernde Rechtslage") und bis in das Jahr 1996 hinein in dem von der Beschwerdeführerin angeführten § 23 GFG 1996 beibehalten worden. In den Erläuterungen zu Titel 653 10, Kapitel 11 060, Einzelplan 11 des Haushaltsplans 1996, heißt es – ähnlich wie 1995 –:

> „Gemäß Gemeindefinanzierungsgesetz sind den laut Landesrecht bestimmten zuständigen Stellen Mittel zur Durchführung des Wohngeldgesetzes und des Wohngeldsondergesetzes bereitzustellen. Diese Mittel dienen auch der jeweiligen Anpassung der Technik und Organisation an die sich ändernde Rechtslage. Weniger wegen ausreichender Ausstattung."

Wie die Landesregierung ergänzend erläutert, ist der Betrag von 2 Mio. DM nicht zuletzt wegen der erforderlichen Anschaffung einer einheitlichen Software im Hinblick auf den zum 1. Januar 1997 vorgesehenen Übergang zu dem Wohngeldrecht ‚West' bereitgestellt worden.

b. Bei diesem Verständnis des § 23 GFG 1996 kommt eine Verletzung der kommunalen Selbstverwaltung durch diese Vorschrift von vornherein nicht in Betracht. Die Beschwerdeführerin kann gegen die Bereitstellung zusätzlicher Mittel für Sonderaufwand nichts einzuwenden haben. Sie ist daher, soweit sie sich gegen § 23 GFG 1996 wendet, nicht beschwerdebefugt.

4. Im Kern und der Sache nach will die Beschwerdeführerin mit ihrer kommunalen Verfassungsbeschwerde die volle Erstattung der laufenden (allgemeinen) Verwaltungskosten für die Durchführung des Wohngeld- und des Wohngeldsondergesetzes erreichen bzw. für verfassungswidrig erklärt sehen, daß das GFG 1996 keine dahingehende Regelung enthält. Daß dies das eigentliche Anliegen ihrer kommunalen Verfassungsbeschwerde ist, ergibt sich eindeutig aus ihrem gesamten Vorbringen und den Anträgen zu 1. und 3., mit denen sie die lediglich anteilige Erstattung der durch die Durchfüh-

rung des Wohngeld- und Wohngeldsondergesetzes insgesamt verursachten Verwaltungsaufwendungen beanstandet. Auch ihre Darlegungen zur Höhe der ihr für die Wohngeldangelegenheiten tatsächlich entstandenen Personalkosten, der sie die Höhe der Zuweisung nach Maßgabe des § 23 GFG 1996 gegenüberstellt, machen diese Zielsetzung der kommunalen Verfassungsbeschwerde deutlich. Damit zielt hier die kommunale Verfassungsbeschwerde in Wahrheit auf den Normenkomplex des GFG 1996, der sich mit den Zuweisungen für die laufenden Verwaltungskosten übertragener Aufgaben befaßt, und zwar mit der Beanstandung, daß es für die laufenden mit der Durchführung des Wohngeld- und des Wohngeldsondergesetzes verbundenen Kosten an einer gesonderten und die Kosten vollständig – nicht nur anteilig – abdeckenden Zuweisung fehle. Die so verstandene kommunale Verfassungsbeschwerde ist zulässig.

a. Insbesondere ist die Beschwerdeführerin diesbezüglich beschwerdebefugt. Es ist nicht von vornherein ausgeschlossen, daß sie das GFG 1996, soweit es um die Zuweisung für die Kosten zur Durchführung des Wohngeld- und des Wohngeldsondergesetzes geht, in ihrem Recht auf Selbstverwaltung aus Art. 97 LV verletzt. Gemeindliche Selbstverwaltung bedeutet eigenverantwortliche Wahrnehmung von Angelegenheiten der örtlichen Gemeinschaft (zuletzt Verfassungsgericht des Landes Brandenburg, Urteil vom 17. Juli 1997 – VfGBbg 1/97 –*). Der Gewährleistung einer eigenverantwortlichen – auch angemessene Handlungs- und Gestaltungsspielräume gewährenden – Wahrnehmung dieser Angelegenheiten dient die gemeindliche Finanzhoheit (vgl. etwa BVerfGE 71, 25, 36; 26, 228, 244). In diesem Sinne umfaßt die kommunale Selbstverwaltung auch die Grundlagen der finanziellen Eigenverantwortung (so ausdrücklich Art. 28 Abs. 2 Satz 3 GG). Art. 97 Abs. 3 Satz 1 LV, demzufolge das Land Festlegungen über die Deckung der Kosten zu treffen hat, wenn es die Kommunen verpflichtet, Angelegenheiten des Landes wahrzunehmen, ist in diesem Zusammenhange zu sehen: Die Bestimmung konkretisiert die Gewährleistung der kommunalen Selbstverwaltung von der Finanzierungsseite her (vgl. BVerfGE 71, 25, 38); sie will dazu beitragen, daß der finanzielle Spielraum der Gemeinden für Selbstverwaltungsangelegenheiten durch die Verpflichtung zur Wahrnehmung von Angelegenheiten des Landes nicht verloren geht. Von daher kann eine mögliche Verletzung der landesverfassungsrechtlichen Verpflichtung zu einer gleichzeitigen Kostendeckungsregelung, wie sie Art. 97 Abs. 3 Satz 1 LV vorgibt, eine Verletzung der Selbstverwaltungsgarantie bedeuten. Eine Verletzung von Art. 97 Abs. 3 Satz 1 LV und damit der kommunalen Selbst-

* S. S. 74.

verwaltung durch die – wie vorliegend erfolgte – Berücksichtigung der Kosten für die Durchführung des Wohngeld- und des Wohngeldsondergesetzes nur im Rahmen der Zuweisung aus dem allgemeinen Steuerverbund erscheint jedenfalls nicht von vornherein ausgeschlossen.

Die Anrufung des Verfassungsgerichts kann der Beschwerdeführerin umso weniger verwehrt sein, als die Anforderungen, die Art. 97 Abs. 3 Satz 1 LV an die gleichzeitigen „Festlegungen über die Deckung der Kosten" stellt, für das Land Brandenburg bisher verfassungsgerichtlich noch nicht geklärt sind.

b. Für die kommunale Verfassungsbeschwerde besteht ein Rechtsschutzbedürfnis ungeachtet dessen, daß es um das Gemeindefinanzierungsgesetz für das Jahr 1996 geht und das Haushaltsjahr 1996 bereits abgelaufen ist. Hierzu kann offen bleiben, ob und inwieweit das GFG 1996 noch rechtliche Wirkungen zeitigt (vgl. hierzu auch BVerfGE 79, 311, 327). Denn ein Rechtsschutzbedürfnis für die kommunale Verfassungsbeschwerde ist jedenfalls deswegen gegeben, weil die den Gegenstand des vorliegenden Verfahrens betreffenden Regelungen (Deckung der laufenden Verwaltungskosten für die Durchführung des Wohngeld- und des Wohngeldsondergesetzes als übertragene Aufgaben aus dem allgemeinen Steuerverbund) jährlich in gleicher Weise erlassen zu werden pflegen (vgl. hierzu BVerfGE 81, 138, 140 m. w. N.); z. B. ist auch 1997 eine gleichartige Regelung getroffen worden.

c. Die am 19. Dezember 1996 eingegangene Verfassungsbeschwerde ist rechtzeitig erhoben worden. Die Beschwerdeführerin hat die Jahresfrist des § 51 Abs. 2 Verfassungsgerichtsgesetz Brandenburg (VerfGGBbg) für die Erhebung der kommunalen Verfassungsbeschwerde gewahrt. Das Gemeindefinanzierungsgesetz 1996 ist mit Wirkung zum 1. Januar 1996 in Kraft getreten (§ 36 GFG 1996).

II.

Die Verfassungsbeschwerde ist teilweise begründet. Art. 97 Abs. 3 Satz 1 LV, wonach bei der Verpflichtung von Gemeinden und Gemeindeverbänden zur Wahrnehmung von Angelegenheiten des Landes gleichzeitig Festlegungen über die Deckung der Kosten zu treffen sind, legt den Gesetzgeber dahin fest, eine Festlegung über die Deckung der Kosten der laufenden Verwaltung auch für die Durchführung des Wohngeld- und des Wohngeldsondergesetzes zu treffen (dazu nachfolgend 1.). Die im GFG 1996 vorgenommene Einbeziehung dieser Kosten in die Zuweisung aus dem allgemeinen Steuerverbund wird den Anforderungen, die Art. 97 Abs. 3 Satz 1 LV an eine Festlegung über die Deckung der Kosten stellt, nicht gerecht (dazu nachfolgend 2.).

1. Die Verpflichtung des Gesetzgebers, eine Festlegung über die Deckung der Kosten i. S. d. Art. 97 Abs. 3 Satz 1 LV zu treffen, gilt auch für die hier in Rede stehenden allgemeinen Verwaltungskosten, die den Kommunen bei der Durchführung des Wohngeld- und des Wohngeldsondergesetzes entstehen. Der entgegenstehenden Auffassung des Landesregierung vermag das Gericht nicht beizutreten.

a. Bei der Durchführung des Wohngeld- und des Wohngeldsondergesetzes handelt es sich um eine „Angelegenheit des Landes" i. S. v. Art. 97 Abs. 3 Satz 1 LV. Das Wohngeldgesetz und das Wohngeldsondergesetz sind Bundesgesetze, die die Länder im Auftrag des Bundes gemäß Art. 104 a Abs. 3, Art. 85 GG ausführen. Die Bundesauftragsverwaltung nach Art. 85 GG ist eine Form der Landesverwaltung (BVerfGE 81, 310, 331; vgl. hierzu auch OVG NW, DVBl. 1980, S. 763 f).

b. Daß die Durchführung des Wohngeld- und des Wohngeldsondergesetzes den Kommunen anders als in der Zeit davor seit Dezember 1993 nicht mehr, wie es Art. 97 Abs. 3 Satz 1 LV an sich vorschreibt, „durch Gesetz", sondern durch Verordnung (Verordnung zur Durchführung des Wohngeldgesetzes und des Wohngeldsondergesetzes im Land Brandenburg vom 25. November 1993, in Kraft ab 4. Dezember 1993) übertragen ist, wirkt sich für das vorliegende Verfahren nicht aus und setzt das durch Art. 97 Abs. 3 Satz 1 LV vorgegebene Erfordernis einer gleichzeitigen Kostendeckungsfestlegung nicht außer Kraft. Insoweit kann offen bleiben, ob die Übertragung der Wohngeldangelegenheiten durch Rechtsverordnung vor Art. 97 Abs. 3 Satz 1 LV überhaupt Bestand haben kann, was zweifelhaft erscheint; daß nach Art. 97 Abs. 3 Satz 1 LV die Kommunen nur „durch Gesetz" verpflichtet werden können, Angelegenheiten des Landes wahrzunehmen, dürfte dahin zu verstehen sein, daß es eines förmlichen Gesetzes bedarf (so die nahezu einhellige Meinung zu den entsprechenden Verfassungsbestimmungen der anderen Länder, vgl. etwa *Feuchte* (Hrsg.), Verfassung des Landes Baden-Württemberg, 1987, Art. 71, Rn. 13; *Braun*, Kommentar zur Verfassung des Landes Baden-Württemberg, 1984, Art. 71, Rn. 50; *Reich*, Kommentar zur Verfassung des Landes Sachsen-Anhalt, 1994, Art. 87, Rn. 3; *Kunzmann/Haas/Hasske*, Verfassung des Freistaates Sachsen, Kommentar, 2. Aufl., Art. 85, Rn. 1; *Thiele*, in: Thiele/Pirsch/Wedemeyer, Verfassung des Landes Mecklenburg-Vorpommern, Kommentar, 1995, Art. 72, Rn. 10 f; anders VG Düsseldorf, NVwZ 1985, 859 f ohne weitere Begründung). Dem braucht indes im Rahmen des vorliegenden Verfahrens nicht weiter nachgegangen zu werden, weil die genannte Verordnung als solche nicht angefochten worden und damit im Rahmen dieses Verfahrens als wirksam zu behandeln ist. Dann aber muß zugleich das Erfordernis einer Kostendeckungsregelung gelten, von der Art. 97 Abs. 3 Satz 1 LV die Übertragung von Landesangelegenheiten abhängig macht. Die in Art. 97 Abs. 3 Satz 1 LV bestimmte Verpflichtung des Landes, gleichzeitig Festlegungen über die Deckung der Kosten zu treffen, gilt unabhängig von der Form der Aufgabenübertragung, solange die Aufgabenübertragung selbst Bestand hat (vgl. auch *Thiele*, aaO, Art. 72, Rn. 11).

c. Der Anwendbarkeit des Art. 97 Abs. 3 Satz 1 LV steht nicht entgegen, daß die Wohngeldangelegenheiten bereits seit 1991 und damit vor Inkrafttreten der Landesverfassung am 21. August 1992 (Art. 117 LV) auf die Gemeinden und Gemeindeverbände ab 20.000 Einwohnern – darunter auf die Beschwerdeführerin – übertragen waren. Diesbezüglich kann hier dahinstehen, ob generell auch „vorkonstitutionell" erfolgte Aufgabenübertragungen seit dem Inkrafttreten der Verfassung unter Art. 97 Abs. 3 Satz 1 LV fallen. Denn jedenfalls war die Verfassung zur Zeit des Erlasses der Verordnung zur Durchführung des Wohngeldgesetzes und des Wohngeldsondergesetzes im Land Brandenburg vom 25. November 1993 in Kraft. Diese unter der Geltung der Verfassung vorgenommene neuerliche Aufgabenzuordnung muß deshalb den Anforderungen der Verfassung einschließlich derjenigen aus Art. 97 Abs. 3 Satz 1 LV genügen. Die Auffassung der Landesregierung, Art. 97 Abs. 3 Satz 1 LV sei hier nicht einschlägig, weil mit der genannten Verordnung keine neue Aufgabe übertragen, sondern lediglich eine neue Rechtsgrundlage für eine schon vorher wahrgenommene Aufgabe geschaffen worden sei, teilt das Gericht nicht. Sämtliches Landesrecht, das der nachkonstitutionelle Gesetz- oder Verordnungsgeber setzt oder in seinen Willen aufnimmt, unterliegt den Maßstäben der Landesverfassung.

d. Daß die Wohngeldangelegenheiten schon seit Jahr und Tag von den Gemeinden und Gemeindeverbänden wahrgenommen werden, macht die Verpflichtung, „gleichzeitig" Festlegungen über die Kostendeckung zu machen, nicht etwa obsolet. Kostendeckung ist kein sich mit der Übertragung der Aufgabe erledigendes einmaliges Ereignis, sondern ein fortlaufender Prozeß. Nach dem Sinn und Zweck des Art. 97 Abs. 3 Satz 1 LV greift es zu kurz, die Pflicht zu Festlegungen über die Kostendeckung ausschließlich an den Übertragungsakt zu knüpfen. Dabei bliebe außer acht, daß die übertragene Aufgabe sich mit dem Übertragungsakt keineswegs erledigt, sondern fortlaufende Kosten nach sich zu ziehen pflegt. Der Schwerpunkt der Kostenbelastung liegt in der fortlaufenden Bewältigung der Aufgabe (VerfGHNW, DVBl. 1985, 685 f). Dem Schutzzweck des Art. 97 Abs. 3

Satz 1 LV entsprechend müssen für diese fortlaufend anfallenden Kosten Festlegungen über die Deckung bestehen. Das geschieht verbreitet, so auch im Land Brandenburg, in der Weise, daß der Gesetzgeber von Jahr zu Jahr in einem Gemeindefinanzierungsgesetz, mit dem er jeweils die Übertragung der Aufgabe aufgreift und in seinen Willen aufnimmt, bei den Zuweisungen an die Gemeinden die betreffenden Kosten berücksichtigt. Wird so verfahren, ist dem Erfordernis der Gleichzeitigkeit genügt (vgl. auch *Braun*, Kommentar zur Verfassung des Landes Baden-Württemberg, 1984, Art. 71, Rn. 65). Daraus folgt zugleich, daß der Gesetzgeber, wenn es an einer anderweitigen Festlegung über die Deckung der Kosten – etwa bei der erstmaligen Übertragung der Aufgabe – fehlt, verfassungsrechtlich gehalten ist, bei der Kostendeckungsregelung im Haushalts- bzw. Gemeindefinanzierungsgesetz jede Verpflichtung der Kommunen zur Wahrnehmung von Angelegenheiten des Landes in seine Erwägungen einzubeziehen und ggf. die Kostendeckungsregelung zu aktualisieren (vgl. auch VerfGHNW, DVBl. 1993, 197, 199; NdsStGH, Urteil vom 25. 11. 1997 – StGH 14/95 u. a. –, S. 25 des Umdrucks; *Maurer*, in: Henneke/Maurer/Schoch, Die Kreise im Bundesstaat, 1994, S. 139, 159 m. w. N.), um so die Gleichzeitigkeit von Aufgabenzuweisung und Festlegung über die Kostendeckung herzustellen.

2. Die Berücksichtigung der laufenden Verwaltungskosten für die Durchführung des Wohngeld- und des Wohngeldsondergesetzes lediglich im Rahmen der Zuweisung aus dem allgemeinen Steuerverbund im GFG 1996 wird den Anforderungen, die Art. 97 Abs. 3 Satz 1 LV an „Festlegungen über die Deckung“ stellt, nicht gerecht. Die Verfassungsbestimmung soll den Landesgesetzgeber zwingen, sich bei der Übertragung von staatlichen Aufgaben an die Kommunen die Kosten der Aufgabenerfüllung bewußt zu machen und die Kostendeckung zu regeln. Dem ist nur Rechnung getragen, wenn dies „erkennbar und nachprüfbar“ geschieht (so NdsStGH, DVBl. 1995, 1175 f sowie Urteil vom 25. 11. 1997, aaO, S. 22 des Umdrucks). Diesen Vorgaben entspricht das GFG 1996 nicht. Allgemein läßt die Zuweisung aus dem allgemeinen Steuerverbund nicht einmal erkennen, daß der Gesetzgeber die Kosten, die den Kommunen bei der Wahrnehmung übertragener Aufgaben entstehen würden, überhaupt mit berücksichtigt hat. Aber selbst wenn man hiervon – wie dargelegt – für das GFG 1996 ausgehen kann, ist doch weder das Zuweisungsvolumen für die mit der Wahrnehmung der übertragenen Aufgaben verbundenen Kosten noch die aufgrund der Aufgabenwahrnehmung zu erwartende (eigene) Kostenbeteiligung der Kommunen greifbar und deshalb nicht kontrollierbar, wie weit die Gemeinden im Rahmen der Kostendeckung herangezogen werden. Es läßt sich somit auf die

kommunale Verfassungsbeschwerde der Beschwerdeführerin nicht einmal ansatzweise überprüfen, ob und inwieweit die Verwaltungskosten für die Durchführung des Wohngeld- und des Wohngeldsondergesetzes mit der Zuweisung aus dem allgemeinen Steuerverbund angemessen berücksichtigt sind. Das hat vor Art. 97 Abs. 3 Satz 1 LV keinen Bestand. Es ist vielmehr bei der Mittelzuweisung ein gesonderter Ansatz für die übertragenen Aufgaben erforderlich.

3. In welcher Einzelausgestaltung der Gesetzgeber die gesonderte Ausweisung für Kosten übertragener Aufgaben vornimmt, unterliegt weitgehend – mit gewissen Einschränkungen mit Blick auf den Sinn und Zweck des Art. 97 Abs. 3 Satz 1 LV – seiner Gestaltungsfreiheit (vgl. NdsStGH, Urteil vom 25. 11. 1997, aaO, S. 23 des Umdrucks; *Maurer*, in: Henneke/Maurer/Schoch, Die Kreise im Bundesstaat, 1994, S. 139, 157). Daß der Gesetzgeber bei den übertragenen Aufgaben in erkennbarer und nachprüfbarer Weise Festlegungen über die Deckung der Kosten treffen muß, bedeutet nicht, daß er für jede einzelne übertragene Aufgabe eine Einzelzuweisung vornehmen muß, wie er dies etwa in Brandenburg für bestimmte Aufgaben in § 21 GFG 1996 getan hat. Von Verfassungs wegen reicht es vielmehr aus, die Erstattung der Verwaltungskosten für sämtliche oder mehrere übertragene Aufgaben pauschaliert zu bestimmen (vgl. NdsStGH, DVBl. 1995, S. 1175 f sowie Urteil vom 25. 11. 1997, aaO, S. 23 des Umdrucks; BayVerfGH, Entscheidung vom 18. April 1996 – Vf 13-VII-93 –, S. 37 des Umdrucks) und in einem einheitlichen Ansatz zusammenzufassen, etwa in der Form von gesonderten Zuweisungen zu den Kosten der Pflichtaufgaben, wie dies in den Gemeindefinanzierungsgesetzen der Jahre 1991 und 1992 jeweils in § 10 geschehen ist. Dabei muß allerdings zusätzlich die Beteiligung des Landes einerseits und der Kommunen andererseits erkennbar sein (in diesem Sinne auch NdsStGH, Urteil vom 25. 11. 1997, aaO, S. 24, 28). Das kann etwa in der Weise geschehen, daß auf der Grundlage einer (prognostischen) Kostenanalyse eine – einheitliche oder nach Aufgaben bzw. Aufgabengruppen differenzierende – Quote gebildet (so NdsStGH, Urteil vom 25. 11. 1997, aaO) oder daß – was letztlich auf dasselbe hinausläuft – das auf die betreffende übertragene Aufgabe oder die betreffenden übertragenen Aufgaben entfallende (prognostisch ermittelte) Gesamtvolumen angegeben und diesem der von den Kommunen zu tragende Anteil gegenübergestellt wird, sei es im Gesetz oder erschließbar aus der maßgeblichen Gesetzesbegründung (im Entwurf des Gesetzes oder, bei Veränderungen des Entwurfs, aus den Ausschußberatungen). Für den Fall eines sämtliche oder mehrere übertragene Aufgaben zusammenfassenden Ansatzes muß im Interesse der Nachprüfbarkeit wenigstens bei der erstmaligen Berücksichtigung der Kosten einer über-

tragenen Aufgabe in der Gesamtzuweisung die Größenordnung – nach Gesamtkostenaufwand für die jeweilige Aufgabe und des auf die Kommunen entfallenden Anteils (als Quote oder als Betrag) – innerhalb der Gesamtzuweisung kenntlich gemacht worden sein oder, wo versäumt, diese Kenntlichmachung bei nächster Gelegenheit nachgeholt werden, sei es im Gesetz selbst oder in der hierfür maßgeblichen Begründung. Darüber hinaus hat der Gesetzgeber bei ausgabeträchtigen Veränderungen, etwa bei ins Gewicht fallenden Kostenausweitungen im Rahmen einer bereits übertragenen Aufgabe, die Größenordnung, sei es im Gesetz oder erschließbar aus der maßgeblichen Begründung, zu kennzeichnen und ggf. die Gesamtzuweisung entsprechend aufzustocken. Ansonsten ist eine jedesmalige Einzelauflistung nach übertragenen Aufgaben mit darauf entfallenden Einzelzuweisungen, wie sie etwa in § 21 GFG 1996 mit Blick auf § 4 GO erfolgt ist, von Verfassungs wegen nicht zwingend. Sie erscheint im übrigen auch nicht unbedingt sachdienlich. Eine Einzelauflistung hätte zwar den Vorzug, daß die Kommune den ihr für die einzelne Aufgabe vom Land zufließenden Betrag ermitteln könnte, und würde zugleich deutlich machen, welchen Aufwand das Land mit der Aufgabenwahrnehmung für die Kommunen verbunden sieht. Sie hätte jedoch den Nachteil, daß die Kommunen einer mittelbaren Beeinflussung beim „Wie" der Aufgabenwahrnehmung ausgesetzt würden (vgl. auch NdsStGH, DVBl. 1995, S. 1175 f sowie Urteil vom 25. 11. 1997, aaO, S. 23 des Umdrucks). Wäre das Land verpflichtet, Einzelzuweisungen für die einzelnen übertragenen Aufgaben vorzunehmen, liefe dies auf eine Art Zweckbindung der entsprechenden Zuweisungen mit der Folge einer mittelbaren Beeinträchtigung der Organisationshoheit der Kommunen hinaus: Den Kommunen obliegt – auch bei der Wahrnehmung von Angelegenheiten des übertragenen Wirkungskreises – die Organisationshoheit, aufgrund derer sie in den in ihrem Verantwortungsbereich liegenden Entscheidungszuständigkeiten und Entscheidungsabläufen frei sind (hierzu insgesamt *Schmidt-Jortzig*, DÖV 1993, 973, 977; *Kirchhof*, Gutachten D zum 61. DJT, S. 91; BVerfGE 83, 363, 382; 91, 228, 236 ff). Eine Art Zweckbindung der Mittel für die einzelnen übertragenen Aufgaben würde sich demgegenüber wie eine Vorgabe in dem betreffenden Bereich auswirken können. Dies liegt nicht im Sinne von Art. 97 Abs. 3 Satz 1 LV, der seinerseits eine Schutzvorschrift zugunsten der kommunalen Selbstverwaltung ist (in diesem Sinne auch NdsStGH, DVBl. 1995, S. 1175 f). Mit der Zuweisung eines die Erstattungsbeträge für alle oder eine Gruppe von übertragenen Aufgaben zusammenfassenden Ansatzes wird den Kommunen hingegen ein – je nach Gestaltung der Organisationsabläufe – von mittelbaren finanziellen Vorgaben freier und flexibel einsetzbarer Betrag an die Hand gegeben. Ihnen bleibt die Möglichkeit erhalten, durch sparsames Wirtschaften an der einen Stelle

Mittel für Aufgaben an anderer Stelle zu gewinnen. Gleichzeitig bleibt das von Art. 97 Abs. 3 Satz 1 LV geforderte Ziel gewahrt, das Land zu verpflichten, in wenigstens überschlägig nachprüfbarer Weise die Finanzierung übertragener Angelegenheiten zu regeln.

III.

Ohne Erfolg bleibt die kommunale Verfassungsbeschwerde, soweit die Beschwerdeführerin sinngemäß beanstandet, daß das Gemeindefinanzierungsgesetz 1996 keine vollständige Deckung der durch die Ausführung des Wohngeld- und des Wohngeldsondergesetzes entstandenen Verwaltungskosten vorgesehen hat. Eine volle Deckung schreibt Art. 97 Abs. 3 Satz 1 LV jedenfalls für die vorliegend allein in Frage stehenden laufenden Verwaltungskosten – für die sogenannten Zweckausgaben bedarf es hier keiner Entscheidung – nicht vor. Hierfür spricht bereits der Wortlaut der Bestimmung. Danach ist nicht direkt von „Deckung" der Kosten, sondern lediglich von „Festlegungen über die Deckung der Kosten" die Rede. Eine Festlegung über die Deckung ergibt sich aber auch dann, wenn die Kosten nur anteilig erstattet werden und der restliche Anteil auf die Kommunen entfällt (vgl. auch *Schoch/Wieland*, Finanzierungsverantwortung für gesetzgeberisch veranlaßte kommunale Aufgaben, 1995, S. 171). Nach Art. 97 Abs. 3 Satz 1 LV ist das Land daher lediglich verpflichtet, die Verwaltungskosten für die Wahrnehmung übertragener Aufgaben anteilig abzudecken. Eine volle Erstattung wäre im übrigen aus Gründen der geteilten Verantwortlichkeit für die Höhe der anfallenden Kosten auch nicht gerechtfertigt. Weil sich die Kommunen auch bei Wahrnehmung von Aufgaben des übertragenen Wirkungskreises im Rahmen ihrer Organisationshoheit bewegen, wird die Höhe der Verwaltungskosten von etwaigen Fehlentscheidungen einerseits und dem verwaltungsorganisatorischen Geschick und der Tüchtigkeit der jeweiligen kommunalen Verantwortungsträger andererseits mit beeinflußt. Auch unter diesem Gesichtspunkt erscheint eine Mitheranziehung der Kommunen zu den Verwaltungskosten nicht verwehrt. Zu berücksichtigen ist auch, daß die Kommunen jedenfalls in einem gewissen Maße ein eigenes Interesse daran haben, mit der Wahrnehmung von Angelegenheiten des Landes betraut zu werden, weil dies die Möglichkeit bietet, für die Bürger eine ortsnahe Verwaltung bereitzustellen und auf die Art und Weise der Aufgabenwahrnehmung Einfluß zu nehmen (vgl. VerfGH Rheinl.-Pfalz, DÖV 1978, 763, 766).

IV.

Das Gericht bestimmt abweichend von § 29 Abs. 2 Satz 3 Hs. 1 VerfGGBbg nach § 29 Abs. 2 Satz 3 Hs. 1 VerfGGBbg, daß das GFG 1996 – ungeachtet seiner Unvereinbarkeit mit der Landesverfassung in dem aus dem Tenor ersichtlichen Umfang – in Geltung bleibt. Eine Neuregelung für das Jahr 1996 ist nicht angezeigt. Gesichtspunkte der Rechtssicherheit und der verläßlichen Haushaltswirtschaft stehen einem rückwirkenden Eingriff in das Haushaltsgefüge und Haushaltsrecht für das bereits angelaufene Haushaltsjahr 1996 – und Gleiches gilt für das Jahr 1997 sowie für den in diesen Tagen zur Verabschiedung stehenden Haushalt des Jahres 1998 – entgegen (vgl. – in anderem Zusammenhang – BVerfGE 72, 330, 422 f; 86, 148, 279). Der Gesetzgeber ist jedoch von Verfassungs wegen gehalten, spätestens für das Haushaltsjahr 1999 auch für diejenigen übertragenen Aufgaben, für die das bisher nicht geschehen ist, eine gesonderte – sei es auch zusammenfassende – Zuweisung vorzunehmen. Für den Fall einer zusammenfassenden Zuweisung wäre dabei in bezug auf die erstmals in dieser Zuweisung erfaßte Durchführung der Wohngeldangelegenheiten die Größenordnung innerhalb der zusammenfassenden Zuweisung – nach Gesamtkostenaufwand und dem auf die Kommunen entfallenden Anteil (als Quote oder als Betrag) – kenntlich zu machen (s. hierzu oben unter B. II. 3.).

Entscheidungen
des Staatsgerichtshofs
der Freien Hansestadt Bremen

Die amtierenden Richter des Staatsgerichtshofs der Freien Hansestadt Bremen*

Prof. Günter Pottschmidt, Präsident
(Brigitte Dreger)

Prof. Dr. Alfred Rinken, Vizepräsident
(Heinz Brandt)
(Hans Alexy)

Dr. Jörg Bewersdorf
(Annegret Derleder)
(Dr. Axel Boetticher)

Prof. Dr. Eckart Klein
(Dr. Erich Röper)
(Dr. Herbert Müffelmann)

Uwe Lissau
(Rainer Kulenkampff)
(Dr. Albert Schnelle)

Prof. Dr. Ulrich K. Preuß
(Dr. Annegret Lenze)
(Sabine Heinke)

Konrad Wesser
(Friedrich Wulf)
(Peter Friedrich)

* In Klammern die Stellvertreter

Nr. 1

1. Nothaushaltskompetenzen der Exekutive im budgetlosen Zustand bedürfen einer verfassungsrechtlichen Grundlage.

2. Die Bürgerschaft ist nicht befugt, die ausschließlich ihr zustehende Kompetenz der Haushaltsbewilligung zu delegieren. Unter „endgültiger Gesetzgebung" i. S. des Art. 105 Abs. 3 BremLV ist der förmliche parlamentarische Gesetzesbeschluß zu verstehen.

3. Ist bis zum Beginn eines Rechnungsjahres das Haushaltsgesetz nicht beschlossen, so ist die Bürgerschaft befugt und verpflichtet, durch ein Nothaushaltsgesetz eine gesetzliche Grundlage für die Haushaltsführung der Verwaltung zu schaffen.

4. Das Nothaushaltsgesetz darf von den an das regelmäßige Haushaltsgesetz gestellten Anforderungn nur soweit abweichen, wie dies durch seinen Charakter als Ausnahme- und Übergangsgesetz gefordert ist. Das Prinzip der Haushaltsöffentlichkeit hat uneingeschränkte Geltung auch für das Nothaushaltsgesetz; die Haushaltsprinzipien der Haushaltsklarkeit und der Spezialität erfahren eine durch den vorläufigen Charakter des Nothaushaltsgesetzes bedingte Einschränkung.

Landesverfassung Art. 101 Abs. 1, Art. 105 Abs. 2, Art. 131 Abs. 2, Art. 132

Bremische Landeshaushaltsordnung § 117

Gesetz zur vorläufigen Haushaltsführung der Freien Hansestadt Bremen im Jahre 1996 § 1, § 2, § 6

Ortsgesetz zur vorläufigen Haushaltsführung der Stadtgemeinde Bremen im Jahre 1996 § 1, § 2

Urteil vom 10. Oktober 1997 – St 6/96 –

betreffend den Antrag von 25 Abgeordneten der Bremischen Bürgerschaft auf Überprüfung der Verfassungsmäßigkeit des § 117 der Landeshaushaltsordnung sowie des Gesetzes zur vorläufigen Haushaltsführung 1996 der Freien Hansestadt Bremen vom 24. Januar und des Ortsgesetzes der Stadtgemeinde Bremen vom 30. Januar 1996

Entscheidungsformel:

1. § 117 der Landeshaushaltsordnung vom 25. Mai 1971 (Brem.GBl. S. 143) i. d. F. des Gesetzes vom 2. Februar 1993 (Brem.Gbl. S. 43) ist mit Art. 105 Abs. 3 und Art. 132 S. 1 und 2 BremLV unvereinbar. Bis zu der erforderlichen verfassungsrechtlichen Neuregelung bleibt die Vorschrift anwendbar.

2. § 1 des Gesetzes zur vorläufigen Haushaltsführung der Freien Hansestadt Bremen im Jahre 1996 vom 24. Januar 1996 (Brem.GBl. S. 15) war mit Art. 131 Abs. 2 S. 2 Nr. 1, 132 S. 1 BremLV unvereinbar.

3. §§ 2 und 6 des Gesetzes zur vorläufigen Haushaltsführung der Freien Hansestadt Bremen im Jahre 1996 vom 24. Januar 1996 (Brem.GBl. S. 15) waren mit der Landesverfassung vereinbar.

4. § 1 des Gesetzes zur vorläufigen Haushaltsführung der Freien Hansestadt Bremen (Stadtgemeinde) im Jahre 1996 vom 30. Januar 1996 (Brem.GBl. S. 19) war mit Art. 131 Abs. 2 S. 2 Nr. 1, 132 S. 1 BremLV unvereinbar.

5. § 2 des Gesetzes zur vorläufigen Haushaltsführung der Freien Hansestadt Bremen (Stadtgemeinde) im Jahre 1996 vom 30. Januar 1996 (Brem.GBl. S. 19) war mit der Landesverfassung vereinbar.

Diese Entscheidung hat Gesetzeskraft.

A.

Gegenstand des Verfahrens ist die Prüfung der Verfassungsmäßigkeit des § 117 LHO und einzelner Vorschriften von Nothaushaltsgesetzen, die die Bremische Bürgerschaft – Landtag bzw. Stadtbürgerschaft – Ende Januar 1996 beschlossen hat.

I.

Die Bremische Landesverfassung schreibt in Art. 131 Abs. 2 vor, daß die Bürgerschaft das Haushaltsgesetz vor Beginn jedes Rechnungsjahres zu erlassen hat. Es ist seit längerer Zeit eine auf Absprache der in der Bürgerschaft vertretenen Fraktionen beruhende Übung, in Wahljahren Beratung und Beschluß des Haushaltssplanes der neugewählten Bürgerschaft zu überlassen und infolgedessen das Haushaltsgesetz erst im neuen Jahr zu verabschieden. Obwohl die 14. Bürgerschaft wegen der vorgezogenen Wahl bereits im Mai 1995 gewählt worden war, hatten bis zum 31. Dezember 1995 weder die Bürgerschaft (Landtag) noch die Stadtbürgerschaft Haushaltsgesetze für das Jahr 1996 verabschiedet.

1. Am 20. Dezember 1995 legte der Senat den Entwurf zu einem „Gesetz zur vorläufigen Haushaltsführung der Freien Hansestadt Bremen im Jahre 1996“ vor (Bremische Bürgerschaft – Landtag – Drs. 14/169). In der dem Entwurf vorangestellten Mitteilung erklärte er, mit seinem Budgetbeschluß vom 6. November 1995 und dem Verfahrensbeschluß der Finanzdeputation vom 10. November 1995 sei das Haushaltsaufstellungsverfahren eingeleitet. Unter Berücksichtigung der Mindestzeiten für die Beratungs- und Bearbeitungsgänge müsse davon ausgegangen werden, daß die Haushaltsspläne für die Doppelhaushalte 1996/97 in der Bremischen Bürgerschaft erst Mitte Juni beraten werden könnten.

Die zur Überbrückung der haushaltslosen Zeit vorhandene Vorschrift des § 117 LHO sei wegen des extrem langen Übergangszeitraums „auch vor dem Hintergrund des Sanierungsprogramms für die wichtigen Felder der Wirtschafts- und Arbeitsmarktpolitik sowie der Drittmittelakquisition kaum geeignet, einen Zeitraum von einem halben Jahr zu überbrücken“ (aaO, S. 1). Beispielhaft genannt wurden verschiedene längerfristige Programme, u. a. das Investitionssonderprogramm (ISP) und das Wirtschaftspolitische Aktionsprogramm (WAP). Um die Kontinuität in diesen Aufgabenfeldern wahren zu können, seien Ermächtigungen erforderlich, die über die des § 117 LHO hinausgingen. Dementsprechend legte der Senat Entwürfe für Haushaltsermächtigungen an die Finanzdeputation vor, die z. T. beträchtliche Finanzvolumen betrafen.

Der in der Mitteilung des Senats genannte Budgetbeschluß vom 6. November 1995 wurde der Finanzdeputation, nicht jedoch der Bürgerschaft mitgeteilt. Zwar wurden die dort festgelegten Zahlen nach Auskunft der Beteiligten in der mündlichen Verhandlung informell den Abgeordneten der Bürgerschaft bekannt, doch sollten sie nach den geltenden Regeln nicht aus dem vertraulichen Bereich der Finanzdeputation hinausgelangen. Bis zur Verabschiedung des endgültigen Haushaltssgesetzes im Juni 1996 wurden die Eckwerte des Budgetbeschlusses vom 6. November 1995 mehrfach geändert. Die längerfristigen Programme (u. a. ISP, WAP), deren Fortsetzung durch die vom Senat vorgeschlagenen Maßnahmen sichergestellt werden sollte, sind aufs engste mit der Haushaltsnotlage der Freien Hansestadt Bremen verknüpft. In der Entscheidung vom 27. Mai 1992 hatte das Bundesverfassungsgericht dem Land Bremen eine *extreme* Haushaltsnotlage bescheinigt (BVerfGE 86, 148, 149, 258 ff, 264) und die verfassungsrechtliche Pflicht von Bund und Ländern festgestellt, dieser extremen Haushaltssnotlage „nach Maßgabe der im Grundgestz eingeräumten Befugnisse und der im

Gesamtstaat verfügbaren Mittel anzuhelfen" (aaO, S. 270); diese Pflicht bedinge „Kooperationspflichten zwischen Bund und Ländern wie auf seiten des betroffenen Landes" (aaO, S. 265). In Erfüllung dieser Pflicht beschloß der Senat am 13. Oktober 1992 das Sanierungsprogramm für die Freie Hansestadt Bremen und gab es durch Mitteilung vom 14. Oktober 1992 der Bürgerschaft zur Kenntnis (Brem. Bürgerschaft Drs. 13/359). Das Sanierungsprogramm enthält im wesentlichen zwei Programme, nämlich das bereits seit 1984 aufgelegte Wirtschaftspolitische Aktionsprogramm (WAP) und das Investitionssonderprogramm (ISP). Das WAP enthält das Grundinvestitionsprogramm des Landes, dessen Mittel in einzelne Fonds, Unterfonds und Programme geordnet sind (vgl. Mitteilung des Senats, aaO, S. 15). In der Finanzplanung 1994–1996 waren für 1994 319,5 Mio., für 1995 330,0 Mio. und für 1996 340,0 Mio. DM veranschlagt worden (aaO, Anl. 4, S. 113). Das ISP ist vor allem dem Ausbau der wirtschaftlichen Infrastruktur gewidmet (aaO, S. 17 ff). Es ist auf zehn Jahre – von 1993–2002 – angelegt und umfaßt ein Volumen von insgesamt 4,7 Mrd. DM.

2. Die Bürgerschaft (Landtag) folgte den Vorschlägen des Senats und beschloß am 24. Januar 1996 das Gesetz zur vorläufigen Haushaltsführung der Freien Hausestadt Bremen im Jahre 1996 [VorlHaushaltsführungsG] (Brem.GBl. S. 15), das gemäß § 8 mit Wirkung vom 1. Januar 1996 in Kraft trat. Die von den Antragstellern in ihrer Verfassungsmäßigkeit bezweifelten Regelungen dieses Gesetzes lauten wie folgt:

§ 1

Ergänzend zu den Regelungen des § 117 der Landeshaushaltsordnung vom 25. Mai 1971 (Brem.GBl. S. 143) ... gelten als Fortsetzungsmaßnahmen im Sinne des § 117 Abs. 1 Buchstabe c auch solche in sich abgeschlossene Maßnahmen, die Bestandteil längerfristiger Programme sind und für die in vorherigen Haushalten bereits Mittel bewilligt worden sind. Für diese Maßnahmen dürfen Mittel bis zur Höhe von 45 vom Hundert der im Teilbudget hierfür insgesamt vorgesehenen Mittel liquiditätsmäßig in Anspruch genommen sowie Verpflichtungen bis zur Höhe von weiteren 30 vom Hundert eingegangen werden.

§ 2

(1) Die Finanzdeputation wird ermächtigt, bis zur Gesamthöhe von 20 Millionen Deutsche Mark neuen dringlichen Maßnahmen im konsumptiven und investiven Bereich zuzustimmen, soweit ihre Finanzierung im Rahmen der Teilbudgets für 1996 gesichert ist. Von diesem Betrag entfallen 10 Millionen Deutsche Mark auf Barmittel und 10 Millionen Deutsche Mark auf Verpflichtungsermächtigungen.

(2) Die Finanzdeputation wird ermächtigt,

(a) für Maßnahmen des Investitionssonderprogramms insgesamt bis zu 300 Millionen Deutsche Mark Verpflichtungsermächtigungen,

(b) für die haushaltsmäßige Abwicklung beschlossener Investorenvorhaben im Hochschulbereich bis zu 160 Millionen Deutsche Mark Verpflichtungsermächtigungen,

(c) zur haushaltsmäßigen Abwicklung begonnener dringlicher Fortsetzungsmaßnahmen Verpflichtungsermächtigungen im Gesamtvolumen von bis zu 25 Millionen Deutsche Mark und

(d) für Maßnahmen im Bereich des Schiffbaus bis zur Höhe von 225 Millionen Deutsche Mark Verpflichtungsermächtigungen

bereitzustellen.

§ 6

Unabhängig von der in § 11 Abs. 4 des Haushaltsgesetzes der Freien Hansestadt Bremen für das Haushaltsjahr 1995 getroffenen Weitergeltungsregelung wird die Finanzdeputation ermächtigt, zur Förderung des Schiffbaus Bürgschaften bis zur Höhe von 220 Millionen Deutsche Mark zu übernehmen.

Der in § 6 VorlHaushaltsführungsG genannte § 11 des Haushaltsgesetzes der Freien Hansestadt Bremen für das Haushaltsjahr 1995 (Brem.GBl. 1994 S. 367) lautete in den hier relevanten Absätzen:

§ 11

(1) Der Senator für Finanzen wird ermächtigt, Bürgschaften, Garantien oder sonstige Gewährleistungen in folgender Höhe zu übernehmen:

1. zur Förderung des Wohnungsbaues, der Modernisierung von Wohnungen und der Instandsetzung von Wohnungen bis zur Höhe von 100 000 000 Deutsche Mark,

2. zur Förderung der Schiffahrt einschließlich der Fischerei und des Schiffbaus bis zu 400 000 000 Deutsche Mark,

3. zur Förderung von Versorgungsbetrieben bis zu 50 000 000 Deutsche Mark,

4. im übrigen bis zu 170 000 000 Deutsche Mark.

(2) …

(3) …

(4) Darüber hinaus wird der Senator für Finanzen ermächtigt, bis zur Verkündung des Haushaltsgesetzes 1996 für jedes Vierteljahr des Haushaltsjahres 1996 Bürgschaften, Garantien oder sonstige Gewährleistungen bis zur Höhe

von einem Viertel der in Abs. 1 für das Haushaltsjahr 1995 festgesetzten Höchstbeträge zu übernehmen.

Durch § 7 VorlHaushaltsführungsG wurden die Stadtgemeinden ermächtigt, für ihren Zuständigkeitsbereich entsprechende Regelungen zu treffen. Daraufhin erließ die Stadtbürgerschaft am 30. Januar 1996 mit Wirkung zum 1. Januar 1996 ihrerseits ein Gesetz zur vorläufigen Haushaltsführung der Freien Hansestadt Bremen (Stadtgemeinde) [VorlHaushaltsführungs-OrtsG] (Brem.GBl. S. 19), dessen § 1 bis auf kleinere redaktionelle Abweichungen mit § 1 des VorlHaushaltsführungsG übereinstimmt. § 2 des Ortsgesetzes stimmt hinsichtlich der Ermächtigung der Finanzdeputation mit § 2 des Gesetzes des Landtages überein, berücksichtigt im übrigen jedoch die unterschiedliche Situation von Land und Stadtgemeinde. Er lautet:

§ 2

(1) Die Finanzdeputation wird ermächtigt, bis zur Gesamthöhe von 190 Millionen Deutsche Mark neuen dringlichen Maßnahmen im konsumptiven und investiven Bereich zuzustimmen, soweit ihre Finanzierung im Rahmen der Teilbudgets für 1996 gesichert ist. Von diesem Betrag entfallen 20 Millionen Deutsche Mark auf Barmittel und 170 Millionen Deutsche Mark auf Verpflichtungsermächtigungen.

(2) Die Finanzdeputation wird ermächtigt, zur haushaltsmäßigen Absicherung begonnener dringlicher Fortsetzungsmaßnahmen weitere Verpflichtungsermächtigungen im Gesamtvolumen von bis zu 115 Millionen Deutsche Mark bereitzustellen.

Die in § 1 der Vorläufigen Haushaltsführungsgesetze in Bezug genommene Vorschrift des § 117 der Landeshaushaltsordnung war im Jahre 1971 an die Stelle der etwas pauschaleren, jedoch im wesentlichen gleichen Regelung des § 17 Abs. 3 Deputationsgesetz vom 2. März 1948 (Brem.GBl. S. 31) getreten. § 117 LHO hat folgenden Wortlaut:

§ 117

Maßnahmen bei verspäteter Feststellung des Haushaltsplans

(1) Ist bis zum Schluß eines Rechnungsjahres der Haushaltsplan für das folgende Jahr nicht durch Gesetz festgestellt, so ist bis zu dessen Verkündung die Finanzdeputation ermächtigt, die Mittel zur Verfügung zu stellen, die nötig sind,

a) um gesetzlich bestehende Einrichtungen zu erhalten und gesetzlich beschlossene Maßnahmen durchzuführen,

b) um rechtlich begründete Verpflichtungen der Freien Hansestadt Bremen zu erfüllen,

c) um Bauten, Beschaffungen und sonstige Leistungen fortzusetzen oder Beihilfen für diese Zwecke weiter zu gewähren, sofern durch den Haushaltsplan eines Vorjahres bereits Beträge bewilligt worden sind.

(2) Soweit nicht auf besonderem Gesetz beruhende Einnahmen aus Steuern, Abgaben und sonstigen Quellen die Ausgaben unter Absatz 1 decken, darf der Senator für Finanzen mit Genehmigung der Finanzdeputation die zur Aufrechterhaltung der Wirtschaftsführung erforderlichen Mittel im Wege des Kredits flüssig machen.

Am 18. Juni 1996 beschloß die Bürgerschaft (Landtag) das Haushaltsgesetz 1996 für das Land (Brem.GBl. S. 135), am selben Tage die Stadtbürgerschaft das Ortsgesetz über den Haushalt 1996 für die Stadtgemeinde Bremen (Brem.GBl. S. 151); beide Gesetze traten rückwirkend zum 1. Januar 1996 in Kraft.

Am 8. Juli 1997 legten die Fraktionen der SPD und der CDU in der Bremischen Bürgerschaft – Landtag – den Entwurf eines Gesetzes zur Änderung der Landesverfassung, des Deputationsgesetzes, der Landeshaushaltsordnung und anderer Gesetze vor (Drs. 14/726). Darin ist u. a. eine Ergänzung der Landesverfassung um die Vorschrift des Art. 132 a, deren Inhalt im wesentlichen mit der Nothaushaltsregelung des § 117 LHO übereinstimmt, die Einrichtung eines parlamentarischen Haushalts- und Finanzausschusses durch Ergänzung des Art. 105 Abs. 1 BremLV sowie die Aufhebung des § 117 der Landeshaushaltsordnung vorgesehen.

II.

1. Die Antragsteller sind der Auffassung, daß die §§ 1, 2, und 6 VorlHaushaltsführungsG sowie die §§1 und 2 VorlHaushaltsführungsOrtsG gegen die Landesverfassung verstoßen. Im Hinblick darauf, daß Zweifel an der Verfassungsmäßigkeit des § 117 LHO geäußert worden sind, begehren sie gleichzeitig die Feststellung der Vereinbarkeit dieser Vorschrift mit der Landesverfassung.

Die Anträge seien gemäß Art. 140 Abs. 1 S. 1 BremLV als Anträge auf abstrakte Normenkontrolle zulässig. Sie seien von mehr als einem Fünftel der gesetzlichen Mitgliederzahl der Bürgerschaft gestellt worden. Gegen die verfassungsrechtliche Zulässigkeit der Gesetze zur vorläufigen Haushaltsführung seien bereits während der Haushaltsberatungen von Abgeordneten der Bürgerschaft Bedenken erhoben worden, so daß eine verfassungsrechtliche Zweifelsfrage vorliege. Dies gelte auch hinsichtlich des § 117 LHO, da dessen Gültigkeit in der verfassungsrechtlichen Literatur in Zweifel gezogen worden sei. Gegenstand des Normenkontrollantrags könne jede landesrechtliche Norm sein; daher seien das förmliche Gesetz zur vorläufigen Haushaltsführung und § 117 LHO, aber auch das Ortsgesetz ein geeigneter Gegenstand der Normenkontrolle. Der Zulässigkeit stehe auch nicht entgegen, daß zum mutmaßlichen Zeitpunkt der Entscheidung des Staatsgerichtshofs der Doppelhaushalt 1996/97 beschlossen sein werde. Die beiden Gesetze zur vorläufigen Haushaltssführung seien noch in Kraft und entfalteten weiterhin Wirkungen. Darüber hinaus stelle sich die verfassungsrechtliche Problematik vorläufiger Haushaltsführung häufiger, vor allem nach Bürgerschaftswahlen; es bestehe daher ein berechtigtes Interesse an der Klärung der verfassungsrechtlichen Fragen wegen Wiederholungsgefahr. Schließlich seien durch die Verlagerung des Rechts der vorläufigen Haushaltsführung auf die Finanzdeputation und den Senat die antragstellenden Fraktionen und die ihnen angehörenden Abgeordneten in ihren Mitwirkungsrechten nach Art. 77, 78, 82 und 83 BremLV verletzt worden.

Zur Begründetheit tragen die Antragsteller vor:

Die Bremische Landesverfassung sehe die Möglichkeit einer vorläufigen Haushaltsführung nicht vor. Eine Haushaltsführung ohne Grundlage in einem vor Beginn des Rechnungsjahres beschlossenen Haushaltssgesetz der Bürgerschaft sei gemäß Art. 131 Abs. 1 S. 1 und 132 S. 1, 2 BremLV unzulässig. Die Vorschrift des Art. 132 S. 2 BremLV, derzufolge der Senat die Verwaltung nach dem Haushaltssgesetz zu führen hat, lasse sich nicht zu einer bloßen Soll-Vorschrift herabstufen. Die Landesverfassung enthalte auch keine implizite Ermächtigung zu einem mit Art. 111 Abs. 1 GG vergleichbaren Nothaushaltsrecht. Doch folgten die Antragsteller nicht der Auffassung, nach der in Bremen nach der Änderung der Landesverfassung durch das Gesetz vom 7. November 1994 überhaupt keine vorläufige Haushaltsführung durch die Finanzdeputation mehr möglich sei. Um bezüglich der in der Literatur geäußerten Zweifel verfassungsrechtliche Klarheit zu schaffen, sei eine ausdrücklich Bestätigung der Verfassungsmäßigkeit des § 117 LHO durch den Staatsgerichtshof geboten.

Die im Januar 1996 verabschiedeten Gesetze zur vorläufigen Haushaltsführung erfüllten nicht die von der Landesverfassung und vom Bundesrecht an Form und Inhalt eines Haushaltsgesetzes gestellten Anforderungen. Die in Art. 131 Abs. 2 S. 2 und Art. 132 BremLV festgelegten Mindestinhalte für das Haushaltsgesetz verlangten die Einhaltung der Grundsätze der Vollständigkeit, der Einheit des Haushaltsplanes, des Bruttoprinzips, der Einzelveranschlagung und der sachlichen Bindung, der Haushaltsklarheit, der Öffentlichkeit und des Haushaltsausgleichs. Die Geltung dieser Anforderungen werde durch das für die Länder verbindliche Haushaltsgrundsätzegesetz des

Bundes, insbesondere durch dessen §§ 8 bis 13, bestätigt. Diesen Anforderungen würden die Gesetze zur vorläufigen Haushaltsführung nicht gerecht; sie könnten daher nicht als Haushaltsgesetze verstanden werden.

Die Gesetze seien auch deswegen verfassungswidrig, weil sie statt einer vorläufigen eine endgültige Gesetzgebung bewirkten und damit die durch Art. 105 Abs. 3 BremLV gezogenen Grenzen überschritten. Hinsichtlich Regelungsgegenstand und angestrebter Rechtsfolge enthielten diese Gesetze nämlich keine vorläufige, sondern faktisch eine endgültige Haushaltsgesetzgebung, ohne jedoch die in der Landesverfassung und im Bundesrecht festgelegten Anforderungen an ein endgültiges Haushaltsgesetz zu erfüllen.

a) Der Begriff der Fortsetzungsmaßnahme im Sinne des § 117 Abs. 1 lit. c LHO – die Einbeziehung von Maßnahmen, die „Bestandteil längerfristiger Programme sind" – überschreite die auch in Art. 111 Abs. 1 lit. c GG und in verschiedenen Landesverfassungen festgelegte Begrenzung auf bereits im Vorjahr anfinanzierte, d. h. vom Parlament im Vorjahr gebilligte Maßnahmen. An die Stelle der Fortsetzung konkreter Maßnahmen trete die Fortsetzung längerfristiger Programme. Diese Erweiterung erlaube die Begründung neuer Leistungsverpflichtungen. Damit werde unter dem Etikett vorläufiger Haushaltsführung endgültige Gesetzgebung über Haushaltsmaterien betrieben. In Übereinstimmung mit gemeindeutschem Haushaltsverfassungsrecht erlaube Art. 105 Abs. 3 BremLV jedoch die vorläufige Haushaltsführung nur in den engen Grenzen, wie sie in Art. 111 Abs. 1 lit. c GG, in anderen Landesverfassungen und in § 117 LHO festgelegt worden seien.

b) Das quantitative Ausmaß der durch die vorläufige Haushaltsführung ermöglichten Dispositionen bestätige, daß durch die beiden Gesetze materiell die dem Parlament obliegende endgültige Haushaltsfeststellung vorweggenommen werde. Nach § 1 dürften auf der Ausgabenseite bis zu 45 % der für das Parlament unbestimmten, weil in keinem parlamentarisch beschlossenen Haushaltsplan enthaltenen Teilbudgets festgelegt werden, zusätzlich noch bis zu 30 % an Verpflichtungsermächtigungen. Berücksichtige man den quantitativen Umfang der in den weiteren Ermächtigungen veranschlagten Summen, so werde im Ergebnis die endgültige, dem Parlament vorbehaltene Haushaltsfeststellung durch die Dispositionen der Finanzdeputation vorweggenommen und die Beschlußfassung der Bürgerschaft auf eine reine Formalität reduziert.

c) Dadurch würden die in der Landesverfassung und im Haushaltsgrundsätzegesetz festgelegten rechtsstaatlichen und demokratischen Anforderungen an die Haushaltsgesetzgebung verletzt. Die durch die Gesetze ermöglichten Freigabebeschlüsse der Finanzdeputation bezögen sich auf

Haushaltseckwerte, die vom Senat beschlossen und nicht öffentlich bekanntgemacht worden seien. Darin liege eine Verletzung des Prinzips der Öffentlichkeit des Haushalts, welches zu den Grundlagen eines demokratisch-rechtsstaatlichen Haushalts gehöre. Da die Eckwerte nicht veröffentlicht seien, könne der Senat sie nachträglich verändern und damit die Freigabeentscheidungen der Finanzdeputation je nach seinen wechselnden Prioritäten bestimmen. Dadurch verliere selbst der vorläufige Haushalt jede Steuerungsfunktion und verletze das Gebot der Transparenz. Gleichzeitig werde das Prinzip der Haushaltsklarheit verletzt, da der Haushalt nicht ersichtlich mache, welche Haushaltsmittel verfügbar und wie groß eventuelle Fehlbeträge seien. Die Grundsätze der Vollständigkeit und der Einheit des Haushaltsplans würden dadurch verletzt, daß lediglich Prozentsätze von jeweils verfügbaren Teilbeträgen festgelegt würden, so daß der Haushalt nicht den in Art. 131 Abs. 2 BremLV, §§ 8 ff HGrG vorgeschriebenen spezifizierten Inhalt habe. Die nach den Gesetzen möglichen Freigabeentscheidungen könnten getroffen werden, ohne daß deutlich werde, inwieweit dadurch die verfügbaren Einnahmen überschritten würden und deshalb Kredite in Anspruch genommen werden müßten. Dadurch werde die Haushaltslage Bremens verschleiert.

Die Antragsteller beantragen, der Staatsgerichtshof möge

1. feststellen, daß § 117 der Landeshaushaltsordnung verfassungsmäßig sei,

3. die §§ 1, 2 und 6 VorlHaushaltsführungsG sowie die §§ 1 und 3 VorlHaushaltsführungsOrtsG für nichtig erklären.

2. Der Senat der Freien Hansestadt Bremen trägt vor, daß er trotz Bejahung der Zulässigkeit einer vorläufigen Haushaltsführung in dem in § 117 LHO vorgesehenen Umfange Zweifel daran habe, ob nach der Änderung der Art. 105 und 129 BremLV durch das Gesetz vom 7. November 1994 eine Übertragung von Befugnissen der Bürgerschaft auf die Finanzdeputation noch zulässig sei. Durch die Änderung der Landesverfassung seien zwei nunmehr von einander abgegrenzte Arten von Ausschüssen geschaffen worden, nämlich Parlamentsausschüsse gemäß Art. 105 BremLV und Verwaltungsausschüsse in der Form der bisherigen Deputationen gemäß Art. 129 BremLV. Die Ermächtigung der Bürgerschaft zur Übertragung jener Befugnisse auf Deputationen sei fraglich geworden, da nach der neuen Verfassungslage Deputationen keine ständigen Ausschüsse mehr seien. Befugnisse der Bürgerschaft könnten nur noch auf parlamentarische Ausschüsse übertragen werden. Ein parlamentarischer Haushaltsausschuß sei indessen noch nicht eingerichtet worden. Die Bürgerschaft habe die Zweifel des Senats zum Anlaß genommen, eine Ergänzung der Landesverfassung um eine im wesentlichen dem Art. 111 GG entsprechenden Regelung zu beraten und in

erster Lesung zu beschließen; die in diesem Entwurf vorgesehenen Regelungen räumten die verfassungsrechtlichen Zweifel des Senats aus.

Der Senat trete jedoch der zum Teil in der Öffentlichkeit vertretenen Auffassung entgegen, durch die in den beiden Gesetzen vorgesehene vorläufige Haushaltsführung sei das Budgetrecht des Parlaments grob mißachtet worden. Während im Bund und bei der weit überwiegenden Zahl der Länder das Recht der vorläufigen Haushaltsführung allein ein Recht der Exekutive sei, nehme die bremische Regelung des § 117 LHO weit mehr Rücksicht auf das Parlament als z. B. Art. 111 GG beim Bund; denn nicht der Senat oder der Finanzsenator, sondern die Finanzdeputation als Verwaltungs- und Parlamentsausschuß stelle im Rahmen der vorläufigen Haushaltsführung die Mittel zur Verfügung. Der gegenwärtige Konflikt konzentriere sich daher nur noch auf die Frage, ob die vorläufige Haushaltsführung durch Gesetz über den Rahmen des § 117 LHO hinaus erweitert werden durfte. Diese Frage sei zu bejahen. Sachlich enthalte § 117 LHO dieselbe Regelung wie Art. 111 GG, für den nach ganz allgemeiner Auffassung anerkannt sei, daß er keine Schranke für den Gesetzgeber darstelle, in einem Haushaltsnotgesetz der Exekutive weitergehende Ermächtigungen zur Haushaltsführung zu erteilen. Die Befugnis zum Erlaß von Haushaltsnotgesetzen bestehe auch nach bremischem Verfassungsrecht, so daß die von den Antragstellern gerügten Vorschriften der Gesetze zur vorläufigen Haushaltsführung keinen verfassungsrechtlichen Bedenken begegneten.

Es sei auch rechtlich erheblich, daß die Finanzdeputation durch die beiden Gesetze im wesenlichen zu Maßnahmen im Rahmen des Investitionssonderprogramms (ISP) und des Wirtschaftsstrukturpolitischen Aktionsprogramms (WAP) ermächtigt worden sei. Beide Programme seien Teil des Sanierungsprogramms der Freien Hansestadt Bremen, das auf eine Haushaltsnotlage reagiere, für die es nach der Rechtsprechung des Bundesverfassungsgerichts weder im Grundgesetz noch in anderen Gesetzen Regelungen gebe; deshalb müßten die bestehenden rechtlichen Befugnisse so wahrgenommen werden, daß eine Lösung der Notlage im bestehenden verfassungsrechtlichen Rahmen erfolgen könne. Dieser Grundsatz gelte nicht nur für die von der bundesstaatlichen Gemeinschaft zur Abwendung der Notlage an das Land geleistete Hilfe, sondern auch für die haushaltsrechtliche Umsetzung durch die betroffenen Länder selbst. Die beiden Gesetze stellten Sonderregelungen für die Bewältigung dieser extremen Haushaltsnotlage dar, wobei zu berücksichtigen sei, daß nach der Verwaltungsvereinbarung zwischen Bremen, dem Saarland und dem Bund vom 30. Juli 1993 die Mittel für Sonderinvestitionen zeitlich gebunden seien und für die Haushaltskonsolidierung genutzt würden, falls sie im betreffenden Jahr nicht für Investitionen eingesetzt würden.

Im übrigen sei der Umfang der im Rahmen der vorläufigen Haushaltsführung finanzierten Maßnahmen gering. Im Rahmen des ISP seien insgesamt (Land und Stadt) 30,356, im WAP 0,494 Mio. DM finanziert worden. Die Höhe der Verpflichtungsermächtigungen habe im Rahmen des ISP insgesamt 149,445, im Rahmen des WAP 48,959 Mio. DM betragen.

B.

Die Anträge sind zulässig und in dem aus der Urteilsformel ersichtlichen Umfang begründet.

I.

Die Zulässigkeit der Anträge auf Feststellung der Unvereinbarkeit und Nichtigkeit oder der Vereinbarkeit landes- und ortsgesetzlicher Normen mit der Landesverfassung ergibt sich aus Art. 140 Abs. 1 S. 1 erste Alternative BremLV i. V. m. § 24 BremStGHG. Die Antragsteller bilden mehr als ein Fünftel der gesetzlichen Mitgliederzahl der Bürgerschaft und gehören damit zu den nach Art. 140 BremLV Antragsberechtigten. Die Zweifel, die sie darlegen, beziehen sich auf die Auslegung der Art. 105 Abs. 3, 131 und 132 BremLV. Die Beurteilung der Verfassungsmäßigkeit des § 117 LHO sowie der §§ 1, 2 und 6 VorlHaushaltsführungsG hängt von der richtigen Auslegung dieser landesverfassungsrechtlichen Normen ab. Dies gilt auch für den Antrag, die Verfassungsmäßigkeit des § 117 LHO festzustellen. Zwar haben die Antragsteller selbst keine Zweifel an der Gültigkeit dieser Norm, doch reicht es für die Zulässigkeit des Antrags aus, daß der Zweifel den Anlaß der Antragstellung bildet, ohne daß die Antragsteller selbst diese Zweifel teilen (BremStGHE 4, 19, 26 f). Die Gründe für die Zweifel haben die Antragsteller in einer den Anforderungen des § 24 Abs. 2 BremStGHG genügenden Weise dargetan, indem sie auf die – auch in der wissenschaftlichen Literatur bereits erörterte – Möglichkeit einer Auslegung des Art. 105 Abs. 3 BremLV hinweisen, welche im Falle ihrer Richtigkeit zur Verfassungswidrigkeit des § 117 LHO führen würde. Im übrigen zeigt auch die Stellungnahme des Senats in diesem Verfahren, daß unter den gemäß Art. 140 BremLV Antragsberechtigten unterschiedliche Auffassung über die Auslegung des Art. 105 Abs. 3 BremLV bestehen.

Die Tatsache, daß im Antrag zu 2.) die Prüfung der Verfassungsmäßigkeit von Regelungen eines Ortsgesetzes, d. h. einer Satzung, begehrt wird, steht seiner Zulässigkeit nicht entgegen. Die nach Art. 140 Abs. 1 BremLV mögliche abstrakte Normenkontrolle bezieht sich nicht nur auf staatliche Normen. Gemäß Art. 148 Abs. 1 S. 2 BremLV sind auf die Verwaltung der Stadtgemeinde Bremen die Bestimmungen der Landesverfassung über Volksentscheid, Bürgerschaft und Senat entsprechend anwendbar. Damit ist die Landesverfassung auch Maßstab für die Prüfung der Rechtmäßigkeit von Ortsgesetzen der Stadtgemeinde Bremen; auch diese Prüfung erfordert daher die Entscheidung von Zweifelsfragen über die Auslegung der Verfassung. Da Art. 140 Abs. 1 S. 1 BremLV nach seinem Wortlaut keine Beschränkung auf bestimmte Prüfungsgegenstände enthält und darüber hinaus nach dieser Vorschrift auch die Gemeinden als öffentlich-rechtliche Körperschaften des Landes Bremen antragsbefugt sind, gibt es keinen Grund, Ortsgesetze als Gegenstand der abstrakten Normenkontrolle auszuschließen (BremStGHE 4, 19, 27; zust. *Pestalozza* Verfassungsprozeßrecht, 3. Aufl. 1991, § 25 Rdnr. 15; *Rinken* in: Hdb der Bremischen Verfassung, 1991, S. 484 ff, 500).

Schließlich steht der Zulässigkeit des Antrages zu 2.) auch nicht entgegen, daß die zur Prüfung gestellten Gesetze zur vorläufigen Haushaltsführung nicht mehr in Kraft sind. Das für die zulässige Antragstellung im abstrakten Normenkontrollverfahren erforderliche objektive Klarstellungsinteresse ist weiterhin gegeben. Die Regelungen der vorläufigen Haushaltsgesetze sind zwar mit dem rückwirkenden Inkrafttreten der regulären Haushaltsgesetze für die Freie Hansestadt Bremen und für die Stadtgemeinde Bremen (Brem.GBl. 1996, S. 135 und S. 151, jeweils § 15) zum 1. Januar 1996 konsumiert worden (vgl. *Maunz* in: Maunz/Dürig, Grundgesetz, Kommentar, Bearbeitung 1982, Art. 111 Rdnr. 9). Doch berührt dies nicht die Wirksamkeit der vorläufigen Haushaltsgesetze während des etatlosen Zeitraumes zwischen dem 1. Januar und dem 18. Juni 1996. Der Antrag ist am 31. Mai 1996, also noch während der Geltung der vorläufigen Haushaltsgesetze, beim Staatsgerichtshof eingegangen. Zu diesem Zeitpunkt bestand ein objektives Interesse an der Klarstellung der Verfassungsmäßigkeit der im Antrag genannten Normen. Dieses Klarstellungsinteresse ist nicht dadurch entfallen, daß während des Verfahrens vor dem Staatsgerichtshof die vorläufige Haushaltsführung beendet wurde. Denn die Unklarheit über die Auslegung der Art. 131 und 132 BremLV besteht fort. Selbst wenn die vorgesehene Ergänzung der Landesverfassung um eine dem § 117 LHO entsprechende und dem Art. 111 GG nachgebildete Regelung der vorläufigen Haushaltsführung beschlossen werden sollte, kann sich weiterhin die Frage nach der Zulässigkeit eines Nothaushaltsgesetzes und seines verfassungsrechtlich vorgeschriebenen Mindestinhaltes stellen. Daher steht die Erledigung der vorläufigen Haushaltsführung für das Haushaltsjahr 1996 einer Prüfung der ihr zugrundeliegenden Normen durch den Staatsgerichtshof nicht im Wege.

II.

1. Die Regelung der vorläufigen Haushaltsführung in § 117 LHO ist mit Art. 105 Abs. 3 und Art. 132 S. 1 und 2 BremLV unvereinbar.

Die Freie Hansestadt Bremen ist das einzige Bundesland, das in seiner Verfassung keine Regelung der vorläufigen Haushaltsführung für den Fall enthält, daß bis zum Schluß eines Haushaltsjahres der Haushalt für das folgende Jahr nicht durch Gesetz festgestellt worden ist. Im Bund und in der überwiegenden Zahl der Länder sehen diese Regelungen vor, daß in einem solchen Fall die Regierung bestimmte Arten von Ausgaben ohne haushaltsgesetzliche Bewilligung leisten kann; ihre Befugnis, Ausgaben zu leisten, ergibt sich dort unmittelbar aus der Verfassung. In Bremen besteht an Stelle einer derartigen verfassungsrechtlichen Übergangsermächtigung die einfachgesetzliche Regelung des § 117 der Landeshaushaltsordnung, durch die die Finanzdeputation zur Ausgabenbewilligung ermächtigt wird. Nach Art. 132 S. 1 BremLV bildet indessen allein das Haushaltsgesetz die Grundlage aller Einnahmen und Ausgaben des Landes; ohne eine haushaltsgesetzliche Grundlage dürfen keine Ausgaben geleistet werden. Der Senat darf die Verwaltung nur auf der Grundlage des Haushaltsgesetzes, nicht von Beschlüssen eines Verwaltungsausschusses führen (Art. 132 S. 1 BremLV). Das durch § 117 LHO geschaffene Ausgabenbewilligungsrecht der Finanzdeputation stellt daher eine Durchbrechung des verfassungsrechtlich der Bürgerschaft vorbehaltenen Haushaltsbewilligungsrechts dar. Sie wäre nur zulässig, wenn die Landesverfassung selbst sie ausdrücklich vorsehen oder zumindest zulassen würde. Dies ist nicht der Fall. Die Landesverfassung erlaubt der Bürgerschaft nicht, die ihr vorbehaltene Kompetenz zur Haushaltsbewilligung im Falle eines etatlosen Zustandes auf die Finanzdeputation oder ein anderes Organ der Verwaltung zu übertragen. Zwar kann die Bürgerschaft gemäß Art. 105 Abs. 3 BremLV ihr zustehende Befugnisse an die ständigen Ausschüsse übertragen; nicht übertragbar sind aber Akte „endgültiger Gesetzgebung“. Da die Funktion der Haushaltsbewilligung nach der Landesverfassung nur durch ein Haushaltsgesetz erfüllt werden kann, ist sie nach den Maßstäben des Art. 105 Abs. 3 BremLV unübertragbar.

a) Gemäß Art. 132 S. 1 und 2 BremLV bildet das Haushaltsgesetz die Grundlage für die Verwaltung aller Einnahmen und Ausgaben; der Senat hat die Verwaltung nach dem Haushaltsgesetz zu führen. Danach gehört im Einklang mit der deutschen konstitutionellen Traditon auch in der Bremischen Landesverfassung das parlamentarische Budgetrecht zu den zentralen Vorkehrungen der demokratischen Legitimierung und Kontrolle der Exekutive. Abstriche hiervon sind nur auf der Grundlage verfassungsrechtlicher Regelungen zulässig. Da sie in Bremen derzeit fehlen, nötigt die Landesverfassung die Bürgerschaft dazu, den Fall des budgetlosen Zustandes selbst zu bewältigen. Hierfür steht ihr, abgesehen von der jederzeitigen Möglichkeit zur nachträglichen Verabschiedung des regulären, d. h. vollständigen Haushaltsgesetzes, der Weg des Erlasses eines Nothaushaltsgesetzes zur Verfügung. Ein solches Gesetz enthält die Bewilligung bestimmter dringlicher und unabweisbarer Ausgaben, ohne indessen alle Erfordernisse des regulären Haushaltsgesetzes, namentlich das Erfordernis der Vollständigkeit des Haushalts, zu erfüllen. Für den Bund ist die grundsätzliche Zulässigkeit von gesetzlich vorab festgestellten Teilhaushaltsplänen, insbesondere auch von Nothaushaltsgesetzen, unbestritten (vgl. BVerfGE 45, 1, 34; *Fischer-Menshausen* in: v. Münch, GG-Kommentar, Bd. 3, 3. Aufl. 1996, Rdnr. 1 zu Art. 111; *Siekmann* in: Sachs, Grundgesetz, Kommentar, 1996, Art. 111 Rdnr. 10; *Jarass* in: Jarass /Pieroth, Grundgestz, 3. Aufl. 1995, Art. 111 Rdnr. 1; *Maunz* in: Maunz/Dürig, aaO, Art. 111 Rdnr. 7). Auch die bremische Landesverfassung verbietet der Bürgerschaft nicht, einen etatlosen Zustand durch ein vorab verabschiedetes Teilhaushaltsgesetz vorläufig zu regeln.

Die Tatsache, daß gemäß Art. 131 und 132 BremLV das reguläre Haushaltsgesetz die Grundlage für die gesamte Staatstätigkeit darstellt, setzt der Befugnis zum Erlaß von Nothaushaltsgesetzen zwar, wie noch darzulegen ist (B II. 2 c), bestimmte Schranken; doch kann sie diese Befugnis nicht vollständig ausschließen. Andernfalls würde das Parlament, dem es nicht gelingt, rechtzeitig das reguläre Haushaltsgesetz zu verabschieden, das Recht der Haushaltsbewilligung vollständig verlieren und eine exekutivische Selbstermächtigung hinnehmen müssen, da ein Stillstand der Staatstätigkeit im etatlosen Zustand nicht ernstlich in Betracht gezogen werden kann. Eine derartige exekutive Vorrangstellung widerspräche dem politischen und verfassungsrechtlichen Sinn des parlamentarischen Budgetrechts, das dem Prinzip der parlamentarischen Bewilligung von Ausgaben Vorrang vor dem Grundsatz der Vollständigkeit des Budgets einräumt (so für die insoweit vergleichbaren Fälle eines Nachtragsbudgets während des Etatjahres und einer Budgetberichtigung nach Ablauf des Etatjahres BremStGHE 1, 52, 57; vgl. auch 1, 65, 68). In diesem Zusammenhang besteht kein Anlaß, auf den Art. 101 Abs. 2 BremLV einzugehen.

b) Da, wie ausgeführt, die Haushaltsbewilligung an die Exekutive nur durch förmlichen Gesetzesakt erfolgen und durch andersförmige Rechtsakte nicht ersetzt werden kann, ist die Bürgerschaft gemäß Art. 105 Abs. 3 BremLV auch daran gehindert, die ihr zustehende Kompetenz zur regulären oder Nothaushaltsgesetzgebung an ihre ständigen Ausschüsse zu übertragen. Wenn Art. 105 Abs. 3 BremLV die Bürgerschaft ermächtigt, ihr zustehende Befugnisse an die ständigen Ausschüsse zu übertragen, und von dieser Ermächtigung die Befugnis der „endgültigen Gesetzgebung" ausnimmt, so wird damit eine ausschließliche, d. h. unübertragbare Parlamentskompetenz für „endgültige Gesetzgebung" festgelegt. Nach deutschem Staatsrecht gehört zum Kern der ausschließlichen Parlamentskompetenz der Erlaß förmlicher Gesetze (*Ossenbühl* Vorrang und Vorbehalt des Gesetzes, in: Isensee/ Kirchhof (Hrsg.), Handbuch des Staatsrechts, Bd. III, 1988, § 62, Rdnrn. 9 ff). In diesem Parlamentsvorbehalt drückt sich die zentrale und durch kein anderes Staatsorgan ersetzbare Rolle des aus allgemeinen, unmittelbaren, freien, gleichen und geheimen Wahlen (Art. 28 Abs. 1 S. 2 GG, Art. 75 Abs. 1 BremLV) hervorgegangenen Parlaments für die demokratische Legitimation der Staatsgewalt aus. Zwar kann das Parlament nach Maßgabe verfassungsrechtlicher Normen einen Teil seiner Rechtsetzungsmacht delegieren, doch handelt es sich dann stets nur um eine Ermächtigung zur materiellen Gesetzgebung in Gestalt von Verordnungen. Auch die bremische Landesverfassung enthält diese Zuordnung der Gesetzesform zum Parlament. So steht gemäß Art. 67 Abs. 1 die gesetzgebende Gewalt „ausschließlich" dem Volk (in Gestalt des Volksentscheides) und der Bürgerschaft zu. In der Konsequenz dieses Parlamentsvorbehalts für die förmliche Gesetzgebung reserviert auch Art. 105 Abs. 3 BremLV die Befugnis zu „endgültiger Gesetzgebung" der Bürgerschaft. Dies kann nur bedeuten, daß von der Landesverfassung diejenige Kompetenz der Bürgerschaft für unübertragbar erklärt werden sollte, welche ihre zentrale und unersetzbare Funktion enthält. Dies ist die Kompetenz zum förmlichen Gesetzesbeschluß, dem nach der Verfassung höchsten Ausdruck des demokratischen Volkswillens. Wortlaut und Systematik des Art. 105 Abs. 3 BremLV gebieten daher eine Auslegung, nach der der Begriff der „endgültigen Gesetzgebung" nicht den Gegensatz zu vorläufigen Gesetzen, zu Übergangs-, Not-, Vorschalt- oder in anderer Weise zeitlich begrenzten oder sachlich unvollständigen Gesetzen bildet; vielmehr ist damit die Funktion des abschließenden förmlichen Gesetzesbeschlusses im Gegensatz zu den diesem Akt vorausliegenden vielfältigen anderen Formen parlamentarischer Beratung und Beschlußfassung gemeint. Es ist die in dem Katalog des Art. 101 Abs. 1 BremLV an erster Stelle genannte Befugnis zum Erlaß, zur Änderung und zur Aufhebung von Gesetzen (BremStGHE 1, 161, 164).

Da nach Art. 132 S. 1 BremLV die Ausgabenbewilligung nur durch ein förmliches Gesetz, d. h. durch „endgültige Gesetzgebung" i. S. des Art. 105 Abs. 3 BremLV, erfolgen kann, diese Befugnis aber ein unübertragbarer Vorbehaltsbereich der Bürgerschaft ist, verstößt die Regelung des § 117 LHO gegen Art. 132 S. 1 und 2 und 105 Abs. 3 BremLV. Hieraus ergibt sich, daß selbst eine Qualifizierung der Deputationen als ständige Ausschüsse – eine Auffassung, die nach derzeitiger Verfassungslage nicht mehr aufrechtzuerhalten ist – an dem gefundenen Ergebnis nichts ändern könnte.

2. Die Bürgerschaft war befugt, die Gesetze zur vorläufigen Haushaltsführung im Jahre 1996 zu erlassen. § 1 des Landesgesetzes und § 1 des Ortsgesetzes waren mit Art. 131 Abs. 2 S. 2 Nr. 1, 132 S. 1 BremLV unvereinbar; die übrigen von den Antragstellern gerügten Vorschriften standen mit der Landesverfassung im Einklang.

a) Nach Art. 132 S. 1, 2 BremLV bildet das Haushaltsgesetz die Grundlage für die Verwaltung aller Einnahmen und Ausgaben; der Senat hat die Verwaltung nach dem Haushaltsgesetz zu führen. Damit wird die unbeschränkte Budgethoheit der Bürgerschaft festgelegt. Die Mindestbedingungen eines regulären Haushaltsgesetzes werden in Art. 131 Abs. 2 BremLV festgelegt. Die parlamentarische Budgethoheit bedeutet nicht, daß die Bürgerschaft die ihr vorbehaltene Kompetenz der Bewilligung nur in der Form des regulären Haushaltsgesetzes ausüben kann. Es ist ihr nicht verwehrt, ein Not- oder Übergangshaushaltsgesetz zu erlassen, wenn es nicht gelingt, vor Beginn des Rechnungsjahres ein reguläres Haushaltsgesetz zu verabschieden. Diese Befugnis zur Nothaushaltsgesetzgebung bedarf keiner ausdrücklichen verfassungsrechtlichen Ermächtigung, da sie in der der Bürgerschaft in Art. 67 Abs. 1 BremLV zugewiesenen Gesetzgebungskompetenz enthalten ist. Sie besteht auch unabhängig von etwaigen verfassungsrechtlichen Regelungen, durch welche der Exekutive bestimmte Nothaushaltskompetenzen eingeräumt werden. So hat das Bundesverfassungsgericht in Art. 111 GG keine Hindernis dagegen gesehen, daß „ein Ergänzungshaushaltsplan (Teilhaushaltsplan) wegen Dringlichkeit durch Gesetz vorab festgestellt werden" kann (BVerfGE 45, 1, 34). Damit tritt im Haushaltsrecht des Bundes zu den im Grundgesetz ausdrücklich geregelten Möglichkeiten des nächsten regelmäßigen Haushalts und der in Art. 111 GG geregelten Nothaushaltsführung die weitere Option eines speziellen Zusatzhaushaltsgesetzes, das Ausgaben erfaßt, die nicht bis zum nächtsten regulären Haushalt verschoben werden können, aber auch die in Art. 111 relativ restriktiv formulierten Voraussetzungen nicht erfüllen (vgl. *Fricke* DÖV 1978, S. 486 ff; *Maunz* aaO, Art. 110 Rdnr. 66, Art. 111 Rdnr. 7; *Heuer* Kommentar zum Haushaltsrecht, Loseblatt, Stand März 1996, Anm. 3 zu Art. 111; *Fischer-Menshausen* aaO, Rdnr. 1 zu Art. 111; *Siekmann* in: Sachs, Grundgesetz, Kommentar, 1996, Art. 111 Rdnr. 10; *Jarass* in: Jarass/Pieroth, Grundgesetz, 3. Aufl. 1995, Art. 111 Rdnr. 1).

Um so mehr muß diese Möglichkeit zur Nothaushaltsgesetzgebung unter einer Verfassung wie der bremischen bestehen, die keine Regelungen des etatlosen Zustandes enthält. Der Auffassung der Antragsteller, daß auch die gesetzliche Regelung der vorläufigen Haushaltsführung durch die Bürgerschaft nur in den engen Grenzen zulässig sei, die – wie in Art. 111 GG oder § 117 LHO – der Nothaushaltskompetenz der Exekutive gezogen sind, vermag der Staatsgerichtshof nicht zu folgen. Es ist richtig, daß die in Art. 111 GG und in den meisten Landesverfassungen enthaltenen Ermächtigungen zu Ausgabenleistungen im Zweifel eng auszulegen sind und jedenfalls nicht erweitert werden dürfen. Dies folgt daraus, daß es sich dabei um die ausnahmsweise exekutivische Wahrnehmung der zum parlamentarischen Vorbehaltsbereich gehörenden Budgetkompetenz handelt; die exekutivische Notkompetenz zur Leistung von Ausgaben kann daher stets nur eine eng zu begrenzende Ausnahme sein (vgl. BVerfGE 45, 1, 31). Während die parlamentarische Budgethoheit gegen unzulässige Beeinträchtigungen durch die Exekutive gesichert werden muß, ist nicht ersichtlich, daß das Parlament durch ein Nothaushaltsgesetz das ihm zustehende Budgetrecht selbst verletzen könnte. Die Schranken, die die Verfassungen im Falle des etatlosen Zustandes dem Selbstbewilligungsrecht der Exekutive zum Schutze des parlamentarischen Budgetrechts auferlegen, können daher nicht für das Bewilligungsrecht des Nothaushaltsgesetzgebers gelten.

b) Die Kompetenz zur Nothaushaltsgesetzgebung folgt darüber hinaus auch aus der parlamentarischen Budgetpflicht (AK-GG-*Mahrenholz* 2. Aufl. 1989, Art. 110 Rdnrn. 26 ff, insbes. 30). Die Mitwirkung des Parlaments an der Budgetgebung bedeutet die Teilnahme an der Staatsleitung (BVerfGE 45, 1, 32); es übernimmt damit eine Mitverantwortung für das Funktionieren des Staatsapparates und das Fortlaufen der Staatsgeschäfte. Da die Funktionsfähigkeit des Staates eine von der Verfassung vorausgesetzte Notwendigkeit ist, steht die Wahrnehmung der Budgetfunktion nicht im Ermessen des Parlaments. Im Verfassungsstaat ist ein etatloses Funktionieren der Staatsverwaltung unzulässig; das Parlament trägt die Verantwortung dafür, daß sich „die Exekutive nicht in einem verfassungsrechtlichen Niemandsland" bewegt (*Heuer* aaO, Anm. 8 zu Art. 111) und daß staatliche Ausgaben stets eine einwandfreie verfassungsrechtliche Grundlage haben. So hat das Bundesverfassungsgericht dem Regelungszusammenhang der Art. 110, 111 und 112 GG das Prinzip entnommen, „daß stets staatliche Mittel in einem rechtlich geordneten Verfahren zur Verfügung gestellt werden können, um ein nicht weiter aufschiebbares staatliches Bedürfnis zu erfüllen" (BVerfGE 45, 1, 34). Obwohl die bremische Landesverfassung eine dem Art. 111 entsprechende Regelung nicht besitzt, gilt dieser Grundsatz auch für sie. Jedenfalls unter den Bedingungen des demokratischen Verfassungsrechts führt ein etatloser Zustand nicht zu einer ungeschriebenen Zuständigkeit der Regierung, sondern zur Notgesetzgebungspflicht der Bürgerschaft. Wenn Art. 132 S. 1 und 2 BremLV das Haushaltsgesetz zur Grundlage der Verwaltung aller Einnahmen und Ausgaben erklärt und den Senat verpflichtet, die Verwaltung nach dem Haushaltsgesetz zu führen, so bedeutet dies, daß es Ausgaben und Einnahmen außerhalb des Haushaltsgesetzes nicht geben darf. Die Landesverfassung gebietet mithin eine durch ein Haushaltsgesetz gebundene Regierungs- und Verwaltungstätigkeit. Läßt sich dieses Gebot nicht durch rechtzeitige Verabschiedung eines regulären Haushaltsgesetzes erfüllen, so ist der Weg der Nothaushaltsgesetzgebung zu beschreiten, damit der noch verfassungsfernere Zustand einer vollkommenen Budgetlosigkeit vermieden wird.

c) Aus der Kompetenz zur Nothaushaltsgesetzgebung folgt nicht, daß der bremische Nothaushaltsgesetzgeber jede beliebige Regelung zur Überbrückung des etatlosen Zustandes treffen kann. Die verfassungsrechtlichen und bundesgesetzlichen Bindungen, denen der Budgetgesetzgeber unterworfen wird, würden weitgehend ins Leere laufen, wenn er sich ohne sachlichen Grund seiner Pflicht zur gesetzesförmigen Verabschiedung eines regelmäßigen und damit vollständigen Haushaltsplanes entziehen könnte, um die Möglichkeit einer beliebigen Budgetgestaltung auf dem Wege der Nothaushaltsgesetzgebung zu erlangen. Um dieser Gefahr vorzubeugen, haben alle an der Aufstellung des Haushaltsplans beteiligten Verfassungsorgane die Pflicht, „daran mitzuwirken, daß der Haushaltsplan regelmäßig vor Ablauf des vorherigen Rechnungsjahres verabschiedet werden kann" (BVerfGE 45, 1, 33). Falls dies jedoch aufgrund eines innerparlamentarischen Haushaltskonfliktes oder aus anderen Gründen mißlingt und der Gesetzgeber zum Instrument der Nothaushaltsgesetzgebung greifen muß, so unterliegt er hierbei Bindungen, die sich aus der Bedeutung ergeben, die das parlamentarische Budgetrecht für die Ausübung demokratischer Herrschaft und für die parlamentarische Kontrolle der Regierung hat. Hierbei sind die folgenden Maßstäbe zu beachten:

aa) Da die Landesverfassung von dem Normalfall eines regulären Haushaltsgesetzes ausgeht, das die Anforderungen des Art. 131 BremLV sowie des gemäß Art. 109 Abs. 3 GG erlassenen Haushaltsgrundsätzegesetzes des Bundes erfüllt, darf ein Haushaltsnotgesetz das reguläre Haushaltsgesetz weder ersetzen noch dessen Erlaß während der jeweiligen Haushaltsperiode unmöglich machen. Das Nothaushaltsgesetz dient der Bewältigung einer Übergangszeit, während der der haushaltsverfassungsrechtliche Normalzustand nicht besteht; seine Verabschiedung entbindet die Bürgerschaft nicht von der Pflicht, den Normalzustand wieder herzustellen und innerhalb des Rechnungsjahres das reguläre Haushaltsgesetz zu erlassen. Die Bürgerschaft darf sich daher durch das Nothaushaltsgesetz und die durch seinen Vollzug geschaffenen haushaltswirtschaftlichen Tatsachen und Zwänge nicht derart faktisch binden, daß ihr die Verabschiedung eines alle rechtlichen Anforderungen erfüllenden regulären Haushaltsgesetzes unmöglich wird. Dieses Verbot soll insbesondere verhindern, daß die Bürgerschaft der Pflicht zum Ausgleich des Haushalts nicht mehr nachkommen kann, weil sich zwar für bestimmte, u. U. sehr populäre Ausgaben parlamentarische Mehrheiten bei der Verabschiedung des speziellen Nothaushaltsgesetzes finden, nicht jedoch für einen dem Gebot des Ausgleichs von Ausgaben und Einnahmen unterliegenden Gesamthaushalt. Zwar enthält Art. 131 Abs. 2 BremLV, anders als Art. 110 Abs. 1 S. 2 GG, keine ausdrückliche Verpflichtung zum Ausgleich von Einnahmen und Ausgaben. Doch bildet der Haushaltsausgleich mit innerer Notwendigkeit ein unverzichtbares Element des Staatshaushaltsplanes. Er ist ein Instrument der Finanzierung der Staatsausgaben und kann daher nicht mehr Ausgaben enthalten als die zu ihrer Deckung veranschlagten Einnahmen (*Fischer-Menshausen,* aaO; Rdnr. 14 zu Art. 110).

bb) Das Ausmaß der Abweichungen von den an das reguläre Haushaltsgesetz gestellten rechtlichen Anforderungen ist ausschließlich aus dem Charakter des Nothaushaltsgesetzes als eines Ausnahme- und Übergangsgesetzes abzuleiten. Der Nothaushaltsgesetzgeber ist daher an jene Grundsätze nicht gebunden, die ihrem Wesen nach nur auf das reguläre („regelmäßige") Haushaltsgesetz anwendbar sind: die Grundsätze der Vorherigkeit, der Vollständigkeit, der Einheitlichkeit, des unmittelbaren Haushaltsausgleichs und der Jährlichkeit (vgl. *Heuer,* aaO, Anm. 7 zu Art. 110 und Anm. 3 zu Art. 111; *Maunz,* aaO, Art. 110 Rdnr. 66). Andere Abweichungen von den für das reguläre Haushaltsgesetz geltenden Maßstäben sind nur so weit zulässig, wie dies durch die Notwendigkeit einer vorläufigen und übergangsweisen Regelung bedingt ist.

cc) Da die Bewilligung von Ausgaben nach der bremischen Verfassung zu den ausschließlichen Kompetenzen der Bürgerschaft gehört, darf sie sich dieser Kompetenz nicht durch Delegation an ein anderes Organ entledigen (allgemein zur Nicht-Übertragbarkeit ausschließlicher Parlamentskompetenzen *Ossenbühl,* aaO; Rdnr. 10). Für die Haushaltskompetenz des Parlaments ist dieser Grundsatz besonders streng zu beachten, da das parlamentarische Haushaltsbewilligungsrecht traditionell das bedeutendste Instrument des Parlaments ist, seinen politischen Gestaltungswillen gegenüber der Exekutive zur Geltung zu bringen. Das „Budget-Recht, die Beschlußfassung des Parlaments über den Haushalt des Staates und der Stadtgemeinde, ist unstreitig eines der wichtigsten Mittel der Volksvertretung, die demokratische Struktur der Verfassung, vor allem die Vormachtstellung des Parlaments gegenüber der Exekutive zu wahren" (BremStGHE 1, 52, 55; ebenso 1, 46, 49; vgl. auch S. 65, 68 sowie BVerfGE 45, 1, 32; 70, 324, 356; 82, 159, 179). Daraus folgt, daß die Bürgerschaft alle Ermächtigungen zur Leistung von Ausgaben durch die Verwaltung *selbst* erteilen muß und diese Befugnis weder auf einen parlamentarischen Ausschuß noch auf ein Organ der Verwaltung delegieren darf.

dd) Ebensowenig wie die Bürgerschaft ihre Budgetbefugnisse delegieren darf, ist es ihr erlaubt, die Ermächtigungen zur Leistung von Ausgaben sowie zur Aufnahme von Krediten derart pauschal zu erteilen, daß in Wirklichkeit nicht sie, sondern die haushaltsvollziehende Verwaltung die Zwecke bestimmen würde, für die die Etatmittel ausgegeben werden. Pauschalermächtigungen des Parlaments verletzen seine Budgetpflicht, weil sie der Exekutive die Möglichkeit der politischen Selbststeuerung einräumen. Sie wären darüber hinaus auch mit dem in Art. 67 BremLV niedergelegten Prinzip der Gewaltenteilung nicht vereinbar. Daher müssen, wie auch in anderen Fällen von Ermächtigungen an Regierung und Verwaltung, auch im Nothaushaltsgesetz mindestens Zweck, Inhalt und Ausmaß der vom Parlament für die Übergangszeit bewilligten Ausgaben aus der Ermächtigung erkennbar werden. Dabei ist zu berücksichtigen, daß das Haushaltsgesetz nicht nur die Beziehung zwischen Parlament und Regierung regelt. Das dem demokratischen Parlamentarismus eigene Prinzip der Öffentlichkeit (Art. 91 Abs. 1 BremLV, 42 Abs. 1 S. 1 GG) enthält als besondere Ausprägung das Prinzip der Budgetöffentlichkeit (BVerfGE 70, 324, 358; AK-GG-*Mahrenholz*, aaO, Art. 110 Rdnr. 61). Es gebietet die Offenlegung der Etatposten und eine umfassende Information der parlamentarischen Opposition, der in Art. 78 Abs. 2 BremLV das Recht auf politische Chancengleichheit garantiert ist (vgl. auch BVerfGE 70, 324, 355). Das Nothaushaltsgesetz muß daher die inner- und außerparlamentarische Öffentlichkeitsfunktion des regulären Haushaltsgesetzes erfüllen und namentlich die Grundsätze der Haushaltsklarheit, der Haushaltsöffentlichkeit sowie der Spezialität wahren. Diese Grundsätze sind nicht ausdrücklich im Text der Landesverfassung oder des Grundgesetzes enthalten; aufgrund ihrer untrennbaren Verbindung mit dem verfassungsrechtlich kodifizierten Budgetprozeß haben sie den Charakter von materiellem Verfassungsrecht (vgl. Ak-GG-*Mahrenholz*, aaO, Art. 110 Rdnr. 47 ff; *Fischer-Menshausen*, aaO, Rdnr. 7 ff zu Art. 110; *Siekmann*, aaO, Art. 110 Rdnr. 46 ff; vgl. auch NRWVerfGH NVwZ 1992, 470 ff). Soweit der Budgetprozeß auf Landesebene betroffen ist, handelt es sich um Landesverfassungsrecht.

(1) Der Grundsatz der Haushaltsklarheit verlangt eine übersichtliche Darstellung und verständliche Bezeichnung der Budgetansätze, aus denen sich die Herkunft der Einnahmen und die Zweckbestimmung der vorgesehenen Ausgaben erkennen läßt (*Kisker* in: Isensee/Kirchhof (Hrsg.), Handbuch des Staatsrechts, Bd. IV, § 89, Rdnr. 71). Dies obliegt zunächst der die Budgetinitiative innehabenden Regierung gegenüber dem Parlament, damit die Abgeordneten die Möglichkeit haben, ihren politischen Willen in einer für

den Haushaltsvollzug nachvollziehbaren Weise zum Ausdruck zu bringen (BVerfGE 70, 324, 355). Dieses Gebot gilt aber auch für das Parlament selbst, um es an der Flucht aus seiner Verantwortung zu hindern sowie um den von ihm repräsentierten Bürgern die Möglichkeit zu geben, die politischen Richtungsentscheidungen des Parlaments zu erkennen. Eine Milderung gilt für Nothaushaltsgesetze. Sie sind Maßnahmegesetze, durch die eine gegenwärtige Ausnahmesituation, u. U. auch ein Haushaltskonflikt, bewältigt werden soll. In diesem Fall reicht es aus, daß das Gesetz erkennen läßt, für welche Maßnahmen der Gesetzgeber die Verantwortung übernimmt. Sofern die Beteiligten – Regierung, Parlament einschließlich der parlamentarischen Opposition und Öffentlichkeit – erkennen können, welche Maßnahmen und Programme der Gesetzgeber zu budgetieren bereit ist, ist im Falle des Nothaushaltsgesetzes dem Grundsatz der Haushaltsklarheit Genüge getan.

(2) Der Grundsatz der Haushaltsöffentlichkeit verlangt im Verhältnis zwischen Regierung und Parlament wie auch zwischen Parlament und Öffentlichkeit eine wahrheitsgemäße, Verschleierung und Täuschung ausschließende Darstellung der vorhergesagten Einnahmen und der geplanten Ausgaben. Es soll verhindert werden, daß die Regierung durch unzutreffende Ansätze das Parlament zu Ausgabenbewilligungen veranlaßt, die ihr beim Haushaltsvollzug weitgehende Freiheiten, z. B. in Gestalt erheblicher Ausgabenreste, einräumen (*Mahrenholz*, aaO, Rdnrn. 57 f). Für ein Nothaushaltsgesetz können keine geringeren verfassungsrechtlichen Anforderungen gelten, da gerade in Situationen, in denen die normalen Regelungen der Verfassung nicht erfüllt werden können, jene Prinzipien besonders wichtig werden, welche unabhängig von der Anwendung einzelner Verfassungsnormen die Integrität und Transparenz des staatlichen Handelns und des Funktionierens der staatsleitenden Verfassungsorgane gewährleisten.

(3) Der Grundsatz der Spezialität dient der Sicherung der parlamentarischen Steuerung der Regierung durch das Parlament und wirkt der Herausbildung von Pauschalansätzen entgegen. So kann der Senat gemäß Art. 118 Abs. 1 BremLV die Verwaltung nur nach den Gesetzen und den Richtlinien der Bürgerschaft führen, wenn diese auch haushaltsmäßig so weit spezifiziert sind, daß sich daraus kontrollierbare Handlungsrichtungen ergeben (vgl. NRWVerfGH NVwZ 1992, 470, 471). Gleichermaßen kann der Haushaltsplan gemäß Art. 132 S. 1 BremLV nur dann „die Grundlage für die Verwaltung aller Einnahmen und Ausgaben“ sein, wenn im ermächtigenden Gesetz eine Spezifikation insbesondere der Ausgabenzwecke geleistet wird. Indessen sind auch hier für das Nothaushaltsgesetz Einschränkungen anzuerkennen. Während die an die Exekutive übergehende Notkompetenz zu Recht den relativ engen Bindungen unterliegt, die beispielhaft in Art. 111 GG for-

muliert sind, verlangt die beim Gesetzgeber verbleibende Haushaltskompetenz im Falle eines Nothaushaltsgesetzes lediglich, daß der Gesetzgeber erkennbar für Projekte und Programme die Verantwortung übernimmt, die derart definiert sind, daß die parlamentarische Minderheit und die Öffentlichkeit bei der Bewertung der politischen Entscheidungen und die Verwaltung beim Haushaltsvollzug die Grundlinien der vom Parlament legitimierten und verantworteten Politik erkennen kann. Insbesondere in bezug auf die Verwaltung müssen die zulässigen Ausgaben so bestimmt sein, daß sie nicht in die Lage versetzt wird, ihre politischen Prioritäten an die Stelle der politischen Entscheidungen des Gesetzgebers zu setzen.

d) Wendet man diese Grundsätze auf die Vorschriften des Vorläufigen Haushaltsgesetzes 1996 (VorlHaushaltsführungG) der Freien Hansestadt Bremen an, so folgt daraus, daß sie mit Ausnahme des § 1 verfassungsrechtlich nicht zu beanstanden sind.

aa) Durch § 1 VorlHaushaltsführungsG wird die Finanzdeputation ermächtigt, über die engen Voraussetzungen des mit Art. 111 Abs. 1 lit. c GG sachlich übereinstimmenden § 117 LHO hinaus der Verwaltung Haushaltsmittel zur Verfügung zu stellen. Die Vorschrift begrenzt die Höhe dieser Mittel auf 45 % der im Budgetbeschluß des Senats vom 6. November 1995 festgelegten Teilbudgets. Daß sich der Prozentsatz auf jenen Budgetbeschluß bezieht, ergibt sich zwar nicht bereits aus dem Wortlaut der Vorschrift, da dort nur ganz allgemein von den „im Teilbudget“ vorgesehenen Mitteln die Rede ist, ohne zu erläutern, welches Teilbudget gemeint ist. Jedenfalls sind nicht die im Nothaushaltsrecht üblicherweise in Bezug genommenen Haushaltsansätze des Vorjahres gemeint; dieser naheliegende Zusatz fehlt, obwohl im vorangegangenen Satz 1 der Vorschrift der Bezug auf „vorherige Haushalte“ ausdrücklich hergestellt wird und sich daher eine entsprechende Bezugnahme im folgenden Satz aufgedrängt hätte. Tatsächlich bezog sich der Senat in der Erläuterung des von ihm eingebrachten Gesetzentwurfs auch selbst ausdrücklich auf den Senatsbeschluß vom 6. November 1995 (vgl. Mitteilung des Senats, Bremische Bürgerschaft – LT-Drs. 14/169 vom 20. 12. 1995, S. 2 sub a Abs. 2, S. 5 sub 2 b Abs. 2). Wie der Vertreter des Senats in der mündlichen Verhandlung erklärt hat, sollten die Budgets von 1995 deswegen nicht der Bezugspunkt für die Haushaltsansätze für 1996 sein, weil diese von der im Sommer 1995 neu gebildeten Regierungskoalition im Hinblick auf die Sparnotwendigkeiten des Sanierungsprogramms als nicht restriktiv genug angesehen wurden.

Entgegen der Auffassung der Antragsteller sind weder gegen die gesetzliche Ermächtigung zur Freigabe von 45 % eines Teilbudgets noch gegen die Erstreckung von Fortsetzungsmaßnahmen auf „längerfristige Programme“

verfassungsrechtliche Einwände zu erheben. Auch gegen die Ermächtigung der Finanzdeputation zur Freigabe der Haushaltsmittel bestehen keine Bedenken.

Da mit einem etatlosen Übergangszeitraum von etwa sechs Monaten gerechnet wurde (vgl. Mitteilung des Senats vom 20. 12. 1995, Bremische Bürgerschaft, Drs. 14/169), sind die Ermächtigungen auf diesen Zeitraum berechnet: 45 % des Ausgabenvolumens entsprechen etwa 6/13 des Jahresvolumens eines Teilbudgets. Dieser Anteil liegt damit um 5 % unter der bei einem regelmäßigen Haushaltsgesetz für einen Zeitraum von sechs Monaten verfügbaren Summe und gefährdet daher nicht die Verabschiedung eines ausgeglichenen regulären Haushaltsgesetzes.

Auch die Ermöglichung der Finanzierung von Fortsetzungsmaßnahmen im Rahmen längerfristiger Programme ist mit den dargelegten Maßstäben für Nothaushaltsgesetze vereinbar. Die in der Begründung zum Gesetz genannten Programme – es ging hier vor allem um das ISP und das WAP – waren den Abgeordneten und der Öffentlichkeit aus den Haushaltsplänen der Vorjahre bekannt. Die Gliederung des WAP in verschiedene Fonds und deren Finanzplanung von 1994 bis 1996 (einschließlich Perspektivplanung bis 2000) ergaben sich aus der Mitteilung des Senats vom 13. 10. 1992 – Anl. 4 (Bremische Bürgerschaft – LT-Drs. 13/359). Im Einzelplan 07 (Geschäftsbereich des Senators für Wirtschaft, Mittelstand und Technologie) des Haushaltsplanes 1995 waren unter den Kapiteln 0703 (Technologiefonds), 0704 (Mittelstandsfonds), 0705 (Ökologiefonds), 0706 (Sonderprogramm Bremerhaven), 0707 (Industriestrukturfonds), 0708 (Gewerbeflächenfonds) etc. alle Fonds des WAP budgetiert. Für das ISP waren im Haushaltsplan 1995 im Einzelplan 09 (Senator für Finanzen) unter Kapitel 0994 Titel 799 11-8 zwar nur Globalmittel eingestellt worden – 750 Mio. DM für Verpflichtungsermächtigungen, 126,6 Mio. DM für Ausgaben; jedoch ergab sich eine Spezifizierung der Ausgaben aus der zu diesem Titel gegebenen Erläuterung, welche auf die Budgetierung des Betrages bei den einzelnen Ressorts verwies. Im Haushaltsgesetz 1995 waren mithin sowohl das WAP wie auch das ISP nicht nur in Umrissen, sondern in allen Einzelheiten vollständig etatisiert. Berücksichtigt man dabei, daß diese Programme Elemente eines auf zehn Jahre angelegten und im Volumen genau budgetierten Sanierungsprogramms darstellen, so kann man feststellen, daß der Haushaltsgesetzgeber durch die Ermächtigung zur Fortsetzung dieser Programme seine politische Richtungsentscheidung hinlänglich präzise zum Ausdruck gebracht hat.

Schließlich war es auch zulässig, die Finanzdeputation zur Freigabe der in Rede stehenden Mittel zu ermächtigen. Im Gegensatz zu der verfassungswidrigen Vorschrift des § 117 LHO setzt § 1 VorlHaushaltsführungsG die Finanzdeputation nicht an die Stelle des Haushaltsgesetzgebers, da die Bewilligung der in § 1 genannten Mittel von der Bürgerschaft selbst vorgenommen wird. Es handelt sich bei den Bewilligungs- und Kreditaufnahmeermächtigungen durch § 1 VorlHaushaltsführungsG vielmehr um Ermächtigungen zum Haushaltsvollzug. Ebenso wie im Bund und in den anderen Bundesländern ist auch in Bremen der Haushaltsvollzug mit gewissen Ausnahmen eine Kompetenz der Exekutive (Art. 132 S. 2, 3, Art. 133; §§ 37 Abs. 1, 4; 38 Abs. 2; 45 Abs. 4 LHO). Gegen die Einbeziehung der Finanzdeputation in den Haushaltsvollzug bestehen keine verfassungsrechtlichen Einwände. Als Verwaltungsausschuß gemäß Art. 129 BremLV ist sie Bestandteil der Exekutive und damit zulässiger Träger von exekutiven Funktionen.

Dagegen war es mit Landesverfassungsrecht nicht vereinbar, daß in § 1 VorlHaushaltsführungsG Ermächtigungen zum Haushaltsvollzug ausgesprochen wurden, deren Beträge in Prozentsätzen von Summen angegeben werden, die lediglich in einem der Bürgerschaft nicht bekanntgemachten Beschluß des Senats festgelegt worden waren. Die Bürgerschaft erteilte damit Ermächtigungen zur Freigabe von Summen, die ihr selbst nicht bekannt waren. Da – im Gegensatz zum regulären Haushaltsgesetz – dem Nothaushaltsgesetz kein Haushaltsplan beigefügt war, aus dem sich die Summen und die Ausgabenzwecke hätten ergeben können, blieb die effektive Höhe der in § 1 VorlHaushaltsführungsG bewilligten Haushaltsmittel im dunkeln. Außerhalb des eingeweihten Kreises des Senats und der Finanzdeputation konnte sich mangels amtlicher verläßlicher Zahlen weder die Mehrheit der Abgeordneten der Bürgerschaft noch die Öffentlichkeit eine Vorstellung von dem Ausmaß der Delegation von Befugnissen auf die Finanzdeputation machen. Dadurch war es auch unmöglich, eine nachträgliche Änderung der Grundlage der Regelung des § 1 VorlHaushaltsführungsG festzustellen. Tatsächlich wurden, wie der Vertreter des Senats in der mündlichen Verhandlung erklärt hat, die Ansätze während des etwa halbjährigen Budgetprozesses 1996 mehrfach geändert, so daß sich damit auch mehrfach der Regelungsgehalt des § 1 VorlHaushaltsführungsG änderte, ohne daß dies die Bürgerschaft, noch weniger die Öffentlichkeit bemerken konnte.

Dieses Verfahren stand in mehrfacher Hinsicht nicht mit der Verfassung in Einklang. Es entzog den Abgeordneten der Bürgerschaft die Möglichkeit einer sachkundigen und informierten Beteiligung am parlamentarischen Prozeß. Denn ihnen war der haushaltswirtschaftliche Gehalt der von ihnen verlangten Gesetzgebungsentscheidung über diese Regelung nicht bekannt. Auch die Öffentlichkeit war außerstande, den Inhalt dieser gesetzlichen Regelung zu verstehen und daraus Schlußfolgerungen für die Bewertung der politischen Leistung des Parlaments, seiner Fraktionen und Abgeordneten zu ziehen. Die Regelung verstieß daher gegen die Prinzipien der Haushaltsklarheit und der Haushaltsöffentlichkeit. Darüber hinaus durchbrach die Bezugnahme des § 1 VorlHaushaltsführungsG auf den Budgetbeschluß in verfassungswidriger Weise die ausschließliche Budgetbewilligungskompetenz des Parlaments (Art. 132 S. 1 BremLV). Zwar traf die Bürgerschaft eine allein durch Gesetz zu treffende Entscheidung in Gesetzesform; durch den Bezug auf jederzeit änderbare Beschlüsse des Senats räumte sie jedoch mittelbar der Exekutive die Befugnis ein, den Inhalt des Gesetzes durch Beschlußfassung über eine wesentliche Bezugsgröße ihrerseits zu bestimmen. Die Bürgerschaft hat damit entgegen der Landesverfassung einen Teil ihres Budgetrechts aus der Hand gegeben.

bb) Die Regelung des § 2 Abs. 1 VorlHaushaltsführungsG ist dagegen verfassungsrechtlich nicht zu beanstanden. Die Vorschrift enthält Ausgaben- und Verpflichtungsermächtigungen an die Finanzdeputation in Höhe von je 10 Mio. DM. Im Hinblick auf die durch das Haushaltsgesetz vom 18. Juni 1996 (Brem.GBl. S. 135) festgestellten Ausgabenermächtigungen in Höhe von knapp über sechs Milliarden und Verpflichtungsermächtigungen in Höhe von etwa 2,2 Milliarden DM handelt es sich hierbei um kleine Summen, die 0,16 % der Ausgaben und 0,45 % der Verpflichtungsermächtigungen des Gesamthaushalts 1996 betragen. Offenkundig wollte die Bürgerschaft eine Ermächtigung für unvorhergesehene Notfälle erteilen, so daß die allgemeine Zweckbestimmung für „dringliche Maßnahmen im konsumptiven und investiven Bereich" der Verwaltung einen gewissen Ermessens- und Beurteilungsspielraum einräumt. Dies durchbricht jedoch nicht die ausschließliche Budgetkompetenz der Bürgerschaft, da eine Spezifikation der Zwecke bei der Bewilligung von Ausgaben für dringliche Maßnahmen ihrer Natur nach in der Regel nicht vorab geleistet werden kann. Auch in einem regulären Haushaltsplan sind derartige relativ kleine Pauschalansätze und dementsprechende Ermessensspielräume für die Verwaltung zulässig. Die Gefahr, daß die Verwaltung an der Bürgerschaft vorbei eine eigene Sach- und Haushaltsspolitik betreiben kann, besteht hier nicht. Der auch in dieser Vorschrift enthaltene Bezug auf den nicht veröffentlichten Budgetbeschluß des Senats vom 6. November 1995 führt zu keinem anderen Ergebnis. Im Gegensatz zu § 1 werden in § 2 Abs. 1 nicht Prozentsätze von unbekannten und veränderbaren Summen genannt, sondern absolute Zahlen, deren haushaltspolitische Dimension aus sich heraus klar war. Die Verbindung zum Budgetbeschluß wird hier lediglich durch den Bezug auf bestimmte Programme („Teilbudgets") hergestellt, für die dringliche Maßnahmen finanziert werden sollen. Auch ohne diesen Bezug wären aber Pauschalermächtigungen von insgesamt 20 Mio. DM für dringliche Maßnahmen verfassungsrechtlich zulässig. Der offenbar als Einengung gemeinte Verweis auf den Budgetbeschluß ist daher unschädlich.

cc) Auch die Regelung des § 2 Abs. 2 VorlHaushaltsführungG begegnet keinen verfassungsrechtlichen Bedenken. Daß die Finanzdeputation und nicht der Senat oder der Finanzsenator ermächtigt werden, ist ohne verfassungsrechtlichen Belang, da die Landesverfassung es dem Haushaltsgesetzgeber überläßt, welchem Organ der Exekutive er bestimmte Aufgaben des Vollzuges des Haushaltsplanes überläßt, solange nur die parlamentarische Verantwortlichkeit sichergestellt ist. Da Verpflichtungsermächtigungen Ausgaben zukünftiger Haushaltsjahre sind, unterliegen sie hinsichtlich ihrer Zweckspezifikation grundsätzlich den gleichen Anforderungen wie Ausgabeermächtigungen (vgl. §§ 8 Abs. 2, 10 Abs. 2, 11 Abs. 1 HGrG, §§ 11 Abs. 2, 13 Abs. 4 Nr. 1, 14 Abs. 1 Nr. 1, 16, 17 Abs. 1 LHO). Diesen Anforderungen wird die Vorschrift gerecht. Durch die Festlegung der absoluten Obergrenze hat die Bürgerschaft die ihr zustehende Kontrolle über das Volumen der Vorabbindungen gewahrt. Anders als im regulären Haushaltsgesetz 1996 (Brem.GBl. S. 135), in dessen § 8 Abs. 1 Nr. 2 die Bürgerschaft von der Vorschrift des § 38 Abs. 2 LHO Gebrauch gemacht und die Finanzdeputation zur Ersetzung veranschlagter Verpflichtungsermächtigungen durch andere ermächtigt hat, bestimmt die Vorschrift des § 2 Abs. 2 Vorl HaushaltsführungsG in hinhänglich erkennbarer Weise die Zwecke, für die die Verpflichtungen eingegangen werden können, wobei in lit. c) an die Stelle einer sachlichen Aufgabenbestimmung das aus der vorläufigen Haushaltsführung bekannte und auch von den Antragstellern anerkannte Merkmal der „haushaltsmäßigen Abwicklung begonnener dringlicher Fortsetzungsmaßnahmen" tritt. Der Haushaltsgesetzgeber hat mithin Höhe und sachliche Zwecke der Verpflichtungsermächtigungen selbst festgelegt und damit den Kriterien an eine Nothaushaltsgesetzgebung genügt.

dd) Auch § 6 VorlHaushaltsführungsG ist verfassungsrechtlich nicht zu beanstanden. Diese Vorschrift enthält eine gesetzliche Ermächtigung an die Finanzdeputation, zur Förderung des Schiffbaus Bürgschaften bis zur Höhe von 220 Mio. DM zu übernehmen. Diese Ermächtigung tritt zu der im Haushaltsgesetz 1995 in § 11 Abs. 4 vorsorglich dem Finanzsenator erteilten Ermächtigung, bis zur Verkündung des Haushaltsgesetzes 1996 nach Maßgabe der dort festgelegten Höchstsummen Bürgschaften und andere Garantien einzugehen. Damit hat die Bürgerschaft eine klar erkennbare Entscheidung für ein bestimmtes Bündel von industriepolitischen Maßnahmen getroffen, deren Vollzug eine Angelegenheit der Verwaltung ist. Die Vorschrift entspricht im übrigen der gesetzlichen Regelung des § 39 Abs. 1 LHO, die verlangt, daß Bürgschaften, Garantien oder sonstige Gewährleistungen einer der Höhe nach bestimmten Ermächtigung durch Gesetz bedürfen. Bedenken gegen die Vereinbarkeit des § 39 Abs. 1 LHO mit der Landesverfassung sind nicht ersichtlich und sind auch von den Antragstellern nicht geltend gemacht worden.

ee) § 1 VorlHaushaltsführungsOrtsG war aus denselben Gründen verfassungswidrig wie der regelungsidentische § 1 des VorlHaushaltsführungsG des Landes. Der verfassungsrechtliche Maßstab für die Normenkontrolle ist für beide Normen derselbe. Gemäß Art. 146 BremLV gelten die Bestimmungen der Art. 102, 131 bis 133 BremLV für die Gemeinden des Landes, und damit auch für die Stadtgemeinde Bremen, entsprechend. Art. 148 Abs. 1 BremLV ordnet an, daß Stadtbürgerschaft und Senat die gesetzlichen Organe der Stadtgemeinde Bremen und daß die Vorschriften der Landesverfassung über Volksentscheid, Bürgerschaft und Senat auf die Verwaltung der Stadtgemeinde Bremen entsprechend anzuwenden sind. Die Gründe für die Unvereinbarkeit des § 1 des Landesgesetzes gelten daher ohne Einschränkung auch für die entsprechende Vorschrift des Ortsgesetzes.

ff) § 2 Abs. 1 des Ortsgesetzes ist dagegen mit der Landesverfassung vereinbar. Er stimmt bis auf die Höhe der von der Bürgerschaft bewilligten Mittel mit der entsprechenden Vorschrift des Landesgesetzes überein. Allerdings ist die Höhe der für dringliche Maßnahmen pauschal bewilligten Mittel mit 190 Mio. DM beträchtlich, selbst wenn berücksichtigt wird, daß davon 170 Mio. auf Verpflichtungsermächtigungen entfallen, die den laufenden Haushalt noch nicht belasten. Es findet jedoch auch hier eine Begrenzung auf dringliche Maßnahmen statt. Darüber hinaus bedeutete die Bezugnahme auf die „Teilbudgets" für 1996, damit in erster Linie auf das ISP und das WAP, daß die ermächtigte Finanzdeputation durch diese der Bürgerschaft bekannten Programme gebunden war. Als wesentliche Bestandteile des Sanierungsprogramms für die Freie Hansestadt Bremen wurden sie Bestandteil der zwischen dem Bund, der Freien Hansestadt Bremen und dem Saarland geschlossenen „Verwaltungsvereinbarung zur Sanierung der Haushalte der Freien Hansestadt Bremen und des Saarlandes vom 30. Juli 1993" über die Sonder-Ergänzungszuweisungen des Bundes (abgedruckt in: Der Senator für Finanzen der Freien Hansestadt Bremen (Hrsg.), Neuordnung des Finanzausgleichs zwischen Bund und Ländern und ihre Auswirkungen für das Land Bremen, 1993, S. 384 ff). In der Präambel zu dieser Vereinbarung wird ausdrücklich auf die von den beiden Ländern vorgelegten Sanierungsprogramme Bezug genommen. Damit ist das Sanierungsprogramm einschließlich seiner Bestandteile ISP und WAP jedenfalls in seinen grundlegenden Elementen verpflichtend gegenüber dem Bund und damit auch Grundlage des haushaltswirtschaftlichen Handelns der bremischen Verwaltung. Unter diesen Umständen bestand nicht die Gefahr, daß die Finanzdeputation trotz der bedeutenden Höhe der von der Stadtbürgerschaft durch § 2 Abs. 1 Vorl

HaushaltsführungsOrtsG bewilligten und nur sehr allgemein spezifizierten Mittel eine eigenständige Haushaltspolitik betreiben und damit in den der Stadtbürgerschaft vorbehaltenen Bereich der Budgethoheit eingreifen konnte. Ebensowenig gibt es Anhaltspunkte dafür, daß dadurch der Erlaß eines regulären Haushaltsgesetzes 1996 gefährdet worden wäre. § 2 Abs. 1 VorlHaushaltsführungsOrtsG enthielt daher keinen Verstoß gegen Landesverfassungsrecht.

Auch Abs. 2 dieser Vorschrift ist nicht zu beanstanden. Die Voraussetzungen, unter denen die Finanzdeputation danach Verpflichtungsermächtigungen eingehen konnte, waren noch enger als die in Abs. 1 genannten, insofern hier die haushaltsmäßige Absicherung nur für bereits begonnene dringliche Fortsetzungsmaßnahmen im Rahmen der zum Sanierungsprogramm gehörenden Einzelprogramme (insbes ISP, WAP) ermöglicht werden sollte. Insofern treffen die für Abs. 1 dargelegten Gründe erst recht hier zu.

III.

Der Staatsgerichtshof beschränkt seine Entscheidung hinsichtlich des § 117 LHO auf die Feststellung der Unvereinbarkeit mit den im Tenor genannten Artikeln der Landesverfassung. Er folgt dabei dem in der Rechtsprechung des Bundesverfassungsgerichts entwickelten Grundsatz, daß durch die Nichtigkeitserklärung einer Norm nicht ein Rechtszustand herbeigeführt werden darf, der der verfassungsmäßigen Ordnung noch weniger entspräche als die angegriffene Regelung (vgl. nur BVerfGE 73, 280, 297). Eine solche Situation ist in bezug auf die Gültigkeit des § 117 LHO gegeben. Zwar könnte der Zustand der Etatlosigkeit in der Freien Hansestadt Bremen in verfassungskonformer Weise auch durch die Verabschiedung eines Nothaushaltsgesetzes erfolgen, doch ist keineswegs sicher, ob in einer anderen Konstellation, etwa in einem durch eine politische Krise ausgelösten Zustand der Etatlosigkeit, dazu die parlamentarische Mehrheit vorhanden wäre. Da eine verfassungsrechtliche Regelung des Nothaushaltsrechts in Bremen zum Zeitpunkt der Entscheidung des Staatsgerichtshofes nicht vorliegt, ist die Anwendung des § 117 LHO im Falle eines budgetlosen Zustandes der verfassungsrechtlichen Ordnung gemäßer als ein durch die Nichtigkeitserklärung herbeigeführtes Regelungsvakuum, das mit größter Wahrscheinlichkeit zu einer mit der Landesverfassung weniger übereinstimmenden Notkompetenz der Exekutive führen würde. Deshalb bleibt diese Vorschrift vorläufig anwendbar.

Die beiden Gesetze über die vorläufige Haushaltsführung sind zum Zeitpunkt der Entscheidung des Staatsgerichtshofs nicht mehr in Geltung, da sie durch die endgültigen Haushaltsgesetze des Landes und der Stadtgemeinde konsumiert worden sind. Sie können daher nicht, wie die Antragsteller beantragt haben, für nichtig erklärt werden. Es ist nur die Feststellung möglich, daß sie während ihrer Geltung mit der Landesverfassung unvereinbar waren.

Die Feststellung der Gesetzeskraft der Entscheidung beruht auf § 11 Abs. 2 BremStGHG.

IV.

Diese Entscheidung ist einstimmig ergangen.

Entscheidungen des Landesverfassungsgerichts Mecklenburg-Vorpommern

Die amtierenden Richter
des Landesverfassungsgerichts Mecklenburg-Vorpommern

Dr. Gerhard Hückstädt, Präsident
Helmut Wolf, Vizepräsident
Peter Häfner
Dr. Dietmar Schneider
Brunhild Steding
Joachim von der Wense
Prof. Dr. Maximilian Wallerath (ab 23. April 1997)

Stellvertretende Richter

Dr. Siegfried Wiesner
Klaus-Dieter Essen
Rudolf Mellinghoff (bis 3. September 1997)
Matthias Lipsky (ab 12. November 1997)
Dr. Christa Unger
Karin Schiffer
Rolf Christiansen
Gudrun Köhn

Nr. 1

1. Die Zulässigkeit des Antrages im Rahmen einer Organstreitigkeit verlangt, daß das angegriffene Verhalten eine Maßnahme oder Unterlassung im Sinne des § 35 LVerfGG darstellt und daß eine Verletzung oder unmittelbare Gefährdung des Antragstellers durch diese möglich erscheint (Bestätigung des Urt. des LVerfG M-V vom 11. 7. 1996, LVerfGE 5, 203, 216 f. = LKV 1997, S. 94, 95).

2. Der Begriff der „Maßnahme" umfaßt jedes rechtserhebliche Verhalten des Antragsgegners unabhängig von seiner Rechtsförmlichkeit, durch das der Antragsteller in seinem Rechtskreis konkret betroffen wird. Hierzu kann auch ein Beschluß des Plenums des Landtages zählen, der auf eine grundsätzliche Klärung verfassungsrechtlicher Rechte und Pflichten von Mitgliedern oder Teilen des Landtages gerichtet ist.

3. Im allgemeinen zwingt die Ablehnung einer antragsgemäßen Beschlußfassung in einem Parlament nicht zu dem Schluß, damit sei zugleich das Gegenteil des mit dem Antrag verfolgten Begehrens festgestellt. Das gilt jedenfalls dann, wenn es sich um die Ablehnung eines Antrages handelt, der auf einen Beschluß mit normativem Gehalt zielt. Ob dieser Grundsatz uneingeschränkt auch für den Bereich des Parlaments gilt, bleibt dahingestellt.

4. Mit dem Erfordernis der „unmittelbaren" Gefährdung führt das Gesetz einen wertenden Maßstab ein, der eine qualifizierte Anforderung an das Rechtsschutzbedürfnis beschreibt. Eine unmittelbar drohende Rechtsverletzung setzt voraus, daß der weitere Geschehensablauf notwendigerweise zu einer Rechtsbeeinträchigung des Antragstellers führt. Dem ist nicht schon entsprochen, wenn ein mögliches Folgeereignis im Sinne eines bloßen Bedingungszusammenhangs mit der beanstandeten Maßnahme verbunden oder nur deren gedankliche Konsequenz ist.

5. Im Rahmen einer verfassungsgerichtlichen Organstreitigkeit soll lediglich ein durch eine bestimmte Maßnahme ausgelöster Streit einer Sachentscheidung zugeführt werden, weil nur dieser geeignet ist, die verfassungsrechtliche Funktionenordnung aktuell zu beeinträchtigen.

Geschäftsordnung des Landtages Mecklenburg-Vorpommern, § 9 Abs. 3, § 40 Abs. 1 Satz 2, § 61 Abs. 2, § 62

Landesverfassungsgerichtsgesetz § 11 Abs. 1 Nr. 1, § 32, § 33 Abs. 2, § 35, § 36 Abs. 1, § 36 Abs. 3

Bundesverfassungsgerichtsgesetz § 64

Landesverfassung Mecklenburg-Vorpommern Art. 22 Abs. 2, Art. 33 Abs. 2 Satz 2, Art. 55

Urteil vom 18. Dezember 1997 – LVerfG 2/97 –

in dem Organstreitverfahren des F., MdL
gegen den Landtag Mecklenburg-Vorpommern.

Entscheidungsformel:

Der Antrag wird zurückgewiesen.
Die Entscheidung ergeht kostenfrei. Auslagen werden nicht erstattet.

Gründe:

A.

Die Beteiligten streiten um die Verfassungsmäßigkeit eines Beschlusses des Landtages Mecklenburg-Vorpommern vom 23. 1. 1997. Mit dem Beschluß lehnte es der Landtag ab, einem Antrag des Antragstellers zu entsprechen, Beschlußempfehlungen der Ausschüsse gemäß Art. 33 Abs. 2 Satz 2 der Verfassung des Landes Mecklenburg-Vorpommern (LV) ohne weitere Prüfung auf die Tagesordnung des Landtages zu setzen.

I.

Der Antragsteller ist Abgeordneter des Landtages Mecklenburg-Vorpommern und Vorsitzender des Innenausschusses.

In seiner 56. Sitzung am 23. 1. 1997 behandelte der Landtag den Antrag (LT-Drucks. 2/2198) des Antragstellers:

> „Der Landtag möge beschließen: Die Beschlußempfehlungen der Ausschüsse gemäß Artikel 33 Abs. 2 Satz 2 der Verfassung des Landes Mecklenburg-Vorpommern werden aufgrund des hier verbrieften Initiativrechts ohne weitere Prüfung auf die Tagesordnung des Landtages gesetzt".

In der schriftlichen Begründung des Antrages heißt es, das „uneingeschränkte Initiativrecht der Ausschüsse“ werde „durch Einführung einer wie auch immer gearteten Prüfung, ob ein in der Empfehlung genannter Beratungsgegenstand auf die Tagesordnung zu setzen sei, rechtswidrig eingeschränkt“. Art. 33 Abs. 2 Satz 2 der Verfassung wolle „den Ausschüssen im Vergleich zum klassischen Selbstbefassungsrecht ein Mehr an Kompetenzen einräumen. Hätte der Verfassungsgeber dieses Mehr nicht gewollt, so hätte er Art. 33 Abs. 2 Satz 2 hinter dem Wort ‚befassen‘ enden lassen, zumal andere Landesverfassungen ausreichend Formulierungsalternativen angeboten“ hätten.

Diesen Antrag lehnte der Landtag nach Aussprache bei 3 Enthaltungen, 16 Stimmen für und 31 Stimmen gegen ihn ab (LT-Drucks. 2/3314).

Bereits zuvor – am 24. 10. 1996 – hatte sich der Rechtsausschuß auf eine entsprechende Bitte des Landtagspräsidenten vom 28. 8. 1996 hin mit der Frage der „Auslegung des § 9 Abs. 3 GO LT in Verbindung mit Artikel 33 Abs. 2 Landesverfassung Mecklenburg-Vorpommern“ befaßt. Der Ausschuß befürwortete einstimmig bei einer Gegenstimme (des Antragstellers),

> „daß unter dem Begriff ‚Empfehlung‘ im Sinne des Artikels 33 Abs. 2 der Landesverfassung keine Beschlußempfehlung im Sinne des § 40 Abs. 1 S. 2 GO LT zu verstehen sei. Dieses bedeutet, daß unter dem Begriff ‚Empfehlung‘ im Sinne des Art. 33 Abs. 2 der Verfassung des Landes Mecklenburg-Vorpommern lediglich eine Empfehlung in engerem Sinne zu verstehen sei, d. h. der Landtag wird in einem solchen Fall aufgefordert zu prüfen, ob ein in der Empfehlung genannter Beratungsgegenstand auf die Tagesordnung zu setzen sei“.

II.

Mit Schriftsatz vom 21. 7. 1997, eingegangen beim Landesverfassungsgericht am 22. 7. 1997, hat sich der Antragsteller an das Landesverfassungsgericht mit dem Begehren gewandt

> „festzustellen, daß eine dahingehende Auslegung von § 9 Absatz 3 Satz 2 der Geschäftsordnung des Landtages Mecklenburg-Vorpommern, daß das Recht und die Pflicht, im Rahmen der den Ausschüssen erteilten Aufträge, dem Landtag bestimmte Beschlüsse zu empfehlen, abschließend ist und die Geschäftsordnung darüber hinaus Beschlußempfehlungen der Ausschüsse außerhalb des Art. 55 der Verfassung des Landes Mecklenburg-Vorpommern im Wege des Selbstbefassungsrechts der Ausschüsse nicht zuläßt, nicht mit Art. 33 Abs. 2 der Verfassung des Landes Mecklenburg-Vorpommern vereinbar ist und eine dahingehende Auslegung der Geschäftsordnung durch den Landtag Mecklenburg-Vorpommern und seine Ausschüsse Rechte des Antragstellers aus Art. 22 Abs. 2 der Verfassung des Landes Mecklenburg-Vorpommern unmittelbar gefährdet.“

Zur Zulässigkeit des Antrages führt er im wesentlichen aus: Als Abgeordneter des Landtages Mecklenburg-Vorpommern sei er antragsfähig. Aufgrund der Ablehnung seines Antrages zur Auslegung von § 9 Abs. 3 der Geschäftsordnung des Landtages Mecklenburg-Vorpommern (GO LT) durch Landtag und Rechtsausschuß sei er in seinen Abgeordnetenrechten zumindest unmittelbar gefährdet. Gefährdet sei das Recht des Abgeordneten aus Art. 22 Abs. 2 LV, im Ausschuß Anträge zu stellen, die – im Rahmen des Selbstbefassungsrechts – Beschlußempfehlungen an das Plenum enthielten und auf die Tagesordnung des Landtages gesetzt werden sollten. Dabei komme es auf die Frage, ob darüber hinaus ein Recht des Ausschusses selbst aus Art. 33 Abs. 2 LV verletzt sei, nicht an. Infolge der Ablehnung seines Antrages durch den Landtag und wegen des Beschlusses des Rechtsausschusses bestehe die Gefahr, daß die inhaltliche Auseinandersetzung mit einem entsprechenden Antrag im Rahmen seiner Ausschußtätigkeit unter Hinweis auf die von Landtag und Rechtsausschuß verbindlich getroffene Festlegung als unzulässig zurückgewiesen werde. Hierdurch werde er unmittelbar durch ein anderes Verfassungsorgan in seinem freien Mandat beeinträchtigt.

Verkürze man das Recht des Ausschusses, Beschlußempfehlungen in den Landtag einzubringen, so vereitele man zwangsläufig auch das Recht des einzelnen Abgeordneten im Ausschuß, durch die Einbringung von Anträgen, die auf Beschlußempfehlungen hinzielten, initiativ zu werden. Eine Schwächung von Rechten des Abgeordneten im Ausschuß bedinge zwangsläufig die Schwächung des Abgeordnetenstatus. Daher sei hier das Abgeordnetenrecht des Antragstellers unmittelbar und konkret gefährdet. Es bedürfe deshalb auch nicht der Herbeiführung eines praktischen Falles der Ablehnung eines Antrages im Rahmen einer Ausschußsitzung, welcher eine Beschlußempfehlung enthalte und das Selbstbefassungsrecht des Ausschusses betreffe. Diesen herbeizuführen, habe der Antragsteller als Vorsitzender des Innenausschusses jederzeit die Gelegenheit; es sei jedoch bloßer Formalismus, ihn auf einen solchen Weg verweisen zu wollen.

Der Antrag sei auch begründet: Denn das Recht des Abgeordneten aus Art. 22 Abs. 2 LV, im Rahmen der Mitarbeit in einem Ausschuß Anträge zu stellen, umfasse auch Anträge, die im Rahmen des Selbstbefassungsrechts eine Beschlußempfehlung zum Gegenstand hätten, soweit Art. 55 LV nicht für Gesetzesanträge eine Sonderregelung enthalte.

Dem stehe § 9 Abs. 3 Satz 2 GO LT nicht entgegen. Diese Vorschrift umfasse schon ihrem Wortlaut nach nicht Beschlußempfehlungen im Rahmen des Selbstbefassungsrechts. Der Schluß auf die Unzulässigkeit derartiger Anträge sei indes mit der höherrangigen Bestimmung des Art. 33 Abs. 2 LV nicht vereinbar. Wortlaut, Entstehungsgeschichte, Systematik sowie Sinn und

Zweck der Bestimmung sprächen vielmehr dafür, daß Art. 33 Abs. 2 LV auch Beschlußempfehlungen im Rahmen des Selbstbefassungsrechts der Ausschüsse zulasse.

Mit dem in der mündlichen Verhandlung gestellten Antrag begehrt der Antragsteller nunmehr

> festzustellen, daß der Beschluß des Antragsgegners vom 23. 1. 1997 zur Behandlung von Beschlußempfehlungen der Ausschüsse gegen Art. 33 Abs. 2 der Verfassung des Landes Mecklenburg-Vorpommern verstößt und dadurch seine, des Antragstellers, Rechte aus Art. 22 Abs. 2 der Landesverfassung unmittelbar gefährdet sind.

III.

Der Antragsgegner beantragt,

> den Antrag als unzulässig zu verwerfen.

Zur Begründung trägt er im wesentlichen vor: Dem Antragsteller fehle die Antragsbefugnis. Diese ergebe sich weder aus Art. 33 Abs. 2 LV noch aus Art. 22 Abs. 2 LV.

Für Art. 33 Abs. 2 LV fehle es schon an der Zuweisung der dort aufgeführten Kompetenzen an den Antragsteller. Ein Ausschußbericht sei nicht der Bericht des Abgeordneten im Ausschuß, sondern des Ausschusses. Der Abgeordnete, der Ausschußmitglied sei, habe sicher im Ausschuß wiederum Mitwirkungsrechte wie Antrags- und Rederechte; ihm wüchsen dadurch aber nicht die Rechte des Ausschusses zu. Deshalb sei zu unterscheiden zwischen den eigenen Rechten des Abgeordneten und solchen des Gesamtorgans, die dem Abgeordneten im Plenum wie in Ausschüssen nur reflexhaft zukämen, wenn er als Organwalter von seinem allgemeinen Mitwirkungsrecht Gebrauch mache. Andernfalls wäre jede – auch eigene willentliche – „Kompetenzverkürzung" des Parlaments ein Eingriff in den Abgeordnetenstatus. Die gesetzliche Unterscheidung zureichender Geltendmachung eigener Rechte und der prozeßstandschaftlichen Wahrnehmung der Rechte des Gesamtorgans würde so überflüssig.

Der Antragsteller stelle ausdrücklich auf sein eigenes Recht ab, im Ausschuß Anträge stellen zu dürfen, die auf die Wahrung eines Rechts des Ausschusses durch diesen gerichtet seien. Indessen entscheide der Ausschuß selbst, d. h. immer durch seine Mehrheit, ob er die ihm zustehenden Rechte wahrnehmen wolle. Von der eigenen Entscheidungskompetenz des Ausschusses bliebe nichts übrig, wenn schon mit dem Antrag eines Abgeordneten ein Recht des Ausschusses geltend gemacht würde.

Auch aus Art. 22 Abs. 2 LV könne der Antragsteller kein gefährdetes oder verletztes Recht herleiten. Zwar gebe Art. 22 Abs. 2 LV dem Abgeordneten allgemeine Mitwirkungsrechte im Landtag. Jedoch sei evident, daß die Auslegung der Selbstbefassungsvorschrift in Verbindung mit dem Tagesordnungsrecht nicht das Recht des Abgeordneten verkürze, im Landtag und seinen Ausschüssen das Wort zu ergreifen sowie Fragen und Anträge zu stellen. All dieses bleibe durch die angegriffene Auslegung ohne jede Beeinträchtigung.

Darüber hinaus werde das vom Antragsteller behauptete Recht nicht von einer Maßnahme des Landtages unmittelbar gefährdet im Sinne des § 36 Abs. 1 des Gesetzes über das Landesverfassungsgericht Mecklenburg-Vorpommern (LVerfGG vom 19. 7. 1994 [GVOBl. S. 734], geändert durch Gesetz vom 4. 4. 1995 [GVOBl. S. 189]). Der Landtagsbeschluß betreffe die abstrakte Auslegung einer Verfassungsnorm. Ein solcher Beschluß habe keine Bindungswirkung dem Landtag selbst gegenüber. Der Landtag könne entsprechend der reduzierten Bindungswirkung der Geschäftsordnung von seinem Auslegungsbeschluß jederzeit abweichen. Der Beschluß betreffe zudem keine konkrete Beschlußempfehlung eines Ausschusses, die mit dem Auslegungsbeschluß etwa von der Tagesordnung ferngehalten würde, sondern äußere sich nur abstrakt über die Rechtslage.

Der Antragsteller könne auch nicht im Wege der Prozeßstandschaft für den Ausschuß, dessen Mitglied er sei, handeln. Zwar sei nach § 36 Abs. 1 LVerfGG die Geltendmachung von Rechten eines Organs unter Umständen durch eine seiner Untergliederungen möglich. Das gelte entsprechend der Rechtsprechung des Bundesverfassungsgerichts allerdings nur für Fraktionen, nicht für einzelne Abgeordnete. Diese Einschränkung erkläre sich daraus, daß die Prozeßstandschaft ein Instrument des parlamentarischen Minderheitenschutzes sei. Das sei auch sachgerecht: Ob eine Benachteiligung der politischen Minderheit vorliege, werde sinnvollerweise nicht nach dem Individualwillen eines einzelnen Abgeordneten als Fraktionsmitglied beurteilt, sondern nach einer Entscheidung in der Fraktion. Jedenfalls sei jeder prozeßstandschaftliche Antrag inzwischen unzulässig, weil die 6-Monats-Frist des § 36 Abs. 3 LVerfGG abgelaufen sei.

IV.

Die Landesregierung hat auf eine Stellungnahme verzichtet.

B.

Das Landesverfassungsgericht hat gesondert über die Zulässigkeit des Antrages verhandelt.

Der Antrag ist unzulässig.

I.

Mit seinem in der mündlichen Verhandlung gestellten Antrag verfolgt der Antragsteller ein vor dem Landesverfassungsgericht grundsätzlich statthaftes Antragsziel im Wege der Organstreitigkeit. Er begehrt die Klärung der Streitigkeit darüber, ob der Beschluß des Antragsgegners vom 23. 1. 1997 gegen Art. 33 Abs. 2 LV verstößt und dadurch das Recht des Antragstellers nach Art. 22 Abs. 2 LV unmittelbar gefährdet ist.

1. Der Antragsteller ist als Abgeordneter des Landtages Mecklenburg-Vorpommern beteiligungsfähig. Die Beteiligungsfähigkeit nach §§ 35, 11 Abs. 1 Nr. 1 LVerfGG ist abstrakt zu bestimmen: Es genügt, wenn der Antragsteller Inhaber der im Streit befindlichen Kompetenzen ist oder jedenfalls sein kann (ebenso BVerfGE 67, 100, 124; 70, 324, 349 f zu § 63 BVerfGG; s. a. BbgVerfG, LVerfGE 4, 190 = NVwZ-RR 1997, 577).

Das ist hier ausweislich des Art. 22 Abs. 2 S. 2 LV der Fall.

2. Die abstrakte und damit weite Bestimmung der Beteiligungsfähigkeit findet ihr einschränkendes Korrektiv in der näheren Ausformung der „Antragsbefugnis" in § 36 LVerfGG, die das Geltendmachen einer konkreten Betroffenheit des Antragstellers in Form der Verletzung organschaftlicher Rechte oder deren unmittelbarer Gefährdung verlangt (vgl. insoweit *Benda/Klein*, Lehrbuch des Verfassungsprozeßrechts, 1991, Rdn. 915 ff).

Danach muß sich aus dem Sachvortrag des Antragstellers ergeben, daß durch die beanstandete Maßnahme oder Unterlassung ein ihm selbst zustehendes (oder von ihm zulässigerweise prozeßstandschaftlich wahrgenommenes fremdes) Recht verletzt oder unmittelbar gefährdet sein kann. Um dem zu genügen, reicht der Vortrag des Antragstellers, der Beschluß des Landtags vom 23. 1. 1997 sei eine eine Maßnahme, durch die er in seinem Recht aus Art. 22 Abs. 2 LV unmittelbar gefährdet sei, indes noch nicht aus. Notwendig, aber auch ausreichend ist, daß die Verletzung bzw. unmittelbare Gefährdung von Rechten des Antragstellers als mögliche Rechtsfolge der beanstandeten Maßnahme oder Unterlassung des Antragsgegners in Betracht kommt (BVerfGE 21, 312, 319; *Benda/Klein* aaO Rdn. 956). Insofern verlangt die Zulässigkeit des Antrages, daß die angegriffene Handlung eine Maßnahme oder Unterlassung im Sinne des § 36 Abs. 1 LVerfGG darstellt und daß eine (Verletzung oder) unmittelbare Gefährdung des Antragstellers durch die Maßnahme möglich erscheint (so schon Urteil des LVerfG vom 11. 7. 1996, LVerfGE 5, 203, 216 f = LKV 1997, 94, 95).

Das bedeutet, daß zwischen Antragsteller und Antragsgegner eine konkrete Streitigkeit über ein verfassungsrechtliches Rechtsverhältnis bestehen muß. Danach darf es nicht ausgeschlossen sein, daß der Antragsgegner eigene Rechte des Antragstellers durch die beanstandete Maßnahme oder Unterlassung verletzt oder unmittelbar gefährdet hat (BVerfGE 60, 374, 379; 80, 188, 209; *Bethge*, Organstreitigkeit des Landesverfassungsrechts, in: Starck/Stern (Hrsg.), Landesverfassungsgerichtsbarkeit, Teilband II, 1983, S. 17, 26). Dabei bezeichnen die Erfordernisse einer möglichen „Verletzung" oder „unmittelbaren Gefährdung" keine Gegensätze, sondern nur quantitativ verschiedene Erscheinungsformen einer Rechtsbeeinträchtigung: Während eine Verletzung die gegenwärtige Beeinträchtigung von Rechten des Antragstellers voraussetzt, ist die Gefährdung auf eine unmittelbar drohende Rechtsbeeinträchtigung gerichtet (*Ulsamer* in: Maunz/Schmidt-Bleibtreu/Klein/Ulsamer/Bethge, Bundesverfassungsgerichtsgesetz, § 64 Rdn. 8; ähnl. *Stern*, Bonner Kommentar zum GG, Art. 93 Rdn. 178 f).

a) Das hiernach vorauszusetzende verfassungsrechtliche Rechtsverhältnis zwischen den Beteiligten wird entscheidend durch die beanstandete Maßnahme oder Unterlassung bestimmt, in welcher der Antragsteller eine Rechtsverletzung oder die unmittelbare Gefährdung von Rechten sieht.

Mit der Rechtsprechung des Bundesverfassungsgerichts (BVerfGE 57, 1, 4; 60, 374, 381) zu der insoweit gleichlautenden Bestimmung des § 64 BVerfGG, der sich das Landesverfassungsgericht bereits in seiner Entscheidung vom 11. 7. 1996 (LVerfGE 5, 203, 216 f = LKV 1997, 94, 95) für den Bereich des Landesrechts angeschlossen hat, umfaßt der Begriff der Maßnahme jedes rechtserhebliche Verhalten des Antragsgegners unabhängig von seiner Rechtsförmlichkeit, durch das der Antragsteller in seinem Rechtskreis konkret betroffen wird (BVerfGE 1, 208, 228 f; *Clemens* in: Umbach/Clemens (Hrsg.), BVerfGG, 1992, §§ 63, 64, Rdn. 138; *Pestalozza*, Verfassungsprozeßrecht, 3. Aufl. 1991, § 7 Rdn. 19 ff). Maßnahmen können damit nicht nur Einzelakte des Antragsgegners sein, sondern auch generelle Festlegungen oder Äußerungen, die sich zu einem die Rechtsstellung des Antragstellers beeinträchtigenden, rechtserheblichen Verhalten „verdichten" können (BVerfGE 40, 287; 60, 374, 381; 80, 188, 209, 215). Ob und unter welchen Voraussetzungen gegebenenfalls auch eine bloße Meinungsäußerung diesem Erfordenis genügt (hierzu insbesondere BVerfGE 57, 1, 5 f), kann hier dahingestellt bleiben. Der von dem Antragsteller beanstandete Beschluß des Landtags trug insoweit „Entscheidungscharakter", als er dessen Antrag förmlich beschied. Zwar betraf er der Sache nach eine „abstrakte Rechtsfrage", nämlich die Auslegung des Art. 33 Abs. 2 LV. Aber der Beschluß stellte nicht nur eine unverbindliche Meinungsäußerung des Landtages dar.

Der Antrag zielte darauf ab, die aufgeworfene Rechtsfrage aus der Sicht des Landtages mit einer gewissen Verbindlichkeit für den Landtag und dessen Teilorgane zu klären: Das mit dem Antrag verfolgte Begehren läßt sich so verstehen, daß es dem Antragsteller um eine bestimmte Selbstbindung des Landtages bei der praktischen Behandlung von Beschlußempfehlungen der Ausschüsse auf der Grundlage einer entsprechenden Auslegung der Landesverfassung ging, die zugleich eine entsprechende Erwartungssicherheit bei den Ausschüssen erzeugen sollte. Der von dem Antragsteller angestrebte Landtagsbeschluß entspricht damit in der Sache einem solchen auf Ergänzung oder Auslegung der geltenden geschäftsordnungsmäßigen Regelungen für eine bestimmte Verfahrenssituation. Dafür ist der Landtag zuständig (vgl. § 61 Abs. 2 GO LT).

Der angefochtene Landtagsbeschluß beschränkte sich allerdings auf die Ablehnung des mit der LT-Drucks. 2/2198 eingebrachten Antrags des Antragstellers. Im allgemeinen zwingt die Ablehnung einer antragsgemäßen Beschlußfassung in einem Parlament nicht zu dem Schluß, daß damit zugleich das Gegenteil des mit dem Antrag verfolgten Begehrens festgestellt sei. Das gilt jedenfalls dann, wenn es sich um die Ablehnung eines Antrages handelt, der auf einen Beschluß mit normativem Gehalt zielt. Eine Norm kann nur positiv gesetzt werden, nicht negativ dadurch, daß ein Antrag auf Erlaß einer Norm abgelehnt wird. Eine solche Ablehnung setzt nicht ihrerseits eine neue Norm. Vielmehr verbleibt es dann bei der bisherigen Rechtslage.

Ob dieser Grundsatz uneingeschränkt auch für den Bereich des Parlamentsrechts gilt, kann hier dahinstehen. Das Parlamentsrecht kennt eine Fülle von Erscheinungensformen unterschiedlichster Qualität, die von Konventionsregeln über die parlamentarische Übung und förmliche Auslegung durch eigens dazu bestimmte Organe oder Organteile bis hin zum eigentlichen Geschäftsordnungsrecht reichen (hierzu *Achterberg*, Parlamentsrecht, 1984, S. 322 ff; *Schulze-Fielitz*, Parlamentsbrauch, Gewohnheitsrecht, Observanz, in: Schneider/Zeh (Hrsg.), Parlamentsrecht und Parlamentspraxis in der Bundesrepublik Deutschland, 1989, § 11 Rdn. 4 ff).

Überdies befaßte sich der Beschluß des Landtags inhaltlich lediglich mit einem Recht der Ausschüsse als solcher, nicht mit den Rechten der Abgeordneten in den Ausschüssen. Das könnte es zweifelhaft erscheinen lassen, ob insoweit von einer genügend konkretisierten „Streitigkeit" über ein verfassungsrechtliches Rechtsverhältnis zwischen dem Antragsteller und dem Antragsgegner die Rede sein kann. Zwar war der Antragsteller aufgrund seines im Landtag eingebrachten Beschlußantrags (zumindest formell) an dem fraglichen Rechtsverhältnis beteiligt. Daraus folgt jedoch noch nicht zwangsläufig, daß der Antragsteller durch den beanstandeten Beschluß auch in der eigenen Rechtssphäre (materiell) betroffen ist.

Letztlich kann das Landesverfassungsgericht offenlassen, ob aus diesen Gründen bereits die Annahme einer Maßnahme im Sinne des § 36 Abs. 1 LVerfGG ausscheidet.

b) Durch den beanstandeten Beschluß wird nämlich der Antragsteller in seinen Rechten aus Art. 22 Abs. 2 LV weder verletzt noch unmittelbar gefährdet. Der Beschluß bezieht sich ausschließlich auf die Frage, wie bestimmte, von Ausschüssen im Rahmen ihrer Selbstbefassungskompetenz nach Art. 33 Abs. 2 Satz 2 LV gefaßte Beschlüsse im Landtag zu behandeln sind. Daraus läßt sich eine mögliche Beeinträchtigung der Rechte von Ausschußmitgliedern jedenfalls nicht unmittelbar herleiten. Zwar mag sich dem Beschluß des Landtags zugleich ein entsprechendes „Entscheidungsprogramm" für die Behandlung von Anträgen einzelner Ausschußmitglieder entnehmen lassen. Dieses ist jedoch nicht Gegenstand des Beschlusses selbst, sondern Resultat eines „Weiterdenkens" des Beschlusses, dem eine entsprechende praktische Handhabung in der parlamentarischen Wirklichkeit folgen mag.

Der Antragsteller wäre also allenfalls antragsbefugt, wenn er geltend machen könnte, infolge der möglichen faktischen „Fernwirkung" des Beschlusses in seinem Recht aus Art. 22 Abs. 2 LV unmittelbar gefährdet zu sein (§ 36 Abs. 1 LV). Dabei stellt das Landesverfassungsgericht in Rechnung, daß sich das Recht des Abgeordneten aus Art. 22 Abs. 2 Satz 2 LV, auch in Ausschüssen Anträge zu stellen, nicht in einer formalen Rechtsposition erschöpft, gleichsam in einem „nudum jus", das keinerlei Bezug zu dem damit verbundenen inhaltlichen Anliegen hätte. Dieser Gesichtspunkt allein kann jedoch noch nicht die Antragsbefugnis des Antragstellers begründen.

Mit dem Erfordernis der „unmittelbaren" Gefährdung führt das Gesetz einen wertenden Maßstab ein, der eine qualifizierte Anforderung an das Rechtsschutzbedürfnis beschreibt (siehe auch *Clemens* aaO §§ 63, 64 Rdn. 19; *Stern*, Bonner Kommentar Art. 93 Rdn. 178 f). Von einer unmittelbar drohenden Rechtsverletzung (siehe *Ulsamer* aaO § 64 Rdn. 8) kann nur gesprochen werden, „wenn der Geschehensablauf notwendigerweise auf die Rechtsbeeinträchtigung hinausläuft", die Rechtsbeeinträchtigung also „nicht mehr durch andere Mittel (späteres Eingreifen) verhindert werden kann" (*Clemens* aaO §§ 63, 64 Rdn. 145; ähnlich *Benda/Klein* aaO Rdn. 955).

Entscheidend für die Auslegung des § 36 LVerfGG ist der Zweck der verfassungsgerichtlichen Organstreitigkeit, lediglich einen durch eine bestimmte Maßnahme ausgelösten Streit einer Sachentscheidung zuzuführen, weil nur dieser geeignet ist, die verfassungsrechtliche Funktionenordnung aktuell zu beeinträchtigen. Der darin angelegten Verhinderung einer Vorverlagerung des Rechtsschutzes stände entgegen, wenn das Landesverfassungsgericht abstrakte Rechtsfragen entschiede, die auf eine „rechtsgutachterliche" Befassung des Gerichts hinausliefen (siehe *Pestalozza* aaO § 7 Rdn. 34; *Stern*, Bonner Kommentar Art. 93 Rdn. 178).

Während eine Maßnahme, die auf einer verfassungswidrigen Nichtbeachtung fremder Kompetenz beruht, zugleich eine Verletzung dieser Kompetenz bedeutet, ist das bei Beschlüssen, die inhaltlich die Rechte anderer Organe (Organteile) betreffen, nicht ohne weiteres der Fall (zutreffend *Stern*, Bonner Kommentar Art. 93 Rdn. 180). Deshalb ist hier die möglicherweise unterschiedliche Wirkung einer Maßnahme jeweils gesondert darauf hin zu bewerten, ob sie dem Erfordernis der (Verletzung oder) unmittelbaren Gefährdung von Rechten des Antragstellers entspricht. Dieses Erfordernis ist nicht schon dann erfüllt, wenn ein mögliches Folgeereignis im Sinne eines bloßen Bedingungszusammenhangs mit dem beanstandeten Verhalten verbunden oder gar nur dessen gedankliche Konsequenz ist. Vielmehr verlangt die „unmittelbare" Gefährdung eine bestimmte, rechtlich relevante Verknüpfung von Ereignis und den durch das Ereignis erzeugten Wirkungen.

Einer solchen Anforderung ist jedenfalls dann nicht entsprochen, wenn lediglich bei „Beachtung" des beanstandeten Beschlusses ein Nachteil für den Antragsteller eintritt, dieser aber auf einer eigenständigen Entscheidung eines weiteren (Teil-)Organs beruht (BVerfGE 80, 188, 209; Urteil des LVerfG vom 11. 7. 1996, LVerfGE 5, 203, 216 f = LKV 1997, 94, 95).

So liegt der Fall hier: Ob ein entsprechender Antrag des Antragstellers in einem Ausschuß abgelehnt wird, richtet sich danach, ob und aus welchem Grund dieser Antrag nicht die erforderliche Mehrheit im Ausschuß findet. Es ist keineswegs ausgeschlossen, daß ein Antrag, der über die dem beanstandeten Landtagsbeschluß zugrundeliegende Rechtsauffassung hinausgeht, von der Mehrheit des Ausschusses akzeptiert wird, sei es, weil diese insoweit eine Bindungswirkung generell verneint, sei es, weil sie eine lediglich begrenzte Bindungswirkung gemäß § 62 GO LT annimmt. Möglich ist auch, daß der Antrag schlicht daran scheitert, daß er in der Sache nicht die Mehrheit im Ausschuß findet. Die Ungewißheit der Entscheidungssituation im jeweiligen Ausschuß qualifiziert die weitere Behandlung eines im Ausschuß gestellten Antrages als rechtlich selbständigen, konstitutiven Akt; erst dieser ist geeignet, die von § 36 LVerfGG geforderte unmittelbare Rechtswirkung auszulösen (Urteil des LVerfG vom 11. 7. 1996, LVerfGE 5, 203, 216 f = LKV 1997, 94, 95).

Demgegenüber schlägt das Argument nicht durch, der Antragsteller könne jederzeit ein entsprechendes Verfahren durch einen Antrag im Ausschuß in Gang setzen, so daß es bloßer „Formalismus" sei, ihn auf diesen Weg zu verweisen: Die für die Einleitung einer Organstreitigkeit vorausgesetzte Möglichkeit einer aktuellen Betroffenheit in eigenen Rechten läßt es nicht zu, daß ein Antragsteller einen möglichen Gebrauch von ihm zustehenden Rechten in Form eines entsprechenden Antrages im Ausschuß, der eine bestimmte Sachfrage aufgreift, zurückstellt und durch einen verfassungsgerichtlichen Schritt ersetzt (ähnlich *Schlaich*, Verfassungsprozeßrecht, 4. Aufl. 1997, S. 69; siehe auch die Richter *Böckenförde* und *Kruis* Sondervotum BVerfGE 90, 286, 390 ff).

Das gilt auch dann, wenn die streitige Verfahrensfrage zum Inhalt eines eigenen Landtagsbeschlusses gemacht worden ist. Ist die Organstreitigkeit auf die Klärung möglicher organschaftlicher Rechte aus konkretem Anlaß bei erfolgter Verletzung der unmittelbarer Gefährdung dieser Rechte gerichtet, so ist die grundsätzliche Befassung des Gesamtorgans mit der Frage der Rechte eines Teilorgans nicht geeignet, die Rechte eines Mitgliedes des Teilorgans „unmittelbar" zu gefährden. Andernfalls drohte eine Verwischung der Abgrenzung von Organstreitigkeit und Normenkontrollverfahren, die jeweils unterschiedlichen Zulässigkeitsanforderungen folgen (hierzu *Stein*, Staatsrecht, 14. Aufl. 1993, § 22 VII).

II.

Der nachträglich – auf entsprechenden Hinweis des Gerichts – schriftsätzlich angekündigte Antrag aus Prozeßstandschaft wurde in der mündlichen Verhandlung nach Erörterung einer möglichen, sich aus den Anforderungen des § 36 Abs. 3 LVerfGG ergebenden Verfristung (vgl. BVerfGE 24, 252, 258 f zu der insoweit gleichgelagerten Problematik des § 64 Abs. 3 BVerfGG; siehe auch BVerfGE 68, 1,63 f) nicht wieder aufgegriffen. Die Bestimmung, ob lediglich eine Verletzung eigener Rechte oder auch eine solche fremder Rechte geltend gemacht wird, obliegt grundsätzlich der Dispositionsfreiheit des Antragstellers (siehe BVerfGE 2, 347, 367; 68, 1, 163). Über die mögliche Verletzung eines im Wege der Prozeßstandschaft geltendgemachten Rechts eines Ausschusses, dem der Antragsteller angehört, war deshalb nicht mehr zu befinden.

III.

Die Kostenentscheidung beruht auf § 32 Abs. 1 LVerfGG. Das Landesverfassungsgericht hat auch – unter Berücksichtigung der Rechtsprechung des Bundesverfassungsgerichts (siehe BVerfGE 49, 70, 89; BVerfG, NVwZ-RR 1997, S. 673) – erwogen, ob von der Möglichkeit der Kostenerstattung nach § 33 Abs. 2 LVerfGG Gebrauch gemacht werden sollte. Es hat hiervon schon aus dem Grunde abgesehen, weil der Antrag als unzulässig zurückzuweisen und damit dem Gericht eine Entscheidung in der Sache verwehrt war.

Entscheidungen
des Verfassungsgerichtshofes
des Freistaates Sachsen

Die amtierenden Richter
des Verfassungsgerichtshofes des Freistaatees Sachsen

Dr. Thomas Pfeiffer, Präsident
Klaus Budewig, Vizepräsident
Ulrich Hagenloch
Alfred Graf von Keyserlingk
Hans Dietrich Knoth
Prof. Dr. Hans v. Mangoldt
Siegfried Reich
Prof. Dr. Hans-Peter Schneider
Prof. Dr. Hans-Heinrich Trute

Stellvertreter

Heinrich Rehak
Martin Burkert
Jürgen Niemeyer
Dr. Andreas Spilger
Hannelore Leuthold
Dr. Günter Kröber
Susanne Schlichting
Heide Boysen-Tilly
Prof. Dr. Christoph Degenhart

Nr. 1

1. Die Rundfunkfreiheit (Art. 20 Abs. 1 Satz 2 SächsVerf) verpflichtet den Gesetzgeber, eine positive Ordnung zu schaffen, die bei der Organisation der Landesmedienanstalt den Geboten der Staatsferne und Pluralität des Rundfunks hinreichend Rechnung trägt.

2. Werden die Aufgaben der Landesmedienanstalt im wesentlichen einem Medienrat zugewiesen, der aus fünf Mitgliedern besteht, muß deren Wahl durch das Parlament so ausgestaltet sein, daß weder die einfache Regierungsmehrheit noch einzelne Abgeordnete oder Fraktionen einen bestimmmenden Einfluß auf die Zusammensetzung des Medienrates oder auf die Kandidatenvorschläge gewinnen.

3. Das Gebot der Staatsferne des Rundfunks ist verletzt, wenn für die Mitgliedschaft im Medienrat keine Unvereinbarkeitsregelungen für den öffentlichen Dienst getroffen werden.

4. Die Rundfunkfreiheit gebietet nicht, daß der Medienrat über die Zulassung von Rundfunkveranstaltern mit der gleichen Mehrheit beschließt wie über die Rücknahme oder den Widerruf der Zulassung.

5. Die Herausnahme von Kabelanlagen mit weniger als 700 angeschlossenen selbständigen Wohneinheiten aus dem Anwendungsbereich des Sächsischen Privatrundfunkgesetzes entspricht nicht den Anforderungen positiver Runkfunkordnung.

6. Die Pflicht zur Schaffung einer positiven Rundfunkordnung zwingt den Gesetzgeber nicht, die Landesmedienanstalt zum Erlaß einer Kanalbelegungssatzung zu ermächtigen, wenn das Gesetz selbst hinreichend bestimmte Regelungen über die Kanalbelegung trifft.

7. Die Verteilung der verfügbaren Übertragungskapazitäten auf die einzelnen Runkfunkveranstalter muß so ausgestaltet sein, daß die Kriterien, nach denen bei Nichteinigung der Beteiligten solche Kapazitäten zugewiesen werden, weder in der Rangfolge ihrer Beachtung noch in ihrer Gewichtung Ermessensspielräume offenlassen.

Verfassung des Freistaates Sachsen Art. 20 Abs. 1 S. 2 und Abs. 2, 81 Abs. 1 Nr. 2

Sächsisches Verfassungsgerichtshofsgesetz § 21 Nr. 1

Sächsisches Privatrundfunkgesetz §§ 1 Abs. 2, 4 Abs. 2 bis 4, 27 Abs. 3 Nr. 2, 28 Abs. 2, 30 Abs. 7 bis 10, 31, 32, 33, 34, 36 Abs. 2 S. 3, 38, 46 Abs. 1 bis 4 sowie Abs. 6 und Abs. 7

Urteil vom 10. Juli 1997 – Vf 13-II-96 –

in dem Verfahren der abstrakten Normenkontrolle auf Antrag von 42 Mitgliedern des Sächsischen Landtages zur verfassungsrechtlichen Prüfung des Sächsischen Privatrundfunkgesetzes

Entscheidungsformel:

I. 1. Artikel 1 Nummer 2 Buchstabe c des Zweiten Gesetzes zur Änderung des Gesetzes über den privaten Rundfunk und neue Medien in Sachsen vom 16. Januar 1996 (SächsGVBl. S. 4) ist mit Artikel 20 Absatz 1 Satz 2 und Absatz 2 der Verfassung des Freistaates Sachsen insoweit unvereinbar und nichtig, als danach § 1 Absatz 2 des Gesetzes über den privaten Rundfunk und neue Medien in Sachsen – Sächsisches Privatrundfunkgesetz – bestimmt, daß dieses Gesetz keine Anwendung auf die Verbreitung oder Weiterverbreitung von Sendungen in Kabelanlagen findet, wenn weniger als 700 selbständige Wohneinheiten mit den Sendungen versorgt werden sollen.

2. § 31 Absatz 2 des Sächsischen Privatrundfunkgesetzes in der Fassung des Artikels 1 Nummer 24 des Zweiten Änderungsgesetzes ist mit Artikel 20 Absatz 1 Satz 2 der Verfassung des Freistaates Sachsen unvereinbar.

3. § 31 Absatz 4 des Sächsischen Privatrundfunkgesetzes in der Fassung des Artikels 1 Nummer 24 des Zweiten Änderungsgesetzes ist mit Artikel 20 Absatz 1 Satz 2 der Verfassung des Freistaates Sachsen unvereinbar.

4. § 46 Absatz 2 des Sächsischen Privatrundfunkgesetzes in der Fassung des Artikel 1 Nummer 39 des Zweiten Änderungsgesetzes ist mit Artikel 20 Absatz 1 Satz 2 der Verfassung des Freistaates Sachsen unvereinbar und nichtig. § 46 Absatz 4 des Sächsischen Privatrundfunkgesetzes ist mit der Verfassung des Freistaates Sachsen vereinbar.

5. Artikel 1 Nummer 6 (betreffend § 4 Absatz 2 und 3 des Sächsischen Privatrundfunkgesetzes n. F.), Nummer 20, Nummer 21 Buchstabe b (Streichung „über die Kabelbelegung [§ 38]"), Nummer 25 (betreffend § 32 Ab-

satz 1 Satz 1 1. Halbsatz und Absatz 4 Satz 4 Nummer 1 des Sächsischen Privatrundfunkgesetzes n. F.), Nummer 29 (betreffend § 36 Absatz 2 Satz 3 des Sächsischen Privatrundfunkgesetzes n. F.) und Nummer 31 des Zweiten Gesetzes zur Änderung über den privaten Rundfunk und neue Medien in Sachsen ist mit der Verfassung des Freistaates Sachsen vereinbar.

II. Der Freistaat Sachsen hat den Antragstellern die notwendigen Auslagen zu erstatten.

Gründe:

A.

Die Antragsteller wenden sich im Wege der abstrakten Normenkontrolle gegen Vorschriften des Sächsischen Privatrundfunkgesetzes. Die angegriffenen Regelungen sind durch Art. 1 des Zweiten Gesetzes zur Änderung des Gesetzes über den privaten Rundfunk und neue Medien in Sachsen vom 16. Januar 1996 (SächsGVBl. S. 4) in das Gesetz über den privaten Rundfunk und neue Medien in Sachsen i. d. F. vom 27. Juni 1991 (SächsGVBl. S. 178), zuletzt geändert durch Art. 1 des Gesetzes vom 10. Februar 1992 (SächsGVBl. S. 52), eingefügt worden (neu bekanntgemacht am 18. Januar 1996, SächsGVBl. S. 13 – Sächsisches Privatrundfunkgesetz – SächsPRG). Mit diesem Zweiten Gesetzes zur Änderung des SächsPRG wurde das für die Landesmedienanstalt bis dahin geltende Versammlungsmodell, in dessen Rahmen die pluralistisch zusammengesetzte Versammlung das Hauptorgan der Landesmedienanstalt bildete, durch das sogenannte Ratsmodell ersetzt; bei letzterem ist der aus fünf Sachverständigen bestehende Medienrat das entscheidende Gremium der Landesmedienanstalt. Dementsprechend wurde ein Großteil der Befugnisse der Versammlung auf den Medienrat übertragen.

I.

Die für das Verfahren wesentlichen Bestimmungen lauten:

§ 1
Anwendungsbereich

(2) Dieses Gesetz findet keine Anwendung auf die Verbreitung oder Weiterverbreitung von Sendungen ausschließlich in Kabelanlagen in einem Gebäude oder einem zusammengehörenden Gebäudekomplex, wenn diese nicht dauernd zum Wohnen bestimmt sind oder wenn unselbständige oder wenn weniger als 700 selbständige Wohneinheiten mit den Sendungen versorgt werden sollen, oder in einem Wirtschaftsunternehmen.

§ 4
Zuordnung technischer Übertragungskapazitäten

(1) Für die Veranstaltung von Rundfunk und rundfunkähnlichen Diensten im Rahmen dieses Gesetz sind den Veranstaltern technische Übertragungskapazitäten zur Verfügung zu stellen. An dem Aufbau und der Fortentwicklung eines dualen Rundfunksystems in Sachsen sowie an der Erschließung der Nutzung von neuen Techniken, neuen Nutzungsformen und Nutzungskapazitäten sind sie im Verhältnis zu anderen Rundfunkanstalten gleichgewichtig zu beteiligen.

(2) Die Zuordnung der zur Verfügung stehenden technischen Übertragungskapazitäten an die Landesanstalt, den Mitteldeutschen Rundfunk, das Deutschlandradio und das Zweite Deutsche Fernsehen erfolgt nach Maßgabe der nachfolgenden Kriterien durch die Sächsische Staatskanzlei.
Durch die Zuordnung sind

1. die flächendeckende Grundversorgung durch öffentlich-rechtlichen Rundfunk zu gewährleisten,
2. ein vielfältiges, dem öffentlich-rechtlichen Rundfunk gleichgewichtiges Programmangebot privater Veranstalter zu schaffen,
3. der Förderung des publizistischen Wettbewerbs und des Medienstandortes Sachsen Rechnung zu tragen,
4. Versorgungslücken bestehender Programme zu schließen,
5. rundfunkähnliche Dienste zu berücksichtigen.

Bei der Zuordnung ist auf eine möglichst wirtschaftliche Nutzung und Verteilung der technischen Übertragungskapazitäten zwischen den Beteiligten hinzuwirken. Für die Programme nach § 3 Abs. 3 und die Programme des öffentlich-rechtlichen Rundfunk sind Übertragungskapazitäten vorrangig zur Verfügung zu stellen. Dabei ist sicherzustellen, daß der öffentlich-rechtliche Rundfunk ebenso wie die privaten Rundfunkveranstalter an der weiteren Entwicklung in sendetechnischer und programmlicher Hinsicht teilnehmen können. Reichen die vorhandenen Übertragungskapazitäten hierfür nicht aus, ist zunächst der gleichgewichtigen Entwicklung des privaten Rundfunks gegenüber dem öffentlich-rechtlichen Rundfunk Rechnung zu tragen.

(3) Die zur Verfügung stehenden freien technischen Übertragungskapazitäten sind den nach Absatz 2 Satz 1 Beteiligten bekanntzugeben. Wird eine Verständigung zwischen den Beteiligten erreicht, ordnet die Sächsische Staatskanzlei Übertragungskapazitäten entsprechend der Einigung zu. Die Sächsische Staatskanzlei wirkt auf eine Verständigung hin. Kommt diese nicht zustande, entscheidet die Sächsische Staatskanzlei über die Zuordnung anhand der für die Beteiligten geltenden Rechtsgrundlagen und der Kriterien des Absatzes 1 Satz 2 und des Absatzes 2.
(...)

§ 27
Rechtsform und Organe

(3) Organe der Landesanstalt sind (...)
2. der Medienrat, (...)

§ 28
Aufgaben der Landesanstalt

(1) Die Landesanstalt sorgt für die Durchführung der Bestimmungen dieses Gesetzes und wacht über deren Einhaltung. Sie hat insbesondere folgende Aufgaben:

1. Förderung und Ausbau der Rundfunkversorgung,
1a. Förderung der technischen Infrastruktur zur terrestrischen Versorgung und für neuartige Rundfunkübertragungstechniken,
2. Erteilung, Rücknahme und Widerruf der Zulassung zur Veranstaltung von Rundfunk und neuen Rundfunknutzungen,
3. Aufsicht über die privaten Veranstalter, Kontrolle der Einhaltung der konzentrationsrechtlichen Vorschriften der §§ 7 und 8 dieses Gesetzes und der entsprechenden Regelung des Rundfunkstaatsvertrages und Anordnung von Maßnahmen zur Sicherung der Meinungsvielfalt im Programmbereich,
4. Regelung der Weiterverbreitung von Rundfunkprogrammen in Kabelanlagen,
5. Erlaß von Satzungen, Richtlinien und Plätzen
6. Beratung der privaten Veranstalter,
7. Versorgungsplanung und technische Versorgungskontrolle,
8. Entscheidungen über Nutzungszuweisung von technischen Übertragungskapazitäten an Veranstalter,
9. Zusammenwirken mit Netzbetreiber zur Bereitstellung der technischen Übertragungskapazitäten und zur Betriebsabwicklung,
10. Förderung der Vielfalt und Qualität bei der Produktion und Verbreitung von Programmen,
11. Förderung von Ausbildungs- und Fortbildungsmaßnahmen,
12. Vergabe von Gutachten und Unterstützung von Forschungsvorhaben auf dem Gebiet des Rundfunks,
13. Zusammenwirken mit den zuständigen Stellen der Länder, des Bundes und der europäischen und internationalen Organisationen in Rundfunkangelegenheiten.

(2) Einzelheiten über die Zulassung von Veranstaltern (2. Abschnitt), über die Anforderungen an die Programmgestaltung (3. Abschnitt), über die besondere Pflichten der Veranstalter (4. Abschnitt), über neue rundfunkähnliche Dienste, neue Rundfunknutzungen (6. Abschnitt) und über die Gebühren und Auslagen (§ 35 Abs. 2) sowie das zu beobachtende Verfahren kann die Landesanstalt durch Satzung regeln.

§ 31
Medienrat

(1) Der Medienrat besteht aus fünf Sachverständigen, die aufgrund ihrer Erfahrungen und Sachkunde in besonderer Weise befähigt sind, die Aufgaben nach diesem Gesetz wahrzunehmen; Frauen und Männer sollen in angemessener Weise berücksichtigt werden. Die Sachverständigen müssen besondere Eignung auf dem Gebiet der Medienwirtschaft, Medienwissenschaft, der Rechtswissenschaft, der Medienpädagogik, der Rundfunktechnik, des Journalismus oder sonstiger Kommunikationsbereiche nachweisen.

(2) Vier Sachverständige des Medienrates werden vom Landtag mit einer Mehrheit von zwei Dritteln seiner Mitglieder gewählt.

(3) Einen Sachverständigen des Medienrates wählt die Versammlung mit einer Mehrheit von zwei Dritteln ihrer gesetzlichen Mitglieder.

(4) Sachverständiger des Medienrates darf nicht sein, wer

1. Mitglied des Deutschen Bundestages, des Sächsischen Landtages, der Bundesregierung oder der Sächsischen Staatsregierung ist,
2. Mitglied der Versammlung der Landesanstalt ist,
3. Mitglied eines Organs einer öffentlich-rechtlichen Rundfunkanstalt ist oder bei einer öffentlich-rechtlichen Rundfunkanstalt oder einer ihrer Tochtergesellschaften beschäftigt oder ständiger freier Mitarbeiter ist oder diesen in sonstiger Weise angehört,
4. in Sachsen oder bundesweit zugelassener Rundfunkveranstalter ist oder in einem Beschäftigungsverhältnis zu einem solchen Veranstalter steht, dem Aufsichtsrat eines solchen Veranstalters angehört, Anteile an einem solchen Veranstalter besitzt oder in sonstiger Weise einem solchen Veranstalter wirtschaftlich verbunden oder von ihm abhängig ist,
5. gewerbliche Betreiber einer Kabelanlage ist oder in einem Beschäftigungsverhältnis zu einem solchen Betreiber steht oder in sonstiger Weise einem solchen Betreiber wirtschaftlich verbunden oder von ihm abhängig ist,
6. nach den Grundsätzen des Artikels 119 der Verfassung des Freistaates Sachsen nicht die Eignung für den öffentlichen Dienst besitzt.

Tritt ein Ausschlußgrund nach Satz 1 nachträglich ein, scheidet der Sachverständige aus dem Medienrat aus; der Medienrat stellt das Vorliegen eines Ausschlußgrundes fest.

§ 32
Arbeitsweise und Aufgaben des Medienrates

(1) Der Medienrat wählt aus seiner Mitte den Präsidenten und den Vizepräsidenten. Der Präsident oder der Vizepräsident sollen die Befähigung zum

Richteramt haben. Der Präsident vertritt die Landesanstalt gerichtlich und außergerichtlich; er kann den Direktor damit beauftragen.

(4) Beschlüsse der Medienrates werden in offener Abstimmung mit Mehrheit der abgegebenen Stimmen gefaßt. Der Medienrat ist beschlußfähig, wenn mindestens drei Sachverständige anwesend sind. Bei Wahl- und Personalentscheidungen muß auf Verlangen geheim abgestimmt werden. Die Zustimmung von vier Sachverständigen des Medienrates ist erforderlich

1. für Beschlüsse über die Rücknahme (§ 40) oder den Widerruf (§ 41) der Zulassung,
2. für Beschlüsse über das Untersagen der Veranstaltung eines rundfunkähnlichen Dienstes (§ 25),
3. für die Feststellung, daß für einen Sachverständigen des Medienrates ein Ausschlußgrund (§ 31 Abs. 4) vorliegt,
4. für die Wahl und die Abberufung des Direktors.

§ 34
Arbeitsweise und Aufgaben des Direktors

(1) Der Direktor führt die laufenden Geschäfte der Landesanstalt, soweit sie nicht in den Geschäftsbereich eines anderen Organs der Landesanstalt fallen; er unterrichtet darüber fortlaufend den Medienrat, bereitet die Beratungen der Versammlung und des Medienrates vor und vollzieht deren Beschlüsse. Im Einvernehmen mit dem Medienrat besorgt er die Zusammenarbeit mit den für private Veranstalter zuständigen Stellen anderer Länder.

(2) Die Einstellung und Entlassung der Bediensteten der Landesanstalt vollzieht der Direktor.

(4) Der Direktor trifft im Rahmen der Vorgaben des Medienrates und unter Berücksichtigung der jeweiligen Stellungnahme der Versammlung Entscheidungen über Ausnahmen gemäß § 14 Abs. 4.

(5) In Eilfällen kann der Direktor im Einvernehmen mit dem Präsidenten des Medienrates oder bei dessen Verhinderung mit dem Vizepräsidenten dringende Anordnungen treffen und unaufschiebbare Geschäfte anstelle des Medienrates besorgen. Der Medienrat ist hierüber vom Direktor unverzüglich zu unterrichten.

§ 36
Aufsicht über die Landesanstalt

(1) Die Landesanstalt unterliegt der Rechtsaufsicht der Sächsischen Staatskanzlei, die sich nicht auf Programmangelegenheiten erstreckt.

(2) Die Landesanstalt hat der Rechtsaufsichtsbehörde die zur Wahrnehmung der Rechtsaufsicht erforderlichen Auskünfte zu erteilen und entsprechende Un-

terlagen vorzulegen. Die Rechtsaufsichtsbehörde kann die Landesanstalt schriftlich auf Maßnahmen oder Unterlassungen hinweisen, die dieses Gesetz oder die allgemeinen Rechtsvorschriften verletzen, und sie auffordern, die Rechtsverletzung innerhalb einer bestimmten Frist zu beseitigen und künftig zu unterlassen. Wird die Rechtsverletzung nicht innerhalb der bestimmten Frist behoben, so weist die Rechtsaufsichtsbehörde die Landesanstalt an, auf deren Kosten die im einzelnen festzulegenden Maßnahmen durchzuführen.

§ 38
Kanalbelegung

In Kabelanlagen sind die nach § 11 zugelassenen Programme sowie aufgrund eines sonstigen Gesetzes für Sachsen veranstalteten Programme einzuspeisen. Die Kabelanlage ist so einzurichten, daß jeder Inhaber eines Anschlusses zumindest die in Satz 1 genannten Programme empfangen kann. Kommt der Betreiber der Kabelanlage diesen Pflichten nicht nach, kann die Weiterverbreitung von der Landesanstalt untersagt werden; das Verfahren nach §§ 39 und 41 ist einzuhalten.

§ 46
Übergangsbestimmungen

(1) Die erste Wahl der Sachverständigen des Medienrates ist innerhalb von drei Monaten nach Inkrafttreten des Zweiten Gesetzes zur Änderung des Gesetzes über den privaten Rundfunk und neue Medien in Sachsen durchzuführen.

(2) Kommt innerhalb der Frist nach Absatz 1 die nach § 31 Abs. 2 Satz 1 erforderliche Mehrheit für die Wahl aller Sachverständigen des Medienrates nicht zustande, werden diese aufgrund von Wahlvorschlägen der Fraktionen im Wege der Verhältniswahl nach dem Höchstzahlverfahren d'Hondt gewählt. Wird nur ein Wahlvorschlag eingereicht, wählt der Landtag die Sachverständigen mit der Mehrheit seiner Mitglieder.

(4) Mit der konstituierenden Sitzung des ersten Medienrates enden die Aufgaben der Versammlung der Landesanstalt nach dem Gesetz über den privaten Rundfunk und neue Medien in Sachsen vom 27. Juni 1991 (SächsGVBl. S. 178), soweit sie ihr nicht durch § 30 Abs. 7 und 10 dieses Gesetz übertragen sind.

(6) Mit der konstituierenden Sitzung des ersten Medienrates enden die Aufgaben des Direktors der Landesanstalt nach dem Gesetz über den privaten Rundfunk und neue Medien zu Sachsen, soweit sie ihm nicht durch § 34 dieses Gesetzes übertragen oder durch den Medienrat zugewiesen worden sind.

(7) Mit der konstituierenden Sitzung des ersten Medienrates endet die Tätigkeit des Verwaltungsrates.

II.

Die Antragsteller, 42 Mitglieder des 2. Sächsischen Landtages, beantragen, folgende Vorschriften des Sächsischen Privatrundfunkgesetzes in der Fassung der Bekanntmachung der Neufassung des Gesetzes über den privaten Rundfunk und neue Medien in Sachsen vom 18. Januar 1996 gemäß Art. 81 Abs. 1 Nr. 2 SächsVerf i. V. m. §§ 21 und 23 SächsVerfGHG für nichtig zu erklären:
§ 1 Abs. 2, § 4 Abs. 2 bis 4, § 27 Abs. 3 Nr. 2, § 28 Abs. 2, § 30 Abs. 7, § 30 Abs. 8 Satz 2, § 30 Abs. 9, § 30 Abs. 10, § 31, § 32, § 33, § 34, § 36 Abs. 2 Satz 3, § 38, § 46 Abs. 1, § 46 Abs. 2, § 46 Abs. 3, § 46 Abs. 4, § 46 Abs. 6, § 46 Abs. 7.

1. Der für die erste Wahl in § 46 Abs. 2 Satz 1 SächsPRG ersatzweise vorgesehene Wahlmodus nach dem d'Hondtschen Höchstzahlverfahren verstoße gegen das in Art. 20 Abs. 1 Satz 2 SächsVerf verankerte Gebot der Staatsferne. Denn bei Anwendung dieses Wahlmodus könne die Regierungspartei Einfluß auf die Wahl von drei Mitgliedern des ersten Medienrates und damit einen bestimmenden Einfluß auf die Entscheidungen dieses Medienrates nehmen, die mit einfacher Mehrheit beschlossen würden. Zudem verstoße das Wahlverfahren in Zusammenschau mit den Mehrheitserfordernissen bei Abstimmungen im Medienrat gegen den auch in Art. 20 Abs. 1 Satz 2 SächsVerf verankerten Grundsatz der Sicherung pluralistischer Meinungsvielfalt im Programm. Denn bei einem nur fünfköpfigen Gremium wie dem des Medienrates müsse gewährleistet sein, daß die im Medienrat repräsentierten und aufgrund des Sachverstandes mit besonderem Gewicht ausgestatteten Meinungen einen hinreichenden Einfluß auf die Entscheidungen erhielten. Dies aber sei vom SächsPRG nicht vorgesehen, da für wichtige Entscheidungen wie die Zulassung eines Bewerbers die einfache Mehrheit der abgegebenen Stimmen ausreiche. Damit bestehe die Gefahr, daß nur ein beschränkter Kreis von drei regierungsnahen Medienratsmitgliedern maßgeblich Einfluß auf die zu treffenden Entscheidungen erhielte, was dem Grundsatz der Sicherung pluralistischer Meinungsvielfalt widerspreche. Schließlich sei auch das aus dem Gleichheitssatz folgende Gebot der Systemgerechtigkeit verletzt. Denn der Gesetzgeber weiche in zweierlei Hinsicht von seinem selbstgewählten System ab, ohne dafür einen hinreichenden sachlichen Grund zu besitzen. Zum einen betreffe dies die Regelung, wonach bei der ersten Wahl unter bestimmten Voraussetzungen von dem gesetzlich fixierten Normalfall der Wahl durch Zweidrittelmehrheit abgewichen werden könne. Zum anderen sei kein sachlicher Grund für eine Differenzierung zwischen der Wahl des einen Medienratsmitgliedes durch die Versammlung, die in jedem Fall mit Zweidrittelmehrheit erfolge, und der Wahl

der übrigen Medienratsmitglieder durch das Parlament, die nach dem d'Hondtschen Höchstzahlverfahren erfolgen könne, ersichtlich.

2. Die in § 31 Abs. 4 SächsPRG enthaltene Inkompatibilitätsregelung sei unzureichend, da sie Angehörige des öffentlichen Dienstes von Bund, Ländern und Kommunen einschließlich der Beschäftigten der Sächsischen Staatskanzlei nicht von der Wahl in den Medienrat ausschließe. Dadurch entstehe eine Gefährdungslage, die wegen der auftretenden Interessenkonflikte im Hinblick auf das Prinzip der Staatsfreiheit nicht mehr mit Art. 20 Abs. 1 Satz 2 SächsVerf vereinbar sei.

3. Auch die §§ 32 Abs. 1, 34 SächsPRG genügten aufgrund der Konzeption der Stellung des Direktors der Landesmediensanstalt und des ehrenamtlich tätigen Präsidenten des Medienrates nach dem Gebot des Art. 20 Abs. 1 Satz 2 SächsVerf, durch geeignete materielle Regelungen eine positive Rundfunkordnung zu schaffen. Denn insbesondere die Befassung des Präsidenten mit sämtlichen Vollzugsaufgaben sei nicht praktikabel; gleiches gelte für die Regelung, wonach der Direktor die Einstellung und Entlassung des Bediensteten der Landesanstalt vorzunehmen habe, ohne die außergerichtliche Vertretungsbefugnis zu besitzen.

4. Weiterhin verstoße die Tatsache, daß für Entscheidungen im Medienrat unterschiedliche Quoren vorgesehen seien, nämlich für die Entscheidung über die Zulassung eines Bewerbers gemäß § 32 Abs. 4 Satz 1 SächsPRG nur die einfache Mehrheit, hingegen eine Zweidrittelmehrheit für die Rücknahme einer Zulassung gemäß § 32 Abs. 4 Satz 4 Nr. 1 SächsPRG, gegen das aus Art. 18 Abs. 1 SächsVerf folgende Gebot der Systemgerechtigkeit. Ein hinreichender sachlicher Grund für die unterschiedliche Behandlung der Frage der Zulassung einerseits und der Rücknahme der Zulassung andererseits sei nicht ersichtlich. Insbesondere genieße das wirtschaftliche Ziel der Förderung des Medienstandortes Sachsen gegenüber dem verfassungsrechtlichen Gebot der Sicherung von Meinungsvielfalt keinen Vorrang.

5. Der durch § 46 Abs. 4 SächsPRG normierte Eingriff in die laufende Amtsperiode der Versammlung durch Verlagerung der wesentlichen Aufgaben dieses Organs auf den Medienrat berge die Gefahr mittelbarer staatlicher Einflußnahme in sich und verstoße deswegen gegen den Grundsatz der Staatsfreiheit des Rundfunks. Zwar besitze der Gesetzgeber grundsätzlich die Freiheit, sich zu einem beliebigen Zeitpunkt zum Eingriff in laufende Sachverhalte zu entschließen; diese Freiheit ende aber dort, wo der Eingriff dazu diene, die Unabhängigkeit eines Gremiums – hier der Landesmedienanstalt – durch Sanktionierung eines der Parlamentsmehrheit mißliebigen Verhaltens zu untergraben. Da ein solcher Verdacht schwer nachzuweisen

sei, sei mit der Rechtsprechung des Bundesverfassungsgerichts vom Gesetzgeber zu fordern, daß er beim Eingriff in eine laufende Entsendungsperiode einen akuten Änderungsbedarf nachweise. Solche Gründe für den Eingriff in die Entsendungsperiode des Hauptorgans der Landesmedienanstalt seien im Gesetzgebungsverfahren nicht erkennbar geworden. Es sei auch nicht begründet worden, warum die ursprünglich erst für 1997 geplante Novellierung vorgezogen worden sei. Damit mangele es dem Gesetzgebungsverfahren an einem formalen Erfordernis, von dem der Bestand des Gesetzes abhänge.

6. Das in § 36 Abs. 2 Satz 3 SächsPRG vorgesehene rechtsaufsichtliche Weisungsrecht verstoße gegen den Grundsatz der Staatsfreiheit des Rundfunks; denn nach der Rechtsprechung des Bundesverfassungsgerichts könne eine juristische Person, die als Trägerin des Rundfunkgrundrechts anzusehen sei, nur einer beschränkten staatlichen Rechtsaufsicht unterworfen werden. Mit der Beschränkung der Aufsicht auf Angelegenheiten, die keine Programmgelegenheiten sind, werde die Rechtsprechung des Bundesverfassungsgerichts zur beschränkten Rechtsaufsicht nur zum Teil aufgenommen. Gefordert sei vom Bundesverfassungsgericht auch, daß das rechtsaufsichtliche Instrumentarium selbst beschränkt werden müsse, was bedeute, daß das Weisungsrecht nicht in den Katalog der Aufsichtsmittel hätte einbezogen werden dürfen.

7. Das Regelungsdefizit, das nach § 1 Abs. 2 SächsPRG durch den Ausschluß der Kabelanlagen unter 700 angeschlossenen selbständigen Wohneinheiten vom Anwendungsbereich des Gesetzes entstehe, verletzt ebenfalls Art. 20 Abs. 1 Satz 2 SächsVerf in Gestalt des Gebotes, eine positive Rundfunkordnung zu schaffen. Selbst wenn Deregulierung im Medienbereich ein berechtigtes Anliegen des Gesetzgebers sei, könne diese nicht so weit gehen, daß ein nicht unbeträchtlicher Teil an Wohneinheiten von der Kontrolle durch die Landesmedienanstalt befreit werde und damit dem freien Spiel der Kräfte überlassen bleibe. Für diesen Bereich, der nicht als bloße Bagatelle anzusehen sei, könne ein an Meinungsvielfalt ausgerichtetes Programmangebot nicht garantiert werden. Auch die inhaltlichen Anforderungen der §§ 12 ff SächsPRG würden insoweit fortfallen. Die in § 1 Abs. 2 SächsPRG getroffene Bestimmung sei auch vor dem Hintergrund des Funktionsauftrags des öffentlich-rechtlichen Rundfunks und des Anspruchs der Rezipienten auf Empfang der durch ihre Gebühren finanzierten öffentlich-rechtlichen Programme nicht mit der Sächsischen Verfassung vereinbar.

8. Auch der Entzug der Satzungskompetenz der Landesmedienanstalt zur Regelung der Kanalbelegung (vormals §§ 28 Abs. 2 und 38 SächsPRG)

verstoße gegen das Gebot, eine positive Rundfunkordnung zu schaffen, in der die Voraussetzungen zur Erreichung von Meinungsvielfalt normiert seien. Nunmehr könne der Betreiber einer Kabelanlage ohne Rücksicht auf ihre Größe die neben den durch die Pflichteinspeisungsprogramme belegten Kanälen verbleibenden Kanäle nach freier Entscheidung vergeben. Diese Entwicklung könne vor Art. 20 Abs. 1 Satz 2 SächsVerf keinen Bestand haben.

9. Die in § 4 SächsPRG normierte Zuordnung technischer Übertragungskapazitäten verstoße gegen das in Art. 20 Abs. 1 Satz 2 SächsVerf enthaltene Prinzip der Staatsfreiheit des Rundfunks, weil sie nunmehr nicht mehr in die Kompetenz der Staatsregierung, sondern in die der Staatskanzlei falle und damit zu einem Gegenstand einfacher Verwaltungstätigkeit werde. Zudem seien die Kriterien des § 4 Abs. 2 Nr. 1 bis 3 SächsPRG zu unbestimmt und räumten der Staatskanzlei ein weites Ermessen ein. Damit ermöglichten und forderten sie sogar eine staatliche Bewertung von Programmen.

10. Die dargelegte Unvereinbarkeit von einzelnen Regelungen des Sächsischen Privatrundfunkgesetzes führe zur Nichtigkeit der gesamten Bestimmungen über die neue Struktur der Landesmedienanstalt.

III.

Der Landtag hat von einer Stellungnahme abgesehen.

Die Staatsregierung hält den Antrag für unbegründet, da die Änderungen des Sächsischen Privatrundfunkgesetzes mit der Verfassung vereinbar seien.

1. Das gelte zunächst für das neu eingeführte Ratsmodell, das sich im Rahmen der gesetzgeberischen Ausgestaltungsfreiheit halte. Dabei sei zu berücksichtigen, daß es nach der Rechtsprechung des Bundesverfassungsgerichts gerechtfertigt sei, an die Breite des Programmgebots und die Sicherung gleichgewichtiger Vielfalt im privaten Rundfunk nicht gleich hohe Anforderungen zu stellen wie im öffentlich-rechtlichen Rundfunk. Das Medienratsmodell vermeide die Schwierigkeiten des Versammlungsmodells dadurch, daß nicht Interessenvertreter, sondern Sachverständige entschieden; durch den Sachverstand sei eine größere Widerstandsfähigkeit gegenüber sachfremden Einflüssen zu erwarten. Die geringe Mitgliederzahl lasse den Medienrat zudem flexibler und effektiver handeln. Von einer verfassungsrechtlichen Präferenz des Versammlungsmodells, die den Gesetzgeber in seinem Handlungsspielraum einschränke, könne nicht die Rede sein.

2. Die Wahl von vier der fünf Mitglieder des Medienrates durch den Landtag verstoße nicht gegen die Rundfunkfreiheit. Einem zu starken Einfluß einzelner im Parlament vertretener Parteien werde durch das grundsätzliche Erfordernis einer Mehrheit von zwei Dritteln der Mitglieder des Landtages entgegengewirkt. Zudem seien die Sachverständigen des Medienrates gemäß § 31 Abs. 7 SächsPRG an Aufträge und Weisungen nicht gebunden, so daß eine Einflußnahme des Parlaments auf konkrete programmrelevante Entscheidungen nicht in Betracht komme. Die Wahl von vier Medienratsmitgliedern durch das Parlament habe zudem die Folge, daß der Medienrat mittelbar an der demokratischen Legitimation des Parlaments teilhabe. Die Landesmedienanstalt werde zur Sicherung des Grundrechts der Meinungsfreiheit hoheitlich tätig. Hier liege eine Parallele zu den Verfassungsrichtern, die ebenfalls mit Zweidrittelmehrheit gewählt würden, deren demokratische Legitimation aber außer Streit stehe. Ähnliches könnte für die Mitglieder des Medienrates gelten.

3. Auch sei die Regelung des § 46 Abs. 2 SächsPRG, wonach die erste Wahl unter bestimmten Voraussetzungen nach dem d'Hondtschen Höchstzahlverfahren durchgeführt werden müsse, verfassungsrechtlich unbedenklich. Der Gesetzgeber habe gewährleisten müssen, daß die von ihm beschlossene Gesetzesänderung tatsächlich umgesetzt werde. Angesichts des Erfordernisses einer Zweidrittelmehrheit und des Umstandes, daß die Neuverteilung der Aufgaben der einzelnen Organe mit der konstituierenden Sitzung des ersten Medienrates erfolgen sollte, wäre sonst eine Blokademöglichkeit gegeben gewesen, die man habe ausschließen müssen. Es handele sich dabei um einen sachlichen Grund, zumal eine Landtagsfraktion bereits im voraus erklärt habe, sich an der Wahl nicht zu beteiligen. Im Gegensatz zur reinen Mehrheitswahl sei beim d'Hondtschen Höchstzahlverfahren zudem gesichert, daß die Mehrheitsfraktion die vom Landtag zu wählenden Mitglieder des Medienrates nicht allein bestimme.

4. Die Inkompatibilitätsregeln des § 31 Abs. 4 SächsPRG seien – neben weiteren Absicherungen des unabhängigen Status der Sachverständigen – ausreichend, um die Medienratsmitglieder vor unzulässiger staatlicher Einflußnahme zu schützen. Beamte des Freistaates Sachsen seien nur deshalb nicht in den Katalog aufgenommen worden, weil man sonst nicht auf den Sachverstand qualifizierter Hochschullehrer und Lehrer zurückgreifen könne.

5. Die neue Struktur der Landesmedienanstalt genüge auch insofern dem sich aus der Rundfunkfreiheit ergebenden Gebot zur Schaffung einer positiven Rundfunkordnung, als gemäß § 32 Abs. 1 SächsPRG der ehren-

amtliche Präsident die Landesmedienanstalt gerichtlich und außergerichtlich vertrete. Denn dem Gesetzgeber stehe ein weiter Ausgestaltungsspielraum zu. Da gemäß § 32 Abs. 1 Satz 3, 2. Halbsatz SächsPRG die Möglichkeit bestehe, den Direktor mit der Wahrnehmung der gerichtlichen und außergerichtlichen Vertretung zu beauftragen, sei eine Überlastung des Präsidenten nicht zu erwarten.

6. Der vom Gesetzgeber gewählte Zeitpunkt der Gesetzesänderung verstoße nicht gegen den Grundsatz der Staatsfreiheit des Rundfunks. Zwar werde durch die Gesetzesänderung in die laufende Entsendungsperiode der Versammlung eingegriffen; dieser Eingriff stelle jedoch keine mißbräuchliche Sanktionierung der Organe der Landesmedienanstalt oder ihrer Mitglieder dar. Da von der Novelle alle Organe der Landesmedienanstalt betroffen seien, diese aber unterschiedliche Amtszeiten besäßen, sei es unvermeidlich gewesen, in die Amtszeit von Organen einzugreifen. Um eine Sanktionierung einzelner Organe handele es sich zudem schon deshalb nicht, weil keine Detailkorrekturen erfolgt seien, sondern man die gesamte Struktur der Landesmedienanstalt verändert habe. Es sei legitim, eine solche Strukturänderung, die aufgrund positiver Erfahrungen in anderen Ländern gewählt worden sei, möglichst bald in Kraft treten zu lassen.

7. Auch die Weisungsbefugnis gemäß § 36 Abs. 2 Satz 3 SächsVerf verstoße nicht gegen den Grundsatz der Staatsfreiheit des Rundfunks. Denn sie beschränke sich, wie von der Rechtsprechung des Bundesverfassungsgerichts gefordert, auf Maßnahmen, die nicht Programmangelegenheiten beträfen; was die rechtsaufsichtlichen Mittel angehe, so verzichte das Gesetz gerade auf die intensiveren Eingriffsarten der Ersatzvornahme und der Bestellung eines Beauftragten.

8. Die Regelung des § 1 Abs. 2 SächsPRG, wonach Kabelanlagen, die weniger als 700 selbständige Wohneinheiten versorgen, nicht vom Anwendungsbereich des Gesetzes erfaßt werden, verstoße ebenfalls nicht gegen das aus Art. 20 Abs. 1 Satz 2 SächsVerf folgende Gebot zur Schaffung einer positiven Rundfunkordnung. Der Regelung liege die Prognose zugrunde, daß sich die Zahl der Kabelanlagen mit weniger als 700 Wohneinheiten in den nächsten fünf Jahren deutlich reduzieren werde, so daß eine Gefährdung der Rundfunkfreiheit nicht zu befürchten sei. Es sei damit zu rechnen, daß viele kleinere vor 1989 von Bürgergemeinschaften errichtete Kabelanlagen außer Betrieb genommen würden, weil sie technisch veraltet seien, daß sich Anlagenbetreiber in ländlichen Gebieten zusammenschlössen und daß die Deutsche Telekom ihr Kabelnetz in Mittel- und Großstädten weiter ausbaue. Hinsichtlich dieser Prognoseentscheidung stehe dem Gesetzgeber ein Ein-

schätzungsspielraum zu, der nicht durch eine Prognose des Verfassungsgerichtshofes ersetzt werden könne.

9. Die Aufhebung der Befugnis der Landesmedienanstalt zum Erlaß einer Kanalbelegungssatzung sei mit der Rundfunkfreiheit in Form des Gebots zur Schaffung einer positiven Rundfunkordnung vereinbar. Durch den Verzicht auf eine Kanalbelegungssatzung werde die Einspeisung in das Kabelnetz nicht ausschließlich dem freien Spiel der Kräfte überlassen; vielmehr sehe § 38 SächsPRG vor, daß in Kabelanlagen die nach § 11 SächsPRG zugelassenen sowie die aufgrund eines sonstigen Gesetzes für Sachsen veranstalteten Programme einzuspeisen seien. Nur bezüglich weiterer Programme wirke sich die neue Regelung aus. Dabei sei die notwendige Meinungsvielfalt bereits durch die „Pflichteinspeisungsprogramme" ausreichend gesichert.

10. Die Regelung der Zuordnung technischer Übertragungskapazitäten in § 4 Abs. 2 bis 4 SächsPRG sei mit dem Gebot zur Schaffung einer positiven Rundfunkordnung vereinbar. Betroffen sei nicht die Aufteilung der technischen Übertragungskapazitäten zwischen einzelnen privaten Veranstaltern, sondern zwischen den öffentlich-rechtlichen Rundfunkanstalten einerseits und der Sächsischen Landesanstalt für privaten Rundfunk und neue Medien andererseits. Diese Zuordnung sei bereits nach altem Recht von einer staatlichen Stelle vorgenommen worden. Verfassungsrechtlich unerheblich sei die Tatsache, daß nunmehr die Zuständigkeit der Zuordnung von der Staatsregierung auf die Staatskanzlei übergegangen sei.

Die CDU-Fraktion teilt die Ansicht der Staatsregierung hinsichtlich der Verfassungsmäßigkeit der angegriffenen Vorschriften und führt ergänzend aus:

1. Es sei, insbesondere mit Blick auf das Gebot der Staatsferne aus Art. 20 Abs. 1 SächsVerf, verfassungsrechtlich unbedenklich, daß vier Sachverständige des Medienrates durch den Sächsischen Landtag mit einer Mehrheit von zwei Dritteln seiner Mitglieder zu wählen seien. Denn die Ausgestaltung eines Wahlverfahrens könne nicht von den jeweils in einer Legislaturperiode herrschenden Mehrheitsverhältnissen abhängen, sondern sei abstrakt ohne Rücksicht auf konkrete politische Konstellationen zu bewerten. So betrachtet diene die Zweidrittelmehrheit gerade dem Zweck, die Zusammensetzung des Medienrates auf einen breiten Konsens der durch die Wahlen legitimierten Landtagsfraktionen zu stellen.

2. Die Ausgestaltung der Abstimmungsregelungen im Medienrat sei ebenfalls nicht verfassungswidrig. Daß der Gesetzgeber bei den Zulassungsentscheidungen des Medienrates auf eine qualifizierte Mehrheit verzichte,

liege in der Natur der Sache. Denn die Zulassung von Bewerbern werde zu einem Alltagsgeschäft für den Medienrat. Dagegen seien die Rücknahme bzw. der Widerruf einer Zulassung an eine qualifizierte Mehrheit gebunden, weil mit diesen Maßnahmen jeweils massiv in bereits bestehende Rechte des betroffenen Rundfunkveranstalters eingegriffen werde.

3. Auch der Zeitpunkt der Gesetzesänderung unterliege keinen verfassungsrechtlichen Bedenken. Insbesondere treffe es entgegen der Ansicht der Antragsteller nicht zu, daß die Novelle des Sächsischen Privatrundfunkgesetzes ursprünglich erst für 1997 vorgesehen gewesen sei. Denn die CDU-Fraktion habe bereits am 20. April 1994 einen Gesetzentwurf eingebracht, der einen Medienrat als zentrales Organ der Landesmedienanstalt vorgesehen habe; wegen des Grundsatzes der Diskontinuität sei dieser Entwurf im Anschluß an die Landtagswahlen nicht mehr beraten worden.

4. Schließlich verstoße die Erhöhung der Bagatellgrenze von 100 auf 700 Anschlüsse pro Kabelanlage nicht gegen die Rundfunkfreiheit. Es sei nicht ersichtlich, warum der Übergang von beispielsweise 99 auf 100 oder von 249 auf 250 unter verfassungsrechtlichen Gesichtspunkten eher vertretbar sein solle als der jetzt gewählte. Zudem herrsche für Kabelanlagen mit weniger als 700 angeschlossenen Haushalten keineswegs ein rechtsfreier Raum.

IV.

Der Sächsische Verfassungsgerichtshof hat in der mündlichen Verhandlung als Auskunftspersonen Professor Dr. Zerdick (Freie Universität Berlin, Institut für Publizistik- und Kommunikationswissenschaft), Frau Ludwig (Justitiarin der Medienanstalt Berlin-Brandenburg), den Präsidenten und den Direktor der Sächsischen Landesmedienanstalt angehört.

B.

Der Antrag ist zulässig. Die Antragsteller, deren Zahl das erforderliche Viertel der Mitglieder des Sächsischen Landtages übersteigt, halten mehrere Bestimmungen des Sächsischen Privatrundfunkgesetzes für verfassungswidrig und nichtig. Weitergehende Voraussetzungen sind in Art. 81 Abs. 1 Nr. 2 SächsVerf und § 21 Nr. 1 SächsVerfGHG nicht vorgesehen.

C.

Die angegriffenen Bestimmungen des Zweiten ÄndG zum Sächsischen Privatrundfunkgesetz sind teilweise mit der Sächsischen Verfassung unvereinbar.

I.

Maßgebend für die verfassungsrechtliche Beurteilung der angegriffenen Normen ist die in Art. 20 Abs. 1 Satz 2 SächsVerf niedergelegte Freiheit des Rundfunks. Sie dient dem gleichen Zweck wie die Meinungsfreiheit: der Gewährleistung freier individueller und öffentlicher Meinungsbildung. Um dieses Ziel zu erreichen, bedarf die verfassungsrechtlich garantierte Freiheit in doppelter Hinsicht der gesetzlichen Ausgestaltung. So hat der Gesetzgeber dafür zu sorgen, daß der Rundfunk frei von staatlicher Beherrschung oder Einflußnahme ist. Soweit die Rundfunkfreiheit im Sinne der klassischen Freiheitsrechte abwehrende Bedeutung besitzt (vgl. BVerfGE 57, 295, 320; 90, 60, 88), fordert sie zugleich ein Tätigwerden des Staates, um durch institutionelle und verfahrensrechtliche Vorkehrungen die Voraussetzungen für die Gewährleistung dieses Abwehrrechts zu schaffen. Darüber hinaus obliegt dem Gesetzgeber die Aufgabe, durch weitere materielle, organisatorische und prozedurale Vorschriften sicherzustellen, daß bei der Berichterstattung die Vielfalt der bestehenden Meinungen im Rundfunk in möglichster Breite und Vollständigkeit Ausdruck findet und der Rundfunk nicht einer gesellschaftlichen Gruppe ausgeliefert wird (BVerfGE 90, 60, 88). Freigestellt ist dem Gesetzgeber, auf welche Art und Weise er beiden verfassungsrechtlichen Anforderungen Rechnung trägt. Es kommt allein darauf an, daß freie, umfassende und wahrheitsgemäße Meinungsbildung im dargelegten Sinn gewährleistet ist (vgl. BVerfGE 57, 295, 320; 73, 118, 152 f).

In der dualen Rundfunkordnung, die der sächsische Verfassungsgeber – anknüpfend an die Rechtsprechung des Bundesverfassungsgerichts – mit Art. 20 Abs. 2 SächsVerf aufnahm, hat auch die Regelung des Privatrundfunks diesen Anforderungen zu entsprechen. Statt einer binnenpluralistischen Struktur, wie für den öffentlich-rechtlichen Rundfunk entwickelt, kann der Gesetzgeber allerdings eine Gestaltungsform wählen, bei der Rundfunkfreiheit durch externe (außenpluralistische) Vielfalt hergestellt wird. Die unerläßliche Grundversorgung ist Aufgabe der öffentlich-rechtlichen Rundfunkanstalten, deren Bestand und Entwicklung in der Sächsischen Verfassung ausdrücklich garantiert wird. Solange diese Grundversorgung sichergestellt ist, erscheint es gerechtfertigt, an die Breite des Programmangebots und die Sicherung gleichgewichtiger Vielfalt im privaten Rundfunk nicht gleich hohe Anforderungen zu stellen wie im öffentlich-rechtlichen Rundfunk. Die Gewährleistung der Freiheit verbleibt aber in der Verantwortung des Gesetzgebers (vgl. BVerfGE 57, 295, 325). Die Vorkehrungen, die er trifft, müssen dazu bestimmt und geeignet sein, auch im Bereich des privaten Rundfunks ein möglichst hohes Maß gleichgewichtiger Vielfalt zu erreichen und zu sichern (vgl. BVerfGE 74, 297, 325). Dabei hat der Gesetzgeber insbesondere die technische Entwicklung und damit die Möglichkeiten, aber auch die Grenzen des Zugangs von Anbietern privaten Rundfunks zu den Rundfunkeinrichtungen zu berücksichtigen.

II.

Die vom Sächsischen Privatrundfunkgesetz in seiner Neufassung eingeführte Ratslösung als solche ist verfassungsrechtlich nicht zu beanstanden. Im Grundsatz wird sie beiden aus Art. 20 Abs. 1 Satz 2 SächsVerf folgenden Geboten, Staatsfreiheit zu verwirklichen sowie eine Rundfunkordnung zu schaffen, die Meinungsvielfalt garantiert, gerecht. Den Kern dieser Ratslösung bildet in § 31 SächsPRG die Schaffung eines Medienrates. Dieser übernimmt wesentliche Aufgaben, die der Landesmedienanstalt durch § 28 SächsPRG zugewiesen werden. Dazu gehören nach § 32 Abs. 7 SächsPRG insbesondere die Entscheidung über die Erteilung, die Rücknahme und den Widerruf einer Zulassung (Nr. 1) und Entscheidung zur Sicherung der Meinungsvielfalt (Nr. 7). Ziel der Tätigkeit der Landesmedienanstalt und damit des Medienrates ist bei diesen Entscheidungen stets die Förderung der Meinungspluralität im privaten Rundfunk (vgl. auch § 2 Abs. 3 Satz 2 SächsPRG). Das Gesetz will dieses Ziel vornehmlich durch Errichtung eines fünfköpfigen Expertengremiums erreichen. Dem steht verfassungsrechtlich nichts entgegen.

An die Zusammensetzung dieses Sachverständigengremiums und an die Bestellung seiner Mitglieder sind jedoch besondere verfassungsrechtliche Anforderungen zu stellen (im einzelnen dazu unter III. 1.). Der Sicherung des Gebots der Staatsferne hat der Gesetzgeber in organisatorischer Hinsicht dadurch ensprochen, daß die Landesmedienanstalt gemäß § 27 Abs. 1 Satz 2 SächsPRG (weiterhin) rechtlich verselbständigt ist und ihre Aufgaben durch den Medienrat gemäß § 31 Abs. 7 Satz 1 SächsPRG unabhängig und weisungsfrei wahrnimmt. In personeller Hinsicht verlangt das Gesetz eine besondere Qualifikation (§ 31 Abs. 1 Satz 2 SächsPRG) und sieht die sachliche und persönliche Unabhängigkeit der Mitglieder des Medienrates vor. Letzterem dienen die erschwerte Abberufbarkeit der Medienratsmitglieder nach § 31 Abs. 6 Satz 1 SächsPRG, der Ausschluß ihrer Wiederwahl gemäß § 31 Abs. 9 Satz 4 SächsPRG sowie die Einführung eines Katalogs an Inkompatabilitätsbestimmungen durch § 31 Abs. 4 SächsPRG.

III.

1. Die Regelungen des § 31 SächsPRG zur Wahl des Medienrates verstoßen teilweise gegen Art. 20 Abs. 1 Satz 2 SächsVerf.

a) Verfassungsrechtlich nicht zu beanstanden ist im Grundsatz, daß gemäß § 31 Abs. 2 SächsPRG vier der fünf Medienratsmitglieder vom Landtag gewählt werden. Gegen Art. 20 Abs. 1 Satz 2 SächsVerf verstößt diese Wahl aber dadurch, daß an das parlamentarische Wahlverfahren insgesamt keine zusätzliche Anforderungen gestellt werden. Ferner ist die Übergangsbestimmung des § 46 Abs. 2 SächsPRG wegen Verstoßes gegen Art. 20 Abs. 1 Satz 2 SächsVerf verfassungswidrig und nichtig.

aa) Das Gebot der Staatsferne des Rundfunks aus Art. 20 Abs. 1 Satz 2 SächsVerf steht einer Wahl der Mitglieder des Medienrates durch den Landtag nicht entgegen. Durch seinen Wahlakt vermittelt er demokratische Legitimation. Allerdings ermöglicht diese Wahl staatliche Einflußnahme, die zu einer Beeinträchtigung der Rundfunkfreiheit führen kann. Daher bedarf es besondere Vorkehrungen für die Ausgestaltung des Wahlverfahrens.

bb) Die vom Sächsischen Privatrundfunkgesetz vorgenommene Ausgestaltung des parlamentarischen Verfahrens zur Besetzung des Medienrates genügt den sich aus Art. 20 Abs. 1 Satz 2 SächsVerf ergebenden Anforderungen an eine positive Rundfunkordnung nicht in vollem Umfang.

(1) Art. 20 Abs. 1 Satz 2 SächsVerf verpflichtet den Staat, durch gesetzliche Vorkehrungen zu verhindern, daß er selbst einen bestimmenden Einfluß auf Fragen der Programmangelegenheiten erhält. Wesentliche Voraussetzung für die Absicherung der Meinungsvielfalt ist das Verfahren, durch welches die Mitglieder desjenigen Gremiums bestimmt werden, das in erster Linie für die Gewährleistung von Meinungsvielfalt im Programmbereich verantwortlich ist. Im Rahmen des Sächsischen Privatrundfunkgesetzes ist dies die Wahl der Mitglieder des Medienrates. Hier muß der Gesetzgeber sicherstellen, daß jeder unmittelbare Einfluß des Staates auf die Zulassung privater Veranstalter und deren Programmgestaltung institutionell ausgeschlossen ist. Trotz seiner Aufgabe als Gestalter einer positiven Rundfunkordnung bildet auch das Parlament selbst eine Gefahrenquelle für die Rundfunkfreiheit, weil eine Neigung zur Instrumentalisierung des Rundfunks sowohl bei der Regierung selbst, als auch bei den im Parlament vertretenen Parteien bestehen kann (BVerfGE 90, 60, 89). Die Rundfunkfreiheit schützt nicht nur vor den manifesten Gefahren unmittelbarer Lenkung oder Maßregelung des Rundfunks; umfaßt sind von ihrem Schutz gleichermaßen die subtileren Mittel indirekter Einwirkung, mit denen sich staatliche Organe Einfluß auf das Programm verschaffen oder Druck auf die im Rundfunk Tätigen ausüben können (vgl. BVerfGE 90, 60, 88). Ein derartiger Einfluß kann sich auch durch die Auswahl der Mitglieder des Medienrates verwirklichen. Daher muß auch das Wahlverfahren in einer Weise ausgestaltet sein, die solche mittelbare Einflußnahme ausschließt.

(2) Die Staatsferne des Rundfunks ist bei einem Besetzungsverfahren nicht ausreichend gewährleistet, das den Fraktionen oder einer entsprechenden Anzahl von Abgeordneten die Möglichkeit eröffnet, dem Sächsischen Landtag in einem ersten Schritt Personalvorschläge für die Sachverständigen des Medienrates zu unterbreiten, die sie in einem zweiten Schritt als Mitglieder des Parlaments selbst wählen. Zwar sind die Abgeordneten Vertreter des ganzen Volkes (Art. 39 Abs. 3 Satz 1 SächsVerf). Auch zwingt das in § 31 Abs. 2 SächsPRG festgelegte Erfordernis einer Zweidrittelmehrheit zur Einigung zwischen den maßgebenden politischen Kräften (unter Einschluß der Opposition). Dieses Erfordernis breiter parlamentarischer Zustimmung vermag aber nichts daran zu ändern, daß die Abgeordneten mit ihrem Mandat in den staatsorganschaftlichen Bereich eingefügt sind. Dies gilt nicht nur für die einzelnen Abgeordneten, sondern für alle Gruppierungen, die nach § 53 der Geschäftsordnung des Sächsischen Landtages das Vorschlagsrecht für die Wahl der Sachverständigen des Medienrates haben, also auch für die Fraktionen. Dieses Vorschlagsrecht schließt die Befugnis ein, über den Kreis jener Kandidaten abschließend zu entscheiden, die unter mehreren geeigneten Persönlichkeiten überhaupt zur Wahl stehen können. Nicht völlig fernliegend ist die Gefahr, daß auf diese Weise durch eine vorwiegend politisch motivierte Vorauswahl Einfluß auf die Besetzung des Medienrates genommen wird. Wie der Gesetzgeber dieser Gefahr begegnet und das Besetzungsverfahren im einzelnen regelt, ist seine Sache. Er muß jedenfalls sicherstellen, daß die Abgeordneten und ihre Fraktionen oder Parteien keinen beherrschenden Einfluß auf die Vorauswahl unter mehreren geeigneten Kandidaten für den Medienrat gewinnen.

cc) Nicht vereinbar mit Art. 20 Abs. 1 Satz 2 SächsVerf und nichtig ist die Übergangsbestimmung des § 46 Abs. 2 SächsPRG, die in bezug auf das Wahlverfahren vorsieht, daß beim Nichtzustandekommen der nach § 31 Abs. 2 SächsPRG erforderlichen Mehrheit eine Wahl der Medienratsmitglieder im Wege der Verhältniswahl nach dem Höchstzahlverfahren d'Hondt stattfindet.

Die zur Sicherung staatsfernen Rundfunks für das Wahlvorschlagsrecht entwickelten Anforderungen gelten erst recht für die Regelung der Abstimmungsmehrheit im Wahlverfahren. § 46 Abs. 2 SächsPRG genügt diesen Anforderungen nicht. Diese Regelung ermöglicht es der Regierungsmehrheit für den Fall, daß die erforderliche Zweidrittelmehrheit binnen einer bestimmten Frist nicht zustande kommt, bestimmenden Einfluß auf die Wahl von drei der vier vom Parlament zu wählenden Medienratsmitglieder und damit auf drei von fünf der Medienratsmitglieder zu gewinnen. Dadurch kann die Regierungsmehrheit die für die einfache Mehrheit notwendigen

Stimmen auf Kandidaten vereinigen, die ihrer politischen Richtung nahestehen, und damit Einfluß auf die wiederum von der einfachen Mehrheit im Medienrat zu fällenden Entscheidungen in Programmangelegenheiten, etwa über die Zulassung von Bewerbern, ausüben.

Der Verfassungsgerichtshof verkennt nicht, daß das Erfordernis einer Zweidrittelmehrheit im Parlament dazu führen kann, daß eine Einigung der maßgeblichen politischen Kräfte nur schwer herzustellen ist und dadurch der vom Gesetzgeber vorgesehene Zeitplan hinsichtlich der Einsetzung der neuen Gremien nicht eingehalten werden kann. Diese Gefahr rechtfertigt es aber nicht, die Anforderung zum Schutz der Rundfunkfreiheit zu senken. Im Gegenteil ist es angesichts der Bedeutung des Medienrates für die Medienpolitik und damit für die Sicherung einer an Meinungsvielfalt orientierten Rundfunkordnung die Aufgabe des Parlaments, nach einem tragfähigen Kompromiß zu suchen. Diesem Ziel dient das Erfordernis der Zweidrittelmehrheit, indem es bewirkt, daß zur Verhinderung einseitigen Einflusses bei der Wahl der Medienratsmitglieder unterschiedliche politische Kräfte zusammenwirken und sich an einer gemeinsamen Lösung des Problems konstruktiv beteiligen müssen. Die Existenz der Übergangsbestimmung des § 46 Abs. 2 SächsPRG verhindert gerade dieses konstruktive Zusammenwirken, weil sie auf die parlamentarische Minderheit unter dem zeitlichen Druck der gesetzlichen Vorgabe aus § 46 Abs. 2 SächsPRG einen Einigungszwang ausübt. Gäbe es diese Übergangsbestimmung nicht, läge es näher, ein formelles oder informelles Verständigungsverfahren durchzuführen (dazu bereits Urteil des SächsVerfGH vom 26. Januar 1996, Vf 15-I-95 – SächsVBl. 1996, 90, 94), um einen politisch tragfähigen Kompromiß zu erzielen, anstatt Gefahr zu laufen, die Gesetzesänderungen gar nicht zu realisieren.

b) Auch die Vorschrift des § 31 Abs. 4 SächsPRG ist mit dem Gebot der Staatsfreiheit des Art. 20 Abs. 1 Satz 2 SächsVerf unvereinbar, soweit zu den Ausschlußgründen für die Wahl zum Sachverständigen des Medienrates nicht auch bestimmte Tätigkeiten im öffentlichen Dienst gehören. Der Grundsatz der Staatsferne des Rundfunks und der Staatsfreiheit der Berichterstattung ist für die Ausübung der Funktion des Rundfunks als Medium der Meinungsbildung unerläßlich und von eminenter Bedeutung. Es muß dem Staat – und zwar der Legislative wie der Exekutive – versagt sein, unmittelbar oder mittelbar Einfluß auf den Rundfunk zu nehmen.

Die Inkompatibilitätsvorschriften des § 31 Abs. 4 SächsPRG enthalten wesentliche Ausschlußtatbestände, deren Grundlage mögliche Loyalitätskonflikte oder Befangenheiten der Medienratsmitglieder sind. Angehörige des öffentlichen Dienstes werden durch keinen dieser Ausschlußtatbestände erfaßt. Zumindest diejenigen Angehörigen des öffentlichen Dienstes in Bund,

Ländern und Gemeinden, bei denen Loyalitätskonflikte nicht auszuschließen sind, hätte der Gesetzgeber von der Wählbarkeit ausnehmen müssen. Dadurch, daß die Legislative es in dieser Hinsicht unterlassen hat, eine Regelung zu treffen, hat sie gegen das aus Art. 20 Abs. 1 Satz 2 SächsVerf folgende Gebot der Staatsferne verstoßen, das gerade auch für die Aufsichtsorgane des Rundfunks und ihr Personal gilt. Erforderlich wäre zumindest ein Ausschluß derjenigen Angehörigen des öffentlichen Dienstes, bei denen wegen ihrer amtlichen Stellung und der damit verbundenen Dienstaufgaben nicht gewährleistet ist, daß sie ihre Funktionen im Medienrat in einer Weise ausüben, die dem Gebot der Staatsferne hinreichend Rechnung trägt. Bei einer entsprechenden Ergänzung dieser Vorschrift wird der Gesetzgeber zu erwägen haben, ob nur speziell aufgezählte Personengruppen im öffentlichen Dienst von der Mitgliedschaft im Medienrat ausgeschlossen werden sollen oder ob umgekehrt bei Ausschluß des gesamten öffentlichen Dienstes Ausnahmen für einzelne Gruppen sachlich gerechtfertigt sein könnten.

2. Die angegriffenen gesetzlichen Bestimmungen zur Organisation der Landesmedienanstalt sind mit dem Grundsatz der Rundfunkfreiheit gemäß Art. 20 Abs. 1 Satz 2 SächsVerf vereinbar.

a) Verfassungsrechtlich nicht zu beanstanden ist die Stellung, die das Sächsische Privatrundfunkgesetz dem Präsidenten der Landesmedienanstalt einräumt. Gefordert wird von Art. 20 Abs. 1 Satz 2 SächsVerf, daß Regelungen materieller, organisatorischer sowie prozeduraler Art geschaffen werden, um die Gewährleistung der Rundfunkfreiheit abzusichern. Entscheidend ist insoweit, daß das geschaffene Regelwerk funktionstüchtig ist, damit die Landesmedienanstalt ihre Aufgaben, zu denen die Förderung von Meinungsvielfalt im privaten Rundfunkbereich gehört, erfüllen kann. Der Gesetzgeber hat durch die §§ 27 ff SächsPRG eine solche Regelung geschaffen und sich dabei im Rahmen des ihm als Legislativorgan zustehenden Gestaltungsspielraums bewegt. Es ist nichts dafür ersichtlich, daß diese Regelung zu einem institutionalisierten Konflikt zwischen verschiedenen Organen und infolgedessen zur Funktionsunfähigkeit der Landesmedienanstalt führen muß. Denn die Zuständigkeiten und Verantwortlichkeiten der unterschiedlichen Organe, insbesondere die des Präsidenten der Landesmedienanstalt, sind im wesentlichen klar vorgegeben und voneinander abgegrenzt. Gemäß § 32 Abs. 1 Satz 3 1. Halbsatz SächsPRG vertritt der Präsident die Landesmedienanstalt gerichtlich und außergerichtlich. Demgegenüber hat der Direktor, dessen Aufgaben in § 34 SächsPRG aufgezählt sind, vornehmlich die Funktion eines leitenden Verwaltungsorgans. Er vollzieht gemäß § 34 Abs. 1 Satz 1, 2. Halbsatz SächsPRG beispielsweise die Beschlüsse des Medienrates oder gemäß § 34 Abs. 2 SächsPRG die Einstellung und Entlassung der Bediensteten der Landesmedienanstalt. Der Gesetzgeber hat aber auch Vorsorge dafür getroffen, daß der Präsident, der ehrenamtlich tätig ist, nicht überlastet wird, sondern Aufgaben aus seinem Verantwortungsbereich delegieren kann; dem dient die Vorschrift des § 32 Abs. 1 Satz 2, 2. Halbsatz SächsPRG. Schließlich existiert mit § 34 Abs. 5 SächsPRG eine Norm, die auch in Eilfällen gerantiert, daß die Funktionsfähigkeit der Landesmedienanstalt und die Effektivität ihrer Arbeit erhalten bleibt.

b) Die Bestimmung des § 32 Abs. 4 Nr. 1 SächsPRG ist mit Art. 20 Abs. 1 Satz 2 SächsVerf vereinbar. Das Erfordernis unterschiedlicher Mehrheiten – zum einen die einfache Mehrheit für die Zulassung von Rundfunkveranstaltern, zum anderen eine Mehrheit von vier Fünfteln für die Rücknahme oder den Widerruf der Zulassung – beruht auf einer sich im Rahmen der Gestaltungsfreiheit des Gesetzgebers bewegenden Einschätzung, wonach bei jeweils unterschiedlichen tatbestandlichen Voraussetzungen für die Erteilung der Lizenz und den actus contrarius ein erhöhter Schutz bereits bestehender Einrichtungen sachgerecht erscheint. Für die Fälle der Rücknahme (§ 40 SächsPRG) und des obligatorischen Widerrufs (§ 41 Abs. 1 SächsPRG) spielt diese Differenzierung in den Mehrheiten ohnehin nur eine untergeordnete Rolle, weil die Mitglieder des Medienrates bei ihrem Abstimmungsverhalten an Gesetz und Recht gebunden sind und außerdem die Landesmedienanstalt der Rechtsaufsicht durch die Sächsische Staatskanzlei unterliegt (§ 36 Abs. 1 SächsPRG). Bei der Auslegung unbestimmter Rechtsbegriffe in den tatbestandlichen Voraussetzungen von Rücknahme und Widerruf und beim fakultativen Widerruf (§ 41 Abs. 2 SächsPRG) bestehen freilich Einschätzungs- und Beurteilungsspielräume, die nicht in vollem Umfang justitiabel sind und für die das Erfordernis unterschiedlicher Mehrheiten bedeutsam werden kann. Auch in diesen Fällen gebietet jedoch die Rundfunkfreiheit nicht, daß über die Zulassung von Rundfunkveranstaltern mit der gleichen Mehrheit beschlossen wird wie über den Entzug der Lizenz. Angesichts der dargelegten Rechtsbindung der Mitglieder des Medienrates ist auch die vom Gesetzgeber im Rahmen einer positiven Rundfunkordnung zu gewährleistende Funktionsfähigkeit der Landesmedienanstalt im Hinblick auf die Erfüllung ihrer verfassungsmäßigen Aufgabe nicht gefährdet, wenn Rücknahme und Widerruf der Zulassung von einer Mehrheit von vier Fünfteln der Mitglieder des Medienrates abhängig gemacht werden und das Gesetz damit eine erhöhte Richtigkeitskontrolle ermöglicht.

c) Der in § 46 Abs. 4 SächsPRG vorgesehene Eingriff in die laufende Entsendungsperiode der Versammlung durch Übergang eines Großteils ihrer Kompetenzen auf den neu geschaffenen Medienrat verstößt nicht gegen den in Art. 20 Abs. 1 Satz 2 SächsVerf niedergelegten Grundsatz der Staatsfreiheit des Rundfunks. Es steht dem Gesetzgeber grundsätzlich frei, zu einem ihm geeignet erscheinenden Zeitpunkt die Rechtslage auf einem Gebiet, das seiner Kompetenz unterliegt, zu ändern. Davon umfaßt ist auch die Möglichkeit, einen Systemwechsel vorzunehmen, um einen bestimmten Sach- oder Lebensbereich vollständig neu zu ordnen. Mit der Novelle zum Sächsischen Privatrundfunkgesetz hat der Gesetzgeber die Landesmedienanstalt umstrukturiert. Bei der nunmehr favorisierten Ratslösung mußte zwangsläufig eine Übertragung wesentlicher Kompetenzen der Versammlung auf den Medienrat stattfinden. Der Zeitpunkt der Gesetzesänderung ist dabei nicht entscheidend. Dem Parlament stand es frei, sich nach eingehender Beschäftigung mit der Frage des Systemwechsels aus Gründen der Effektivitätssteigerung auf eine sofortige Neuregelung zu entscheiden, ohne das Ende der Amtszeit der bestehenden Organe abzuwarten. Die Bestimmungen der Sächsischen Verfassung hindern den Gesetzgeber nicht daran, die getroffene Entscheidung unmittelbar wirksam werden zu lassen, wenn er sich von einem raschen Systemwechsel eine deutlich positive Veränderung der Medienlandschaft verspricht.

Im übrigen stand die Verkürzung der Entsendungsperiode der Versammlung als unausweichliche Nebenfolge des sofortigen Systemwechsels ausdrücklich im Mittelpunkt der Überlegungen des Gesetzgebers. Mit der Umsetzung des gewollten Systemwechsels bis zum Ende der Entsendungsperiode der Versammlung zu warten, wäre für das Ziel des Gesetzgebungsvorhabens aus der Sicht des Gesetzgebers kontraproduktiv gewesen. Auch die Begründung der Gesetzesänderung in der 1. Wahlperiode sah keinen späteren Zeitpunkt für den Systemwechwel vor. Den von den Antragstellern zitierten Äußerungen einzelner Parlamentsmitglieder kann in diesem Zusammenhang kein größeres Gewicht beigemessen werden als den in den Materialien niedergelegten Willensbekundungen des Parlaments.

3. Das in § 36 Abs. 2 Satz 3 SächsPRG geregelte rechtsaufsichtliche Weisungsrecht der Staatskanzlei ist unter verfassungsrechtlichen Gesichtspunkten nicht zu beanstanden.

a) Der in Art. 20 Abs. 1 Satz 2 SächsVerf enthaltene Grundsatz der Staatsfreiheit verlangt, daß jegliche Einmischung des Staates in Angelegenheiten der Veranstaltung und Verbreitung von Rundfunkprogrammen ausgeschlossen ist. Daraus folgt, daß auch eine Rechtsaufsicht in diesen Angelegenheiten verfassungsrechtlich untersagt ist. Der Grundsatz der Staatsfreiheit könnte sonst über den Aufsichtsweg ausgehöhlt werden. In anderen als Programmangelegenheiten ist der Einsatz rechtsaufsichtlicher Mittel grundsätzlich zulässig. Entscheidend ist, daß in diesen Fällen die staatliche Rechtsaufsichtsbehörde gesetzlichen Vorgaben unterliegt, die nur eine gebundene

Entscheidung bzw. eine Entscheidung zulassen, bei der das Ermessen auf Null reduziert ist, so daß ihr Handeln in vollem Umfang der verwaltungsgerichtlichen Kontrolle unterworfen ist.

b) Diesen Grundsätzen genügt § 36 Abs. 1 und Abs. 2 SächsPRG. Zunächst schließt § 36 Abs. 1 SächsPRG jede Aufsicht des Staates in Programmangelegenheiten aus. Der Begriff der Programmangelegenheiten ist klar gefaßt und erfüllt seine Aufgabe, denjenigen Bereich, der dem Grundrecht der Rundfunkfreiheit unterfällt, von anderen Bereichen abzugrenzen. Ihn weit auszulegen, ist daher im Hinblick auf den Grundsatz der Staatsfreiheit nicht notwendig. Auch § 36 Abs. 2 Satz 3 SächsPRG begegnet unter dem Gesichtspunkt der Staatsfreiheit keinen verfassungsrechtlichen Bedenken. Auszugehen ist vom objektiven Gehalt der Norm. Gemäß § 36 Abs. 2 Satz 3 SächsPRG ist unter der Voraussetzung, daß eine Rechtsverletzung – nach Aufforderung durch die Rechtsaufsichtsbehörde – nicht innerhalb einer festgelegten Frist behoben wird, eine Weisung durch die entsprechende Behörde auszusprechen. Das Gesetz räumt mit dieser Bestimmung der Rechtsaufsichtsbehörde keinerlei Spielraum bei der Entscheidungsfindung ein; die behördliche Entscheidung ist daher in vollem Umfang gerichtlich überprüfbar. Ob die Ersatzvornahme, mit der die Rechtsaufsichtsbehörde eine Entscheidung an sich zieht, als gegenüber der Weisung schärferes Aufsichtsmittel noch verfassungsgemäß wäre, ist nicht zu entscheiden, da das Sächsische Privatrundfunkgesetz eine solche Maßnahme gerade nicht vorsieht. Auf eine anderslautende Gesetzesbegründung kommt es dann nicht mehr an.

IV.

Die Änderung des § 1 Abs. 2 SächsPRG durch Art. 1 Nr. 2 Buchst. c des Zweiten Änderungsgesetzes zum Sächsischen Privatrundfunkgesetz ist mit Art. 20 Abs. 1 Satz 2 und Abs. 2 SächsVerf unvereinbar und nichtig, soweit danach dieses Gesetz keine Anwendung auf die Verbreitung oder Weiterverbreitung von Sendungen in Kabelanlagen findet, wenn weniger als 700 selbständige Wohneinheiten mit den Sendungen versorgt werden sollen. Das gilt unabhängig davon, ob sich diese Wohneinheiten in einem Gebäude oder zusammengehörenden Gebäudekomplex befinden müssen – wofür die Textfassung des § 1 Abs. 2 SächsPRG spricht – oder ob dies nicht gefordert ist.

1. a) Die Rundfunkfreiheit dient der freien individuellen und öffentlichen Meinungsbildung (seit BVerfGE 57, 295, 319 std. Rspr.; vgl. BVerfG 87, 181, 197). Der Rundfunk bedarf insoweit einer gesetzlichen Ordnung,

die sicherstellt, daß das verfassungsrechtlich vorausgesetzte Ziel der umfassenden freien Meinungsbildung auch erreichbar wird (vgl. BVerfGE 87, 181, 198). Zu dieser gesetzlichen Ordnung gehören nicht nur auf die Veranstaltung von Rundfunk bezogene Regelungen, sondern grundsätzlich auch solche der Weiterverbreitung von Sendungen (vgl. BVerfGE 73, 118, 196 ff). Ist es das Ziel der positiven Rundfunkordnung sicherzustellen, daß die freie individuelle und öffentliche Meinungsbildung möglich ist, kann dieses Ziel nicht nur durch die Veranstaltung von Rundfunk, sondern auch durch die Modalitäten der Weiterverbreitung von Sendungen verfehlt werden. Bei der Freigabe der Einspeisung von Programmen in Kabelanlagen übernimmt der Gesetzgeber damit die Verantwortung, daß die durch das Kabel verbreiteten Programme der Rundfunkfreiheit nicht zuwiderlaufen (vgl. BVerfGE 73, 118, 199 f). Auch wenn der Gesetzgeber legitimiert ist, von Regelungen insoweit Abstand zu nehmen, als verbreitete Programme bereits am Ort ihrer Veranstaltung einer den Anforderungen der positiven Rundfunkordnung entsprechenden Prüfung unterzogen worden sind (vgl. BVerfGE 73, 118, 197), so entbindet dies ihn grundsätzlich nicht davon, dem Ziel der Sicherung individueller und öffentlicher Meinungsbildung insoweit Rechnung zu tragen, als mit der Weiterverbreitung in Kabelanlagen verbundene besondere Gefährdungen zu besorgen sind, namentlich eine Auslieferung des Gesamtprogramms an vorherrschende Meinungsträger oder die Gefahr, daß auf Verbreitung angelegte Meinungen ausgeschlossen werden. Deshalb ist der Gesetzgeber unter anderem verpflichtet, Leitgrundsätze für den Inhalt des Gesamtprogramms verbindlich zu machen, die ein Mindestmaß an Ausgewogenheit, Sachlichkeit und gegenseitiger Achtung gewährleisten (vgl. BVerfGE 73, 118, 199).

Wie der Gesetzgeber seine Aufgabe der Sicherstellung einer positiven Rundfunkordnung in diesem Bereich erfüllen will, ist Sache seiner eigenen Entscheidung. Es kommt allein darauf an, daß eine freie, umfassende und wahrheitsgemäße Meinungsbildung gewährleistet ist (vgl. BVerfGE 57, 195, 321; 87, 181, 198). Der Gesetzgeber hat daher nur insoweit Regelungen zu treffen, als aufgrund der rechtlichen und faktischen Rahmenbedingungen bei der Verbreitung und Weiterverbreitung von Rundfunk das Ziel der Sicherung freier individueller und öffentlicher Meinungsbildung nicht von sich aus erreicht werden kann. Zugleich kann der Gesetzgeber bei der Ausgestaltung der positiven Rundfunkordnung die unterschiedlichen Grundrechtspositionen, etwa die Informationsfreiheit der Rezipienten und die Meinungsäußerungsfreiheit der Rundfunksendungen Veranstaltenden, einander zuordnen und zu einem Ausgleich bringen (vgl. BVerfGE 57, 295, 321). Darüber hinaus kann er konkurrierende verfassungsrechtliche Positionen mit dem

Ziele eines verhältnismäßigen Ausgleichs bei seinen Regelungen berücksichtigen.

Zwar ist es ihm grundsätzlich verwehrt, bei der rundfunkrechtlichen Normsetzung einzelne Teile des (privaten) Rundfunks von vornherein aus seinen Regelungen auszunehmen. Das gilt – wie dargelegt – auch für die Weiterverbreitung von Programmen in Kabelanlagen, die einen rundfunkrechtlich relevanten Vorgang darstellt (vgl. BVerfGE 73, 118, 196 f). Allerdings kann insoweit von Regelungen Abstand genommen werden, als eine Gefährdung der Ziele der positiven Rundfunkordnung nicht zu besorgen ist. Daher kann der Gesetzgeber der Selbstbestimmung der Rezipienten als Ausprägung ihrer Freiheit zu umfassender Meinungsbildung und freier und ungehinderter Information im Rahmen der positiven Rundfunkordnung Rechnung tragen (vgl. BVerfGE 73, 118, 197 f). Ebenso kann der Gesetzgeber bei der von ihm zu treffenden Abwägung die nur begrenzten Kapazitäten der Landesmedienanstalt als Aufsichtsorgan über den privaten Rundfunk und die Weiterverbreitung in Kabelanlagen berücksichtigen. Die Belastung der Landesmedienanstalt mit Bagatellaufgaben gefährdet die Erreichung der Ziele positiver Rundfunkordnung eher, als daß sie sie sichert. Demgegenüber ist das Ziel einer Deregulierung aus wirtschaftlichen Gründen für sich genommen nicht geeignet, eine Reduktion der Anforderungen zu rechtfertigen.

b) Im Lichte dieser Anforderungen verstößt § 1 Abs. 2 SächsPRG in der Fassung des Zweiten Änderungsgesetzes zum Sächsischen Privatrundfunkgesetz gegen Art. 20 Abs. 1 Satz 2 SächsVerf, soweit er die Anwendbarkeit des Gesetzes auf die Verbreitung und Weiterverbreitung von Sendungen in Kabelanlagen mit weniger als 700 versorgten selbständigen Wohneinheiten ausschließt.

aa) Bei der derzeitigen Regelung ist nicht gesichert, daß in solchen Kabelanlagen die Rezipienten ihre Meinungsbildung eigenverantwortlich bestimmen können. Ob und in welchem Maße die Rezipienten zu einer rundfunkbezogenen Selbstbestimmung imstande sind, hängt nicht entscheidend von der Zahl der durch die Kabelanlage versorgten Wohneinheiten ab, sondern im wesentlichen von der Struktur und der Organisation des Betriebes der Kabelanlage, namentlich von Möglichkeiten der Einwirkung von Rezipienten auf den Betreiber.

Entschließt sich der Gesetzgeber dennoch, eine Deregulierung an die Größe der Kabelanlage anzuknüpfen, so bedient er sich eines wenig geeigneten Abgrenzungskriteriums. Seinem Gestaltungsspielraum sind dann enge Grenzen gesetzt, sofern er nicht gleichzeitig Vorkehrungen trifft, die geeignet sind, der rundfunkbezogenen Selbstbestimmung der Empfänger hinreichend Rechnung zu tragen. Diese Grenzen sind mit der in § 1 Abs. 2 SächsPRG vorgesehenen Regelung überschritten, da bei Kabelanlagen mit bis zu 699 angeschlossenen selbständigen Wohneinheiten die Freiheit der individuellen Meinungsbildung nur dann typischerweise vom einzelnen Rezipienten durchgesetzt werden kann, wenn für den Betrieb von Kabelanlagen zugleich Vorschriften über Struktur und Organisation vorhanden sind, die es den Rezipienten gestatten, über die für sie in die Kabelanlage einzuspeisenden Programme selbst zu entscheiden.

bb) § 1 Abs. 2 SächsPRG läßt sich, soweit er von den Antragstellern angegriffen ist, auch nicht mit anderen gesetzgeberischen Zielen rechtfertigen. Die Verwirklichung der positiven Rundfunkordnung kann auch Einschränkungen unterliegen, um weiteren konkurrierenden verfassungsrechtlichen Gewährleistungen Raum zu geben. Für gegenläufige Verfassungsrechte mit ähnlichem oder gar größerem Gewicht ist aber nichts zu erkennen. Insbesondere besteht nach dem Ergebnis der mündlichen Verhandlung kein Anhaltspunkt dafür, daß die Landesmedienanstalt durch die Überfrachtung mit Aufgabenstellungen ohne oder mit geringer verfassungsrechtlicher Qualität faktisch an der Wahrnehmung ihrer die positive Rundfunkordnung sichernden Pflichten beeinträchtigt oder gar gehindert wäre.

c) Die Herausnahme von Kabelanlagen mit weniger als 700 angeschlossenen Wohneinheiten aus dem Verantwortungsbereich der Landesmedienanstalt läßt sich auch nicht mit der Erwägung verfassungsrechtlich rechtfertigen, daß Rundfunkprogramme außer über Kabelnetze auch terrestrisch sowie direkt über Satelliten empfangen werden können und diese Empfangsmöglichkeiten unter Umständen in ihrer Gesamtheit die nach Art. 20 Abs. 1 Satz 2 SächsVerf herzustellende Situation bewirken. Vielmehr ist jedes Übertragungssystem im Licht dieser Verfassungsnorm gesondert zu betrachten (vgl. BVerfGE 73, 118, 162).

d) Die mögliche künftige Entwicklung auf dem Gebiet des Kabelrundfunks ändert an dieser Beurteilung nichts. Ob mit Veränderungen dergestalt zu rechnen ist, daß infolge von Konzentrationsprozessen vermehrt bereits bestehende Kabelanlagen zusammengeschlossen oder zusätzlich neue große Kabelnetze geschaffen werden und somit der Anteil der nach § 1 Abs. 2 SächsPRG von der Anwendbarkeit des Gesetzes ausgenommenen Kabelanlagen bzw. Wohneinheiten sinkt, oder ob es umgekehrt näher liegt, daß bestehende Kabelanlagen in kleinere Anlagen mit jeweils weniger als 700 angeschlossenen Wohneinheiten aufgespalten werden, um das Sächsische Privatrundfunkgesetz zu umgehen, kann verfassungsrechtlich nicht mit hinreichender Prognosesicherheit beurteilt werden.

Mit einer Vorschau in die Zukunft ist die Annahme der Verfassungsgemäßheit des angegriffenen Teiles des § 1 Abs. 2 SächsPRG, der gegenwärtig nicht den verfassungsrechtlichen Vorgaben entspricht, nicht zu begründen. Insbesondere liegt hier kein Fall eines mit einem weiten Prognosespielraum des Gesetzgebers verbundenen Experimentiergesetzes vor (dazu SächsVerfGH, JbSächsOVG 3, 78, 85). Denn dem Gesetzgeber läßt sich keine Ungewißheit darüber zugute halten, in welcher Weise sich eine gesetzliche Regelung in der Praxis auswirken wird. Es geht hier nicht um die Erprobung eines inhaltlich neuartigen Gesetzes, sondern um die mögliche – überwiegend gesetzesunabhängig verlaufende – Entwicklung tatsächlicher Verhältnisse als solcher.

Allerdings ist der Bereich des Rundfunks infolge häufiger Veränderungen seiner technischen und damit auch seiner wirtschaftlichen Bedingungen einem raschen Wandel unterworfen. Es ist deswegen bei der verfassungsrechtlichen Beurteilung rundfunkrechtlicher Bestimmungen in Rechnung zu stellen, daß der Gesetzgeber die aktuelle Lage womöglich nicht in einer für wünschenswert gehaltenen Genauigkeit und mit dem Anspruch auf langfristige Geltung der von ihm getroffenen Regelungen erfassen kann. Auch die künftig absehbare Entwicklung darf daher von ihm in gewissem Umfang in die Betrachtung einbezogen werden (vgl. auch BVerfGE 73, 118, 159). Das darf aber nicht dazu führen, daß sich der Gesetzgeber ausschließlich an möglichen künftigen Verhältnissen orientiert und die gegenwärtige Situation außer acht läßt. Seiner Schutzpflicht aus Art. 20 Abs. 1 Satz 2 SächsVerf wird er nur gerecht, wenn seine Regelungen primär an die jetzige Lage anknüpfen.

2. § 1 Abs. 2 SächsPRG ist außerdem mit Art. 20 Abs. 2 SächsVerf unvereinbar, soweit danach dieses Gesetz keine Anwendung auf die Verbreitung und Weiterverbreitung von Sendungen in Kabelanlagen findet, wenn weniger als 700 selbständige Wohneinheiten mit den Sendungen versorgt werden sollen.

a) In der Unanwendbarkeit des Sächsischen Privatrundfunkgesetzes für den vorbezeichneten Bereich liegt eine Verkürzung des Schutzgehalts des Art. 20 Abs. 2 SächsVerf, nach dem unbeschadet des Rechtes, Rundfunk in privater Trägerschaft zu betreiben, Bestand und Entwicklung des öffentlich-rechtlichen Rundfunks gewährleistet werden. Dem öffentlich-rechtlichen Rundfunk ist im Rahmen der dualen Rundfunkordnung die Funktion zugedacht, die Grundversorgung der Empfänger von Rundfunkprogrammen zu erbringen. Er erfüllt derart den klassischen Auftrag des Rundfunks, der neben seiner dienenden Rolle für die Meinungs- und politische Willensbildung, neben der Unterhaltung und der über laufende Berichterstattung hinausgehenden Information seine kulturelle Verantwortung umfaßt (vgl. BVerfGE

73, 118, 158). Die Grundversorgung durch den öffentlich-rechtlichen Rundfunk ist hinsichtlich der Kabelanlagen, die weniger als 700 Wohneinheiten versorgen, nicht gesichert, weil diese kraft § 1 Abs. 2 SächsPRG auch von den Vorgaben des § 38 SächsPRG freigestellt werden. Hiernach sind in Kabelanlagen außer den von der Landesmedienanstalt zugelassenen Programmen die aufgrund eines sonstigen Gesetzes für Sachsen veranstalteten Programme und damit vermöge der Zustimmungsgesetze des Freistaates Sachsen zu den einschlägigen Staatsverträgen auch alle Programme des öffentlich-rechtlichen Rundfunks einzuspeisen. Die mangelnde Anwendbarkeit dieser Regelung für die genannten Kabelanlagen bedeutet, daß ihr jeweiliger Betreiber nach eigenen Vorstellungen, speziellen Wünschen der Empfänger oder nach rein wirtschaftlichen Gesichtspunkten über die Einspeisung von Programmen entscheidet, und kann dazu führen, daß er insoweit alle oder einzelne Programme des öffentlich-rechtlichen Rundfunks unberücksichtigt läßt.

b) Diese Beeinträchtigung der Aufgabenstellung des öffentlich-rechtlichen Rundfunks ist verfassungsrechtlich weder durch den Gesichtspunkt der Selbstbestimmung der Rundfunkteilnehmer noch durch denjenigen der Sicherung der Effektivität der Tätigkeit der Landesmedienanstalt gerechtfertigt. Die für die Unvereinbarkeit der in § 1 Abs. 2 SächsPRG vorgenommenen Grenzziehung mit Art. 20 Abs. 1 Satz 2 SächsVerf angeführten Gründe gelten insoweit entsprechend.

V.

Die Änderung des § 28 Abs. 2 und des § 38 SächsPRG, mit der die bisherige Befugnis der Landesmedienanstalt zum Erlaß einer Kanalbelegungssatzung aufgehoben wird, welche die Rangfolge und die Zuordnung zu einem bestimmten Kanal für die Weiterverbreitung von Rundfunkprogrammen unter Berücksichtigung der technischen Gegebenheiten regelt, verletzt Art. 20 Abs. 1 Satz 2 SächsVerf nicht.

Die in § 38 SächsPRG anstelle der Vorschriften über die Kanalbelegungssatzung getroffenen Regelungen genügen den Vorgaben für die positive Gestaltung der Rundfunkordnung, namentlich denjenigen der Herstellung von Meinungsvielfalt. Das gilt unabhängig davon, ob mit den nach § 38 Satz 1 SächsPRG zwingend in Kabelanlagen einzuspeisenden Programmen die Kanäle der jeweiligen Kabelanlage noch nicht vollständig belegt sind oder ob umgekehrt die Kapazitäten der Kabelanlage zu gering sind, um alle Pflichteinspeisungsprogramme aufnehmen zu können. Mit beiden Konstellationen ist je nach der Zahl der obligatorisch einzuspeisenden Programme und der Frequenzbreite der jeweiligen Kabelanlage in Sachsen zu rechnen.

Der Betreiber einer Kabelanlage unterliegt unmittelbar den inhaltlichen Bestimmungen des § 38 SächsPRG. Danach sind in Kabelanlagen die nach § 11 SächsPRG zugelassenen Programme sowie die aufgrund eines sonstigen Gesetzes für Sachsen veranstalteten Programme einzuspeisen. Die Kabelanlage ist so einzurichten, daß jeder Inhaber eines Anschlusses zumindest die vorgenannten Programme empfangen kann. Bei Nichterfüllung dieser Pflichten kann die Landesmedienanstalt die Weiterverbreitung unter Beachtung des Verfahrens der §§ 39 und 41 SächsPRG, die Maßnahmen der Aufsicht regeln, untersagen.

Durch diese Regelungen wird die verfassungsrechtlich geforderte Pluralität der Meinungen im Rundfunk auch ohne Kanalbelegungssatzung derart bewirkt, daß die Anstalt die Zulassung privater Rundfunkveranstalter nach den einschlägigen Vorschriften des Sächsischen Privatrundfunkgesetzes vorrangig am Maßstab der Meinungsvielfalt auszurichten hat und vergleichbare Anforderungen auch von den Gesetzen im Sinne des § 38 Satz 1 Var 2 SächsPRG errichtet werden; gesteigerte Erfordernisse gelten insoweit für den von diesen Gesetzen erfaßten öffentlich-rechtlichen Rundfunk.

Da durch die inhaltlichen Bestimmungen des § 38 SächsPRG einschließlich der dort geregelten Instrumente ihrer Durchsetzung ein den Anforderungen des Art. 20 Abs. 1 Satz 2 SächsVerf genügender Standard an Meinungsvielfalt gesichert wird, ist es verfassungsrechtlich nicht zu beanstanden, wenn neben den Pflichteinspeisungsprogrammen weitere Programme in noch nicht belegte Kanäle eingespeist werden und sich dies nach rein wirtschaftlichen Bedingungen von Angebot und Nachfrage vollzieht.

Im umgekehrten Fall, in dem aus Kapazitätsgründen nicht alle Programme im Sinne des § 38 Satz 1 SächsPRG in eine Kabelanlage eingespeist werden können, wird die nach Art. 20 Abs. 1 Satz 2 SächsVerf gebotene Pluralität der Meinungen im Rundfunk durch § 38 Satz 3 SächsPRG sichergestellt, wonach die Landesmedienanstalt entsprechende Maßnahmen ergreifen kann; Art. 20 Abs. 1 Satz 2 SächsVerf wird dabei ja nach Lage der Dinge eine Reduzierung des Ermessens der Anstalt im Sinne einer Pflicht zum Einschreiten bewirken können. Im übrigen steht dem nicht zum Zuge kommenden Veranstalter gegen den Anlagenbetreiber die Möglichkeit gerichtlichen Vorgehens zu Gebote.

VI.

Die in § 4 SächsPRG getroffene Regelung über die für die Sächsische Staatskanzlei begründeten Befugnisse der Zuordnung technischer Übertragungskapazitäten ist mit der Sächsischen Verfassung vereinbar. Sie verletzt insbesondere nicht das in Art. 20 Abs. 1 Satz 2 SächsVerf verankerte Prinzip der Staatsferne des Rundfunks, weil der Staatskanzlei keine Entscheidungs- und Wertungsspielräume zustehen, die es ihr ermöglichen würden, die Zuordnung in einer gerichtlich nur eingeschränkt überprüfbaren Weise vorzunehmen.

1. Nach dem gegenwärtigen Stand der Technik stehen Übertragungsmöglichkeiten nach wie vor nicht in unbeschränkten Umfang zur Verfügung. Angesichts der Begrenztheit der Zahl der Frequenzen erfüllt die mit der Zuteilung von Übertragungskapazitäten betraute Staatskanzlei nicht eine bloße Ordnungsfunktion ohne grundrechtlichen Bezug, sondern trifft Auswahlentscheidungen zwischen mehreren Programmanbietern, die das Grundrecht der Rundfunkfreiheit in seiner Ausrichtung als Grundsatz der Staatsferne des Rundfunks berühren.

2. a) Es ist dem Gesetzgeber nach diesem Grundsatz allerdings nicht generell verwehrt, eine staatliche Instanz mit der Aufgabe der Verteilung verfügbarer Übertragungskapazitäten auf öffentlich-rechtliche Rundfunkanstalten und private Veranstalter zu betrauen. Das Gebot der Staatsferne des Rundfunks besagt nämlich nicht, daß jegliche staatliche Betätigung im rundfunkrelevanten Bereich unzulässig wäre. So trifft inbesondere den staatlichen Gesetzgeber die Pflicht, für eine positive Ordnung des Rundfunkwesens Sorge zu tragen. Bei der Zuordnung technischer Übertragungskapazitäten an öffentlich-rechtlich verfaßte und private Rundfunkveranstalter kommt es vielmehr – ebenso wie auf dem Gebiet der Rechtsaufsicht des Staates über die Landesmedienanstalt – darauf an, daß die vom Gesetzgeber innerhalb der unmittelbaren Staatsverwaltung für zuständig erklärte Stelle ausschließlich nach rechtlichen Maßstäben entscheidet und keine Erwägungen zur verwaltungsbezogenen Zweckmäßigkeit oder politischen Wünschbarkeit anstellen darf. Die von ihr zu treffenden Entscheidungen müssen demgemäß durch die gesetzlichen Festlegungen inhaltlich bereits endgültig vorgeprägt sein, so daß ihr kein eigener Beurteilungs- oder Ermessensfreiraum eröffnet ist und ihre Entscheidungen mithin einer unbeschränkten Kontrolle durch die Gerichte unterliegen (vgl. auch BVerfGE 73, 118, 183; 83, 238, 322 ff).

b) Die Annahme der Antragsteller, die Sächsische Staatskanzlei verfüge nach § 4 SächsPRG über weitgehende Beurteilungs- und Ermessensspielräume, ist unzutreffend. Die Zuordnungsentscheidungen der Staatskanzlei werden vielmehr dem Grundsatz der Staatsferne gemäß durch die einzelnen Regelungen des § 4 SächsPRG gebunden und sind in vollem Umfang einer gerichtlichen Überprüfung zugänglich. Daß der genaue Inhalt einiger der in der Vorschrift verwendeten Normbegriffe, wie z. B. „Grundversorgung", „vielfältiges ... Programmangebot" oder „Förderung des publizistischen

Wettbewerbs" nicht auf den ersten Blick ersichtlich sein mag, steht dem nicht entgegen. Der Vorgang der Rechtsanwendung setzt vielmehr regelmäßig voraus, daß die betreffenden Normen näher zu konkretisieren sind, bevor sie auf den zu entscheidenden Fall angewandt werden können. Der Gebrauch unbestimmter Gesetzesbegriffe ist häufig unverzichtbar.

Insbesondere steht es der Staatskanzlei nicht frei, in welcher Weise sie die nach § 4 Abs. 3 Satz 4 SächsPRG für sie verbindlichen Kriterien der Zuordnung nach § 4 Abs. 1 Satz 2 und Abs. 2 SächsPRG zur Geltung bringt. So hat der Gesetzgeber mit der in § 4 Abs. 2 Satz 2 Nr. 1 bis 5 SächsPRG von ihm gewählten numerischen Reihenfolge auch eine inhaltliche Rangfolge vorgegeben. Das erschließt sich ohne weiteres aus den mit den einzelnen Kriterien jeweils verbundenen Tätigkeiten der Staatskanzlei, die ihr vom Gesetzgeber aufgetragen sind; der Grad der in ihnen zum Ausdruck kommenden Verpflichtung nimmt von Nr. 1 bis Nr. 5 des § 4 Abs. 2 Satz 2 SächsPRG zusehends ab: Während die flächendeckende Grundversorgung durch öffentlich-rechtlichen Rundfunk „zu gewährleisten" (Nr. 1) und ein vielfältiges, dem öffentlich-rechtlichen Rundfunk gleichgewichtiges Programmangebot privater Veranstalter (immerhin tatsächlich) „zu schaffen" ist (Nr. 2), ist der Förderung des publizistischen Wettbewerbs und des Medienstandortes Sachsen (lediglich) „Rechnung zu tragen" (Nr. 3). Hinsichtlich bestehender Programme sind Versorgungslücken (schlicht) „zu schließen" (Nr. 4), und rundfunkähnliche Dienste sind nunmehr „zu berücksichtigen" (Nr. 5).

Eine eindeutige Regelung erfährt in § 4 SächsPRG auch das Verhältnis zwischen den öffentlich-rechtlichen Rundfunkanstalten und den privaten Rundfunkveranstaltern. Im Einklang mit Art. 20 Abs. 2 SächsVerf begründet § 4 Abs. 2 Satz 2 Nr. 1 SächsPRG, wie soeben dargelegt, einen entsprechenden Vorrang zugunsten des öffentlich-rechtlichen Rundfunks und fordert § 4 Abs. 2 Satz 5 SächsPRG die Sicherstellung, daß der öffentlich-rechtliche Rundfunk ebenso wie die privaten Rundfunkveranstalter an der weiteren Entwicklung in sendetechnischer und programmlicher Hinsicht teilnehmen können. § 4 Abs. 2 Satz 4 und 6 SächsPRG hat demgegenüber nicht etwa umgekehrt eine Bevorzugung des privaten Rundfunks zum Inhalt. Hiernach sind für die Programme nach § 3 Abs. 3 SächsPRG – bis zu drei private landesweite Hörfunkvollprogramme und mindestens zwei private landesweite Fernsehvollprogramme – und die Programme des öffentlich-rechtlichen Rundfunks Übertragungskapazitäten vorrangig zur Verfügung zu stellen; für den Fall, daß die vorhandenen Übertragungskapazitäten für die Teilnahme des öffentlich-rechtlichen Rundfunk an der weiteren sendetechnischen und programmlichen Entwicklung nicht ausreichen, ist zunächst der gleichgewichtigen Entwicklung des privaten Rundfunks gegenüber dem öffentlich-rechtlichen Rundfunk Rechnung zu tragen. Diese Bestimmungen bezwecken allein die Beseitigung etwaiger zu Lasten des privaten Rundfunks bestehender Defizite. Sie entfalten bloß kompensatorische Wirkungen und dienen so der Herstellung des von § 4 Abs. 1 Satz 2 und Abs. 2 Satz 2 Nr. 2 SächsPRG geforderten Gleichgewichts zwischen beiden Säulen der dualen Rundfunkordnung unter Beachtung der verfassungsrechtlichen Bestands- und Entwicklungsgarantie für den öffentlich-rechtlichen Rundfunk.

Es besteht nach den gesetzlichen Entscheidungsvorgaben mithin auch nicht die Möglichkeit einer von Ermessenserwägungen bestimmten Einflußnahme der Staatskanzlei auf die Gestaltung von Programmen. Das gilt hinsichtlich der privaten Veranstalter um so mehr, als die technischen Übertragungskapazitäten nicht diesen selbst, sondern der Landesmedienanstalt zuzuordnen sind. Das Zuordnungskriterium der Schaffung eines vielfältigen Programmangebots privater Veranstalter (§ 4 Abs. 2 Satz 2 Nr. 2 SächsPRG) ist deswegen wertfrei zu verstehen und ohne Ansehung konkreter Programminhalte privater Anbieter anzuwenden.

Dem verfassungsrechtlichen Gebot der Staatsferne des Rundfunks wird im übrigen dadurch besonders Genüge getan, daß die Staatskanzlei eine einseitige Entscheidung über die Zuordnung nur für den Fall zu treffen hat, daß zwischen der Landesmedienanstalt und den in § 4 Abs. 2 Satz 1 SächsPRG aufgeführten öffentlich-rechtlichen Rundfunkanstalten eine Verständigung nicht zustande kommt. Die Staatskanzlei ist verpflichtet, auf eine solche freiwillige Lösung hinzuwirken (§ 4 Abs. 3 Satz 2 bis 4 SächsPRG). Ihre konsensfördernde Vermittlungstätigkeit hat sie unparteiisch und unvoreingenommen zu leisten; sie darf insbesondere nicht unter Hinweis auf den Inhalt der von ihr gegebenenfalls beabsichtigten Entscheidung die Verständigungsbildung von vornherein in eine bestimmte Richtung lenken.

3. Daß der Gesetzgeber die Aufgabe der Zuordnung nunmehr der monokratisch organisierten Staatskanzlei anstelle des bisher zuständigen Kollegialorgans der Staatsregierung überweist, begegnet nach dem Grundsatz der Staatsferne des Rundfunks keinen Bedenken. Verfahrensrechtliche Vorgaben für die Entscheidungsfindung enthält er insoweit nicht. Die Pflicht des Gesetzgebers zur Schaffung einer positiven Rundfunkordnung zwingt ihn nicht zu einer Kompetenzzuweisung an bestimmte Organe im Bereich der Exekutive, weil diese nach dem Demokratieprinzip in gleicher Weise dem Parlament verantwortlich sind.

D.

Die Prüfung und Entscheidung des Verfassungsgerichtshofes war auf die im Urteilstenor bezeichneten Vorschriften des Sächsischen Privatrundfunkgesetzes zu begrenzen. Über weiteres war nicht zu entscheiden.

Die Antragsteller leiten die Verfassungswidrigkeit der gesamten Vorschriften, die sich mit den Aufgaben der Organe der Landesmedienanstalt befassen, nicht aus der Verfassungswidrigkeit jeder einzelnen Vorschrift her. Vielmehr gehen sie von der Rechtsprechung des Bundesverfassungsgerichts aus, nach der bei Nichtigkeit einer oder mehrerer Bestimmungen eines Gesetzes das gesamte Gesetz für nichtig zu erklären ist, wenn die nichtigen Bestimmungen mit den übrigen so verflochten sind, daß sie eine untrennbare Einheit bilden, die nicht in ihre einzelnen Bestandteile zerlegt werden kann (vgl. BVerfGE 57, 295, 334). Hier fehlt es aber bereits an der Voraussetzung für einen Rückgriff auf diese Rechtsprechung, da der Verfassungsgerichtshof nur bei einigen der als verfassungswidrig gerügten zentralen Bestimmungen des Sächsischen Privatrundfunkgesetzes die Verfassungswidrigkeit festgestellt hat. Über die Gültigkeit der darüber hinaus gerügten Vorschriften bestehen danach derzeit keine Zweifel oder Meinungsverschiedenheiten im Sinne des Art. 81 Abs. 1 Nr. 2 SächsVerf, weil die Antragsteller sie für sich genommen nicht als nichtig betrachten und es auf den genannten Zusammenhang nicht ankommt. Es besteht daher kein Anlaß, diese Vorschriften der abstrakten Normenkontrolle durch den Verfassungsgerichtshof zu unterziehen (vgl. BVerfGE 73, 118, 151).

E.

Mit der Nichtigkeit des § 46 Abs. 2 SächsPRG ist die Wahl des ersten Medienrates ihrerseits nichtig.

Die Zuständigkeiten der Organe der Landesmedienanstalt bestimmen sich mit dem Wegfall des ersten Medienrates nach § 46 Abs. 4, 6, und 7 SächsPRG, so wie sie vor der konstituierenden Sitzung des ersten Medienrates bestanden. Soweit durch diese Entscheidung Vorschriften des Sächsischen Privatrundfunkgesetzes für nichtig erklärt worden sind, welche die Stellung, die Zusammensetzung oder die Aufgaben von Organen der Landesmedienanstalt betreffen, gelten für die fortbestehenden Regelungen der Neufassung die Zuständigkeitsregelungen des Gesetzes in der alten Fassung fort.

F.

Den Antragstellern sind gemäß § 16 Abs. 3 und 4 SächsVerfGHG in Verb. mit § 34 a Abs. 2 und 3 BVerfGG die notwendigen Auslagen zu erstatten, weil sie teilweise obsiegt und zudem durch die Vorbereitung und Durchführung des Verfahrens zur Klärung von Fragen grundsätzlicher Bedeutung beigetragen haben, die von besonderer verfassungsrechtlicher Tragweite sind. Dem Verfassungsgerichtshof erschien es daher billig und angemessen, die Erstattung der Auslagen entsprechend § 34 a Abs. 2 und 3 BVerfGG anzuordnen.

Entscheidungen des Landesverfassungsgerichts Sachsen-Anhalt

Die amtierenden Richter
des Landesverfassungsgerichts für das Land Sachsen-Anhalt

Prof. Jürgen Goydke, Präsident
Burkhard Guntau, Vizepräsident
Dr. Edeltraut Faßhauer
Margit Gärtner
Prof. Dr. Michael Kilian
Erhard Köhler
Prof. Dr. Harald Schultze

Stellvertretende Richter

Carola Beuermann
Dietrich Franke
Dietmar Fromhage
Wolfgang Pietzke
Prof. Dr. Stefan Smid
Dr. Peter Willms
Werner Zink

Nr. 1

Die auf der Grundlage der Kommunalverfassung der DDR bis zum Inkrafttreten des Gesetzes über die kommunale Gemeinschaftsarbeit in Sachsen-Anhalt gegründeten (Wasser- und Abwasser-) Zweckverbände werden vom Ersten Gesetz über die Kommunale Gemeinschaftsarbeit des Landes Sachsen-Anhalt nicht erfaßt.

Verfassung des Landes Sachsen-Anhalt, Art. 2 Abs. 3, 75, 87 Abs. 1

Landesverfassungsgerichtsgesetz, §§ 2, 51

Kommunalverfassung der DDR, § 61

Gesetz über kommunale Gemeinschaftsarbeit a.F., §§ 118, 19a, 20, 29

Urteil vom 3. Juli 1997 – LVG 1/97 –

in dem Verfassungsbeschwerdeverfahren zweier Gemeinden wegen des Gesetzes zur Änderung des Gesetzes über die Kommunale Gemeinschaftsarbeit des Landes Sachsen-Anhalt vom 4. 7. 1996.

Entscheidungsformel:

Die Verfassungsbeschwerde der Beschwerdeführerinnen wird zurückgewiesen.

Die Entscheidung ergeht gerichtsgebührenfrei.

Tatbestand:

Mit der Verfassungsbeschwerde machen die Beschwerdeführerinnen die Verfassungswidrigkeit des Gesetzes zur Änderung des Gesetzes über Kommunale Gemeinschaftsarbeit des Landes Sachsen-Anhalt vom 04. Juli 1996 (GVBl. LSA S. 218) geltend. Sie meinen, daß sie durch dieses Zwangsmitglieder des Abwasserverbandes „Fuhne" geworden seien und infolgedessen unmittelbar ihr Recht auf kommunale Selbstverwaltung aus Art. 2 Abs. 3, 87 LVerf-LSA verletzt sei.

Bereits unmittelbar nach November 1989 bestand in der DDR wegen der stark belasteten Gewässer und unzureichender Abwasserentsorgung gerade im ländlichen Raum ein erheblicher Nachholbedarf im Bau von Abwasserkläranlagen. Die Notwendigkeit, kurzfristig die Voraussetzungen für Ansiedlungsmöglichkeiten für Gewerbe und Industrie zu schaffen, erzeugte einen erheblichen Handlungsdruck für die Kommunen. Deshalb wurden seitens der Bundesregierung und zunächst noch der DDR-Regierung, später der Regierungsbeauftragten und schließlich der neu gebildeten Länder erhebliche finanzielle Mittel für diese wichtigen infrastrukturellen Vorhaben zur Verfügung gestellt.

Abwasserbeseitigungspläne des Landes, Flächennutzungspläne, Bebauungspläne und Generalentwässerungspläne gab es nicht. Die staatlichen Ämter für Umweltschutz mußten Ende 1990 / Anfang 1991 neu aufgebaut werden. In dieser Umbruchszeit handelten in Gesellschaften mit beschränkter Haftung umgewandelte Wasser- und Abwasserbetriebe der früheren Bezirke der DDR, deren Anteile zunächst noch von der Treuhandanstalt gehalten wurden, und die neu ins Amt gekommenen Bürgermeister und Landräte. Auf Grund des bestehenden Erwartungsdrucks der Bevölkerung wurden sie gedrängt, rasch die notwendigen Abwassermaßnahmen einzuleiten. Planerische Grundlagen dafür, die schnellstmöglich geschaffen wurden, konnten – was von der Sache her erforderlich gewesen wäre – oft nicht mit der notwendigen Sorgfalt erarbeitet und geprüft werden.

Die freiberuflichen Planer gingen vielfach von den vorgefundenen hohen DDR-Verbrauchszahlen (z. B. 200 l Wasser pro Einwohner und Tag gegenüber 140 l pro Einwohner und Tag in der alten Bundesrepublik, und dem Verbrauch der – damals noch – bestehenden Industriebetriebe) aus und legten bei der apparativen Ausrüstung und den technischen Standards anspruchsvolle westdeutsche Regelwerke zugrunde, die im Zuge der Vereinigung übernommen wurden.

Die Förderpolitik des Landes Sachen-Anhalt strebte auf dem Abwassersektor zunächst an, möglichst zentrale Anlagen zu fördern, die eine unbestritten hervorragende Reinigungsleistung bei nachweislich geringen Betriebskosten erbringen, die jedoch von Anfang an hohe Investitionen erfordern und sinnvoll in großen Verbänden organisiert werden.

Durchkalkulierte, d. h. auf exakten Refinanzierungskonzepten fußende Anlagegenehmigungen gab es zu diesem Zeitpunkt nicht. Es konnte sie auch nicht geben. Solche Verfahren hätten zunächst eine Ermittlung der Bebaubarkeit (des Vorhandenseins von Bebauungsplänen), eine Feststellung der Eigentumsverhältnisse, betriebswirtschaftliche Ermittlungen, für die vielfach geeignetes Personal fehlte, und andere Voraussetzungen erfordert. Neben diesen praktischen Schwierigkeiten fehlte es auch an gesetzlichen Grundlagen wie einem Landeswassergesetz und einem Kommunalabgabengesetz.

Vor diesem Hintergrund wurde vor Ort bei den Landkreisen und zum Teil den Gemeinden auf – wie sich später herausstellte – überdimensionierte zentrale, nicht auf ihre wirtschaftliche Vertretbarkeit hin genügend überprüfte Konzepte zurückgegriffen und vielfach ohne hinreichende Prüfung und Genehmigung mit dem Bau begonnen; bei Straßenbauvorhaben wurden z. T. Kanäle verlegt, obwohl nicht absehbar war, wann die zugehörigen Anlagen in Betrieb gehen würden. Die kommunalen Aufsichtsbehörden, die sich langsam konstituierten, waren lange Zeit nicht in der Lage, die Vorhaben sachgerecht zu prüfen. Eine rasche Entwicklung der Infrastruktur war Grundlage jeder weiteren wirtschaftlichen Entwicklung.

Begonnene Vorhaben und Planungen wurden in einem ständigen Prozeß – mit unterschiedlichem Erfolg – jeweils den sich wandelnden Rahmenbedingungen (Ausbleiben von erhofften Investitionen, Zusammenbrechen von Betrieben) angepaßt.

Schon vor dem Beitritt zur Bundesrepublik Deutschland am 03. Oktober 1990 schuf die DDR die Voraussetzung dafür, daß die kommunalen Gebietskörperschaften sich zu Zweckverbänden zusammenschließen und die Aufgaben der Abwasserentsorgung gemeinsam erfüllen konnten. In Abkehr vom „demokratischen Zentralismus" führte das Gesetz über die Selbstverwaltung der Gemeinden und Landkreise in der DDR – Kommunalverfassung – vom 17. Mai 1990 (DDR-GBl. Teil I Nr. 28 S. 255) – im folgenden KommVfG – die kommunale Selbstverwaltung wieder ein. § 61 KommVfG sah die Möglichkeit der Bildung von kommunalen Zweckverbänden vor und bestimmte:

„§ 61
Zweckverbände

(1) Gemeinden können zur Erfüllung kommunaler Aufgaben Zweckverbände bilden. ...
(2) Die beteiligten Gemeindeverbände beschließen über das Statut, die mittels des Zweckverbandes zu lösenden Aufgaben und die dafür zur Verfügung zu stellenden Mittel.
(3) ..."

Nähere Regelungen enthielt das KommVfG nicht, insbesondere keine zur Frage der Rechtsfähigkeit sowie des Überganges von Rechten und Pflichten von den verbandsangehörigen Gemeinden auf den Zweckverband.

Am 17. Oktober 1991 fand die Gründungsversammlung des Abwasserzweckverbandes „Fuhne" statt, an der sich die beschwerdeführenden Gemeinden beteiligten. Es wurde ein *Gründungsvertrag* zwischen den beteiligten Gemeinden geschlossen. Für die Gemeinden Görzig und Schortewitz unterzeichneten die Bürgermeister Schmidt und Finze.

Am 22. Oktober 1991 erläuterte der Bürgermeister der Gemeinde Schortewitz der Gemeindevertreterversammlung die Notwendigkeit eines Abwasserzweckverbandes; die Gemeindevertreter nahmen hiervon zustimmend Kenntnis.

Durch Beschluß der „Gemeindeverwaltung" – gemeint sein dürfte der Gemeindevertretung – vom 29. Oktober 1991 trat die Gemeinde Görzig dem Abwasserzweckverband bei.

Die Gemeindevertreterversammlungen der Beschwerdeführerinnen haben dem Statut des Abwasserzweckverbandes „Fuhne" nicht förmlich zugestimmt.

Im amtlichen Mitteilungsblatt der Stadt Lobejün und Umland wurde die Gründung des Verbandes angezeigt.

Durch das Gesetz über kommunale Gemeinschaftsarbeit vom 09. Oktober 1992 (GVBl. LSA S. 730) – GKG-LSA – wurde die Bildung kommunaler Zweckverbände in den §§ 17–29 auf eine neue Grundlage gestellt.

– Nach § 18 GKG-LSA ist der Zweckverband eine Körperschaft des öffentlichen Rechts und damit eine juristische Person. Nach § 20 GKG-LSA geht mit der Bildung des Zweckverbandes das Recht und die Pflicht der beteiligten kommunalen Gebietskörperschaften, die übertragenen Aufgaben zu erfüllen und die dazu notwendigen Befugnisse – wie das Recht Abgaben zu erheben – auf den Zweckverband über.

– § 19 GKG-LSA enthält nähere Anforderungen an die Verbandssatzung. Sie bedarf der Genehmigung der Rechtsaufsichtsbehörde (§ 19 Abs. 4 GKG).

– § 29 GKG-LSA sah vor, daß „bestehende" Zweckverbände ihre Statuten an das GKG binnen einer bestimmten Frist anzupassen hatten.

Schon im Mai 1992 – also noch vor Inkrafttreten des GKG-LSA – legte der Abwasserzweckverband „Fuhne" der Bezirksregierung Halle eine Satzung vor, die diese am 10. Juni 1992 nach § 61 KommVfG in Verbindung mit dem *Entwurf* zu dem späteren § 19 Abs. 4 GKG-LSA genehmigte.

Am 11. Juni 1992 stimmten die Verbandsvertreter der Zweckverbandsgemeinden der Satzung zu.
Die Satzung wurde am 19. Juni 1992 in der Mitteldeutschen Zeitung Köthen und Saalkreis veröffentlicht.

Am 25. Februar 1993 erfolgte die 1. Satzungsüberarbeitung durch die Verbandsvertreterversammlung zur Anpassung der Satzung an das GKG-LSA, die durch die Bezirksregierung Halle mit Schreiben vom 17. März 1993 genehmigt wurde. Die Veröffentlichung wurde in den Amtsblättern der

Landkreise Köthen und Saalkreis sowie der Regierungsprasidien Halle und Dessau vorgenommen.

Beschlüsse der Gemeindevertreterversammlungen der Beschwerdeführerinnen zur Anpassung liegen nicht vor.

Mit Schreiben vom 22. Juni 1995 kündigte die Gemeinde Görzig gegenüber dem Zweckverband „Fuhne" die Mitgliedschaft.

Am 17. Oktober 1995 erhob sie gegen den Abwasserzweckverband „Fuhne" die noch anhängige Feststellungsklage vor dem Verwaltungsgericht Halle (3 A 302/95) mit dem Antrag,
festzustellen, daß sie nicht Mitglied des Abwasserzweckverbandes sei.
Sie verweist darauf, daß eine wirksame Gründung des Zweckverbandes nicht erfolgt sei.
Der Beklagte hat beantragt, die Klage abzuweisen.
Zwar ist „vermutlich auch der Beklagte nicht ordnungsgemäß gebildet worden" aber die damals zu erwartende gesetzliche Regelung, mit der rückwirkend Gründungsmängel geheilt werden würden, werde dazu führen, daß mit Inkrafttreten dieses Gesetzes die Beschwerdeführerinnen Mitglieder eines rechtsfähigen Zweckverbandes würden.

Hintergrund der Verabschiedung des Gesetzes zur Änderung des Gesetzes über kommunale Gemeinschaftsarbeit am 04. Juli 1996 war die Erkenntnis des Gesetzgebers, daß die seit dem 03. Oktober 1990 unternommenen Versuche, die kommunale Aufgabe der Abwasserbeseitigung auf rechtlich selbständige Zweckverbände zu übertragen, in der Praxis weithin gescheitert war. Schätzungsweise mehr als 80 % der Gründungen von Abwasserzweckverbänden wiesen Verfahrens- und Formmängel auf, die zur Unwirksamkeit der Gründung führten. Als Folge konnten die Zweckverbände keine Rechtsfähigkeit nach § 18 GKG-LSA erlangen. Da sich die (Schein-)Zweckverbände aber am Rechtsverkehr beteiligt hatten, war es das Ziel des Gesetzgebers, diese Gründungsmängel rückwirkend auf den Zeitpunkt der Gründung der Zweckverbände zu beheben. Damit sollte erreicht werden, daß ihnen über § 18 GKG-LSA rückwirkend auch die Rechtsfähigkeit verliehen wird, so daß alle Rechtshandlungen der (Schein-)Zweckverbände ebenfalls rückwirkend geheilt würden.

Artikel 1 Ziffer 2 des Gesetzes zur Änderung des Gesetzes über kommunale Gemeinschaftsarbeit vom 04. Juli 1996 lautet:

„2. Nach § 19 wird folgender § 19 a eingefügt:

„19 a
Rückwirkende Bildung von Zweckverbänden

(1) Wegen Gründungsfehlern nicht gebildete Zweckverbände gelten rückwirkend ab dem Tage nach der öffentlichen Bekanntmachung ihres Status oder

ihrer Verbandssatzung als gebildet, sofern nicht ein späterer Zeitpunkt bestimmt ist....

(2) Kommunale Gebietskörperschaften, die Statut oder Verbandssatzung nicht durch ihr zuständiges Organ beschlossen haben, sind berechtigt, innerhalb von drei Monaten nach Inkrafttreten dieser Vorschrift gegenüber dem Zweckverband ihren Austritt zu erklären....

(3) Das Regierungspräsidium stellt den Austritt fest, wenn die gesetzlichen Voraussetzungen vorliegen und die Abwicklung des Austritts geregelt ist. Die Feststellung kann aus wichtigem Grund verweigert werden. § 140 der Gemeindeordnung für das Land Sachsen-Anhalt findet keine Anwendung....

(4) ..."

Die Beschwerdeführerinnen haben gegenüber dem Zweckverband „Fuhne" ihren Austritt nach § 19 a Abs. 2 GKG-LSA erklärt. Zur Zeit läuft das Feststellungsverfahren vor dem zuständigen Regierungspräsidium.

Im vorliegenden Verfassungsstreitverfahren wiederholen die Beschwerdeführerinnen ihre Rechtsauffassung, daß die Gründung des Abwasserzweckverbandes unwirksam sei. Indem der durch das Gesetz zur Änderung des Gesetzes über kommunale Gemeinschaftsarbeit des Landes Sachsen-Anhalt vom 04. Juli 1996 eingefügte § 19 a GKG-LSA rückwirkend den Zweckverband wirksam werden lasse, verstoße der Gesetzgeber gegen Art. 2 Abs. 3, 87 LVerf-LSA, da sie zu *Zwangsmitgliedern* gemacht würden. Sie – die Gemeinden – müßten selbst entscheiden können, welche Konsequenzen sie aus der Unwirksamkeit der Verbandsgründung ziehen wollten.

Die Beschwerdeführerinnen beantragen,
festzustellen, daß das Gesetz zur Änderung des Gesetzes über kommunale Gemeinschaftsarbeit des Landes Sachsen-Anhalt vom 04. Juli 1996 (GVBl. LSA S. 218) nichtig ist.

Der Landtag von Sachsen-Anhalt hatte Gelegenheit zur Stellungnahme. Er hat sich zum Verfahren nicht geäußert.

Die Landesregierung nimmt dahin Stellung,
daß die Verfassungsbeschwerde zulässig, aber unbegründet sei.
Sie meint, die Beschwerdeführerinnen seien durch die Fiktion des § 19 a Abs. 1 GKG-LSA, wonach wegen Gründungsfehlern nicht gebildete Zweckverbände „als gebildet gelten", unmittelbar in ihren Rechten auf kommunale Selbstverwaltung betroffen, auch wenn ihnen nach § 19 a Abs. 2 und 3 GKG-LSA ein Austrittsrecht zustehen könnte.

§ 19 a GKG-LSA sei verfassungskonform.

– § 19 a GKG-LSA verstoße nicht gegen das Recht auf kommunale Selbstverwaltung aus Art. 2 Abs. 3 und 87 LVerf-LSA. Die rückwirkende Bildung von Zweckverbänden kraft Gesetzes entziehe den Mitgliedsgemeinden keine Aufgaben. § 19 a GKG-LSA ersetze keine Vereinbarung einer Verbandssatzung zwischen den Gebietskörperschaften, sondern gleiche lediglich Verfahrens- und Formfehler, die sich bei der Gründung ergeben hätten, aus. Soweit eine Gemeinde durch ihren Gemeinderat lediglich einen Beitrittsbeschluß aber keinen Beschluß zur Verbandssatzung gefaßt habe, stehe ihr das Recht zum Austritt nach § 19 a GKG-LSA zu.

– Ebensowenig verstoße § 19 a GKG-LSA gegen das Rechtsstaatsprinzip. Zwingende Gründe des Allgemeinwohls erforderten die rückwirkende Bildung von Abwasserzweckverbänden als Körperschaften des öffentlichen Rechts. Die Rechtslage sei unklar gewesen, was zu einer Vielzahl von mißglückten Verbandsgründungen geführt habe.

– § 19 a GKG-LSA sei mit dem Verhältnismäßigkeitsprinzip vereinbar. Es sei kein milderes, gleich wirksames Mittel gegeben, den betroffenen Zweckverbänden zu ermöglichen, in eigener Rechtszuständigkeit die aus ihrer Vergangenheit stammenden Abgabenforderungen zu realisieren. Ein unkontrolliertes Auseinanderfallen der Zweckverbände, die in der Vergangenheit sich tatsächlich am Rechtsverkehr beteiligt hätten, sei für den Gesetzgeber nicht hinzunehmen. Abgabenforderungen, die ohne die Vorschrift des § 19 a GKG-LSA nicht erhoben werden könnten, würden landesweit einen dreistelligen Millionenbetrag ausmachen.

Entscheidungsgründe:

1. Die Verfassungsbeschwerde ist unzulässig, da die Beschwerdeführerinnen durch das angefochtene Gesetz nicht betroffen sind.

1.1. Das Landesverfassungsgericht ist zur Entscheidung über die kommunale Verfassungsbeschwerde berufen (vgl. dazu im einzelnen und mit weiteren Nachweisen: Landesverfassungsgericht Sachsen-Anhalt (LVerfGE 2, 227, 245 f; 2, 273, 289 f; 2, 323, 334 f).

Soweit eine Verletzung der durch Art. 2 Abs. 3 und 87 der Verfassung des Landes Sachsen-Anhalt – LVerf-LSA – vom 16. 7. 1992 (LSA-GVBl. 600) garantierten Selbstverwaltungsrechte behauptet wird, handelt es sich um eine sog. kommunale Verfassungsbeschwerde im Sinne des Art. 75 Nr. 7 LVerf-LSA und der §§ 2 Nr. 8, 51 des Gesetzes über das Landesverfassungsgericht – LVerfGG-LSA – vom 23. 8. 1993 (LSA-GVBl., S. 441), geändert durch Gesetze vom 14. 6. 1994 (LSA-GVBl., S. 700) und vom 22. 10. 1996 (LSA-GVBl. 332); diese Bestimmungen gestatten den Kommunen, gegen Eingriffe durch ein Landesgesetz das Landesverfassungsgericht anzurufen.

Diese landesrechtliche Verfassungsbeschwerde ist nicht durch die bundesrechtliche Rüge ausgeschlossen, Art. 28 Abs. 2 GG sei verletzt (Art. 93 Abs. 1 Nr. 4b GG); denn das Bundesverfassungsgericht kann gegen Landesgesetze subsidiär nur dann angerufen werden, wenn und soweit keine Verfassungsbeschwerde zu einem Landesverfassungsgericht erhoben werden kann (Art. 93 Abs. 1 Nr. 4b GG).

Art. 28 Abs. 2 GG verdrängt auch in der Sache die Garantien aus Art. 2 Abs. 3 und Art. 87 LVerf-LSA nicht über Art. 31 GG, denn das Bundesrecht enthält nur eine Mindestgarantie kommunaler Selbstverwaltung und schließt inhaltsgleiches und weitergehendes Landesverfassungsrecht nicht aus. Die Selbstverwaltungsgarantien des Grundgesetzes und der Landesverfassung gelten in diesem Rahmen nebeneinander. Die durch die Rechtsordnung des Landes begründeten Selbstverwaltungsrechte werden vom Bund vorausgesetzt, anerkannt und garantiert. Art. 28 Abs. 2 GG enthält damit auch einen Verfassungsauftrag an die Länder, innerhalb ihrer staatlichen Ordnung die kommunale Selbstverwaltungsgarantie zu wahren.

1.2. Der Antrag ist jedoch unzulässig, weil die Beschwerdeführerinnen durch Artikel 1 Nr. 2 des Gesetzes zur Änderung des Gesetzes über kommunale Zusammenarbeit vom 04. Juli 1996 (LSA-GVBl. S. 218) nicht *unmittelbar* im Sinne des Art. 75 Nr. 7 LVerf-LSA und der §§ 2 Nr. 8; 51 Abs. 1 LVerfGG-LSA in ihrem Recht auf kommunale Selbstverwaltung betroffen sind. Durch die Einfügung des § 19 a Abs. 1 GKG-LSA sind sie weder zu Mitgliedern eines rechtsfähigen Zweckverbandes „Fuhne" geworden, noch sind Aufgaben der Beschwerdeführerinnen auf diesen Zweckverband übergegangen.

Mit der wirksamen Gründung eines rechtsfähigen Zweckverbandes werden die Gründungsgemeinden Mitglieder und haben die Lasten des Zweckverbandes gemeinsam zu tragen. § 20 Abs. 1 GKG-LSA sieht vor, daß mit der rechtswirksamen Bildung eines Zweckverbandes die bisher den beteiligten kommunalen Gebietskörperschaften obliegende Aufgabe auf den Zweckverband übergeht und er die dazu notwendigen Befugnisse erwirbt. Dies bedeutet für Abwasserzweckverbände insbesondere, daß der Zweckverband Grundstückseigentümer von Kläranlagen werden, Verträge schließen, eine Abwassergebührensatzung erlassen und die Gebühren beitreiben kann.

Dies alles setzt aber voraus, daß der Zweckverband rechtlich wirksam gegründet worden ist und ihm die *Rechtsfähigkeit* als Körperschaft des öffentlichen Rechts verliehen worden ist (vgl. § 18 GKG-LSA). Nur als juristische Person kann er Träger von Rechten und Pflichten sein, die von den Gemeinden auf ihn übergehen. Nur wenn durch das Gesetz zur Änderung des Gesetzes über kommunale Zusammenarbeit von 04. Juli 1996 ein solcher –

automatischer – Entzug von Rechten stattgefunden hätte, wären die Beschwerdeführerinnen unmittelbar durch das Gesetz betroffen.

1.2.1 Mit Gründung im Jahre 1991 konnte der Zweckverband „Fuhne“ von Gesetzes wegen nicht die Eigenschaft einer juristischen Person erlangen.

Die Gründung erfolgte unter der Geltung des Gesetzes über die Selbstverwaltung der Gemeinden und Landkreise in der Deutschen Demokratischen Republik – Kommunalverfassung – (DDR-GBl. 1990 Teil I Nr. 33 S. 299) – KommVfG. Nach § 61 KommVfG war zwar die Bildung von Zweckverbänden möglich. Diese wurden aber nicht als rechtsfähige Körperschaften gebildet.

Körperschaften des öffentlichen Rechts können als Teil mittelbarer Staatsverwaltung – soweit sie nicht durch die Verfassung selbst anerkannt werden, wie Kommunen oder Kirchen (vgl. Art. 87 LVerf-LSA; 32 LVerf-LSA in Verbindung mit Art. 137 Abs. 5 WRV) – nur durch Gesetz oder auf Grund eines Gesetzes die Rechtsfähigkeit verliehen erhalten (vgl. klarstellend Art. 87 Abs. 5 LVerf-LSA).

§ 61 KommVfG enthält anders als § 18 GKG-LSA keine Feststellung darüber, daß der Zweckverband eine eigene Rechtspersönlichkeit ist. Weder der Gesetzeswortlaut gibt dafür etwas her noch enthält er eine Ermächtigung für eine Verwaltungsbehörde, die Rechtsfähigkeit durch Verwaltungsakt zu verleihen. Konsequenterweise findet sich auch keine Regelung darüber, daß Rechte und Pflichten aus der den Gründungsgemeinden obliegenden Aufgabe auf den Zweckverband übergehen, wie dies § 20 GKG-LSA anordnet.

1.2.2 Das Reichszweckverbandsgesetz vom 7. Juni 1939 (RGBl. I 979) ergänzt die Regelungen der DDR-Kommunalverfassung nicht; denn es ist nicht Landesrecht von Sachsen-Anhalt geworden. Die Übergangsregelungen des Art. 123 GG betrafen nur die Situation nach 1945 und leiteten das Reichsrecht in das Recht der damaligen Bundesrepublik oder in Recht der damals bestehenden Länder über. Eine entsprechende Übergangsregelung für das Recht der DDR findet sich im Einigungsvertrag nicht. Im übrigen kann nicht angenommen werden, daß das Reichsrecht über Zweckverbände noch in der DDR gegolten hat, weil durch § 69 des Gesetzes über die örtlichen Volksvertretungen und ihre Organe in der Deutschen Demokratischen Republik vom 12. 7. 1973 (DDR-GBl. Teil I Nr. 32 S. 313) eigenes Recht geschaffen worden war.

Infolgedessen fand 1991 ein Übergang rechtlicher Befugnisse von den Beschwerdeführerinnen auf den Zweckverband „Fuhne“ nicht statt. Der Sache nach handelt es sich bei ihm um eine nicht rechtsfähige Körperschaft, aus der die Beschwerdeführerinnen jederzeit und ohne Angabe von Gründen „austreten“ konnten – unbeschadet allerdings der Frage, ob und inwieweit sie für Verbindlichkeiten aus der Tätigkeit des Zweckverbandes „Fuhne" zivilrechtlich haften.

1.2.3 Mit dem Inkrafttreten des GKG-LSA am 10. Oktober 1992 bestand erstmalig in Sachsen-Anhalt die Möglichkeit, rechtsfähige Zweckverbände zu gründen.
Dies hätte dazu führen können, den Abwasserzweckverband „Fuhne" neu zu gründen, wenn die Gründungsgemeinden an ihm festhalten wollten.
Statt dessen sah § 29 GKG-LSA bis zum 30. Juni 1994 die Möglichkeit vor, daß die bestehenden, nicht rechtsfähigen Zweckverbände die Statuten den Vorschriften des GKG-LSA anpassen und zur Genehmigung vorlegen konnten.
Dies setzte allerdings voraus, daß alle Wirksamkeitsvoraussetzungen eingehalten wurden. Damit hätten die Gemeindevertreterversammlungen nach § 29 Abs. 1 GKG-LSA dem als Satzung angepaßten Statut zustimmen müssen.

Hiervon wollte „der Zweckverband ‚Fuhne'" Gebrauch machen. Im Mai 1992 legte er der Bezirksregierung Halle eine Satzung vor, die am 10. Juni 1992 genehmigt und am 19. Juni 1992 veröffentlicht wurde.

Die Genehmigung erfolgte zum einen nach § 61 KommVfG, obwohl diese Norm ein Genehmigungsverfahren nicht vorsah. Zum anderen wurde die Genehmigung auf den *Entwurf* des neuen GKG-LSA gestützt. Auch dies geht rechtlich ins Leere. Die Rechtsfolge des § 18 GKG-LSA, die Verleihung der Rechtsfähigkeit, kommt erst für Gründungsverfahren nach §§ 17 ff GKG-LSA oder Anpassungsverfahren nach § 29 GKG-LSA in Betracht, die nach *Inkrafttreten* des GKG-LSA stattfanden. § 18 GKG-LSA enthält keine Rückwirkungsregelung.
Außerdem liegen die erforderlichen Zustimmungen der Gemeindevertreterversammlungen der Beschwerdeführerinnen zu der Anpassungssatzung nicht vor.

1.2.4 Nichts anderes ergibt sich für die „Satzungsüberarbeitung" von 1993, die durch die Bezirksregierung Halle am 17. März 1993 genehmigt und anschließend veröffentlicht wurde.

1.3. Die für § 19a Abs. 1 GKG-LSA maßgebliche „Gründung" des Zweckverbandes „Fuhne" liegt im Jahr 1991. Die Heilungswirkung erfaßt nur Gründungsmängel solcher Zweckverbände, die als rechtsfähige Körperschaften hätten gegründet werden können. Damit werden die nach § 61 KommVfG gebildeten nicht rechtsfähigen Zweckverbände von dieser Vorschrift nicht erfaßt. Hätte der Gesetzgeber auch Fehler bei der „Anpassung" nach § 29 Abs. 1 GKG-LSA erfassen wollen, hätte dies im Wortlaut des § 19 a Abs. 1 GKG-LSA zum Ausdruck kommen müssen.

2. Die Verfassungsbeschwerde kann daher dann keinen Erfolg haben und ist mit der Kostenfolge aus § 32 LVerfGG-LSA zurückzuweisen.

Nr. 2

1. Die Regelung über die Unvereinbarkeit von öffentlichem Amt und Mandat auf alle Beamten mit Dienstbezügen und Angestellten von juristischen Personen des öffentlichen Rechts mit Ausnahme der Religionsgemeinschaften im Siebten Änderungsgesetz zum Abgeordnetengesetz ist mit der Verfassung des Landes Sachsen-Anhalt vereinbar.
Diese Regelung schließt hauptamtliche Bürgermeister und Landräte mit ein.

2. Der Grundsatz der Chancengleichheit im Wahlkampf gebietet bei Gesetzen, die für die Betroffenen einschneidende Statusänderungen zum Inhalt haben, die Festlegung von Übergangsfristen.

Grundgesetz, Art. 137

Verfassung des Landes Sachsen-Anhalt, Art. 2 Abs. 2 und 3, 8, Abs. 1, 42 Abs. 2, 56 Abs. 6, 87, 91 Abs. 2

Abgeordnetengesetz des Landes Sachsen-Anhalt, § 34

Urteil vom 3. Juli 1997 – LVG 5 u. 6/97 –

in dem Verfassungsbeschwerdeverfahren verschiedener Landtagsabgeordneter gegen das Siebte Änderungsgesetz zum Abgeordnetengesetz Sachsen-Anhalt vom 30. 5. 1997.

Entscheidungsformel:

Auf die Verfassungsbeschwerde der Beschwerdeführer im Verfahren LVG 6/97 wird festgestellt:

§ 2 des Siebten Gesetzes zur Änderung des Abgeordnetengesetzes Sachsen-Anhalt vom 30. Mai 1997 – GVBl. LSA Nr. 23/1997 vom 4. Juni 1997,

S. 546 – ist mit der Verfassung des Landes Sachsen-Anhalt insoweit unvereinbar, als das Gesetz bereits für die nächste – dritte – Wahlperiode 1998–2002, beginnend mit dem 26. April 1998, in Kraft tritt und es keine Übergangsregelung für die Abgeordnetengruppe der hauptamtlichen kommunalen Wahlbeamten im derzeitigen Landtag von Sachsen-Anhalt enthält.

Damit erledigt sich auch der Antrag auf Erlaß einer einstweiligen Anordnung LVG 5/97.

Die Entscheidung ergeht gerichtskostenfrei.

Das Land Sachsen-Anhalt hat den Beschwerdeführern ihre außergerichtlichen Kosten zu erstatten.

Tatbestand:

1. Das Abgeordnetengesetz des Landes Sachsen-Anhalt in der Fassung der Bekanntmachung vom 21. Juni 1994 (GVBl. LSA S. 908), zuletzt geändert durch Gesetz vom 13. Oktober 1995 (GVBl. LSA S. 290), enthielt in § 34 bereits eine Regelung, wonach bestimmte öffentliche Ämter mit einem gleichzeitig ausgeübten Mandat im Landtag von Sachsen-Anhalt unvereinbar sind.

Mit § 1 des Siebten Gesetzes zur Änderung des Abgeordnetengesetzes Sachsen-Anhalt vom 30. Mai 1997 – GVBl. LSA Nr. 23/1997 vom 4. Juni 1997, S. 546 – wurde die bisherige Unvereinbarkeitsbestimmung des § 34 AbgG LSA in der o. g. Fassung wie folgt geändert:

An die Stelle der ursprünglichen Fassung von § 34 „Unvereinbare Ämter"

„(1) Ein Abgeordneter darf nicht tätig sein als
  a) Beamter oder Angestellter bei einer obersten Landesbehörde,
  b) Leiter einer Landesbehörde, einer Polizeiinspektion oder einer unmittelbar der Aufsicht des Ministers des Innern unterstehenden Dienststelle der Polizei,
  c) Berufsrichter oder Staatsanwalt des Landes.

(2) Der Inhaber eines nach Absatz 1 mit dem Landtagsmandat unvereinbaren Amtes kann bei seiner Wahl in den Landtag mit seiner Zustimmung in ein anders mit seinem Mandat vereinbares Amt versetzt werden.

(3) Ein Abgeordneter darf ferner nicht tätig sein als hauptamtliches Mitglied des Vorstandes oder eines vergleichbaren Organs einer Körperschaft oder Anstalt des öffentlichen Rechts, die der Aufsicht des Landes untersteht, mit Ausnahme der Sparkassen."

trat mit dem Änderungsgesetz die folgende neue Fassung:

„Ein Abgeordneter darf nicht tätig sein als
a) Beamter mit Dienstbezügen,
b) Angestellter von juristischen Personen des öffentlichen Rechts mit Ausnahme der Religionsgemeinschaften,
c) Berufsrichter, Berufssoldat oder Soldat auf Zeit,
d) Angestellter oder hauptamtliches Vorstandsmitglied von Kapitalgesellschaften, Vereinen, Verbänden oder Stiftungen, wenn zu mehr als 50 v. H. juristische Personen nach Buchstabe b Kapitaleigner oder Mitglieder sind, das Stiftungsvermögen bereit gestellt haben oder die Aufwendungen tragen."

Das Änderungsgesetz vom 30. Mai 1997 trat gem. § 2 am Tage nach seiner Verkündung am 4. Juni 1997, somit am 5. Juni 1997, in Kraft. Es ist gem. § 2 S. 2 erstmals auf Abgeordnete der dritten Wahlperiode (1998 bis 2002) anzuwenden.

Mit Beschluß der Landesregierung über die Festlegung des Wahltermins für die Landtagswahl 1998 vom 18. März 1997 – Ministerialblatt für das Land Sachsen-Anhalt Nr. 14 vom 8. April 1997, S. 735 – bestimmte die Landesregierung gem. § 9 S. 1 des Wahlgesetzes des Landes Sachsen-Anhalt vom 11. Dezember 1992 (GVBl. LSA S. 828), zuletzt geändert durch Art. 1 des Gesetzes vom 7. Juni 1995 (GVBl. LSA S. 173), im Benehmen mit dem Präsidenten des Landtags von Sachsen-Anhalt als Wahltag für die Landtagswahl 1998 den 26. April 1998.

2. Die Beschwerdeführer wenden sich mit ihrem Antrag auf Erlaß einer einstweiligen Anordnung sowie ihrer Verfassungsbeschwerde gegen die geänderte Unvereinbarkeitsregelung im Abgeordnetengesetz von Sachsen-Anhalt, wonach – erstmals ab der dritten Wahlperiode des Landtags, die von 1998 bis 2002 dauern wird – „Beamte mit Dienstbezügen" nicht mehr zugleich ein Mandat als Abgeordnete des Landtags von Sachsen-Anhalt ausüben können.

Die Beschwerdeführer sind Inhaber eines hauptamtlich ausgeübten kommunalen Wahlamts.

Die Beschwerdeführer zu 1., 3. und 4. sind als Oberbürgermeister bzw. als Bürgermeister einer Gemeinde in Sachsen-Anhalt nach § 57 Abs. 1 S. 2 der Gemeindeordnung von Sachsen-Anhalt vom 5. Oktober 1993 (GVBl. LSA S. 568), die Beschwerdeführer zu 2. und 5. als Landräte eines Landkreises in Sachsen-Anhalt nach § 46 S. 1 der Landkreisordnung für das Land Sachsen-Anhalt vom 5. Oktober 1993 (GVBl. LSA S. 598) tätig. Zugleich sind sie derzeit – während der zweiten von 1994 bis 1998 dauernden Wahlperiode des Landtags von Sachsen-Anhalt – Inhaber eines Landtagsmandats gemäß § 1 Abs. 1 des Abgeordnetengesetzes Sachsen-Anhalt in der Fassung vom 21. Juli 1994 (GVBl. LSA S. 908) i. V. m. den Bestimmungen des Wahlgesetzes des Landes Sachsen-Anhalt vom 11. Dezember 1992 (GVBl. LSA S. 828). Sie gehören sämtlich der Landtagsfraktion der CDU an.

Nach der geänderten Regelung in § 34 lit. a) des Abgeordnetengesetzes sind die Beschwerdeführer als kommunale Wahlbeamte „Beamte mit Dienstbezügen" und somit ab der dritten Wahlperiode 1998 nicht mehr in den Landtag von Sachsen-Anhalt wählbar.

Mit Schreiben vom 20. Mai 1997 stellten die Beschwerdeführer einen Antrag beim Verfassungsgericht des Landes Sachsen-Anhalt auf Erlaß einer einstweiligen Anordnung nach § 31 LVerfGG-LSA mit dem Inhalt:

I. Die Anwendung des § 34 a) Abgeordnetengesetz Sachsen-Anhalt in der Siebten Änderungsfassung vom 24. April 1997 (GVBl. LSA S. 546) für hauptamtliche kommunale Wahlbeamte auf Zeit für die Landtagswahl 1998 auszusetzen.

II. Die Einstweilige Anordnung in Ziff. I im Gesetz- und Verordnungsblatt des Landes Sachsen-Anhalt zu veröffentlichen.

III. Den Antragstellern durch das Land Sachsen-Anhalt die notwendigen Auslagen zu erstatten.

Mit gleichem Datum erhoben die Beschwerdeführer Verfassungsbeschwerde gegen das Siebte Änderungsgesetz zum Abgeordnetengesetz Sachsen-Anhalt vom 30. Mai 1997 mit den Inhalt:

I. Die erstmalige Anwendung des § 34 a) Abgeordnetengesetz Sachsen-Anhalt in der Siebten Änderungsfassung vom 30. Mai 1997 (GVBl. S. 546) ist gegenüber den Beschwerdeführern als hauptamtlichen kommunalen Wahlbeamten in der Dritten Wahlperiode (1998–2002) nicht zulässig. Die Beschwerdeführer sind in ihren Grundrechten nach Art. 3 Abs. 1, 12, 20 GG und Art. 7 Abs. 1, 8 LVerf-LSA verletzt.

II. Die notwendigen Auslagen einschließlich der Verfahrensvertretung sind den Beschwerdeführern 1 bis 5 durch das Land Sachsen-Anhalt zu ersetzen.

Zur Begründung tragen die Beschwerdeführer vor:

Art. 137 Abs. 1 GG und Art. 91 Abs. 2 LVerf-LSA gewährten dem Landesgesetzgeber eine Ermächtigung zur Regelung von Unvereinbarkeiten. Eine Pflicht zur Regelung bestehe dagegen nicht. Die Ermächtigung müsse auch nicht voll ausgeschöpft werden, da der Gesetzgeber innerhalb des Ermächtigungsrahmens nur an die Grenzen des rechtsfehlerfreien Ermächtigungsgebrauchs gebunden sei.

Das Siebte Gesetz zur Änderung des Abgeordnetengesetzes von Sachsen-Anhalt sei unter Verletzung des landesgesetzgeberischen Ermächtigungsspielraums mehrheitlich verabschiedet worden. Der Landesgesetzgeber müsse sich daher Verstöße gegen den rechtsfehlerfreien Ermächtigungs- und Ermessensgebrauch der im Grundgesetz wie in der Landesverfassung verbürgten Grundrechte der Art. 3 Abs. 1, 12, 20 GG und Art. 7 Abs. 1, 8 LVerf-LSA zurechnen lassen. Die Beschwerdeführer seien davon selbst, gegenwärtig und unmittelbar als hauptamtliche Wahlbeamte auf Zeit (Bürgermeister und Landräte) und Träger eines Landtagsmandats betroffen.

Die gesetzliche Regelung stelle als Überraschungsgesetz auch einen Verstoß gegen das Willkürverbot des Gleichheitsgebots dar.

Sie betreffe CDU-Abgeordnete und begünstige fast ausschließlich SPD-Abgeordnete. Dies geschehe durch eine Regelung, die zum Nachteil der Oppositionsfraktion und der Beschwerdeführer zugeschnitten sei. Abgeordnete anderer Fraktionen seien nicht betroffen.

Die Gesetzesänderung stelle ein Überraschungsgesetz dar. Der Wahltermin für die Landtagswahl sei auf den 26. April 1998 festgelegt worden, der Vorwahlkampf habe längst begonnen. Mit der Aufstellung der Wahlkreiskandidaten könne nach dem Landtagswahlgesetz ein Jahr vor dem Wahltermin begonnen werden. Nach den Wahlerfahrungen werde mit der Nominierung der Wahlkreiskandidaten spätestens nach der Sommerpause, Ende August, zu rechnen sein. Eine so nachhaltig in das passive Wahlrecht eingreifende Gesetzesänderung, wie sie der Landtag beschlossen habe, hätte nicht erst im beginnenden Wahlkampf beschlossen werden dürfen. Es liege daher erkennbar nahe, daß hier seitens der parlamentarischen Mehrheit der Minderheit absichtlich Nachteile zugefügt werden sollten.

Die bisherige Diskussion der Frage einer Trennung von Amt und Mandat habe keinen Handlungsbedarf erkennen lassen. Insbesondere habe sich dieser Umstand einem Schreiben des Ministerpräsidenten Dr. H. vom 20. Mai 1996 an den Präsidenten des Landtags von Sachsen-Anhalt, Dr. K., entnehmen lassen. Der Entwurf einer Gesetzesänderung mit dem Inhalt der Trennung von Amt und Mandat sei daher im März 1997 überfallartig unmittelbar zu Beginn des Wahlkampfs erfolgt.

Wähler und Gewählte hätten daher nicht damit rechnen können, daß noch in dieser Legislaturperiode die Frage der Unvereinbarkeit einer gesetzlichen Neuregelung zugeführt würde.

Zudem seien keinerlei denkbare Übergangsregelungen geschaffen worden.

Ein Zeichen der Unsicherheit darüber, ob eine Unvereinbarkeitsregelung notwendig sei, sei es, daß im Landtag gleichzeitig mit der Beschlußfassung über das Änderungsgesetz vom Ältestenrat eine Enquete-Kommission nach Art. 55 LVerf-LSA zu Fragen des passiven Wahlrechtes eingesetzt würde.

Die Gesetzesänderung stelle weiter eine Verletzung des Gleichheitssatzes beim Ermächtigungs- und Ermessensgebrauch durch den Landesgesetzgeber im Sinne eines Verstoßes gegen die Systemgerechtigkeit dar.
Anlaß der Regelung sei nach der gesetzlichen Begründung, die Trennung von Legislative und Exekutive konsequent auf alle Beamten und Angestellten des öffentlichen Dienstes (mit Ausnahme der Religionsgemeinschaften) zu erstrecken. Es treffe zwar zu, daß Bürgermeister und Landräte in unterschiedlichem Umfang Aufgaben des übertragenen Wirkungskreises wahrnähmen und damit im Rahmen der mittelbaren Landesverwaltung tätig seien. Sie unterlägen außerdem der Kommunalaufsicht des Ministeriums des Innern und der Fachaufsicht der Ministerien.
Dies hätte es im Interesse der rechtsfehlerfreien Ermessensausübung dem Gesetzgeber nahegelegt, in die Unvereinbarkeitsregelung weitere vergleichbare Fälle mit einzubeziehen, so die Fälle der ehrenamtlichen Bürgermeister, der Gemeinderäte, der Mitglieder der Kreistage, der Arbeiter in den Gemeinden sowie der bestellten Bürgermeister.

Schließlich liege in der Gesetzesänderung eine Verletzung des Vertrauens- und Bestandsschutzes der Beschwerdeführer. Die Gesetzesänderung höhle das aktive und passive Wahlrecht aus, die erzielten Wahlergebnisse würden dadurch verkürzt und in ihrem verhältnismäßigen Wesensgehalt nachhaltig beeinträchtigt. Die rechtsstaatlichen Prinzipien der Rechtssicherheit, des Vertrauens- und Bestandsschutzes überwögen im vorliegenden Fall das organisatorische Prinzip der Gewaltenteilung. Die Änderungsnorm entfalte eine unechte Rückwirkung: sie betreffe zwar vergangene, aber auch nicht nur zukünftige, sondern gegenwärtige, noch nicht abgeschlossene Sachverhalte und Rechtsbeziehungen und entwerte damit die betroffene Rechtsposition der Beschwerdeführer nachträglich im ganzen. Das Vertrauen der Beschwerdeführer am Fortbestand der günstigen bisherigen Gesetzesregelung habe daher Vorrang.

3. Der Landtag von Sachsen-Anhalt hat mit Schreiben vom 27. 6. 1997 und die Landesregierung mit Schreiben vom 18.06.97 von einer Stellungnahme abgesehen.

Entscheidungsgründe:

Die Verfassungsbeschwerde ist zulässig (1) und auch begründet (2).

1. Die Verfassungsbeschwerde ist zulässig. Die Beschwerdeführer wenden sich mit ihren Anträgen gegen ein Gesetz, das Siebte Gesetz zur Ände-

rung des Abgeordnetengesetzes Sachsen-Anhalt vom 30. Mai 1997 (GVBl. S. 546). Nach §§ 47 ff LVerfGG-LSA sind Verfassungsbeschwerden gegen Gesetze des Landes Sachsen-Anhalt zulässig, wenn der Beschwerdeführer geltend macht, durch ein Landesgesetz in seinen durch die Landesverfassung von Sachsen-Anhalt verbürgten Grundrechten, grundrechtsgleichen Rechten oder staatsbürgerlichen Rechten verletzt zu sein. Die Beschwerdeführer berufen sich bei ihrer Verfassungsbeschwerde auf die Verletzung von Art. 7 Abs. 1 und 8 der Landesverfassung von Sachsen-Anhalt. Soweit sie sich auf die Verletzung des Grundgesetzes der Bundesrepublik Deutschland berufen, besteht für das Landesverfassungsgericht insoweit eine Prüfungszuständigkeit, als die Landesverfassung von Sachsen-Anhalt entsprechende Bestimmungen enthält.

Verfassungsbeschwerden gegen ein Gesetz sind weiter dann zulässig, wenn die Beschwerdeführer nach § 47 LVerfGG LSA durch das beanstandete Gesetz selbst, gegenwärtig und unmittelbar betroffen sind. Dies ist hier der Fall: Durch die geänderte Vorschrift des § 34 des Abgeordnetengesetzes werden die Beschwerdeführer als Bürgermeister bzw. als Landräte und somit als Beamte mit Dienstbezügen unmittelbar von der Wählbarkeit für den nächsten, dritten Landtag des Landes Sachsen-Anhalt ausgeschlossen. Der Eingriff ist auch gegenwärtig, da der Wahltermin für die nächste Landtagswahl durch Beschluß der Landesregierung vom 18. März 1997 auf den 26. April 1998 festgelegt wurde und die Vorbereitungen für den Wahlkampf 1998 bereits begonnen haben.

Die Verfassungsbeschwerde ist gem. § 48 LVerfGG-LSA auch fristgerecht eingelegt worden.

2. Die Verfassungsbeschwerde ist auch begründet.

Die Beschwerdeführer sind in ihrem Recht auf Chancengleichheit durch das Fehlen einer Übergangsregelung im Hinblick auf die dritte Landtagswahl verletzt.

Dagegen bestehen gegen die Neuregelung der Unvereinbarkeit von Amt und Mandat in § 34 AbgG n. F. keine Bedenken.

2.1. Dem Landtag von Sachsen-Anhalt ist es verfassungsrechtlich unbenommen, eine Inkompatibilitätsregelung für Angehörige des öffentlichen Dienstes in seinem Abgeordnetengesetz zu treffen. Nach Art. 137 Abs. 1 des Grundgesetzes kann die Wählbarkeit von Beamten, Angestellten des öffentlichen Dienstes, Berufssoldaten, freiwilligen Soldaten auf Zeit und Richtern in den Ländern gesetzlich beschränkt werden.

Die Beschränkung der Wählbarkeit dient dazu, Interessenkollisionen, die sich zwischen der gleichzeitigen Ausübung staatlicher Ämter und Mandaten in öffentlichen Vertretungskörperschaften ergeben können, so weit wie möglich auszuschließen. Sie sichert damit das hohe Verfassungsgut der Gewaltenteilung, vgl. Art. 2 Abs. 2 LVerf-LSA, insbesondere in Gestalt der Kontrollaufgabe demokratisch gewählter Parlamente gegenüber der Exekutive. Die öffentlichen Vertretungskörperschaften, wie sie in den Ländern in Gestalt der Landtage bestehen, sollen ihrer demokratisch legitimierten Kontroll- und Aufsichtsfunktion weitgehend unbeeinflußt von anderen staatlichen Interessen nachgehen können.

Zugleich ist jedoch für einen demokratischen Staat auch das Wahlrecht, hier das passive Wahlrecht, ein Gut, das einen besonders hohen Rang genießt und deshalb vor unberechtigten Einengungen zu schützen ist. Das Wahlrecht gehört zu den zentralen staatsbürgerlichen Rechten, die es dem Bürger ermöglichen, auf die politische Willensbildung unmittelbar Einfluß zu nehmen.

Die Verfassung des Landes Sachsen-Anhalt vom 16. Juli 1992 (GVBl. LSA S. 600) sieht in Art. 91 Abs. 2 Beschränkungen der Wählbarkeit von Beamten, Angestellten des öffentlichen Dienstes und Richtern zu Vertretungskörperschaften vor. Die nähere Ausgestaltung der Unvereinbarkeit von Amt und Mandat für den Bereich des Landtags von Sachsen-Anhalt blieb dem Abgeordnetengesetz in Ausführung von Art. 56 Abs. 6 der Landesverfassung vorbehalten. Der Landtag von Sachsen-Anhalt war mithin grundsätzlich befugt, in seinem Abgeordnetengesetz Unvereinbarkeitsregelungen in weitem oder engem Umfang zu treffen.

Der Bund ebenso wie die einzelnen Bundesländer haben in großem Umfang Unvereinbarkeitsregelungen getroffen; deren Ausgestaltung im einzelnen ist dabei in sehr vielfältiger Weise geschehen:

So bestehen z. B. in Bayern sehr weitgehende Unvereinbarkeitsschranken, während in den Ländern Baden-Württemberg und Schleswig-Holstein eher großzügige Ausgestaltungen der Inkompatibilität vorhanden sind. Was die hauptamtlichen kommunalen Wahlbeamten anbetrifft, so sind sie in z. B. Bayern von der Wählbarkeit ausgeschlossen, während sie in den Ländern Baden-Württemberg und Schleswig-Holstein für die Landtage wählbar sind.

2.1.1 Der Gesetzgeber von Sachsen-Anhalt hat in seinem Siebten Änderungsgesetz zum Abgeordnetengesetz von seinem gesetzgeberischen Ermessen keinen fehlerhaften Gebrauch gemacht:

Während in der ursprünglichen Fassung von § 34 Abgeordnetengesetz eine Unvereinbarkeit von öffentlichem Amt und Mandat nur für Beamte oder Angestellte bei einer obersten Landesbehörde sowie Leiter einer Landesbehörde, einer Polizeiinspektion oder einer unmittelbar der Aufsicht des Ministers des Innern unterstehenden Polizeidienststelle festgelegt worden war, enthält die geänderte Fassung des § 34 eine umfassendere Unvereinbarkeitsregelung. Das Siebte Änderungsgesetz erweitert nunmehr die bereits bestehende Unvereinbarkeit auf alle Beamten mit Dienstbezügen und Angestellten von juristischen Personen des öffentlichen Rechts mit Ausnahme der Religionsgemeinschaften und schließt daher hauptamtliche Bürgermeister und Landräte mit ein.

Diese Neuregelung ist verfassungsrechtlich nicht zu beanstanden. Der Artikel 91 Abs. 2 LVerf-LSA ermächtigt, den Grundsatz allgemeiner und gleicher Wahl einzuschränken. Eines besonderen zwingenden Grundes für die einzelne Regelung bedarf es nicht. Allerdings rechtfertigt die Vorschrift nicht eine ungleiche Behandlung vergleichbarer Gruppen (Urteil vom 27. 10. 1994 – LVG 14/94, 17/94, 19/94 LVerfGE 2, 345, 362 ff).

Der Gesetzgeber verfügt über ein das „ob" und „wie" der Inkompatibilitätsschranken ausgestaltendes Ermessen. Bei einer Inkompatibilitätsregelung sind die Prinzipien des Demokratie- wie des Rechtsstaatsgebots gegeneinander abzuwägen.

2.1.2 Auch die Kommunen sind Teil der Staatsverwaltung. Ihre Selbstverwaltungsautonomie im Bereich ihres eigenen Wirkungskreises steht dem nicht entgegen. Zwar ist die Kommunalverwaltung durch verfassungsrechtliche Gewährleistungen in Art. 2 Abs. 3 und 87 LVerf-LSA in ihrer Selbstverwaltung ein weitgehend verselbständigter Teil der Staatsverwaltung. Interessenkonflikte, wie sie durch die Inkompatibilitätsregelung verhindert werden sollen, sind indes auch hier nicht auszuschließen. Sowohl beim Amt des hauptamtlichen Bürgermeisters wie dem des Landrats besteht eine Personalunion in den Funktionen der Selbstverwaltung wie der unteren Verwaltungsbehörde bis hin zur Ortspolizeibehörde beim Amt des Bürgermeisters. Eine Interessenkollision, der die Inkompatibilitätsregelung entgegenwirken soll, liegt insbesondere darin, daß sowohl die unteren Verwaltungsbehörden als auch die Selbstverwaltungskörperschaften der Kommunen der Kontroll- und Aufsichtsbefugnis des Landtags unterliegen. Dies kann dazu führen, daß in einer Person sowohl die Wahrnehmung von (Selbst)-Verwaltungsaufgaben wie deren parlamentarische Kontrolle vereinigt sind. Die mittelbare Landesverwaltung in Form der Selbstverwaltungskörperschaften der Kommunen (Gemeinden und Landkreise) unterliegt daher ebenso der Kontroll- und Aufsichtsaufgabe des Landtags wie die unmittelbare Landesverwaltung selbst. Inkompatibilitätsregelungen, die kommunale Wahlbeamte betreffen, stellen keine unzulässige Einschränkung der kommunalen Selbstverwaltung dar (vgl. Reich, Verfassung des Landes Sachsen-Anhalt. 1994, Art. 91, Rn. 3 unter Verweis auf RhPfVerfGH, Urt. v. 30. 3. 1982 – VGH 1/82 bis 4/82 –, NVwZ 1982, 614).

Auch hinsichtlich der Einbeziehung der einzelnen Gruppen des öffentlichen Dienstes und ihrer Abstufung je nach der Aufnahme in die Unvereinbarkeitsregel von Amt und Mandat oder nicht besteht für den Gesetzgeber ein Ermessen. Im vorliegenden Fall bestehen sowohl hinsichtlich des „ob“ der Aufnahme einer Gruppe in die Unvereinbarkeitsregelung wie hinsichtlich des „wie“ keine Anzeichen, daß der Gesetzgeber des Landes Sachsen-Anhalt sein Ermessen bei der Neufassung des Abgeordnetengesetzes fehlerhaft ausgeübt hat:

Der Landesgesetzgeber hat sich bei der konkreten Ausgestaltung der Inkompatibilitätsbestimmung im Abgeordnetengesetz an ein System zu halten, das er selbst mit der gesetzlichen Regelung aufgestellt hat (vgl. LVerfGE 2, 345 ff, 362 f; LVerfGE Urt. v. 27. 10. 1994 – LVG 18/94 –, LVerfGE 2, 278 ff, 390 ff). Daß sich der Gesetzgeber hinsichtlich der bestimmten Gruppen wie Beamten, Angestellten, Richtern usw. einer Typisierung bedient, ist verfassungsrechtlich nicht zu beanstanden.

Durch § 34 AbgG a. F. waren bereits die Gruppen der Beamten und Angestellten bei einer obersten Landesbehörde, die Leiter einer Landesbehörde, einer Polizeiinspektion oder einer unmittelbar der Aufsicht des Ministers des Innern unterstehenden Dienststelle der Polizei sowie Berufsrichter und Staatsanwälte des Landes von der Wählbarkeit ausgeschlossen. Die Neufassung des § 34 AbgG ändert und erweitert die Unvereinbarkeit von Amt und Mandat insoweit, als jetzt auch sämtliche Beamte mit Dienstbezügen, Angestellte von juristischen Personen des öffentlichen Rechts mit Ausnahme der Religionsgesellschaften, Berufsrichter, Berufssoldaten und Soldaten auf Zeit sowie Angestellte und hauptamtliche Vorstandsmitglieder von Kapitalgesellschaften, Vereinen, Verbänden und Stiftungen, wenn zu mehr zu 50 v.H. juristische Personen des öffentlichen Rechts Kapitaleigner oder Mitglieder sind, das Stiftungsvermögen bereitgestellt haben oder die Aufwendungen tragen.

Die Erweiterung der Unvereinbarkeit auf die genannten Gruppen ist mit der Landesverfassung vereinbar. An das grundsätzliche System der Unvereinbarkeitsregelung hat sich der Gesetzgeber gehalten:

Es wurden nur solche Personengruppen in die Unvereinbarkeitsbestimmung einbezogen, die eine gewisse Nähe zum staatlichen Verwaltungsapparat aufweisen und dadurch der Vorgabe entsprechen, wie sie der Grundsatz der Gewaltenteilung setzt. Bei diesen Gruppen kann abstrakt vermutet werden, daß Kontrolldefizite, sofern die Unvereinbarkeit nicht gesetzlich festgestellt würde, entstünden.

Die hierbei herangezogenen Kriterien sind nachvollziehbar und nicht zu beanstanden: so bei den Bürgermeistern das Kriterium der Hauptamtlichkeit und hier zugleich die Größe und Bedeutung einer Gemeinde, die Beamteneigenschaft mit ihrer besonderen Treuepflicht, die Eigenschaft als Richter mit seiner gesetzlichen Unabhängigkeit.

Je größer die Gefahr einer Interessenkollision ist, desto eher kann einer Gruppe des öffentlichen Dienstes eine Unvereinbarkeitsregelung unterstellt werden. Eine Differenzierung ist jedoch möglich und auch nötig, um den Kreis im Interesse der Wahrung des Demokratieprinzips nicht zu groß werden zu lassen. Die Gefahr einer Interessen- und Pflichtkollision – und damit eines Kontrolldefizits des Parlaments – ist desto größer, je staatsnäher und umfassender die Tätigkeit einer Gruppe des öffentlichen Dienstes ist.

Auch die Nichteinbeziehung der Gruppen der ehrenamtlichen Bürgermeister, der Mitglieder von Kreis- und Gemeinderäten sowie die Arbeiter des öffentlichen Dienstes ist systemgerecht. Bei diesen Gruppen besteht ein Kontrolldefizit im geringerem Maße, als bei den in die Inkompatibilität aufgenommenen Gruppen. Diese Gruppen wurden aus dem nachvollziehbaren Grund von der Unvereinbarkeitsregel ausgenommen, daß ihre „Nähe" zum Staatsapparat nicht so ausgeprägt ist, wie es bei den von der Unvereinbarkeit betroffenen Gruppen der Fall ist. Die Nichteinbeziehung der ehrenamtlichen Bürgermeister, Gemeinde- und Kreisräte sowie der Arbeiter des öffentlichen Dienstes ist nicht zu beanstanden, denn die Gefahr eines schweren Kontrolldefizits sowie von Pflichten- und Interessenkollisionen ist überschaubar. Durch die Einbeziehung wären mehrere tausend Personen im Land Sachsen-Anhalt vom passiven Wahlrecht ausgeschlossen.

Der Gesetzgeber kann innerhalb einer bestimmten Gruppe Trennstriche ziehen, um den Kreis der von einer Unvereinbarkeitsregelung Betroffenen möglichst klein zu halten.

Dies trifft auch für die Gruppe der ehrenamtlichen Bürgermeister zu. Ein „Systembruch" liegt nicht vor: Zwar stehen beide, der ehrenamtliche wie der hauptamtliche Bürgermeister, an der Spitze von kommunalen Gremien. Beide stehen als Beamte im öffentlichen Dienst, nehmen aber nicht in gleichem Umfang Verwaltungstätigkeit wahr. Ein besonderer Umstand ergibt sich daraus, daß die ehrenamtlichen Bürgermeister nicht im übertragenen Wirkungskreis tätig werden (§§ 57 Abs. 1, 76 Abs. 6 S. 1 GO-LSA).

Ähnliches gilt für die Gemeinderäte, die Kreisräte und die Arbeiter im öffentlichen Dienst: Sie befinden sich nicht in einer solchen Nähe zum hoheitlich tätig werdenden Staatsapparat, wie es bei den hauptamtlichen Bürgermeistern und Landräten der Fall ist.
Sie verfügen auch nicht über eine entsprechende Leitungs- und Entscheidungsfunktion innerhalb der staatlichen Verwaltung. Dagegen spricht auch nicht, daß im Einzelfall Interessenkollisionen und Kontrolldefizite auftreten können. Angesichts ihrer großen Zahl und des Umstands, daß in einer Demokratie die Zahl der wählbaren Bürger möglichst groß zu sein hat, sind diese Gefahren im Interesse des Demokratieprinzips eher hinzunehmen als

bei der staatsverwaltungsnahen Gruppe der hauptamtlichen Bürgermeister und Landräte.

2.2 Das Siebte Änderungsgesetz zum Abgeordnetengesetz von Sachsen-Anhalt verletzt aber die Beschwerdeführer unter dem Gesichtspunkt des aus dem Demokratieprinzip abzuleitenden Grundsatzes der Chancengleichheit (Art. 42 Abs. 1 LVerf-LSA).
Die Chancengleichheit in der Wahlkampfzeit wurde durch das Siebte Änderungsgesetz zum Abgeordnetengesetz nicht gewahrt.

Die Chancengleichheit im Wahlkampf betrifft nicht nur die Parteien, sondern umfaßt unter dem Aspekt der Wahlgleichheit auch die einzelnen Wahlbewerber (Art. 42 LVerf-LSA). Die Wahl einer Vertretungskörperschaft stellt einen zentralen Vorgang für das Funktionieren eines demokratischen Systems dar. Mit der Festlegung des Wahltermins wird der Wahlkampf seitens der Parteien mit der Aufstellung der Kandidaten eröffnet. Staatliche Maßnahmen und Regelungen in dem sehr sensiblen Bereich der Wahlkampfzeit bedürfen daher besonderer Zurückhaltung (vgl. LVerfG Urt. v. 22. 2. 1996 – LVG 8/95 – LVerfGE 2, 261 ff, 271 f; 273). Dabei kommt der Gewährleistung der Chancengleichheit der Kandidaten ein entscheidendes Gewicht zu; das gilt besonders in der Phase des Wahlkampfes. Hierzu gehören vor allem eine ausreichende Vorbereitungszeit, Überlegungsfristen und die Gelegenheit, sich für die Kandidatenaufstellung zu profilieren. Der Ausarbeitung und Aufstellung eines überzeugenden Wahlkampfkonzeptes kommt angesichts des persönlichkeitswahlorientierten Wahlrechts in Sachsen-Anhalt besondere Bedeutung zu. Sie benötigt üblicherweise eine längere Vorlaufsfrist. Mit der Änderung von § 34 AbgG wurden die Beschwerdeführer gezwungen, sich binnen kurzer Zeit von wenigen Wochen zwischen mehreren öffentlichen Wahlämtern zu entscheiden. Selbst wenn sie sich für eine Kandidatur für ein Landtagsmandat und zu Lasten des Amtes eines Bürgermeisters oder Landrats entscheiden würden, wäre ihre Chancengleichheit verletzt, da die Phase der Kandidatenaufstellung unmittelbar bevorsteht. In der verbleibenden kurzen Frist bis zur Kandidatenaufstellung im Sommer 1997 wird es den Beschwerdeführern kaum mehr möglich sein, sich nunmehr als Kandidaten allein für ein Landtagsmandat – ohne ihre Stellung als Bürgermeister oder Landrat – zu profilieren. Unter dem Eindruck der neuen Rechtslage verändert sich das Kandidatenprofil und damit auch der zu führende Wahlkampf entscheidend.

Damit sich die Betroffenen auf derartige neue Regelungen einstellen können, bedarf es Anpassungs- und Übergangsregelungen, insbesondere Übergangsfristen (BVerfG Beschl. v. 10. 4. 1984 – 2 BvL 19/82 – BVerfGE 67, 1 ff, 15 m. w. N.). Dies gilt zumindest bei Gesetzen, die für die

Betroffenen einschneidende Statusänderungen zum Inhalt haben, wie es hier bei der Unvereinbarkeitsregelung für Amt und Mandat der Fall ist.

Nach alledem ist die Neuregelung der Unvereinbarkeit von Amt und Mandat ohne eine ausreichende gesetzliche Übergangslösung unter dem Aspekt der Chancengleichheit mit der Verfassung nicht zu vereinbaren.

3. Da die erforderliche Übergangsregelung dem Gesetzgeber zu überlassen ist, muß sich das Landesverfassungsgericht deshalb auf die Feststellung beschränken, daß der Gesetzgeber in dem aus dem Tenor ersichtlichen Umfang gegen die Art. 8 Abs. 1 sowie Art. 42 Abs. 1 LVerf-LSA verstoßen hat. Daher war § 2 des Siebten Änderungsgesetzes zum Abgeordnetengesetz gemäß § 50 i. V. m. 41 LVerfGG-LSA lediglich für mit der Verfassung unvereinbar und nicht für nichtig zu erklären.

4. Die Kostenentscheidung beruht auf § 32 Abs. 2 LVerfGG LSA.

Nr. 3

Zur einseitigen Erledigungserklärung im Verfassungsbeschwerdeverfahren.

Landesverfassungsgerichtsgesetz, §§ 33 Abs. 2, 40 Abs. 2, 50, 51 Abs. 2

Verwaltungsgerichtsordnung, §§ 92, 161 Abs. 2

Kreisgebietsreformgesetz, § 30 Abs. 3

Beschluß vom 23. Oktober 1997 – LVG 6/95 –

in dem Verfassungsbeschwerdeverfahren eines Landkreises gegen § 30 Abs. 3 Kreisgebietsreformgesetz.

Entscheidungsformel:

Das Verfahren wird eingestellt.

Das Verfahren ist kostenfrei.

Das Land hat dem Beschwerdeführer dessen notwendigen Auslagen zu erstatten.

Gründe:

1. Das Verfahren, das ohne „Gegner" geführt worden ist, weil sich an ihm weder die Landesregierung noch der Landtag beteiligt hatten (vgl. §§ 51 Abs. 2; 50; 40 Abs. 2 des Gesetzes über das Landesverfassungsgericht – LVerfGG-LSA – vom 23. 8. 1993 [LSA-GVBl. 441], geändert durch Gesetze vom 14. 6. 1994 [LSA-GVBl. 700] und vom 22. 10. 1996 [LSA-GVBl. 332]), ist gleichwohl so zu behandeln, wie wenn es „gegen" diese denkbaren Beteiligten geführt worden wäre; das folgt aus den Grundsätzen der nach § 33 Abs. 2 LVerfGG entsprechend anwendbaren Verwaltungsgerichtsordnung.

Diese unterscheidet einerseits die „Rücknahme" des Rechtsschutzbegehrens von dessen „Erledigung" (vgl. §§ 92, 161 Abs. 2 der Verwaltungsgerichtsordnung i. d. F. d. Bek. v. 19. 3. 1991 [BGBl. I 686], zuletzt geändert durch Gesetz vom 1. 11. 1996 [BGBl. I 1626] – VwGO –) und kennt bei dieser einerseits den „Streit" um die *Erledigung* und die „Übereinstimmung" hierüber bei Streit um die *Kostentragung* (vgl. etwa: Kopp, VwGO, 10. Aufl., § 161 Rn. 19 ff; Redeker / von Oertzen, VwGO, 12. Aufl., § 107 Rn. 19 a, 20 ff).

Im verfassungsgerichtlichen Verfahren „ohne Gegner" gleicht die „Rücknahme" der „einseitigen Erledigungserklärung" darin, daß in ihr zum Ausdruck kommt, es solle keine Sachentscheidung mehr begehrt werden. Ist aber unzweifelhaft, *daß* eine „Erledigung" eingetreten ist, dann trägt das „einseitige" Verfahren „ohne Gegner" den Voraussetzungen des § 161 Abs. 2 VwGO deshalb keine Rechnung, weil diese Vorschrift gerade eine „übereinstimmende Erledigungserklärung" voraussetzt, die aber „ohne Gegner" nicht erlangt werden kann.

In der durch § 33 Abs. 2 LVerfGG verlangten lediglich „entsprechenden" Anwendung ist die Regelung der Verwaltungsgerichtsordnung dieser verfassungsprozeßrechtlichen Situation anzupassen. Mangels einer Sonderregelung muß § 161 Abs. 2 VwGO deshalb auch auf „einseitige" Erledigungserklärungen dann angewendet werden, wenn sich kein „Gegner" beteiligt hat, sofern nicht die Erledigung selbst offenkundig angezweifelt werden muß, sondern Gegenstand der Entscheidung allein die Kosten sind.

2. Hierauf aufbauend, ist das Verfahren nach § 33 Abs. 2 LVerfGG und entsprechend § 92 Abs. 3 VwGO einzustellen.

Die Hauptsache hat sich erledigt, weil dem Begehren des Beschwerdeführers Rechnung getragen worden ist. Durch Gesetz vom 9. 11. 1995 (LSA-GVBl. 324) hat der Landesgesetzgeber in § 30 Abs. 3 des Gesetzes zur Kreisgebietsreform vom 13. 7. 1993 (LSA-GVBl. 352), geändert durch Gesetz vom 3. 2. 1994 (LSA-GVBl. 164), in die beanstandete Vorschrift einen neuen Satz 2 eingefügt, dadurch dem Begehren des Beschwerdeführers Rechnung getragen und die Erledigung des Verfahrens herbeigeführt.

Billigem Ermessen i. S. des § 161 Abs. 2 VwGO entspricht es, den Beschwerdeführer so zu stellen, als sei er mit seiner Verfassungsbeschwerde durchgedrungen.

Dann ergibt sich die Kostenfreiheit aus § 32 Abs. 1 LVerfGG und die Entscheidung über die außergerichtlichen Kosten nach § 32 Abs. 3 LVerfGG daraus, daß das Gericht die Erstattungsfähigkeit der notwendigen Auslagen anordnet.

Nr. 4

Hat der nach außen vertretungsberechtigte Bürgermeister einen ursprünglich vom Gemeinderat gefaßten Beitrittsbeschluß zu einem Zweckverband vollzogen, läßt der nachträglich vom Gemeinderat gefaßte Austrittsbeschluß die Wirksamkeit des Beitritts unberührt.

Grundgesetz, Art. 28, 31

Verfassung des Landes Sachsen-Anhalt, Art. 2 Abs. 3, 87 Abs. 1

Landesverfassungsgerichtsgesetz, §§ 2, 51

Kommunalverfassung der DDR, § 61

Gesetz über kommunale Gemeinschaftsarbeit a. F., §§ 18, 19 a, 20, 29

Gemeindeordnung §§ 44, 62, 70, 133, 134, 137

Urteil vom 23. Oktober 1997 – LVG 8/97 –

in dem Verfassungsbeschwerdeverfahren einer Gemeinde wegen des Zweiten Gesetzes zur Änderung des Gesetzes über die Kommunale Gemeinschaftsarbeit des Landes Sachsen-Anhalt vom 6. 10. 1997.

Entscheidungsformel:

Die Verfassungsbeschwerde der Beschwerdeführerin wird zurückgewiesen.
Die Entscheidung ergeht gerichtskostenfrei.
Außergerichtliche Kosten werden nicht erstattet.

Tatbestand:

Mit der Verfassungsbeschwerde macht die Beschwerdeführerin die Verfassungswidrigkeit des Gesetzes zur Änderung des Zweiten Gesetzes über Kommunale Gemeinschaftsarbeit des Landes Sachsen-Anhalt vom 06. Oktober 1997 (GVBl. LSA S. 878) geltend. Sie meint, daß sie durch dieses Mitglied des Abwasserverbandes „Wolfen" geworden und infolgedessen unmittelbar ihr Recht auf kommunale Selbstverwaltung aus Art. 2 Abs. 3, 87 LVerf-LSA verletzt sei.

Bereits unmittelbar nach November 1989 bestand in der DDR wegen der stark belasteten Gewässer und unzureichender Abwasserentsorgung gerade im ländlichen Raum ein erheblicher Nachholbedarf im Bau von Abwasserkläranlagen. Die Notwendigkeit, kurzfristig die Voraussetzungen für Ansiedlungsmöglichkeiten für Gewerbe und Industrie zu schaffen, erzeugte einen erheblichen Handlungsdruck für die Kommunen. Deshalb wurden seitens der Bundesregierung und zunächst noch der DDR-Regierung, später der Regierungsbeauftragten und schließlich der neu gebildeten Länder erhebliche finanzielle Mittel für diese wichtigen infrastrukturellen Vorhaben zur Verfügung gestellt.

Abwasserbeseitigungspläne des Landes, Flächennutzungspläne, Bebauungspläne und Generalentwässerungspläne gab es nicht. Die staatlichen Ämter für Umweltschutz mußten Ende 1990 / Anfang 1991 neu aufgebaut werden. In dieser Umbruchszeit handelten in Gesellschaften mit beschränkter Haftung umgewandelte Wasser- und Abwasserbetriebe der früheren Bezirke der DDR, deren Anteile zunächst noch von der Treuhandanstalt gehalten wurden, und die neu ins Amt gekommenen Bürgermeister und Landräte. Auf Grund des bestehenden Erwartungsdrucks der Bevölkerung wurden sie gedrängt, rasch die notwendigen Abwassermaßnahmen einzuleiten. Planerische Grundlagen dafür, die schnellstmöglich geschaffen wurden, konnten – was von der Sache her erforderlich gewesen wäre – oft nicht mit der notwendigen Sorgfalt erarbeitet und geprüft werden.

Die freiberuflichen Planer gingen vielfach von den vorgefundenen hohen DDR-Verbrauchszahlen (z. B. 220 l Wasser pro Einwohner und Tag gegenüber 140 l pro Einwohner und Tag in der alten Bundesrepublik, und dem Verbrauch der – damals noch – bestehenden Industriebetriebe) aus und legten bei der apparativen Ausrüstung und den technischen Standards anspruchsvolle westdeutsche Regelwerke zugrunde, die im Zuge der Vereinigung übernommen wurden.

Die Förderpolitik des Landes Sachsen-Anhalt strebte auf dem Abwassersektor zunächst an, möglichst zentrale Anlagen zu fördern, die eine unbestritten hervorragende Reinigungsleistung bei nachweislich geringen Betriebskosten erbringen, die jedoch von Anfang an hohe Investitionen erfordern und sinnvoll in großen Verbänden organisiert werden.

Durchkalkulierte, d. h. auf exakten Refinanzierungskonzepten fußende Anlagegenehmigungen gab es zu diesem Zeitpunkt nicht. Es konnte sie auch nicht geben. Solche Verfahren hätten zunächst eine Ermittlung der Bebaubarkeit (des Vorhandenseins von Bebauungsplänen), eine Feststellung der Eigentumsverhältnisse, betriebswirtschaftliche Ermittlungen, für die vielfach geeignetes Personal fehlte, und andere Voraussetzungen erfordert. Neben diesen praktischen Schwierigkeiten fehlte es auch an gesetzlichen Grundlagen wie einem Landeswassergesetz und einem Kommunalabgabengesetz.

Vor diesem Hintergrund wurde vor Ort bei den Landkreisen und zum Teil den Gemeinden auf – wie sich später herausstellte – überdimensionierte zentrale, nicht auf ihre wirtschaftliche Vertretbarkeit hin genügend überprüfte Konzepte zurückgegriffen und vielfach ohne hinreichende Prüfung und Genehmigung mit dem Bau begonnen; bei Straßenbauvorhaben wurden z. T. Kanäle verlegt, obwohl nicht absehbar war, wann die zugehörigen Anlagen in Betrieb gehen würden. Die kommunalen Aufsichtsbehörden, die sich langsam konstituierten, waren lange Zeit nicht in der Lage, die Vorhaben sachgerecht zu prüfen. Eine rasche Entwicklung der Infrastruktur war Grundlage jeder weiteren wirtschaftlichen Entwicklung.

Begonnene Vorhaben und Planungen wurden in einem ständigen Prozeß – mit unterschiedlichem Erfolg – jeweils den sich wandelnden Rahmenbedingungen (Ausbleiben von erhofften Investitionen, Zusammenbrechen von Betrieben) angepaßt.

Schon vor dem Beitritt zur Bundesrepublik Deutschland am 03. Oktober 1990 schuf die DDR die Voraussetzung dafür, daß die kommunalen Gebietskörperschaften sich zu Zweckverbänden zusammenschließen und die Aufgaben der Abwasserentsorgung gemeinsam erfüllen konnten. In Abkehr vom „demokratischen Zentralismus" führte das Gesetz über die Selbstverwaltung der Gemeinden und Landkreise in der DDR – Kommunalverfassung – vom 17. Mai 1990 (DDR-GBl. Teil I Nr. 28 S. 255) – im folgenden KommVfG – die kommunale Selbstverwaltung wieder ein. § 61 KommVfG sah die Möglichkeit der Bildung von kommunalen Zweckverbänden vor und bestimmte:

„§ 61
Zweckverbände

(1) Gemeinden können zur Erfüllung kommunaler Aufgaben Zweckverbände bilden. ...

(2) Die beteiligten Gemeindeverbände beschließen über das Statut, die mittels des Zweckverbandes zu lösenden Aufgaben und die dafür zur Verfügung zu stellenden Mittel.

(3) ..."

Nähere Regelungen enthielt das KommVfG nicht, insbesondere keine zur Frage der Rechtsfähigkeit sowie des Überganges von Rechten und Pflichten von den verbandsangehörigen Gemeinden auf den Zweckverband.

Am 07. Juli 1991 wurde die Satzung des Abwasserzweckverbandes „Wolfen" von der Bezirksregierung Dessau genehmigt.

Durch das Gesetz über kommunale Gemeinschaftsarbeit vom 09. Oktober 1992 (GVBl. LSA S. 730) – GKG-LSA – wurde die Bildung kommunaler Zweckverbände in den §§ 17–29 auf eine neue Grundlage gestellt.

– Nach § 18 GKG-LSA ist der Zweckverband eine Körperschaft des öffentlichen Rechts und damit eine juristische Person. Nach § 20 GKG-LSA geht mit der Bildung des Zweckverbandes das Recht und die Pflicht der beteiligten kommunalen Gebietskörperschaften, die übertragenen Aufgaben zu erfüllen und die dazu notwendigen Befugnisse – wie das Recht Abgaben zu erheben – auf den Zweckverband über.

– § 19 GKG-LSA enthält nähere Anforderungen an die Verbandssatzung. Sie bedarf der Genehmigung der Rechtsaufsichtsbehörde (§ 19 Abs. 4 GKG).

– § 29 GKG-LSA sah vor, daß „bestehende" Zweckverbände ihre Statuten an das GKG binnen einer bestimmten Frist anzupassen hatten.

Am 29. Juni 1994 beschloß die Verbandsversammlung auf der Grundlage des GKG-LSA eine neue Satzung. Diese wurde am 26. August 1994 und am 02. November 1994 ergänzt sowie am 03. Februar 1995 geändert.

Im Februar 1995 wurden sämtliche Mitgliedsgemeinden gebeten, der Satzung durch ihre Gemeinderäte zuzustimmen. Dies erfolgte für die Beschwerdeführerin in der Sitzung des Stadtrates am 10. April 1995. Die Verbandssatzung wurde am 06. Dezember 1995 von dem Regierungspräsidium Dessau genehmigt und im Januar / Februar 1996 in den Amtsblättern der Landkreise Saalkreis und Bitterfeld veröffentlicht.

Am 04. Juli 1996 verabschiedete der Landtag von Sachsen-Anhalt das (erste) Gesetz zur Änderung des Gesetzes über die Kommunale Gemeinschaftsarbeit sowie des Kommunalabgabengesetzes (GVBl. LSA S. 218). Hintergrund war die Erkenntnis des Gesetzgebers, daß die seit dem 03. Oktober 1990 unternommenen Versuche, die kommunale Aufgabe der Abwasserbeseitigung auf rechtlich selbständige Zweckverbände zu übertragen, in der Praxis weithin gescheitert waren. Schätzungsweise mehr als 80% der Gründungen von Abwasserzweckverbänden wiesen Verfahrens- und Formmängel auf, die zur Unwirksamkeit der Gründung führten. Als Folge konnten die Zweckverbände keine Rechtsfähigkeit nach § 18 GKG-LSA erlangen.

Da sich die (Schein-)Zweckverbände aber am Rechtsverkehr beteiligt hatten, war es das Ziel des Gesetzgebers, diese Gründungsmängel rückwirkend auf den Zeitpunkt der Gründung der Zweckverbände zu beheben. Damit sollte erreicht werden, daß ihnen über § 18 GKG-LSA rückwirkend auch die Rechtsfähigkeit verliehen wird, so daß alle Rechtshandlungen der (Schein-) Zweckverbände ebenfalls rückwirkend geheilt würden.

Artikel 1 Ziffer 2 des Gesetzes zur Änderung des Gesetzes über kommunale Gemeinschaftsarbeit vom 04. Juli 1996 lautet:

> „2. Nach § 19 wird folgender § 19 a eingefügt:
>
> „19 a
> Rückwirkende Bildung von Zweckverbänden
>
> (1) Wegen Gründungsfehlern nicht gebildete Zweckverbände gelten rückwirkend ab dem Tage nach der öffentlichen Bekanntmachung ihres Status oder ihrer Verbandssatzung als gebildet, sofern nicht ein späterer Zeitpunkt bestimmt ist. ...
>
> (2) Kommunale Gebietskörperschaften, die Statut oder Verbandssatzung nicht durch ihr zuständiges Organ beschlossen haben, sind berechtigt, innerhalb von drei Monaten nach Inkrafttreten dieser Vorschrift gegenüber dem Zweckverband ihren Austritt zu erklären. ...
>
> (3) Das Regierungspräsidium stellt den Austritt fest, wenn die gesetzlichen Voraussetzungen vorliegen und die Abwicklung des Austritts geregelt ist. Die Feststellung kann aus wichtigem Grund verweigert werden. § 140 der Gemeindeordnung für das Land Sachsen-Anhalt findet keine Anwendung. ...
>
> (4) ...“

Mit Beschluß vom 01. Oktober 1996 erklärte die Beschwerdeführerin den Austritt aus dem Zweckverband nach § 19 a GKG-LSA. Mit Bescheid vom 14. Oktober 1996 stellte das Regierungspräsidium Dessau fest, daß der Austritt unwirksam sei, da die Beschwerdeführerin der Verbandssatzung durch ihren Ratsbeschluß vom 10. April 1995 zugestimmt habe.

Am 04. November 1996 beschloß der Stadtrat der Beschwerdeführerin ihre Mitgliedschaft in dem Zweckverband zu kündigen. Das Regierungspräsidium Dessau lehnte das Ausscheiden mit Bescheid vom 07. Februar 1997 ab, da kein wichtiger Grund zur Kündigung gegeben sei.

Das Landesverfassungsgericht stellte durch Urteil vom 03. Juli 1997 – LVG 1/97 – fest, daß § 19 a GKG-LSA nicht Verbandsgründungen nach § 61 des Gesetzes über die Selbstverwaltung der Gemeinden und Landkreise in der Deutschen Demokratischen Republik – Kommunalverfassung – (DDR-GBl. 1990 Teil I Nr. 33 S. 299) – KommVfG erfaßt.

In der Zeit vom 30. Juli bis zum 04. August 1997 unterzeichneten sämtliche Bürgermeister der Mitgliedsgemeinden die Verbandssatzung vom 29. Juni 1994 sowie die beiden Ergänzungen und die Änderung. Auf Weisung des Landrates des Landkreises Bitterfeld vom 29. Juli 1997 erfolgte die Unterschrift des Bürgermeisters der Beschwerdeführerin am 30. Juli 1997.

Nachdem das Regierungspräsidium Dessau als zuständige Rechtsaufsichtsbehörde bestimmt war, genehmigte es am 18. August 1997 die Verbandssatzung. Die Ausfertigung durch das Regierungspräsidium Dessau erfolgte am Tage danach. Da inzwischen § 19 Abs. 5 des Gesetzes über kommunale Gemeinschaftsarbeit in der Fassung des Änderungsgesetzes vom 04. Juli 1996 galt, machte das Regierungspräsidium Dessau die Verbandssatzung und ihre Genehmigung in ihrem amtlichen Verkündungsblatt, dem Amtsblatt für den Regierungsbezirk Dessau vom 01. September 1997 bekannt.

Der Landtag des Landes Sachsen-Anhalt verabschiedete im September 1997 das Zweite Gesetz zur Änderung des Gesetzes über die Kommunale Gemeinschaftsarbeit sowie des Kommunalabgabengesetzes (GVBl. LSA S. 878), das am 09. Oktober 1997 in Kraft getreten ist.

Nach Art. 1 Ziffer 1 dieses Gesetzes ist § 19 a GKG durch die Anfügung eines Satzes 2 in § 7 ersetzt worden. § 7 Satz 2 GKG-LSA lautet nunmehr:

> „Als Körperschaften öffentlichen Rechts entstanden gelten rückwirkend auch diejenigen Zweckverbände, die vor dem 16. Oktober 1992 gegründet worden sind; dabei aufgetretene Gründungsmängel gelten nach der Maßgabe des § 8 a Abs. 1 als geheilt."

Die Beschwerdeführerin behauptet, nicht alle Mitgliedsgemeinden hätten der Satzung vom 10. April 1994 zugestimmt, ferner sei ihr Bürgermeister zur Unterzeichnung der Zweckverbandssatzung am 30. Juli 1997 in „rechtswidriger Weise" gezwungen worden.

Sie ist der Rechtsauffassung, daß die Gründung des Abwasserzweckverbandes unwirksam sei. Indem der durch das Gesetz zur Änderung des Gesetzes über kommunale Gemeinschaftsarbeit des Landes Sachsen-Anhalt vom 06. Oktober 1997 eingefügte § 7 Satz 2 GKG-LSA rückwirkend den Zweckverband wirksam werden lasse, verstoße der Gesetzgeber gegen Art. 2 Abs. 3, 87 LVerf-LSA, da sie zu *Zwangsmitgliedern* gemacht würden. Sie – die Stadt – müsse selbst entscheiden können, welche Konsequenzen sie aus der Unwirksamkeit der Verbandsgründung ziehen wolle.

Die Beschwerdeführerin beantragt,

> festzustellen, daß das Gesetz zur Änderung des Gesetzes über kommunale Gemeinschaftsarbeit des Landes Sachsen-Anhalt vom 06. Oktober 1997 (GVBl. LSA S. 878) nichtig ist.

Der Landtag von Sachsen-Anhalt hatte Gelegenheit zur Stellungnahme. Er hat sich zum Verfahren nicht geäußert.

Die Landesregierung nimmt dahin Stellung,

daß die Verfassungsbeschwerde zulässig, aber unbegründet sei.

Sie meint, die Beschwerdeführerin sei durch die Zustimmung zur Verbandssatzung vom 10. April 1994 wirksam Mitglied des Abwasserverbandes „Wolfen" geworden.

Dem Abwasserzweckverband „Wolfen" wurde Gelegenheit zur Stellungnahme gegeben. Er hat mit Schriftsatz vom 24. September 1997 Kopien der Beschlüsse über die Zustimmung zur Verbandssatzung durch die Räte der einzelnen Mitgliedsgemeinden und Kopie der Urkunde über die Unterzeichnung der Satzung durch die Bürgermeister der Mitgliedsgemeinden vorgelegt.

Entscheidungsgründe:

1. Die Verfassungsbeschwerde ist unzulässig, da die Beschwerdeführerinnen durch das angefochtene Gesetz nicht betroffen sind.

1.1 Das Landesverfassungsgericht ist zur Entscheidung über die kommunale Verfassungsbeschwerde berufen (vgl. dazu im einzelnen und mit weiteren Nachweisen: Landesverfassungsgericht Sachsen-Anhalt LVerfGE 2, 227, 245 f; 2, 273, 289 f; 2, 323, 334 f).

Soweit eine Verletzung der durch Art. 2 Abs. 3 und 87 der Verfassung des Landes Sachsen-Anhalt – LVerf-LSA – vom 16. 7. 1992 (LSA-GVBl. 600) garantierten Selbstverwaltungsrechte behauptet wird, handelt es sich um eine sog. kommunale Verfassungsbeschwerde im Sinne des Art. 75 Nr. 7 LVerf-LSA und der §§ 2 Nr. 8, 51 des Gesetzes über das Landesverfassungsgericht – LVerfGG-LSA – vom 23. 8. 1993 (LSA-GVBl. S. 441), geändert durch Gesetze vom 14. 6. 1994 (LSA-GVBl., S. 700) und vom 22. 10. 1996 (LSA-GVBl. 332); diese Bestimmungen gestatten den Kommunen, gegen Eingriffe durch ein Landesgesetz das Landesverfassungsgericht anzurufen.

Diese landesrechtliche Verfassungsbeschwerde ist nicht durch die bundesrechtliche Rüge ausgeschlossen, Art. 28 Abs. 2 GG sei verletzt (Art. 93 Abs. 1 Nr. 4b GG); denn das Bundesverfassungsgericht kann gegen Landesgesetze subsidiär nur dann angerufen werden, wenn und soweit keine Verfassungsbeschwerde zu einem Landesverfassungsgericht erhoben werden kann (Art. 93 Abs. 1 Nr. 4b GG).

Art. 28 Abs. 2 GG verdrängt auch in der Sache die Garantien aus Art. 2 Abs. 3 und Art. 87 LVerf-LSA nicht über Art. 31 GG, denn das Bundesrecht enthält nur eine Mindestgarantie kommunaler Selbstverwaltung und schließt inhaltsgleiches oder weitergehendes Landesverfassungsrecht nicht aus. Die Selbstverwaltungsgarantien des Grundgesetzes und der Landesverfassung gelten in diesem Rahmen nebeneinander. Die durch die Rechtsordnung des Landes begründeten Selbstverwaltungsrechte werden vom Bund vorausgesetzt, anerkannt und garantiert. Art. 28 Abs. 2 GG enthält damit auch einen Verfassungsauftrag an die Länder, innerhalb ihrer staatlichen Ordnung die kommunale Selbstverwaltungsgarantie zu wahren.

1.2 Die Beschwerdeführerin ist durch die Zustimmung ihres Stadtrates zu der Zweckverbandssatzung vom 10. April 1994 mit Beschluß vom 10. April 1995 und die Unterzeichnung der Satzung durch ihren Bürgermeister am 30. Juli 1997 rechtswirksam Mitglied des Zweckverbandes „Wolfen" geworden. Infolgedessen wird sie nicht durch Artikel 1 Nr. 1 des Zweiten Gesetzes zur Änderung des Gesetzes über kommunale Zusammenarbeit vom 06. Oktober 1997 (LSA-GVBl. S. 878) *unmittelbar* im Sinne des Art. 75 Nr. 7 LVerf-LSA und der §§ 2 Nr. 8; 51 Abs. 1 LVerfGG-LSA in ihrem Recht auf kommunale Selbstverwaltung betroffen.

1.2.1 Der Rechtsauffassung der Beschwerdeführerin ist insoweit zuzustimmen, daß es bis zum Erlaß des Zweiten Gesetzes zur Änderung des Gesetzes über kommunale Gemeinschaftsarbeit des Landes Sachsen-Anhalt vom 06. Oktober 1997 (GVBl. LSA S. 878) zu keiner rückwirkend auf die Satzung des Jahres 1991 wirksamen Gründung des Zweckverbandes „Wolfen" kommen konnte, da er von Gesetzes wegen nicht die Eigenschaft einer juristischen Person erlangen konnte (vgl. dazu Landesverfassungsgericht Sachsen-Anhalt, Urteil vom 03. Juli 1997 – LVG 1/97 –).

Die Gründung erfolgte unter der Geltung des Gesetzes über die Selbstverwaltung der Gemeinden und Landkreise in der Deutschen Demokratischen Republik – Kommunalverfassung – (DDR-GBl. 1990 Teil I Nr. 33 S. 299) – KommVfG. Nach § 61 KommVfG war zwar die Bildung von Zweckverbänden möglich. Diese wurden aber nicht als rechtsfähige Körperschaften gebildet.

Körperschaften des öffentlichen Rechts können als Teil mittelbarer Staatsverwaltung – soweit sie nicht durch die Verfassung selbst anerkannt werden, wie Kommunen oder Kirchen (vgl. Art. 87 LVerf-LSA; 32 LVerf-LSA in Verbindung mit Art. 137 Abs. 5 WRV) – nur durch Gesetz oder auf Grund eines Gesetzes die Rechtsfähigkeit verliehen erhalten (vgl. klarstellend Art. 87 Abs. 5 LVerf-LSA).

§ 61 KommVfG enthält anders als § 18 GKG-LSA keine Feststellung darüber, daß der Zweckverband eine eigene Rechtspersönlichkeit ist. Weder der Gesetzeswortlaut gibt dafür etwas her noch enthält er eine Ermächtigung für eine Verwaltungsbehörde, die Rechtsfähigkeit durch Verwaltungsakt zu verleihen. Konsequenterweise findet sich auch keine Regelung darüber, daß Rechte und Pflichten aus der den Gründungsgemeinden obliegenden Aufgabe auf den Zweckverband übergehen, wie dies § 20 GKG-LSA anordnet.

Die Heilungswirkung des § 19 a GKG-LSA a. F. erfaßte nur Gründungsmängel solcher Zweckverbände, die als rechtsfähige Körperschaften hätten gegründet werden können. Damit werden die nach § 61 KommVfG gebildeten nicht rechtsfähigen Zweckverbände von dieser Vorschrift nicht erfaßt. Hätte der Gesetzgeber auch Fehler bei der „Anpassung" nach § 29 Abs. 1 GKG-LSA erfassen wollen, hätte dies im Wortlaut des § 19 a Abs. 1 GKG-LSA a. F. zum Ausdruck kommen müssen.

Infolgedessen fand 1991 ein Übergang rechtlicher Befugnisse von der Beschwerdeführerin auf den Zweckverband „Wolfen" nicht statt. Der Sache nach handelte es sich bei ihm zunächst um eine nicht rechtsfähige Körperschaft, aus der die Beschwerdeführerin jederzeit und ohne Angabe von Gründen hätte „austreten" können – unbeschadet allerdings der Frage, ob und inwieweit sie für Verbindlichkeiten aus der Tätigkeit des Zweckverbandes „Wolfen" zivilrechtlich hätte haften müssen.

1.2.2 Die Beschwerdeführerin stimmte der Neugründung des Zweckverbandes durch den Beschluß ihres Rates vom 10. April 1995 zu. Nach § 44 Abs. 2 Ziffer 17 GemO-LSA ist der Stadtrat zuständig, über die Mitgliedschaft in einem Zweckverband zu entscheiden.

Dieser Beschluß ist später nicht aufgehoben worden. Die Beschwerdeführerin kann sich insoweit nicht auf die Beschlüsse des Stadtrates vom 01. Oktober 1996 und vom 04. November 1996 stützen, mit dem der Austritt aus dem Zweckverband beschlossen wurde. Der Inhalt der Austrittserklärung aus dem Verband beinhaltet nicht die Aufhebung der Zustimmung zur Gründungssatzung. Es mag sein, daß der Stadtrat die Mitgliedschaft in dem Zweckverband „Wolfen" seit 1996 nicht mehr will. Für die Frage der Wirksamkeit der Verbandsgründung durch die übereinstimmenden Erklärungen der Bürgermeister kommt es hierauf jedoch nicht an.

Da der Stadtratsbeschluß vom 10. April 1995 nicht aufgehoben worden ist, bildete er den Rechtsgrund dafür, daß der Bürgermeister zu seiner Ausführung nach § 62 Abs. 1 GemO-LSA berechtigt war. Gemäß § 70 Abs. 1 GemO-LSA hatte dies durch eigenhändige Unterschrift unter die Verbandssatzung zu erfolgen.

Die Beschwerdeführerin hat nicht substantiiert dargelegt, daß die Unterzeichnung durch Bürgermeister Ernst „erzwungen" worden sei. Zur Erfüllung der ihm obliegenden Pflichten konnte er auch durch kommunalaufsichtliche Weisung nach §§ 137, 133, 134, GemO-LSA angehalten werden. Anhaltspunkte dafür, daß der Bürgermeister sich nicht der Tatsache bewußt war, daß er mit seiner Unterschrift eine rechtsgeschäftliche Erklärung abgab – wie die Beschwerdeführerin behaupet –, erscheinen dem Landesverfassungsgericht abwegig. Das Schreiben des Landrates des Landkreises Bitterfeld vom 29. Juli 1997 ist ausführlich und unmißverständlich.

Die Unterzeichnung bedurfte zu ihrer Wirksamkeit entgegen der Rechtsauffassung der Beschwerdeführerin keiner vorherigen Zustimmung durch den Stadtrat. Ob der Bürgermeister im Innenverhältnis gehalten war, vor der Unterzeichnung den Stadtrat hiervon in Kenntnis zu setzen, hat auf die Wirksamkeit der Unterzeichnung der Verbandssatzung keinen Einfluß.

Die Behauptung der Beschwerdeführerin, die Gemeinderäte anderer Mitgliedsgemeinden hätten keine entsprechenden Beschlüsse zur Zustimmung zur Verbandssatzung gefaßt, ist durch die Darlegung des Zweckverbandes in seinem Schriftsatz vom 24. September 1997 widerlegt.

Mängel des Genehmigungsverfahrens und bei der Veröffentlichung der Verbandssatzung durch das Regierungspräsidium Dessau sind weder vorgetragen noch erkennbar. Der Abwasserverband „Wolfen" ist daher rechtswirksam am 02. September 1997 nach § 19 Abs. 5 Satz 3 GKG-LSA entstanden.

2. Da die Beschwerdeführerin Mitglied des Abwasserzweckverbandes „Wolfen" geworden ist, wird sie durch die Regelung des § 7 Satz 2 des Zweiten Gesetzes zur Änderung des Gesetzes über die kommunale Gemeinschaftsarbeit des Landes Sachsen-Anhalt vom 06. Oktober 1997 (GVBl. LSA, S. 878) nicht betroffen. Daher kann die Verfassungsbeschwerde keinen Erfolg haben und ist mit der Kostenfolge aus § 32 LVerfGG-LSA zurückzuweisen.

Die Kostenentscheidung beruht auf § 32 LVerfGG.

Nr. 5

1. Die Verfassung des Landes Sachsen-Anhalt gewährleistet in Art. 87 nicht nur die kommunale Selbstverwaltung, sondern verpflichtet Gemeinden und Landkreise in Art. 34 ausdrücklich auch, die tatsächliche Gleichstellung von Frauen und Männern durch geeignete Maßnahmen zu fördern. Der Verwirklichung dieses Staatsziels dient das Frauenfördergesetz.

2. Als der systematischen Stellung von Art. 87 Abs. 2 der Landesverfassung und aus seiner Entstehungsgeschichte folgt, daß Art. 87

Abs. 2 trotz seines andersartigen Wortlauts keinen weiteren Inhalt hat als Art. 28 Abs. 2 GG.

3. Der grundsätzlich aus Art. 87 Abs. 2 der Landesverfassung herzuleitende Entscheidungsspielraum der Gemeinden und Landkreise wird durch das Frauenfördergesetz schon deshalb nicht beeinträchtigt, weil die dort festgeschriebenen Rechte den Gleichstellungsbeauftragten keinerlei Entscheidungsbefugnisse einräumen.
Trotz der im Frauenfördergesetz enthaltenen Regelungen zur Verwirklichung des Gleichstellungsgebots sind die Gemeinden und Landkreise nicht gehindert, weitergehende, eigene organisatorische Maßnahmen zu ergreifen und ihre selbständige, an den örtlichen Verhältnissen orientierte Gleichstellungspolitik zu betreiben.

4. Die einzelnen, den Gleichstellungsbeauftragten eingeräumten Befugnisse sind bei verfassungskonformer Auslegung nicht zu beanstanden. Die Auslegung orientiert sich daran, daß Art. 34 der Landesverfassung und die Regelungen des Frauenfördergesetzes die Gleichstellungsbeauftragten und die kommunalen Gebietskörperschaften zur Kooperation verpflichten; beide sollen in einem Klima gegenseitiger Ehrlichkeit und Offenheit Vorurteile überwinden und die gegenseitigen Beziehungen nicht durch unangebrachtes Mißtrauen belasten.

Grundgesetz, Art. 28, 31

Verfassung des Landes Sachsen-Anhalt, Art. 2 Abs. 3, 34, 75, 87 Abs. 1

Landesverfassungsgerichtsgesetz, §§ 2, 51

Frauenfördergesetz, §§ 1, 2, 14, 15, 18

Gemeindeordnung § 74

Landkreisordnung § 64

Urteil vom 12. Dezember 1997 – LVG 9/95 –

in dem Verfassungsbeschwerdeverfahren zweier Landkreise gegen § 18a des Frauenfördergesetzes des Landes Sachsen-Anhalt vom 7. 12. 1993 i. d. F. vom 27. 6. 1994.

Entscheidungsformel:

Die Verfassungsbeschwerden werden zurückgewiesen.

Die Entscheidung ergeht gerichtskostenfrei.
Außergerichtliche Kosten werden nicht erstattet.

Tatbestand:

Die von den Landkreisen Jerichower Land und Altmarkkreis Salzwedel erhobenen Verfassungsbeschwerden richten sich gegen § 18 a des Frauenfördergesetzes des Landes Sachsen-Anhalt, wonach die kommunalen Gleichstellungsbeauftragten neben den ihnen in den Kommunen übertragenen Aufgaben auch die Aufgaben der hauptamtlichen Gleichstellungsbeauftragten bei den obersten Landesbehörden wahrnehmen.

1. Der Gesetzesänderung liegt folgende Entstehungsgeschichte zugrunde:
§ 29 des Gesetzes über die Selbstverwaltung der Gemeinden und Landkreise in der DDR (Kommunalverfassung) vom 17. 5. 1990 (DDR GBl. I S. 255) bestimmte:

> „Zur Verwirklichung des Grundrechts der Gleichstellung von Mann und Frau haben die Gemeinden mit eigener Verwaltung Gleichstellungsbeauftragte zu bestellen. Die Gleichstellungsbeauftragte ist in Gemeinden mit mehr als 10.000 Einwohnern hauptamtlich tätig; das Nähere regelt die Satzung."

Auf der Ebene des Landes gab es seit 1991 Bemühungen um ein Landesfrauenfördergesetz. Einen ersten Entwurf eines Gesetzes zur beruflichen Förderung von Frauen im öffentlichen Dienst des Landes Sachsen-Anhalt brachte die Fraktion Bündnis 90/Die Grünen (Drs. 1/436) in den Landtag ein.

Mit Datum vom 7. 6. 1992 legte die Landesregierung einen eigenen Gesetzentwurf vor. Die für diese Verfassungsbeschwerden allein maßgebliche Funktion der Gleichstellungsbeauftragten sollte wie folgt geregelt werden:

> Bei jeder obersten Landesbehörde mit mehr als 300 Bediensteten soll eine hauptamtliche Gleichstellungsbeauftragte oder ein hauptamtlicher Gleichstellungsbeauftragter bestellt werden (§ 11 Abs. 1).
>
> Bei jeder obersten Landesbehörde und jeder Dienststelle im nachgeordneten Bereich, bei der ein Personalrat gebildet wird, soll eine ehrenamtliche Gleichstellungsbeauftragte oder ein ehrenamtlicher Gleichstellungsbeauftragter gewählt werden (§ 12 Abs. 1).

Die Gleichstellungsbeauftragten, seien sie hauptamtlich oder ehrenamtlich tätig, sollten folgende Aufgaben und Rechte haben:

§ 13 Abs. 2

Gleichstellungsbeauftragten haben insbesondere folgende Aufgaben und Rechte:

a) Sie sind bei Stellenausschreibungen zu beteiligen.
b) Sie können Bewerbungsunterlagen in erforderlichem Umfang einsehen.

c) Sie können an Vorstellungsgesprächen teilnehmen.
d) Sie sind über anstehende Beförderungen sowie zu übertragende höherwertige Tätigkeiten zu unterrichten.
e) Sie sind über Maßnahmen zur Qualifikation von Mitarbeiterinnen und Mitarbeitern (zum Beispiel Bildungsmaßnahmen) zu informieren.
f) Sie beraten und unterstützen weibliche Bedienstete in Einzelfällen zur beruflichen Förderung und Beseitigung von Benachteiligungen.

In den kommunalen Gebietskörperschaften sollten die dort tätigen Gleichstellungsbeauftragten, die gleichen Rechte und Aufgaben wie die Gleichstellungsbeauftragten des Landes haben (§ 15).
Die Begründung des Regierungsentwurfes führte zu § 13 Abs. 2 folgendes aus:

> Abs. 2 zählt exemplarisch die Bereiche auf, in denen die Gleichstellungsbeauftragten mitwirken sollten, um den Intentionen des Gesetzes gerecht zu werden. Dabei ist bei der Einsicht in Bewerbungsunterlagen zu berücksichtigen, daß die Gleichstellungsbeauftragten den erforderlichen Umfang der Einsichtnahme selbst festlegen und die Erforderlichkeit bestimmen können. Absatz 3 Satz 2 regelt das Einsichtsrecht der Gleichstellungsbeauftragten in Unterlagen, um eine Aufgabenerfüllung praktikabel und effektiv zu gestalten. Da Personalakten personenbezogene Daten enthalten, ist zu ihrer Vorlage die Zustimmung der betroffenen Bediensteten erforderlich. Gleiches gilt auch für Bewerbungsunterlagen (Abs. 3 Satz 2). Die Dienststelle hat dafür Sorge zu tragen, daß die dafür erforderlichen Befragungen durchzuführen sind. Dies kann z. B. bereits in der Stellenausschreibung geschehen oder im weiteren Bewerbungsverfahren eingeholt werden.

Mit Datum vom 15. 11. 1992 brachte die SPD Fraktion einen Gesetzesentwurf ein, der eine Differenzierung zwischen haupt- und ehrenamtlichen Gleichstellungsbeauftragten nicht mehr vorsah, sondern jede Gleichstellungsbeauftragte von den Dienstgeschäften für die Dauer ihrer Wahlperiode befreite. Außerdem sollte eine Gleichstellungsbeauftragte für jede Dienststelle gewählt werden, für die auch ein Personalrat zu wählen ist. Für kommunale Gleichstellungsbeauftragte sollte eine eigene gesetzliche Regelung geschaffen werden.

Mit Datum vom 19. 10. 1993 legte dann der Gleichstellungsausschuß seine Beschlußempfehlung mit folgenden Änderungen gegenüber dem Entwurf der Landesregierung vor:

a) Die Gleichstellungsbeauftragten sollten nach § 12 Abs. 2 folgende Aufgaben und Rechte haben:

> Die hauptamtlichen Gleichstellungsbeauftragten haben insbesondere folgende Aufgaben und Rechte:

a) Einbringung frauenrelevanter Anliegen und Forderungen in die Verwaltung.
b) Erarbeitung von Empfehlungen und Initiativen zur Verbesserung der Situation von Frauen.
c) Initiierung von Frauenfördermaßnahmen, Zusammenarbeit mit anderen Organisationen, Beratungsarbeit und Öffentlichkeitsarbeit.
d) Direktes Zugangs- und Vortragsrecht bei der Behördenleitung.
e) Beteiligung bei Vorlagen bereits in der Planungsphase und Mitzeichnungsrecht.
f) Sie sind bei Stellenausschreibungen zu beteiligen.
g) Sie können Bewerbungsunterlagen in erforderlichem Umfang einsehen.
h) Sie können an Vorstellungsgesprächen teilnehmen.
i) Sie sind über anstehende Beförderungen sowie zu übertragende höherwertige Tätigkeiten zu unterrichten.
j) Sie sind über Maßnahmen zur Qualifikation von Mitarbeiterinnen und Mitarbeitern (zum Bespiel Bildungsmaßnahmen) zu informieren.

b) Für die Gleichstellungsbeauftragten in den Kommunen sollte folgende Regelung gelten:

§ 15

(1) Zur Verwirklichung des Grundrechts der Gleichberechtigung von Mann und Frau haben die Gemeinden und Landkreise Gleichstellungsbeauftragte zu bestellen. In Gemeinden mit mehr als 20.000 Einwohnern und in den Landkreisen sind hauptamtliche Gleichstellungsbeauftragte zu bestellen.

(2) Die Gleichstellungsbeauftragten sind in Gemeinden bis zu 20.000 Einwohnern ehrenamtlich tätig. § 14 Abs. 3 gilt entsprechend.

(3) Neben den ihnen obliegenden Aufgaben nach der Hauptsatzung nehmen die Gleichstellungsbeauftragten die Aufgaben und Rechte nach § 12 Abs. 2 wahr.

Bei der Aussprache zur Beschlußempfehlung wies die Abgeordnete P. (F.D.P.) darauf hin, daß der Städte- und Gemeindebund die Bitte geäußert habe, den § 15, in dem es um die kommunalen Gleichstellungsbeauftragten gehe, nochmals zu überdenken.
Bei der Abstimmung über die Beschlußempfehlung in der Landtagssitzung vom 28. 10. 1993 wurde der § 12 mehrheitlich angenommen; § 15 hingegen wurde abgelehnt.
Dementsprechend wurde das Frauenfördergesetz des Landes Sachsen-Anhalt – FFG-LSA – vom 7. 12. 1993 (GVBl. LSA S. 734) ohne eine Regelung der Aufgaben der kommunalen Gleichstellungsbeauftragten am 13. 12. 1993 verkündet.

2. Bereits am 12. 1. 1994 brachte die Fraktion Bündnis 90/Die Grünen einen Entwurf eines Gesetzes zur Änderung des Frauenfördergesetzes im Landtag ein. Dieser sah folgende Regelung vor:

> Dem neuen Frauenfördergesetz sollte ein § 18 a hinzugefügt werden. Diese Regelung sollte auch die Kommunen verpflichten, Gleichstellungsbeauftragte zu bestellen; in Gemeinden mit mehr als 20.000 Einwohnern hauptamtliche und darunter ehrenamtliche. Neben den ihnen obliegenden Aufgaben der Hauptsatzung sollten die kommunalen Gleichstellungsbeauftragten die Aufgaben und Rechte der Landesgleichstellungsbeauftragten nach § 15 Abs. 2 und 3 wahrnehmen.

Den Gesetzesentwurf begründete die Fraktion wie folgt:

> Das Gesetz zu beruflichen Förderung von Frauen im öffentlichen Dienst des Landes Sachsen-Anhalt vom 7. Dezember 1993 schreibe für die Gleichstellungsbeauftragten in den obersten Landesbehörden und in den Regierungspräsidien deren Rechte und Pflichten gesetzlich fest. Für die Gleichstellungsbeauftragten in den kommunalen Gebietskörperschaften seien keine entsprechenden gesetzlichen Regelungen vorhanden. Der vorliegende Entwurf trage zur Gleichbehandlung aller Gleichstellungsbeauftragten in Sachsen-Anhalt bei.

Am 5. 10. 1993 hatte der Landtag bereits die Gemeindeordnung für das Land Sachsen-Anhalt – GO LSA – vom 5. 10. 1993 (LSA-GVBl. S. 568) beschlossen. Diese sollte am 1. 7. 1994 in Kraft treten. § 74 sieht folgende Regelung vor:

> Zur Verwirklichung des Grundrechts der Gleichberechtigung von Mann und Frau haben die Gemeinden Gleichstellungsbeauftragte zu bestellen. Die Gleichstellungsbeauftragten sind in Gemeinden bis zu 20.000 Einwohnern ehrenamtlich tätig. In Gemeinden mit mehr als 20.000 Einwohnern ist eine hauptamtliche Gleichstellungsbeauftragte zu bestellen.

Am 5. 10. 1993 beschloß der Landtag ebenfalls die Landkreisordnung für das Land Sachsen-Anhalt – LKO-LSA – vom 5. 10. 1993 (LSA-GVBl. S. 598), in Kraft getreten am 1. 7. 1994. § 64 sieht folgende Regelung vor:

> Zur Verwirklichung des Grundrechts der Gleichberechtigung von Mann und Frau sind in den Landkreisen hauptamtliche Gleichstellungsbeauftragte zu bestellen.

Am 27. Juni 1994 beschloß der Landtag das Zweite Gesetz zur Änderung des Frauenfördergesetzes. Dadurch wurde dem Gesetz ein neuer § 18a mit folgendem Wortlaut beigefügt:

> Die gemäß § 74 Gemeindeordnung für das Land Sachsen-Anhalt und § 64 Landkreisordnung für das Land Sachsen-Anhalt zu bestellenden Gleichstellungsbeauftragten nehmen neben den ihnen in den Kommunen übertragenen Aufgaben, die Aufgaben und Rechte nach § 15 Abs. 2 wahr. § 15 Abs. 3 und 4 gilt entsprechend.

Das Zweite Gesetz zur Änderung des Frauenfördergesetzes (GVBl. LSA S. 762) trat am 1. 7. 1994 in Kraft.

3. Gegen dieses Änderungsgesetz haben die Landkreise Altmarkkreis Salzwedel (29. 6. 1995) und Jerichower Land (30. 6. 1995) Verfassungsbeschwerde erhoben und zur Begründung vorgetragen:

Das Frauenfördergesetz verletze ihre Organisationshoheit unter dem Aspekt, Organe, Behörden, Einrichtungen und Dienststellen zu errichten und für deren sachliche oder personelle Ausstattung Sorge zu tragen, deren Kompetenzen und innere Ordnung zu bestimmen und den gesamten Verwaltungsapparat zu beaufsichtigen sowie zu leiten. Indem das angegriffene Gesetz den kommunalen Gleichstellungsbeauftragten die in § 15 Abs. 2 des Frauenfördergesetzes normierten Aufgaben und Rechte zuweise, greife es in diesen verfassungsrechtlich geschützten Bereich ein. Zwar stehe das Recht der kommunalen Selbstverwaltung unter dem Gesetzesvorbehalt. Durch die Festlegung der Aufgaben und Rechte der kommunalen Gleichstellungsbeauftragten verletze der Gesetzgeber aber den Kernbereich der Selbstverwaltung, da den Kommunen insoweit kein Gestaltungsspielraum mehr verbleibe. Zudem sei zu berücksichtigen, daß die Landesverfassung von Sachsen-Anhalt über die übliche Selbstverwaltungsgarantie hinaus die Kommunen berechtige, ihre Aufgaben nicht nur in eigener Verantwortung, sondern selbständig wahrzunehmen. Hieraus ergebe sich ein gegenüber der grundgesetzlichen Normativbestimmung gesteigerter Kernbereich der kommunalen Selbstverwaltung in Sachsen-Anhalt. Das angegriffene Gesetz lege jedoch eine abschließende Aufgabenverteilung für die kommunalen Gleichstellungsbeauftragten fest. Die Regelungen in § 15 Abs. 2 des Frauenfördergesetzes hätten eine solche Dichte, daß eine Ausfüllung durch eine Dienstanweisung kaum noch denkbar erscheine. Vielmehr könne der Katalog des § 15 Abs. 2 des Frauenfördergesetzes ohne weitere Änderungen in eine Stellenbeschreibung nach BAT-O oder als Dienstanweisung umgesetzt werden. Damit habe der Gesetzgeber seine Regelungsbefugnis überschritten.

Die angegriffene Regelung verstoße auch gegen das Übermaßverbot. Die gesetzliche Festlegung der Aufgaben der kommunalen Gleichstellungsbeauftragten sei nicht erforderlich gewesen, zum einen seien die kommunalen Gleichstellungsbeauftragten durch § 64 LKO-LSA institutionalisiert, zum anderen würde die Arbeit der kommunalen Gleichstellungsbeauftragten auch ohne die gesetzliche Regelung tatsächlich reibungslos praktiziert.

Durch die Einräumung von Aufgaben und Rechten, die weit in interne Verwaltungsabläufe hineingriffen und über legitime Initiativrechte weit hinausreichten, würde für den Bereich der Mitwirkung der Beauftragten mit dem auch von den Kommunen akzeptierten Ziel einer Gleichstellung von

Frauen eine eigenständige organisatorische Gestaltungsfähigkeit der Kommunen im Ergebnis auf Null reduziert und damit unmöglich gemacht.

Zudem führe die angegriffene gesetzliche Regelung aber auch zu einer Zergliederung der zentralen Verwaltungs- und Ausführungsorgane der Gemeinden und Landkreise. Dies gelte insbesondere für die sog. Immediatrechte nach § 15 Abs. 2 Buchst. d für die Befugnis zur Zusammenarbeit mit anderen Organisationen und zur eigenständigen Öffentlichkeitsarbeit nach § 15 Abs. 2 Buchst. c sowie für die Beteiligung bei Vorlagen bereits in der Planungsphase und Mitzeichnung nach § 15 Abs. 2 Buchst. e.

Den Gleichstellungsbeauftragten werde nach § 15 Abs. 2 Buchst. d ein direktes Zugangs- und Vortragsrecht bei der Behördenleitung eingeräumt. Die Behördenleitung habe nach dieser Bestimmung der Gleichstellungsbeauftragten zu jeder Zeit und uneingeschränkt und ohne Rücksicht auf sonstige Belange der Verwaltung zur Verfügung zu stehen. Es bleibe nicht mehr der Behördenspitze überlassen, in welcher Art und Weise und zu welchem Zeitpunkt sie die Gleichstellungsbeauftragte über fachliche Dinge informiere bzw. sie an den Entscheidungen hierüber beteilige. Sowohl Zeitpunkt als auch Umfang der gegenseitigen Unterrichtung zwischen Behördenleitung und Gleichstellungsbeauftragter werde aufgrund des direkten Zugangs- und Vortragsrechtes ausschließlich von letzterer festgelegt.

Die Sachlage in Sachsen-Anhalt unterscheide sich insoweit von Schleswig-Holstein und Niedersachsen, deren gesetzliche Bestimmungen über kommunale Frauenbeauftragte vom Bundesverfassungsgericht bzw. dem Niedersächsischen Staatsgerichtshof als verfassungsgemäß angesehen worden seien. Außerdem verstoße das Gesetz gegen Art. 87 Abs. 3 LVerf-LSA, weil die Deckung der Kosten der übertragenen Aufgaben nicht geregelt werde.

4. Zu den Verfassungsbeschwerden hat sich die Landesregierung von Sachsen-Anhalt geäußert. Sie ist der Auffassung, die Vorschriften der §§ 18 a; 15 Abs. 2 und 3 des Frauenfördergesetzes seien mit Art. 87 LVerf-LSA vereinbar und hat dazu folgendes ausgeführt:

Die Verfassung des Landes Sachsen-Anhalt gehe nur insoweit über die in Art. 28 Abs. 2 GG geregelten Garantien hinaus, als kein Unterschied zwischen Gemeinden und Gemeindeverbänden gemacht werde. Im übrigen aber sei der Gewährleistungsbereich des Art. 87 LVerf-LSA nicht weiter als der des Grundgesetzes.

Mit der Organisationshoheit der Kommunen sei die Pflicht zur Bestellung kommunaler Gleichstellungsbeauftragter ohne weiteres zu vereinbaren. Auch die in § 64 LKO-LSA, §§ 18a, 15 Abs. 2 und 3 FFG-LSA festgelegte Konkretisierung von einzelnen Aufgaben und Rechten überschreite die

Grenzen der kommunalen Organisationshoheit nicht und sei damit verfassungsgemäß.

Ein Verstoß gegen die Regelung des Art. 87 Abs. 3 LVerf-LSA liege nicht vor. Selbst wenn man annehmen würde, daß eine Kostenregelung erforderlich wäre und eine ausreichende Berücksichtigung im Rahmen der allgemeinen Finanzausstattung der Landkreise als nicht gegeben ansehen würde, so würde dieser Mangel die Aufgabenübertragung selbst nicht verfassungswidrig machen, sondern lediglich eine Pflicht zur Nachbesserung bezüglich der Regelung der Kostentragung nach sich ziehen.

Entscheidungsgründe:

1. Das Landesverfassungsgericht, das die Verfassungsbeschwerden mit Beschluß vom 23. 10. 1997 zur gemeinsamen Verhandlung und Entscheidung verbunden hat, ist zur Entscheidung über die kommunale Verfassungsbeschwerde berufen. Die Beschwerden sind zulässig.

Das Landesverfassungsgericht entscheidet nach Art. 75 Nr. 7 LVerf-LSA und der §§ 2 Nr. 8, 51 des Gesetzes über das Landesverfassungsgericht über Verfassungsbeschwerden von Kommunen und Gemeindeverbänden wegen Verletzung des Rechts auf Selbstverwaltung nach Art. 2 Abs. 3 und Art. 87 durch ein Landesgesetz.

Diese landesrechtliche Verfassungsbeschwerde ist nicht durch die bundesrechtliche Rüge ausgeschlossen, Art. 28 Abs. 2 des Grundgesetzes – GG – sei verletzt (vgl. Art. 93 Abs. 1 Nr. 4 b GG); denn das Bundesverfassungsgericht kann gegen Landesgesetze subsidiär nur dann angerufen werden, wenn und soweit keine Verfassungsbeschwerde zu einem Landesverfassungsgericht erhoben werden kann (Art. 93 Abs. 1 Nr. 4 b GG).

Art. 28 Abs. 2 GG verdrängt auch in der Sache nicht über Art. 31 GG die Garantien aus Art. 2 Abs. 3 und Art. 87 LVerf-LSA; denn das Bundesrecht enthält nur die Mindestgarantie kommunaler Selbstverwaltung und schließt inhaltsgleiches oder weitergehendes Landesverfassungsrecht nicht aus (Urteil des Gerichts vom 31. 5. 1994 – LVG 2/93 –, LVerfGE 2, 227).

Art. 75 Nr. 7 LVerf-LSA eröffnet die Kommunalverfassungsbeschwerde den „Gemeinden und Gemeindeverbänden". Als kommunale Gebietskörperschaften sind auch die Landkreise als Gemeindeverbände im Sinne von Art. 75 Nr. 7 LVerf-LSA beschwerdebefugt.

Die Beschwerdeführerinnen sind durch das § 18 a FFG-LSA auch unmittelbar im Sinne von Art. 75 Nr. 7 LVerf-LSA und der §§ 2 Nr. 8; 51 Abs. 1 LVerfGG-LSA betroffen, da sie durch dieses Gesetz ohne eine dazwischengeschaltete Behörde verpflichtet werden.

Die Verfassungsbeschwerden sind in der gebotenen Schriftform innerhalb eines Jahres nach Inkrafttreten des Änderungsgesetzes und damit auch form- und fristgerecht erhoben (§§ 16 Abs. 1; 48 LVerfGG-LSA).

Das Gesetz zur Änderung des Frauenfördergesetzes und kommunalrechtlicher Vorschriften vom 25. 3. 1997 in Kraft getreten am 3. 4. 1997 (GVBl. LSA S. 460) läßt nicht etwa das Rechtsschutzinteresse für die anhängigen Verfassungsbeschwerden entfallen. Denn die mit den Verfassungsbeschwerden angegriffene Übertragung der Aufgaben und Pflichten hauptamtlicher Gleichstellungsbeauftragten bei den obersten Landesbehörden auf die kommunalen Gleichstellungsbeauftragten ist in diesem Gesetz gegenüber der bisher geltenden Regelung unverändert geblieben.

2. Die Verfassungsbeschwerden sind unbegründet, da § 18a FFG-LSA mit Art. 2 Abs. 3 und Art. 87 LVerf-LSA vereinbar ist.

2.1 Mit § 18 a FFG-LSA hat der Landesgesetzgeber lediglich geregelt, daß die Gleichstellungsbeauftragten in den Kommunen neben den ihnen in den Kommunen übertragenen Aufgaben die gleichen Aufgaben und Rechte haben wie die hauptamtlichen Gleichstellungsbeauftragten bei den obersten Landesbehörden.

Mithin ist Gegenstand der Verfassungsbeschwerde weder die Frage, ob Kommunen überhaupt Gleichstellungsbeauftragte zu bestellen haben noch ob der Landesgesetzgeber ihren hauptamtlichen Status anordnen durfte.

§ 17 Abs. 1 iVm § 2 des FFG-LSA vom 7. 12. 1993 regelt nämlich bereits, daß in sämtlichen kommunalen Gebietskörperschaften des Landes Sachsen-Anhalt ehrenamtliche Gleichstellungsbeauftragte zu wählen sind. § 74 der GO-LSA bzw. § 64 der LKO-LSA vom 5. 10. 1993, in Kraft getreten am 1. 7. 1994, normieren ferner, daß zur Verwirklichung des Grundrechts der Gleichberechtigung von Mann und Frau die Gemeinden Gleichstellungsbeauftragte zu bestellen haben und diese in Gemeinden bis zu 20.000 Einwohnern ehrenamtlich und in Gemeinden mit mehr als 20.000 und Landkreise generell hauptamtlich zu bestellen sind. Eine Verfassungsbeschwerde, die sich in einer Erweiterung des bisherigen Beschwerdegegenstands gegen die Schaffung von Gleichstellungsbeauftragten oder gegen die Anordnung ihres hauptamtlichen Status wenden würde, wäre daher wegen Verfristung nach § 48 LVerfGG unzulässig.

2.2 Die Gewährleistung der Art. 2 Abs. 3 und 87 LVerf-LSA sichert den Gemeinden einen grundsätzlich alle Angelegenheiten der örtlichen Gemeinschaft umfassenden Aufgabenbereich sowie die Befugnis zur eigenverantwortlichen Führung der Geschäfte in diesem Bereich. Zu der Befugnis eigenverantwortlicher Führung der Geschäfte gehört auch die Organisationshoheit. Durch sie legen die Gemeinden für die Wahrnehmung ihrer Aufgaben Abläufe und Entscheidungszuständigkeiten im einzelnen fest und bestimmen damit auch über Gewichtung, Qualität und Inhalt ihrer Entscheidungen.

2.3 Im Hinblick auf die Organisationshoheit der Kommunen und die Aufgabe der Gleichstellung von Mann und Frau hat das Bundesverfassungsgericht (BVerfGE 91, 228 ff) zum schleswig-holsteinischen Landesrecht folgende Grundsätze entwickelt:

> Die Selbstverwaltungsgarantie umfasse auch die kommunalen Organisationsbefugnisse. Dies entspreche ihrer Zielrichtung, die Gemeinden als eigene Selbstverwaltungsträger anzuerkennen und ihnen eine eigenverantwortliche Wahrnehmung ihrer Aufgaben zu garantieren. Damit sei die Gewährleistung eines gewissen organisatorischen Freiraums unmittelbar verbunden: Alle Angelegenheiten der örtlichen Gemeinschaft in eigener Verantwortung zu regeln „wie es in Art. 28 Abs. 2 Satz 1 GG heiße, sei ohne eine gewisse Selbständigkeit auch bei der Organisation der Aufgabenwahrnehmung kaum vorstellbar. Es sei nicht anzunehmen, daß die Verfassung den Kommunen einerseits eigene Aufgabenbereiche zur selbständigen Erledigung vorbehalte, andererseits aber deren Organisation bis in interne Verfahrensabläufe hinein der umfassenden Steuerung durch den Gesetzgeber oder die staatliche Verwaltung überließe.
> Die Gewährleistung eigenverantwortlicher Aufgabenwahrnehmung bestehe indes gemäß Art. 28 Abs. 2 GG nur im Rahmen der Gesetze. Dementsprechend seien auch die den Gemeinden zur Hand stehenden Organisationsbefugnisse durch die Vorgaben des Gesetzgebers gebunden. Zunächst setze der Kernbereich der Selbstverwaltungsgarantie dem Gesetzgeber eine Grenze. Hiernach dürfe der Wesensgehalt der gemeindlichen Selbstverwaltung nicht ausgehöhlt werden.
>
> Auch im Vorfeld der Sicherung des Kernbereichs entfalte die Gewährleistung des Art. 28 Abs. 2 GG aus ihrer normativen Intention, den Gemeinden die Möglichkeit eigenverantwortlicher Aufgabenwahrnehmung zu garantieren, Rechtswirkungen.
>
> Allerdings gelte für die Organisationshoheit – anders als für die Bestimmung der gemeindlichen Aufgaben – nicht ein Prinzip der Allzuständigkeit, nach dem die Gemeinden grundsätzlich alle Fragen ihrer Organisationshoheit selbst zu entscheiden hätten. Die prinzipielle Allzuständigkeit beziehe sich allein auf die örtlichen Angelegenheiten und damit die sachlichen Aufgaben, nicht aber auf die Organisation der Gemeinde. Für die kommunale Organisation gelte auch nicht ein Prinzip der Eigenorganisation der Gemeinde, demgegenüber bedürfe jede staatliche Vorgabe einer spezifischen Rechtfertigung. Dieses setze mi seinen zahlreichen Regelungen zur Organisation der Gemeinden ersichtlich eine weitgehende Befugnis des staatlichen Gesetzgebers voraus, der Regelung von Organisa-

tionsstrukturen seine Vorstellungen zugrundezulegen. Die Organisationshoheit sei mithin von vornherein nur relativ gewährleistet.
Ungeachtet dessen stehe dem Staat die Entscheidung über die Organisation der Gemeinden nicht alleine zu. Indem Art. 28 Abs. 1 GG den Gemeinden eine eigenverantwortliche Aufgabenerledigung und damit auch organisatorische Gestaltungsbefugnisse verbürge, verpflichte er den Gesetzgeber, bei der Ausgestaltung des Kommunalrechts den Gemeinden eine Mitverantwortung für die organisatorische Bewältigung ihrer Aufgaben einzuräumen".

2.4 Nach diesen Maßstäben ist die angegriffene Vorschrift, durch die den kommunalen Gleichstellungsbeauftragten einzelne Aufgaben und Rechte zugewiesen werden, nicht zu beanstanden. Sie verstößt nicht gegen die durch Art. 87 LVerf-LSA gewährleistete kommunale Organisationshoheit.

2.4.1 Grundsätzlich ist die Auffassung der Beschwerdeführerinnen, daß auch im Hinblick auf die Ausgestaltung der Arbeit der Gleichstellungsbeauftragten im einzelnen ein Entscheidungsspielraum der Kommunen beachtet werden muß, zutreffend. § 18 a des FFG-LSA genügt aber den Anforderungen, die über die Beachtung des Kernbereichs hinaus gelten.

Mit Art. 2 Abs. 3, 87 LVerf-LSA übernimmt das Landesrecht die Garantie des Art. 28 Abs. 2 GG. Trotz seines andersartigen Wortlautes hat Art. 87 LVerf-LSA keinen weiteren Inhalt als Art. 28 Abs. 2 GG. Grundsätzlich können zwar Landesverfassungen den Kommunen über die Mindestanforderungen des Art. 28 Abs. 2 GG hinausgehende Rechte zuerkennen (Urteil des Gerichts vom 31. 5. 1994, LVerfGE 2, 229; *Berlit*, DVBl. 1995, S. 293 ff). Die Regelung der Landesverfassung „*die Gemeinden sind berechtigt und verpflichtet, alle öffentlichen Aufgaben in ihrem Gebiet selbständig wahrzunehmen*" hat hinsichtlich der Reichweite der Selbstverwaltungsgarantie keine andere Bedeutung als die grundgesetzliche Formulierung „*den Gemeinden muß das Recht gewährleistet sein, alle Angelegenheiten der örtlichen Gemeinschaft in eigener Verantwortung zu regeln*". Schon aus der systematischen Stellung des Abs. 2 ist die Regelung im engen Zusammenhang mit Abs. 1 des Art. 87 zu sehen. Danach *verwalten die Kommunen und die Gemeindeverbände ihre Angelegenheiten im Rahmen der Gesetze in eigener Verantwortung*. Der Begriff „*selbständig*" stellt lediglich einen Teilaspekt der „*eigenverantwortlichen Verwaltung*" dar. Dies hat das Bundesverfassungsgericht auch für den grundgesetzlichen Begriff der eigenverantwortlichen Regelung in Art. 28 Abs. 2 GG festgestellt: Eigenverantwortlichkeit ist ohne eine gewisse Selbständigkeit auch bei der Organisation der Aufgabenwahrnehmung kaum vorstellbar" (BVerfGE 91, 228, 238).

Auch aus der Entstehungsgeschichte der Verfassung des Landes Sachsen-Anhalt ergibt sich kein Anhaltspunkt dafür, daß durch den Begriff der Selbständigkeit in Art. 87 Abs. 2 der Garantiebereich der kommunalen

Selbstverwaltung ausgeweitet werden sollte. So begründete ein Vertreter der Staatskanzlei die Neufassung des Art. 86 (später Art. 87), die zur Aufnahme des Begriffs der Selbständigkeit in Abs. 2 geführt hatte wie folgt: „Die Selbstverwaltungsgarantie finde sich in Art. 86 Abs. 1 des Entwurfs, der ja unverändert bleiben solle, und die Allzuständigkeit der Gemeinden im Bereich der Angelegenheiten der örtlichen Gemeinschaft sei auch in Absatz 2 (neu) des Art. 86 geregelt. Das Wort „selbständig" sei hier im Hinblick auf den Passus „unter eigener Verantwortung" in Absatz 1 des Artikels 86 entbehrlich; insoweit sei keine inhaltliche Änderung vorgenommen worden (Materialsammlung: „Verfassung des Landes Sachsen-Anhalt vom 16. Juli 1992" Band II, S. 1151). Dementsprechend führte auch ein Mitarbeiter der SPD-Fraktion zum inhaltlichen Gehalt der Änderung des Abs. 2 Art. 86 im Entwurf der LVerf-LSA aus: „Der Absatz 2 (alt) des Artikels 86 habe sich nicht auf das beschränkt, was in Absatz 1 erfaßt sei, nämlich auf die Aufgaben der örtlichen Gemeinschaft, sondern habe eine Regelzuständigkeit der Kommunen konstituiert, und zwar unabhängig davon, ob es um den klassischen Bereich der Aufgaben der örtlichen Gemeinschaft im Sinne des Art. 28 Abs. 2 des Grundgesetzes gehe. In dem Absatz 2 (neu) des Artikels 86 dagegen finde sich eine Beschränkung auf das, was vom Grundgesetz her Angelegenheiten der örtlichen Gemeinschaft seien, und das sei ein völlig anderes Konzept. Das deutliche Prä für die kommunale Ebene, das die Regelungen des Entwurfs bislang gehabt hätten, werde hier umgekehrt." Auch hier war von einer inhaltlich eigenständigen Bedeutung des Begriffs „selbständig" keine Rede.

Darüber hinaus muß berücksichtigt werden, daß die Verfassung des Landes Sachsen-Anhalt nicht nur die Selbstverwaltungsgarantie der Kommunen mit Verfassungsrang ausgestattet, sondern in Art. 34 LVerf-LSA als Staatsziel das Land und ausdrücklich auch unmittelbar und direkt die Kommunen verpflichtet hat, die tatsächliche Gleichstellung von Frauen und Männern in allen Bereichen der Gesellschaft durch geeignete Maßnahmen zu fördern. Bei der Beurteilung des Änderungsgesetzes zum Frauenfördergesetz ist deshalb zu beachten, daß die den Kommunen unmittelbar durch Art. 34 LVerf-LSA zugewiesene und damit originär kommunale Aufgabe ebenso Verfassungsrang genießt, wie die Garantie der kommunalen Selbstverwaltung in Art. 87 LVerf-LSA.

Auch der NdsStGH mißt bei einer vergleichbaren Regelung in Art. 3 Abs. 2 Satz 3 NdsVerf der Aufgabe, die eine kommunale Gleichstellungsbeauftragte zu erfüllen hat, Verfassungsrang zu und hält in Konfliktfällen einen schonenden Ausgleich für erforderlich, um beide Verfassungsnormen jeweils optimal zur Wirksamkeit zu bringen (NdsStGH, Urt. v. 15. 12. 1995 – StGH 1/94 u. a. –, DÖV 1996, 657, 658).

2.4.2 Unter Berücksichtigung dieser allgemeinen Erwägungen muß festgestellt werden, daß die den Gemeinden verbleibenden organisatorischen Befugnisse für eine selbstgestaltete Aufgabenwahrnehmung im Bereich der Gleichstellung von Mann und Frau der Eigenverantwortlichkeit der Gemeinden in vertretbarer Weise Rechnung tragen. Den Gemeinden bleibt für eine eigene Politik und ihre Aufgaben im Zusammenhang mit dem Gleichberechtigungsgebot ein hinreichender organisatorischer Spielraum. Durch sie erhält zwar die Förderung der Gleichstellung von Mann und Frau in der Organisation der Gemeinden einen starken Akzent. Dies hindert die Kommunen jedoch nicht, für den Bereich der Gleichstellung effektiv eigene organisatorische Maßnahmen zu treffen und auf die Besonderheiten der örtlichen Verhältnisse zu reagieren. Die Gleichstellungsbeauftragte steht der Bildung weiterer Gremien, die in Zusammenarbeit mit ihr die Aufgabe der Gleichstellung in einzelnen Sachgebieten oder auf der Ebene der Gemeindevertretung übernehmen, nicht im Wege. Schon gar nicht verbietet die Einrichtung der Gleichstellungsbeauftragten der Gemeindevertretung, sich mit Gleichstellungsfragen zu befassen. Auch die Gleichstellungsbeauftragten in die Arbeit der verschiedenen, zur Entscheidung berufenen Stellen der Gemeindeverwaltung näher einzubinden, bleibt Sache der Gemeinden. Schließlich und vor allem aber verbleibt den Gemeinden unverändert die Organisation der Stellen, die zu verbindlichen Sachentscheidungen in Gleichstellungsfragen berufen sind. Den Gleichstellungsbeauftragten sind in Sachsen-Anhalt von Gesetzes wegen keinerlei Entscheidungsbefugnisse beigelegt, die für andere Verwaltungsstellen oder für Bürger verbindlich wären. Zwar sind sie an Entscheidungsprozessen zu beteiligen und zu hören und können auch eigenverantwortlich Öffentlichkeitsarbeit und Beratungstätigkeit durchführen. Zu bindenden Entscheidungen sind sie durch §§ 18 a, 15 Abs. 2 FFG-LSA jedoch gerade nicht befugt. Diese werden von den bisher zuständigen Stellen getroffen, über deren Organisation die Gemeinden nach wie vor im Rahmen der diesbezüglich unverändert fortgeltenden und von ihnen auch nicht in Frage gestellten Vorschriften entscheiden können.

Schließlich bleibt es den Kommunen unbenommen, den Katalog des § 15 Abs. 2 FFG-LSA durch weitere Aufgaben zu ergänzen. § 18 a Frauenfördergesetz legt ausdrücklich fest, daß die nach § 74 GO-LSA und § 64 LKO-LSA zu bestellenden Gleichstellungsbeauftragten die Aufgaben und Rechte nach § 15 Abs. 2 neben den ihnen in den Kommunen übertragenen Aufgaben wahrnehmen.

Angesichts fehlender Entscheidungskompetenz der Gleichstellungsbeauftragten in Sachsen-Anhalt kann es daher zu keiner verfassungswidrigen Einschränkung der kommunalen Organisationshoheit für die sachliche Aufgabe der Gleichstellung von Mann und Frau kommen.

2.5 Gleichwohl dürfen die einzelnen Festlegungen nicht gegen das Übermaßverbot verstoßen. Ein solcher Verstoß läßt sich allerdings nicht feststellen.

2.5.1 Sämtliche Aufgaben und Rechte der Gleichstellungsbeauftragten stehen unter der Pflicht der Beteiligten, miteinander vertrauensvoll zusammenzuarbeiten. Dies ergibt sich aus Art. 34 LVerf-LSA, §§ 1, 2 S. 1, 14 Abs. 3, 15 Abs. 3 S. 1 und Abs. 4, 18 Abs. 3 S. 3 FFG-LSA. Das Förderungsgebot des § 1 gilt für die Dienststellen und Einrichtungen des Landes Sachsen-Anhalt, die kommunalen Gebietskörperschaften sowie für deren Beschäftigte (§ 2 FFG-LSA). Die Gleichstellungsbeauftragten sind mit den zur Erfüllung ihrer Aufgaben notwendigen sachlichen und personellen Mitteln auszustatten (§ 14 Abs. 3 FFG-LSA). Den Gleichstellungsbeauftragten sind auf Verlangen die zur Durchführung ihrer Aufgaben erforderlichen Unterlagen zur Verfügung zu stellen (§ 15 Abs. 3 FFG-LSA). Die Gleichstellungsbeauftragten sind verpflichtet, über die ihnen bei ihrer Tätigkeit bekanntgewordenen Angelegenheiten und Tatsachen Stillschweigen zu bewahren (§ 15 Abs. 4 FFG-LSA). Die Dienststelle hat die ehrenamtlichen Gleichstellungsbeauftragten bei der Erfüllung ihrer Aufgaben zu unterstützen. Das bei jeder Art von Beteiligungsrechten geltende Kooperationsgebot (im Arbeitsrecht zwischen Arbeitgeber und Betriebsrat sowie im Personalvertretungsrecht zwischen Dienststelle und Personalrat) gilt somit auch im Verhältnis zwischen den kommunalen Gebietskörperschaften und den Gleichstellungsbeauftragten. Es beinhaltet gegenseitige Ehrlichkeit und Offenheit; Vorurteile sollten überwunden und die gegenseitigen Beziehungen nicht durch unangebrachtes Mißtrauen belastet werden (Schaub, Arbeitsrechtshandbuch, 8. Aufl. § 215 II, 2).

2.5.2.1 Im Lichte dieses Kooperationsgebots und unter Beachtung der wechselseitigen Wirkung der selbstverwaltungsgeschützten Organisationshoheit und dem Gleichstellungsgebot des Art. 34 LVerf-LSA ist § 15 Abs. 2 FFG-LSA verfassungs- und gesetzeskonform auszulegen. Nach §§ 18 a, 15 Abs. 2 Buchst. c FFG-LSA obliegt den Gleichstellungsbeauftragten der Kommunen die Aufgabe und das Recht zur Initiierung von Frauenfördermaßnahmen, der Zusammenarbeit mit anderen Organisationen, der Beratungsarbeit und der Öffentlichkeitsarbeit.

Die Regelung ermöglicht und verpflichtet aber gleichzeitig einschränkend die Gleichstellungsbeauftragten Aufklärung und sonstige Öffentlichkeitsarbeit zur Gleichstellungsproblematik zu betreiben, wie zum Beispiel über gesetzliche Gleichstellungsbestimmungen aufzuklären und über frauenspezifische Angebote und Leistungen der Kommunen zu informieren. Ein

Eingriff in das allgemeine Informationsrecht der Behördenspitze kann wegen der engen thematischen Bindung damit nicht verbunden sein.

Im Rahmen des gesetzgeberischen Gestaltungsspielraums hält sich auch die den Gleichstellungsbeauftragten aufgegebene Zusammenarbeit mit anderen Organisationen. Dabei handelt es sich um ein auch der Personalvertretung eingeräumtes Recht der Informationsbeschaffung und der Möglichkeit der Stärkung eigener Positionen.

2.5.2.2 § 15 Abs. 2 Buchst. c FFG-LSA ermöglicht der Gleichstellungsbeauftragten Beratungsarbeit und die Initiierung von Frauenfördermaßnahmen. Beide Aufgaben ergänzen lediglich die in § 15 Abs. 2 Buchst. b FFG-LSA festgelegte Erarbeitung von Empfehlungen und Initiativen zur Verbesserung der Situation von Frauen und stellen sich damit als von den Gleichstellungsbeauftragten zu leistende Grundlagenarbeit zur Verwirklichung des verfassungsrechtlich vorgegebenen Gleichstellungsauftrags dar. Die Beratungsarbeit stellt dabei in erster Linie auf Hilfestellungen im konkreten Einzelfall ab.

2.5.2.3 Auch das von den Beschwerdeführern zum Schwerpunkt ihrer Bedenken gemachte direkte Zugangs-und Vortragsrecht des § 15 Abs. 2 Buchst. d FFG-LSA gibt bei verfassungskonformer Auslegung zu Bedenken keinen Anlaß. Dieser Regelung bezieht sich allein darauf, daß der übliche Dienstweg nicht eingehalten werden muß. Die Gleichstellungsbeauftragte hat vielmehr das Recht, sich direkt an die Behördenleitung zu wenden, soweit Klärungsbedarf in Gleichstellungsfragen besteht. Die Gleichstellungsbeauftragte kann dabei nicht verlangen, daß sich der Behördenleiter zeitlich sofort und unmittelbar ihrem Anliegen widmet, sondern nur im Rahmen ordnungsgemäßer Verwaltung. Das Vortrags- und Zugangsrecht besteht dabei nur im Einvernehmen mit dem Behördenleiter nach schriftlichem Zugang oder nach entsprechender mündlicher Terminabsprache.

Bei diesen Verfahren ist gewährleistet, daß die gleichstellungsrelevanten Belange ohne Filterung durch untergeordnete Instanzen an die Verwaltungsspitze herangetragen werden können. Damit wird vermieden, daß diese Belange beim Durchlaufen der Verwaltungshierarchie verzögert, verfälscht oder gar unterdrückt werden.

2.5.2.4 Nach § 15 Abs. 2 Buchst. e FFG-LSA sind die Gleichstellungsbeauftragten bei Vorlagen bereits in der Planungsphase zu beteiligen. Die frühzeitige Beteiligung stellt gerade auch im Sinne einer effektiven Verwaltungsarbeit sicher, daß nicht Maßnahmen, die sich schon sehr weitreichend konkretisiert haben, nochmals von vorn überdacht werden müssen, weil sich herausstellt, daß Gleichstellungsgesichtspunkte nicht hinreichend berücksichtigt worden sind.

2.5.2.5 § 15 Abs. 2 Buchst. e FFG-LSA räumt den Gleichstellungsbeauftragten auch ein Mitzeichnungsrecht ein. Eine verfassungskonforme Auslegung dieses Rechts gebietet, daß die Mitzeichnung der Gleichstellungsbeauftragten nicht generell bei allen kommunalen Vorhaben, sondern nur bei gleichstellungsrelevanten Themen zu erfolgen habe. Von seinem Umfang her räumt das Mitzeichnungsrecht den Gleichstellungsbeauftragten keine Entscheidungsbefugnis ein, sondern dient allein einer besseren Einbindung der gleichstellungsrelevanten Gesichtspunkte in den verwaltungsinternen Entscheidungsprozeß.

Die Verwaltungsverfahrenslehre unterscheidet zwischen einem *bestimmenden* und einem nur *beratenden* Einfluß vom mitwirkungsberechtigten Stellen. Das Gesetz drückt den bestimmenden Einfluß in der Regel dadurch aus, daß es die Entscheidung von der „Zustimmung" der anderen Stelle abhängig macht oder ausspricht, daß die Entscheidung „im Einvernehmen" mit der anderen Stelle zu ergehen hat. Den beratenden Einfluß drückt das Gesetz in der Regel dadurch aus, daß es die „Anhörung" einer anderen Stelle vorschreibt oder verlangt, daß die Entscheidung „im Benehmen" mit der anderen Stelle zu treffen sei. Bei dieser Art der Mitwirkung ist die mitwirkungsberechtigte Stelle gutachtlich, zur Interessenwahrung oder wegen Berührung ihrer Zuständigkeit zu hören, ohne daß die Stellungnahme bindend wäre. In der Entscheidung kann demnach von der Äußerung der anderen Stelle aus sachlichen Gründen abgewichen werden (Vgl. Badura in Erichsen / Martens u. a., Allgemeines Verwaltungsrecht, 9. Aufl. § 40 III Rn. 29, 30). Zu der Gruppe des beratenden Einflusses mitwirkungsberechtigter Stellen gehört das Mitzeichnungsrecht. Es bewirkt daher bei gleichstellungsrelevanten Fragen, daß die von der Gleichstellungsbeauftragten eingebrachten Gesichtspunkte nicht einfach übergangen werden können. Hält sie Ergänzungen oder sachliche Änderungen für erforderlich, so setzt dies einen weiteren Abstimmungsprozeß in Gang. Kommt es dabei zu keiner Einigung, verbleibt die Entscheidungskompetenz bei der zuständigen Behördenspitze. Das Mitzeichnungsrecht dient somit einer besseren Einbindung gleichstellungsrelevanter Gesichtspunkte in den verwaltungsinternen Entscheidungsprozeß und macht somit die Gleichstellungsbeauftragte nicht vom Wohlwollen anderer Verwaltungsstellen abhängig. Es stellt verfahrensmäßig die vom Gesetz gewollte Beteiligung der Gleichstellungsbeauftragten sicher.

2.6 Schließlich trägt auch die Auffassung der Beschwerdeführerinnen nicht, daß die Regelungen der §§ 64 LKO-LSA und 74 GO-LSA, §§ 18 a, 15 Abs. 2 FFG-LSA gegen Art. 87 Abs. 3 LVerf-LSA verstoßen, weil es an einer Kostenregelung fehle.
Nach Art. 87 Abs. 3 LVerf-LSA können Kommunen durch Gesetz Pflichtaufgaben zur Erfüllung in eigener Verantwortung zugewiesen und staatliche

Aufgaben zur Erfüllung nach Weisung übertragen werden. Dabei ist gleichzeitig die Deckung der Kosten zu regeln.

§ 18 a FFG-LSA verletzt Art. 87 Abs. 3 LVerf-LSA indes nicht, weil es sich insoweit nur um eine Kompetenzregelung handelt. Weder die Einrichtung von Gleichstellungsbeauftragten noch ihr Status sind hingegen verfahrensgegenständlich. Allein diese Regelungen könnten aber die Frage der Kostendeckung aufwerfen.

Im übrigen ist Art. 87 Abs. 3 LVerf-LSA schon deshalb nicht einschlägig, weil die Bestellung von Gleichstellungsbeauftragten und die Zuweisung der einzelnen Aufgaben lediglich einen Teilaspekt des in Art. 34 LVerf-LSA verankerten und auch die Gebietskörperschaften unmittelbar verpflichtenden Gebotes der Gleichstellung von Mann und Frau darstellt. Dieses Gebot ist aber in der Verfassung selbst geregelt und daher nicht formelles Gesetz im Sinne des Art. 87 Abs. 3 LVerf-LSA.

3. Die Verfassungsbeschwerden konnten nach alledem keinen Erfolg haben und waren daher mit der Kostenfolge aus § 32 LVerfG-LSA zurückzuweisen.

Nr. 6

Zum Geltungsbereich des Rechtsbereinigungsgesetzes des Landes Sachsen-Anhalt vom 26. Juni 1996.

Grundgesetz, Art. 19 Abs. 4

Verfassung des Landes Sachsen-Anhalt, Art. 2, 21, 75

Landesverfassungsgerichtsgesetz, §§ 2, 21

Rechtsbereinigungsgesetz § 1,

Beschluß vom 12. Dezember 1997 – LVG 7/97 –

in dem Verfassungsbeschwerdeverfahren einer Gemeinde gegen das Rechtsbereinigungsgesetz zu §§ 1 Abs. 1, 2; 3; 7 Abs. 1; 9 Abs. 1, 3 der Verordnung zur Sicherung und Nutzung von Sporteinrichtungen im öffentlichen Eigentum vom 13. 6. 1990.

Entscheidungsformel:

Die Verfassungsbeschwerde wird verworfen.

Die Entscheidung ergeht gerichtskostenfrei.
Außergerichtliche Kosten werden nicht erstattet.

Gründe:

1. Die Beschwerdeführerin hat am 27. 6. 1997 (kommunale) Verfassungsbeschwerde gegen (die) Regelungen (der §§ 1 Abs. 1, 2; 2; 3; 7 Abs. 1; 9 Abs. 1, 3) der „Verordnung zur Sicherung und Nutzung von Sporteinrichtungen im öffentlichen Eigentum" – DDR-SportEinrVO – vom 13. 6. 1990 (DDR-GBl. Teil I Nr. 37 Nr. 474) erhoben, die auf der Grundlage des Gesetzes zur Bereinigung des zu Landesrecht gewordenen Rechts der ehemaligen Deutschen Demokratischen Republik – RBerG-LSA – vom 26. 6. 1996 (LSA-GVBl. 210) in Anlage 33 der „Bekanntmachung der Neufassung des zu Landesrecht gewordenen Rechts der ehemaligen Deutschen Demokratischen Republik" vom 1. 1. 1997 (LSA-GVBl. 2 [9, 119] – BekDDRLdR – positiv aufgeführt sind.

Sie sieht sich durch das Rechtsbereinigungsgesetz und die Bekanntmachung in ihrem Recht auf kommunale Selbstverwaltung (Art. 2 Abs. 3; 87 der Verfassung des Landes Sachsen-Anhalt – LVerf-LSA – vom 16. 7. 1992 [LSA-GVBl 600]) verletzt.

Das Landesverfassungsgericht hat die Beschwerdeführerin durch Schreiben vom 4. 11. 1997, auf das verwiesen wird, darauf hingewiesen, eine Verletzung durch ein Gesetz könne nicht eingetreten sein, weil das Rechtsbereinigungsgesetz frühere Rechtsvorschriften nicht neu in Kraft gesetzt habe, sondern nur – negativ – regele, daß früheres Recht außer Kraft trete, wenn es nicht in die Anlage aufgenommen worden sei.

Mit Schreiben vom 28. 11. 1997 hat die Beschwerdeführerin ihre Auffassung wiederholt und geltend gemacht, das Landesverfassungsgericht müsse wegen Art. 19 Abs. 4 GG schon deshalb entscheiden, weil sie anderenfalls keine Möglichkeit habe, die Verordnung auf ihre Verfassungsmäßigkeit prüfen zu lassen.

2. Der Beschluß beruht auf § 21 Abs. 1 des Gesetzes über das Landesverfassungsgericht – LVerfGG-LSA – vom 23. 8. 1993 (LSA-GVBl 441), geändert durch Gesetze vom 14. 6. 1994 (LSA-GVBl 700) und vom 22. 10. 1996 (LSA-GVBl 332); danach kann ein unzulässiger Antrag, also auch eine nicht zulässige (kommunale) Verfassungsbeschwerde, verworfen werden. Das Landesverfassungsgericht ist einstimmig dieser Auffassung.

Das Gericht sieht gemäß § 21 Abs. 2 Satz 1 LVerfGG-LSA von einer ausführlichen Begründung ab, weil die Beschwerdeführerin auf die Bedenken gegen die Zulässigkeit hingewiesen worden war. Festzuhalten bleibt:

Die Beschwerdeführerin kann nicht durch das Rechtsbereinigungsgesetz – wie es Art. 75 Nr. 7 LVerf-LSA und § 2 Nr. 8 LVerfGG-LSA voraussetzen – „unmittelbar" in ihrem Selbstverwaltungsrecht aus Art. 2 Abs. 3 und Art. 87 LVerf-LSA betroffen sein, sondern allenfalls durch die nicht außer Kraft gesetzte DDR-Verordnung von 1990 selbst.

Das folgt aus § 1 RBerG-LSA. Regelungsgehalt dieser Vorschrift ist nicht, früheres Recht neu als Landesrecht von Sachsen-Anhalt in Kraft zu setzen, sondern nur, für überholt gehaltenes Recht nicht mehr für anwendbar zu erklären. § 1 Abs. 2 RBerG-LSA enthält deshalb deutlich die Einschränkung, durch die Aufnahme in die „Positivliste" werde ungültiges Recht nicht gültig, Bundesrecht nicht Landesrecht, eine Verwaltungsvorschrift nicht zur Rechtsvorschrift.

Ob die Verordnung von 1990 mit dem Selbstverwaltungsrecht der Beschwerdeführerin vereinbar ist, prüft das Landesverfassungsgericht schon deshalb nicht, weil es nach Art. 75 Nr. 7 LVerf-LSA und nach § 2 Nr. 8 LVerfGG-LSA nur Gesetze im formellen Sinn als nicht verfassungsgemäß beanstanden darf (LVfG, Urt. v. 22. 2. 1996 – LVG 2/95, 3/95 –). Darüber hinaus handelt es sich bei der DDR-Verordnung um sog. „vorkonstitutionelles Recht".

Entgegen der Auffassung der Beschwerdeführerin kann diese auch mit der Erwägung, anderenfalls entgegen Art. 19 Abs. 4 GG (richtig wohl: Art. 21 Abs. 1 Satz 1 LVerf LSA) keine Gültigkeitsprüfung erreichen zu können, keine Entscheidung des Landesverfassungsgerichts verlangen. Abgesehen davon, daß die Ersatzzuständigkeit des Art. 21 Abs. 1 Satz 2 LVerf LSA nicht auf das Verfassungsgericht des Landes, sondern auf die Gerichte der ordentlichen Gerichtsbarkeit verweisen würde, gehen die (Ober-) *Verwaltungs*gerichte davon aus, daß sie durch § 47 Abs. 1 Nr. 2 VwGO ermächtigt sind, auch DDR-Verordnungen zu überprüfen, wenn das jeweilige Landesrecht dies in Ausführung der Ermächtigung des § 47 Abs. 1 Nr. 2 VwGO gestattet (vgl. etwa. OVG MV, Urt. v. 20. 4. 1994 – 4 K 25/93 –, LKV 1995, 156 ff; BVerwG, Beschl. v. 24. 5. 1995 – BVerwG 4 NB 37.94 –, Buchholz 406.401 [BNatG] § 15 Nr. 8 = LKV 1995, 370: beide zum Biosphärenreservat Rügen).

Auf der Grundlage des entsprechenden sachsen-anhaltischen Landesrechts (§ 10 des Gesetzes zur Ausführung der Verwaltungsgerichtsordnung – VwGO-AG-LSA – [= Art. 1 des Gesetzes vom 28. 1. 1992 [LSA-GVBl 36], geändert durch Gesetze vom 23. 8. 1993 [LSA-GVBl 441, 448] und vom 27. 4. 1994 [LSA-GVBl 549]]: Prüfungsgegenstand ist seit der Rechtsänderung von 1993 jede „im Rang unter dem Landesgesetz stehende Rechtsvorschrift“), bejaht auch das Oberverwaltungsgericht des Landes seine Prüfungskompetenz für DDR-Verordnungsrecht (vgl. etwa: OVG LSA, Urt. v. 22. 5. 1996 – 2 K 8/95 –: DDR-Landschaftsschutz-Verordnung „Harz“).

3. Die Kostenentscheidung beruht auf § 32 Abs. 1, 3 LVerfGG-LSA. Da der Antrag keinen Erfolg hat, muß das Land Sachsen-Anhalt die notwendigen Auslagen der Antragstellerin nicht erstatten.

Nr. 7

1. Die auf der Grundlage der Kommunalverfassung der DDR bis zum Inkrafttreten des Gesetzes über die kommunale Gemeinschaftsarbeit in Sachsen-Anhalt gegründeten (Wasser- und Abwasser-) Zweckverbände konnten nicht Körperschaften des öffentlichen Rechts werden.

2. Das Reichszweckverbandsgesetz (vom 7. 6. 1939) war durch den Einigungsvertrag nicht in Landesrecht übergeleitet worden.

3. Diese Rückwirkung ist nur dann ausgeschlossen, wenn sie im Einzelfall Verfassungsrechte, insbesondere den aus dem Rechtsstaatprinzip folgenden Vertrauensgrundsatz, verletzt.

4. Das Zweite Änderungsgesetz zum Gesetz über die kommunale Gemeinschaftsarbeit hat kein schutzwürdiges Vertrauen der betroffenen Kommunen in den Fortbestand der bei der Gründung der Zweckverbände entstandenen Rechtslage zerstört.

Verfassung des Landes Sachsen-Anhalt, Art. 2 Abs. 1, 3; 22 Abs. 1; 35 Abs. 1; 75, 87 Abs. 1;

Landesverfassungsgerichtsgesetz, §§ 3, 51

Kommunalverfassung der DDR, § 61

Gesetz über kommunale Gemeinschaftsarbeit a. F., §§ 18, 19a, 20, 29

Gesetz über kommunale Gemeinschaftsarbeit n.F., §§ 7, 8a, 9

Wassergesetz § 151 Abs. 1; 157 Abs. 5

Unteil vom 12. Dezember 1997 – LVG 12/97 –

in dem Verfassungsbeschwerdeverfahren zweier Gemeinden wegen des Zweiten Gesetzes zur Änderung des Gesetzes über die Kommunale Gemeinschaftsarbeit des Landes Sachsen-Anhalt vom 6. 10. 1997.

Entscheidungsformel:

Die Verfassungsbeschwerden der Beschwerdeführerinnen werden zurückgewiesen.

Die Entscheidung ergeht gerichtskostenfrei.

Tatbestand:

Mit den Verfassungsbeschwerden machen die Beschwerdeführerinnen die Verfassungswidrigkeit des Gesetzes zur Änderung des Zweiten Gesetzes über Kommunale Gemeinschaftsarbeit des Landes Sachsen-Anhalt vom 06. Oktober 1997 (GVBl. LSA S. 878) geltend. Sie meinen, daß sie durch dieses gegen ihren Willen Mitglied des Abwasserverbandes „Allerquelle" geworden und infolgedessen ihr Recht auf kommunale Selbstverwaltung aus Art. 2 Abs. 3, 87 LVerf-LSA verletzt sei.

Bereits unmittelbar nach November 1989 bestand in der DDR wegen der stark belasteten Gewässer und unzureichender Abwasserentsorgung gerade im ländlichen Raum ein erheblicher Nachholbedarf im Bau von Abwasserkläranlagen. Die Notwendigkeit, kurzfristig die Voraussetzungen für Ansiedlungsmöglichkeiten für Gewerbe und Industrie zu schaffen, erzeugte einen erheblichen Handlungsdruck für die Kommunen. Deshalb wurden seitens der Bundesregierung und zunächst noch der DDR-Regierung, später der Regierungsbeauftragten und schließlich der neu gebildeten Länder erhebliche finanzielle Mittel für diese wichtigen infrastrukturellen Vorhaben zur Verfügung gestellt.

Abwasserbeseitigungspläne des Landes, Flächennutzungspläne, Bebauungspläne und Generalentwässerungspläne gab es nicht. Die staatlichen Ämter für Umweltschutz mußten Ende 1990 / Anfang 1991 neu aufgebaut werden. In dieser Umbruchszeit handelten in Gesellschaften mit beschränkter Haftung umgewandelte Wasser- und Abwasserbetriebe der früheren Bezirke der DDR, deren Anteile zunächst noch von der Treuhandanstalt gehalten wurden, und die neu ins Amt gekommenen Bürgermeister und Landräte. Auf Grund des bestehenden Erwartungsdrucks der Bevölkerung wurden sie gedrängt, rasch die notwendigen Abwassermaßnahmen einzuleiten. Planerische Grundlagen dafür, die schnellstmöglich geschaffen wurden, konnten –

was von der Sache her erforderlich gewesen wäre – oft nicht mit der notwendigen Sorgfalt erarbeitet und geprüft werden.

Die freiberuflichen Planer gingen vielfach von den vorgefundenen hohen DDR-Verbrauchszahlen aus (z. B. 200 l Wasser pro Einwohner und Tag gegenüber 140 l pro Einwohner und Tag in der alten Bundesrepublik und Verbrauch der – damals noch – bestehenden Industriebetriebe) und legten bei der apparativen Ausrüstung und den technischen Standards anspruchsvolle westdeutsche Regelwerke zugrunde, die im Zuge des Beitrittes der Deutschen Demokratischen Republik zur Bundesrepublik Deutschland übernommen wurden.

Die Förderpolitik des Landes Sachsen-Anhalt strebte auf dem Abwassersektor zunächst an, möglichst zentrale Anlagen zu fördern, die eine unbestritten hervorragende Reinigungsleistung bei nachweislich geringen Betriebskosten erbringen, die jedoch von Anfang an hohe Investitionen erfordern und sinnvoll in großen Verbänden organisiert werden.

Durchkalkulierte, d. h. auf exakten Refinanzierungskonzepten fußende Anlagegenehmigungen gab es zu diesem Zeitpunkt nicht. Es konnte sie auch nicht geben. Solche Verfahren hätten zunächst eine Ermittlung der Bebaubarkeit (des Vorhandenseins von Bebauungsplänen), eine Feststellung der Eigentumsverhältnisse, betriebswirtschaftliche Ermittlungen, für die vielfach geeignetes Personal fehlte, und andere Voraussetzungen erfordert. Neben diesen praktischen Schwierigkeiten fehlte es auch an gesetzlichen Grundlagen wie einem Landeswassergesetz und einem Kommunalabgabengesetz.

Vor diesem Hintergrund wurde vor Ort bei den Landkreisen und zum Teil den Gemeinden auf – wie sich später herausstellte – überdimensionierte zentrale, nicht auf ihre wirtschaftliche Vertretbarkeit hin genügend überprüfte Konzepte zurückgegriffen und vielfach ohne hinreichende Prüfung und Genehmigung mit dem Bau begonnen; bei Straßenbauvorhaben wurden z. T. Kanäle verlegt, obwohl nicht absehbar war, wann die zugehörigen Anlagen in Betrieb gehen würden. Die kommunalen Aufsichtsbehörden, die sich langsam konstituierten, waren lange Zeit nicht in der Lage, die Vorhaben sachgerecht zu prüfen. Eine rasche Entwicklung der Infrastruktur war Grundlage jeder weiteren wirtschaftlichen Entwicklung.

Begonnene Vorhaben und Planungen wurden in einem ständigen Prozeß – mit unterschiedlichem Erfolg – jeweils den sich wandelnden Rahmenbedingungen (Ausbleiben von erhofften Investitionen, Zusammenbrechen von Betrieben) angepaßt.

Schon vor dem Beitritt zur Bundesrepublik Deutschland am 03. Oktober 1990 schuf die DDR die Voraussetzung dafür, daß die kommunalen Gebietskörperschaften sich zu Zweckverbänden zusammenschließen und die Aufgaben der Abwasserentsorgung gemeinsam erfüllen konnten. In Abkehr vom „demokratischen Zentralismus" führte das Gesetz über die Selbstverwaltung der Gemeinden und Landkreise in der DDR – Kommunalverfassung – vom 17. Mai 1990 (DDR-GBl Teil I Nr. 28 S. 255) – im folgenden KommVfG – die kommunale Selbstverwaltung wieder ein. § 61 KommVfG sah die Möglichkeit der Bildung von kommunalen Zweckverbänden vor und bestimmte:

„§ 61
Zweckverbände

(1) Gemeinden können zur Erfüllung kommunaler Aufgaben Zweckverbände bilden. ...

(2) Die beteiligten Gemeindeverbände beschließen über das Statut, die mittels des Zweckverbandes zu lösenden Aufgaben und die dafür zur Verfügung zu stellenden Mittel.

(3) ..."

Nähere Regelungen enthielt das KommVfG nicht, insbesondere keine zur Frage der Rechtsfähigkeit sowie des Überganges von Rechten und Pflichten von den verbandsangehörigen Gemeinden auf den Zweckverband.

1991 wurde der aus den Gemeinden Drackenstedt, Druxberge, Eggenstedt mit jeweils weniger als 500 Einwohnern, den Gemeinden Ovelgünne und Wormsdorf/Geringsdorf mit jeweils unter 600 Einwohnern, der Gemeinde Ummendorf mit weniger als 1.100 Einwohnern und der Gemeinde Eilsleben mit knapp über 2.200 Einwohnern der Abwasserzweckverband „Allerquelle" gebildet.

Die Gemeindevertretung der Gemeinde Druxberge hat mit Beschluß Nr. 7/91 vom 18. März 1991 den Beitritt zum Abwasserzweckverband „Allerquelle" beschlossen und die Verbandssatzung „bestätigt".

Der Landrat des Bördekreises Wanzleben genehmigte am 23. Oktober 1991 die eingereichte Verbandssatzung. Die Gründungsversammlung des Abwasserzweckverbandes „Allerquelle" fand am 12. November 1991 statt, in der die Bürgermeister der an der Gründung beteiligten Gemeinden die Verbandssatzung unterzeichneten. Die Satzung sowie die Gründungsurkunde wurden im Amtsblatt des Bördekreises Wanzleben Nr. 2/92 öffentlich bekanntgemacht.

Durch das Gesetz über kommunale Gemeinschaftsarbeit vom 09. Oktober 1992 (GVBl. LSA S. 730) – GKG-LSA – wurde die Bildung kommunaler Zweckverbände in den §§ 17–29 auf eine neue Grundlage gestellt.

– Nach § 18 GKG-LSA ist der Zweckverband eine Körperschaft des öffentlichen Rechts und damit eine juristische Person. Nach § 20 GKG-LSA geht mit der Bildung des Zweckverbandes das Recht und die Pflicht der beteiligten kommunalen Gebietskörperschaften, die übertragenen Aufgaben zu erfüllen und die dazu notwendigen Befugnisse – wie das Recht Abgaben zu erheben – auf den Zweckverband über.

– § 19 GKG-LSA enthält nähere Anforderungen an die Verbandssatzung. Sie bedarf der Genehmigung der Rechtsaufsichtsbehörde (§ 19 Abs. 4 GKG).

– § 29 GKG-LSA sah vor, daß „bestehende" Zweckverbände ihre Statuten an das GKG bis zum 30. Juni 1994 anpassen konnten.

Ausweislich des Protokolls der Verbandsversammlung vom 02. Oktober 1995 hatte die Gemeinde Drackenstedt „soeben" schriftlich ihre Kündigung und die Gemeinde Druxberge per Fax ihre außerordentliche Kündigung der Mitgliedschaft erklärt. Beide Gemeinden nahmen an der Verbandsversammlung nicht teil. Ungeachtet dessen beschloß der Abwasserzweckverband, seine Satzung zu ändern. Der Landrat des Bördekreises hat auf der Grundlage der §§ 19 Abs. 4 und 25 GKG-LSA die „Verbandssatzung des Abwasserzweckverbandes „Allerquelle" in der geänderten Fassung vom 02. 10. 1995" genehmigt. Die Veröffentlichung erfolgte am 22. Februar 1996 nicht im Amtsblatt des Bördelandkreises – dem „Bördespiegel" – sondern in der Zeitung „Generalanzeiger".

Beschlüsse der Gemeinderäte der Gemeinden Druxberge und Drackenstedt zur Änderungssatzung liegen nicht vor.

Am 04. Juli 1996 verabschiedete der Landtag von Sachsen-Anhalt das (erste) Gesetz zur Änderung des Gesetzes über die Kommunale Gemeinschaftsarbeit sowie des Kommunalabgabengesetzes (GVBl. LSA S. 218). Auslöser war, daß die Landesregierung Ende 1995 festgestellt hatte, daß die seit dem 03. Oktober 1990 unternommenen Versuche, die kommunale Aufgabe der Abwasserbeseitigung auf rechtlich selbständige Zweckverbände zu übertragen, in der Praxis weithin gescheitert waren. Schätzungsweise mehr als 80% der Gründungen von Abwasserzweckverbänden wiesen Verfahrens- und Formmängel auf, die zur Unwirksamkeit der Gründung führten. Als Folge konnten die Zweckverbände keine Rechtsfähigkeit nach § 18 GKG-LSA erlangen.

Da sich die (Schein-)Zweckverbände aber am Rechtsverkehr beteiligt hatten, war es das Ziel des Gesetzgebers, diese Gründungsmängel rückwirkend auf den Zeitpunkt der Gründung zurück zu verlegen. Deshalb wurde ihnen über § 19 a GKG-LSA rückwirkend die Rechtsfähigkeit nach § 18 GKG-LSA verliehen, so daß alle Rechtshandlungen der (Schein-) Zweckverbände ebenfalls rückwirkend geheilt wurden.

Artikel 1 Ziffer 2 des Gesetzes zur Änderung des Gesetzes über kommunale Gemeinschaftsarbeit vom 04. Juli 1996 lautet:

„2. Nach § 19 wird folgender § 19 a eingefügt:

„19 a
Rückwirkende Bildung von Zweckverbänden

(1) Wegen Gründungsfehlern nicht gebildete Zweckverbände gelten rückwirkend ab dem Tag nach der öffentlichen Bekanntmachung ihres Status oder ihrer Verbandssatzung als gebildet, sofern nicht ein späterer Zeitpunkt bestimmt ist. ...

(2) Kommunale Gebietskörperschaften, die Statut oder Verbandssatzung nicht durch ihr zuständiges Organ beschlossen haben, sind berechtigt, innerhalb von drei Monaten nach Inkrafttreten dieser Vorschrift gegenüber dem Zweckverband ihren Austritt zu erklären. ...

(3) Das Regierungspräsidium stellt den Austritt fest, wenn die gesetzlichen Voraussetzungen vorliegen und die Abwicklung des Austritts geregelt ist. Die Feststellung kann aus wichtigem Grund verweigert werden. § 140 der Gemeindeordnung für das Land Sachsen-Anhalt findet keine Anwendung. ...

(4) ...“

Am 28. August 1996 beschloß die Verbandsversammlung des Abwasserzweckverbandes eine erste Änderungssatzung zur Verbandssatzung vom 02. Oktober 1995. Der Landkreis Bördelandkreis genehmigte am 16. Septemter 1996 diese Änderung. Sie wurde am 02. Oktober 1996 im Amtsblatt „Bördespiegel“ des Bördelandkreises veröffentlicht. Eine zweite Veröffentlichung erfolgte am 11. Februar 1997 im neu geschaffenen Amtsblatt des Landkreises.

Die Gemeinde Druxberge machte durch Beschluß vom 15. August 1996 fristgerecht von der nach § 19 a Abs. 2 GKG-LSA eröffneten Möglichkeit Gebrauch, aus dem Zweckverband auszutreten. Das Regierungspräsidium Magdeburg hat den Antrag mit Bescheid vom 23. Januar 1997 abgelehnt. Über den erhobenen Widerspruch ist noch nicht entschieden worden.

Die Gemeinde Drackenstedt erklärte nach Beschlußfassung am 10. September 1996 ihren Austritt aus dem Zweckverband. Das Regierungspräsidium lehnte den Antrag mit Bescheid vom 06. Mai 1997 ab. Über den hiergegen erhobenen Widerspruch ist ebenfalls noch nicht entschieden.

Das Landesverfassungsgericht hat durch Urteil vom 03. Juli 1997 – LVG 1/97 – festgestellt, daß § 19 a GKG-LSA Verbandsgründungen nach § 61 des Gesetzes über die Selbstverwaltung der Gemeinden und Landkreise in der Deutschen Demokratischen Republik – Kommunalverfassung – (DDR-GBl. 1990 Teil I Nr. 33 S. 299) – KommVfG nicht erfaßt.

Um die rückwirkende Heilung der Zweckverbandsgründungen auch auf die vor Inkrafttreten des GKG-LSA vom 09. Oktober 1992 nach § 61 KommVfG gebildeten nicht rechtsfähigen Abwasserzweckverbände zu erstrecken, verabschiedete der Landtag des Landes Sachsen-Anhalt am 06. Oktober 1997 das Zweite Gesetz zur Änderung des Gesetzes über die Kommunale Gemeinschaftsarbeit sowie des Kommunalabgabengesetzes (GVBl. LSA S. 878), das am 09. Oktober 1997 in Kraft getreten ist.

Nach Art. 1 Ziffer 1 dieses Gesetzes ist § 18 GKG geändert worden. Er lautet nunmehr – ergänzt um einen Satz 2 – als § 7 GKG-LSA:

„§ 7 Rechtsstellung

Der Zweckverband ist eine Körperschaft des öffentlichen Rechts; er besitzt Dienstherrnfähigkeit. Als Körperschaften öffentlichen Rechts entstanden gelten rückwirkend auch diejenigen Zweckverbände, die vor dem 16. Oktober 1992 gegründet worden sind; dabei aufgetretene Gründungsmängel gelten nach der Maßgabe des § 8 a Abs. 1 als geheilt.“

§ 8a GKG-LSA lautet:

„§ 8 a Rückwirkende Bildung von Zweckverbänden

(1) Wegen Gründungsfehlern nicht gebildete Zweckverbände gelten rückwirkend ab dem Tage nach der öffentlichen Bekanntmachung ihres Statuts oder ihrer Verbandssatzuzng als gebildet, sofern nicht ein späterer Zeitpunkt bestimmt ist. Sind Statut oder Verbandssatzung nicht öffentlich bekannt gemacht, gilt als Zeitpunkt der Bildung des Verbandes der Tag nach der öffentlichen Bekanntmachung der Genehmigungsvefügung, spätestens der Tag nach der öffentlichen Bekanntmachung der ersten Abgabensatzung des Verbandes. Diese Abgabensatzung ist nicht deshalb rechtswidrig, weil Beschlußfassung und öffentliche Bekanntmachung zu einem Zeitpunkt vor Bildung des Verbandes liegen. Die öffentliche Bekanntmachung einer Satzung nach den Sätzen 1 und 2 ist nicht deshalb fehlerhaft, weil sie in einer anderen als der durch Rechtsvorschrift vorgeschriebenen Bekanntmachungsform erfolgt ist.

(2) Kommunale Gebietskörperschaften, die Statut oder Verbandssatzung des Zweckverbandes nicht durch das zuständige Organ beschlossen haben, sind berechtigt, innerhalb von drei Monaten nach Inkrafttreten dieser Vorschrift gegenüber dem Zweckverband ihren Austritt zu erklären. Verfahrens- oder Formfehler im Zusammenhang mit einer Beschlußfassung über Statut oder Verbandssatzung sind hierbei unbeachtlich. § 5 Abs. 4 gilt entsprechend.

(3) Das Regierungspräsidium stellt den Austritt fest, wenn die gesetzlichen Voraussetzungen vorliegen und die Abwicklung des Austritts geregelt ist. Die Feststellung kann aus wichtigem Grund verweigert werden. § 140 der Ge-

meindeordnung für das Land Sachsen-Anhalt findet keine Anwendung. § 14 Abs. 3 sowie § 8 Abs. 5 gelten sinngemäß.

(4) Absatz 1 gilt für Fehler bei der Anpassung von Verbandssatzungen nach dem bis zum 5. August 1997 geltenden § 29 entsprechend, auch wenn die darin genannte Frist versäumt wurde oder die Anpassung von einem nicht zuständigen Gremium der Gemeinde oder des Verbandes beschlossen wurde. Entsprechendes gilt für Änderungen von Verbandssatzungen.

(5) Die Absätze 1, 2 und 4 finden auf Zweckverbände, die nach Inkrafttreten dieser Vorschrift gebildet werden, keine Anwendung."

§ 9 GKG-LSA erhält folgende Fassung:

„§ 9 Rechtsfolgen

(1) Mit der Bildung des Zweckverbandes gehen das Recht und die Pflicht der beteiligten kommunalen Gebietskörperschaften, die übertragenen Aufgaben zu erfüllen und die dazu notwendigen Befugnisse auszuüben, auf den Zweckverband über. Das schließt die Befugnis ein, für die betreffenden Aufgaben Satzungen und Verordnungen zu erlassen. Der Übergang von Rechten und Pflichten gilt auch für diejenigen Zweckverbände als von Anfang an eingetreten, die nach § 7 Satz 2 als Körperschaft des öffentlichen Rechts entstanden gelten.

(2) Die Zweckverbände sind Verwaltungsbehörden im Sinne von § 36 Abs. 1 Nr. 1 des Gesetzes über Ordnungswidrigkeiten bei Zuwiderhandlungen gegen ihre Satzung."

Die Beschwerdeführerinnen sind der Rechtsauffassung, daß die Gründung des Abwasserzweckverbandes unwirksam sei. Indem der durch Art. 1 Nr. 1 des Zweiten Gesetzes zur Änderung des Gesetzes über kommunale Gemeinschaftsarbeit des Landes Sachsen-Anhalt vom 06. Oktober 1997 eingefügte § 7 Satz 2 GKG-LSA rückwirkend den Zweckverband wirksam werden lasse, verstoße der Gesetzgeber gegen Art. 2 Abs. 3, 87 LVerf-LSA, da sie zu *Zwangsmitgliedern* gemacht würden.

Die Beschwerdeführerinnen beantragen, festzustellen,
daß §§ 7 Satz 2, 8 a Abs. 1 Satz 4, Abs. 4 und § 9 Abs. 1 Satz 3 GKG-LSA i. d. F. des Gesetzes zur Änderung des Gesetzes über kommunale Gemeinschaftsarbeit des Landes Sachsen-Anhalt vom 06. Oktober 1997 (GVBl. LSA S. 878) nichtig sind.

Der Landtag von Sachsen-Anhalt hatte Gelegenheit zur Stellungnahme. Er hat sich zum Verfahren nicht geäußert.

Die Landesregierung nimmt dahin Stellung,
daß die Verfassungsbeschwerden zulässig, aber unbegründet seien.

Entscheidungsgründe:

1. Die form- und fristgerecht eingelegten Verfassungsbeschwerden sind zulässig.

1.1. Das Landesverfassungsgericht ist zur Entscheidung über die kommunalen Verfassungsbeschwerden berufen (vgl. dazu im einzelnen und mit weiteren Nachweisen: Landesverfassungsgericht Sachsen-Anhalt (LVerfGE 2, 227, 245 f; 2, 273, 289 f; 2, 323, 334 f).

Soweit eine Verletzung der durch Art. 2 Abs. 3 und 87 der Verfassung des Landes Sachsen-Anhalt – LVerf-LSA – vom 16. 7. 1992 (GVBl LSA, S. 600) garantierten Selbstverwaltungsrechte behauptet wird, handelt es sich um eine kommunale Verfassungsbeschwerde im Sinne des Art. 75 Nr. 7 LVerf-LSA und der §§ 2 Nr. 8, 51 des Gesetzes über das Landesverfassungsgericht – LVerfGG-LSA – vom 23. 8. 1993 (GVBl LSA S. 441), geändert durch Gesetze vom 14. 6. 1994 (GVBl LSA, S. 700) und vom 22. 10. 1996 (GVBl LSA, S. 332); diese Bestimmungen gestatten den Kommunen, gegen Eingriffe durch ein Landesgesetz das Landesverfassungsgericht anzurufen.

Diese landesrechtliche Verfassungsbeschwerde ist nicht durch die bundesrechtliche Rüge ausgeschlossen, Art. 28 Abs. 2 GG sei verletzt (Art. 93 Abs. 1 Nr. 4b GG); denn das Bundesverfassungsgericht kann gegen Landesgesetze subsidiär nur dann angerufen werden, wenn und soweit keine Verfassungsbeschwerde zu einem Landesverfassungsgericht erhoben werden kann (Art. 93 Abs. 1 Nr. 4b GG).

Art. 28 Abs. 2 GG verdrängt auch in der Sache die Garantien aus Art. 2 Abs. 3 und Art. 87 LVerf-LSA nicht über Art. 31 GG, denn das Bundesrecht enthält nur eine Mindestgarantie kommunaler Selbstverwaltung und schließt inhaltsgleiches oder weitergehendes Landesverfassungsrecht nicht aus. Die Selbstverwaltungsgarantien des Grundgesetzes und der Landesverfassung gelten in diesem Rahmen nebeneinander. Die durch die Rechtsordnung des Landes begründeten Selbstverwaltungsrechte werden vom Bund vorausgesetzt, anerkannt und garantiert. Art. 28 Abs. 2 GG enthält damit auch einen Verfassungsauftrag an die Länder, innerhalb ihrer staatlichen Ordnung die kommunale Selbstverwaltungsgarantie zu wahren.

1.2 Die Beschwerdeführerinnen werden durch Artikel 1 Nr. 1 des Zweiten Gesetzes zur Änderung des Gesetzes über kommunale Zusammenarbeit vom 06. Oktober 1997 (GVBl LSA, S. 878) *unmittelbar* im Sinne des Art. 75 Nr. 7 LVerf-LSA und der §§ 2 Nr. 8; 51 Abs. 1 LVerfGG-LSA in ihrem Recht auf kommunale Selbstverwaltung betroffen.

Der Rechtsauffassung der Beschwerdeführerinnen ist insoweit zuzustimmen, daß bis zum Erlaß des Artikel 1 Nr. 1 des Zweiten Gesetzes zur

Änderung des Gesetzes über kommunale Zusammenarbeit vom 06. Oktober 1997 die im Jahre 1991 gewollte Gründung des Abwasserzweckverbandes „Allerquelle" nicht zum Entstehen einer Körperschaft des öffentlichen Rechts führen konnte. Infolgedessen konnte die den Kommunen heute nach § 51 Abs. 1 Satz 2 des Wassergesetzes für das Land Sachsen-Anhalt vom 31. August 1993 (GVBl. S. 477; geändert durch Art. 3 des Gesetzes zum Enteignungsgesetz des Landes Sachsen-Anhalt und zur Änderung des Denkmalschutzgesetzes und des Wassergesetzes vom 13. April 1994, GVBl. S. 508) – WG-LSA – obliegende Pflichtaufgabe der Abwasserentsorgung nicht nach § 20 Abs. 1 GKG-LSA übergehen (vgl. dazu Landesverfassungsgericht Sachsen-Anhalt, Urteil vom 03. Juli 1997 – LVG 8/97 – LKV 1997, 411 mit zustimmender Anmerkung Wellmann LKV 1997, 402).

Die Gründung erfolgte unter der Geltung des Gesetzes über die Selbstverwaltung der Gemeinden und Landkreise in der Deutschen Demokratischen Republik – Kommunalverfassung – (DDR-GBl. 1990, Teil I Nr. 33 S. 299) – KommVfG. Nach § 61 KommVfG war zwar die Bildung von Zweckverbänden möglich. Ihnen wurde aber nicht ausdrücklich durch das Gesetz die Eigenschaft einer juristischen Person in der Form einer Körperschaft des öffentlichen Rechts verliehen.

Körperschaften des öffentlichen Rechts können als Teil mittelbarer Staatsverwaltung – soweit sie nicht durch die Verfassung selbst anerkannt werden, wie Kommunen oder Kirchen (vgl. Art. 87 LVerf-LSA; 32 LVerf-LSA in Verbindung mit Art. 137 Abs. 5 WRV) – nur durch Gesetz oder auf Grund eines Gesetzes die Rechtsfähigkeit verliehen erhalten (vgl. klarstellend jetzt Art. 87 Abs. 5 LVerf-LSA).

1.2.1 § 61 KommVfG enthält anders als § 18 GKG-LSA keine Feststellung darüber, daß der Zweckverband eine eigene Rechtspersönlichkeit ist. Weder der Gesetzeswortlaut gibt dafür etwas her noch enthält er eine Ermächtigung für eine Verwaltungsbehörde, die Rechtsfähigkeit durch Verwaltungsakt zu verleihen. Konsequenterweise findet sich auch keine Regelung darüber, daß Rechte und Pflichten aus der den Gründungsgemeinden obliegenden Aufgabe auf den Zweckverband übergehen,. wie dies § 20 GKG-LSA anordnet.

1.2.2 Die Heilungswirkung des § 19 a GKG-LSA a.F. erfaßte nur Gründungsmängel solcher Zweckverbände, die *nach* Inkrafttreten des Gesetzes über kommunale Zusammenarbeit am 16. Oktober 1992 nach §§ 17 ff GKG-LSA a.F. als rechtsfähige Körperschaften hätten gegründet werden können. Damit werden die nach § 61 KommVfG gebildeten nicht rechtsfähigen Zweckverbände von dieser Vorschrift nicht erfaßt. Hätte der Gesetzgeber auch Fehler bei der „Anpassung" nach § 29 Abs. 1 GKG-LSA a.F.

erfassen wollen, hätte dies im Wortlaut des § 19 a Abs. 1 GKG-LSA a.F. zum Ausdruck kommen müssen.

1.2.3 Das Reichszweckverbandsgesetz vom 7. Juni 1939 (RGBl. I 979) ergänzt die Regelungen des § 61 KommVfG nicht; denn es ist nicht Landesrecht von Sachsen-Anhalt geworden (LVfG-LSA, LKV 1997, 411; Wellmann LKV 1997, 402; a.A. OVG Bautzen, Beschlüsse vom 06. 7. 1995 – 3 S 156/94 –, LKV 1997, 425 und vom 07. 05. 1997 – 2 S 179/95 –, LKV 1997, 418; OLG Brandenburg, Urteil vom 25. 09. 1996 – 3 U 57/95 –, LKV 1997, 426; LG Potsdam, Urteil vom 11. 12. 1996 – 4 O 427/95 –, LKV 1997, 430; Sommerschuh in Arbeitshilfe für die Praxis in den Kommunen der neuen Bundesländer der Bundesvereinigung der kommunalen Spitzenverbände zur Gründung von Zweckverbänden, S. 4). Die Übergangsregelungen des Art. 123 GG betrafen nur die Situation nach 1945 und leiteten das Reichsrecht in das Recht der damaligen Bundesrepublik oder in Recht der damals bestehenden Länder über. Eine entsprechende Übergangsregelung für Reichsrecht, das nicht Recht der DDR geblieben ist, findet sich im Einigungsvertrag nicht. Es kann nicht angenommen werden, daß das Reichsrecht über Zweckverbände noch in der DDR gegolten hat, weil durch Art. 84 der Verfassung der Deutschen Demokatischen Republik vom 06. April 1968 i. d. F. des Gesetzes zur Ergänzung und Änderung der Verfassung der Deutschen Demokratischen Republik vom 07. Oktober 1974, zuletzt geändert durch Gesetz vom 17. Juni 1990 – DDR-Verf – (DDR-GBl S. 299) und § 69 des Gesetzes über die örtlichen Volksvertretungen und ihre Organe in der Deutschen Demokratischen Republik vom 12. 7. 1973 (DDR-GBl Teil I Nr. 32 S. 313) eigenes Recht geschaffen worden war.

Infolgedessen fand 1991 ein Übergang rechtlicher Befugnisse von den Beschwerdeführerinnen auf den Zweckverband „Allerquelle" nicht statt. Der Sache nach handelte es sich bei ihm um eine nicht rechtsfähige Körperschaft, aus der die Beschwerdeführerinnen jederzeit und ohne Angabe von Gründen „austreten" konnten – unbeschadet allerdings der Frage, ob und inwieweit sie für Verbindlichkeiten aus der Tätigkeit des Zweckverbandes „Allerquelle" zivilrechtlich haften.

1.2.4 Mit dem Inkrafttreten des GKG-LSA am 10. Oktober 1992 bestand erstmalig in Sachsen-Anhalt die Möglichkeit, rechtsfähige Zweckverbände zu gründen.

Dies hätte dazu führen können, den Abwasserzweckverband „Allerquelle" neu zu gründen, wenn die Gründungsgemeinden an ihm festhalten wollten. § 29 GKG-LSA a.F. sah dazu bis zum 30. Juni 1994 eine Erleichterung dahingehend vor, daß die bestehenden, nicht rechtsfähigen Zweckverbände die Statuten den Vorschriften des GKG-LSA anpassen und zur Genehmigung vorlegen konnten. Dies setzte allerdings voraus, daß alle Wirksamkeitsvoraussetzungen eingehalten wurden. Danach hätten die Gemeindevertreterversammlungen nach § 29 Abs. 1 GKG-LSA a.F. in Verbindung mit § 44 Abs. 3 Ziffer 17 GemO-LSA dem als Satzung angepaßten Statut zustimmen müssen. Dies ist in den beschwerdeführenden Gemeinden jedoch nicht geschehen.

Damit lag bis zum Inkrafttreten des angefochtenen Gesetzes keine wirksame Gründung einer Körperschaft des öffentlichen Rechts vor.

1.2.5 Durch die nach Artikel 1 Nr. 1 des Zweiten Gesetzes zur Änderung des Gesetzes über kommunale Zusammenarbeit vom 06. Oktober 1997 geänderten § 7 Satz 2, § 8 a Abs. 1 Satz 4, Abs. 4, § 9 Abs. 1 Satz 3 GKG werden die Beschwerdeführerinnen in ihrem Recht auf kommunale Selbstverwaltung *unmittelbar* betroffen, weil mit Inkrafttreten dieses Änderungsgesetzes die Aufgabe der Abwasserentsorgung nach § 9 Abs. 1 GKG-LSA auf den Abwasserzweckverband übergegangen ist. Damit fand eine Kompetenzverlagerung statt (vgl. BVerwG, Beschluß vom 06. 04. 1992 – BVerwG 7 B 47.92 –, NVwZ RR 1992, 428; Gern, Deutsches Kommunalrecht, 2. Aufl. 1997, S. 568 Rn. 935).

2. Die Verfassungsbeschwerden sind aber unbegründet, weil die angefochtenen Änderungen des GKG nach Artikel 1 Nr. 1 des Zweiten Gesetzes zur Änderung des Gesetzes über kommunale Zusammenarbeit vom 06. Oktober 1997 die Beschwerdeführerinnen nicht in ihrem Recht auf kommunale Selbstverwaltung nach Art. 2 Abs. 3; 87 Abs. 1 LVerf-LSA verletzen (unten 2.1 und 2.2) und auch nicht gegen das Rechtsstaatsgebot aus Art. 2 Abs. 1 LVerf-LSA verstoßen (unten 2.2, 2.3 und 2.4).

2.1 Art. 2 Abs. 3; 87 Abs. 1 LVerf-LSA gewährleistet den Gemeinden das Recht der Selbstverwaltung. Während das Grundgesetz die Kompetenzen von Bund und Ländern festlegt, werden die Befugnisse der Kommunen vom Landesgesetzgeber verliehen.

2.1.1 Die Landesverfassung garantiert in Art. 87 Abs. 1 LVerf-LSA den Gemeinden das Recht, „ihre Angelegenheiten im Rahmen der Gesetze in eigener Verantwortung [zu verwalten].“ Selbstverwaltung bedeutet für die Kommunen, die eigenen Angelegenheiten – zu denen nach § 151 Abs. 1 Satz 2 WG-LSA auch die Abwasserbeseitigung gehört – frei von Zweckmäßigkeitsweisungen anderer Hoheitsträger, insbesondere des Staates regeln zu können. Darin liegt ein politischer Gestaltungsspielraum, der auch die Entscheidung über das „Wie“ einer Aufgabenerledigung umfaßt (Schmidt-Aßmann, in von Münch / Schmidt-Aßmann, BesVerwR, 9. Aufl, 1992, 1. Abschn. II 2 c, S. 18 Rn. 19). Infolgedessen gehört die Entscheidung, ob die Gemeinde die Aufgabe selbst oder sie im Verbund mit anderen Kommunen in einem Zweckverband erledigen will, zum Schutzbereich ihrer von der Verfassung garantierten kommunalen Selbstverantwortung. Greift der Gesetzgeber hierin durch Gesetz ein und weist die Aufgabe der Abwasserentsorgung einem Zweckverband zu, dessen Mitglied sie nicht werden will, wird der von der Verfassung den Kommunen gewährleistete Schutzbereich berührt.

Der verfassungsmäßige Schutz der kommunalen Selbstverwaltung gilt aber nicht unbegrenzt. Gewährleistet wird sie nach Art. 87 Abs. 1 LVerf-LSA „im Rahmen der Gesetze". Der Gesetzgeber ist daher auch zu Eingriffen in die gemeindliche Selbstverwaltungsgarantie ermächtigt. Dabei muß er allerdings das sich aus dem Sinnzusammenhang des Art. 87 Abs. 1 LVerf-LSA ergebende Aufgabenverteilungsprinzip beachten. Es setzt dem Landesgesetzgeber insoweit Schranken, als er den Kommunen Angelegenheiten mit örtlich relevantem Charakter nur aus Gründen des Gemeinwohls entziehen und auf andere Verwaltungsträger übertragen kann (BVerfG, Beschluß vom 23. 11. 1988 – 2 BvR 1619, 1628/83 –, BVerfGE 79, 127).

Von seiner Eingriffsbefugnis hat der Gesetzgeber mit § 157 WG-LSA Gebrauch gemacht. Nach dieser Vorschrift *sollen* sich die Gemeinden zur Erfüllung der ihnen nach § 151 Abs. 1 Satz 2 WG-LSA zur Pflichtaufgabe im eigenen Wirkungskreis im Sinne des § 4 Abs. 1 GemO-LSA gemachten Aufgabe der Abwasserentsorgung zu öffentlichrechtlichen Körperschaften – also Zweckverbänden – zusammenschließen.

Diese Sollvorschrift verletzt die Garantie der kommunalen Selbstverwaltung nicht. Die Einrichtung der kommunalen Selbstverwaltung bedarf der gesetzlichen Ausgestaltung und Formung (BVerfGE 79, 127, 143). Der Gesetzgeber muß bei Eingriffen den Kernbereich der Selbstverantwortung der Gemeinden für die Erledigung der Aufgaben der örtlichen Gemeinschaft respektieren und darf Angelegenheiten mit spezifisch örtlichem Bezug den Kommunen nur dann entziehen oder auf andere Verwaltungsträger verlagern, wenn dies als Ausnahme aus Gründen des Gemeinwohls erforderlich ist. Allein verwaltungspraktische Gründe oder allgemeine Wirtschaftlichkeitsüberlegungen reichen dazu nicht aus (BVerfGE 79, 127, 153; Schmidt-Aßmann, BesVerwR, 1. Abschn. II 2 c, S. 19 f Rn. 20 ff). Die Kernbereichsgarantie schützt das Essentiale, das man aus einer Institution nicht entfernen kann, ohne daß dadurch ihre Struktur und ihr Typus verändert wird (BVerfGE 79, 127, 146, 149; dazu Schoch, VerwArch. 1990 (Bd. 81), 18, 28).

2.1.2 Die Verlagerung der Aufgabe der Abwasserbeseitigung greift in den Wesensgehalt kommunaler Selbstverantwortung nicht ein. Daß die Kommunen die Aufgabenerfüllung auf Zweckverbände verlagern sollen, ist aus Gründen des Gemeinwohls gerechtfertigt. Was unter dem Begriff „Gemeinwohl" zu verstehen ist, entzieht sich einer abschließenden Definition (vgl. dazu eingehend Isensee in Handbuch des Staatsrechts, herausgegeben von Isensee und Kirchhof, Band III, 1988, § 57 A I, S. 4 Rn. 3, § 57 A III, S. 10 Rn. 17). Abgrenzbar ist das Gemeinwohl seinem objektiven Wesen nach zu den Sonder- und Eigenbelangen der Bürgerinnen und Bürger des Staates sowie der juristischen Personen und Institutionen. Es läßt sich als die Gesamtheit der öffentlichen Interessen bestimmen (Isensee aaO, § 57 A III, S. 11 Rn. 18).

Dabei kommt den in der Verfassung verankerten Staatszielen eine besondere Bedeutung zu. Mit ihnen nimmt der Staat die politisch gewollten Interessen des Gemeinwesens zur Gestaltung der gesellschaftlichen Ordnung und Handlungspflichten in sein gesetzgeberisches Tun auf (Isensee, aaO, § 57 C I, S. 51 Rn. 115 ff). In der Präambel der Landesverfassung und in Art. 35 LVerf-LSA hat die Verfassung des Landes Sachsen-Anhalt das Staatsziel des Schutzes der natürlichen Lebensgrundlagen aufgenommen. Die ökologische Sicherheit ist heute ein aktueller Aspekt des Gemeinwohls. „In ihm kehrt das Urproblem des modernen Staates zurück, die physische Existenz des Menschen zu schützen, nun nicht mehr gegen individuelle und direkte Gewalt, sondern dagegen, daß der Verbrauch natürlicher Ressourcen und die Belastung der Umwelt mit Schadstoffen den Lebensraum des Menschen und damit ihn in seiner Existenz direkt bedroht" (Isensee, aaO, § 57 B I, S. 23 Rn. 47). Dies hat dazu geführt, daß der Umweltschutz als Staatsziel allgemein anerkannt ist und in vielen Verfassungen ausdrücklich verankert worden ist. Bestandteil des Staatszieles „Schutz der natürlichen Lebensgrundlagen" ist auch die hier in Rede stehende Abwasserbeseitigung (vgl. dazu auch Mahnke, Die Verfassung des Landes Sachsen-Anhalt, 1993, Art. 35 Rn. 8).

Für die Bildung von Abwasserzweckverbänden besteht ein dringendes öffentliches Bedürfnis. Es geht um eine Daueraufgabe. Eine unzulängliche Abwasserbeseitigung führt zu schweren Belastungen für Mensch und Umwelt. Dies hat viele Länder dazu veranlaßt, Pflichtverbände zu schaffen: vgl. §§ 11 GZK BW; 28 KommZG Bay; 13 Brandb; 13 KGG Hess.; 150 Abs. 3 M-V; 15 ZVG Nds.; 13 GKG NW; 4 Abs. 3 ZwVG RhPf; 12 KGG Saarl; 50 Sächs.KommZG; 7 GKZ S-H; 25 KGG Thür (vgl. dazu auch VerfGH NW, Urteile vom 09. 02. 1979 – VerfGH 13/77, 7/78, 9/78, DVBl. 1979, 668, 669; Gern, Deutsches Kommunalrecht, S. 568 Rn. 936; zur Frage der Verfassungsmäßigkeit von Pflichtverbänden vgl. BVerfG, Beschluß vom 24. 06. 1969 – 2 BvR 446/64 –, BVerfGE 26, 228).

Kleine Gemeinden – wie die Beschwerdeführerinnen – können die Aufgabe der Abwasserentsorgung nicht selbständig erledigen. Sie müssen sich daher mit anderen zu Zweckverbänden zusammenschließen. Dies sieht § 157 Abs. 5 WG-LSA auch ausdrücklich vor. Die in dieser Vorschrift auch enthaltene Wahlmöglichkeit, ob sie die Angelegenheit allein oder mit anderen Gemeinden erfüllen wollen, verliert bei Kommunen in der Größenordnung der Beschwerdeführerinnen ihre Bedeutung. So kleine Gemeinden können im Rahmen der kommunalen Selbstverwaltungsgarantie lediglich darüber bestimmen, mit wem sie einen Zweckverband gründen wollen.

2.2 Entgegen der Rechtsauffassung der Beschwerdeführerinnen hat der Gesetzgeber mit der Einfügung des § 7 Satz 2 GKG-LSA durch Artikel 1 Nr. 1 des Zweiten Gesetzes zur Änderung des Gesetzes über kommunale Zusammenarbeit vom 06. Oktober 1997 keinen reinen Pflichtverband geschaffen. Dies hätte in der Tat die Frage aufwerfen können, ob der Gesetzgeber das in § 157 Abs. 5 WG-LSA angelegte System – die Bildung von Freiverbänden – durch das Zweite Gesetz zum GKG-LSA verlassen hat und dadurch die Beschwerdeführerinnen ungleich gegenüber anderen Kommunen behandelt hätte. Der Gesetzgeber hat den ursprünglichen Willen der an der beabsichtigten Gründung beteiligten Bürgermeister der Gemeinden aufgenommen.

Nach § 7 Satz 2 GKG-LSA geht die Aufgabe der Abwasserbeseitigung von den Beschwerdeführerinnen auf den Abwasserzweckverband über. Dadurch werden ihnen aber keine Aufgaben entzogen, die sie eigenständig hätten erfüllen können.

Wegen der geringen Größe der Beschwerdeführerinnen ist es nach § 157 Abs. 5 WG-LSA erforderlich, daß sie sich zur Erledigung ihrer Pflichtaufgabe zur Abwasserbeseitigung mit anderen Kommunen zusammenschließen. Sie können dies nur mit solchen Gemeinden tun, die in enger räumlichen Nähe zu ihnen liegen. Ihre sich heute aus dem WG-LSA ergebenden Pflicht haben sie mit der Gründung des Abwasserzweckverbandes „Allerquelle" erfüllt. § 7 Satz 2 GKG-LSA knüpft an den bei der Gründung vorhandenen *Willen* der Beschwerdeführerinnen an. Er kommt in dem Abschluß des zwischen den Bürgermeistern der betroffenen Gemeinden geschlossenen öffentlich-rechtlichen Vertrag (vgl. dazu Gern, Deutsches Kommunalrecht, 2. Aufl. 1997, S. 568 Rn. 937) auf Gründung des Abwasserzweckverbandes zum Ausdruck. Das Handeln der Bürgermeister ist den von ihnen nach § 27 KommVfG vertretenen Gemeinden zuzurechnen. Hieran konnte der Gesetzgeber anknüpfen und der Verbandsgründung nachträglich die gewollte Rechtswirksamkeit verleihen.

Sofern der ursprüngliche Wille – wie im Falle der Beschwerdeführerinnen – heute *nicht mehr fortbesteht*, hat dem der Gesetzgeber durch die Austrittsmöglichkeit nach § 8 a Abs. 2 und 3 GKG-LSA n.F. Rechnung getragen.

Hiervon haben die Beschwerdeführerinnen auch Gebrauch gemacht. Darüber hinaus ist es ihnen unbenommen, die Mitgliedschaft durch Kündigung zu beenden. In beiden Fällen werden die Beschwerdeführerinnen allerdings nicht von ihrer zivilrechtlichen Haftung für die Aktivitäten des Zweckverbandes „Allerquelle" befreit.

2.3 Auf der Grundlage von § 61 KommVfG konnten keine rechtsfähigen Abwasserzweckverbände entstehen. Infolgedessen blieben die einzelnen Gemeinden Trägerinnen der Aufgabe der Abwasserentsorgung. Da die beschwerdeführenden Kommunen diesen Mangel bis heute durch keine Neugründung auf der Grundlage des GKG-LSA behoben haben, ist die Zuständigkeit für die Abwasserentsorgung erst mit dem angefochtenen Gesetz rückwirkend auf die § 7 Satz 2 in Verbindung mit § 8 a GKG-LSA entstandene Körperschaft des öffentlichen Rechts übergegangen. Dies ist mit dem Rechtsstaatsgebot aus Art. 2 Abs. 1 LVerf-LSA vereinbar.

2.3.1 Artikel 1 Nr. 1 des Zweiten Gesetzes zur Änderung des Gesetzes über kommunale Zusammenarbeit vom 06. Oktober 1997 ist eine rückwirkende Norm. Sie bestimmt, daß

– den nicht rechtsfähigen Abwasserzweckverbänden, deren Gründung in die Zeit vom Inkrafttreten der KommVfG bis zum Inkrafttreten des GKG-LSA am 16. Oktober 1992 fällt, nachträglich die Rechtsfähigkeit mit Wirkung von ihrer Gründung an verliehen wird (§ 7 Satz 2 GKG-LSA) und Rechte und Pflichten auch auf diese Zweckverbände übergehen (§ 9 Abs. 1 Satz 2 GKG-LSA), sowie daß

– Verfahrensmängel bei der Gründung nach § 8 a GKG-LSA als geheilt gelten.

Damit knüpft das Gesetz tatbestandlich an ein *in der Vergangenheit abgeschlossenes Geschehen* – die Verbandsgründung – an, das zeitlich vor Inkrafttreten des Artikel 1 Nr. 1 des Zweiten Gesetzes zur Änderung des Gesetzes über kommunale Zusammenarbeit vom 06. Oktober 1997 liegt. Damit ist hier ein Fall der sogenannten „echten Rückwirkung" im Sinne der Rechtsprechung des 1. Senats des Bundesverfassungsgerichts (vgl. dazu: BVerfG, Beschluß vom 28. 11. 1984 – 1 BvR 1157/82 –, BVerfGE 68, 287, 306; Beschluß vom 13. 05. 1986 – 1 BvR 99, 461/85 –, BVerfGE 72, 175, 196; Beschluß vom 11. 10. 1988 – 1 BvR 743/86 und 1 BvL 80/86, BVerfGE 79, 29, 45 f; BVerfG, Beschluß vom 15. 10. 1996 – 1 BvL 44, 48/92 –, BVerfGE 95, 64, 86) bzw. der „Rückbewirkung" im Sinne der Terminologie des 2. Senats gegeben (vgl. dazu: BVerfG, Beschluß vom 14. 05. 1986 – 2 BvL 2/83 –, BVerfGE 72, 200, 243). Da beide Senate die Zulässigkeit der Rückwirkung an der rechtsstaatlichen Garantie der Rechtssicherheit und des Vertrauensschutzes aus Art. 20 Abs. 3 GG messen, können die dogmatischen Streitfragen um die Rückwirkung bei der hier vorliegenden Fallgestaltung offenbleiben (vgl. zu den dogmatischen Einzelheiten der Rückwirkung: Pieroth JZ 1984, 971; Bauer JuS 1984, 242; Maurer in Handbuch des Staatsrechts, herausgegeben von Isensee und Kirchhof, Band VI, § 60 B I, S. 218, Rn. 11 ff).

Die Rechtsbeziehungen, die bis zum Inkrafttreten des Zweiten Änderungsgesetzes zwischen den an der Gründung der Abwasserzweckverbände beteiligten Kommunen einerseits und zwischen diesen zu Dritten andererseits gegolten haben, werden nun rückwirkend einer anderen rechtlichen Regelung unterworfen.

2.3.1.1 Die Rechtsbeziehungen zwischen den an der Gründung beteiligten Gemeinden ergaben sich zum einen aus dem zwischen ihnen bestehenden öffentlich-rechtlichen Vertrag auf Gründung des gemeinsamen Abwasserzweckverbandes „Allerquelle". Darüber hinaus waren die Fragen der Haftung der Kommunen für das Handeln des nicht als juristischer Person entstandenen Zweckverbandes nach bürgerlichem Recht zu beantworten.

Die an der Gründung beteiligten Kommunen haben – da sie irrig selbst davon ausgingen, mit der Zweckverbandsgründung sei eine juristische Person entstanden – die Zweckverbandsgeschäftsführer nicht nach §§ 164 ff BGB bevollmächtigt, die Verträge im Namen der an der gewollten Gründung des Zweckverbandes beteiligten Kommunen abzuschließen. Mit der Unterzeichnung der Verbandssatzung durch die Bürgermeister der an der Gründung beteiligten Kommunen und der Aufnahme der Tätigkeit des Zweckverbandes wurde aber für außenstehende Dritte ein Rechtsschein erzeugt. Die privaten Dritten konnten davon ausgehen, daß die ihnen gegenübertretenden Zweckverbände Körperschaften des öffentlichen Rechts waren. Schon die Verwendung des Begriffs „Zweckverband" suggeriert, daß es sich um eine juristische Person handelt (vgl. etwa Creifelds, Rechtswörterbuch, 12. Aufl. 1994, Stichwort „Zweckverband": „Der Zweckverband hat den Charakter einer öffentlichen Körperschaft"). Soweit der (Schein-) Zweckverband Verträge mit Dritten einging, konnte er selbst in Ermangelung der Rechtsfähigkeit nicht Träger von Rechten und Pflichten werden.

(1) Zum Teil wird die Auffassung vertreten, daß auf die nicht rechtsfähigen Zweckverbände nach § 61 KommVfG die Regelungen für die ebenfalls nicht rechtsfähige Gesellschaft bürgerlichen Rechts nach §§ 705 ff BGB entsprechend anzuwenden seien (so: Wellmann LKV 1997, 402; ähnlich OLG Brandenburg LKV 1997, 426). Dies hätte die Konsequenz, daß die Gemeinden als Gesamtschuldnerinnen nach § 427 BGB Dritten gegenüber

auf Erfüllung der von dem Zweckverband eingegangenen scheinbaren Verbindlichkeiten hafteten.

In vielen Fällen war nach der von den Bürgermeistern unterzeichneten Satzung für die Wirksamkeit der Gründungsvereinbarung die Genehmigung durch die Gemeinderäte erforderlich (vgl. dazu Wellmann, LKV 1997, 402, 403). Fehlte es daran, so trat eine von den Beteiligten für notwendig angesehene Bedingung der Gründung nach § 158 Abs. 1 BGB nicht ein. Infolgedessen wäre nach bürgerlichem Recht eine Gesellschaft bürgerlichen Rechts nicht entstanden. Nimmt aber eine solche nach außen trotz des Gründungsmangels am Rechtsverkehr teil, wird für Dritte dennoch ein Rechtsschein dahingehend erzeugt, es handele sich um eine wirksam gegründete Gesellschaft bürgerlichen Rechts. Daher haften die für diesen Rechtsschein verantwortlichen (Schein-) Gesellschafter der sogenannten fehlerhaften Gesellschaft ebenfalls analog §§ 705 ff BGB Dritten gegenüber als Gesamtschuldner auf Erfüllung der von der fehlerhaften Gesellschaft scheinbar für sie als Gesamthänder eingegangenen Verpflichtungen, sofern die Dritten die Mängel der Gesellschaftsgründung nicht hätten erkennen können (vgl. BGH, Urteil vom 14. 10. 1991 – II ZR 212/90 –, NJW 1992, 1501; Palandt / Thomas, BGB, 55. Aufl. 1996, § 705 Rn. 12).

Unter Rückgriff auf diese Behandlung fehlerhafter privatrechtlicher Gesellschaftsgründungen wird die Ansicht vertreten, daß auch die Kommunen bei einem Fehlschlag der Gründung eines Zweckverbandes als Gesamtschuldnerinnen nach § 427 BGB Dritten gegenüber auf Erfüllung haften (so Wellmann LKV 1997, 402, 403; LG Potsdam LKV 1997, 430. Die Entscheidung wurde in der Berufungsinstanz vom OLG Brandenburg LKV 1997, 426 aufgehoben. Das OLG Brandenburg verneint die Anwendbarkeit der Regeln über die fehlerhafte Gesellschaft).

(2) Hält man dagegen das privatrechtliche Gesellschaftsrecht auf die Zweckverbandsgründung insgesamt nicht für anwendbar, weil es zweifelhaft ist, ob eine gescheiterte Gründung einer Körperschaft des öffentlichen Rechts ohne weiteres gleichbehandelt werden kann, so führt dies allerdings nicht dazu, daß eine Haftung der Kommunen gegenüber Dritten auf Erfüllung der von (Schein-) Zweckverbänden vorgenommenen Rechtsgeschäften entfiele.

Die an der Gründung beteiligten Bürgermeister haben nach außen hin den Rechtsschein erzeugt, daß eine Körperschaft des öffentlichen Rechts entstanden ist. Dritte haben im erkennbaren Vertrauen darauf, daß ihnen eine juristische Person gegenübertrat, Rechtsgeschäfte abgeschlossen. Es kann von einem privaten Dritten nicht von Rechts wegen verlangt werden, daß er vor Abschluß eines Vertrages stets der Frage nachgehen muß, ob der ihm als „Zweckverband" Gegenübertretende eine juristische Person ist und damit auch sein Schuldner sein kann. Der Private muß sich vielmehr nach dem allgemeinen Sprachverständnis (vgl. Creifelds, aaO) darauf verlassen können, daß dies so ist. Nach den Grundsätzen des Verschuldens bei Vertragsschluß waren die Bürgermeister der Kommunen verpflichtet, selbst zu prüfen, ob der von ihnen gegründete Zweckverband Rechtsfähigkeit erlangen konnte oder nicht. Sie haben dies nicht getan, aber die Aufnahme der Tätigkeit durch den (Schein-) Zweckverband geduldet. Damit verletzten sie die ihnen Dritten gegenüber obliegenden Sorgfaltspflichten, auf deren Einhaltung der Rechtsverkehr sich verlassen können muß. Die Gemeinden sind für diese Pflichtverletzung ihrer Bürgermeister nach §§ 31, 89 BGB in Verbindung mit § 276 BGB zum Schadensersatz verpflichtet (OLG Brandenburg, LKV 1997, 426).

(3) Da die Gründung des Abwasserzweckverbandes „Allerquelle" bis zum Inkrafttreten des Artikel 1 Nr. 1 des Zweiten Gesetzes zur Änderung des Gesetzes über kommunale Zusammenarbeit vom 06. Oktober 1997 nicht zum Entstehen einer juristischen Körperschaft des öffentlichen Rechts geführt hat, konnte auch die öffentlich-rechtliche Satzungsgewalt der an ihrer Gründung beteiligten Kommunen auf diesen nicht übergehen. Demzufolge war er auch nicht in der Lage, rechtmäßige Gebührenbescheide gegenüber den angeschlossenen Nutzern zu erlassen (OVG LSA, Beschluß vom 14. 05. 1997 – C 2 S 1/96 –, LKV 1997, 417).

2.3.1.2 Mit Inkrafttreten des Artikel 1 Nr. 1 des Zweiten Gesetzes zur Änderung des Gesetzes über kommunale Zusammenarbeit vom 06. Oktober 1997 veränderte sich die Rechtslage dahingehend, daß der Abwasserzweckverband „Allerquelle" ab dem Zeitpunkt seiner Gründung – also ab Ende 1991 – als juristische Person in der Form einer Körperschaft des öffentlichen Rechts gilt (§§ 7 Satz 2, 8 a GKG-LSA).

Damit ist er allein Vertragspartner der mit ihm geschlossenen Verträge geworden. Eine Haftung der an der Gründung beteiligten Kommunen ist mit dem Inkrafttreten des Änderungsgesetzes erloschen. Wohl aber haben die Gemeinden den erforderlichen Finanzbedarf des Zweckverbandes nach § 24 GKG-LSA a.F. zu decken, damit der Zweckverband in der Lage ist, seinen Zahlungsverpflichtungen nachkommen zu können. Weiter ist die Aufgabe der Abwasserentsorgung nach § 9 Abs. 1 GKG-LSA auf den Zweckverband übergegangen. Damit kann er in eigener Zuständigkeit Satzungen und Verwaltungsakte für sein Aufgabengebiet erlassen (§ 9 Abs. 1 Satz 2 GKG-LSA). Die an der Gründung beteiligten Kommunen sind Mitglieder des Abwasserzweckverbandes „Allerquelle" geworden.

2.3.2 Der rückwirkenden Verleihung der Rechtsfähigkeit stehen keine Bedenken aus der Natur der Sache entgegen.

Zwar entspricht es der durchgängigen gesetzlichen Regelung, daß juristische Personen des Privatrechts wie des öffentlichen Rechts immer erst *mit Wirkung für die Zukunft* als juristische Personen entstehen (vgl. u.a. § 21 BGB: „Der Verein ... erlangt Rechtsfähigkeit durch Eintragung in das Vereinsregister", § 11 GmbHG: „Vor der Eintragung in das Handelsregister ... besteht die Gesellschaft mit beschränkter Haftung als solche nicht", § 41 AktG: „Vor der Eintragung in das Handelsregister besteht die Aktiengesellschaft als solche nicht". Der öffentlichrechtliche Zweckverband entsteht einen Tag nach der Bekanntmachung der durch die Rechtsaufsichtsbehörde genehmigten Verbandssatzung (§ 19 Abs. 5 Satz 2 GKG a.F.) mit der Rechtsfolge, daß nach § 20 GKG-LSA: „Mit der Bildung des Zweckverbandes ... das Recht und die Pflicht der beteiligten kommunalen Gebietskörperschaften ... auf den Zweckverband über[gehen]".

Das schließt es jedoch nicht aus, daß der Gesetzgeber Rechtswirkungen vorverlegen kann. Dies ist für natürliche Personen in § 1923 Abs. 2 BGB gesetzlich für das Erbrecht geschehen. Danach besitzt der schon gezeugte, aber noch nicht geborene Mensch das Erbrecht. Stirbt der Erblasser vor seiner Geburt, so hat dies auf sein Erbrecht keinen Einfluß. Der ungeborene Mensch ist nach der Rechtsprechung des Bundesverfassungsgerichts zu Art. 2 Abs. 2 Satz1 1 GG weiter bereits Träger des Grundrechts auf Leben (BVerfG, Urteil vom 25. 02. 1975 – 1 BvF 1,2,3,4,5,6/74, BVerfGE 39, 1, 37; Urteil vom 28. 05. 1993 – 2 BvF 2/90 und 4,5/92 –, BVerfGE 88, 203, 251; Jarass in Jarass / Pieroth, GG, 3. Aufl. 1995, Art. 2 Rn. 95; Lorenz in Handbuch des Staatsrechts, herausgegeben von Isensee und Kirchhof, Band VI, § 128 B I, S. 8 Rn. 9 ff). Wird die Leibesfrucht im Mutterleibe durch Dritte geschädigt, stehen dem später Geborenen gegen den Schädiger eigene Schadensersatzansprüche zu (BGH, Urteil vom 11. 01. 1972 – VI ZR 46/71 –, BGHZ 58, 48; BGH, Urteil vom 05. 02. 1985 – VI ZR 198/83 –, NJW 1985, 1390; Palandt / Heinrichs, BGB, § 1 Rn. 5; Vorb. 72 vor § 249).

2.3.3 Die Regelungskompetenz des einfachen Gesetzgebers wird nur durch die Verfassung begrenzt. Die Landesverfassung steht der rückwirkenden Verleihung der Rechtsfähigkeit – insbesondere aus dem Gesichtspunkt des Rechtsstaatsgebots aus Art. 2 Abs. 1 LVerf-LSA – nicht entgegen.

2.3.3.1 Ein uneingeschränktes Verbot rückwirkender Gesetze ordnet die Landesverfassung lediglich in Art. 22 Abs. 1 LVerf-LSA an. Danach kann wegen einer Tat nur bestraft werden, wenn die Strafbarkeit gesetzlich bestimmt war, bevor die Tat begangen wurde (zum inhaltsgleichen Bundesrecht aus Art. 103 Abs. 2 GG: BVerfG, Beschluß vom 24. 10. 1996 – 2 BvR 1851, 1853, 1875, 1852/94, BVerfGE 95, 96). Diese ausdrückliche Regelung läßt indessen nicht den Umkehrschluß zu, daß in allen anderen Rechtsgebieten rückwirkende Gesetze unbeschränkt zulässig sind. Das Rückwirkungsverbot ist vielmehr Ausdruck des Rechtsstaatsprinzips aus Art. 2 Abs. 1 LVerf-LSA (vgl. zum Bundesrecht aus Art. 20 Abs. 3 GG: BVerfG Beschluß vom 16. 10. 1957 – 1 BvL 13/56, 46/56 – BVerfGE 7, 129; Urteil vom 07. 11. 1961 – 2 BvL 6/59 –, BVerfGE 13, 261, 270; Beschluß vom 19. 12. 1967 – 2 BvL 4/65 –, BVerfGE 23, 12, 32; BVerfGE 68, 287, 306; 72, 175; 72, 200, 240; 79, 29; Beschluß vom 25. 05. 1993 – 1 BvR 1509, 1648/91 –, BVerfGE 88, 384, 403; BVerfGE 95, 64, 82; BVerwG Urteil vom 05. 12. 1986 – BVerwG 4 C 31.85 –, BVerwGE 75, 262; Jarass in Jarass / Pieroth, GG, Art. 20 Rn. 47; differenzierend Maurer, aaO, § 60 B I, S. 224 Rn. 19 ff).

Der Rechtsstaat kann seine Aufgabe als Ordnungsfaktor des sozialen und staatlichen Lebens nur erfüllen, wenn das Recht auf Beständigkeit und Dauerhaftigkeit hin angelegt ist. Darauf, daß das Recht verläßlich ist, müssen sich die dem Recht unterworfenen Bürgerinnen und Bürger sowie juristischen Personen – zu denen auch die Kommunen als Körperschaften des öffentlichen Rechts gehören – verlassen können. Nur dann werden sie das Recht auch als für sich verbindlich anerkennen. Das Vertrauen in die Fortgeltung des Rechts bildet damit die Grundlage der rechtsstaatlichen Ordnung und des Rechts überhaupt (Maurer, aaO, § 60 A I, S. 212 Rn. 1, § 60 A III, S. 216 Rn. 6).

Die Rückwirkung von Gesetzen und damit eine nachträgliche Veränderung einer einmal gegebenen Rechtslage verstößt zwar grundsätzlich gegen das Erfordernis der Rechtssicherheit. Der Gesetzgeber handelt widersprüchlich, wenn er seine früher maßgebliche und von ihm selbst gesetzte Rechtsordnung mit rückwirkender Kraft aufhebt und nun in der Vergangenheit liegende Lebenssachverhalte anderen Rechtsfolgen unterwirft. Dispositionen, die im Hinblick auf den Bestand eines einmal gegebenen Rechts getroffen worden sind, werden so nachträglich entwertet. Den rechtsanwendenden Verwaltungsbehörden und Gerichten, die an das früher geltende Recht gebunden waren, wird die Grundlage ihrer Entscheidungen und Maßnahmen nachträglich entzogen. Was einmal Recht war, wird nun nachträglich zum Unrecht (Maurer, aaO, § 60 B I, S. 227 Rn. 26). Im Schutz des Vertrauens der dem Recht Unterworfenen findet das Rückwirkungsverbot seinen Grund, aber auch seine Grenze (BVerfGE 88, 384).

Bilder sich aber ausnahmsweise kein Vertrauen der von einer gesetzlichen Regelung Betroffenen, so steht der Rückwirkung das Rechtsstaatsprinzip nicht entgegen (BVerfGE 95, 64, 87; Jarass in Jarass / Pieroth, GG, Art. 20 Rn. 51). Das Vertrauen ist u.a. dann nicht schutzwürdig, wenn

- die Betroffenen nach der rechtlichen Situation im Zeitpunkt, auf den der Eintritt der Rechtsfolgen zurück bezogen wird, mit dieser Regelung rechnen mußten,
- eine Norm nichtig ist und durch eine gültige ersetzt wird,
- die Rechtslage unklar und verworren war oder eine Regelungslücke vorlag (zur Regelungslücke siehe BVerfGE 7, 129, 152; 13, 261).

Unabhängig von der Frage, ob der Schutz des Vertrauens in eine einmal gegebene Rechtslage einer rückwirkenden Veränderung entgegensteht, kann es zwingende Gründe des allgemeinen Wohls geben, die diese erfordern (vgl. dazu BVerfG, Beschluß vom 14. 11. 1961 – 2 BvR 345/60 –, BVerfGE 13, 215; BVerfGE 13, 261, 272; BVerfG, Beschluß vom 17. 01. 1967 – 2 BvL 28/63 –, BVerfGE 21, 117, 132; BVerfG, Beschluß vom 05. 07. 1983 – 2 BvR 460/80 –, BVerfGE 64, 367, 384; BVerfG, Beschluß vom 10. 04. 1984 – 2 BvL 19/82 –, BVerfGE 67, 1, 17; BVerfGE 72, 200, 258, 260; Maurer, aaO, § 60 B I, S. 232 Rn. 36).

2.3.3.2 Das Zweite Gesetz zur Änderung des Gesetzes über kommunale Zusammenarbeit vom 06. Oktober 1997 hat kein schutzwürdiges Vertrauen der betroffenen Kommunen in den Fortbestand der bei der Gründung der Zweckverbände gegebenen Rechtslage zerstört.

2.3.3.2.1 Das Änderungsgesetz beinhaltet keine Einzelfallregelung. Es gilt nicht nur für die antragstellenden Gemeinden, sondern hat einen generellen und abstrakten Charakter. Es trifft auf alle Gemeinden des Landes Sachsen-Anhalt zu. Bei der Prüfung der Schutzwürdigkeit des Vertrauens kann daher nicht allein auf die Beschwerdeführerin abgestellt werden. Vielmehr muß generalisierend und typisierend festgestellt werden, worauf sich das Vertrauen *der* Gemeinden des Landes gerichtet hat (vgl. BVerfG, Beschluß vom 20. 10. 1971 – 1 BvR 757/66 –, BVerfGE 32, 111, 123; BVerfG, Beschluß vom 09. 10. 1985 – 1 BvL 7/83 –, BVerfGE 71, 1, 13; Maurer, aaO, § 60 B I, S. 225 Rn. 22).

2.3.3.2.2 Auf den Fortbestand der in § 61 KommVfG enthaltenen *Regelungslücke* haben die betroffenen Kommunen bei Gründung der Abwasserzweckverbände nicht vertraut. Daher konnte der Gesetzgeber das Regelungsdefizit – die fehlende Verleihung der Rechtsfähigkeit – rückwirkend beheben.

Die Aufgabe der Abwasserentsorgung war ein vorrangiges Ziel des Umweltschutzes in den neuen Bundesländern. Die Bundesrepublik Deutschland und das Land Sachsen-Anhalt haben hierfür in erheblichem Umfang Fördermittel zur Verfügung gestellt, um die desolate Abwasserentsorgung in den neuen Bundesländern auf den Stand der alten Bundesländer zu bringen. Wirtschaftlich sinnvoll konnten Abwasseranlagen aber nicht von jeder einzelnen der zum Teil sehr kleinen Gemeinden – beide Beschwerdeführerinnen haben unter 500 Einwohner – errichtet und betrieben werden. Vielmehr war es von vornherein notwendig, daß sich die Gemeinden mit anderen zur gemeinsamen Erledigung dieser Aufgabe zusammenschlossen.

Hierfür bot das Kommunalrecht den Gemeinden in alten Bundesländern die Figur des Zweckverbandes als Körperschaft des öffentlichen Rechts an. Von allen Formen der kommunalen Zusammenarbeit (Arbeitsgemeinschaften, Zweckvereinbarungen, öffentlich-rechtliche Verträge, Verwaltungsgemeinschaften, Ämtern, Zweckverbände) kommt dem Zweckverband die größte Bedeutung zu. Er ist die klassische Form der kommunalen Zusammenarbeit und hat sich hinsichtlich der organisatorischen, finanzwirtschaftlichen, steuerlichen und mitwirkungsrechtlichen Fragen seit mehr als einem Jahrhundert bewährt. Er ist die für die Erfüllung kommunaler Gemeinschaftsaufgaben eigens geschaffene Rechtsform. Die Vorzüge einer Körperschaft des öffentlichen Rechts bestehen insbesondere darin, daß die öffentlich-rechtliche Aufgabenerledigung auf die Körperschaft übergeht, d.h. daß auch alle öffentlich-rechtlichen Befugnisse von ihr wahrgenommen werden können. Dazu gehört die Satzungsgewalt ebenso wie die Dienstherrnfähigkeit.

Auch die Rechtsordnung der DDR kannte Zweckverbände. Art. 84 DDR-Verf sah vor, daß „die örtlichen Volksvertretungen ... zur gemeinsamen Wahrnehmung ihrer Aufgaben Verbände bilden [können]". Hierunter fielen auch die kommunalen Zweckverbände (Sorgenicht / Weichelt / Riemann / Semler, Verfassung der DDR, Staatsverlag der DDR, 1969, Art. 84 Anm. 2). Das Nähere regelte das Gesetz über die örtlichen Volksvertretungen und ihre Organe in der Deutschen Demokratischen Republik vom 12. Juli 1973 – GöV – (DDR-GBl I Nr. 32 S. 313). Der Zweckverband war auf Grund der Verwaltungsstruktur der DDR keine juristische Person (Autorenkollektiv, Kommentar zum GöV, Staatsverlag der DDR, 2. Aufl. 1977, § 69 Anm. 1.4). Er wurde durch übereinstimmende Beschlüsse der Volksvertretungen der Kommunen gebildet und von einem Rat geleitet, dem Vertreter der beteiligten Gemeinden angehörten. Er arbeitete auf der Grundlage eines von den Volksvertretungen beschlossenen Statuts und der Beschlüsse der Volksvertretungen sowie des Verbandsrates. Der Zweckverband konnte gemeinsame Betriebe und Einrichtungen bilden. Diese waren dem Rat einer der beteiligten Mitgliedsgemeinden zu unterstellen. Von diesem Rat erhielt der Zweckverband die staatlichen Planaufgaben. Der Rat der

Gemeinde war für die Einhaltung der Plan- und Finanzvorgaben verantwortlich.

Durch das KommVfG vom 17. Mai 1990 führte die Volkskammer der DDR die kommunale Selbstverwaltung wieder ein. Nach § 61 KommVfG konnten die Kommunen „Zweckverbände" bilden. Der Gesetzgeber knüpfte dabei nicht an die Zweckverbände nach Art. 84 DDR-Verf in Verbindung mit § 69 GöV an. Im Hinblick auf die zum Zeitpunkt des Erlasses des KommVfG bestehende Erwartung einer baldigen Herstellung der staatlichen Einheit Deutschlands sollten den Kommunen in der DDR vielmehr die gleichen Handlungsinstrumentarien zur Verfügung gestellt werden, wie sie die Gemeinden in den alten Bundesländern besaßen. Dieses Ziel konnte aber mit der getroffenen gesetzlichen Regelung nicht erreicht werden. Es hätte der ausdrücklichen Anordnung der gewollten Rechtsfolge – Entstehen einer juristischen Person – im Gesetz selbst bedurft (LVfG-LSA, LKV 1997, 411). Offenbar meinte der Gesetzgeber, daß schon die Verwendung des Begriffs „Zweckverband" beinhaltete, daß rechtsfähige Körperschaften entstehen würden (Bretzinger / Büchner / Uhder, Kommunalverfassung der DDR 1991, § 61 Rn. 2; Schmidt-Eichstädt / Petzold / Melzer / Penig / Plate / Richter, Gesetz über die Selbstverwaltung der Gemeinden und Landkreise in der DDR (Kommunalverfassung) 1990, § 61 Anm. 1. Beide Kommentare stellen ohne nähere Begründung fest, daß ein Zweckverband eine Körperschaft des öffentlichen Rechts sei. Schlempp, Kommentar zur Kommunalverfassung 1990 verweist in seiner Erläuterung zu § 61 KommVfG zwar auf §§ 4 bis 23 – und damit auch auf § 6 – des Hessischen Gesetzes über Kommunale Gemeinschaftsarbeit vom 16. 12. 1969, ohne darauf einzugehen, daß das hessische Gesetz ausdrücklich die Rechtsfolge anordnet, daß der Zweckverband Körperschaft des öffentlichen Rechts ist, eine entsprechende Regelung im KommVfG aber fehlt). Allein die Begriffsverwendung konnte dies nicht erreichen. Damit blieb die geschaffene Regelung der Volkskammer *lückenhaft*.

Da aber der Gesetzgeber wie die Kommunen offenbar davon ausging, allein durch die Gründung der Abwasserzweckverbände würden selbständige juristische Personen entstehen und sie – die Gemeinden – damit die gleichen rechtlichen Handlungsmöglichkeiten erhalten würden wie die Kommunen in den Ländern der alten Bundesrepublik, fehlte es bei dem Gründungsvorgang schon an dem *Bewußtsein*, daß der Gesetzgeber eine lückenhafte Regelung erlassen hatte. Damit bildete sich auch kein Vertrauen auf den Fortbestand der wirklichen Rechtslage, ebensowenig darauf, daß der Gesetzgeber seinen „Irrtum" nicht korrigieren würde. Die Gründung der Abwasserzweckverbände geschah gerade umgekehrt – in Verkennung der wahren Rechtslage – im Vertrauen darauf, daß ihnen die Zweckverbandsgründung das Entstehen einer rechtsfähigen Körperschaft des öffentlichen Rechts bescheren würde. Wenn der Gesetzgeber nunmehr *dieses* Vertrauen nachträglich rechtfertigt, so ist von Verfassungs wegen gegen die Rückwirkung kein Einwand zu erheben (BVerfGE 7, 129, 152). Die Änderung des § 7 GKG-LSA durch Artikel 1 Nr. 1 des Zweiten Gesetzes zur Änderung des Gesetzes über kommunale Zusammenarbeit vom 06. Oktober 1997 hat nachträglich das ursprünglich in die Regelung des § 61 KommVfG gesetzte Vertrauen erfüllt (vgl. dazu auch den ähnlich gelagerten Fall der rückwirkenden Heilung von Beurkundungsvorschriften: BVerfG, Beschluß vom 12. 06. 1986 – 2 BvL 5/80, 17/82 und 2 BvR 635/80 –, BVerfGE 72, 302).

2.3.3.2.3 Erst als *später* die Regelungslücke aufgedeckt wurde – spätestens nach dem Urteil des Landesverfassungsgerichts vom 03. Juli 1997 – LVG 1/97 – konnte für die Beschwerdeführerin und andere Kommunen, die sich in der gleichen Lage befanden, der Eindruck entstehen, daß die rechtlichen Konsequenzen aus dem Nichtentstehen einer juristischen Person durch die Zweckverbandsgründung nach § 61 KommVfG allein von ihnen – den betroffenen Kommunen – gezogen werden könnten. Aber auch dieses Vertrauen ist nicht schutzwürdig. Die aus dem Rechtsstaatsgebot fließende Gewährleistung der Rechtssicherheit verbietet rückwirkende Regelungen, mit denen eine bestehende Regelungslücke geschlossen wird, dann, wenn im Vertrauen auf eine einmal gegebene Rechtslage *Dispositionen* getroffen worden sind, die durch eine rückwirkende abweichende Rechtsnorm im nachhinein entwertet würden (vgl. zu dem ähnlich gelagerten Fall der rückwirkenden Heilung von Beurkundungsvorschriften: BVerfGE 72, 302, 325).

Die Beschwerdeführerinnen haben aber bis zum Inkrafttreten des Artikel 1 Nr. 1 des Zweiten Gesetzes zur Änderung des Gesetzes über kommunale Zusammenarbeit vom 06. Oktober 1997 keine Dispositionen im Vertrauen darauf getroffen, daß sie nicht Mitglieder eines rechtsfähigen Abwasserzweckverbandes „Allerquelle" geworden sind. Da sie selber von ihrer Größe nicht in der Lage sind, die Aufgabe der Abwasserentsorgung eigenständig zu erledigen, sind sie nach § 151 Abs. 5 WG-LSA verpflichtet, sich mit anderen Kommunen zu einem Zweckverband zusammenzuschließen. Dies ist aber offenbar nicht erfolgt. Daß sie an ihrem ursprünglichen Willen, Mitglied des Abwasserzweckverbandes „Allerquelle" sein zu wollen, durch Artikel 1 Nr. 1 des Zweiten Gesetzes zur Änderung des Gesetzes über kommunale Zusammenarbeit vom 06. Oktober 1997 festgehalten werden, führt für die Beschwerdeführerinnen zu keiner unzumutbaren Belastung. Sie haften – wie bereits dargelegt – zivilrechtlich mit den übrigen an der Gründung beteiligten Kommunen für die Verbindlichkeiten ihrer Beteiligung an der „Allerquelle“, die durch die bisherige Tätigkeit dieses Verbandes entstanden sind.

Daß, was den Beschwerdeführerinnen rechtlich durch Artikel 1 Nr. 1 des Zweiten Gesetzes zur Änderung des Gesetzes über kommunale Zusammenarbeit vom 06. Oktober 1997 entzogen worden ist, ist ein „Wahlrecht“, mit wem sie einen Abwasserzweckverband eingehen wollen und mit wem nicht. Dieses „Wahlrecht“ besteht aber infolge der faktischen Entwicklung seit der Gründung des Abwasserzweckverbandes bis heute praktisch nicht mehr. Das bloße „nicht-mehr-Mitglied-in-diesem-Verband-sein-Wollen“ ist rechtlich unbeachtlich. Nach § 157 Abs. 5 in Verbindung mit Abs. 1 WG-LSA müssen die Beschwerdeführerinnen wegen ihrer geringen Größe die Zusammenarbeit mit anderen Kommunen suchen, um die ihr nach § 151 Abs. 1 Satz 2 WG-LSA zur Pflicht gemachte Aufgabe erfüllen zu können. Dies können sie zu wirtschaftlich vertretbaren Bedingungen nur mit Gemeinden in ihrer Nachbarschaft tun.

Hinzukommt, daß eine solche Neugründung nicht dazu führt, daß sich die Verbindlichkeiten für die Tätigkeit des Abwasserverbandes „Allerquelle“ in Nichts auflösen. Hierfür haben die Beschwerdeführerinnen zivilrechtlich einzustehen. Es ist daher konsequent, wenn der Gesetzgeber die Gemeinden an dem, was sie aus eigenem ihnen zurechenbaren Tun ihrer Bürgermeister zu verantworten haben, festhält.

Sofern andere Gemeinden nach Kenntnis der Tatsache, daß der von ihnen nach § 61 KommVfG gegründete Zweckverband nicht als juristische Person entstanden war, einen anders zusammengesetzten Zweckverband auf der Grundlage des GKG-LSA gegründet haben, berührt dies die Zulässigkeit der Rückwirkung durch das angegriffene Gesetz nicht. Die Gemeinden behalten das Recht, in solchen Fällen sich aus dem nunmehr rückwirkend gebildeten Verband durch Kündigung oder Austritt zu lösen.

2.3.3.2.4 Dies bedeutet nicht, daß sich die Beschwerdeführerinnen nicht aus dem Abwasserzweckverband „Allerquelle“ lösen können.

Einer Willensänderung muß nach § 8 Abs. 2 Ziffer 7 GKG-LSA die Satzung der Abwasserzweckverbände Rechnung tragen. Sie muß die Möglichkeit einer Kündigung der Mitgliedschaft aus wichtigem Grund zulassen. Im Rahmen dieser Prüfung, müssen die Verbindlichkeiten zwischen den an der Gründung beteiligten Kommunen aufgeteilt und eine Klärung der Haftung für laufende Baumaßnahmen gefunden werden.

Darüber hinaus sah § 19 a GKG-LSA a.F. die Möglichkeit des Austritts vor. Hiervon haben die Beschwerdeführerinnen Gebrauch gemacht. Im Rahmen des Prüfungsverfahrens ist zusätzlich zu der Frage der Regelung der Haftung für die Verbindlichkeiten festzustellen, ob die austrittswillige Kommune ein wasserwirtschaftlich und wirtschaftlich vertretbares und finanzierbares Alternativkonzept vorlegen kann. Es darf nicht zu einer Überdimensionierung der Anlagen für die nicht austrittswilligen Kommunen kommen, da die Überkapazitäten zwangsläufig zu höheren Gebühren für die Angeschlossenen führen würden und unter Umständen der Bestand des Restverbandes insgesamt gefährden kann.

2.4 Die rückwirkende Heilung der Verfahrensmängel bei der Gründung der Abwasserzweckverbände – hier das Fehlen der Beschlüsse des Gemeinderates über die Mitgliedschaft in dem Zweckverband und die Zustimmung zur Satzung des Zweckverbandes nach § 21 Abs. 3 Buchstabe o KommVfG in Verbindung mit § 61 Abs. 1 KommVfG, sowie die fehlerhafte Veröffentlichung der Satzung und der Genehmigungsverfügung – durch die Änderung der §§ 7 Satz 2, 8 a GKG-LSA durch Artikel 1 Nr. 1 des Zweiten Gesetzes zur Änderung des Gesetzes über kommunale Zusammenarbeit vom 06. Oktober 1997 ist mit der Landesverfassung vereinbar.

2.4.1 Der Gesetzgeber konnte ohne Verstoß gegen das rechtsstaatliche Rückwirkungsverbot aus Art. 2 Abs. 1 LVerf-LSA Verfahrensmängel wegen der fehlenden Beschlußfassung des Gemeinderates heilen.

2.4.1.1 Allein die rückwirkende Verleihung der Rechtsfähigkeit der nach § 61 KommVfG gebildeten Zweckverbände hätte im Falle des Abwasserzweckverbandes „Allerquelle" nicht dazu geführt, daß wirksam eine Körperschaft des öffentlichen Rechts entstanden wäre. Das Entstehen einer juristischen Person ist ein streng formalisiertes Verfahren. Mängel führen daher zur Unwirksamkeit der Gründung. Die Beschwerdeführerinnen und die anderen Gemeinden, die sich in derselben Lage wie diese befinden, mußten nicht damit rechnen, daß der Gesetzgeber, der selbst die Verfahrensvorschriften erlassen hat, rückwirkend dabei aufgetretene Mängel heilen würde. Dies führt umgekehrt zu dem Bewußtsein der Kommunen, selbst die Konsequenzen aus der Situation ziehen zu müssen und zu können. Bei der hier zu beurteilenden Materie kommt hinzu, daß der Gesetzgeber die Beteiligung des Gemeinderates als notwendig angesehen hat. Daher konnte die Beschwerdeführerin auch darauf vertrauen, daß die gewählte Gemeindevertretung über die Gründung eines Abwasserzweckverbandes nach wie vor mit entscheiden konnte. Über dieses Vertrauen setzt sich der Gesetzgeber mit seiner Heilungsvorschrift nachträglich hinweg.

2.4.1.2 Dennoch ist die rückwirkende Heilung der bei der Verbandsgründung aufgetretenen Verfahrensmängel aus zwingenden Gründen des Gemeinwohls von Verfassungs wegen auf Grund der besonderen Situation in den neuen Bundesländern gerechtfertigt, die in den ersten Jahren nach der Wiederherstellung der deutschen Einheit gegeben war.

Das Verbot der Rückwirkung von Gesetzen erfährt seine Ausnahme nicht allein dann, wenn ein schutzwürdiges Vertrauen nicht vorliegt, sondern darüber hinaus auch dann, wenn zwar ein schutzwürdiges Vertrauen gegeben ist, es aber gegenüber dem vordringlichen Gemeinwohl zurücktreten muß (BVerfGE 13, 215, 224; 13, 261, 272; 21, 117, 132; 64, 367, 384; 72, 200, 258, 260; Maurer, aaO, § 60 I, S. 228 Rn. 27).

Das Erreichen des in der Präambel der Landesverfassung und in den Art. 2 Abs. 1 LVerf-LSA und Art. 35 Abs. 1 LVerf-LSA verankerkten Staatszieles des Schutzes der natürlichen Lebensgrundlagen, zu dem auch die sachgerechte Abwasserbeseitigung gehört, ist – wie bereits dargelegt – ein Belang des Gemeinwohls, den zu erreichen Verpflichtung des Staates und der Kommunen ist. Die Erfüllung ist den Gemeinden nach Art. 35 Abs. 4 LVerf-LSA in Verbindung mit § 151 WG-LSA zur Pflichtaufgabe gemacht. Kleine und mittlere Kommunen können sie nur gemeinsam erfüllen und müssen sich dazu zu Zweckverbänden zusammenschließen. Dies ist von ihnen so auch als notwendig angesehen worden. In der Tat haben die Gemeinden sofort nach Inkrafttreten des KommVfG, mit dem sie die kommunale Selbstverwaltung wiedergewonnen hatten, damit begonnen, sich zu Abwasserzweckverbänden zusammenzuschließen.

Insgesamt mißlangen dabei 80% der Gründungen auf Grund von Verfahrensmängeln. Wobei hier sowohl Gründungen nach § 61 KommVfG wie nach §§ 17 ff GKG a.F. erfaßt sind. Die extrem hohe Zahl von Verfahrensfehlern kann angesichts der Situation in den neuen Bundesländern in den ersten Jahren nach der Wiederherstellung der deutschen Einheit nicht verwundern. Die Ursache liegt zum einen darin, daß die Gemeinden in der früheren DDR seit 1952 im wesentlichen lediglich als untere Verwaltungsbehörden der zentralistisch straff geführten Staatsverwaltung fungierten. Die DDR hatte durch das Gesetz über die weitere Demokratisierung des Aufbaus und der Arbeitsweise der staatlichen Organe in den Ländern der Deutschen Demokratischen Republik vom 23. Juli 1952 (DDR-GBl Teil 1 Nr. 99, S. 613) sowie durch Art. 47 Abs. 2 der Verfassung der Deutschen Demokratischen Republik vom 06. April 1969 (DDR-GBl Teil 1 Nr. 8, S. 199, geändert durch Gesetz vom 07. 10. 1974 [DDR-GBl Teil 1 Nr. 47, S. 425]) die kommunale Selbstverwaltung aufgehoben. Als sich der Beitritt der DDR zur Bundesrepublik Deutschland nach der Wende vom Herbst 1989 abzeichnete, wurde von der letzten Volkskammer der DDR durch das Gesetz über die Selbstverwaltung der Gemeinden und Landkreise in der Deutschen Demokratischen Republik vom 17. Mai 1990 (DDR-GBl Teil I Nr. 28, S. 255) und das Gesetz über Verfassungsgrundsätze vom 17. Juni 1990 (DDR-GBl Teil I

Nr. 33, S. 299) die kommunale Selbstverwaltung nach dem Vorbild des Art. 28 Abs. 2 GG wiederhergestellt. Durch das Verfassungsgesetz zur Bildung von Ländern in der Deutschen Demokratischen Republik vom 22. Juli 1990 (DDR-GBl Teil I Nr. 51, S. 955) wurde schließlich das Gesetz von 1952 über die Demokratisierung des Aufbaus der DDR-Verwaltung auch formell aufgehoben. Am 03. Oktober 1990 trat die Deutsche Demokratische Republik der Bundesrepublik Deutschland bei. Damit hatten die Kommunalverwaltungen und Gemeinderäte nahezu übergangslos, ohne ausreichende Zeit für eine Schulung des Personals zu haben und ohne daß im erforderlichen Umfange sachkundige Berater zur Verfügung gestellt werden konnten, die in Jahrzehnten gewachsene Rechtsordnung der alten Bundesrepublik anzuwenden. Die Aufsichtsbehörden waren mit ihren neuen Aufgaben ebenso überfordert. Hier liegt die weitere Ursache dafür, daß 80% der Zweckverbandsgründungen infolge von Verfahrensmängeln fehlschlugen. In dieser Lage standen die Kommunen unter dem hohen Erwartungsdruck der Bevölkerung, die auf eine Änderung der desolaten Abwasserversorgung drängte. Sie ließen sich auf die für sie ungewohnte Gründung von Zweckverbänden ein, obwohl ihnen dafür die Erfahrung fehlte, es offenbar auch an ausreichender Beratung mangelte und vielfach die erforderlichen Rechtskenntnisse weder bei ihnen noch bei den Aufsichtsbehörden vorhanden waren. In diese Zeit des Umbruchs fiel im November 1991 die Gründungsversammlung des Abwasserverbandes „Allerquelle“. Ohne daß die Aufsichtsbehörden Mängel erkannten oder die richtigen Konsequenzen aus Verfahrensverstößen zogen, wurden Satzungen genehmigt. Die unwirksam gegründeten Zweckverbände nahmen ihre Tätigkeit auf.

Angesichts des extrem hohen Anteils an fehlgeschlagenen Gründungen konnte der Gesetzgeber – nachdem ihm erst 1995 das ganze Ausmaß bekannt geworden war – nicht darauf bauen, daß die Kommunen für alle von ihnen gebildeten Zweckverbände Neugründungen vornehmen oder sich mit anderen Gemeinden zusammenschließen würden. Denn inzwischen hatte sich herausgestellt, daß in vielen Fällen die Anlagen überdimensioniert waren und von daher hohe Kosten auf die Verbandsgemeinden zukamen. Daher strebten zunehmend Gemeinden danach, sich der zivilrechtlichen Haftung durch „eine Flucht aus dem Verband“ zu entziehen. Ferner hätte eine Neugründung des ursprünglich gewollten oder eines anderen Verbandes keine rückwirkende Regelung der Folgen aus der inzwischen seit fünf Jahren andauernde Tätigkeit nach sich gezogen. Diese Fragen bedurften aber der Klärung. Die Sanierung der „Altlasten“ mußte im Interesse der Gemeinden, die – wie bereits dargelegt – zivilrechtlich für die Tätigkeit der Zweckverbände einzustehen hatten – und der Dritten, die mit den (Schein-) Zweckverbänden Verträge geschlossen hatten, geklärt werden. Für die erbrachten Leistungen konnten die nicht rechtsfähigen Abwasserzweckverbände keine rechtmäßigen Gebührenbescheide erlassen (OVG-LSA, LKV 1997, 417). Weiter konnten öffentliche Zuschüsse nicht an die Scheinzweckverbände gewährt werden. Damit lagen in einem erheblichen Umfang Fördermittel brach, die für die Belebung der Wirtschaft in Sachsen-Anhalt dringend gebraucht werden.

Daher war eine dringende Notwendigkeit gegeben, die entstandene Rechtslage mit dem, was die Kommunen bei der Gründung der Zweckverbände gewollt und ins Werk gesetzt hatten, in Übereinstimmung zu bringen. Der Gesetzgeber konnte dies nur durch eine gesetzlich angeordnete rückwirkende Heilung von Gründungsmängeln sicherstellen.

Dies bedeutet für die Kommunen nicht, daß sie zwangsweise auf immer in einem von ihnen heute vielleicht nicht mehr gewollten Zweckverband zusammenbleiben müssen. Ihnen bleibt der Weg der Kündigung. Diese setzt aber voraus, daß die Haftung für die Verbindlichkeiten aus dem bisherigen Tun des Zweckverbandes mit den anderen Verbandsgemeinden geregelt wird.

2.5 Aus dem zuvor Dargelegten ergibt sich, daß der Gesetzgeber ohne Verstoß gegen das rechtsstaatliche Rückwirkungsverbot Art. 2 Abs. 1 LVerf-LSA Verfahrensmängel wegen der fehlerhaften Veröffentlichung der Verbandssatzung und des Genehmigungsbescheides der Aufsichtsbehörde heilen konnte.

2.6. Da der Gesetzgeber ohne Verstoß gegen die Landesverfassung rückwirkend den nach § 61 KommVfG gegründeten Zweckverbänden die Rechtsfähigkeit verleihen und bei ihrer Gründung aufgetretene Verfahrensmängel beheben konnte, konnte er auch nach dem durch Artikel 1 Nr. 1 des Zweiten Gesetzes zur Änderung des Gesetzes über kommunale Zusammenarbeit vom 06. Oktober 1997 geänderten § 9 Abs. 1 Satz 2 GKG-LSA anordnen, daß auf diese Zweckverbände Rechte und Pflichten aus § 151 WG-LSA der an ihrer Gründung beteiligten Kommunen als von Anfang an – also ab der Gründung – übergegangen gelten.

3. Das Landesverfassungsgericht weist vorsorglich darauf hin, daß die Entscheidung über die Verfassungsmäßigkeit des Gesetzes keine Aussage darüber enthält, welchem Verband die Gemeinde angehört. Falls diese Frage streitig ist, muß sie von der Fachgerichtsbarkeit entschieden werden.

4. Die Verfassungsbeschwerden können daher keinen Erfolg haben und sind mit der Kostenfolge aus § 32 LVerfGG-LSA zurückzuweisen.

Entscheidungen des Thüringer Verfassungsgerichtshofs

Die amtierenden Richter des Thüringer Verfassungsgerichtshofs

Gunter Becker, Präsident
Hans-Joachim Bauer
Christian Ebeling
Dr. Hans-Joachim Jentsch (bis 5. Juni 1996)
Reinhard Lothholz
Thomas Morneweg
Gertrud Neuwirth
Prof. Dr. Ulrich Rommelfanger
Manfred Scherer (ab 21. Juni 1996)
Prof. Dr. Rudolf Steinberg

Stellvertretende Richter

Dr. Hans-Joachim Strauch
Dr. Hartmut Schwan
Prof. Dr. Erhard Denninger
Dipl.-Ing. Christiane Kretschmer
Renate Hemsteg von Fintel
Rudolf Metz
Manfred Scherer (bis 21. Juni 1996)
Dr. Dieter Lingenberg (ab 6. September 1996)
Prof. Dr. Heribert Hirte
Prof. Dr. Karl-Ulrich Meyn

Nr. 1

1. a) Eine parlamentarische Untersuchung, welche auf die Aufdeckung einer möglichen Zusammenarbeit eines Landtagsabgeordneten mit dem MfS/AfNS der ehemaligen DDR abzielt und ohne oder gegen den Willen des Abgeordneten eingeleitet wird, betrifft unmittelbar dessen verfassungsrechtlichen Status. Ein solches Überprüfungsverfahren kann – selbst dann, wenn das Mandat und die aus ihm folgenden Rechte unberührt blieben – in der Sache zu dem Verdikt führen, daß der betroffene Abgeordnete politisch unwürdig sei, dem Parlament anzugehören.

b) Grundsätzlich kann der Landtag ein parlamentarisches Verfahren zur Überprüfung von Abgeordneten auf eine frühere Tätigkeit für die Staatssicherheit einführen. Der besondere politische und historische Anlaß, den der Übergang von der Diktatur zur Demokratie in der ehemaligen DDR und die Vereinigung Deutschlands infolge der Umbruchereignisse des Jahres 1989 darstellen, vermag eine solche Überprüfung zu rechtfertigen.

2. Die verfahrensrechtliche Ausgestaltung eines solchen Überprüfungverfahrens muß der verfassungsrechtlichen Stellung der Abgeordneten ausreichend Rechnung tragen. Der einzelne Abgeordnete muß durch eine geeignete verfahrensrechtliche Ausgestaltung der Überprüfung vor (politischem) Mißbrauch der ermittelten Informationen und persönlichen Daten geschützt sein. Außerdem müssen den von der Überprüfung betroffenen Abgeordneten Beteiligungsrechte eingeräumt sein, die, über die Gewährleistung des rechtlichen Gehörs hinausgehend, dem Abgeordneten gestatten, aktiv an der Herstellung des Beweisergebnisses mitzuwirken. Durch entsprechende Regelungen muß sichergestellt sein, daß die Bekanntgabe des ermittelten Sachverhalts den Umfang der Ermittlungen korrekt verlautbart und den Eigenarten des gewählten Verfahrens und der darin zugelassenen Beweismittel Rechnung trägt. Insbesondere muß gewährleistet sein, daß bei der Verwertung der Erkenntnisse der zeitliche Abstand zu einer früheren Tätigkeit für den Staatssicherheitsdienst Berücksichtigung findet.

3. Der im Organstreitverfahren angegriffene Beschluß des zweiten Thüringer Landtags vom 18. Mai 1995 enthält keine Verfahrensregelungen, die den verfassungsrechtlichen Anforderungen genügen.

Verfassung des Freistaats Thüringen
Art. 53 Abs. 1, 46, 49 Abs. 3 und 4, 52 Abs. 3

Thüringer Landeswahlgesetz
§§ 16 Satz 1 Nr. 3, 17 Satz 1 Nr. 3 Satz 2, 46 Abs. 1, 47 Abs. 1

Thüringer Abgeordnetengesetz
§ 1 Abs. 2

Urteil vom 18. Juli 1997 – VerfGH 18/95 –

in dem Organstreitverfahren über den Antrag der Landtagsabgeordneten
1. …
2. …
3. …
auf Feststellung der Verfassungswidrigkeit des Beschlusses des Thüringer Landtags vom 18. Mai 1995 betreffend die Überprüfung von Abgeordneten des zweiten Thüringer Landtags auf eine Zusammenarbeit mit dem Ministerium für Staatssicherheit bzw. dem Amt für Nationale Sicherheit der ehemaligen Deutschen Demokratischen Republik

Entscheidungsformel:

Der Thüringer Landtag hat dadurch gegen Art. 53 Abs. 1 der Verfassung des Freistaats Thüringen verstoßen, daß er in der 12. Plenarsitzung am 18. Mai 1995 beschlossen hat, alle Abgeordneten des zweiten Thüringer Landtags im Hinblick auf § 1 Abs. 2 des Thüringer Abgeordnetengesetzes auf eine Zusammenarbeit mit dem Ministerium für Staatssicherheit bzw. dem Amt für Nationale Sicherheit der ehemaligen Deutschen Demokratischen Republik zu überprüfen sowie den Präsidenten des Thüringer Landtags zu beauftragen, zu diesem Zweck die Übermittlung von Daten beim Bundesbeauftragten für die Unterlagen des Staatssicherheitsdienstes der ehemaligen Deutschen Demokratischen Republik zu beantragen.

Der Freistaat Thüringen hat den Antragstellern die notwendigen Auslagen zu erstatten.

Gründe:

A.

I.

Das Organstreitverfahren betrifft die Frage, ob der Beschluß des Thüringer Landtags vom 18. Mai 1995 (zu Drucksache 2/306), mit dem eine Überprüfung von Abgeordneten des zweiten Thüringer Landtags auf eine wissentliche, hauptamtliche oder inoffizielle Zusammenarbeit mit dem Ministerium für Staatssicherheit (MfS) bzw. dem Amt für Nationale Sicherheit (AfNS) der ehemaligen Deutschen Demokratischen Republik (DDR) gegen oder ohne deren Willen eingeleitet wurde, mit den Rechten aus Art. 53 Abs. 1 der Verfassung des Freistaats Thüringen vereinbar ist.

1. Der Thüringer Landtag beschloß am 7. Februar 1991 (GVBl. S. 27) das Gesetz über die Rechtsverhältnisse der Abgeordneten des Thüringer Landtags (ThürAbgG). Es trat rückwirkend zum 14. Oktober 1990 in Kraft. Nachdem durch das Zweite Änderungsgesetz des Thüringer Abgeordnetengesetzes (2. ÄndGThürAbgG) vom 28. Februar 1995 (GVBl. S. 109) – mit Wirkung zum 9. März 1995 – in § 1 Abs. 1 ThürAbgG das Wort „Länderwahlgesetz" durch die Worte „Thüringer Landeswahlgesetz" ersetzt worden ist, hat § 1 ThürAbgG folgenden Wortlaut:

(1) Erwerb und Verlust der Mitgliedschaft im Landtag regeln sich nach den Vorschriften des Thüringer Landeswahlgesetzes.

(2) Darüber hinaus verlieren Abgeordnete ihre Mitgliedschaft, wenn sie wissentlich als hauptamtliche oder inoffizielle Mitarbeiter mit dem Ministerium für Staatssicherheit, dem Amt für Nationale Sicherheit oder Beauftragten dieser Einrichtungen zusammengearbeitet haben.

Die Verfassung des Freistaats Thüringen (ThürVerf) vom 25. Oktober 1993 (GVBl. S. 625) trat am 29. Oktober 1993 vorläufig in Kraft. Der Thüringer Landtag beschloß am 9. November 1993 (GVBl. S. 657) das Thüringer Wahlgesetz für den Landtag (ThürLWG). Es trat am 12. November 1993 in Kraft.

Die im vorliegenden Zusammenhang bedeutsamen Vorschriften lauten:

Verfassung des Freistaats Thüringen

Art. 46

(1) Wahlen nach Art. 49 Abs. 1 und Abstimmungen nach Art. 82 Abs. 6 dieser Verfassung sind allgemein, unmittelbar, frei, gleich und geheim.

(2) Wahl- und stimmberechtigt sowie wählbar ist jeder Bürger, der das 18. Lebensjahr vollendet und seinen Wohnsitz im Freistaat hat.

(3) Das Nähere regelt das Gesetz.

Art 49

(1) …

(2) …

(3) Der Landtag prüft die Gültigkeit der Wahl. Er entscheidet, ob ein Mitglied seinen Sitz im Landtag verloren hat.

(4) Das Nähere regelt das Gesetz.

Art 52

(1) …

(2) …

(3) Verliert ein Abgeordneter die Wählbarkeit, so erlischt sein Mandat.

Thüringer Landeswahlgesetz

§ 16
Wählbarkeit

Wählbar sind alle Deutschen im Sinne des Art. 116 Abs. 1 des Grundgesetzes, die am Wahltag
1. …
2. …
3. nicht nach § 17 von der Wählbarkeit ausgeschlossen sind.

§ 17
Ausschluß von der Wählbarkeit

Nicht wählbar ist, wer
1. ...
2. ...
3. gegenüber dem Landeswahlleiter die Abgabe einer schriftlichen Erklärung zu der Frage verweigert, ob er wissentlich als hauptamtlicher oder inoffizieller Mitarbeiter mit dem Ministerium für Staatssicherheit, dem Amt für Nationale Sicherheit oder Beauftragten dieser Einrichtungen zusammengearbeitet hat.

Die Regelung in Nummer 3 tritt nach Ablauf der ersten zwei Wahlperioden nach Inkrafttreten dieses Gesetzes außer Kraft.

§ 46
Verlust der Mitgliedschaft im Landtag

(1) Ein Abgeordneter verliert die Mitgliedschaft im Landtag bei
1. Ungültigkeit des Erwerbs der Mitgliedschaft,
2. …
3. Wegfall einer Voraussetzung seiner jederzeitigen Wählbarkeit,
4. …
5. …
6. wahrheitswidriger Verneinung in der Erklärung nach § 17 Nr. 3.

Verlustgründe nach anderen gesetzlichen Vorschriften bleiben unberührt.

(2) …

(3) …

(4) …

§ 47
Entscheidung über den Verlust der Mitgliedschaft

(1) Über den Verlust der Mitgliedschaft nach § 46 Abs. 1 wird entschieden
1. in den Fällen der Nummern 1 bis 4 im Wahlprüfungsverfahren,
2. im Falle der Nummer 5 durch den Präsidenten des Landtags.

(2) …

(3) …

§ 51
Zuständigkeit im Wahlprüfungsverfahren

Der Landtag entscheidet auf Einspruch

1. über die Gültigkeit der Wahlen,
2. über die nachträgliche Berufung von Listennachfolgern (§ 48 Abs. 1) und
3. ob ein Abgeordneter nach der Wahl die Mitgliedschaft im Landtag verloren hat (§ 47).

Während seiner zweiten Sitzung am 13. Dezember 1994 beschloß der Ältestenrat des zweiten Thüringer Landtags (zu Vorlage 2/4 – ÄltR –), daß die Mitglieder des zweiten Thüringer Landtags mit ihrer Zustimmung auf eine Belastung im Sinne von § 1 Abs. 2 ThürAbgG überprüft werden. Die Überprüfung sollte dem Beschluß zufolge in dem vom Ältestenrat des ersten Thüringer Landtags am 7. Mai 1991 beschlossenen und während der ersten Legislaturperiode praktizierten Verfahren mit der Maßgabe erfolgen, daß etwaige hinzuzuziehende Fraktionsvorsitzende und Vertrauensabgeordnete nach Nummer 4 des Beschlusses nur beratende Stimme im Prüfungsgremium haben (ÄltRProt. 2/2).

Im Beschluß des Ältestenrats des ersten Thüringer Landtags vom 7. Mai 1991 (ÄltRProt. 1/15) heißt es:

„Der Ältestenrat des Thüringer Landtags hat sich in seiner 13. Sitzung am 23. April 1991 und seiner 14. Sitzung am 7. Mai 1991 einstimmig/mehrheitlich auf folgendes Verfahren zur Überprüfung von Mitgliedern des Thüringer Landtags auf eine offizielle oder inoffizielle Tätigkeit für das ehemalige MfS/AfNS verständigt:

1. Der „Sonderbeauftragte der Bundesregierung für die personenbezogenen Unterlagen des ehemaligen Staatssicherheitsdienstes“ wird um die Übermittlung

von Daten zum Zwecke der Überprüfung von Mitgliedern des Thüringer Landtags auf die offizielle oder inoffizielle Tätigkeit für das ehemalige MfS/AfNS gebeten.

2. Die von dem Sonderbeauftragten erteilten Auskünfte sind an den Präsidenten zu richten und von diesem gegen unbefugten Zugriff zu sichern.

3. Legt ein Abgeordneter sein Mandat nieder, ist das Überprüfungsverfahren einzustellen und sind die dabei angefallenen Daten zu vernichten.

4. Die Auswertung der vom Sonderbeauftragten übermittelten Daten erfolgt durch ein Gremium, das aus den Mitgliedern des Vorstandes sowie je einem Abgeordneten der Fraktionen besteht, die kein Mitglied des Vorstandes stellen. Im Falle einer Einzelfallprüfung wird dieses Gremium durch den Fraktionsvorsitzenden des betroffenen Abgeordneten und auf dessen Wunsch durch einen Abgeordneten seines Vertrauens als stimmberechtigte Mitglieder erweitert.

5. Soweit nach Auffassung dieses Gremiums der begründete Verdacht einer offiziellen oder inoffiziellen Tätigkeit von Abgeordneten für das ehemalige MfS/AfNS besteht, ist dem betroffenen Abgeordneten hierzu Gelegenheit zur Stellungnahme zu geben. Er kann darüber hinaus eine weitere Überprüfung durch den Sonderbeauftragten sowie Einsicht in die dem Gremium vorliegenden Unterlagen verlangen; ihm ist daraufhin erneut Gelegenheit zur Stellungnahme zu geben. Darüber hinaus unterstützt das Gremium den Abgeordneten, falls er Einsicht in die Originalakten erstrebt.

6. Vor einer Feststellung durch das oben beschriebene Gremium über eine offizielle oder inoffizielle Tätigkeit eines Abgeordneten für das ehemalige MfS/AfNS hat es unter Teilnahme des betroffenen Abgeordneten Einsicht in die dem Gremium vorliegenden Unterlagen zu nehmen.

7. Das Ergebnis zur Überprüfung ist in öffentlicher Sitzung des Landtags bekanntzugeben. Bei Vorliegen der Voraussetzungen von § 1 Abs. 2 des Thüringer Abgeordnetengesetzes (§ 1 Abs. 2 lautet: „Darüber hinaus verlieren Abgeordnete ihre Mitgliedschaft, wenn sie wissentlich als hauptamtliche oder inoffizielle Mitarbeiter mit dem Ministerium für Staatssicherheit, dem Amt für Nationale Sicherheit oder Beauftragten dieser Einrichtung zusammengearbeitet haben.“), ist der Mandatsverlust des betroffenen Abgeordneten durch den Landtag festzustellen.“

Für eine entsprechende Überprüfung verweigerten die Antragsteller zu 1) bis 3) sowie zwei weitere Abgeordnete des zweiten Thüringer Landtags ihre Zustimmung.

Daraufhin beschloß der Thüringer Landtag auf Grund eines Beschlußvorschlags (zu Vorlage 2/15 – ÄltR –, Variante 1 a) des Ältestenrats vom 9. Mai 1995 (ÄltRProt. 2/8) und auf Antrag der Fraktionen der CDU und

SPD vom 17. Mai 1995 (Drucksache 2/306) am 18. Mai 1995 über die Überprüfung der Abgeordneten auf eine Zusammenarbeit mit dem MfS/AfNS (PlProt. 2/12). Der Beschluß hat folgenden Wortlaut:

„Alle Abgeordneten des Thüringer Landtags werden im Hinblick auf § 1 Abs. 2 ThürAbgG auf eine Zusammenarbeit mit dem Ministerium für Staatssicherheit/Amt für Nationale Sicherheit überprüft. Durch den Präsidenten wird die Übermittlung von Daten zum Zwecke dieser Überprüfung beim Bundesbeauftragten für die Unterlagen des Staatssicherheitsdienstes der ehemaligen Deutschen Demokratischen Republik beantragt."

Weitere, das Gremium zur Überprüfung der Abgeordneten des zweiten Thüringer Landtags auf Verstrickung in eine Zusammenarbeit mit dem MfS/AfNS der ehemaligen DDR betreffende, protokollierte Verfahrensvorschriften bzw. -absprachen liegen nach Auskunft des Thüringer Landtags nicht vor.

2. Die Antragsteller sind Mitglieder des zweiten Thüringer Landtags. Mit Schreiben vom 19. Mai 1995 teilte der Präsident des Thüringer Landtags den Antragstellern mit, daß er die Übermittlung von entsprechenden Daten beim Bundesbeauftragten für die Unterlagen der Staatssicherheit beantragt habe.

Mit Schriftsatz vom 9. Juni 1995 beantragte die Antragstellerin zu 1) im Wege der einstweiligen Anordnung beim Bundesverfassungsgericht, bis zu einer rechtskräftigen Entscheidung in der Hauptsache dem Antragsgegner zu untersagen, sie auf eine Zusammenarbeit mit dem MfS/AfNS zu überprüfen.

Mit Beschluß vom 18. Juli 1995 – 2 BvQ 31/95 – entschied der zweite Senat des Bundesverfassungsgerichts:

„Der Thüringer Landtag darf bis zum Ablauf eines Monats nach dem Tag, an dem der Thüringer Verfassungsgerichtshof Beschlußfähigkeit (§ 8 des Gesetzes über den Thüringer Verfassungsgerichtshof vom 28. Juni 1994 = GVBl. 1994, 781) erlangt, in dem Verfahren zur Überprüfung der Antragstellerin auf eine Zusammenarbeit mit dem Ministerium für Staatssicherheit/Amt für Nationale Sicherheit (MfS/AfNS) hierauf bezügliche Informationen nicht entgegennehmen; bereits bei dem Landtag eingegangene Informationen sind von dem Präsidenten des Landtags unter Verschluß zu nehmen."

Für das Hauptsacheverfahren verwies das Bundesverfassungsgericht auf die Zuständigkeit des in Kürze seine Tätigkeit aufnehmenden Thüringer Verfassungsgerichtshofs.

Der Antragsgegner setzte das Überprüfungverfahren im Hinblick auf diesen Beschluß zunächst aus.

Mit am 21. September 1995 eingegangenen Schriftsätzen beanstandeten die Antragsteller die Maßnahmen des zweiten Thüringer Landtags im Organstreitverfahren vor dem Thüringer Verfassungsgerichtshof.

3. Mit Schreiben des Gerichts vom 6. Februar 1996 erhielt die Landesregierung des Freistaats Thüringen gemäß § 40 Abs. 2 ThürVerfGHG Kenntnis von der Einleitung des vorliegenden Organstreitverfahrens und Gelegenheit zur Stellungnahme. Eine Stellungnahme ist nicht erfolgt.

II.

1. Die Antragsteller beantragen im Organstreitverfahren

festzustellen, daß der 2. Thüringer Landtag die Antragsteller in ihren verfassungsmäßigen Rechten aus Art. 53 Abs. 1 der Verfassung des Freistaats Thüringen verletzt, indem er in seiner 12. Plenarsitzung am 18. 5. 1995 beschlossen hat, alle Abgeordneten des 2. Thüringer Landtages im Hinblick auf § 1 Abs. 2 ThürAbgG auf eine Zusammenarbeit mit dem MfS/AfNS der früheren DDR zu überprüfen sowie den Präsidenten des Thüringer Landtages beauftragt hat, zu diesem Zweck die Übermittlung von Daten beim Bundesbeauftragten für die Unterlagen des Staatssicherheitsdienstes der ehemaligen DDR zu beantragen.

2. Zur Begründung des Antrags tragen sie vor:
Dem zweiten Thüringer Landtag fehle die Kompetenz zur Einführung eines Verfahrens, mit dem Abgeordnete ohne ihre Zustimmung auf eine Zusammenarbeit mit dem MfS/AfNS überprüft würden.

Die Verfassung des Freistaats Thüringen enthalte keine Regelungen, nach der Mitglied des Landtags nicht sein könne, wer mit dem früheren MfS/AfNS zusammengearbeitet habe. Demzufolge fänden sich in der Verfassung auch keine Bestimmungen über eine diesbezügliche Überprüfung. Ein ungeschriebener verfassungsimmanenter oder zum materiellen Verfassungsrecht gehörender Grundsatz der prinzipiellen Unvereinbarkeit von Abgeordnetenmandat und früherer Zusammenarbeit mit dem MfS/AfNS sei auch bei einer synergetischen Zusammenschau aller einschlägigen Regelungen, insbesondere der Verfassung des Freistaats Thüringen, des Thüringer Abgeordnetengesetzes und des Thüringer Landeswahlgesetzes, nicht herleitbar.

Auch die einfachgesetzlichen Regelungen anderer Bundesländer, soweit sie überhaupt bestünden und an eine frühere Zusammenarbeit mit dem MfS/AfNS und damit an ein Verhalten vor einer Wahl zum Mitglied einer Volksvertretung anknüpften, seien von einer deutlichen Zurückhaltung hinsichtlich der Konsequenzen für den Bestand des Mandats geprägt. Jedenfalls seien die in diesem Zusamenhang vorgesehenen Überprüfungsverfahren durch Gesetz und/oder Geschäftsordnungrecht ausgeformt, eine Ableitung aus ungeschriebenem Recht sei ohne Beispiel.

Untersuchungen gegenüber Abgeordneten und Eingriffe in den Abgeordnetenstatus fielen nur insoweit in den Kompetenzbereich des Landtags, als es sich um die Einsetzung von Untersuchungsausschüssen, um Wahlprüfungsverfahren oder um Immunitätsangelegenheiten handele. Im übrigen bestimme Art. 52 Abs. 3 ThürVerf lediglich, daß das Mandat eines Abgeordneten erlösche, wenn dieser seine Wählbarkeit verliere. Auf die letztgenannte Vorschrift könne das hier angegriffene Überprüfungsverfahren nicht gestützt werden. Ineligibilitätsgründe seien in § 17 ThürLWG geregelt. Danach schließe eine frühere Zusammenarbeit mit dem MfS/AfNS die Wählbarkeit nicht aus. Die Einführung eines Verfahrens zur Überprüfung der Abgeordneten des Thüringer Landtags auf eine Zusammenarbeit mit dem MfS/AfNS könne auch nicht auf die Vorschriften gestützt werden, welche die Gründe für den Verlust eines Abgeordnetenmandats bestimmten und die diesbezüglichen Verfahren regelten. Die Gründe für den Verlust der Mitgliedschaft im Thüringer Landtag seien in § 46 Abs. 1 ThürLWG abschließend geregelt. Ein Verlustgrund, der dem des § 1 Abs. 2 ThürAbgG entsprechen würde, sei dort nicht aufgeführt.

Gemäß Art. 49 Abs. 3 ThürVerf i. V. m. §§ 51, 47 ThürLWG sei dem Thüringer Landtag lediglich die Kompetenz zugewiesen, im Wahlprüfungsverfahren darüber zu entscheiden, ob ein Abgeordneter die Mitgliedschaft im Landtag aufgrund der Bestimmungen in § 46 Abs. 1 Satz 1 Nr. 1 bis 4 ThürLWG verloren habe. Im Hinblick auf § 1 Abs. 2 ThürAbgG fehle es mithin an einfachgesetzlichen Verfahrensvorschriften.

Ein Verfahren zur Überprüfung der Abgeordneten auf Zusammenarbeit mit dem MfS/AfNS könne seine rechtliche Grundlage auch nicht in § 1 Abs. 2 ThürAbgG selbst finden. Diese Vorschrift verstoße gegen Art. 53 Abs. 1 ThürVerf. Die verfassungsrechtlich garantierte Freiheit des Abgeordnetenmandats beinhalte, daß der Abgeordnete bei der Ausübung seines Mandats lediglich seinem Gewissen verpflichtet sei. Die Entscheidung eines Abgeordneten darüber, ob er sich einer Überprüfung auf eine mögliche frühere Tätigkeit für das MfS/AfNS unterziehe und ob er bei Feststellung einer solchen Tätigkeit auf sein Mandat verzichte, fiele ausschließlich in den Bereich, der allein einer Gewissensprüfung vorbehalten sei. Im übrigen bedürfe in Anbetracht des verfassungsrechtlich garantierten Schutzes des freien Mandats eine Überprüfung aller Mitglieder des Landtags auf eine Zusammenarbeit mit dem MfS/AfNS ohne ihre Zustimmung wegen ihres substantiellen Gewichts für den durch demokratische Wahlen erlangten Status eines Abgeordneten der eigenständigen gesetzlichen Regelung. Die Anordnung einer Überprüfung sämtlicher Abgeordneter aufgrund bloßen Parlamentsbeschlusses, dem keine eingehende parlamentarische Beratung vorausgegangen sei und der keinerlei, den Landtagspräsidenten bindende Festlegungen über das Verfahren beinhalte, sei nicht ausreichend. § 1 Abs. 2 ThürAbgG genüge den verfassungsrechtlichen Anforderungen an eine parlamentarisch legitimierte Verfahrensregelung nicht.

Die vom zweiten Thüringer Landtag eingeleiteten Überprüfungsverfahren fänden ihre rechtsstaatliche Grundlage auch nicht in den Regelungen des Kap. XIX, Sachgeb. A, Abschn. III, Nr. 1, Abs. 5 des Vertrages zwischen der Bundesrepublik Deutschland und der Deutschen Demokratischen Republik über die Herstellung der Einheit Deutschlands (EV) vom 31. August 1990 (BGBl. II S. 889). Diese Vorschriften würden sich lediglich auf Angehörige des öffentlichen Dienstes beziehen. Eine Übertragung der Regelungen in das Abgeordnetenrecht sei nicht möglich.

Darüber hinaus könne für die Ausgestaltung eines Verfahrens zur Überprüfung der Abgeordneten auf Zusammenarbeit mit dem MfS/AfNS nicht auf Geschäftsordnungsrecht des Thüringer Landtags zurückgegriffen werden. Die Bestimmungen über das Überprüfungsverfahren, soweit sie im Beschluß des Ältestenrats des ersten Thüringer Landtags vom 7. Mai 1991 bzw. im Beschluß des Ältestenrats des zweiten Thüringer Landtags vom 13. Dezember 1994 enthalten seien, könnten nicht dem Geschäftsordnungsrecht des zweiten Thüringer Landtags zugerechnet werden. Es fehle diesbezüglich an einer Übernahme dieser Regelungen in das Geschäftsordnungsrecht durch den zweiten Thüringer Landtag selbst, die gemäß Art. 57 Abs. 5 ThürVerf erforderlich sei. Die entsprechenden Verfahrensregeln des ersten Thüringer Landtags seien auch nicht durch das Gesetz über die Geschäftsordnung des Thüringer Landtags (ThürGOG) vom 19. Juli 1994 (GVBl. S. 911) in die Geschäftsordnung des zweiten Thüringer Landtags übernommen worden. Die Regelungen seien im Gesetz weder aufgeführt noch werde darauf Bezug genommen.

Im übrigen gehe das Verfassungsprinzip des freien Mandats als wesentliche Voraussetzung für die Unabhängigkeit des Abgeordnetenstatus notwendig davon aus, daß die Modalitäten der Feststellung des Wahlergebnisses sowie die Gründe und das Verfahren auf Feststellung des Verlusts des durch demokratische Wahlen erlangten Abgeordnetenstatus vor der Wahl des Landtags durch die Verfassung selbst oder im Landeswahlgesetz eindeutig bestimmt seien.

III.

1. Der Antragsgegner beantragt festzustellen, daß

> der 2. Thüringer Landtag die Antragsteller nicht in ihren verfassungsmäßigen Rechten des Art. 53 Abs. 1 der Verfassung des Freistaats Thüringen verletzt, indem er in seiner 12. Plenarsitzung am 18. 5. 1995 beschlossen hat, alle Abgeordneten des 2. Thüringer Landtags im Hinblick auf § 1 Abs. 2 ThürAbgG auf

eine Zusammenarbeit mit dem MfS/AfNS der früheren DDR zu überprüfen sowie den Präsidenten des Thüringer Landtages beauftragt hat, zu diesem Zweck die Übermittlung von Daten beim Bundesbeauftragten für die Unterlagen des Staatssicherheitsdienstes der ehemaligen DDR zu beantragen.

2. Zur Begründung trägt der Antragsgegner vor:

a) Der Organstreit sei nicht zulässig. Den Antragsgegnern fehle bereits die Antragsbefugnis. Ihr Vortrag sei nicht ausreichend substantiiert, es sei nicht erkennbar, welche der mit dem Abgeordnetenstatus verbundenen Mandatsbefugnisse aufgrund einer gegenüber allen Abgeordneten des Thüringer Landtags stattfindenden Überprüfung auf Zusammenarbeit mit dem MfS/AfNS der ehemaligen DDR nur beschränkt ausgeübt werden könnten.

Im übrigen fehle den Antragstellern auch das erforderliche Rechtsschutzinteresse, da von einer Verletzung oder unmittelbaren Gefährdung des Abgeordnetenstatus aufgrund der Einleitung und Durchführung eines Überprüfungsverfahrens nicht die Rede sein könne. Eine Statusbeeinträchtigung durch Mandatsentziehung stünde noch nicht fest, wenn ein Sachverhalt überhaupt erst untersucht werde. Außerdem hätten die Antragsteller versichert, daß sie in einer gänzlich ungefährdeten Lage seien, weil sie keine Zuarbeit für den Staatssicherheitsdienst i. S. des § 1 Abs. 2 ThürAbgG geleistet hätten.

b) Die Anträge der Antragsteller seien auch in der Sache unbegründet.

Der Landtag dürfe sich grundsätzlich – und insbesondere ansehenswahrend – mit dem Verhalten seiner Mitglieder beschäftigen und in diesem Zusammenhang – ohne die Freiheit des Mandatsinhabers zu verletzen – auch zu Mitteln des Mandatsverlusts greifen. Es sei allgemein anerkannt, daß es eine Intra-Organ-Untersuchung geben könne. Das hierfür bereitstehende klassische, jedoch keineswegs einzige Mittel sei der Untersuchungsausschuß, die Kollegialenquête. Dies zeige auch die Parlamentspraxis. Ein gesetzliches Feststellungsverfahren, dessen Inhalt die Prüfung der Legitimation des Mandatserwerbs und dessen Ziel die parlamentarische Selbstreinigung sei, berühre die Freiheit des Mandats jedenfalls dann nicht, wenn das Ziel der Selbstreinigung verfassungsrechtlich legitim und das Gesetz als solches verfassungsgemäß – also auch in der nötigen Form – ergangen sei.

Das für den Mandatsverlust-Ausspruch nach § 1 Abs. 2 ThürAbgG vorgesehene Verfahren genüge diesen formellen Anforderungen. Auch verletze dessen Durchführung nicht die organschaftlichen Rechte der betroffenen Abgeordneten.

An der verfassungsrechtlichen Legitimation einer Regelung, die ehemalige Stasi-Zuträger aus dem Landesparlament fernhalten wolle und dabei an ein Verhalten vor der Wahl anknüpfe, sei nicht zu zweifeln. Gerade in staatsrechtlichen Umbruchzeiten könnten Unvereinbarkeiten zwischen dem Verhalten während einer untergegangenen Ordnung und legitimer Repräsentation im Verfassungsstaat statuiert werden. Dies lehre die Verfassungsgeschichte und die Rechtsvergleichung. Dementsprechend zeige – bei aller Verschiedenheit im Detail – ein Vergleich der einschlägigen Regelungen in den neuen Bundesländern wie auch derjenigen des Deutschen Bundestags eine übereinstimmende Grundüberzeugung von der derzeitigen Unvereinbarkeit von bewußter Stasi-Mitarbeit und Parlamentsmandat. Auch in den Debatten des Deutschen Bundestags sei dies völlig eindeutig zum Ausdruck gekommen. Die Befugnis zur parlamentarischen Reaktion auf eine Stasi-Verstrickung bestimmter Qualität könne auch aus den Wertungen des Einigungsvertrages bezüglich des Ämterzugangs im öffentlichen Dienst gefolgert werden. Die Unvereinbarkeit von Amt und Stasi-Mitarbeit sei eindeutiger gemeinsamer Wille der vertragschließenden Parteien gewesen.

Die Mandatsverlustregelung im thüringischen Recht entspreche im übrigen auch nach Form und Inhalt dem Verfassungsrecht.

Die verfassungsrechtliche Ermächtigung für die Mandatsverlustregelung folge aus Art. 46 Abs. 3 i. V. m. Art. 49 Abs. 3 und 4 ThürVerf. Die gesetzliche Ermächtigung für den Mandatsverlust bei wissentlicher Mitarbeit für das MfS/AfNS folge aus § 46 Abs. 1 Satz 2 ThürLWG i. V. m. § 1 Abs. 2 ThürAbgG. Der materielle Verlusttatbestand des § 1 Abs. 2 ThürAbgG sei im parlamentsbeschlossenen Gesetz formuliert, so daß dem Vorbehalt des formellen Gesetzes Genüge getan sei. Dem Wahlrecht, wie es im Thüringer Landeswahlgesetz und in § 1 Abs. 2 ThürAbgG geregelt sei, könne die Entscheidung für die prinzipielle Unvereinbarkeit einer früheren Zuarbeit für das MfS/AfNS und einer Mitgliedschaft im Thüringer Landtag entnommen werden. Der Wahlkreisbewerber müsse gemäß § 17 Satz 1 Nr. 3 ThürLWG in der ersten Phase der Durchführung einer Wahl dem Landeswahlleiter gegenüber eine Erklärung abgeben, daß er nicht als Mitarbeiter in die Operationen des MfS/AfNS involviert gewesen sei. Daß eine positive Erklärung über eine Zusammenarbeit nicht zum Ausschluß von der Wahl führe, bedeute nicht, daß eine Involvierung in die Arbeit des MfS/AfNS als Mitarbeiter für den Mandatsbestand unerheblich sei. § 46 ThürLWG normiere – als sozusagen zweite Phase – die Mandatsverlustgründe. Dazu gehöre nach Abs. 1 Satz 1 Nr. 6 der Vorschrift auch der Fall einer wahrheitswidrigen Erklärung nach § 17 Satz 1 Nr. 3. Das materielle Verfassungsrecht Thüringens verlasse sich für seine Grundentscheidung gegen die Mitgliedschaft von Mitarbeitern des MfS/AfNS jedoch nicht allein auf diese wahlrechtliche Sanktionsmöglichkeit; es trete vielmehr die Regelung des § 1 Abs. 2 ThürAbgG hinzu. So würde denn auch § 46 Satz 2 ThürLWG ausdrücklich betonen, daß Verlustgründe nach anderen gesetzlichen Vorschriften unberührt blieben. Die

Bestimmungen des Landeswahlgesetzes und des Abgeordnetengesetzes wirkten gleichsam synergetisch zu einer materiellen Unvereinbarkeitsentscheidung zusammen.

Ein Mandatsverlust gemäß § 1 Abs. 2 ThürAbgG verletze nicht den durch Art. 53 Abs. 1 ThürVerf gewährleisteten Abgeordnetenstatus. Als Unvereinbarkeitsbestimmung i. S. letztlich einer Ineligibilitätsregelung, als ursprüngliches – möglicherweise aber erst später bekannt werdendes – Mandatserwerbshindernis, stelle die Bestimmung eine wahlrechtliche Regelung dar, nicht anders als der Verlustgrund des § 46 Abs. 1 Satz 1 Nr. 4 ThürLWG, der das Mandat des auf der Liste einer für verfassungswidrig erklärten Partei Gewählten wegfallen lasse. Nach der Rechtsprechung des Bundesverfassungsgerichts handele es sich bei der Erkenntnis der Verfassungswidrigkeit einer Partei mit der Folge des Mandatsverlusts für die so Gewählten nicht um einen Eingriff in die Mandatsfreiheit eines Abgeordneten. Im übrigen würden die in Art. 46 Abs. 3 und Art. 49 Abs. 3 und 4 ThürVerf enthaltenen Regelungsvorbehalte die Ermächtigung zur Regelung des Abgeordnetenrechts – zumal solches mit wahlrechtlichem Inhalt – einschließen.

Hinsichtlich der Ausgestaltung des vom Thüringer Landtag vorgesehenen Verfahrens zur Überprüfung von Abgeordneten ergebe sich eine formell-gesetzliche Ermächtigung bereits implizit aus § 1 Abs. 2 ThürAbgG. Insofern liege auch die Regelung über das entsprechende Überprüfungsverfahren als formelles Gesetz vor. Die Überprüfung erfolge nicht nur auf der Basis eines „bloßen" Parlamentsbeschlusses, vielmehr sei sie durch parlamentarisches Geschäftsordnungsrecht geregelt. Die Regelung des Überprüfungsverfahrens erfordere keine formell-gesetzliche Grundlage. Soweit das Überprüfungsverfahren – also nicht der materielle Verlusttatbestand, welchen § 1 Abs. 2 ThürAbgG formell gesetzlich normiere – betroffen sei, bewege sich der Thüringer Landtag im Rahmen einer Intra-Organ-Beziehungen, für die das Geschäftsordnungsrecht mangels Drittrechtsbeziehung die geborene Rechtsetzungsform darstelle, während das parlamentsbeschlossene Gesetz in diesem Zusammenhang die rechtfertigungsbedürftige Ausnahme sei. Auch soweit Rechtsgedanken in Frage stünden, die der „Wesentlichkeitstheorie" entlehnt seien, gelte nichts anderes. Der Wesentlichkeitsvorbehalt sei Sachvorbehalt, nicht Formvorbehalt. Der Regelungsgegenstand müsse zwar parlamentarisch, nicht aber zwingend in Form des Gesetzes entschieden werden. Im übrigen seien auch hiernach lediglich die wesentlichen Leitentscheidungen durch parlamentsbeschlossenes Gesetz zu regeln, was aber im vorliegenden Zusammenhang mit § 1 Abs. 2 ThürAbgG geschehen sei.

Im übrigen verletzt auch die Durchführung des Überprüfungsverfahrens die Antragsteller nicht in ihrem freien Mandat. Mit dem Überprüfungsverfahren würden alle Mitglieder des zweiten Thüringer Landtags konfrontiert, einer Diskriminierung einzelner Mitglieder des Hauses aus politischen Gründen sei daher vorgebeugt. Es fände auch kein politisch bestimmtes Verdachtsverfahren statt. Auch soweit einzelne Mitglieder bereits in der Vergangenheit anderen Prüfungen auf Stasi-Belastung unterlegen hätten, seien sie durch das neuerliche parlamentarische Überprüfungsverfahren nicht unverhältnismäßig belastet.

B.

Der Antrag der Antragsteller ist zulässig.

Im Organstreit kann der einzelne Abgeordnete die behauptete Verletzung oder Gefährdung jedes Rechts, das mit seinem Status verfassungsrechtlich verbunden ist, geltend machen (vgl. BVerfGE 80, 188, 208 f). Sein Antrag ist zulässig, wenn es nicht von vornherein ausgeschlossen ist, daß der Antragsgegner aus dem verfassungsrechtlichen Rechtsverhältnis zwischen den Beteiligten erwachsende Rechte des Antragstellers durch die beanstandete rechtserhebliche Maßnahmen verletzt oder unmittelbar gefährdet hat (vgl. auch BVerfGE 90, 286, 337).

Die Antragsteller sehen ihre Abgeordnetenstellung durch den Beschluß des zweiten Thüringer Landtags vom 18. Mai 1995 verletzt, der ein zwingendes, verdachts- und anlaßunabhängiges Überprüfungsverfahren einführt und einleitet. Sie sind der Auffassung, der verfassungsrechtliche Status eines vom Volk wirksam gewählten Abgeordneten lasse eine derartige Überprüfung nicht zu. Nach den Darlegungen der Antragsteller besteht die Möglichkeit, daß ihre durch Art. 53 Abs. 1 ThürVerf gewährleistete Abgeordnetenstellung durch den Landtagsbeschluß beeinträchtigt ist, jedenfalls erscheint dies nicht von vornherein ausgeschlossen.

Die Einleitung des zwingenden Überprüfungsverfahrens durch den Thüringer Landtag stellt auch bereits eine Maßnahme dar, durch die die Antragsteller in den ihnen durch die Verfassung des Freistaats Thüringen übertragenen Rechten verletzt oder unmittelbar gefährdet sein können. Ist die zwingende Überprüfung – sei es generell, sei es in ihrer normativen Ausgestaltung – mit der Abgeordnetenstellung nicht vereinbar, so verwirklicht sich eine Rechtsverletzung bereits mit ihrer Einleitung und nicht erst mit einer das Verfahren abschließenden Feststellung des Thüringer Landtags darüber, daß ein Abgeordneter sein Mandat verloren hat oder anderen, an das Ergebnis des Überprüfungsverfahrens anschließenden Maßnahmen bzw. Auswirkungen (vgl. BVerfGE 94, 351, 364). Mithin steht im vorliegenden

Fall nicht lediglich ein Begehren nach verfahrensbegleitendem Rechtsschutz in Frage, und es kommt auch nicht darauf an, ob die Antragsteller selbst einen Mandatsverlust aufgrund des Ergebnisses einer parlamentarischen Überprüfung zu befürchten haben.

C.

Der Antrag ist begründet.

Der Beschluß des zweiten Thüringer Landtags vom 18. Mai 1995, durch den die verdachts- bzw. anlaßunabhängige Überprüfung der Abgeordneten auf Zusammenarbeit mit dem früheren MfS/AfNS ohne bzw. gegen deren Willen eingeführt und eingeleitet wird, betrifft unmittelbar ihren Mandatsstatus (I). Die grundsätzlich zulässige Überprüfung (II) verletzt den durch Art. 53 Abs. 1 ThürVerf gewährleisteten verfassungsrechtlichen Status der Abgeordneten, da der Beschluß vom 18. Mai 1995 nicht die von Verfassungs wegen notwendigen Sicherungen zum Schutz des Abgeordnetenstatus enthält (III). Die Frage, ob eine solche Überprüfung nur durch Gesetz hätte eingeführt werden dürfen (IV), bedarf daher keiner abschließenden Klärung.

I.

Eine parlamentarische Untersuchung, welche auf die Aufdeckung einer möglichen Zusammenarbeit der Abgeordneten mit dem früheren MfS/AfNS abzielt und ohne oder gegen den Willen der Abgeordneten eingeleitet wird, betrifft unmittelbar den Mandatsstatus, wie er durch die Verfassung des Freistaats Thüringen gewährleistet wird. Die durch Wahl erworbene Legitimation des Abgeordneten erschöpft sich nicht im formalen Innehaben und tatsächlichen Ausüben seines Mandats. Sein Status ist auch betroffen, wenn die Legitimation seines Mandats im Rahmen oder als Ergebnis einer parlamentarischen Untersuchung in Abrede gestellt wird.

Die verdachts- bzw. anlaßunabhängige Überprüfung von Abgeordneten auf mögliche wissentliche Kontakte zum MfS/AfNS der ehemaligen DDR im Rahmen einer parlamentarischen Untersuchung soll das Vertrauen in das Parlament fördern. Sie beruht auf der Prämisse, daß die frühere Tätigkeit eines Abgeordneten für das MfS/AfNS diesem grundsätzlich die Legitimation nimmt, Abgeordneter des Thüringer Landtags zu sein. Damit wird nicht seine Ehre im Sinne eines personalen Rechtsguts in Frage gestellt, sondern seine „Würdigkeit", das Volk im Parlament zu vertrete (so für Abgeordnete des Deutschen Bundestags auch das Bundesverfassungsgericht, BVerfGE 94, 351, 366 f). Das belegt für Thüringen der in den Debatten des Thüringer Landtags zur Überprüfung von Abgeordneten auf Zusammenarbeit mit dem

MfS/AfNS der ehemaligen DDR wiederholt betonte Zweck eines entsprechenden Verfahrens, zum „Sauberhalten" des Parlaments beizutragen und im Hinblick auf die Regelungen im Beamtenrecht und im Recht des öffentlichen Dienstes beispielhaft zu wirken (vgl. Erklärung Abg. *Schwäblein*: ÄltRProt., Thüringer Landtag, 2. Wahlperiode, 8. Sitzung vom 9. Mai 1995, Anlage 2; Abg. *Wolf*: PlProt., Thüringer Landtag, 2. Wahlperiode, 12. Sitzung vom 18. Mai 1995, S. 823 f).

Ein Überprüfungsverfahren betrifft somit – selbst dann, wenn das Mandat und die aus ihm folgenden Rechte unberührt blieben – die Mandatsstellung, weil es in der Sache zu dem Verdikt führen kann, daß der betroffene Abgeordnete politisch unwürdig sei, dem Parlament anzugehören (vgl. BVerfGE 94, 351, 367). Um so mehr betrifft ein parlamentarisches Verfahren zur Überprüfung von Abgeordneten auf MfS/AfNS-Verstrickung mit der gesetzlich vorgesehenen Möglichkeit des Mandatsverlusts nach § 1 Abs. 2 ThürAbgG die organschaftliche Stellung der Antragsteller.

II.

Der Landtag kann innerhalb seines Aufgabenbereichs bei Vorliegen eines öffentlichen Untersuchungsinteresses von hinreichendem Gewicht Überprüfungsaufträge an ein parlamentarisches Gremium zur Ermittlung von Sachverhalten erteilen, die seine Integrität und politische Vertrauenswürdigkeit betreffen (vgl. BVerfGE 77, 1, 44). Nach der Rechtsprechung des Bundesverfassungsgerichts kann der besondere politische und historische Anlaß, den der Übergang von der Diktatur zur Demokratie in der ehemaligen DDR und die Vereinigung Deutschlands in Folge des politischen Umbruchs in Europa im Jahre 1989 darstellen, auch ein parlamentarisches Verfahren zur Überprüfung von Abgeordneten auf eine frühere Tätigkeit für die Staatssicherheit rechtfertigen (vgl. BVerfGE 94, 351, 367 f).

1. Ist danach eine MfS-Überprüfung von Abgeordneten im Rahmen eines parlamentarischen Verfahrens grundsätzlich möglich (vgl. auch LVerfG Mecklenburg-Vorpommern, Urteil vom 11. Juli 1996, LVerfGE 5, 203 ff –), ergeben sich von Verfassungs wegen keine Bedenken dagegen, daß eine Überprüfung allein an die Mitgliedschaft im Landtag anknüpft, daß also gegen den überprüften Abgeordneten kein irgendwie gearteter Verdacht zu bestehen braucht (so auch LVerfG Mecklenburg-Vorpommern, aaO). Das durch Art. 53 Abs. 1 ThürVerf gewährleistete repräsentative Mandat steht einer solchen generellen Überprüfung nicht von vornherein entgegen. Der einzelne Abgeordnete wird in der Wahrnehmung seiner Rechte und Aufgaben nicht beeinträchtigt (vgl. Niedersächsischer Staatsgerichtshof, OVGE

43, 481, 494 f). Da einer Überprüfung gerade kein bestimmter Verdacht zugrunde liegt, gibt es – jedenfalls bei verfassungsgemäßer Ausgestaltung des Verfahrens im übrigen – bis zur Bekanntgabe des Ergebnisses der Überprüfung im Landtag, also praktisch während der Dauer des gesamten Überprüfungsverfahrens, keinerlei Ansatzpunkte für eine Einflußnahme oder Einwirkung auf das parlamentarische Verhalten eines einzelnen Abgeordneten. Insbesondere ist bei Einbeziehung aller Abgeordneten in das Überprüfungsverfahren kein Raum für Spekulationen darüber, daß die Einbeziehung für ein vorwerfbares Verhalten eines Abgeordneten spreche.

Die Einleitung eines generellen, verdachts- bzw. anlaßunabhängigen Überprüfungsverfahrens verletzt auch kein aus dem Abgeordnetenstatus folgendes Recht der betroffenen Mandatsträger auf Gleichbehandlung mit anderen Abgeordneten. Dem – den Abgeordnetenstatus bestimmenden – Grundsatz demokratischer, formaler Gleichheit wird vielmehr gerade durch diese Vorgehensweise entsprochen.

Es ist insoweit auch nicht zu beanstanden, daß auch Abgeordnete überprüft werden, die bereits früher einer Prüfung durch den Bundesbeauftragten unterlegen haben. Nur so ist über alle Abgeordneten in dieser Hinsicht ein gleichmäßiger und aktueller Kenntnisstand zu erlangen. Angesichts der Tatsache, daß die Auswertung des MfS-Aktenmaterials mit fortschreitender Zeit vollständiger und damit auch zuverlässiger wird und wegen des Bedürfnisses, alle Abgeordneten gleich zu behandeln, ist das Außerachtlassen einer früheren Überprüfung von Rechts wegen zumindest gerechtfertigt. Ob dies für künftige Legislaturperioden anders zu beurteilen ist, bedarf hier keiner Entscheidung.

2. Voraussetzung für die Verfassungsmäßigkeit eines solchen Überprüfungsverfahrens ist jedoch, daß dessen verfahrensrechtliche Ausgestaltung der verfassungsrechtlichen Stellung der Abgeordneten ausreichend Rechnung trägt. Der verfassungsrechtlich gewährleistete Mandatsstatus gebietet verfahrensrechtliche Maßnahmen zum Schutz des Mandatsträgers vor (politischem) Mißbrauch der den am Überprüfungsverfahren Beteiligten zur Kenntnis gelangenden Informationen und persönlichen Daten. Ferner müssen den von einer Überprüfung auf Zusammenarbeit mit dem MfS/AfNS betroffenen Abgeordneten vor allem Beteiligungsrechte am Verfahren eingeräumt sein, die nicht nur das rechtliche Gehör gewährleisten, sondern ihnen auch gestatten, aktiv an der Herstellung des Beweisergebnisses mitzuwirken. Die abschließende Bekanntgabe des ermittelten Sachverhalts im Plenum muß der Eigenart des gewählten Verfahrens sowie der zugelassenen Beweismittel Rechnung tragen. Das Verfahren muß des weiteren Regelungen enthalten, die eine korrekte Wiedergabe des Umfangs der Ermittlungen gewähr-

leisten (vgl. BVerfGE 94, 351, 369 ff). Schließlich sind Regelungen über die Verwertung der Erkenntnisse unter Berücksichtigung des Zeitfaktors zu treffen (vgl. BVerfG, Urteil vom 8. Juli 1997, NJW 1997, 2307, 2309 f).

Diese Anforderungen gelten – unabhängig von eventuellen zusätzlichen Erfordernissen – insbesondere für das vorliegend in Frage stehende zwingende, verdachts- bzw. anlaßunabhängige parlamentarische Verfahren. Im Unterschied zu den Verfahren, die Gegenstand der genannten Entscheidungen des Bundesverfassungsgerichts bzw. des Landesverfassungsgerichts Mecklenburg-Vorpommern waren, wird vom Thüringer Landtag ersichtlich eine Überprüfung von Abgeordneten auf eine Stasi-Verstrickung angestrebt, welche nicht nur die Legitimität einer fortdauernden Mandatsinnehabung faktisch in Frage stellen kann. Vielmehr kann das Ergebnis einer Überprüfung nach § 1 Abs. 2 ThürAbgG den Verlust des Mandats zur Folge haben und damit in den Kernbereich des Abgeordnetenstatus als solchen eingreifen.

III.

Das vom zweiten Thüringer Landtag angestrebte Verfahren zur Überprüfung von Abgeordneten auf wissentliche, hauptamtliche oder inoffizielle Zusammenarbeit mit dem MfS/AfNS der ehemaligen DDR ohne bzw. gegen deren Willen kann nicht aufgrund des Landtagsbeschlusses vom 18. Mai 1995 eingeführt und eingeleitet werden. Der Beschluß enthält nach seinem maßgeblichen normativen Inhalt keine Verfahrensregelungen, die den genannten verfassungsrechtlichen Anforderungen genügen.

1. Der Wortlaut dieses Beschlusses bestimmt lediglich, daß „alle Abgeordneten des Thüringer Landtags … im Hinblick auf § 1 Abs. 2 ThürAbgG auf eine Zusammenarbeit mit dem Ministerium für Staatssicherheit/Amt für Nationale Sicherheit überprüft" werden. Insoweit beschränkt sich die Regelung darauf, eine für alle Abgeordneten zwingende MfS-Überprüfung einzuführen. Allein im Hinblick auf den die Überprüfung einleitenden Verfahrensschritt bestimmt der in Rede stehende Landtagsbeschluß im weiteren, daß „durch den Präsidenten … die Übermittlung von Daten zum Zwecke dieser Überprüfung beim Bundesbeauftragten für die Unterlagen des Staatssicherheitsdienstes der ehemaligen Deutschen Demokratischen Republik beantragt" wird. Weitere Regelungen zur Ausgestaltung des Verfahrens der zwingenden MfS-Überprüfung von Abgeordneten enthält der Landtagsbeschluß nicht.

2. Die im Landtagsbeschluß fehlende Verfahrensregelung kann auch nicht durch die Beschlüsse des Ältestenrats des zweiten Thüringer Landtags

vom 9. Mai 1995 bzw. vom 13. Dezember 1994 sowie durch den Beschluß des Ältestenrats des ersten Thüringer Landtags vom 7. Mai 1991 normativ ergänzt werden.

Nach dem – auch diesbezüglich – eindeutigen Wortlaut des Beschlusses des zweiten Thüringer Landtags vom 18. Mai 1995 wird auf diese Ältestenratsbeschlüsse weder im Hinblick auf eine unmittelbare noch hinsichtlich einer entsprechenden Anwendung der darin niedergelegten Verfahrensregeln verwiesen, sie werden in keiner Weise ausdrücklich in Bezug genommen oder in den Regelungsgehalt des Landtagsbeschlusses zur Einführung und Einleitung eines zwingenden MfS-Überprüfungsverfahrens für Abgeordnete inkorporiert.

Verfahrensregeln, soweit sie in den Ältestenratsbeschlüssen enthalten sind, wurden in den streitigen Beschluß auch nicht stillschweigend bzw. konkludent übernommen.

Im Beschluß des Ältestenrats vom 9. Mai 1995 sind keine Verfahrensregelungen für ein zwingendes MfS-Überprüfungsverfahren enthalten. Aus dem Ergebnisprotokoll der 8. Sitzung des Ältestenrats vom 9. Mai 1995 geht hervor, daß der Ältestenrat mehrheitlich dem Beschlußvorschlag Variante 1a) in Vorlage 2/15 – ÄltR – zustimmte, wonach aufgrund eines entsprechenden Beschlusses des Thüringer Landtags alle Abgeordneten auf eine Zusammenarbeit mit dem MfS/AfNS überprüft werden sollten, unabhängig davon, ob sie ihre Zustimmung erklärt oder verweigert haben. Verfahrensregelungen für die damit intendierte zwingende Überprüfung von Abgeordneten auf Stasi-Belastung waren in dem Beschlußvorschlag, der vom Thüringer Landtag angenommen wurde, nicht enthalten und weder im Ältestenrat noch im Landtag Gegenstand der hierzu ergangenen Aussprachen bzw. Abstimmungen.

Die Beschlüsse des Ältestenrats des zweiten Thüringer Landtags vom 13. Dezember 1994 sowie des Ältestenrats des ersten Thüringer Landtags vom 7. Mai 1991 enthalten Verfahrensregeln für ein MfS-Überprüfungsverfahren. Einer stillschweigenden bzw. konkludenten Übernahme dieser Verfahrensregeln steht indessen schon entgegen, daß der entscheidende Ausgangspunkt, welcher der Schaffung dieser Verfahrensregelungen zugrundelag, nämlich die Freiwilligkeit der Überprüfung, nicht mit dem des Landtagsbeschlusses vom 18. Mai 1995 zu vergleichen ist. Im Beschluß des Ältestenrats des ersten Thüringer Landtags vom 7. Mai 1991 wurden Verfahrensregeln für das freiwillige MfS-Überprüfungsverfahren der ersten Legislaturperiode niedergelegt. Ausweislich des Ergebnisprotokolls der 2. Sitzung des Ältestenrats des zweiten Thüringer Landtags vom 13. Dezember 1994 sollten aufgrund des Beschlusses vom gleichen Tag die Abgeordneten auch in der zweiten Legislaturperiode mit ihrer Zustimmung auf eine Belastung im Sinne von § 1 Abs. 2

ThürAbgG überprüft werden. Demgegenüber strebt der zweite Thüringer Landtag mit seinem Beschluß vom 18. Mai 1995 ein MfS-Überprüfungsverfahren ohne oder gegen den Willen der Abgeordneten an. Soweit im Beschluß des Ältestenrats des zweiten Thüringer Landtags vom 13. Dezember 1994 Verfahrensregelungen niedergelegt sind – sei es durch Übernahme der festgelegten Vorschriften zur Ausgestaltung eines entsprechenden Verfahrens der ersten Legislaturperiode, sei es durch modifizierende Maßgaben für das Verfahren der zweiten Legislaturperiode – regeln diese lediglich ein freiwilliges MfS-Überprüfungsverfahren für Abgeordnete. Der Sinn und Zweck der in den betreffenden Ältestenratsbeschlüssen enthaltenen Regelungen entspricht daher nicht dem im fraglichen Landtagsbeschluß intendierten zwingenden Überprüfungsverfahren.

3. Darüber hinaus würden die Verfahrensvorschriften für eine freiwillige MfS-Überprüfung von Abgeordneten, wie sie sich aus dem Beschluß des Ältestenrats des zweiten Thüringer Landtags vom 13. Dezember 1994 in Verbindung mit dem Beschluß des Ältestenrats des ersten Thüringer Landtags vom 7. Mai 1991 ergeben, die von Verfassungs wegen geforderten verfahrensrechtlichen Anforderungen für die strittige MfS-Überprüfung nicht ausreichend erfüllen. So wäre der durch Art. 53 Abs. 1 ThürVerf gewährleistete Abgeordnetenstatus demnach selbst dann verletzt, wenn der Thüringer Landtag die Verfahrensordnung im Beschluß vom 18. Mai 1995 ausdrücklich oder konkludent übernommen hätte.

Da Vorschriften, die ein Verfahren zur Überprüfung von Abgeordneten auf eine Zusammenarbeit mit dem MfS/AfNS festlegen, den Schutzbereich des Abgeordnetenstatus betreffen, verlangt dessen – rechtsstaatlich gebotene – effektive Gewährleistung vom Normtext hinreichende Vollständigkeit, Klarheit und Bestimmtheit. Dies gilt nicht nur für solche Vorschriften, mit denen ein in der Verfassung enthaltener Rechtsetzungsauftrag erfüllt wird, sondern für alle normativen Beschränkungen und näheren Ausgestaltungen des verfassungsrechtlich gewährleisteten Mandatsstatus.

Bei einem zwingenden Charakter der Abgeordnetenüberprüfung würden die genannten, vom Ältestenrat getroffenen Verfahrensregelungen dem nicht genügen.

Zunächst entsprächen die verfahrensrechtlichen Vorkehrungen zur Sicherung der politischen Neutralität und der Vertraulichkeit der Überprüfung nicht den Anforderungen, die von Verfassungs wegen der organschaftlichen Stellung des Abgeordneten geschuldet sind. Die Legitimität der fortdauernden Innehabung des Mandats darf, gerade bei Anknüpfung an ein der Wahl vorausliegendes Verhalten des Mandatsträgers, als Folge eines zwingenden Überprüfungsverfahrens – wenn überhaupt –, dann nur für den Fall in

Frage gestellt werden, daß die diesbezüglichen Feststellungen von einer Instanz getroffen werden, die eine hohe Gewähr dafür bietet, daß die im Verfahren offenkundig werdenden Informationen und persönlichen Daten nicht als Mittel der politischen Auseinandersetzung mißbraucht werden. In diesem Zusammenhang ist insbesondere auch hinreichend sicherzustellen, daß während des laufenden Überprüfungsverfahrens intern gewonnene (fragmentarische) Kenntnisse, Verdachtsmomente sowie (vorläufige) Bewertungen nicht bzw. nicht vorzeitig in die Öffentlichkeit gelangen. Zwar würde die Zusammensetzung eines Überprüfungsgremiums aus dem Vorstand des Thüringer Landtags sowie je einem Abgeordneten der nicht im Vorstand vertretenen Fraktionen, wie in Nr. 4 Satz 1 der Verfahrensordnung geregelt, von Verfassungs wegen keinen grundsätzlichen Bedenken begegnen, zumal hinsichtlich der normativen Festlegung der Zusammensetzung eines Prüfungsgremiums eine Einschätzungsprärogative des Parlaments besteht. Jedoch fehlt es an einer Bestimmung, die festlegt, daß grundlegende Entscheidungen bei der Durchführung des Verfahrens mit einer Mehrheit von zwei Dritteln der Mitglieder des Gremiums getroffen werden müssen und somit alle den Abgeordneten belastenden Verfahrensschritte und Feststellungen mit einer Mehrheit getroffen werden, die in der Regel eine Fraktion übergreift und auch die Opposition einbezieht (vgl. BVerfGE 94, 351, 371).

Des weiteren würden im Hinblick auf die Sicherstellung der Vertraulichkeit des Überprüfungsverfahrens Vorschriften fehlen, die bestimmen, daß bis zur Bekanntgabe der Prüfungsergebnisse im Landtag das gesamte Verfahren nichtöffentlich und vertraulich durchzuführen ist und die stimmberechtigten wie auch etwaige nicht stimmberechtigte Mitglieder des Prüfgremiums während des laufenden Verfahrens zur Geheimhaltung sowie über den Abschluß des Verfahrens hinaus zur Verschwiegenheit über schutzwürdige persönliche Daten der überprüften Abgeordneten verpflichtet sind (vgl. BVerfGE 94, 351, 371 und LVerfG Mecklenburg-Vorpommern, Urteil vom 11. Juli 1996, aaO, S. 229 u. 231). Auch müßte normativ, durch geeignete Gestaltung der Beteiligung betroffener Abgeordneter, dafür Sorge getragen werden, daß Schlußfolgerungen Dritter auf die Belastung eines Abgeordneten während des laufenden Überprüfungsverfahrens möglichst vermieden werden.

In bezug auf die dem Mandatsträger zu gewährleistende Möglichkeit, aktiv an der Herstellung des Beweisergebnisses mitzuwirken, müßte es dem betroffenen Abgeordneten aus Gründen der „Waffengleichheit" möglich sein, für die Erweiterung des Prüfungsgremiums um ein nicht stimmberechtigtes, beratendes Mitglied auf Wunsch nicht nur einen Abgeordneten zu bestimmen, sondern jede Person seines Vertrauens, insbesondere eine solche, die zwar nicht Mitglied des Landtags ist, wohl aber spezielle Fachkenntnisse besitzt (vgl. BVerfGE 94, 351, 371; LVerfG Mecklenburg-Vorpommern, aaO, S. 234 f).

Schließlich würde die in Frage stehende Verfahrensordnung auch bezüglich der Auswertung, der abschließenden Bekanntgabe über den ermittelten Sachverhalt und der Gewährleistung einer korrekten Wiedergabe des Umfangs der Ermittlungen nicht den verfassungsrechtlichen Anforderungen genügen. Bei Zugrundelegung der Verfahrensordnung ist die Überprüfung von Abgeordneten auf Zusammenarbeit mit dem MfS/AfNS in der Beweiserhebung nicht justizförmig ausgestaltet. Im Gegensatz zum parlamentarischen Untersuchungsausschuß sind die Beweismittel begrenzt. Insbesondere verzichtet die Verfahrensordnung auf den Zeugen- und Sachverständigenbeweis. Das Gremium kann auch mangels richterlicher Zwangsbefugnisse Zeugen oder Sachverständige weder vorladen noch sie vereidigen. Die Verfahrensordnung beschränkt sich auf eine Überprüfung der Abgeordneten anhand von Aktenmaterial und Angaben der Betroffenen.

Die in Konsequenz dieser Beschränkung der Beweismittel zum Schutz des Abgeordnetenstatus gebotenen verfahrensrechtlichen Bestimmungen ließe die Verfahrensordnung vermissen. Insbesondere würden klarstellende Regelungen dahingehend fehlen, daß das Gremium eine belastende Feststellung im Sinne von Nr. 6 der Verfahrensordnung nur aufgrund der in dem Verfahren vorgesehenen Beweismittel einschließlich der Aussagen des betroffenen Abgeordneten treffen kann, es von der wissentlichen, hauptamtlichen oder inoffiziellen Zusammenarbeit des Abgeordneten mit dem MfS/AfNS der ehemaligen DDR eine so sichere Überzeugung gewinnen muß, daß auch angesichts der begrenzten Beweismöglichkeiten vernünftige Zweifel an der Richtigkeit der Feststellung ausgeschlossen sind und es die Beweise hierzu zu würdigen und das Beweisergebnis zu begründen hat. Für den Fall, daß das Gremium eine solche sichere Überzeugung nicht erlangen kann, würden verfahrensrechtliche Regelungen fehlen, die die sonstigen, verfassungsrechtlich zulässigen Möglichkeiten der Verfahrensbeendigung bzw. der Bekanntgabe des Prüfungsergebnisses festlegen, wie z. B. diejenige, in den Gründen die Beweislage darzustellen (vgl. auch BVerfGE 94, 351, 369 f und LVerfG Mecklenburg-Vorpommern, LVerfGE 5, 203, 235).

Schließlich würden im Hinblick auf den Zeitfaktor Regelungen über Verwertungsverbote fehlen.

Darüber hinaus müßte dem betroffenen Abgeordneten auf Verlangen die Möglichkeit eingeräumt werden, nach Bekanntgabe des Überprüfungsergebnisses vor dem Landtag eine Erklärung von angemessenem Umfang abzugeben (vgl. BVerfGE 94, 351, 371).

IV.

Da nach alledem die getroffene Regelung die von Verfassungs wegen erforderlichen verfahrensrechtlichen Anforderungen nicht erfüllt, bedarf es keiner abschließenden Entscheidung darüber, ob die Regelung eines zwingenden, verdachts- und anlaßunabhängigen Verfahrens zur Überprüfung von Abgeordneten auf Zusammenarbeit mit dem ehemaligen MfS/AfNS auch deshalb gegen Art. 53 Abs. 1 ThürVerf verstößt, weil es dazu einer formellen gesetzlichen Grundlage bedurft hätte. Angezeigt erscheinen jedoch folgende Hinweise:

Sowohl der Deutsche Bundestag als auch die Landtage, die für ihre Abgeordneten ohne Zustimmung eine Überprüfung auf Zusammenarbeit mit dem MfS/AfNS der ehemaligen DDR vorsehen, haben – bei aller Unterschiedlichkeit im einzelnen – dafür spezielle gesetzliche Grundlagen geschaffen (vgl. § 44 b AbgG (Bund), § 46 a AbgG LSA, § 47 a AbgG M-V, § 1 SächsAbgG). Der Gerichtshof neigt zu der Auffassung, daß dies auch verfassungsrechtlich geboten ist, d. h. die Kompetenz zur Einführung und Regelung eines Überprüfungsverfahrens von der Parlamentsautonomie nicht umfaßt ist.

Eine spezielle verfassungsrechtliche Kompetenzzuweisung, aus der sich eine Ermächtigung des Thüringer Landtags zur parlamentsautonomen Regelung entsprechender Sachverhalte bzw. gerade der Einführung und Ausgestaltung des vorliegend in Frage stehenden Abgeordnetenüberprüfungsverfahrens ergibt, ist der Verfassung des Freistaats Thüringen nicht zu entnehmen. Die Regelung eines Verfahrens, wie es hier in Rede steht, geht auch über den Bereich der parlamentsspezifischen Geschäfte und der geschäftsordnungs- bzw. parlamentsrechtlichen, das einzelne Parlamentsmitglied als Organwalter bindenden, Konkretisierung und Ausgestaltung des Abgeordnetenstatus hinaus.

Die durch Art. 57 Abs. 5 ThürVerf gewährleistete Geschäftsordnungsautonomie ist ihrem Umfang nach auf eine bestimmte Materie beschränkt (vgl. *Arndt,* Parlamentarische Geschäftsordnungsautonommie und autonomes Parlamentsrecht, in: Schriften zum öffentlichen Recht, Bd. 37, 1966, S. 64). Der Gegenstand der autonomen Regelung ist in dem Begriff „Geschäftsordnung" implizite enthalten. Die Geschäftsordnung kann nur Vorschriften enthalten, die die Abwicklung der Geschäfte des Landtags regeln und sichern (vgl. *Troßmann,* Parlamentsrecht des Deutschen Bundestages, 1977, § 22 Rn. 2). Das Recht des Parlaments, seine Geschäftsordnungsangelegenheiten autonom zu regeln, erstreckt sich traditionell auf die Bereiche „Geschäftsgang" und „Disziplin" (vgl. BVerfGE 44, 308, 315). Danach sichert die parlamentarische Geschäftsordnung zunächst das geordnete Funktionieren des Parlaments im Staats- und Verfassungsleben. Sie regelt das Verfahren für die Abwicklung der Parlamentsgeschäfte (vgl. BVerfGE 1, 144, 148). Ferner gehört zu den Geschäftsordnungsangelegenheiten die zur Durchsetzung des Verfahrens und zur Aufrechterhaltung der Ordnung unentbehrliche parlamentarische Disziplin (vgl. *Arndt,* aaO, S. 68). Insoweit schränkt die Kompetenz des Parlaments, seine innere Ordnung so zu regeln, daß es seinen Aufgaben sinnvoll nachkommen kann, den von Verfassungs wegen gewährleisteten Abgeordnetenstatus ein.

Bei der vom zweiten Thüringer Landtag beschlossenen Einführung eines Überprüfungsverfahrens handelt es sich nicht um eine Frage der parlamentarischen Disziplinargewalt. Der mit diesem bzw. ähnlichen, aus dem Konstitutionalismus herrührenden Begriffen bezeichnete Rechts- bzw. Kompetenzbereich umfaßt ausschließlich Ordnungsmaßnahmen des Parlaments, welche den ungestörten Verlauf der parlamentarischen Verhandlung sicherstellen sollen. Auch die Geschäftsordnungen des Deutschen Bundestags und der Landtage der übrigen Bundesländer sehen unter dem Gesichtspunkt der parlamentarischen Disziplin gegenüber Abgeordneten ausschließlich sitzungsbezogene Ordnungsmaßnahmen vor. Nicht zum Kreis der anerkannten Parlamentsgeschäfte zählen Regelungen, die das Verhalten der Abgeordneten außerhalb des Parlaments betreffen (vgl. *Pietzcker,* in: Schneider/Zeh (Hrsg.), Parlamentsrecht und Parlamentspraxis in der Bundesrepublik Deutschland, 1989, § 10 Rn. 21 m. w. N.). Die Kompetenz zur Schaffung eines verbindlichen Ehrenkodex bzw. zur Einführung und Regelung von Verhaltenspflichten, die die verfassungsrechtliche Stellung des einzelnen Abgeordneten als Mitglied des Landtags betreffen, ohne zugleich in einem sachlichen Zusammenhang mit dem parlamentarischen Verfahren zu stehen, ist in der Geschäftsordnungsautonomie nicht enthalten (vgl. *Troßmann/Roll,* Parlamentsrecht des Deutschen Bundestages, Ergänzungsband, 1981, § 18 Rn. 2). Diese Regelungen liegen außerhalb der Intra-Organ-Beziehungen. Demgemäß haben sowohl der Deutsche Bundestag, wie auch praktisch alle Länderparlamente (mit Ausnahme Baden-Württembergs) einfachgesetzliche Grundlagen in den Abgeordnetengesetzen für Vorschriften geschaffen, die Bezugspunkte zu außerparlamentarischem Verhalten von Abgeordneten und diesbezügliche verfahrensrechliche Bestimmungen enthalten (vgl. §§ 44 a AbgG (Bund), 42 ThürAbgG).

Auch soweit das hier strittige MfS-Überprüfungsverfahren im Hinblick auf die Möglichkeit eines normativ bedingten Mandatsverlusts materiell als Mandatsprüfung im Sinne des Art. 49 Abs. 3 ThürVerf aufgefaßt wird, ist es von Verfassungs wegen einer Regelung durch autonomes Parlamentsrecht grundsätzlich entzogen. Art. 49 Abs. 4 ThürVerf enthält insoweit einen Verfassungsauftrag an den Landesgesetzgeber, durch formelles Gesetz den durch Art. 49 Abs. 3 ThürVerf vorgegebenen Rahmen auszufüllen und zu konkretisieren. Dies umfaßt auch die Ausgestaltung der wesentlichen Verfahrensabläufe der „erstinstanzlichen" Wahl- und Mandatsprüfung.

Ist sonach aufgrund der vorstehenden Überlegungen davon auszugehen, daß für die angestrebte Überprüfung eine gesetzliche Grundlage erforderlich ist, so kann derzeit nur festgestellt werden, daß es an einer solchen formalgesetzlichen Norm fehlt. Eine entsprechende Ermächtigungsgrundlage zur

Regelung eines MfS-Überprüfungsverfahrens wie es hier in Rede steht, findet sich – entgegen der Auffassung des Antragsgegners – insbesondere nicht in § 1 Abs. 2 ThürAbgG. Unterstellt man die Verfassungsmäßigkeit dieser Vorschrift – die keineswegs zweifelsfrei ist (vgl. die in der parlamentarischen Anhörung von *Professor Huber* vertretene Auffassung der Verfassungswidrigkeit: Innenausschuß-Protokoll, Thüringer Landtag, 1. Wahlperiode, 50. Sitzung vom 16. Juni 1993, S. 153; im Ergebnis ebenso *Badura,* in: Schneider/Zeh (Hrsg.), Parlamentsrecht und Parlamentspraxis in der Bundesrepublik Deutschland, 1989, § 15 Rn. 73; zur Frage, inwieweit im Hinblick auf den Verhältnismäßigkeitsgrundsatz der Zeitfaktor bei einer Tätigkeit für das frühere MfS/AfNS zu berücksichtigen ist, siehe jetzt BVerfG, Urteil vom 8. Juli 1997, NJW 1997, 2307 ff) – so normiert sie, wie auch § 46 Abs. 1 Satz 1 Nr. 6 ThürLWG, lediglich materielle Mandatsverlusttatbestände. Nach dem eindeutigen Wortlaut enthalten sie keine verfahrensrechtlichen Bestimmungen. Auch ergibt sich aus dem Umstand, daß der Gesetzgeber diese materiellen Mandatsverlustgründe geschaffen hat, keine implizite Ermächtigung, das insoweit erforderliche Verfahrensrecht in Form von Rechtssätzen zu erlassen, die dem schlichten Parlamentsrecht zuzurechnen sind. Der deutschen Verfassungstradition ist eine dem Parlament im anglo-amerikanischen Rechtskreis zukommende „implied power", kraft derer das Parlament ohne besondere verfassungsrechtliche bzw. formell-gesetzliche Ermächtigung verbindliche Regelungen außerhalb des oben näher beschriebenen Bereichs seiner internen Angelegenheiten treffen kann, fremd (vgl. *Pietzcker,* aaO, § 10 Rn. 3 m. w. N. und *Kretschmer,* in: Schneider/Zeh (Hrsg.), Parlamentsrecht und Parlamentspraxis in der Bundesrepublik Deutschland, 1989, § 9 Rn. 16 m. w. N.).

D.

Das Verfahren ist gemäß § 28 Abs. 1 ThürVerfGHG kostenfrei.

Die Entscheidung über die Auslagenerstattung ergibt sich aus § 29 Abs. 2 ThürVerfGHG.

Nr. 2

Verfassungsgerichtliche Überprüfung der Eingliederung von Umlandgemeinden in eine kreisfreie Stadt durch das Thüringer Neugliederungsgesetz (Fortführung der mit Urteil vom 18. Dezember 1996 – VerfGH 2/95 und 6/95 – LVerfGE 5, 391 = ThürVBl. 1997, 104 – NVwZ-RR 1997, 639 eingeleiteten Rechtsprechung).

Grundgesetz für die Bundesrepublik Deutschland Art. 28 Abs. 2

Thüringer Neugliederungsgesetz § 22

Urteil vom 8. September 1997 – VerfGH 8/95 –

in dem Verfahren über die Verfassungsbeschwerden der Gemeinden Trebnitz, vertreten durch den Bürgermeister, und Hain, vertreten durch den Bürgermeister, wegen § 22 des Gesetzes zur Neugliederung der Landkreise und kreisfreien Städte in Thüringen (Thüringer Neugliederungsgesetz – ThürNGG –) vom 16. August 1993 (GVBl. S. 545)

Entscheidungsformel:

Die Verfassungsbeschwerden werden zurückgewiesen.

Gründe:

A.

Die Beschwerdeführerinnen wenden sich mit ihren Verfassungsbeschwerden gegen § 22 des Gesetzes zur Neugliederung der Landkreise und kreisfreien Städte in Thüringen (Thüringer Neugliederungsgesetz – ThürNGG –) vom 16. August 1993 (GVBl. S. 545). Dort ist bestimmt, daß die Gemeinden Roben, Aga, Cretzschwitz, Söllmnitz, Hain (Beschwerdeführerin zu 2)), Röpsen, Trebnitz (Beschwerdeführerin zu 1)), Thränitz, Falka, Weißig, Hermsdorf und der Ortsteil Naulitz der Stadt Ronneburg in die Stadt Gera eingegliedert werden. Die Gemeinde Röpsen hatte ursprünglich ebenfalls Verfassungsbeschwerde erhoben, diese aber am 16. September 1996 zurückgenommen. Die übrigen in die Stadt Gera eingegliederten Gemeinden sind nicht gegen ihre Eingemeindung vorgegangen. Das Thüringer Neugliederungsgesetz ist am 1. Juli 1994 in Kraft getreten (vgl. § 34 ThürNGG i. V. m. der Anordnung der Landesregierung über die Durchführung der Kommunalwahlen vom 8. Februar 1994, StAnz. S. 399).

I.

1. Die Beschwerdeführerinnen liegen im Nahbereich der Stadt Gera, wie ihn die Sachverständigenkommission „Gebietsreform“ im November 1992 festgelegt hat. Ihre Gemarkungen befinden sich nordöstlich von Gera und grenzen unmittelbar an das bisherige Stadtgebiet an. Das Gebiet der Beschwerdeführerin zu 2) ist von den Gemarkungen Röpsen, Aga, Roben

und Gera umschlossen, während an die Gemarkung der Beschwerdeführerin zu 2) im Osten die Gemeinden Schwaara und Korbußen angrenzen, die der zwischenzeitlich entstandenen Verwaltungsgemeinschaft „Am Brahmetal" (vgl. die Thüringer Verordnung über die Erweiterung der Verwaltungsgemeinschaft „Oberes Sprottetal" und ihre Umbenennung in „Am Brahmetal" vom 16. Dezember 1994, GVBl. 1995, 56) angehören. Nach dem Stand vom 30. Juni 1992 hatten Trabnitz 422 und Hain 231 Einwohner. Beide Gemeinden gehörten vor ihrer Eingliederung nach Gera keiner Verwaltungsgemeinschaft an, waren aber bestrebt, eine solche mit ins Leben zu rufen.

Die Stadt Gera hatte am 30. Juni 1992 125.646 Einwohner auf einer Fläche von 78 km^2 (1.611 Einwohner pro km^2). Nach den im Thüringer Neugliederungsgesetz angeordneten Eingemeindungen hatte sie 131.356 Einwohner auf einer Fläche von 154 km^2 (853 Einwohner pro km^2).

2. a) Mit Beschluß vom 29. April 1992 verlautbarte die Thüringer Landesregierung Grundsätze zur Notwendigkeit, den Zielen und der Durchführung einer Verwaltungs- und Gebietsreform in Thüringen. Im Hinblick auf mögliche Eingemeindungen in die kreisfreien Städte heißt es dort, daß es im Einzelfall auch geboten sein könne, durch Gesetz Eingemeindungen vorzunehmen; im Hinblick auf die Entfaltung der Städte würden Eingemeindungen erforderlich, wobei die Lebensfähigkeit der Stadt und die Interessen der jeweiligen Gemeinde gegeneinander abzuwägen seien. Beim Innenministerium werde eine Sachverständigenkommission zur Gebietsreform eingerichtet, die u. a. Vorschläge für die Lösung der Stadt-Umland-Problematik erarbeiten solle.

b) Diese Sachverständigenkommission verabschiedete am 3. November 1992 „Empfehlungen zur Förderung der kommunalen Zusammenarbeit im Stadt-Umland-Bereich der kreisfreien Städte". In einer beigefügten Karte legte sie „Nahbereiche" um die bestehenden kreisfreien Städte fest. Die kreisfreien Städte und die Umlandgemeinden sollten Arbeitskreise bilden, in denen über Bedingungen und Formen der künftigen Zusammenarbeit verhandelt werden sollte. Im Interesse ihrer Entwicklungsfähigkeit, aber auch aus funktionalen und finanziellen Gründen des öffentlichen Wohls seien die kreisfreien Städte voraussichtlich auf eine gewisse Ausdehnung ihrer Gebietshoheit angewiesen.

c) Mit Anhörschreiben des Staatssekretärs im Innenministerium vom 23. Dezember 1992 zur Kreisgebietsreform wurde u. a. den Beschwerdeführerinnen die Empfehlung der Sachverständigenkommission „Gebietsreform" übermittelt samt zugehöriger Karte der Nahbereiche um die kreisfreien Städte.

Die Oberbürgermeister der kreisfreien Städte erhielten im Dezember 1992 Gelegenheit, ihre Auffassung zu möglichen Eingemeindungen zu äußern. Daraufhin benannte der Oberbürgermeister der Stadt Gera mit Schreiben vom 18. Januar 1993 eine Reihe von Gemeinden, darunter die Beschwerdeführerinnen. Hiervon unterrichtete das Innenministerium die Gemeinden mit Schreiben vom 29. Januar 1993. Sie wurden aufgefordert, bis spätestens 8. Februar 1993 auf der Grundlage eines Beschlusses der Gemeindevertretung eine Erklärung darüber abzugeben, ob und unter welchen Bedingungen sie ihre Eingliederung in die Stadt Gera für möglich hielten.

d) Der Landesregierung lagen vor Verabschiedung des Gesetzentwurfs im Kabinett schriftliche Stellungnahmen der Beschwerdeführerinnen vor. Die Beschwerdeführerin zu 1) sprach sich in drei Schreiben vom 5. Februar, 26. Februar und 28. April 1993 gegen ihre Eingemeindung aus und teilte mit, daß bei einer Bürgerbefragung am 21. Februar 1993 von 310 Stimmberechtigten 160 für eine weitere Zugehörigkeit zum Landkreis und 84 für eine Zugehörigkeit zur Stadt Gera gestimmt hätten. Die Beschwerdeführerin zu 2) lehnte eine Eingliederung nach Gera mit Schreiben vom 5. Februar und 30. April 1993 gleichfalls ab. Nach einer Bürgerbefragung im April 1993, bei der von 184 Stimmberechtigten 81 für und 77 gegen die Eingemeindung gestimmt hatten, kam in der Gemeindevertretung keine Mehrheit für den Vorschlag zustande, die Gemeinde in die Stadt Gera einzugliedern. Der Rat der Beschwerdeführerin zu 2) begründete seine ablehnende Haltung damit, daß die Stadt Gera aufgrund ihrer Finanzsituation nicht in der Lage sei, die einzugemeindenden ländlichen Gebiete angemessen zu entwickeln; günstige Entwicklungstendenzen würden gestört, ein Flächenbedarf der Stadt bezüglich der Gemarkung Hain sei nicht nachgewiesen.

Am 29. April 1993 wurde im Landratsamt Gera eine Anhörung der im Nahbereich der Stadt liegenden Gemeinden abgehalten. Dabei kamen auch die Beschwerdeführerinnen zu Wort und bekräftigten ihre ablehnende Haltung zu einer Eingliederung nach Gera.

3. Am 11. Mai 1993 leitete der Ministerpräsident dem Präsidenten des Landtags den von der Landesregierung beschlossenen Entwurf eines Thüringer Gesetzes zur Neugliederung der Landkreise und kreisfreien Städte zu (LT-Drs. 1/2233). Dieser sieht in einem § 21 die Eingliederung der Beschwerdeführerinnen sowie neun weiterer Gemeinden in die kreisfreie Stadt Gera vor.

In der Begründung zum Gesetzentwurf wird zu den kreisfreien Städten im allgemeinen ausgeführt:

> Im Grundsatz nicht anders (als bei den Landkreisen) stellt sich die Situation bei den kreisfreien Städten dar. In Thüringen ist – wie im übrigen Bundesgebiet –

im Umkreis der größeren Städte ein dichtes Netz von Verflechtungsbeziehungen entstanden. Der Verflechtungsraum ist von vielen kommunalen Verwaltungsgrenzen durchschnitten. Fehlplanungen, Reibungsverluste und Beeinträchtigungen des Gemeinwohls sind unvermeidbar. Derartige administrative Hemmnisse können die Gesamtentwicklung der Verflechtungsräume bremsen oder gar gefährden …

Die zentralen Orte Thüringens weisen eine relative hohe Bevölkerungsdichte auf. Das behindert die weitere Entfaltung dieser Städte. Diese Lage erfordert eine auf eine Gebietserweiterung zielende Neuordnung …

Ziel des Gesetzes ist es, eine die Entwicklung des Landes fördernde Verteilung kreisfreier Städte in Thüringen festzulegen und ihnen den für die nächsten Jahrzehnte erforderlichen Entwicklungsraum zu sichern.

Dadurch sollen die kreisfreien Städte in die Lage versetzt werden, ihre Aufgaben wirkungsvoll wahzunehmen. Die Leistungsfähigkeit der kreisfreien Städte muß mit den ständig steigenden Anforderungen an die öffentliche Daseinsvorsorge Schritt halten. Die kreisfreien Städte haben auch eine überörtliche Verantwortung. Auch hierdurch ergibt sich für sie als zentrale Orte ein erhöhter Flächenbedarf, um die künftigen Anforderungen an überörtliche Infrastruktur erfüllen zu können.

Ein weiteres Ziel dieses Gesetzes liegt in der Ordnung der bestehenden Verflechtungsräume zwischen den kreisfreien Städten und ihrem Umland.

Die wirtschaftliche Entwicklung im Umland der Kernstädte verläuft nicht selten unkoordiniert und überdimensioniert. Großflächige Einrichtungen zur privaten Daseinsvorsorge und entsprechender Infrastrukturanlagen für die Bürger der Städte befinden sich zunehmend im Umland. Die Städte werden also zunehmend vom Umland her versorgt. Andererseits werden Teilräume des Umlands zunehmend für die Ver- und Entsorgung der Kernstädte in Anspruch genommen, etwa bei der Trinkwassergewinnung, Abwasserbeseitigung und Abfallentsorgung, dem Bau von Verkehrswegen und der Errichtung von Anlagen der Energieerzeugung. Insoweit besteht ein vorrangiges Ordnungsproblem darin, die Entwicklung in geordnete Bahnen zu lenken. Hierfür ist die Konzentration in einer Hand, in der Verantwortung des größten Verwaltungsträgers, meist besser geeignet als der Zustand zersplitterter Zuständigkeiten. Auf diese Weise können die wirtschaftlichen Rahmenbedingungen, das Siedlungswesen, der Schutz von Natur und Landschaft sowie die Wohn- und Lebensqualität der Bevölkerung wirkungsvoll aufeinander abgestimmt werden.

Schließlich spielen die kreisfreien Städte beim Aufbau einer leistungsfähigen Wirtschaft für das Land Thüringen eine bedeutende Rolle. Ein wesentlicher Aspekt für die Attraktivität eines Wirtschaftsraumes ist nämlich das Vorhandensein leistungsfähiger kreisfreier Städte, die über ausreichende Gewerbe- und Wohnbauflächen zur Ansiedlung von Wirtschaftsbetrieben verfügen. Dafür ist es erforderlich, den Städten mehrere Entwicklungsalternativen offen zu lassen.

Die Entscheidung für den Erhalt der bisherigen kreisfreien Städte orientiert sich an den historischen Gegebenheiten und den Zielen der Raumordnung und Landesplanung. Es wurde außerdem geprüft, ob weiteren Städten der Status einer kreisfreien Stadt verliehen werden soll. Den Städten Erfurt, Gera, Jena, Suhl und Weimar wurde die Kreisfreiheit erhalten, weil diese eine weitere wirtschaftliche Entwicklung erwarten lassen, die es ihnen ermöglicht, die Aufgaben einer kreisfreien Stadt zu erfüllen.

Hinsichtlich der erforderlichen flächenmäßigen Vergrößerung der Städte wurde zunächst die Überlegung zugrunde gelegt, daß die Reform für einen längeren Zeitraum den räumlichen Zuschnitt der kreisfreien Städte festlegen soll. Die Interessen der kreisfreien Städte an der Vergrößerung ihres Gemeindegebiets einerseits und die Belange der umliegenden Gemeinden und ihrer Bürger am Fortbestand ihrer Eigenständigkeit andererseits waren gegeneinander abzuwägen. Dies hatte zur Folge, daß einer Vielzahl von Eingemeindungswünschen der kreisfreien Städte nicht entsprochen werden konnte.

Ein Kriterium für die Eingliederung einer Gemeinde ist die Freiwilligkeit.

Ein weiterer Aspekt ist eine bereits bestehende intensive Verflechtung zwischen kreisfreier Stadt und Nachbargemeinde. Dies findet ihren Ausdruck insbesondere im bereits erfolgten oder bevorstehenden Zusammenwachsen vorhandener Strukturen.

Ein weiterer Gesichtspunkt für Eingemeindungen ist eine schwerpunktmäßig auf die Kernstadt ausgerichtete Entwicklung einer Gemeinde. Von einer echten Landgemeinde im herkömmlichen Sinne kann in solchen Fällen meist nicht mehr gesprochen werden. Indizien hierfür sind die Auslagerung bestehender und die Anziehung neuer Gewerbe- und Industriebetriebe in Konkurrenz zur Kernstadt sowie die Anziehung der Stadtbevölkerung in überproportionalem Maß. Außerdem indiziert eine stark expandierende Planung hinsichtlich Wohnbebauung und Gewerbeansiedlung eine Entwicklung hin zur Stadt.

Schließlich war bei der Auswahl der einzugliedernden Gemeinden maßgeblich, inwieweit diese sich von ihrer naturräumlichen Gegebenheit her eignen, den Flächenbedarf der Stadt zu decken. Hierbei mußten vor allen Dingen für Gewerbe und Wohnbau nutzbare Flächen berücksichtigt und in ihrer Quantität beurteilt werden. Bei dieser Betrachtung kann der Umstand bedeutsam sein, daß sich für gewisse Vorhaben mit örtlicher und überörtlicher Bedeutung ein bestimmter Standort als besonders geeignet erwiesen hat, für dessen Erschließung und Infrastruktur die Kapazitäten der Stadt benötigt werden.

Die Zahl der kreisfreien Städte bleibt also unverändert. Durch die Eingemeindungen erhöht sich die Einwohnerzahl nur geringfügig (...). Deutlicher fällt der Flächenzuwachs der Städte aus. Die Vergrößerung der Städte bewirkt neben den oben beschriebenen planerischen und ordnungspolitischen Gewinnen auch eine Entspannung in der Bevölkerungsdichte ...

Zu den Eingemeindungen in die Stadt Gera enthält die amtliche Gesetzesbegründung folgende Ausführungen:

> Die Wirtschaftsstruktur war bis Anfang der 90-er Jahre durch die Branchen Elektronik, Maschinen- und Werkzeugbau, Textilindustrie und verarbeitendes Gewerbe geprägt. Derzeit etablieren sich in Gera zunehmend die Branchen des sog. tertiären Sektors. Daneben besitzt die Stadt ein erhebliches Entwicklungspotential im Bereich der Umwelttechnologien, des Bauwesens und des metallverarbeitenden Gewerbes. Allerdings fehlen derzeit Erweiterungsflächen für Industrie und Gewerbe, so daß die weitere wirtschaftliche Entwicklung der Stadt gehemmt wird.
>
> Als Oberzentrum bietet Gera auch ein weit über die Stadtgrenzen hinaus wirkendes Kulturangebot und stärkt den Ostthüringer Raum an der Grenze zu Sachsen und Sachsen-Anhalt.
>
> Das Fehlen von gewerblichen Entwicklungsflächen sowie die hohe Besiedlungsdichte als besonderes Hemmnis einer progressiven Entwicklung der Stadt erfordern eine Flächenerweiterung, die nur durch die Eingliederung von Umlandgemeinden möglich wird, wobei die Schwerpunkte auf den Entwicklungsgebieten im Nordosten und Osten der Stadt liegen. Nach derzeitiger Prognose, die der Stadt den notwendigen Spielraum für die Fortentwicklung ihrer Planung beläßt, zeichnen sich folgende Perspektiven ab:
>
> Im Norden erweitert sich die Stadt Gera um die Gemeinden Aga, Roben, Cretzschwitz und Söllmnitz, die sich für eine gewerbliche Weiterentwicklung der Stadt sowie die Schaffung von Wohnraum eignen. Der Norden ist verkehrsmäßig hinreichend erschlossen. Zudem haben alle vier Gemeinden ihren Willen bekundet, künftig zur Stadt Gera zu gehören.
>
> Im Osten werden die Gemeinden Hain, Röpsen, Trebnitz und Thränitz der Stadt angegliedert. Diese Gemeinden befinden sich nahe der Autobahn A 4, so daß sie sich für eine gewerbliche Weiterentwicklung der Stadt Gera eignen. Trebnitz besitzt sogar einen Autobahnanschluß. Die derzeitige Entwicklung der Stadt läßt im übrigen das Entstehen eines künftigen Verflechtungsraumes insbesondere zu Trebnitz, Thränitz und Röpsen erwarten. Im Südosten erweitert sich Gera um die Gemeinde Falka, die einer Eingliederung zustimmt. Hier ist eine Erweiterung der Stadt auf dem Sektor des Wohnbaus möglich.
>
> Im Südwesten wird die Gemeinde Weißig eingemeindet, die mit der Stadt Gera räumlich verflochten ist und Flächen für gehobenen Wohnbau besitzt. Weitere Flächen für Wohnungsbau können für die Stadt im Westen geschaffen werden; hierfür bietet sich die Gemeinde Töppeln an, die mit den zur Stadt gehörenden Ortsteilen Frankenthal und Scheubengrobsdorf einen Besiedlungszusammenhang bildet.
>
> Mit den vorgenommenen Eingemeindungen wird die Stadt Gera auch auf längere Sicht in der Lage sein, ihre Funktion als wirtschaftliches, soziales und kulturelles Zentrum zu erfüllen.

4. a) Am 14. Mai 1993 beriet der Landtag in erster Lesung über den Gesetzentwurf und überwies ihn nach Begründung und Aussprache an den Innenausschuß. Dieser beschloß am 21. Mai 1993, eine schriftliche Anhörung aller Gebietskörperschaften zu dem Gesetzentwurf vorzunehmen. Ihnen wurde mit Schreiben der Verwaltung des Thüringer Landtags vom 24. Mai 1993 Gelegenheit gegeben, sich bis Ende Juni 1993 zu äußern. Dem Schreiben war der Gesetzentwurf mit der amtlichen Gesetzesbegründung beigefügt. Zugleich wurden die Gebietskörperschaften aufgefordert, sofern noch nicht geschehen, die Bürger anzuhören und das Ergebnis der Anhörung mitzuteilen. Bei der technischen Durchführung der Anhörung bediente sich der Landtag der Hilfe des Innenministeriums.

Außerdem beschloß der Innenausschuß am 21. Mai 1993, in öffentlicher Sitzung eine Aussprache zu den kreisfreien Städten und den nach dem Gesetzentwurf zur Eingemeindung vorgesehenen Umlandgemeinden abzuhalten. In der 53. Sitzung des Innenausschusses am 24. Juni 1993, zu der mit Schreiben vom 7. Juni 1993 eingeladen worden war, wurden mögliche Eingemeindungen in die Städte Jena und Gera behandelt. Zur Thematik der Eingemeindungen nach Gera äußerten sich Vertreter der Stadt Gera, des Landratsamts Gera sowie u. a. die Bürgermeister der Beschwerdeführerinnen. Verschiedene Abgeordnete stellten Fragen, die von jenem Personenkreis beantwortet wurden.

b) Die Beschwerdeführerin zu 1) gab gegenüber dem Innenausschuß unter dem 28. Mai 1993 eine schriftliche Stellungnahme ab, mit der sie eine Eingemeindung nochmals ablehnte. Die Beschwerdeführerin zu 2) äußerte sich schriftlich nicht mehr. Die Stadt Gera hatte bereits mit Schreiben vom 3. Mai 1993 die bis dahin vorgesehenen Eingemeindungen begrüßt, darüber hinaus aber die Eingliederung weiterer Gemeinden in die Stadt als erforderlich bezeichnet. Sie legte dem Innenausschuß einen entsprechenden Beschluß der Stadtverordnetenversammlung vom 17. Juni 1993 vor.

Die im Rahmen der Anhörung eingegangenen schriftlichen Stellungnahmen wurden in der 61. Sitzung des Innenausschusses vom 9. Juli 1993 vorgetragen, desgleichen das Ergebnis der Bürgeranhörungen, die zu den beabsichtigten Eingemeindungen erfolgten. Alle Landtagsabgeordneten erhielten eine Übersicht über die eingegangenen Stellungnahmen und wurden darauf hingewiesen, daß sämtliche Zuschriften und Stellungnahmen zu dem Gesetzentwurf des Thüringer Neugliederungsgesetzes zur Einsichtnahme bereitstünden.

Der Innenausschuß beriet in seiner 62. Sitzung am 10.Juli 1993 abschließend über den Gesetzentwurf und die dazu vorliegenden Änderungsanträge. Im Falle der Stadt Gera wurde gegenüber dem Regierungsentwurf (nur) die

Gemeinde Töppeln aus dem Kreis der einzugliedernden Gemeinden herausgenommen, während die Gemeinde Hermsdorf und der Ortsteil Naulitz der Stadt Ronneburg als in die Stadt Gera einzugliederndes Gebiet hinzukamen. Die Beschlußempfehlung des Innenausschusses (LT-Drs. 1/2448) ging dahin, § 21 in der Fassung des Regierungsentwurfs unter Einbeziehung der eben bezeichneten Änderungen anzunehmen. Nähere Erörterungen zur Thematik der Eingemeindungen nach Gera erfolgten an dieser Stelle nicht mehr.

In seiner 63. Sitzung am 13. Juli 1993 befaßte sich der Innenausschuß letztmals mit dem Thüringer Neugliederungsgesetz. Er beschloß, verschiedenen Änderungen der Gesetzesbegründung zuzustimmen, die sich teils aus der gegenüber dem Regierungsentwurf geänderten Beschlußempfehlung und teils aus der Korrektur von Fehlern und Ungenauigkeiten in der amtlichen Begründung ergaben. Hinsichtlich der Eingliederung der Beschwerdeführerinnen in die Stadt Gera führte dies zu keiner Änderung.

c) Am 15. Juli 1993 behandelte der Landtag das Thüringer Neugliederungsgesetz in zweiter Lesung. Ein Änderungsantrag des Inhalts, u. a. die Beschwerdeführerinnen dem Landkreis Greiz und nicht der Stadt Gera anzugliedern (LT-Drs. 1/2517 und 1/2514), wurde mehrheitlich abgelehnt (vgl. Plen.Prot. 1/88, S. 6594), die die kreisfreie Stadt Gera betreffende Bestimmung des Thüringer Neugliederungsgesetzes sodann i. d. F. der Beschlußempfehlung des Innenausschusses mehrheitlich angenommen (aaO, S. 6596). Redebeiträge erfolgten hierzu nicht.

II.

1. Die Beschwerdeführerinnen haben am 29. Juni 1995 Verfassungsbeschwerde zum Thüringer Verfassungsgerichtshof eingelegt.

Zur Begründung machen sie im wesentlichen geltend: Ihre Eingliederung nach Gera verletze sie in ihrem kommunalen Selbstverwaltungsrecht gemäß Art. 91, 92 ThürVerf, 28 Abs. 2 GG. Sie seien zu dem Neugliederungsvorhaben nicht ordnungsgemäß angehört worden. Es seien nicht alle wesentlichen, die Neugliederungsentscheidung tragenden Gründe rechtzeitig mitgeteilt worden. Die Begründung des Gesetzentwurfs erschöpfe sich in einer allgemeinen Darstellung und gehe auf die konkreten Probleme des Raumes nicht im einzelnen ein. Die Stellungnahmen der betroffenen Gemeinden und Verwaltungsgemeinschaften würden nur mehr oder weniger kurz behandelt, eine intensive Befassung der Landtagsabgeordneten mit dem Gesetzentwurf sei in der Kürze der Zeit nicht möglich gewesen. Auf der schmalen Grundlage der mitgeteilten Gründe und unter dem herrschenden

Termindruck habe eine detaillierte Sachauseinandersetzung nicht stattfinden können.

Der Gesetzgeber habe es unterlassen, die Auswirkungen seiner Maßnahmen auf die bereits bestehenden oder in Gründung befindlichen Verwaltungsgemeinschaften im Umland von Gera in seine Abwägung einzustellen. Auch insoweit genüge schon die Anhörung, die erfolgt sei, nicht den an einen solchen Vorgang zu stellenden Anforderungen. Die Folgen der Eingemeindungen für die Umlandgemeinden und vor allem die Zerschlagung von Verwaltungsgemeinschaften würden in der Gesetzesbegründung nicht behandelt, so daß keine Grundlage für eine sachgerechte Anhörung der betroffenen Gebietskörperschaften und für eine umfassende Abwägung bestanden habe.

Die angegriffenen Eingemeindungen seien nicht geeignet, den Neugliederungszielen zu entsprechen, die der Gesetzgeber selbst gesetzt habe. Sie widersprächen dem Prinzip der Freiwilligkeit; die betroffenen Gemeinden hätten sich wiederholt eindeutig gegen ihre Eingemeindung nach Gera ausgesprochen. Intensive Verflechtungen mit der Kernstadt bestünden nicht. Baulich seien sie von dieser deutlich abgesetzt; funktionale Verflechtungen seien nur im mittel- und oberzentralen Bereich vorhanden, was eine Eingemeindung nicht rechtfertige. Sie wiesen eine ländliche Struktur auf, die sich von einem städtisch geprägten Bereich deutlich unterscheide.

In den Jahren nach der Wende hätten sie eine ausgezeichnete Aufbauarbeit geleistet, die sich in zahlreichen Planungen und bereits realisierten Vorhaben wie etwa dem G-Markt in Trebnitz niederschlage. Weitere Ausweisungen von Wohnbauland und Gewerbegebieten seien in Vorbereitung gewesen. Dies zeige, daß man auch und gerade ohne eine Eingemeindung in die Kernstadt die Möglichkeiten im Interesse des Gemeinwohls genutzt habe. Eine expandierende Planung hinsichtlich Wohnbebauung und Gewerbeansiedlung sei kein Grund für eine Eingemeindung, sondern ein wesentlicher Beleg dafür, daß die Umlandgemeinden ihre Verantwortung für den gesamten Raum bei Beibehaltung ihrer Selbständigkeit – unterstützt durch eine leistungsfähige Verwaltungsgemeinschaft – selbst am besten wahrnehmen könnten.

Auch mit einem angeblichen Flächenbedarf der Stadt Gera ließen sich die angegriffenen Eingemeindungen nicht begründen. Ihre, der Beschwerdeführerinnen, Gemarkungen bedeuteten für Gera keinen nennenswerten Flächengewinn, zumal die dort vorhandenen Flächen bereits beplant seien. Die Stadt verfüge auch ohne ihre Eingemeindung über ausreichenden Raum für eine gute wirtschaftliche Entwicklung. Sie habe bereits im Rahmen der freiwilligen Neugliederung eine erhebliche Gebietsvergrößerung erreicht, so daß eine Eingliederung weiterer Gemeinden in die Stadt nicht erforderlich sei.

Auf ihrem, der Beschwerdeführerinnen, Gebiet sei nach der Eingemeindung ein Entwicklungsstillstand eingetreten. Auch das zeige, daß die Eingemeindungen nicht notwendig gewesen seien.

Im Vergleich zur Eingemeindung erweise sich der Fortbestand der kommunalen Selbständigkeit der Umlandgemeinden unter Anschluß an eine leistungsfähige Verwaltungsgemeinschaft als die eindeutig bessere Lösung. Hierdurch blieben ausreichend leistungsfähige Zentren erhalten, in denen die Bevölkerung einen Mittelpunkt ihres kommunalen Lebens finden könne. Dies stelle eine bürgernahe Verwaltung und Daseinsvorsorge für die Einwohner sicher. Aufbauarbeit und Planungen der Umlandgemeinden brauchten einen Vergleich mit der Großstadt nicht zu scheuen. Es seien keine konkreten Fehlentwicklungen zu verzeichnen, die eine Eingemeindung erforderlich machten. Von dem Grundsatz, den Gemeinden bei der Neugliederung die Wahl zwischen den Modellen der Einheitsgemeinde und der Verwaltungsgemeinschaft zu überlassen, habe der Gesetzgeber auch im Umland der kreisfreien Städte nur aus wichtigen Gemeinwohlgründen abweichen dürfen. Solche seien aber weder in der Gesetzesbegründung dargelegt noch sonstwie ersichtlich. Die Eingemeindung nur einiger Umlandgemeinden der kreisfreien Städte sei auch deshalb verfassungswidrig, weil ein Gesamtkonzept der kommunalen Neugliederung im Lande fehle.

Ferner verstoße ihre Eingemeindung gegen den Grundsatz der Verhältnismäßigkeit, weil der damit verbundene Eingriff in das kommunale Selbstverwaltungsrecht ungleich schwerer wiege als die mit der Neugliedeung angeblich verbundenen Vorteile. Innerhalb der traditionsreichen Gemeinden, aber auch innerhalb der neuen Verwaltungsgemeinschaften sei die örtliche Verbundenheit zwischen den Einwohnern gewachsen. Die geleistete Aufbauarbeit und den Willen der Bevölkerung hätte der Gesetzgeber respektieren müssen, anstatt dies einer fragwürdigen Eingemeindung zu opfern.

Die Beschwerdeführerin zu 2) räumt ein, durch die Zurücknahme der Verfassungsbeschwerde der Gemeinde Röpsen in eine „schwierige Situation" geraten zu sein, weil sie sich nun in einer Insellage innerhalb des Stadtgebiets von Gera befinde. Gleichwohl halte sie an ihrer Verfassungsbeschwerde fest. Die Verfassungswidrigkeit ihrer Eingemeindung könne nicht nachträglich deshalb entfallen, weil eine andere Verfassungsbeschwerde zurückgenommen worden sei. Habe ihre Verfassungsbeschwerde Erfolg, so müsse der Gesetzgeber über ihre kommunale Zuordnung erneut entscheiden.

2. Zu den Verfassungsbeschwerden haben sich der Präsident des Thüringer Landtags, die Thüringer Landesregierung und der Oberbürgermeister der Stadt Gera geäußert.

a) Der Präsident des Thüringer Landtags vertritt die Auffassung, das Gesetzgebungsverfahren weise keine Mängel auf. Der Landtag habe das im

Falle von Eingemeindungen erforderliche Anhörungsverfahren selbst durchgeführt und sich lediglich für dessen technische Durchführung zulässigerweise der Hilfe des Innenministeriums bedient. Aufgrund der Ergebnisse der Anhörung sei eine ausreichende Kenntnis und ausgewogene Berücksichtigung der Belange der Beschwerdeführerinnen bei der Abwägung mit den Interessen der Stadt Gera gewährleistet gewesen. Die Beschwerdeführerin zu 1) habe sich sowohl schriftlich als auch mündlich in dem Anhörungstermin vor dem Innenausschuß geäußert, die Beschwerdeführerin zu 2) habe die zuletzt genannte Äußerungsmöglichkeit wahrgenommen. Zusätzlich hätten dem Landtag die Äußerungen aufgrund der zu Beginn des Jahres 1993 erfolgten Anhörung durch das Innenministerium vorgelegen. Den Beschwerdeführerinnen habe ein ausreichender Zeitraum von gut einem Monat für ihre schriftlichen Äußerungen gegenüber dem Landtag zur Verfügung gestanden. Bis zum mündlichen Anhörungstermin am 24. Juni 1993 sei genug Zeit gewesen, um eine dort abzugebende Stellungnahme anzufertigen. Daß die Mitglieder des Innenausschusses die durch die Anhörungen erbrachten Informationen zur Kenntnis nahmen, im einzelnen prüften und ihrer Entscheidung zugrunde legten, werde schon daraus ersichtlich, daß der Gesetzentwurf der Landesregierung durch die Beschlußempfehlung des Innenausschusses mehrfach geändert worden sei; in bezug auf Gera sei die Gemeinde Töppeln nicht zur Eingemeindung empfohlen worden.

b) Die Thüringer Landesregierung hält § 22 ThürNGG für verfassungsgemäß.

Die Erforderlichkeit einer durchgreifenden Kommunalreform, wie sie in dem Grundsatzbeschluß vom 29. April 1992 niedergelegt sei, stehe außer Zweifel. Bezüglich der Neugliederung auf Kreisebene habe von vornherein die Notwendigkeit einer gesetzlichen Regelung bestanden. Dabei habe man zur besseren Entfaltung der kreisfreien Städte Eingemeindungen von Umlandgemeinden für erforderlich gehalten. Auch die vom Innenministerium einberufene Sachverständigenkommission „Gebietsreform" habe ausgesprochen, daß die kreisfreien Städte Thüringens im Interesse ihrer Entwicklungsfähigkeit und aus funktionalen und finanziellen Gründen voraussichtlich auf eine gewisse Ausdehnung ihrer Gebietshoheit angewiesen seien. Nach umfangreichen Anhörungen und eigenen Ermittlungen vor Ort habe die Landesregierung für die Gebietsreform zwischen kreisfreien Städten und Umlandgemeinden die in dem Gesetzentwurf umrissene Grundkonzeption entwickelt.

Die Beschwerdeführerinnen seien durch ein Schreiben des Innenministeriums vom 29. Januar 1993 davon unterricht worden, daß die Stadt Gera ihre Eingemeindung für notwendig halte. Ihnen sei Gelegenheit gegeben worden, sich dazu zu äußern. Gegenüber dem Innenausschuß des Landtags hätten die Beschwerdeführerinnen später zu dem Gesetzentwurf der Landesregierung schriftlich und mündlich Stellung nehmen können. Insgesamt hätten sie ausreichend Gelegenheit gehabt, ihre Vorstellungen und Einwendungen gegenüber einer Eingemeindung vorzutragen, sich zu den Gründen für die Eingemeindung zu äußern und etwaige Fehler in den Sachverhaltsannahmen zu korrigieren. Die Frist für die schriftliche Stellungnahme zu dem Gesetzentwurf sei zwar relativ knapp bemessen gewesen. Jedoch sei das Gesetz sehr dringlich gewesen und habe nach Möglichkeit noch vor der Sommerpause des Parlaments verabschiedet werden sollen. Auch sei der Sachverhalt den Gemeinden bereits bekannt gewesen, nicht zuletzt aus zahlreichen unmittelbaren Gesprächen mit den Landräten, den Oberbürgermeistern, dem Innenministerium und mit Landtagsabgeordneten. Andererseits sei der Gesetzgeber bis zuletzt für Änderungen offen gewesen. Insgesamt sei dem Anhörungsgebot genügt worden, auch wenn man strenge Anforderungen an die Anhörung stelle.

Die materiellrechtlichen Einwendungen der Beschwerdeführerinnen gegen ihre Eingemeindung nach Gera seien nicht begründet. Ihre Kritik gehe erheblich über die Kontrollmaßstäbe hinaus, die in der Rechtsprechung des Bundes- und der Landesverfassungsgerichte für kommunale Neugliederungsmaßnahmen des Gesetzgebers bislang anerkannt seien. Sie berücksichtigten nicht genügend, daß die gesetzgeberische Entscheidung in diesem Bereich zwar durch Gründe des Gemeinwohls getragen sein müsse, dem Gesetzgeber aber ein weiter Rahmen der Gestaltungsfreiheit zustehe. Die Bestimmung des § 22 ThürNGG könne auch nicht an den Maßstäben gemessen werden, die in der verfassungsgerichtlichen Rechtsprechung für die Fälle einer erneuten Neugliederung oder Rück-Neugliederung entwickelt worden seien; dies habe das Bundesverfassungsgericht in dem vorangegangenen einstweiligen Anordnungsverfahren bereits entschieden (BVerfGE 91, 70, 78). Vielmehr seien die Verfassungsgerichte bezüglich der Zielvorstellungen des Gesetzgebers, seiner Sachabwägungen, Wertungen und Prognosen auf die Prüfung beschränkt, ob seine Einschätzungen und Entscheidungen offensichtlich fehlerhaft oder eindeutig widerlegbar seien oder der verfassungsrechtlichen Wertordnung widersprächen. Der Gesetzgeber sei befugt, sich für die Bevorzugung eines Belanges und damit gleichzeitig für die Zurückstellung anderer Gesichtspunkte zu entscheiden. Auch die Einhaltung des Verhältnismäßigkeitsgebotes könnten die Verfassungsgerichte in diesem Zusammenhang nur eingeschränkt überprüfen. Hier sei lediglich zu fragen, ob der gesetzgeberische Eingriff in den Bestand einer Gemeinde offenbar ungeeignet oder unnötig sei, um die damit verfolgten Ziele zu erreichen, oder ob er zu ihnen deutlich außer Verhältnis stehe.

Mit den angegriffenen Eingemeindungen werde Forderungen des Gemeinwohls entsprochen. Die verschiedenen Belange seien beachtet und abgewogen worden. Der Gesetzgeber habe die Notwendigkeit gesehen, die Verwaltungs- und Finanzkraft der kreisfreien Städte als für die Landesentwicklung wesentlicher Zentren zu stärken. Ferner sei es erforderlich gewesen, im Randbereich dieser Städte für eine einheitlich gesteuerte sinnvolle Ordnung zu sorgen, nachdem insoweit in den ersten Jahren nach der Wende deutliche Fehlentwicklungen eingetreten seien. Zur Erfüllung ihrer Aufgaben benötige die Stadt Gera zusätzliche Flächen für Gewerbe und Wohnen. Auf der anderen Seite stünden die kleinen, aber traditionsreichen Umlandgemeinden, für die der Grundsatz der Erhaltung der kommunalen Selbständigkeit, aber auch manches anzuerkennende aktive Engagement spreche. Der Gesetzgeber habe diese Belange für jede einzelne Gemeinde geprüft. Soweit es zu Eingemeindungen gekommen sei, habe er indessen den Belangen, die für die Stadt sprächen, den Vorzug gegeben. Die vorgenommenen Eingemeindungen seien nicht offenbar ungeeignet oder unnötig, um das angestrebte Ziel zu erreichen. Sie stünden zu diesem auch nicht deutlich außer Verhältnis. Da der Gesetzgeber eine einheitliche Ordnung der Randbereiche der kreisfreien Städte angestrebt habe, habe er sich nicht auf die Fälle einer freiwilligen Eingliederung beschränken müssen. Keine maßgebliche Bedeutung habe ferner den Verwaltungsgemeinschaften zukommen können, denen sich die Beschwerdeführerinnen anschließen wollten. Das Vorhandensein von Verwaltungsgemeinschaften könne nicht Inhalt und Umfang kommunaler Neugliederungsmaßnahmen auf Kreisebene bestimmen, sondern habe diesen zu folgen und sie als vorgegeben hinzunehmen.

Die Beschwerdeführerinnen seien letztlich nur der Meinung, der Gesetzgeber habe anders entscheiden sollen, ohne die tatsächlichen Grundlagen ernsthaft anzugreifen, von denen er bei seiner Entscheidung ausgegangen ist. Auch der Hinweis auf die Existenz eines großflächigen Einzelhandelsbetriebes in Trebnitz könne die Begründetheit der Verfassungsbeschwerde nicht erweisen; die Ansiedlung eines solchen Unternehmens in einem Dorf vor den Toren eines Oberzentrums könne sehr wohl Anlaß zu Eingemeindungsüberlegungen sein. Trebnitz habe mit der Ausweisung umfangreicher Gewerbegebietsflächen die Nachbarschaft zur Stadt Gera bewußt ausnutzen wollen. Im übrigen habe sich der Gesetzgeber im Interesse der weiteren Entwicklung der Stadt Gera für die Eingliederung des gesamten Ostraumes mit Hain, Röpsen, Trebnitz und Thränitz entschieden; dies stelle eine einheitliche Maßnahme dar.

c) Der Oberbürgermeister der Stadt Gera führt in seiner schriftsätzlichen Stellungnahme aus, die Beschwerdeführerin zu 1) habe im Bereich der

Bauleitplanung und der Ansiedlung neuer Vorhaben zu erkennen gegeben, daß sie keine eigenständige, von Gera unabhängige Entwicklung nehmen wolle. Bei einer Umsetzung der Bauleitplanung der Beschwerdeführerin zu 1) wäre die geordnete Entwicklung der Stadt Gera als Oberzentrum und eines wesentlichen Teils des Ostthüringer Raumes erheblich beeinträchtigt worden.

In der mündlichen Verhandlung vor dem Verfassungsgerichtshof hat ein Vertreter der Stadt Gera ausgeführt, daß sich ein weiteres Wachstum der Stadt vorrangig nach Nordosten und Osten richten solle. Die Weiterentwicklung der dortigen Gewerbegebiete sei beabsichtigt. Von 80 ha in Trebnitz geplanten Gewerbeflächen seien nur noch 20 ha frei.

B.

Die Verfassungsbeschwerden sind zulässig. Sie wurden form- und fristgerecht erhoben, das Begründungserfordernis gemäß § 32 des Gesetzes über den Thüringer Verfassungsgerichtshof (Thüringer Verfassungsgerichtshofsgesetz – ThürVerfGHG –) vom 28. Juni 1994 (GVBl. S. 781) wurde eingehalten.

Wie der Verfassungsgerichtshof für andere Bestimmungen des Gesetzes zur Neugliederung der Landkreise und kreisfreien Städte in Thüringen (Thüringer Neugliederungsgesetz – ThürNGG –) vom 16. August 1993 (GVBl. S. 545) bereits wiederholt entschieden hat (vgl. zuletzt Urteil vom 18. Dezember 1996 – VerfGH 2/95 und 6/95 – LVerfGE 5, 391, 409 f = ThürVBl. 1997, 104 f), bildet den verfassungsrechtlichen Prüfungsmaßstab auch für § 22 ThürNGG die gemeindeutsche Garantie der kommunalen Selbstverwaltung in dem Umfang, in dem Art. 28 Abs. 2 Grundgesetz ein Mindestmaß an kommunaler Selbstverwaltung gewährleistet. Diese Ausformung der kommunalen Selbstverwaltungsgarantie hat in Thüringen gemäß Art. 3 des Einigungsvertrages vom Beitritt der ehemaligen DDR und vom Wiederentstehen Thüringens als (neues) Bundesland an gegolten und den Landesgesetzgeber beim Erlaß des Thüringer Neugliederungsgesetzes unmittelbar gebunden. Der Verfassungsgerichtshof ist befugt, sie seiner landesverfassungsgerichtlichen Überprüfung von Bestimmungen dieses bereits vor dem Inkrafttreten der Verfassung des Freistaats Thüringen vom 25. Oktober 1993 (GVBl. S. 625) erlassenen Gesetzes zugrunde zu legen.

C.

Die Verfassungsbeschwerden sind unbegründet. Die in § 22 ThürNGG angeordnete Eingliederung der Beschwerdeführerinnen in die Stadt Gera verletzt das Recht der Beschwerdeführerinnen auf kommunale Selbstverwaltung nicht.

Trotz des verfassungsrechtlich abgesicherten Rechts einer jeden Gemeinde auf kommunale Selbstverwaltung ist der Gesetzgeber grundsätzlich befugt, Gebietsänderungen bis hin zur Auflösung von Gemeinden auch gegen deren Willen anzuordnen. Dabei ist ihm von Verfassungs wegen jedoch keine unbeschränkte Gestaltungsfreiheit eingeräumt. Vielmehr folgt aus der kommunalen Selbstverwaltungsgarantie, daß Bestands- und Gebietsänderungen von Gemeinden nur aus Gründen des öffentlichen Wohls und nur nach einer Anhörung der betroffenen Gebietskörperschaften zulässig sind (vgl. dazu im einzelnen ThürVerfGH, Urteil vom 18. Dezember 1996 – VerfGH 2/95 und 6/95 – LVerfGE 5, 391 – auszugsweise veröffentlicht in ThürVBl. 1997, 104 ff). Eine wie auch immer näher auszugestaltende Anhörung der Bürger der von einer gebietsändernden Maßnahme betroffenen Gemeinden wird hingegen von dem hier allein maßgeblichen Mindestinhalt der kommunalen Selbstverwaltungsgarantie, der als gemeindeutscher Verfassungsgrundsatz verbürgt ist, nicht mit umfaßt (vgl. ThürVBl., 1997, 104 f).

I.

Gegenüber den Beschwerdeführerinnen ist nicht gegen das Anhörungsgebot verstoßen worden, das sich aus der kommunalen Selbstverwaltungsgarantie ergibt.

Dieses Gebot erfordert, daß die Gebietskörperschaften von der beabsichtigten Regelung Kenntnis erlangen. Die Information muß rechtzeitig erfolgen und den wesentlichen Inhalt des Neugliederungsvorhabens und der dafür vom Gesetzgeber gegebenen Begründung umfassen. Die Stellungnahmen der Gebietskörperschaften sind vor der abschließenden Entscheidung zur Kenntnis zu nehmen und bei der Abwägung der für und gegen die Neugliederungsmaßnahme sprechenden Gründe zu berücksichtigen (ThürVerfGH, Urteil vom 18. Dezember 1996, LVerfGE 5, 391, 412, insoweit in ThürVBl. 1997, 104 ff nicht abgedruckt).

Diese Voraussetzungen sind gegenüber den Beschwerdeführerinnen erfüllt. Insoweit gelten die gleichen Überlegungen, wie sie bereits hinsichtlich § 23 ThürNGG in den Gründen des Urteils vom 18. Dezember 1996 (LVerfGE 5, 391, 413 ff) niedergelegt sind. Die Art der Anhörung der betroffenen Gemeinden durch den Innenausschuß des Landtags ist nicht zu beanstanden. Ferner haben die Beschwerdeführerinnen rechtzeitig und in ausreichendem Umfang Kenntnis von der beabsichtigten Neugliederungsmaßnahmen erlangt. Auf der Grundlage des Anhörschreibens der Landtagsverwaltung vom 24. Mai 1993, dem der Gesetzestext, die Gesetzesbegründung und eine Karte beigefügt waren, konnten sie sachgerecht schriftlich Stellung nehmen.

In der Begründung zum Gesetzentwurf der Landesregierung wird ausgeführt, daß der Stadt Gera „derzeit Erweiterungsflächen für Industrie und Gewerbe fehlen, so daß die weitere Entwicklung der Stadt gehemmt wird. ... Das Fehlen von gewerblichen Entwicklungsflächen sowie die hohe Besiedlungsdichte als besonderes Hemmnis einer progressiven Entwicklung der Stadt erfordern eine Flächenerweiterung, wobei die Schwerpunkte auf den Entwicklungsgebieten im Nordosten und Osten der Stadt liegen ..." Unter anderem zu den Beschwerdeführerinnen heißt es an gleicher Stelle, daß sich diese Gemeinden nahe der Autobahn A 4 befinden und sich daher für eine gewerbliche Weiterentwicklung der Stadt eigneten; Trebnitz besitze sogar einen Autobahnanschluß. (Gemeint ist die Anschlußstelle Gera-Leumnitz.) Die derzeitige Entwicklung der Stadt lasse das Entstehen eines Verflechtungsraumes insbesondere zu (u. a.) Trebnitz erwarten.

Den Beschwerdeführerinnen blieb es unbenommen, sich zu diesen Leitvorstellungen des Gesetzentwurfes der Landesregierung auf das Anhörschreiben vom 24. Mai 1993 hin schriftlich zu äußern und in der Sitzung des Innenausschusses vom 24. Juni 1993 eine mündliche Stellungnahme dazu abzugeben. Tatsächlich hat die Beschwerdeführerin zu 1) die Möglichkeit zur schriftlichen und mündlichen Stellungnahme wahrgenommen, während sich die Beschwerdeführerin zu 2) in der Anhörung vor dem Innenausschuß mündlich geäußert hat.

Die Anhörung der Beschwerdeführerinnen ist nicht deshalb fehlerhaft, weil sich die Gesetzesbegründung nicht mit etwaigen Auswirkungen der Eingliederung von Umlandgemeinden in die kreisfreie Stadt Gera auf die Bildung von Verwaltungsgemeinschaften in deren Umgebung befaßt. Darin liegt kein Anhörungsmangel in Gestalt einer unzureichenden Information der von der Neugliederungsmaßnahmen betroffenen Gemeinden über deren wesentlichen Inhalt und die dafür gegebene Begründung (vgl. BVerfGE 86, 90, 107 f).

Zum einen haben die Beschwerdeführerinnen einer gemäß § 31 Abs. 2 der Vorläufigen Kommunalordnung für das Land Thüringen (VKO), zuletzt in der Fassung der Bekanntmachung vom 24. Juli 1992 (GVBl. S. 383), gebildeten Verwaltungsgemeinschaft nicht angehört. Zum anderen liegt auf der Hand, daß Gemeinden, die in eine kreisfreie Stadt eingegliedert werden, im Zuge ihrer Eingliederung aufgelöst werden und sich einer Verwaltungsgemeinschaft daher nicht mehr anschließen können. Dies bedurfte keiner Erläuterung in der Begründung des Gesetzentwurfs. Insbesondere aber hat die mit dem Thüringer Neugliederungsgesetz vorgenommene Territorialreform auf Kreisebene die – auf Gemeindeebene erfolgende – Bildung von Verwaltungsgemeinschaften (vgl. dazu jetzt das Thüringer Gemeindeneugliederungsgesetz vom 23. Dezember 1996, GVBl. S. 333) nicht zum Gegenstand, sondern geht dieser nach der Auffassung des Gesetzgebers vor. Danach regelt das Thüringer Neugliederungsgesetz ausschließlich und gleichzeitig abschließend den neuen territorialen Zuschnitt des Landes auf Kreisebene und damit auch die Festlegung des Gebietes der kreisfreien Städte. Demzufolge war es für den Gesetzgeber nur geboten, solche Gesichtspunkte in die Gesetzesbegründung und Anhörung zum Thüringer Neugliederungsgesetz aufzunehmen, die sich auf den gebietlichen Zuschnitt der Landkreise und kreisfreien Städte beziehen, nicht aber auch solche, die der erst später folgenden Territorialreform auf Gemeindeebene zuzuordnen sind. Daß der Gesetzgeber die Anhörung zum Thüringer Neugliederungsgesetz hieran ausgerichtet hat, ist von Verfassungs wegen nicht zu beanstanden. Der Gesetzgeber durfte die Territorialreform des Landes überhaupt, wie hier geschehen, in einen Teil der Neugliederung auf Kreisebene und in einen solchen der Neugliederung auf Gemeindeebene aufteilen. Er war dabei im Rahmen seiner Gemeinwohlbindung grundsätzlich frei (vgl. näher unten S. 380, 381).

Die den Beschwerdeführerinnen gesetzte Äußerungsfrist von einem Monat war zwar knapp, aber noch ausreichend bemessen. Insoweit läßt der Sachverhalt keine Aspekte erkennen, die ihn von den Umständen, die dem Urteil vom 18. Dezember 1996 zugrunde liegen (LVerfGE 5, 391, 413 ff), wesentlich unterschieden. Der Gesetzgeber durfte gerade das Thüringer Neugliederungsgesetz wegen dessen grundlegender Bedeutung für die Verwaltungsgliederung des Landes als besonders dringlich erachten und seinen Erlaß noch vor der Sommerpause des Landtags und damit rechtzeitig vor den im Frühjahr 1994 abzuhaltenden Kommunalwahlen anstreben (LVerfGE 5, 391, 428 f). Andererseits bestand für die Gemeinden im Lande bereits seit dem Grundsatzbeschluß der Landesregierung vom 29. April 1992 Anlaß, sich über das Für und Wider von Eingemeindungen in die kreisfreien Städte Gedanken zu machen. Im Anschluß an die Veröffentlichung der Empfehlungen der Sachverständigenkommission „Gebietsreform" im November/Dezember 1992, die eine Ausdehnung der Gebietshoheit der kreisfreien Städte ebenfalls ansprach, verstärkte sich die Diskussion. Nach dem Anhörschreiben des Innenministeriums vom 29. Januar 1993 waren die Beschwerdeführerinnen endgültig genötigt, sich näher mit der Möglichkeit ihrer Eingliederung in die Stadt Gera auseinanderzusetzen (vgl. die Bürgerbefragungen in Trebnitz am 21. Februar 1993 und in Hain vom 15. bis 19. April 1993). Gleichzeitig ließ das begrenzte Ausmaß des konkreten Neugliederungsvorhabens und des ihm zugrundeliegenden Sachverhalts mit den dabei auftretenden Sachfragen eine relativ knappe Bemessung der Vorbereitungszeit für die abzugebenden Stellungnahmen zu. Alles in allem reichten daher eine Abgabefrist für die schriftliche Stellungnahme von einem Monat und eine Vorbereitungszeit von zwei Wochen auf die zusätzlich durchgeführte mündliche Anhörung vor dem Innenausschuß aus, um den Zweck der Anhörung zu erreichen. Dabei konnten die Beschwerdeführerinnen auf bereits ergangene Beschlüsse ihrer Gemeindevertretungen zurückgreifen.

Die Anhörung der Beschwerdeführerinnen zu § 22 ThürNGG ist auch nicht an einem zu späten Zeitpunkt erfolgt. Ihre Äußerungen konnten den Entscheidungsprozeß im Landtag noch beeinflussen. Das wird schon daraus deutlich, daß der Innenausschuß an dem Gesetzentwurf verschiedene, auch die Eingemeindungen in die Stadt Gera betreffende Abänderungsvorschläge vorgenommen hat, die vom Plenum gebilligt worden sind. Außerdem ist das Thüringer Neugliederungsgesetz in zweiter Lesung in einer Fassung beschlossen worden, die wiederum von der Beschlußempfehlung des Innenausschusses an verschiedenen Stellen abweicht.

Es bestehen ferner keine begründeten Zweifel daran, daß der Landtag die Stellungnahmen der anzuhörenden Beschwerdeführerinnen zur Kenntnis genommen und bei seiner gesetzgeberischen Abwägung berücksichtigt hat. Die schriftlichen Stellungnahmen wurden den Ausschußmitgliedern in der 61. Sitzung des Innenausschusses vorgetragen. Die mündlichen Äußerungen der Beschwerdeführerinnen in der 53. Sitzung des Innenausschusses erfolgten in Anwesenheit der Ausschußmitglieder. Die Tatsache, daß die Stellungnahmen und Äußerungen der Beschwerdeführerinnen die Landtagsmehrheit letzlich nicht dazu bewegen konnten, von einer Eingemeindung abzusehen, bedeutet für sich genommen noch nicht, daß diese Stellungnahmen und Äußerungen keinen Eingang in den gesetzgeberischen Abwägungsprozeß gefunden haben. Vielmehr sind sie zur Kenntnis genommen und berücksichtigt worden, haben aber nicht genügend Überzeugungskraft besessen, um den Landtag zu einer inhaltlich anderen Entscheidung zu bewegen. Für eine andere Annahme bietet der Sachverhalt keinen Anhalt.

II.

Die in § 22 ThürNGG angeordnete Eingliederung der Beschwerdeführerinnen in die Stadt Gera entspricht dem öffentlichen Wohl.

In seinem § 23 ThürNGG betreffenden Urteil vom 18. Dezember 1996 hat der Thüringer Verfassungsgerichtshof eingehend die Grundsätze erörtert, nach denen die verfassungsgerichtliche Überprüfung derjenigen Bestimmungen des Thüringer Neugliederungsgesetzes zu erfolgen hat, die die Eingliederung von Umlandgemeinden in die kreisfreien Städte Thüringens betreffen. An diesen Grundsätzen, die auch die Erkenntnis umfassen, daß die angegriffenen Eingemeindungen nicht nach den besonderen Regeln zu behandeln sind, die in der verfassungsgerichtlichen Rechtsprechung für sogenannte Rück-Neugliederungen entwickelt worden sind, wird für das vorliegende Verfahren festgehalten.

Ausgehend von der Einsicht, daß § 28 Abs. 2 Satz 1 Grundgesetz für die Gemeinden eine (relativierte) beschränkt-individuelle Rechtssubjektsgarantie enthält, nimmt der Verfassungsgerichtshof die verfassungsgerichtliche Kontrolle kommunaler Neugliederungsmaßnahmen des Gesetzgebers anhand eines Drei-Stufen-Modells vor (vgl. LVerfGE 5, 391, 419 f, ThürVBl. 1997, 104, 107).

1. Auf der ersten Stufe dieses Überprüfungsmodells geht es um die Verfassungsmäßigkeit der Reformmaßnahme als solcher, also um den Entschluß des Gesetzgebers, überhaupt eine grundlegende Umgestaltung der kommunalen Ebene vorzunehmen. Dazu hat der Verfassungsgerichtshof in seinem Urteil vom 18. Dezember 1996 bereits ausgeführt (LVerfGE 5, 391, 420 ff), daß die hier in Rede stehende Neugliederungsmaßnahme als solche insgesamt am öffentlichen Wohl orientiert ist; dies gilt sowohl für den Grundgedanken des Gesetzes, im Interesse der Entwicklung des gesamten Landes den Bestand eines Netzes von leistungsfähigen kreisfreien Städten mit Entwicklungsmöglichkeiten für die nächsten Jahrzehnte zu sichern, als auch für das Ziel der Ordnung bestehender Verflechtungsräume zwischen den kreisfreien Städten und ihrem Umland.

Darüber hinaus ist im vorliegenden Verfahren festzustellen, daß die Verfassungsmäßigkeit der mit dem Thüringer Neugliederungsgesetz angeordneten Neugliederungsmaßnahme nicht deshalb in Zweifel zu ziehen ist, weil sich der Gesetzgeber mit ihr (zunächst) nur der Territorialreform auf Kreisebene gewidmet und nicht gleichzeitig auch eine Reform auf Gemeindeebene durchgeführt hat. Ein Grund, der es dem Gesetzgeber verboten hätte, die Neugliederung auf Kreisebene von der auch bereits für erforderlich erachteten (dazu vgl. z. B. den Grundsatzbeschluß der Landesregierung vom 29. April 1992, ThürVBl. 1993, Sonderheft, S. A 2) umfassenden Gebietsreform abzuschichten und mit zeitlichem Vorrang zu betreiben, läßt sich aus der Verfassung nicht ableiten. Im Gegenteil sprechen die große Bedeutung der Neuordnung auf Kreisebene, aber auch Gründe der Praktikabilität für das vom Gesetzgeber gewählte Vorgehen; dabei ist ferner zu beachten, daß den Kommunen für die Reform auf Gemeindeebene – zu der die Festlegung des Gebiets der kreisfreien Städte jedoch nicht gehört – noch eine längere Phase der Freiwilligkeit eingeräumt werden sollte, während die Neugliederung auf Kreisebene unverzüglich unmittelbar vom Gesetzgeber vorzunehmen war.

2. Auf der zweiten Ebene des vom Verfassungsgerichtshof angewandten Stufenmodells sind die Leitbilder und Leitlinien der Neuordnung, die

die künftige Struktur der Selbstverwaltungskörperschaften festlegen und die Umgestaltung in jedem Einzelfall dirigieren sollen, verfassungsrechtlich zu würdigen. Auch insoweit bestehen keine verfassungsrechtlichen Bedenken gegen das Konzept des Gesetzgebers. Es wird auf die diesbezüglichen Ausführungen in dem Urteil vom 18. Dezember 1996 (LVerfGE 5, 391, 422 ff) verwiesen, an denen festgehalten wird.

Der Gesetzgeber durfte zur besseren Flächenausstattung der kreisfreien Städte und gleichzeitig zur Ordnung der Stadt – Umland-Bereiche in Thüringen auf das Mittel der Eingemeindung von Umlandgemeinden in die Kernstadt zurückgreifen, das gegenüber denkbaren anderen Lösungsansätzen für eine Stadt – Umland-Problematik regelmäßig nicht subsidiär ist. Die Grundannahme des Gesetzgebers, daß ein nicht unerheblicher Flächenbedarf der kreisfreien Städte in Thüringen zur Sicherung ihrer zukünftigen Entwicklung unter den nach der Wiedervereinigung veränderten Wirtschaftsbedingungen und ein erheblicher Nachholbedarf bezüglich Wohnungsbau und Gewerbeansiedlung bestehe, ist nicht offensichtlich fehlsam. Leitbild und Leitlinien der Reform, wie sie der durch den Landtag gebilligten amtlichen Gesetzesbegründung zu entnehmen sind (dazu vgl. LVerfGE 5, 391, 423), sind geeignet, die mit der Neuregelung verfolgte allgemeine Zielsetzung zu erreichen. Auch die in der amtliche Gesetzesbegründung niedergelegten Kriterien für die Eingemeindung einer Umlandgemeinde in eine kreisfreie Stadt begegnen keinen rechtlichen Bedenken.

Wie oben bereits ausgeführt, war der Gesetzgeber berechtigt, die Neugliederung auf Kreisebene getrennt von derjenigen auf Gemeindeebene durchzuführen. Ferner handelt es sich bei einer Neugliederung von kreisfreien Städten der Sache nach um einen anderen Vorgang als bei einer Neugliederung von kreisangehörigen Gemeinden. Daraus folgt, daß es verfassungsrechtlich nicht zu beanstanden ist, wenn die Leitbilder und Leitlinien zu den beiden Reformvorgängen nicht deckungsgleich sind und der Gesetzgeber insbesondere gewissen Grundsätzen, die für die Neuordnung auf Gemeindeebene eine Rolle spielen, bei der Neuordnung der kreisfreien Städte keine Bedeutung beigemessen hat. Der zeitliche Vorrang, mit dem Landesregierung und Gesetzgeber die Territorialreform auf Kreisebene betrieben haben, hat die Landesregierung zwar nicht gehindert, schon frühzeitig gewisse Leitlinien für die später heranstehende Gemeindegebietsreform herauszugeben (vgl. dazu den Grundsatzbeschluß der Landesregierung vom 29. April 1992, aaO sowie § 46 Abs. 1 Satz 3 und Abs. 2 Satz 3 und 4 der Thüringer Kommunalordnung – ThürKO – vom 16. August 1993, GVBl. S. 501). Die verfassungsrechtlich unbedenklichen Leitlinien der Reform auf Kreisebene umfassen in bezug auf die kreisfreien Städte unter bestimmten Voraussetzungen aber auch Eingemeindungen von Umlandgemeinden (vgl. Urteil vom 18. Dezember 1996, LVerfGE 5, 391, 423); deren Umsetzung kann von Verfassungs wegen weder unter Verweis darauf, daß die umfassende Gemeindegebietsreform noch aussteht, beanstandet werden noch unter Heranziehung von Lösungsmodellen bzw. Leitlinien, die für diese Reform bereits verlautbart sind. Der Umstand, daß den kreisangehörigen Gemeinden im Rahmen der Gemeindegebietsreform eine Art Wahlrecht zwischen den Modellen der Einheitsgemeinde und der Verwaltungsgemeinschaft eingeräumt worden ist (dazu vgl. ThürVerfGH, Urteil vom 20. Februar 1997 – VerfGH 24/96 bis 30/96 – LVerfGE 6, 373, 378), ist für die im Rahmen des Thüringer Neugliederungsgesetzes erfolgte Neufestlegung des Gebiets der kreisfreien Städte und die dabei vorgenommene Eingliederung bestimmter Umlandgemeinden ohne Bedeutung. Insbesondere hat der Gesetzgeber den Gemeinden im Nahbereich der kreisfreien Städte bei Erlaß des Thüringer Neugliederungsgesetzes von vornherein nicht die Gestaltungsalternative eingeräumt, anstelle einer für erforderlich erachteten Eingliederung in die Kernstadt eine Verwaltungsgemeinschaft zu bilden oder sich einer solchen anzuschließen. Es sind keine Umstände ersichtlich, die ihn dazu hätten veranlassen müssen.

3. Auf der letzten Stufe des dreistufigen Prüfungsmodells hat sich der Verfassungsgerichthof mit der Umsetzung der allgemeinen Leitbilder und Leitlinien durch den Gesetzgeber im konkreten einzelnen Neugliederungsfall zu befassen. Hier unterliegt der Gesetzgeber zwar ebenfalls keiner umfassenden, aber – insbesondere hinsichtlich der Ermittlung des für seine Entscheidung erheblichen Sachverhalts – doch einer intensiveren verfassungsgerichtlichen Kontrolle als auf den beiden vorangegangenen Stufen. Bei der Beurteilung seiner Abwägungsentscheidung und insbesondere bei den Anforderungen, die an die Sachverhaltsermittlung zu stellen sind, müssen allerdings, wie der Verfassungsgerichtshof ebenfalls bereits entschieden hat, die besonderen Rahmenbedingungen berücksichtigt werden, unter denen gerade der Erlaß des Thüringer Neugliederungsgesetzes stand; es handelte sich um eine besondere Aufbausituation, die jedenfalls während der 1. Legislaturperiode des Thüringer Landtags bestanden hat (zum Ganzen näher: Urteil vom 18. Dezember 1996, LVerfGE 5, 391, 428 f = ThürVBl. 1997, 104, 107 f). Ferner bestand für den Zeitraum vom (Wieder-) Entstehen Thüringens als neues Bundesland an kein vom Gesetzgeber zu berücksichtigender Vertrauensschutz der Gemeinden in den Fortbestand ihrer kommunalen Selbständigkeit. Ein schützenswertes Vertrauen war nicht vorhanden, weil die verantwortlichen Repräsentanten des Landes während dieses Zeitraums immer wieder die Notwendigkeit einer Kommunalreform auch in territorialer Hinsicht betont haben, so daß die Selbständigkeit der Beschwerdeführerin-

nen als Selbstverwaltungskörperschaften nach der „Wende" von Beginn an mit diesem Vorbehalt belastet war (LVerfGE 5, 391, 434).

a) Mit Rücksicht hierauf ist festzustellen, daß § 22 ThürNGG eine aus verfassungsrechtlicher Sicht noch ausreichende Sachverhaltsermittlung hinsichtlich derjenigen tatsächlichen Umstände zugrunde liegt, die in der Stadt Gera sowie bezüglich der beiden Beschwerdeführerinnen für die Eingemeindungen maßgeblich sind.

aa) In der Begründung zum Gesetzentwurf der Landesregierung, die der Gesetzgeber sich zu eigen gemacht hat, wird insoweit dargelegt, daß die Stadt Gera über ein erhebliches gewerbliches Entwicklungspotential verfüge, derzeit aber Entwicklungsflächen für Industrie und Gewerbe fehlten, so daß die weitere wirtschaftliche Entwicklung der Stadt gehemmt sei. Dieses Defizit wie auch die hohe Besiedlungsdichte erforderten eine Flächenerweiterung im Wege der Eingliederung von Umlandgemeinden. Dabei lägen die Schwerpunkte auf den Entwicklungsgebieten im Nordosten und Osten der Stadt. Dem liegt, was die Verhältnisse in der Stadt Gera anbelangt, vor allem die Stellungnahme des Oberbürgermeisters vom 18. Januar 1993 zugrunde. Dort (teilweise gleichlautend die Stellungnahme der Stadtverordnetenversammlung gegenüber dem Innenausschuß des Landtages vom 17. Juni 1993) wird der Bedarf an Gewerbeflächen für Gera auf nachvollziehbare Weise umrißhaft quantifiziert und erläutert, warum nach Auffassung der Stadt im alten Stadtgebiet nur ein geringer Teil dieses Bedarfs zu decken ist. Die dem zugrundeliegenden Annahmen, die die Bemerkung in der amtlichen Gesetzesbegründung tragen, daß derzeit Erweiterungsflächen für Industrie und Gewerbe fehlten, erscheinen nicht unplausibel. Das gilt auch für die Überlegung, daß im alten Stadtgebiet zwar Industriebrachen vorhanden sind, die aber zum einen Teil nicht kurzfristig verfügbar sind und zum anderen Teil für neue industrielle oder gewerbliche Nutzungen insbesondere wegen ihrer Lage nicht uneingeschränkt geeignet sind.

bb) Bei der Eingliederung der Beschwerdeführerin zu 1) nach Gera steht schon nach der Begründung des Gesetzentwurfs der Landesregierung die Eignung der Gemarkung für die gewerbliche Weiterentwicklung der Stadt im Vordergrund. Diese Eignung, für die nicht zuletzt die vor der Eingemeindung eingeleitete entsprechende Bauleitplanung der Beschwerdeführerin selbst spricht, ergibt sich in erster Linie aus der stadtnahen Lage und aus der guten verkehrsmäßigen Erschließung der Gemarkung Trebnitz, auf die in der amtlichen Gesetzesbegründung hingewiesen wird (Nähe zur Autobahn A 4 und zum Autobahnanschluß 59 Gera-Leumnitz). Außerdem war im Zeitpunkt des Erlasses des Thüringer Neugliederungsgesetzes bekannt, daß auf dem Gebiet der Beschwerdeführerin zu 1) ein Verbraucher-Großmarkt angesiedelt worden ist. Zusätzlich war dem Landtag bewußt, daß die Bebauung des alten Stadtgebiets (Stadtteil Bieblach-Ost) unmittelbar bis an die Gemarkungsgrenze von Trebnitz heranreicht. Mit diesem Inhalt genügt die vor dem Erlaß von § 22 ThürNGG durchgeführte Sachverhaltsermittlung den von Verfassungs wegen zu stellenden Anforderungen, soweit es um tatsächliche Gegegenheiten in bezug auf die Beschwerdeführerin zu 1) geht. Sie hat eine sachgerechte Abwägung zu der Frage erlaubt, ob die Beschwerdeführerin zu 1) in die Stadt Gera eingegliedert werden soll.

cc) Für die Beschwerdeführerin zu 2) gilt im Ergebnis nichts anderes. Bei ihr handelte es sich um eine Kleinstgemeinde mit einer Gemarkung von geringer Ausdehnung, die weder für eine im Zusammenhang mit der Stadt Gera stehende Gewerbeansiedlung noch für eine entsprechende Wohnbebauung von sonderlichem Interesse sein mag. Aufgrund ihrer Lage zwischen der Stadt Gera einerseits und den Gemarkungen der in die Stadt eingegliederten Gemeinden Roben, Aga und Röpsen andererseits verblieb dem Gesetzgeber jedoch schon vom Ansatz der Neugliederung im Raum der Stadt Gera her keine andere Entscheidung, als auch die Beschwerdeführerin zu 2) nach Gera einzugemeinden. Dies gilt um so mehr, als Landesregierung und Gesetzgeber das Gebiet der unmittelbar an das alte Stadtgebiet von Gera angrenzenden und daher für eine Gebietserweiterung der Kernstadt ohnehin mit an vorderster Stelle in Betracht kommenden (vgl. ThürVerfGH, Urteil vom 18. Dezember 1996, LVerfGE 5, 391, 435) Gemeinden Hain, Röpsen, Trebnitz und Thränitz als einen im Rahmen des Thüringer Neugliederungsgesetzes einheitlich zu behandelnden Gesamtraum angesehen haben. Darüber hinaus besteht zwischen den Eingemeindungen von Röpsen und Hain nach Gera ein enger Zusammenhang, wie auch der Bürgermeister der Beschwerdeführerin zu 2) in seiner Stellungnahme vor dem Innenausschuß des Landtags betont hat. So betrachtet sind an die Intensität der Sachverhaltsermittlungen, die im Zuge der gesetzgeberischen Abwägungsentscheidung speziell hinsichtlich der Beschwerdeführerin zu 2) erforderlich waren, nur recht geringe Anforderungen zu stellen, zumal keine besonderen Umstände zu erkennen sind, die im Zusammenhang mit einer Eingemeindung dieser Beschwerdeführerin in die Stadt Gera noch hätten geklärt werden müssen. Insbesondere liegt hier nicht der Fall vor, daß aus einem Kreis vergleichbarer Umlandgemeinden nur einzelne Gemeinden in die Kernstadt eingegliedert werden, andere aber nicht (vgl. dazu ThürVerfGH, Urteil vom 18. Dezember 1996, LVerfGE 5, 391, 432, ThürVBl. 1997, 104). Ein solches Vorgehen des Gesetzgebers bedürfte einer aus den durchgeführten Sachverhaltsermittlungen ableitbaren sachlichen Rechtfertigung. Nach der Entgegennahme der schriftlichen Stellungnahmen der Beschwerdeführerin zu 2) vom 5. Februar und 30. April 1993 durch das Innenministerium und nach der mündlichen Anhörung vor dem Innenausschuß des Landtags am 24. Juni 1993, bei der sich der Bürgermeister der Beschwerdeführerin zu 2) eingehend zur Sache geäußert hat, ist daher von einer ausreichenden Sachverhaltsermittlung durch den Gesetzgeber auch im Falle dieser Beschwerdeführerin auszugehen.

b) Der Gesetzgeber hat auf der Grundlage der ausreichenden Sachverhaltsermittlung die in den konkreten Eingemeindungsfällen angesprochenen Gemeinwohlgründe sowie die Vor- und Nachteile der beabsichtigten Regelung in seine Abwägung eingestellt und ist zu einem Abwägungsergebnis gelangt, das nicht zu beanstanden ist.

Bereits in der amtlichen Gesetzesbegründung wird die Notwendigkeit hervorgehoben, die Interessen der kreisfreien Städte an der Vergrößerung ihres Stadtgebiets und die Belange der umliegenden Gemeinden und ihrer Bürger am Fortbestand ihrer Eigenständigkeit gegeneinander abzuwägen. Damit stehen auf der einen Seite der Abwägung die mit einer Stärkung der kommunalen Selbstverwaltung der kreisfreien Städte durch die Erhöhung ihrer Leistungsfähigkeit verbundenen Belange, auf der anderen Seite das Interesse der örtlichen bürgerschaftlichen Integration, die nicht ohne Not geopfert werden sollte. Die Erhaltung der örtlichen bürgerschaftlichen Integration ist gerade unter den besonderen Bedingungen der neuen Bundesländer von hohem Wert. Andererseits bildet aber auch das Interesse an einer positiven Entwicklung der kreisfreien Städte als Zentren des Landes unter den veränderten Lebens- und Wirtschaftsbedingungen einen bedeutsamen, zumindest gleichrangigen Gemeinwohlbelang (vgl. ThürVerfGH, Urteil vom 18. Dezember 1996, LVerfGE 5, 391, 433). An dieser Ausgangslage hat sich der Gesetzgeber bei seiner Abwägungsentscheidung ausgerichtet, ohne daß er dabei wesentliche Teilaspekte der übergeordneten Gesichtspunkte außer acht gelassen hat. Er war befugt, sich im vorliegenden Konfliktfall für eine Stärkung der kreisfreien Stadt Gera und damit gleichzeitig gegen die Aufrechterhaltung der kommunalen Selbständigkeit der Beschwerdeführerinnen zu entscheiden.

Den Beschwerdeführerinnen kann nicht gefolgt werden, soweit sie geltend machen, der Gesetzgeber habe zwischen den Interessen der Stadt und denen der Umlandgemeinden nicht wirklich abgewogen. Der Umstand, daß die Beschwerdeführerinnen mit dem Ergebnis der gesetzgeberischen Abwägungsentscheidung nicht einverstanden sind, indiziert allein noch nicht deren Rechtswidrigkeit. Gegen die Gewichtung der betroffenen Belange durch den Gesetzgeber und gegen das daraus abgeleitete Abwägungsergebnis ist von Verfassungs wegen nichts einzuwenden. Die angegriffenen Eingemeindungen sind auch nicht offenbar ungeeignet oder unnötig, um die mit ihnen verfolgten Ziele zu erreichen, und sie stehen zu diesen nicht deutlich außer Verhältnis.

aa) Soweit die Beschwerdeführerinnen geltend machen, ihre Eingemeindung widerspreche dem in den Leitlinien zum Thüringer Neugliederungsgesetz niedergelegten Prinzip der Freiwilligkeit, trifft dies zwar vordergründig zu. Hieraus läßt sich jedoch nichts gegen die Verfassungsmäßigkeit dieser Eingemeindungen herleiten. Daß die amtliche Gesetzesbegründung als erstes „Kriterium für die Eingliederung einer Gemeinde" in eine kreisfreie Stadt die Freiwilligkeit nennt, bedeutet nicht, daß nach der Vorstellung von Landesregierung und Gesetzgeber eine Eingemeindung gegen den Willen der betroffenen Gemeinde nicht zulässig sein soll. Dieses Kriterium ist vielmehr so zu verstehen, daß im Fall der Freiwilligkeit der Eingliederung einer Nahbereichsgemeinde die weiteren Eingliederungskriterien an Bedeutung verlieren.

bb) Ein Abwägungsfehler zu Lasten der Beschwerdeführerinnen läßt sich ferner nicht mit der Forderung begründen, vor ihrer Eingemeindung hätten zunächst die freiwillig oder zumindest widerstandslos zur Eingliederung bereiten Gemeinden zur Deckung eines etwaigen Flächenbedarfs der Stadt Gera herangezogen werden müssen; erst wenn dies noch nicht ausreiche, dürfe ihre Eingliederung in die Stadt erwogen werden. Wenn einige der durch eine einheitliche Neugliederungsmaßnahme betroffenen Gemeinden die Maßnahme mehr oder weniger freiwillig akzeptieren, andere aber nicht, so kann dies grundsätzlich nicht unter Hinweis auf Möglichkeiten, die sich der Kernstadt auf dem Gebiet jener Gemeinden angeblich bieten, die Abwägungsfehlerhaftigkeit des Neugliederungsgesetzes zur Folge haben (so bereits ThürVerfGH, Urteil vom 18. Dezember 1996, LVerfGE 5, 391, 434 f). Denn zunächst einmal ist davon auszugehen, daß die eine bestimmte kreisfreie Stadt betreffende Neugliederungsmaßnahme vom Gesetzgeber einheitlich konzipiert ist und ihr infolgedessen nicht nur eine Abwägung für jede einzelne eingegliederte Gemeinde, sondern auch eine einheitliche Gesamtabwägung zugrunde liegt. Hätte der Gesetzgeber, um die Neugliederungsziele zu erreichen, die Eingemeindung nur einer geringeren Anzahl an Gemeinden für notwendig angesehen, dann hätte er die anderen Gemeinden mit seiner Maßnahme von vornherein nicht zu erfassen brauchen. Die Entscheidung, ob einzelne Gemeinden eine Neugliederungsmaßnahme des Gesetzgebers hinnehmen, andere aber nicht, hängt des weiteren nicht notwendigerweise von Gründen ab, die aus der Sicht der Neugliederungsziele bedeutsam sind. Infolgedessen könnte der Fall eintreten, daß sich gerade solche Gemeinden, deren Eingliederung in die Kernstadt aus sachlichen Gründen besonders geboten ist, derselben mit der hier gebrauchten Argumentation entziehen.

Die gemeinsame Behandlung der Gemeinden Hain, Röpsen, Trebnitz und Thränitz in der amtlichen Gesetzesbegründung macht die einheitliche Gesetzeskonzeption hier besonders deutlich. Ferner kann die Beschwerdeführerin zu 1) wegen ihrer günstigen Lage und guten verkehrsmäßigen Erschließung hinsichtlich einer Erweiterung der Gewerbeflächen der Stadt Gera von vornherein nicht mit bestimmten anderen in diese Stadt eingegliederten Gemeinden gleichgesetzt werden. Außerdem steht hinter der Eingemeindung der Beschwerdeführerin zu 1) nicht nur die Notwendigkeit, den Flächenbedarf der Stadt Gera zu decken, sondern auch das Bestreben, eine Stadt–Umland-Problematik zu lösen; diese wird für die Beschwerdeführerin jedoch nicht dadurch aufgehoben, daß andere Gemeinden in die Kernstadt eingegliedert werden. Diese Problematik zeigt sich in der Ansiedlung eines Verbraucher-Großmarktes „vor den Toren der Stadt". Darin kommt eine schwerpunktmäßig auf die Kernstadt ausgerichtete Entwicklung im Sinne der amtlichen Gesetzesbegründung zum Ausdruck. Die Ansiedlung eines Verbraucher-Großmarktes in einer der Kernstadt benachbarten kleinen Umlandgemeinde ist durchaus ein zulässiger Gesichtspunkt für deren Eingemeindung, zumal dadurch immerhin ein dem Landesplanungsrecht konformer Zustand wieder erreicht wird (vgl. Teil B, Ziff. 1.2.4 Abs. 4 des Landesentwicklungsprogramms Thüringen, Verordnung vom 10. November 1993, GVBl. S. 709).

cc) Die Eignung der Gemarkung der Beschwerdeführerin zu 1) für eine anteilige Deckung des Bedarfs der benachbarten Stadt Gera an rasch verfügbaren Gewerbeflächen steht außer Frage. Dabei spielt es für die Eingemeindung keine Rolle, ob derartige Flächen bereits in einem Bauleitplan ausgewiesen sind oder ob sie erst noch in Zukunft zu planen sind. Von beidem kann in bezug auf Trebnitz ausgegangen werden. Damit eröffnet sich der kreisfreien Stadt Gera auf längere Sicht die Möglichkeit einer zukunftsträchtigen gewerblichen Entwicklung innerhalb ihrer Stadtgrenzen, wie dies mit dem Erlaß des Thüringer Neugliederungsgesetzes angestrebt wird.

Demgegenüber vermag der Einwand der Beschwerdeführerin, seit dem Jahre 1994 sei auf ihrem Gebiet ein Entwicklungsstillstand eingetreten, weil die Stadt Gera die begonnenen Planungen nicht mit Leben erfülle, die mangelnde Erforderlichkeit der angegriffenen Eingemeindung nicht zu erweisen. Die Verfassungsmäßigkeit einer kommunalen Neugliederungsmaßnahme des Gesetzgebers ist grundsätzlich anhand der tatsächlichen Gegebenheiten zu beurteilen, die im Zeitpunkt des Erlasses des Neugliederunggesetzes bestehen bzw. bestanden haben. Tatsächlichen Entwicklungen, die nach dem Vollzug der Neugliederung eintreten, kann für die Beantwortung der Frage, ob die bei Erlaß des Gesetzes getroffene Prognoseentscheidung sachgerecht und zutreffend ist, allenfalls eine gewisse Indizwirkung beigemessen werden. Besondere Zurückhaltung ist dabei zum einen dann geboten, wenn erst ein relativ kurzer Zeitraum seit dem Inkrafttreten der Maßnahmen verstrichen ist, und zum anderen dann, wenn zu einer Neugliederungsmaßnahme noch ein kommunales Verfassungsbeschwerde-Verfahren anhängig ist.

Die Indizwirkung der seit Juli 1994 in Trebnitz nach dem Vortrag der Beschwerdeführerin zu verzeichnenden negativen tatsächlichen Entwicklung geht jedenfalls nicht so weit, daß wegen ihr die Verfassungsmäßigkeit der Eingliederung der Beschwerdeführerin zu 1) in die Stadt Gera in Abrede zu stellen wäre. Für eine auch nur einigermaßen fundierte Einschätzung der Auswirkungen der Eingliederung der Beschwerdeführerin zu 1) in die Stadt Gera ist noch ein viel zu kurzer Zeitraum vergangen. Es liegt in der Natur von Neugliederungsmaßnahmen, daß sie grundsätzlich dezennial ausgerichtet sind. Die Erwartung eines hohen weiteren Entwicklungstempos, die in den Jahren 1992/93 auch beim Gesetzgeber noch bestanden haben mag, hat sich nicht erfüllt. Im Hinblick auf die Beschwerdeführerin zu 1) ist dies indessen nicht nur deren Eingemeindung zuzurechnen. Vielmehr schlägt hier sicherlich auch der mittlerweile eingetretene allgemeine Rückgang der Investitionstätigkeit infolge der derzeit ungünstigen Wirtschaftsentwicklung erheblich zu Buche. Diese allgemeinen Rahmenbedingungen, die dem Einfluß des Gesetzgebers weitgehend entzogen sind, müssen auch im Rahmen indizieller Erwägungen unberücksichtigt bleiben.

Ferner mag die Planungstätigkeit der Stadt Gera auf der Gemarkung Trebnitz einer gewissen Zurückhaltung unterliegen, solange das vorliegende Verfahren noch nicht abgeschlossen ist und damit in gewisser Hinsicht ein Schwebezustand noch andauert.

Diese Umstände ändern aber nichts daran, daß bei einer etwaigen positiven Veränderung der Rahmenbedingungen gerade der Umstand, daß im Gebiet der Stadt Gera nunmehr Flächen für die Ansiedlung von Gewerbebetrieben bereitgestellt werden können, geeignet ist, sich günstig auf die weitere Entwicklung dieser Stadt insgesamt auszuwirken. Im übrigen hat der Vertreter der Stadt Gera in der mündlichen Verhandlung vor dem Verfassungsgerichtshof plausibel dem Eindruck widersprochen, daß beabsichtigt sei, die Gewerbeflächen in Trebnitz keiner entsprechenden Nutzung zuzuführen. Er hat angegeben, daß an der Weiterentwicklung der Gewerbegebiete in Richtung Osten und Nordosten der Stadt festgehalten werde und daß von ca 80 ha in Trebnitz ursprünglich geplanten Gewerbeflächen nur noch 20 ha frei seien.

dd) Die Beschwerdeführerin zu 2) ist nach der Zurücknahme der Verfassungsbeschwerde der Gemeinde Röpsen in eine exklavenähnliche Situation geraten, weil sie seitdem vollständig vom Gebiet der Stadt Gera umgeben ist. Eine solche Lage einer kleinen kreisangehörigen Gemeinde ist grundsätzlich nicht sinnvoll. Trifft der Gesetzgeber sie an, so kann er dies zum Anlaß nehmen, eine Neugliederungsmaßnahme anzuordnen. Ob bereits darin eine – gleichsam nachträglich eingetretene – Rechtfertigung der angegriffenen Eingemeindung der Beschwerdeführerin zu 2) zu erblicken ist, kann indessen dahingestellt bleiben. Die Rechtfertigung dieser Eingemeindung folgt nämlich bereits daraus, daß der Gesetzgeber berechtigt war, der Stadt Gera das Gebiet der im Nordosten und Osten an das alte Stadtgebiet angrenzenden Gemeinden Hain, Röpsen, Trebnitz und Thränitz als Gesamtraum anzugliedern. Die Überlegung, diesen Bereich als Einheit zu sehen und dort einen Schwerpunkt für die künftige gewerbliche Weiterentwicklung der Stadt zu bilden, widerspricht weder den selbstgesetzten Neugliederungszielen des Gesetzgebers noch läuft sie sonst der Verfassung zuwider.

D.

Das Verfahren ist gemäß § 28 Abs. 1 ThürVerfGHG kostenfrei.

E.

Diese Entscheidung ist zu dem Abschnitt B mit 8 zu 1 Stimmen, im übrigen einstimmig ergangen.

Nr. 3

In einer eng begrenzten, singulären Sondersituation ist der Thüringer Verfassungsgerichtshof befugt, seiner landesverfassungsgerichtlichen Überprüfung von Bestimmungen des vor Inkrafttreten der Verfassung des Freistaats Thüringen vom 25. Oktober 1993 erlassenen Thüringer Neugliederungsgesetzes die gemeindeutsche Garantie der kommunalen Selbstverwaltung in dem Umfang zugrunde zu legen, in dem Art. 28 Abs. 2 GG ein Mindestmaß an kommunaler Selbstverwaltung gewährleistet.

Grundgesetz für die Bundesrepublik Deutschland Art. 28 Abs. 2

Verfassung des Freistaats Thüringen Art. 80 Abs. 1 Nr. 2

Thüringer Verfassungsgerichtshofsgesetz §§ 11 Nr. 2, 31 Abs. 2

Urteil vom 8. September 1997 – VerfGH 9/95

in dem Verfahren über die Verfassungsbeschwerde der Gemeinde Legefeld, vertreten durch den Bürgermeister, betreffend § 25 des Gesetzes zur Neugliederung der Landkreise und kreisfreien Städte in Thüringen (Thüringer Neugliederungsgesetz – ThürNGG –) vom 16. August 1993 (GVBl. S. 545)

Entscheidungsformel:

Die Verfassungsbeschwerde wird zurückgewiesen.

Gründe:

A.

Die Beschwerdeführerin wendet sich mit ihrer Verfassungsbeschwerde gegen § 25 des Gesetzes zur Neugliederung der Landkreise und kreisfreien Städte in Thüringen (Thüringer Neugliederungsgesetz – ThürNGG –) vom 16. August 1993 (GVBl. S. 545) ... (Sachverhaltsdarstellung) ...

B.

Die Verfassungsbeschwerde ist zulässig. Sie wurde form- und fristgerecht erhoben, das Begründungserfordernis gemäß § 32 des Gesetzes über den Thüringer Verfassungsgerichtshof (Thüringer Verfassungsgerichtshofsgesetz – ThürVerfGHG –) vom 28. Juni 1994 (GVBl. S. 781) wurde eingehalten.

Wie der Verfassungsgerichtshof für andere Bestimmungen des Gesetzes zur Neugliederung der Landkreise und kreisfreien Städte in Thüringen (Thüringer Neugliederungsgesetz – ThürNGG –) vom 16. August 1993 (GVBl. S. 545) bereits wiederholt entschieden hat (vgl. zuletzt Urteil vom 18. Dezember 1996 – VerfGH 2/95 und 6/95 – LVerfGE 5, 391, 409 f, ThürVBl. 1997, 104 f), bildet den verfassungsrechtlichen Prüfungsmaßstab auch für § 22 ThürNGG die gemeindeutsche Garantie der kommunalen Selbstverwaltung in dem Umfang, in dem Art. 28 Abs. 2 GG ein Mindestmaß an kommunaler Selbstverwaltung gewährleistet. Diese Ausformung der kommunalen Selbstverwaltungsgarantie hat in Thüringen gemäß Art. 3 des Einigungsvertrages vom Beitritt der ehemaligen DDR und vom Wiederentstehen Thüringens als (neues) Bundesland an gegolten und den Landesgesetzgeber beim Erlaß des Thüringer Neugliederungsgesetzes unmittelbar gebunden.

Der Verfassungsgerichtshof ist befugt, sie seiner landesverfassungsgerichtlichen Überprüfung von Bestimmungen dieses schon vor dem Inkrafttreten der Verfassung des Freistaats Thüringen vom 25. Oktober 1993 (GVBl. S. 625) erlassenen Gesetzes zugrunde zu legen. Er nimmt diese Befugnis in einer singulären, eng begrenzten Sondersituation in Anspruch, in der und solange die grundgesetzliche Mindestgarantie der kommunalen Selbstverwaltung in Art. 28 Abs. 2 GG in Thüringen verfassungsgesetzlich noch nicht umgesetzt worden war. Für den mit dem Inkrafttreten der Thüringer Verfassung beendeten Zeitraum dieser besonderen Lage besitzt der Thüringer Verfassungsgerichtshof die Kompetenz, Thüringer Recht auf die Übereinstimmung mit dem auch *in den* und nicht nur *für die* Länder geltenden Verfassungsrecht des Art. 28 Abs. 2 GG (dazu *Friesenhahn,* Zur Zuständigkeitsabgrenzung zwischen Bundesverfassungsgerichtsbarkeit und Landesverfassungsgerichtsbarkeit, in: Starck (Hrsg.), Bundesverfassungsgericht und Grundgesetz, 1976, Bd. 1, S. 748 ff, 761 f) zu überprüfen (vgl. auch *Steinberg,* Landesverfassungsgerichtsbarkeit und Bundesrecht, in: Eichel/Möller (Hrsg.), 50 Jahre Verfassung des Landes Hessen, 1997, S. 356 ff, 361 ff mit Fn. 53). Die Sondersituation ist auch dadurch gekennzeichnet, daß bereits kurze Zeit nach dem Erlaß des Thüringer Neugliederungsgesetzes die Thüringer Verfassung mit ihren Art. 28 Abs. 2 GG ausformenden Art. 91 ff am 30. Oktober 1993 in Kraft getreten ist. Damit hat der Zustand eines auch ohne geschriebene Verfassung als Landesverfassungsrecht verbindlichen Mindeststandards an kommunaler Selbstverwaltungsgarantie geendet.

Zusätzlich hierzu weist der Sachverhalt die Besonderheit auf, daß eine Reihe von Gemeinden, die durch verschiedene Bestimmungen des Thüringer Neugliederungsgesetzes betroffen sind – darunter auch die Beschwerdeführerin – bereits im Jahre 1994 Verfassungsbeschwerde zum Bundesverfassungsgericht erhoben hatten. Dieses hat die Gemeinden indessen durch Verfügung vom 20. Juni 1995 ausdrücklich „im Hinblick auf den Grundsatz der Subsidiarität der Kommunalverfassungsbeschwerde vor dem Bundesverfassungsgericht (§ 91 Satz 2 BVerfGG)" und auf die Jahresfrist gemäß § 33 Abs. 3 ThürVerfGHG darauf hingewiesen, daß der Thüringer Verfassungsgerichtshof als errichtet anzusehen sei. Daraufhin sind von den Betroffenen noch im Juni 1995 Verfassungsbeschwerden gegen verschiedene Bestimmungen des Thüringer Neugliederungsgesetzes beim Thüringer Verfassungsgerichtshof erhoben worden, während das Bundesverfassungsgericht die bei ihm anhängigen entsprechenden Verfahren eingestellt hat. Wäre der Verfassungsgerichtshof in dieser Situation einer jüngst im Schrifttum vertretenen Auffassung gefolgt (vgl. *Storr,* ThürVBl. 1997, 121 ff) und hätte seine verfassungsgerichtliche Überprüfungsbefugnis unter Berufung auf den Wortlaut von Art. 80 Abs. 1 Nr. 2 ThürVerf, §§ 11 Nr. 2, 31 Abs. 2 ThürVerfGHG verneint, so wären die betroffenen Gemeinden Gefahr gelaufen, die Möglichkeit, gegenüber den Bestimmungen des Thüringer Neugliederungsgesetzes verfassungsgerichtlichen Rechtsschutz zu erlangen, einzubüßen: Ihre beim Thüringer Verfassungsgerichtshof eingelegten Verfassungsbeschwerden hätten mangels landesverfassungsrechtlicher Zuständigkeit desselben als unzulässig zurückgewiesen werden müssen, während die entsprechenden Verfahren vor dem Bundesverfassungsgericht bereits eingestellt waren; ein Vorlageverfahren gemäß Art. 100 Abs. 1 Satz 2 GG wäre in bezug auf Bestimmungen des Thüringer Neugliederungsgesetzes schon deshalb nicht in Betracht gekommen, weil es mangels einer landesverfassungsrechtlichen Prüfungskompetenz des Verfassungsgerichtshofs auf die Frage, ob diese Bestimmungen mit Art. 28 Abs. 2 GG vereinbar sind, in den fraglichen Verfahren überhaupt nicht hätte ankommen können. Im für die Beschwerdeführerin günstigsten Falle hätte sich ein weiteres verfassungsgerichtliches Hin und Her mit der entsprechenden zeitlichen Verzögerung ergeben. Beide Aussichten erschienen dem Verfassungsgerichtshof für die Betroffenen unzumutbar, zumal in Anbetracht der „Verweisungs-Verfügung" des Bundesverfassungsgerichts vom 20. Juni 1995 nicht ohne weiteres davon ausgegangen werden konnte, daß dort die Verfahren zu den ursprünglich erhobenen Verfassungsbeschwerden wieder aufgenommen werden oder entsprechende neue Verfahren nochmals eingeleitet werden konnten.

C.

Die Verfassungsbeschwerde ist unbegründet. Die in § 25 ThürNGG angeordnete Eingliederung der Beschwerdeführerin in die Stadt Weimar verletzt das Recht der Beschwerdeführerin auf kommunale Selbstverwaltung nicht ... (wird ausgeführt).

Nr. 4

1. Das Gebot der Klarheit und der Bestimmteit von Rechtsnormen gilt insbesondere auch im Rahmen von kommunalen Neugliederungsentscheidungen durch den Gesetzgeber, da eine präzise Gestaltung der vom Gesetzgeber zu treffenden Aussage hier ohne weiteres möglich ist.

2. § 1 Abs. 2 Satz 1 des Gesetzes zur Stärkung der kommunalen Selbstverwaltung der Städte Eisenach und Nordhausen (GesESA/NDH) genügt insoweit nicht dem Gebot der Normenklarheit und -bestimmtheit, als offen bleibt, welche Bedeutung die Prüfung durch die Landesregierung in bezug auf die beabsichtigte Eingliederung haben soll.

3. Die Entscheidung über die Eingliederung einer Gemeinde in eine andere hat der Gesetzgeber selbst zu treffen. Er darf sie nicht an die Landesregierung delegieren.

4. Eine Gesetzesgestaltung, die die wahren Absichten des Gesetzgebers verdeckt, verstößt unabhängig davon, ob der Gesetzgeber bewußt irreführende Formulierungen verwandte, gegen das Rechtsstaatsprinzip.

5. Unterstellt, der Gesetzgeber hätte sich für eine Eingemeindung entschieden, wäre diese Regelung deswegen verfassungswidrig, weil er die ihm obliegende Abwägung nicht durchgeführt hat.

Verfassung des Freistaats Thüringen Art. 44 Abs. 1, 47 Abs. 4, 91 Abs. 1, 92 Abs. 1, Abs. 2

Gesetz zur Stärkung der kommunalen Selbstverwaltung der Städte Eisenach und Nordhausen § 1 Abs. 2 Satz 1

Urteil vom 18. Dezember 1997 – VerfGH 11/95 –

in dem Verfahren über die Verfassungsbeschwerde der Gemeinde Wutha-Farnroda, vertreten durch den Bürgermeister, wegen § 1 Abs. 2 Satz 1 des Gesetzes zur Stärkung der kommunalen Selbstverwaltung der Städte Eisenach und Nordhausen (GesESA/NDH) vom 25. März 1994 (GVBl. S. 357)

Entscheidungsformel:

1. Die gemäß § 1 Abs. 2 Satz 1 des Gesetzes zur Stärkung der kommunalen Selbstverwaltung der Städte Eisenach und Nordhausen (GesESA/NDH) vom 25. März 1994 (GVBl. S. 357) angeordnete Eingliederung der Beschwerdeführerin in die Stadt Eisenach verstößt gegen das Recht der Beschwerdeführerin auf kommunale Selbstverwaltung gemäß Art. 91 Abs. 1 der Verfassung des Freistaates Thüringen vom 25. Oktober 1993 (GVBl. S. 625). § 1 Abs. 2 Satz 1 GesESA/NDH wird für nichtig erklärt.

2. Der Freistaat Thüringen hat der Beschwerdeführerin ihre notwendigen Auslagen zu erstatten.

Gründe:

A.

Die Beschwerdeführerin wendet sich mit ihrer Verfassungsbeschwerde gegen § 1 Abs. 2 Satz 1 des Gesetzes zur Stärkung der kommunalen Selbstverwaltung der Städte Eisenach und Nordhausen (GesESA/NDH) vom 25. März 1994 – GVBl. S. 357 –.

Die Vorschrift hat folgenden Wortlaut:

„Die Gemeinde Wutha-Farnroda wird nach Prüfung durch die Landesregierung in dem Zeitpunkt eingegliedert, in dem die Stadt Eisenach kreisfrei wird."

Die Stadt Eisenach soll gemäß §§ 4 Abs. 3 Satz 3, 20 Abs. 2 des Gesetzes zur Neugliederung der Landkreise und kreisfreien Städte in Thüringen (Thüringer Neugliederungsgesetz – ThürNGG –) vom 16. August 1993 – GVBl. S. 545 – mit Wirkung vom 1. Januar 1998 kreisfrei werden.

In § 1 Abs. 1 des GesESA/NDH ist ferner bestimmt, daß die Gemeinden Stedtfeld, Wartha-Göringen, Lerchenberg, Hötzelsroda und Stockhausen – mit Inkrafttreten des Gesetzes – in die Stadt Eisenach eingegliedert werden.

Das Gesetz ist – mit Ausnahme des § 3 – am 1. Juli 1994 in Kraft getreten (§ 4 GesESA/NDH).

I.

1. Die Beschwerdeführerin, die aus den am 1. Januar 1987 zusammengeschlossenen Gemeinden Wutha und Farnroda, sowie seit 14. April 1994 auch aus den früheren Gemeinden Mosbach, Kahlenberg und Schönau (siehe die Verordnung vom 1. März 1994, GVBl. S. 407) besteht, grenzt mit ihrer Gemarkung an die östliche Grenze der Stadt Eisenach an.

Nach dem Stand vom 31. Dezember 1992 hatte die Beschwerdeführerin ca. 7.000 Einwohner, nach dem Zusammenschluß mit den Gemeinden Mosbach, Kahlenberg und Schönau hat sie nunmehr ca. 9.000 Einwohner.

Die Stadt Eisenach hatte am 31. Dezember 1992 43.490 Einwohner. Nach den in § 1 Abs. 1 GesESA/NDH angeordneten Eingemeindungen hat sie 47.837 Einwohner auf 104 km^2 (entsprechend 460 Einwohner pro km^2).

2. a) Mit Beschluß vom 29. April 1992 verlautbarte die Thüringer Landesregierung Grundsätze zur Notwendigkeit, den Zielen und der Durchführung einer Verwaltungs- und Gebietsreform in Thüringen. Im Hinblick auf mögliche Eingemeindungen in die kreisfreien Städte heißt es dort, daß es im Einzelfall auch geboten sein könne, durch Gesetz Eingemeindungen vor-

zunehmen; im Hinblick auf die Entfaltung der Städte würden Eingemeindungen erforderlich, wobei die Lebensfähigkeit der Stadt und die Interessen der jeweiligen Gemeinde gegeneinander abzuwägen seien.

b) Das Thüringer Innenministerium forderte mit Schreiben vom 18. Januar 1993 die noch kreisangehörige Stadt Eisenach auf, eine Erklärung über ihre Eingemeindungswünsche abzugeben.

Mit Schreiben vom 19. Januar 1993 benannte der Bürgermeister der Stadt Eisenach neben mehreren Gemeinden, die „in jedem Falle" eingemeindet werden sollten, die Beschwerdeführerin, deren Eingemeindung er ebenso wie die der damals noch selbständigen Gemeinde Mosbach und der Gemeinde Großenlupnitz als „sehr wünschenswert" bezeichnete.

Die hierzu angehörte Beschwerdeführerin teilte unter Hinweis auf einen einstimmig ergangenen Ratsbeschluß vom 5. April 1993 mit Schreiben vom 6. April 1993 mit, sie lehne eine Eingemeindung in die Stadt Eisenach ab. Sie verwies u. a. darauf, daß sie – insbesondere nach der bevorstehenden einvernehmlichen Eingemeindung der Orte Kahlenberg, Mosbach und Schönau – alle Voraussetzungen einer leistungsfähigen selbständigen Gemeinde erfülle.

Nach Eingang der Stellungnahmen wurde im Thüringer Innenministerium ein Referententwurf erstellt, der am 15. Juni 1993 an den Landkreis Eisenach, die Stadt Eisenach und die betroffenen Gemeinden versandt wurde, mit der Aufforderung zur schriftlichen Äußerung und der Einladung zu einer Anhörung am 18. Juni 1993. Dieser Gesetzentwurf sah die Eingemeindung der damals noch selbständigen Gemeinde Mosbach vor, nicht jedoch die der Beschwerdeführerin.

Im Rahmen der Anhörung vom 18. Juni 1993 machte der Bürgermeister der Beschwerdeführerin ebenso wie in einer nachfolgenden schriftlichen Stellungnahme vom 24. Juni 1993 deutlich, daß jedenfalls derzeit eine Eingemeindung unter allen Umständen abgelehnt werde. Allenfalls sei bei entsprechender Entwicklung in 15 bis 20 Jahren eine freiwillige Eingemeindung möglich. Dies bekräftigte er bei einer weiteren Anhörung im Innenministerium am 26. Oktober 1993.

3. Am 16. August 1993 beschloß der Landtag das Thüringer Neugliederungsgesetz, in dem die Kreisfreiheit Eisenachs ab dem 1. Januar 1998 festgelegt wurde (§§ 4 Abs. 3, 20 Abs. 2 ThürNGG). Das Gesetz trat am 1. Juli 1994 in Kraft (§ 34 ThürNGG).

4. a) Am 16. Februar 1994 beschloß die Landesregierung den Entwurf eines Thüringer Gesetzes zur Stärkung der kommunalen Selbstverwaltung der Städte Eisenach und Nordhausen.

§ 1 Satz 2 des Gesetzentwurfes hat folgenden Wortlaut:
„Die Gemeinde Wutha-Farnroda wird mit Wirkung vom 1. Januar 1998 in die Stadt Eisenach eingegliedert".
In der Begründung des Gesetzentwurfes wird angeführt:

„Der Gesetzgeber hat im Thüringer Neugliederungsgesetz ... auch festgeschrieben, daß die Stadt Eisenach mit Wirkung vom 1. Januar 1998 kreisfrei wird.

Die vorgesehene Kreisfreiheit Eisenachs trägt dem Umstand Rechnung, daß hier eine starke wirtschaftliche Entwicklung stattfindet. Eisenach soll als Mittelzentrum mit Teilfunktion eines Oberzentrums ein weiterer wirtschaftlicher Schwerpunkt in Thüringen werden. ... Durch die Stärkung dieser beiden Städte wird in landesplanerischer Sicht ein adäquates Gegengewicht zu den Nachbarländern Hessen und Sachsen-Anhalt geschaffen.

Diese einerseits abzusehende und andererseits gewollte Entwicklung ist durch Eingemeindungen zu unterstützen. Für die Stadt Eisenach bedeutet dies, daß sie in die Lage versetzt wird, künftig die Aufgaben einer kreisfreien Stadt zu erfüllen. ...

Die Kriterien für die Eingemeindungen entsprechen denen des Thüringer Neugliederungsgesetzes. Bei der Abwägung der Interessen der Städte gegenüber denen der eingemeindungsbefangenen Gemeinden fanden also vor allem folgende Kriterien Beachtung: die Bereitschaft zur freiwilligen Eingliederung, bereits bestehende Verflechtungen, insbesondere das Zusammenwachsen von Stadt und Umlandgemeinde, die Orientierung der Umlandgemeinde auf die Kernstadt hin sowie die Eignung solcher Gemeinden zur Flächenbedarfsdeckung der Nachbarstadt.

...

In die kreisangehörige Stadt Eisenach mit derzeit 43.490 Einwohnern werden die Gemeinden Stedtfeld (542 Einwohner), Neuenhof mit dem Ortsteil Hörschel (763 Einwohner), Wartha-Göringen (240 Einwohner), Stockhausen (404 Einwohner), Lerchenberg (1.664 Einwohner) und Hötzelsroda (734 Einwohner) durch Gesetz eingegliedert. Davon möchten Stedtfeld, Stockhausen, Neuenhof und Wartha-Göringen freiwillig eingemeindet werden. Die Zustimmung Eisenachs liegt vor. Damit erreicht die Stadt im Jahr 1994 eine Einwohnerzahl von 47.837 und eine Gesamtfläche von 104 km^2. Dies entspricht einer Bevölkerungsdichte von 460 Einwohner pro km^2. Eine weitere Erhöhung der Bevölkerungszahl und Vergrößerung der Gesamtfläche wird im Jahr 1998 durch die Eingemeindung von Wutha-Farnroda erreicht, das in Kürze aufgrund einer Rechtsverordnung nach § 12 Abs. 2 Satz 1 VKO die Gemeinden Mosbach, Schönau und Kahlenberg aufnehmen wird.

...

Die Stadt Eisenach hat in den letzten Jahren aufgrund ihrer Standortvorteile eine sehr gute wirtschaftliche Entwicklung genommen. Eine weitere positive

Wirtschaftsentwicklung ist zu erwarten. In Zusammenhang damit entsteht auch ein verstärkter Bedarf an Wohnraum. Daneben sind die gesamten sozialen und kulturellen Bedingungen der neuen Situation anzupassen.

Die Stadt Eisenach kann jedoch aufgrund ihrer naturräumlichen Enge den entstandenen und entstehenden Bedarf nicht ausreichend befriedigen. Die Stadt ist schon jetzt nicht in der Lage, diesem Aufwärtstrend Rechnung zu tragen, und wird dies noch weniger in der Zukunft leisten können. Dabei fällt auch ins Gewicht, daß die unbebauten Flächen im Stadtgebiet soweit vorhanden zu einem großen Teil aus Lärmschutzgründen in ihrer baulichen Nutzung beschränkt sind. Wegen ihres Flächendefizits weist die Stadt einen überdurchschnittlichen Einwohnerrückgang auf, der dem deutlich sichtbaren Wirtschaftsaufschwung entgegenläuft.

Nach derzeitiger Prognose, die der Stadt den notwendigen Spielraum für die Fortentwicklung ihrer Planung beläßt, zeichnen sich folgende Perspektiven ab:

...

Die weitere Entwicklung Eisenachs erfordert aber auch die Eingemeindung der im Osten Eisenachs liegenden Nachbargemeinde Wutha-Farnroda. Schon heute ist diese Gemeinde stark auf die Stadt hin ausgerichtet. Der zwischen den Ortsschildern liegende unbebaute Abstand mißt kaum mehr als einen Kilometer und gehört überdies schon zur Eisenacher Gemarkung. Ein großer Teil der Bevölkerung pendelt täglich in die Stadt ein und aus, sei es zum Einkaufen, sei es zum Arbeitsplatz.

Allerdings hat Wutha-Farnroda in jüngster Zeit erhebliche Erfolge in seiner kommunalen und ökonomischen Entwicklung zu verzeichnen. Dies belegt unter anderem die relativ hohe Zahl von Arbeitsplätzen (etwa 1.500) und die Entwicklung des bisher 15 ha großen und auf 35 ha angelegten neuen Gewerbegebietes. Die Aktivitäten dieser Gemeinden strahlen auch in die Umgebung aus, woraus sich der Wille der Gemeinden Mosbach, Schönau und Kahlenberg zur Eingemeindung erklärt. Die Gemeindevertretung und die Bürgerschaft wehren sich gegen eine Eingemeindung zum jetzigen Zeitpunkt. Aber sie erkennen auch, daß ihre Gemeinde aufgrund der bestehenden Verflechtung und geographischen Lage auf Dauer der Eingemeindung nicht entgehen wird. In einer mehr informativen Anhörung hat die Gemeindevertretung zum Ausdruck gebracht, daß sie vorerst noch einige Jahre Selbständigkeit fordert, um die selbstgesteckten wichtigsten Entwicklungsziele in eigener Verantwortung fortzusetzen und zu vollenden. Hierzu erscheint ein Zeitraum von jetzt noch vier vollen Jahren ausreichend. Andererseits könnte die dann in die Kreisfreiheit eintretende Stadt Eisenach durch den Zuwachs einer so großen Gemeinde noch einmal weitere wertvolle Impulse für ihre neue Aufgabe erhalten.

...

b) Der Gesetzentwurf wurde den einzugliedernden Gemeinden am 18. Februar 1994 zugestellt mit der Aufforderung, bis 18. März 1994 eine Bürgeranhörung durchzuführen und Stellung zu nehmen.

Die Beschwerdeführerin führte neben der Bürgeranhörung am 13. März 1994 einen Bürgerentscheid durch. Dieser ergab 67,69 % die Eingemeindung nach Eisenach ablehnender Stimmen bei einer Beteiligung von 46,18 % aller Stimmberechtigten. Mit Schreiben vom 16. März 1994 bekräftigte die Beschwerdeführerin ihre ablehnende Haltung unter Hinweis auf den Bürgerentscheid und ihre positive Entwicklung. Sie trug ergänzend vor, daß ein Zeitraum von noch vier Jahren keinesfalls ausreiche, um die wichtigsten eingeleiteten Entwicklungen in eigener Verantwortung fortzusetzen und zu vollenden.

c) Am 1. März 1994 wurde der Gesetzentwurf dem Thüringer Landtag zugeleitet (LT-Drs. 1/3154).

4. a) Am 4. März 1994 beriet der Landtag in erster Lesung über den Gesetzentwurf und überwies ihn nach Begründung und Aussprache an den Innenausschuß.

In seiner 74. Sitzung vom 10. März 1994 beschloß der Innenausschuß, am 22. März 1994 eine Aussprache betreffend die Eingliederungen in die Stadt Eisenach durchzuführen und hierzu die Bürgermeister und Gemeindevertretervorsteher der betroffenen Gemeinden und der Stadt Eisenach, sowie den Landrat des Kreises Eisenach einzuladen.

Dem Innenausschuß lagen in der 75. Sitzung vom 22. März 1994 die schriftliche Stellungnahme der Beschwerdeführerin vom 16. März 1994, eine Mitteilung über das Ergebnis der Anhörung und des am 13. März 1994 durchgeführten Bürgerentscheides, sowie die schriftlichen Stellungnahmen der Stadt Eisenach und des Kreisausschusses des Landkreises Eisenach jeweils vom 16. März 1994 vor (Vorlage 1/2002).

Im Rahmen der Anhörung wiederholten und vertieften der Bürgermeister und der Gemeindevertretervorsteher die früheren Stellungnahmen.

Nach abschließender Beratung beantragte der Abgeordnete A., die die Beschwerdeführerin betreffende Vorschrift dahingehend abzuändern, daß über deren Eingemeindung „vor dem Zeitpunkt der Kreisfreiheit der Stadt Eisenach – 1. Januar 1998 – erneut beraten und entschieden werden“ solle (vgl. Protokoll, aaO, S. 84). Nach Ablehnung dieses Antrages wurde die Beschlußempfehlung des Innenausschusses verabschiedet, die die Eingliederung der Beschwerdeführerin vorsah „mit Wirkung zu dem Zeitpunkt (...), in dem die Stadt Eisenach kreisfrei wird“ (LT-Drs. 1/3219).

b) Am 23. März 1994 behandelte der Landtag das GesESA/NDH in zweiter Lesung. Mit Schreiben vom 18. März 1994 hatte das Innenministerium der Landtagsverwaltung eine Übersicht über die eingegangenen Stellungnahmen zur Weitergabe an alle Landtagsmitglieder übermittelt und mitgeteilt, daß sämtliche Unterlagen ab sofort allen Abgeordneten zur Einsichtnahme zur Verfügung stünden. Die SPD-Fraktion brachte einen Änderungsantrag ein, wonach der bisherige § 1 Satz 2 zu § 1 Abs. 2 werden und wie folgt lauten sollte: „Über die Eingemeindung von Wutha-Farnroda wird vor dem Zeitpunkt der Kreisfreiheit der Stadt Eisenach – 1. Januar 1998 – beraten und entschieden." (LT-Drs. 1/3221).

Die CDU-Fraktion brachte ebenfalls einen Änderungsantrag ein, wonach u. a. der bisherige § 1 Satz 2 zu folgendem § 1 Abs. 2 Satz 1 werden sollte: „Die Gemeinde Wutha-Farnroda wird nach Prüfung durch die Landesregierung zu dem Zeitpunkt eingegliedert, in dem die Stadt Eisenach kreisfrei wird." (LT-Drs. 1/3223). Nach Diskussion aller Änderungsanträge wurde der Gesetzentwurf in der entsprechend dem CDU-Antrag geänderten Fassung der Beschlußempfehlung des Innenausschusses verabschiedet.

II.

Die Beschwerdeführerin hat mit Schriftsatz vom 28. Juni 1995, eingegangen am 29. Juni 1995, Verfassungsbeschwerde zum Thüringer Verfassungsgerichtshof eingelegt.

1. Zur Begründung macht die Beschwerdeführerin im wesentlichen geltend:

Die Eingliederung sei verfassungswidrig, da § 1 Abs. 2 GesESA/NDH nicht ausreichend bestimmt sei. Wenn sich auch der Zeitpunkt der Eingemeindung noch auf den 1. Januar 1998 bestimmen lasse, so bleibe unklar, was unter der „Prüfung der Landesregierung" zu verstehen sei. Zugleich werde damit gegen Art. 92 ThürVerf verstoßen, wonach die Auflösung von Gemeinden eines förmlichen Gesetzes bedürfe. Auch entspräche es einem allgemeinen verfassungsrechtlichen Grundsatz, daß Entscheidungen des Gesetzgebers, die erst Jahre später in Kraft treten sollen, gerade im Planungs- und Prognosebereich einer zeitnahen Überprüfung bedürften. Diese sei aber vom Gesetzgeber selbst vorzunehmen.

Das durchgeführte Anhörungsverfahren sei fehlerhaft gewesen; insbesondere sei wegen der Kürze der Zeit eine sachgerechte Auseinandersetzung nicht möglich gewesen.

Der Gesetzgeber habe nicht berücksichtigt, daß im Hinblick auf die Eingemeindung der Gemeinden Mosbach, Schönau und Kahlenberg in die Beschwerdeführerin eine Mehrfachneugliederung vorliege.

Auch habe der Gesetzgeber einseitig aus der Sicht der Stadt Eisenach argumentiert und die Belange der Umlandgemeinden nicht berücksichtigt.

Die Eingliederung der Beschwerdeführerin sei nicht geeignet, den vom Gesetzgeber selbst gesetzten Neugliederungszielen zu entsprechen. Sie sei auch nicht erforderlich, da die Selbständigkeit der Beschwerdeführerin eine bessere Alternative darstelle.

Die Eingemeindung sei nicht systemgerecht, da keine landesweite gemeindliche Gebietsreform durchgeführt worden sei. Sie sei auch nicht verhältnismäßig, insbesondere da sie gegen den Willen der Bevölkerung erfolge.

2. Zu der Verfassungsbeschwerde haben sich der Präsident des Thüringer Landtags, die Thüringer Landesregierung und der Oberbürgermeister der Stadt Eisenach geäußert.

a) Der Präsident des Thüringer Landtags vertritt die Auffassung, das Gesetzgebungsverfahren weise keine Mängel auf. Die Beschwerdeführerin sei ausreichend angehört worden. Eine ausreichende Berücksichtigung der Belange der einzugliedernden Gemeinden sowie eine Abwägung mit den Interessen der kreisfreien Städte sei gewährleistet gewesen.

b) Die Thüringer Landesregierung hält § 1 Abs. 2 GesESA/NDH für verfassungsgemäß.

Die Erforderlichkeit einer durchgreifenden Kommunalreform stehe außer Zweifel.

Dem Anhörungserfordernis sei hinreichend Rechnung getragen worden.

§ 1 Abs. 2 Satz 1 GesESA/NDH sei dahin zu verstehen, daß der Gesetzgeber die Eingemeindung der Beschwerdeführerin nach Eisenach mit dem Zeitpunkt der Kreisfreiheit von Eisenach vollzogen wissen wollte; falls eine von der Landesregierung festgestellte erwartungswidrige Entwicklung eingetreten sei, sollte aber der Gesetzgeber über diese Regelung noch einmal beraten und beschließen. Die Eingemeindung habe also nicht von der Prüfung der Landesregierung abhängig sein sollen; vielmehr habe die Landesregierung beauftragt werden sollen, gegebenenfalls von sich aus den Anstoß für eine erneute Beratung und Entscheidung durch den Gesetzgeber zu geben.

c) Der Oberbürgermeister der Stadt Eisenach hält die Verfassungsbeschwerde für unbegründet. Die Eingliederung der Beschwerdeführerin entspreche den Eingemeindungskriterien; insbesondere seien intensive Verflechtungen vorhanden.

III.

1. Das Thüringer Innenministerium teilte der Beschwerdeführerin mit Schreiben vom 12. März 1997 mit, daß es derzeit die Prüfung gemäß § 1 Abs. 2 Satz 1 GesESA/NDH einleite.

Die Beschwerdeführerin wurde aufgefordert mitzuteilen, ob und welche für die Eingemeindung bedeutsamen Fakten sich nach ihrer Meinung seit der Entscheidung des Gesetzgebers verändert hätten.

In einer Stellungnahme vom 7. April 1997 äußerte sie, daß sich die Erwartungen an die weitere Entwicklung Eisenachs nicht erfüllt hätten, letztere sich vielmehr stark abgeschwächt habe. Die positive selbständige Entwicklung der Beschwerdeführerin hingegen habe sich weiterhin fortgesetzt.

2. In der mündlichen Verhandlung vom 10. Oktober 1997 erklärte der Vertreter der Landesregierung, die Prüfung sei inzwischen weitgehend abgeschlossen; das Ergebnis sei dem Landtag noch nicht zugeleitet worden.

B.

Die Verfassungsbeschwerde ist zulässig.

Gemäß Art. 80 Abs. 1 Nr. 2 ThürVerf, §§ 11 Nr. 2, 31 Abs. 2 ThürVerf GHG entscheidet der Thüringer Verfassungsgerichtshof über Verfassungsbeschwerden von Gemeinden und Gemeindeverbänden wegen der Verletzung des Rechts auf Selbstverwaltung nach Art. 91 Abs. 1 und 2 ThürVerf.

Die Verfassungsbeschwerde ist form- und fristgemäß erhoben worden (§§ 32, 33 Abs. 3 ThürVerfGHG).

Die Beschwerdeführerin hat auch ein Rechtsschutzbedürfnis für die vorliegende Verfassungsbeschwerde, obwohl die geltend gemachte Verletzung ihrer Rechte durch die Eingliederung nach Eisenach erst zum 1. Januar 1998 eintreten kann. Die Beschwerdeführerin ist schon durch die Vorwirkungen der künftigen Regelung beschwert, da deren Auswirkungen für die Beschwerdeführerin bereits hinreichend absehbar sind und es für die Beschwerdeführerin geboten ist, bereits vor dem Wirksamwerden der angegriffenen Regelung organisatorische und finanzielle Dispositionen im Hinblick auf die künftige Regelung zu treffen (siehe *Kley/Rühmann,* in: Umbach/Clemens, BVerfGG, § 90 Rn. 72 m. w. N.).

C.

Die Verfassungsbeschwerde ist auch begründet.

Die in § 1 Abs. 2 Satz 1 GesESA/NDH vorgesehene Eingemeindung der Beschwerdeführerin nach Eisenach verletzt das Recht der Beschwerdeführerin auf kommunale Selbstverwaltung, weil sie nicht den verfassungsrechtlichen Anforderungen entspricht.

I.

1. Das Recht der Gemeinden, in eigener Verantwortung alle Angelegenheiten der örtlichen Gemeinschaft im Rahmen der Gesetze zu regeln, ist in Art. 91 Abs. 1 ThürVerf verankert. Diese Garantie der kommunalen Selbst-

verwaltung gewährleistet die Gemeinden jedoch nur institutionell und nicht individuell. Sie steht daher Eingriffen in die gemeindliche Gebietshoheit bis hin zur Auflösung durch Eingemeindungen auch dann nicht entgegen, wenn sie gegen den Willen der betroffenen Gemeinden erfolgen (siehe auch ThürVerfGH, Urteil vom 18. Dezember 1996, VerfGH 2/95 und 6/95, LVerfGE 5, 391, 410 = NVwZ-RR 1997, 639 = ThürVBl. 1997, 104 f).

Dies ergibt sich hinsichtlich der landesverfassungsrechtlichen Selbstverwaltungsgarantie unmittelbar aus Art. 92 ThürVerf, der die Zulässigkeit von kommunalen Gebietsänderungen festschreibt, gleichzeitig aber auch deren verfassungsrechtliche Vorgaben regelt.

2. Eine Neugliederungsmaßnahme verletzt das Selbstverwaltungsrecht einer Gemeinde, wenn sie sich nicht im Rahmen der verfassungsrechtlichen Bindungen des Art. 92 ThürVerf hält.

Art. 92 ThürVerf enthält sowohl formale als auch materiell-rechtliche Anforderungen. Sofern die Neugliederung die Auflösung einer Gemeinde vornimmt, kann sie nur durch Gesetz erfolgen (Art. 92 Abs. 2 Satz 2 ThürVerf), das den formellen und materiellen Anforderungen der Verfassung genügt. Die betroffene Gebietskörperschaft und deren Bevölkerung müssen vor einer Gebietsänderung angehört werden (Art. 92 Abs. 2 Satz 3 ThürVerf); schließlich muß die Neugliederungsmaßnahme dem öffentlichen Wohl entsprechen (Art. 92 Abs. 1 ThürVerf).

II.

§ 1 Abs. 2 Satz 1 GesESA/NDH ist wegen Verstoßes gegen das rechtsstaatliche Gebot der Klarheit und Bestimmtheit von Normen nichtig. Die Vorschrift kann auch nicht im Wege der verfassungskonformen Auslegung aufrecht erhalten werden.

1. a) Das Gebot der Klarheit und der Bestimmtheit von Rechtsnormen ist als wichtiger Grundsatz des Rechtsstaates allgemein anerkannt (vgl. BVerfGE 1, 14, 45; 17, 67, 82; 17, 306, 318; 25, 216, 226; 65, 1, 44; *Stern* Staatsrecht, 2. Aufl., Bd. 1, § 20 IV 4; *Sachs* in: Sachs, Grundgesetzkommentar 1996, Art. 20, Rn. 76, 78, 79; *Herzog* in: Maunz/Dürig, Kommentar zum Grundgesetz, Art. 20, II Rn. 63; *Jarass/Pieroth,* Grundgesetzkommentar, 3. Aufl., Rn. 38, 39; *Schmidt/Aßmann* in: Isensee/Kirchhof, Handbuch des Staatsrechts, Bd. 1, 2. Aufl. 1995, § 24 Rn. 85). Der Rechtsstaatsgrundsatz gehört auch zu den tragenden Prinzipien der Thüringer Verfassung (vgl. Art. 44 Abs. 1).

Das Gebot der Klarheit von Rechtsnormen folgt jedoch nicht nur aus dem Rechtsstaatsprinzip, sondern auch aus den Prinzipien der Demokratie und der Gewaltenteilung (*Kunig,* Das Rechtsstaatsprinzip, 1986, S. 396; *Schmidt/Aßmann* aaO, Rn. 60). Die der Legislative übertragene Aufgabe, demokratisch legitimierte Staatsgewalt durch den Erlaß von Rechtsnormen auszuüben, ist nämlich nur dann erfüllt, wenn die gesetzten Normen den Anforderungen der Eindeutigkeit gerecht werden. Nur dann können sie die von Art. 47 Abs. 4 ThürVerf festgelegte Bindung der Exekutive und der Judikative überhaupt bewirken.

Das Gebot des klaren und bestimmten Gesetzesbefehls gilt insbesondere im Rahmen der Art. 91, 92 ThürVerf. Die im Zuge kommunaler Neugliederungsentscheidungen zu treffenden gesetzlichen Regelungen mögen in ihren Grundlagen vielschichtig und schwierig sein. In ihrer Aussage sind sie einfach. Es geht darum zu bestimmen, ob eine Gemeinde ihre Selbständigkeit behält, ggf. unter welchen Vorgaben das geschieht, oder ob sie die Selbständigkeit verliert und in welches kommunale Gebilde sie dann einbezogen wird. Diese nach der Regelungslage ohne weiteres gegebene Möglichkeit präziser Gestaltung des Gesetzesinhalts erhält insofern eine verfassungsrechtliche Qualität, als eine Gemeinde, solange sie die Gewährleistungen der Selbstverwaltungsgarantie für sich in Anspruch nehmen kann, auch Anspruch darauf hat, in einer jeden Zweifel ausschließenden Weise Klarheit darüber zu haben, wie es sich künftig mit ihrer Selbständigkeit verhält.

b) Ein Verstoß gegen das Gebot der Normenklarheit führt jedoch nur dann zur Nichtigkeit eines Gesetzes, wenn die rechtliche Bedeutung der Regelung nicht im Wege der Auslegung ermittelt werden kann (BVerfGE 17, 67, 82; 25, 216, 227).

2. Die angegriffene Vorschrift des § 1 Abs. 2 Satz 1 GesESA/NDH ist insofern unklar, als offenbleibt, welche Bedeutung die Prüfung durch die Landesregierung (deren Verfahren und Kriterien ebenfalls unbestimmt bleiben) in bezug auf die Eingliederung der Beschwerdeführerin nach Eisenach haben soll.

Diese Unklarheit läßt sich auch nicht durch Auslegung beseitigen.

a) Maßgebend für die Auslegung einer Gesetzesbestimmung ist „der in dieser zum Ausdruck kommende objektivierte Wille des Gesetzgebers" (BVerfGE 1, 312 und ständige Rechtsprechung). Dieser ist durch Auslegung aus dem Wortlaut der Norm (sprachlich-grammatikalische Auslegung), aus dem Bedeutungszusammenhang (systematische Auslegung), aus ihrem Zweck (teleologische Auslegung) und aus den Gesetzesmaterialien und der Entstehungsgeschichte (historisch-genetische Auslegung) zu ermitteln (so auch Beschluß des Thüringer Verfassungsgerichtshofs vom 12. Januar 1996, VerfGH 2/95, ThürVBl. 1996, 131, 132). Ist nach diesen Kriterien eine

Auslegung möglich, die verfassungsrechtlich unbedenklich ist, so ist diese jeder anderen, bei der die Bestimmung verfassungswidrig sein würde, vorzuziehen (*Larenz/Canaris,* Methodenlehre der Rechtswissenschaft, 3. Aufl. 1995, S. 160). Dabei spielt es keine Rolle, ob dem Willen des Gesetzgebers eine weitergehende als die nach der Verfassung zulässige Auslegung des Gesetzes eher entsprochen hätte. Allerdings darf die Auslegung nicht mit dem Wortsinn und dem klar erkennbaren Willen des Gesetzgebers in Widerspruch treten (siehe ThürVerfGH, Urteil vom 12. Juni 1997, VerfGH 13/95, LVerfGE 6, S. 387 = ThürVBl. 1997, 204, 208).

b) Der Wortsinn, mit dem jede Auslegung zu beginnen hat, bezeichnet die Bedeutung eines Ausdrucks oder einer Wortverbindung im allgemeinen Sprachgebrauch oder, falls ein solcher feststellbar ist, im besonderen Sprachgebrauch des betreffenden Gesetzes (*Larenz/Canaris* aaO, S. 141).

Auszulegen ist hier die Wortverbindung „wird nach Prüfung durch die Landesregierung … eingegliedert …".

Der Wortsinn legt zwei Deutungen nahe.

aa) Das Wort „nach" wird rein zeitlich verstanden. Diese Vorschrift würde dann bedeuten, daß die Eingliederung der Beschwerdeführerin nach Eisenach zum Zeitpunkt der Kreisfreiheit der Stadt Eisenach erfolgt, wobei vorher eine Prüfung der Landesregierung (welchen Inhalts auch immer) stattfände, ohne daß die Eingemeindung von dem Ergebnis dieser Prüfung abhängt. Für diese Deutung spricht die unbedingte Formulierung „wird eingemeindet".

bb) Das Wort „nach" wird im Sinne von „entsprechend" oder „je nach dem Ergebnis" verstanden. Die Vorschrift würde dann bewirken, daß die Eingemeindung der Beschwerdeführerin im Falle eines positiven Ergebnisses der Prüfung durch die Landesregierung erfolgt, anderenfalls unterbleibt. Für diese Deutung spricht, daß ein rein zeitliches Verständnis des Wortes „nach" keinen Sinn ergibt, da der Zeitpunkt der Eingemeindung durch die Koppelung mit der Kreisfreiheit der Stadt Eisenach ohnehin fixiert ist. Gegen diese Deutung spricht die unbedingte Formulierung „wird eingemeindet", die die Möglichkeit eines negativen Prüfungsergebnisses nicht einzuschließen scheint.

c) Der Bedeutungszusammenhang des Gesetzes bestimmt in der gleichen Weise das Verständnis einzelner Sätze und Worte, wie auch sonst das Verständnis einer Textstelle durch deren Kontext mitbestimmt wird. Darüber hinaus meint das Kriterium des Bedeutungszusammenhangs die sachliche Übereinstimmung der Bestimmungen innerhalb einer Regelung (*Larenz/Canaris* aaO, S. 148 f).

Da sich eine mit § 1 Abs. 2 Satz 1 GesESA/NDH vergleichbare gesetzliche Formulierung weder in diesem noch – soweit bekannt – in irgendeinem anderen Gesetz befindet, ist das Kriterium der sachlichen Übereinstimmung für die Auslegung hier nicht hilfreich.

Der Bedeutungszusammenhang ergibt jedoch, daß die oben unter b, aa nach dem Wortsinn mögliche Auslegung nicht zutreffend sein kann, da die rein zeitliche Vorschaltung einer Prüfung ohne irgendwelche Auswirkungen keinen Sinn ergibt.

d) Bei der Auslegung nach dem Zweck des Gesetzes sind primär die objektiven Zwecke des Rechts, wie gerechte Streitentscheidung, Ausgewogenheit einer Regelung im Sinne optimaler Berücksichtigung der im Spiele befindlichen Interessen und Sachgemäßheit einer Regelung zu prüfen (*Larenz/Canaris* aaO, S. 153), während der vom konkreten Gesetzgeber verfolgte Zweck im Rahmen der historisch-genetischen Auslegung zu überprüfen ist.

Der Zweck der Vorschrift war offenbar, die Beschwerdeführerin insoweit anders als die anderen einzugliedernden Gemeinden zu behandeln, als ihr eine selbständige Entwicklung bis zum 31. Dezember 1997 zugestanden werden sollte, andererseits ihre Eingliederung in die Stadt Eisenach zumindest nach dem damaligen Stand angestrebt wurde. Ob aber nur der Zeitpunkt der Eingliederung oder auch die endgültige Entscheidung über die Eingliederung aufgeschoben werden sollte, läßt sich auch aus diesem Zweck der gesetzlichen Regelung nicht herleiten. Allerdings ergibt die Prüfung durch die Landesregierung nur dann einen Sinn, wenn das Ergebnis der Prüfung irgendeinen Einfluß auf einen Gegenstand der Prüfung haben kann. Die objektiv-teleologische Auslegung spricht daher dafür, daß die Eingemeindung der Beschwerdeführerin von dem Ergebnis der Prüfung durch die Landesregierung abhängen sollte.

e) Im Rahmen der historisch-genetischen Auslegung ist zu ermitteln, welchen Sinn der Gesetzgeber der auszulegenden Bestimmung gegeben hat. Hierbei ist auf die Entstehungsmaterialien zurückzugreifen.

Aus der Ablehnung des Änderungsantrages der SPD, der einen Aufschub der Beratung und Entscheidung des Gesetzgebers über die Eingemeindung der Beschwerdeführerin bezweckte, folgt, daß sich der Gesetzgeber selbst die Entscheidung jedenfalls nicht offenhalten wollte. Im übrigen läßt sich aber ein eindeutiger Wille „des Gesetzgebers" nicht feststellen. Der Diskussionsbeitrag des Abgeordneten B bringt zum Ausdruck, daß nach dessen Verständnis durch die vorgeschlagene Formulierung die Eingemeindung beschlossen werde und die Einfügung „nach Prüfung durch die Landesregierung" daran nichts ändere, aber der Akzeptanz des Gesetzes dienen könne. Der Abgeordnete C hingegen ging davon aus, daß zwar die Eingemeindung der Beschwerdeführerin beschlossen werden, der Regierung aber eine Eingriffsmöglickeit offengehalten werden sollte. Der Äußerung des Innenministers D läßt sich die Andeutung entnehmen, daß dieser die Eingemeindungsentscheidung für noch nicht verbindlich ansah, sondern sie für abhängig von der vorherigen Prüfung durch die Landesregierung hielt (vgl. Protokoll 109. Sitzung des Landtags vom 23. März 1994). Die Auslegung des § 1 Abs. 2 Satz 1 GesESA/NDH ergibt daher eine Reihe von Verständnismöglichkeiten, ohne daß sich diese auf einen der in ihr enthaltenen Bedeutungsinhalte eingrenzen ließen. Ein eindeutiger Regelungssinn läßt sich aus der Verständnisvielfalt auch nicht dadurch ermitteln, daß in den Verständnismöglichkeiten ein einheitlicher Bedeutungskern gefunden wird. Dies scheitert daran, daß die Interpretationsvarianten sich inhaltlich in einer Weise widersprechen, die auch mit dem Erfahrungssatz, daß Gesetze grundsätzlich mit einem bestimmten, widerspruchsfreien Inhalt beschlossen werden, nicht aufzulösen ist.

f) Keine der möglichen Auslegungen entspricht verfassungsrechtlichen Anforderungen.

Eine Auslegung der Vorschrift dahingehend, daß das Ergebnis der Prüfung durch die Landesregierung darüber entscheiden soll, ob die Eingemeindung letztlich erfolgt oder nicht, wäre nämlich schon wegen Verstoßes gegen Art. 92 Abs. 2 Satz 2 ThürVerf verfassungswidrig. Hiernach kann die Auflösung einer Gemeinde – worunter auch die Eingemeindung in eine andere Gemeinde fällt – nur durch Gesetz erfolgen. Der Gesetzgeber hat die Entscheidung hierüber also selbst zu treffen und darf sie nicht an die Landesregierung delegieren.

Eine Auslegung dahingehend, daß die Eingemeindung der Beschwerdeführerin bereits mit Erlaß des Gesetzes beschlossen ist und von der Prüfung durch die Landesregierung nicht mehr beeinflußt wird, wäre ebenfalls verfassungswidrig. Die Vorschrift würde dann nämlich den wirklichen Gehalt des Gesetzes nicht zum Ausdruck bringen, sondern im Gegenteil die wahren Absichten des Gesetzgebers verschleiern. Der Passus „nach Prüfung durch die Landesregierung" erweckt nämlich für den unbefangenen Leser – somit auch die Bürger und die Beschwerdeführerin – den Eindruck, daß die Eingliederung jedenfalls noch nicht ganz feststehe, sondern in irgendeiner Weise von dem Ergebnis der Prüfung durch die Landesregierung abhänge. Die Äußerung des Abgeordneten B legt nahe, daß auch genau dies beabsichtigt war. Zwischen der Auffassung von Landesregierung und Koalition auf der einen Seite, die eine eindeutige Entscheidung des Landtags zum Zeitpunkt der Verabschiedung des Gesetzes treffen wollten, und dem Bestreben der SPD-Fraktion, die eine Entscheidung erst zu einem späteren Zeitpunkt treffen wollte, sollte eine dritte „Lösung" gefunden werden, bei der die Entscheidung unter Vorbehalt, nämlich dem Vorbehalt neuer Erkenntnisse der Landesregierung, getroffen wurde. Unabhängig davon aber, ob der Gesetzgeber bewußt irreführende Formulierungen verwandte, verstößt eine Gesetzesgestaltung, die die wahren Absichten des Gesetzgebers verschleiert, gegen das Rechtsstaatsprinzip, hält sich nicht im Rahmen der verfassungsmäßigen Ordnung und ist deshalb nichtig (BVerfGE 17, 306, 318).

g) Die Auslegung, die der Vorschrift von der Landesregierung gegeben wurde, ist hingegen schon vom Wortlaut der Vorschrift nicht gedeckt. Die unbedingte Formulierung „wird eingemeindet" läßt nur die beiden unter b) dargestellten Interpretationsmöglichkeiten zu. Daß der Gesetzgeber selbst nach einer vorherigen Prüfung durch die Landesregierung eine erneute Entscheidung über die Eingemeindung der Beschwerdeführerin nach Eisenach treffen wollte, läßt sich dem Wortlaut auch bei großzügiger Auslegung nicht entnehmen.

Darüber hinaus wäre die Vorschrift auch bei dieser Auslegung verfassungswidrig, weil sie den wahren Gehalt des Gesetzes verschleiern würde. Die Tatsache, daß eine Landesregierung bestehende Gesetze überprüfen und durch Einbringung eines neuen Gesetzentwurfs deren Änderung oder Aufhebung beim Gesetzgeber anregen kann, ergibt sich unmittelbar aus der Thüringer Verfassung. Dies in einem konkreten Gesetz zu erwähnen, gibt es überhaupt keinen Anlaß. Für den Leser der gesetzlichen Vorschrift ist diese Möglichkeit daher fernliegend. Für ihn wird vielmehr der bereits dargestellte Eindruck erweckt, die Eingemeindung hinge letztendlich noch von der Prüfung der Landesregierung ab.

3. Selbst wenn man jedoch der Auffassung der Landesregierung folgen würde, käme man zu keinem anderen Ergebnis. Die Vorschrift verstößt nämlich auch insofern gegen den rechtsstaatlichen Grundsatz der Klarheit und Bestimmtheit von Rechtsnormen, als sie weder die Kriterien noch das Verfahren der Prüfung durch die Landesregierung festlegt.

III.

Die Vorschrift des § 1 Abs. 2 Satz 1 GesESA/NDH entspricht auch im übrigen nicht den verfassungsrechtlichen Anforderungen an eine Neugliederungsmaßnahme (vgl. hierzu ThürVerfGH, LVerfGE 5, 391, 419 f = NVwZ-RR 1997, 639, 642 ff = ThürVBl. 1997, 104, 107).

Zwar sind weder die Überlegungen, die der Neugliederung der Räume Eisenach und Nordhausen als solcher zugrunde liegen, noch das Leitbild und die Leitlinien des GesESA/NDH von Verfassungs wegen zu beanstanden.

Die Überlegungen, die der Eingemeindung der Beschwerdeführerin nach Eisenach zugrunde liegen, halten der verfassungsgerichtlichen Überprüfung jedoch nicht stand.

Zwar ist es grundsätzlich allein Sache des Gesetzgebers, die Gewichtung der verschiedenen von ihm festgestellten Belange im einzelnen und ihre Bewertung im Hinblick auf das Leitbild der von ihm betriebenen Reform vorzunehmen. Die verfassungsgerichtliche Kontrolle eines Neugliederungsgesetzes hat sich auf die Prüfung zu beschränken, ob die Gewichtungen mit den Leitbildern und Leitlinien des Gesetzgebers im Einklang stehen (vgl. ThürVerfGH, LVerfGE 5, 391, 428 = NVwZ-RR 1997, 639, 643 = ThürVBl. 1997, 104, 108).

Hinsichtlich der Eingemeindung der Beschwerdeführerin nach Eisenach hat der Gesetzgeber jedoch die ihm obliegende Abwägung nicht durchgeführt. Unterstellt, er hätte sich für eine Eingemeindung entschieden, dann war dem Gesetzgeber bei dieser Beschlußfassung jedoch selbst offenbar höchst unklar, ob die vorgesehene Maßnahme in Hinblick auf die von ihm verfolgten Ziele überhaupt erforderlich ist. Dies ergibt sich zum einen schon daraus, daß die Eingliederung der Beschwerdeführerin für einen viereinhalb Jahre später liegenden Zeitpunkt festgelegt wurde. Daraus geht hervor, daß sie jedenfalls zum Zeitpunkt der Beschlußfassung für nicht unbedingt erforderlich gehalten wurde. Zum anderen zeigt der Vorbehalt einer nochmaligen Prüfung durch die Landesregierung – was auch immer dieser letztlich bedeuten und bewirken sollte –, daß der Gesetzgeber sich noch im Unklaren war, ob die Eingliederung der Beschwerdeführerin in die Stadt Eisenach wirklich geboten ist. Damit fehlt es aber, ohne daß man die – letztlich ergebnislose – Abwägung im einzelnen würdigt, an den Voraussetzungen einer verfassungsgemäßen gesetzgeberischen Entscheidung.

D.

Das Verfahren ist gemäß § 28 ThürVerfGHG kostenfrei. Der Freistaat Thüringen hat der Beschwerdeführerin ihre notwendigen Auslagen in vollem Umfang zu erstatten (§ 29 Abs. 1 ThürVerfGHG).

Sachregister

Gesetzesregister

Bundesrecht

Landesrecht

Berlin

Brandenburg

	Art. 56 Abs. 3, 4	Nr. 8, 9 (Bbg.)
	Art. 97	Nr. 3 (Bbg.)
	Art. 97 Abs. 3 Satz 1	Nr. 10 (Bbg.)
	Art. 99 Satz 2	Nr. 10 (Bbg.)
	Art. 100	Nr. 3, 10 (Bbg.)
	Art. 106	Nr. 8 (Bbg.)
	Art. 107	Nr. 8 (Bbg.)
	Art. 113 Nr. 1	Nr. 8 (Bbg.)
Verordnung zur Durchführung des Wohngeldgesetzes und des Wohngeldsondergesetzes im Land Brandenburg vom 25. November 1993 (GVBl. II S. 732)	§ 1 Abs. 1	Nr. 10 (Bbg.)

Bremen

Gesetz über den Staatsgerichtshof vom 18. Juni 1996 (BremGBl. S. 179; SaBremR 1102-a-1) - BremStGHG-StGHG	§ 11 Abs. 2	Nr. 1 (HB)
	§ 24 Abs. 2	Nr. 1 (HB)
Haushaltsordnung der Freien Hansestadt Bremen vom 25. Mai 1971 (BremGBl. S. 143; SaBremR 63-c-1) - Landeshaushaltsordnung-LHO -	§ 11 Abs. 2	Nr. 1 (HB)
	§ 13 Abs. 4	Nr. 1 (HB)
	§ 14 Abs. 1 Nr. 1	Nr. 1 (HB)
	§ 16	Nr. 1 (HB)
	§ 17 Abs. 1	Nr. 1 (HB)
	§ 37 Abs. 1	Nr. 1 (HB)
	§ 38 Abs. 2	Nr. 1 (HB)
	§ 39 Abs. 1	Nr. 1 (HB)
	§ 45	Nr. 1 (HB)
	§ 117	Nr. 1 (HB)
Landesverfassung der Freien Hansestadt Bremen vom 21. Oktober 1947 (BremGBl. 1947, S. 251; SaBremR 100-a-1) - BremLV -	Art. 67 Abs. 1	Nr. 1 (HB)
	Art. 78	Nr. 1 (HB)
	Art. 91 Abs. 1	Nr. 1 (HB)
	Art. 105 Abs. 3	Nr. 1 (HB)
	Art. 118 Abs. 1	Nr. 1 (HB)
	Art. 131	Nr. 1 (HB)
	Art. 132	Nr. 1 (HB)
	Art. 133	Nr. 1 (HB)
	Art. 140	Nr. 1 (HB)
	Art. 146	Nr. 1 (HB)
	Art. 148	Nr. 1 (HB)

Mecklenburg-Vorpommern

Geschäftsordnung des Landtages Mecklenburg-Vorpommern vom 27. Februar 1991 (GVOBl. S. 50) - GO LT -	§ 9 Abs. 3	Nr. 1 (MV)
	§ 40 Abs. 1 Satz 2	Nr. 1 (MV)
	§ 61 Abs. 2	Nr. 1 (MV)
	§ 62	Nr. 1 (MV)
Gesetz über das Landesverfassungsgericht Mecklenburg-Vorpommern vom 19. Juli 1994 (GVOBl. 1994 S. 734, 736) - LVerfGG -	§ 11 Abs. 1 Nr. 1	Nr. 1 (MV)
	§ 32	Nr. 1 (MV)
	§ 33 Abs. 2	Nr. 1 (MV)
	§ 35	Nr. 1 (MV)
	§ 36 Abs. 1	Nr. 1 (MV)
	§ 36 Abs. 3	Nr. 1 (MV)
Verfassung des Landes Mecklenburg-Vorpommern vom 23. Mai 1993 (GVOBl. S. 371, 372) - LV -	Art. 22 Abs. 2	Nr. 1 (MV)
	Art. 33 Abs. 2 Satz 2	Nr. 1 (MV)
	Art. 55	Nr. 1 (MV)

Sachsen

Gesetz über den privaten Rundfunk und neue Medien in Sachsen vom 16. Januar 1996 (SächsGVBl. S. 4) - Sächsisches Privatrundfunkgesetz; SächsPRG -	§ 1 Abs. 2	Nr. 1 (S)
	§ 4 Abs. 2–4	Nr. 1 (S)
	§ 27 Abs. 3 Nr. 2	Nr. 1 (S)
	§ 28	Nr. 1 (S)
	§ 30 Abs. 7–10	Nr. 1 (S)
	§ 31	Nr. 1 (S)
	§ 32	Nr. 1 (S)
	§ 33	Nr. 1 (S)
	§ 34	Nr. 1 (S)
	§ 36 Abs. 2 Satz 3	Nr. 1 (S)
	§ 38	Nr. 1 (S)
	§ 46 Abs. 1–4 und Nr. 5	Nr. 1 (S)
	§ 46 Abs. 6, 7	Nr. 1 (S)
Gesetz über den Verfassungsgerichtshof des Freistaates Sachsen vom 18. Februar 1993 (GVBl. S. 177, ber.in GVBl. S. 495) - SächsVerfGHG -	§ 21 Nr. 1	Nr. 1 (S)
Verfassung des Freistaates Sachsen vom 27. Mai 1992 (GVBl. S. 243) - SächsVerf -	Art. 20 Abs. 1 Satz 2	Nr. 1 (S)
	Art. 20 Abs. 2	Nr. 1 (S)
	Art. 81 Abs. 1 Nr. 2	Nr. 1 (S)

Sachsen-Anhalt

Abgeordnetengesetz des Landes Sachsen-Anhalt i. d. F. des Änderungsgesetzes vom 13. Oktober 1995 (LSA GVBl. 1995 S. 290)	§ 34	Nr. 2 (LSA)
Frauenförderungsgesetz des Landes Sachsen-Anhalt i. d. F.des Zweiten Änderungsgesetzes vom 27. Juni 1994 (LSA GVBl. 1994 S. 762) - FFG-LSA -	§§ 1, 2, 14, 15, 18, 18a	Nr. 5 (LSA)
Gemeindeordnung des Landes Sachsen-Anhalt vom 5. Oktober 1993 (LSA GVBl. 1993 S. 568) - LSA-GO -	§ 44	Nr. 4 (LSA)
	§ 62	Nr. 4 (LSA)
	§ 70	Nr. 4 (LSA)
	§ 74	Nr. 5 (LSA)
	§ 133	Nr. 4 (LSA)
	§ 134	Nr. 4 (LSA)
	§ 137	Nr. 4 (LSA)
Gesetz über kommunale Gemeinschaftsarbeit i. d. F. des Ersten Änderungsgesetzes vom 4. Juli 1996 (LSA GVBl. 1996 S. 218) - GKG a. F. -	§ 19 a	Nr. 1, 4, 7 (LSA)
	§ 20	Nr. 1, 4, 7 (LSA)
	§ 29	Nr. 1, 4, 7 (LSA)
Gesetz über kommunale Gemeinschaftsarbeit i. d. F. des Zweiten Änderungsgesetzes vom 6. Oktober 1997 (LSA GVBl. 1996 S. 878) - GKG n. F.	§ 7	Nr. 7 (LSA)
	§ 8a	Nr. 7 (LSA)
	§ 9	Nr. 7 (LSA)
Gesetz über das Landesverfassungsgericht - Landesverfassungsgerichtsgesetz- vom 23. August 1993 (LSA-GVBl. 1993 S. 441)	§ 2	Nr. 1, 4, 5, 6, 7 (LSA)
	§ 21	Nr. 1, 2 (LSA)
	§ 33	Nr. 3 (LSA)
	§ 40	Nr. 3 (LSA)
	§ 50	Nr. 3 (LSA)
	§ 51	Nr. 1, 3, 4, 5, 7 (LSA)
Gesetz über die Selbstverwaltung der Gemeinden und Landkreise in der DDR-Kommunalverfassung -	§ 61	Nr. 1, 4, 7 (LSA)
Landkreisordnung des Landes Sachsen-Anhalt vom 5. Oktober 1993 (LSA GVBl. 1993 S. 598)	§ 64	Nr. 5 (LSA)

Rechtsbereinigungsgesetz vom 26. Juni 1996 (LSA GVBl. S. 210) - RBerG-LSA -	§ 1	Nr. 6 (LSA)
Verfassung des Landes Sachsen-Anhalt vom 16. Juli 1992 (LSA-GVBl. 1992 S. 600) - LVerf-LSA -	Art. 2	Nr. 1, 2, 4, 5, 7 (LSA)
	Art. 8	Nr. 2 (LSA)
	Art. 22	Nr. 7 (LSA)
	Art. 34	Nr. 5 (LSA)
	Art. 35	Nr. 7 (LSA)
	Art. 42	Nr. 2 (LSA)
	Art. 56	Nr. 2 (LSA)
	Art. 75	Nr. 1, 5, 6, 7 (LSA)
	Art. 87	Nr. 1, 4, 5, 7 (LSA)
	Art. 91	Nr. 2 (LSA)
Wassergesetz für das Land Sachsen-Anhalt vom 31. August 1993 (LSA GVBl. 1993 S. 477) - WG LSA -	§§ 151, 157	Nr. 7 (LSA)

Thüringen

Gesetz über die Rechtsverhältnisse der Abgeordneten des Thüringer Landtags (GVBl. S. 121) - ThürAbgG -	§ 1	Nr. 1 (Thür)
	§ 42	Nr. 1 (Thür)
Gesetz über den Thüringer Verfassungsgerichtshof (Thüringer Verfassungsgerichtshofsgesetz) vom 28. Juni 1994 (GVBl. S. 781) - ThürVerfGHG -	§ 8	Nr. 1 (Thür)
	§ 11	Nr. 3 (Thür)
	§ 28 Abs. 1	Nr. 1 (Thür)
	§ 29 Abs. 2	Nr. 1 (Thür)
	§ 31 Abs. 2	Nr. 3 (Thür)
	§ 40 Abs. 2	Nr. 1 (Thür)
Gesetz zur Neugliederung der Landkreise und kreisfreien Städte in Thüringen (Thüringer Neugliederungsgesetz) vom 16. August 1993 (GVBl. S. 545) - ThürNGG -	§ 22	Nr. 2 (Thür)
Gesetz zur Stärkung der kommunalen Selbstverwaltung der Städte Eisenach und Nordhausen vom 25. März 1994 (GVBl. S. 357) - GesESA/NDH -	§ 1 Abs. 2 Satz 1	Nr. 4 (Thür)

Zwischenstaatliches Recht und Vertragsgesetze

FSC
www.fsc.org
MIX
Papier | Fördert gute Waldnutzung
FSC® C083411

Kolibri 360 GmbH
Ferdinand-Jühlke-Straße 7
99095 Erfurt, Deutschland
produktsicherheit@kolibri360.de